ISBN: 978-3-935220-23-1

D1688106

	Der Privatflugzeugführer
Band 5	**Luftrecht**
	für Privatpiloten, Segelflugzeugführer, Luftsportgeräteführer einschließlich der neuen EG-Verordnungen
Verfasser:	Wolfgang Kühr

Der Privatflugzeugführer

Band 5	**Luftrecht** **für Privatpiloten, Segelflugzeugführer, Luftsportgeräteführer** **einschließlich der neuen EG-Verordnungen**
ISBN:	978-3-935220-23-1
Verfasser:	Wolfgang Kühr
Fachliche Aktualisierung:	Karsten Riehl
Herausgeber, Verlag und Copyright:	LUFTFAHRTVERLAG Friedrich Schiffmann GmbH & Co. Kommanditgesellschaft, Bergisch Gladbach Geschäftsführer: Heinrich Wittemann Verlagsleitung: Birgit Frank E-Mail: b.frank@schiffmann.de, Internet: www.schiffmann.de
Rechte:	Alle Rechte vorbehalten, insbesondere auch diejenigen aus der spezifischen Gestaltung. Der auszugsweise oder teilweise Nachdruck oder eine Vervielfältigung sind untersagt und werden als Verstoß gegen das Urheberrechtsgesetz verfolgt. Alle Angaben erfolgen nach bestmöglicher Information, jedoch ohne Gewähr für die Richtigkeit. Rechtlich verbindlich sind ausschließlich die jeweiligen Gesetzestexte.
Danksagung:	Wir danken der DFS Deutsche Flugsicherung GmbH für die freundliche Genehmigung des Nachdrucks ihrer Veröffentlichungen aus dem Luftfahrthandbuch AIP, AIP VFR und anderen DFS-Publikationen. Alle Produkte der DFS Deutsche Flugsicherung GmbH können online unter www.dfs-aviationshop.de erworben werden. **Bitte beachten Sie, dass es sich bei den in diesem Band dargestellten Abbildungen nur um Übungsbeispiele handelt, die nicht für Navigationszwecke zu verwenden sind!**
Gesamtherstellung:	Schiffmann-Gruppe 51427 Bergisch Gladbach Germany
Auflage:	überarbeitete Auflage Juni 2008

Vorwort

Zum Stichtag 1. Mai 2003 sind die von der JAA harmonisierten europäischen Richtlinien für die Ausbildung und Prüfung des Luftfahrtpersonals (JAR-FCL) nunmehr in nationales Recht umgesetzt worden und in Kraft getreten. Gleichzeitig wurde die Verordnung über Luftfahrtpersonal (LuftPersV) und die Vorschriften der Luftverkehrszulassungsordnung (LuftVZO) den neuen europäischen Vorschriften angepasst.

Diese vollständig überarbeitete Neuauflage des Bandes 5 „Luftrecht" aus der Reihe „Der Privatflugzeugführer" berücksichtigt alle Vorschriften, die für Privatpiloten, Segelflugzeugführer und Luftsportgeräteführer nach den neuen Bestimmungen von Bedeutung sind.

Die wichtigsten Änderungen luftrechtlicher Vorschriften über die Anforderungen an Flugbesatzungen sind: Eine „nationale Lizenz für Privatflugzeugführer" die in den §§ 1–5 in der LuftPersV geregelt wird. Hierzu wird eine Klassenberechtigung für einmotorige kolbengetriebene Landflugzeuge bis zu einer Höchstabflugmasse von 750 kg erteilt. Die Lizenz berechtigt nur zum Fliegen im Hoheitsgebiet der Bundesrepublik Deutschland. Diese „nationale Lizenz" kann sowohl um die Klassenberechtigung für Reisemotorsegler als auch um die Klassenberechtigung für einmotorige kolbengetriebene Landflugzeuge bis zu einer Höchstabflugmasse von 2 000 kg erweitert werden. Sie kann sogar nach einer zusätzlichen theoretischen Ausbildung und Flugausbildung mit anschließender Prüfung bis zur europäischen Lizenz nach JAR-FCL 1 deutsch führen.

Die bisherige nationale Regelung zum Erwerb der Erlaubnis für Motorseglerführer wurde aufgehoben und kann nunmehr als „Klassenberechtigung Reisemotorsegler" in die Lizenz für Privatflugzeugführer nach JAR-FCL 1 deutsch oder Segelflugzeugführer eingetragen werden.

Ferner wurde die Gültigkeitsdauer des Tauglichkeitszeugnisses den Bestimmungen nach JAR-FCL 3 angeglichen und in der Luftverkehrszulassungsordnung (LuftVZO) veröffentlicht. Die Gültigkeit richtet sich nunmehr nach dem Alter und ist je nach Klasse unterschiedlich geregelt.

Neu aufgenommen wurden in der jetzigen Auflage die Verordnung des Europäischen Parlaments und des Rates VO (EG) Nr. 216/2008, die „Grundverordnung" genannt, die die Vorschriften für die Zivilluftfahrt und die zur Errichtung einer Europäischen Agentur für Flugsicherheit (EASA) enthält, die inzwischen in Köln ihre Arbeit aufgenommen hat. Ebenso finden Sie die wichtigsten Bestimmungen aus den Verordnungen (EG) Nr. 2042/2003 der Kommission über die „Aufrechterhaltung der Lufttüchtigkeit von Luftfahrzeugen und luftfahrttechnischen Erzeugnissen, Teilen und Ausrüstungen und die Erteilung von Genehmigungen für Organisationen und Personen, die diese Tätigkeiten ausführen", die nunmehr auch für den Bereich der Privatfliegerei immer größere Bedeutung gewinnt sowie die Verordnung (EG) Nr. 1702/2003 der Kommission zur „Festlegung der Durchführungsbestimmungen für die Erteilung von Lufttüchtigkeits- und Umweltzeugnissen für Luftfahrzeuge und zugehörige Erzeugnisse, Teile und Ausrüstungen sowie für die Zulassung von Entwicklungs- und Herstellungsbetrieben".

Wir wünschen Ihnen bei Ihrer Ausbildung und Prüfung viel Erfolg und einen stets sicheren und unfallfreien Flug in den nationalen und europäischen Lufträumen.

Herausgeber

LUFTFAHRTVERLAG
Friedrich Schiffmann GmbH & Co. Kommanditgesellschaft

Kapitel		Seite
1	**Rechtsvorschriften für den Luftverkehr (Einteilung des Luftrechts)**	**9**
1.1	Grundgesetz (GG)	9
1.1.1	Die Gesetzgebungsbefugnis im Luftverkehrswesen	9
1.1.2	Die Verwaltungsbefugnis im Luftverkehrswesen	9
1.1.3	Die Bundesauftragsverwaltung durch die Länder	10
1.1.4	Verordnungen des Europäischen Parlaments und des Rates im Bereich der Zivilluftfahrt	10
1.1.4.1	Die Verordnung (EG) Nr. 216/2008 des Europäischen Parlaments und des Rates zur „Festlegung gemeinsamer Vorschriften für die Zivilluftfahrt und zur Errichtung einer Europäischen Agentur für Flugsicherheit"	11
1.1.4.2	Die Verordnung (EG) Nr. 1702/2003 der Kommission zur Festlegung der Durchführungsbestimmungen für die Erteilung von Lufttüchtigkeits- und Umweltzeugnissen für Luftfahrzeuge und zugehörige Erzeugnisse, Teile und Ausrüstungen sowie für die Zulassung von Entwicklungs- und Herstellungsbetrieben	17
1.1.4.3	Verordnung (EG) Nr. 2042/2003 der Kommission über die Aufrechterhaltung der Lufttüchtigkeit von Luftfahrzeugen und luftfahrttechnischen Erzeugnissen, Teilen und Ausrüstungen und die Erteilung von Genehmigungen für Organisationen und Personen, die diese Tätigkeit ausführen	18
1.2	Das Luftverkehrsgesetz (LuftVG)	25
1.2.1	Allgemeines	25
1.2.2	Inhalt des LuftVG	25
1.2.3	Rechtsverordnungen zum Luftverkehrsgesetz (LuftVG)	27
1.3	Die Luftverkehrs-Ordnung (LuftVO)	27
1.3.1	Allgemeines	27
1.3.2	Inhalt der LuftVO	27
1.3.3	Anwendung der Flugregeln der LuftVO	27
1.4	Die Luftverkehrs-Zulassungs-Ordnung (LuftVZO)	29
1.4.1	Allgemeines	29
1.4.2	Inhalt der LuftVZO	29
1.5	Die Betriebsordnung für Luftfahrtgerät (LuftBO)	31
1.5.1	Allgemeines	31
1.5.2	Inhalt der LuftBO	31
1.6	Die Verordnung über Luftfahrtpersonal (LuftPersV)	33
1.6.1	Allgemeines	33
1.6.2	Inhalt der LuftPersV	33
1.7	Bekanntmachung der Bestimmungen über die Lizenzierung von Piloten (JAR-FCL deutsch)	35
1.7.1	Allgemeines	35
1.7.2	Inhalt der Bestimmungen über die Lizenzierung von Piloten (Flugzeug und Hubschrauber) – JAR-FCL 1 und 2 deutsch	35
1.7.3	Inhalt der Bestimmungen über die Anforderungen an die Tauglichkeit des Luftfahrtpersonals (JAR-FCL 3 deutsch)	35
1.8	Die Verordnung zur Prüfung von Luftfahrtgerät (LuftGerPV)	38
1.8.1	Allgemeines	38
1.8.2	Inhalt der LuftGerPV (Übersicht)	39
1.9	Weitere Gesetze und Rechtsverordnungen (soweit für den Privatluftfahrzeugführer [Privatpiloten] von Bedeutung)	40
1.9.1	Zuständigkeitsgesetze	40
1.9.1.1	Die rechtlichen Grundlagen für die DFS Deutsche Flugsicherung GmbH	40
1.9.1.2	Das Gesetz über das Luftfahrt-Bundesamt (LBA-Gesetz)	40
1.9.1.3	Das Gesetz über den Deutschen Wetterdienst (DWD)	40
1.9.2	Besondere Gesetze für die Luftfahrt	40
1.9.2.1	Das Gesetz zum Schutz gegen Fluglärm	40
1.9.2.2	Das Gesetz über Rechte an Luftfahrzeugen	40
1.9.2.3	Das Flugunfall-Untersuchungs-Gesetz (FlUUG)	41
1.9.2.4	Das Luftsicherheitsgesetz (LuftSiG)	41
1.9.3	Weitere wichtige Verordnungen für den Luftverkehr	42
1.9.3.1	Die Verordnung über die Flugsicherungsausrüstung der Luftfahrzeuge (FSAV)	42
1.9.3.2	Die Verordnung über Flugfunkzeugnisse (FlugfunkV)	43
1.9.3.3	ICAO-Sprachanforderungen	43
1.9.3.4	Die Bauordnung für Luftfahrtgerät (LuftBauO)	45
1.9.3.5	Die Kostenverordnung der Luftfahrtverwaltung (LuftKostV)	46
1.9.3.6	Die Landeplatz-Lärmschutz-Verordnung	46
1.9.3.7	Die Luftsicherheits-Zuverlässigkeitsüberprüfungsverordnung (LuftSiZÜV)	46
2	**Nationale und internationale Organisationen der Luftfahrt (Behörden und Organisationen)**	**51**
2.1	Nationale Organisationen der Luftfahrt	51
2.1.1	Das Bundesministerium für Verkehr, Bau und Stadtentwicklung (BMVBS)	51
2.1.2	Die DFS Deutsche Flugsicherung GmbH	51
2.1.2.1	Gliederung, Zuständigkeiten und Aufgaben der DFS	51
2.1.3	Das Luftfahrt-Bundesamt (LBA)	52
2.1.3.1	Zuständigkeiten und Aufgaben des LBA	53
2.1.4	Die Anstalt „Deutscher Wetterdienst" (DWD)	54
2.1.4.1	Gliederung, Zuständigkeiten und Aufgaben des DWD im Bereich des Flugwetterdienstes	54
2.1.5	Die Bundesstelle für Flugunfalluntersuchung (BFU)	54
2.1.6	Die Luftfahrtbehörden der Länder	55
2.1.6.1	Zuständigkeiten, Aufgaben und Gliederung der Luftfahrtbehörden der Länder	57
2.2	Internationale Organisation der Luftfahrt	60

Inhaltsverzeichnis

Kapitel		Seite
2.2.1	Die Internationale Zivilluftfahrt-Organisation (ICAO)	60
2.2.2	The European Joint Aviation Authorities (JAA)	61
2.2.3	Die Europäische Agentur für Flugsicherheit (EASA)	63
2.2.3.1	Die gemeinsame Strategie	63
2.2.3.2	Aufgaben	63
2.2.3.3	Internationale Zusammenarbeit	63
3	**Veröffentlichungen der Luftfahrtbehörden**	**65**
3.1	Erfordernis der Flugvorbereitung	65
3.2	Das Büro der Nachrichten für Luftfahrer (Büro NfL – Aeronautical Publication Agency)	65
3.3	Das Luftfahrthandbuch (AIP – Aeronautical Information Publication)	65
3.3.1	Inhalt des Luftfahrthandbuches (AIP)	65
3.3.1.1	Überblick	65
3.3.1.2	Inhalt des AIP (1. Band)	66
3.3.1.3	Inhalt des AIP (2. Band)	68
3.3.1.4	Inhalt des AIP (3. Band)	68
3.3.1.5	Inhalt Luftfahrthandbuch VFR (AIP VFR)	68
3.3.2	Berichtigung des Luftfahrthandbuches (AIP)	69
3.4	Nachrichten für die Luftfahrt	72
3.4.1	Nachrichten für Luftfahrer (NfL)	72
3.4.2	NOTAM	73
3.4.3	Pre-Flight Information Bulletin (PIB) – Flugberatung	73
3.4.4	Luftfahrtinformationsrundschreiben (Aeronautical Information Circular – AIC)	74
3.4.5	VFRe-Bulletin	74
3.5	Luftfahrtkarten (Aeronautical Charts)	75
3.5.1	Die Luftfahrtkarte ICAO 1:500 000 (Aeronautical Chart ICAO 1:500 000)	75
3.5.2	Streckenkarte (Enroute Chart) – ICAO 1:1 000 000	75
3.5.3	Streckenkarte mit Radarführungsmindesthöhenkarte (Minimum Radar Vectoring Altitude Chart)	76
3.6	Luftfahrtkarten im Luftfahrthandbuch (AIP) Abschnitt AD	76
3.6.1	Flugplatzkarten-ICAO (Aerodrome Charts-ICAO)	76
3.6.2	Flugplatzhinderniskarten-ICAO (Aerodrome Obstacle Charts-ICAO)	76
3.6.3	Bodenprofilkarten für Präzisionsanflug-ICAO (Precision Approach Terrain Charts-ICAO)	76
3.7	Luftfahrtkarten im Luftfahrthandbuch (AIP 2. und 3. Band) Abschnitt AD	76
3.7.1	Instrumenten-Einflug- und Abflugkarten (STAR/SID Charts)	76
3.7.2	Instrumentenanflugkarten-ICAO (Instrument Approach Charts-ICAO)	76
3.8	Luftfahrtkarten im Luftfahrthandbuch VFR (AIP VFR)	77
3.8.1	Sichtflugkarten-ICAO (Visual Operation Charts-ICAO)	77
3.8.2	Flugplatzkarten-ICAO (Aerodrome Charts-ICAO)	77
3.9	Sonderdrucke der DFS Deutsche Flugsicherung GmbH (Büro NfL)	77
4	**Flugplätze**	**79**
4.1	Arten der Flugplätze und deren Genehmigung	79
4.1.1	Flughäfen (Airports)	79
4.1.2	Landeplätze (Landing Sites)	79
4.1.3	Segelfluggelände (Glider Sites)	80
4.1.4	Betriebspflicht und Benutzungsordnung	80
4.1.5	Sicherung von Flugplätzen	80
4.2	Flugplatzzwang, Außenstarts und Außenlandungen, Notlandungen	80
4.2.1	Flugplatzzwang	80
4.2.2	Außenstarts und Außenlandungen	81
4.2.3	Notlandungen, Landungen zur Nothilfe	81
5	**Luftfahrzeuge und zulassungspflichtige Ausrüstung**	**83**
5.1	Arten und Zulassung der Luftfahrzeuge	83
5.1.1	Arten der Luftfahrzeuge	83
5.1.2	Zulassung der Luftfahrzeuge und des Luftfahrtgeräts	84
5.1.2.1	Die Musterzulassung	84
5.1.2.2	Die Verkehrszulassung	85
5.1.2.3	Eintragung in das Verzeichnis der Luftfahrzeuge und Erteilung eines Kennzeichens	90
5.2	Prüfungen des Luftfahrtgeräts (ausgenommen Luftsportgerät)	92
5.2.1	Die Musterprüfung	92
5.2.2	Die Stückprüfung	93
5.2.3	Die Nachprüfung/Prüfung der Lufttüchtigkeit	93
5.2.4	Die Instandhaltung (Wartung) von Luftfahrzeugen	94
5.2.5	Lufttüchtigkeitsanweisungen (LTA)/Airworthiness Directive (AD)	97
5.2.6	Betriebsaufzeichnungen	97
6	**Luftfahrtpersonal (Ausbildung, Lizenzen und Berechtigungen)**	**99**
6.1	Betätigung als Luftfahrtpersonal (Voraussetzungen und Ausbildung)	99
6.1.1	Voraussetzungen für die Betätigung als Luftfahrtpersonal	99
6.1.2	Die Ausbildung von Luftfahrern	103
6.1.2.1	Anforderungen an Ausbildungsbetriebe (Anhang 1a zu JAR-FCL 1.055)	104
6.2	Lizenzen für Privatluftfahrzeugführer gemäß JAR-FCL 1 deutsch und LuftPersV (Privatflugzeugführer PPL(A) JAR-FCL 1 deutsch und LuftPersV, Luftfahrerschein für Segelflugzeugführer und Luftfahrerschein für Luftsportgeräteführer)	108
6.2.1	Die Lizenz PPL(A) nach JAR-FCL 1 deutsch für Privatpiloten (Privatflugzeugführer)	108
6.2.2	Die Lizenz (Luftfahrerschein) für Privatflugzeugführer nach LuftPersV	111

Kapitel		Seite
6.2.3	Die Lizenz (Luftfahrerschein) für Segelfugzeugführer nach LuftPersV	115
6.2.4	Die Lizenz (Luftfahrerschein) für Luftsportgeräteführer nach LuftPersV	118
6.3	Berechtigungen für Privatflugzeugführer, Hubschrauberführer und Segelflugzeugführer gemäß JAR-FCL 1 und 2 deutsch und LuftPersV	121
6.3.1	Die Klassenberechtigung und die Musterberechtigung	121
6.3.1.1	Die Klassenberechtigung (Class Rating – CR) nach JAR-FCL 1.215	121
6.3.1.2	Die Musterberechtigung (Type Rating – TR) nach JAR-FCL 1.220	121
6.3.2	Die Kunstflugberechtigung (§ 81 LuftPersV)	125
6.3.3	Die Berechtigung zur Durchführung kontrollierter Sichtflüge – CVFR-Berechtigung (§ 82 LuftPersV)	126
6.3.4	Die Nachtflugqualifikation (§ 83 LuftPersV)	126
6.3.5	Die Schleppberechtigung (§ 84 LuftPersV)	126
6.3.6	Passagierberechtigung für Luftsportgeräteführer (§ 84 a LuftPersV)	127
6.3.7	Wolkenflugberechtigung für Segelflugzeugführer (§ 85 LuftPersV)	127
6.3.8	Die Streu- und Sprühberechtigung (§ 86 LuftPersV)	128
6.3.9	Berechtigung zur praktischen Ausbildung von Luftfahrtpersonal sowie für die Ausbildung an synthetischen Flugübungsgeräten	128
6.3.9.1	Berechtigung zur praktischen Ausbildung nach JAR-FCL 1 und 2 deutsch (§ 88 LuftPersV)	128
6.3.10	Voraussetzungen, Anerkennung, Rechte/Anforderungen an Prüfer nach JAR-FCL 1 und 2 deutsch	132
6.3.10.1	Kategorien von Prüfern (JAR-FCL 1.420/2.420)	132
6.3.10.2	Prüfer – Allgemeines (JAR-FCL 1.425)	133
6.3.10.3	Gültigkeitsdauer der Anerkennung der Prüfer (JAR-FCL 1.430)	133
6.3.10.4	Flugprüfer FE(A) – Rechte/Anforderungen (JAR-FCL 1.435)	134
6.3.10.5	Prüfer für Musterberechtigungen TRE(A) – Rechte/Anforderungen (JAR-FCL 1.440)	134
6.3.10.6	Prüfer für Klassenberechtigungen CRE(A) – Rechte/Anforderungen (JAR-FCL 1.445)	134
6.3.10.7	Prüfer für Instrumentenflug IRE(A) – Rechte/Anforderungen (JAR-FCL 1.450)	134
6.3.10.8	Prüfer an synthetischen Flugübungsgeräten SFE(A) – Rechte/Anforderungen (JAR-FCL 1.455)	134
6.3.10.9	Prüfer für Lehrberechtigte FIE(A) – Rechte/Anforderungen (JAR-FCL 1.460)	134
6.4	Gemeinsame Vorschriften der LuftPersV (Auszug für Privatflugzeugführer, Segelflugzeugführer, Hubschrauberführer und Führer motorgetriebener Luftsportgeräte)	135
6.4.1	Alleinflüge zum Erwerb, zur Erweiterung oder zur Erneuerung einer Lizenz oder Berechtigung	135
6.4.2	Nachweis der fliegerischen und fachlichen Voraussetzungen, Flugerfahrung der Luftfahrzeugführer und Flugzeitenanrechnung einer Lizenz	135
6.4.3	Durchführung der Prüfungen und Befähigungsüberprüfungen, Berücksichtigung einer theoretischen Vorbildung (LuftPersV)	137
6.4.4	Zuständige Stellen, Antragstellung, Berechtigung zur Ausübung des Sprechfunkdienstes	138
6.4.5	Tauglichkeit	139
7	**Teilnahme am Luftverkehr (Luftverkehrsregeln und -vorschriften, Flugverkehrsdienste)**	**143**
7.1	Die Luftraumordnung gemäß LuftVG und LuftVO	143
7.1.1	Die Fluginformationsgebiete (FIR = Flight Information Regions)	144
7.1.2	Die Kontrollzonen (CTR = Control Zones)	146
7.1.3	Die Luftsperrgebiete (Prohibited Areas = ED-P...)	148
7.1.4	Die Gebiete mit Flugbeschränkungen (Restricted Areas = ED-R...)	149
7.1.4.1	Die Segelflugsektoren	151
7.1.5	Die Gefahrengebiete (Danger Areas = ED-D...)	151
7.1.6	Tiefflüge mit militärischen Strahl- und Transportflugzeugen	152
7.1.7	Gebiete mit besonderen Aktivitäten	155
7.2	Die Luftraumklassifizierung	155
7.2.1	Staffelung von Flügen und Dienste	155
7.2.1.1	Freigaben	156
7.2.1.2	Sprechfunkverkehr	156
7.2.1.3	Minima für VFR-Flüge	156
7.2.1.4	Geschwindigkeitsbeschränkung	156
7.2.1.5	VMC-Minima in der Kontrollzone (CTR)	156
7.2.2	ICAO-Luftraumklassifizierung in der Bundesrepublik Deutschland	157
7.2.2.1	Allgemeines	157
7.2.2.2	Abweichungen von den ICAO-Richtlinien	157
7.2.2.3	Legislative Maßnahmen	157
7.2.3	Klassifizierung des Luftraums	157
7.2.4	Wichtige Hinweise und Verfahren für bestimmte Lufträume	158
7.2.4.1	Luftraum C unter Flugfläche 100 in der Umgebung von Verkehrsflughäfen	158
7.2.4.2	Flüge nach Sichtflugregeln (VFR-Flüge) im Luftraum C in/oberhalb Flugfläche 100	159
7.2.4.3	Kontrollzonen als Luftraum D	160
7.2.4.4	Flüge nach Sichtflugregeln (VFR-Flüge) im Luftraum der Klasse D (nicht Kontrollzone)	161
7.2.4.5	Trennhöhe zwischen Luftraum E und C im Alpengebiet	161
7.2.4.6	Zeitweiliger Luftraum	162
7.2.4.7	Transponder-Schaltung bei VFR-Flügen	162
7.2.4.7.1	Allgemeine Bestimmungen	162
7.2.4.7.2	Gebiete mit Transponderverpflichtung (Transponder Mandatory Zones – TMZ)	162

Inhaltsverzeichnis

Kapitel		Seite
7.2.4.8	Luftraum der Klasse F (HX) in der Umgebung von unkontrollierten Flugplätzen mit IFR-Flugbetrieb	163
7.2.4.9	Zeitliche Wirksamkeit von Lufträumen mit der Kennzeichnung „HX"	164
7.3	Flugverkehrsdienste im Unteren Luftraum (bis FL 245)	170
7.3.1	Der Flugverkehrskontrolldienst (Air Traffic Control Service = ATC)	171
7.3.2	Der Fluginformationsdienst (Flight Information Service = FIS)	172
7.3.3	Der Flugalarmdienst (Alerting Service)	172
7.3.4	Der Flugberatungsdienst (Aeronautical Information Service = AIS)	173
7.3.5	Der Flugfernmeldedienst (Aeronautical Telecommunication Service)	173
7.3.6	Der Flugnavigationsdienst (Aeronautical Navigation Service)	174
7.4	Die Pflichten der Teilnehmer am Luftverkehr (§§ 1 bis 5 a LuftVO)	174
7.4.1	Grundregeln für das Verhalten im Luftverkehr (§ 1 LuftVO)	174
7.4.2	Verantwortlicher Luftfahrzeugführer (§ 2 LuftVO)	175
7.4.3	Rechte und Pflichten des Luftfahrzeugführers (§ 3 LuftVO)	176
7.4.4	Flugvorbereitung (§ 3 a LuftVO)	176
7.4.5	Mitführen von Urkunden und Ausweisen (§ 3 b LuftVO)	177
7.4.6	Anwendung der Flugregeln (§ 4 LuftVO)	177
7.4.7	Anzeige von Flugunfällen und sonstigen Störungen (§ 5 LuftVO)	178
7.5	Die Allgemeinen Regeln (§§ 6 bis 27 a LuftVO)	181
7.5.1	Sicherheitsmindesthöhe, Mindesthöhe bei Überlandflügen nach Sichtflugregeln (§ 6 LuftVO)	181
7.5.2	Abwerfen von Gegenständen (§ 7 LuftVO)	182
7.5.3	Kunstflug (§ 8 LuftVO)	182
7.5.4	Schlepp- und Reklameflüge (§ 9 LuftVO)	182
7.5.5	Uhrzeit und Maßeinheiten (§ 9 a LuftVO)	183
7.5.6	Vermeidung von Zusammenstößen (§ 12 LuftVO)	183
7.5.7	Ausweichregeln (§ 13 LuftVO)	184
7.5.8	Wolkenflüge mit Segelflugzeugen und Luftsportgeräten (§ 14 LuftVO)	186
7.5.9	Erlaubnisbedürftige Außenstarts und Außenlandungen nach § 25 LuftVG (§ 15 LuftVO)	187
7.5.10	Von Luftfahrzeugen zu führende Lichter (§ 17 LuftVO)	187
7.5.11	Übungsflüge unter angenommenen Instrumentenflugbedingungen (§ 18 LuftVO)	188
7.5.12	Gefahrenmeldungen (§ 20 LuftVO)	189
7.5.13	Signale und Zeichen (§ 21 LuftVO)	189
7.5.13.1	Luftfahrtbodenfeuer	196
7.5.13.2	Präzisions-Gleitwegbefeuerung/PAPI	196
7.5.14	Regelung des Flugplatzverkehrs (§ 21 a LuftVO)	197
7.5.14.1	Markierungen von Start- und Landebahnen	198
7.5.15	Flugbetrieb auf einem Flugplatz und in dessen Umgebung (§ 22 LuftVO)	198
7.5.16	Flugbetrieb auf einem Flugplatz mit Flugverkehrskontrollstelle (§ 23 LuftVO)	200
7.5.17	Prüfung der Flugvorbereitung und der vorgeschriebenen Ausweise (§ 24 LuftVO)	200
7.5.18	Flugplanabgabe (§ 25 LuftVO)	201
7.5.19	Flugverkehrskontrollfreigabe (§ 26 LuftVO)	207
7.5.20	Funkverkehr (§ 26 a LuftVO)	208
7.5.21	Standortmeldungen (§ 26 b LuftVO)	209
7.5.22	Startmeldungen (§ 26 d LuftVO)	211
7.5.23	Landemeldungen (§ 27 LuftVO)	211
7.5.24	Flugverfahren (§ 27 a LuftVO)	212
7.6	Die Sichtflugregeln (§§ 28 bis 34 LuftVO)	216
7.6.1	Flüge nach Sichtflugregeln in den Lufträumen mit der Klassifizierung B bis G (§ 28 LuftVO)	217
7.6.2	Höhenmessereinstellung und Reiseflughöhen bei Flügen nach Sichtflugregeln (§ 31 LuftVO)	219
7.6.3	Flüge nach Sichtflugregeln über Wolkendecken (§ 32 LuftVO)	221
7.6.4	Flüge nach Sichtflugregeln bei Nacht (§ 33 LuftVO)	221
7.6.5	Such- und Rettungsflüge (§ 34 LuftVO)	223
7.7	Ergänzungsausrüstung der Luftfahrzeuge und allgemeine Flugbetriebsvorschriften gemäß LuftBO	223
7.7.1	Ergänzungsausrüstung der Luftfahrzeuge	223
7.7.1.1	Ergänzungsausrüstung, die durch den Verwendungszweck erforderlich ist (§ 19 LuftBO)	223
7.7.1.2	Ergänzungsausrüstung, die durch die Betriebsart erforderlich ist (§ 20 LuftBO)	223
7.7.1.3	Ergänzungsausrüstung, die durch äußere Betriebsbedingungen erforderlich ist (§ 21 LuftBO)	224
7.7.1.4	Zusätzliche Ergänzungsausrüstung (§ 22 LuftBO)	225
7.7.2	Allgemeine Flugbetriebsvorschriften (§§ 23 bis 35 LuftBO)	225
7.7.2.1	Verwendung des Luftfahrzeugs (§ 23 LuftBO)	225
7.7.2.2	Betriebsgrenzen für Luftfahrzeuge (§ 24 LuftBO)	225
7.7.2.3	Verlust der Lufttüchtigkeit (§ 25 LuftBO)	225
7.7.2.4	Ausfall von Ausrüstungsteilen (§ 26 LuftBO)	226
7.7.2.5	Kontrollen nach Klarlisten (§ 27 LuftBO)	226
7.7.2.6	Anzeigepflicht (§ 28 LuftBO)	226
7.7.2.7	Betriebsstoffmengen (§ 29 LuftBO)	226
7.7.2.8.	Bordbuch (§ 30 LuftBO)	226
7.7.2.9	Wettermindestbedingungen (§ 35 LuftBO)	227
7.8	Sonstige Bestimmungen (LuftVG und LuftVZO)	227
7.8.1	Selbstkostenflüge (§ 20 Abs. 1 LuftVG)	227
7.8.2	Mitführen gefährlicher Güter (§ 27 LuftVG und §§ 76 bis 78 LuftVZO)	227
7.8.3	Mitführen von Funkgeräten und elektronischen Geräten (§ 27 LuftVG und § 1 bis 4 LuftEBV)	228
7.8.4	Flüge im grenzüberschreitenden Verkehr (Auslandsflüge; 2 Abs. 6 LuftVG und §§ 90 bis 93 LuftVZO)	229

Kapitel		Seite
8	**Haftung im Luftverkehr**	**231**
8.1	Allgemeines zur Haftung im Luftverkehr	231
8.2	Die Haftung des Luftfahrzeughalters (§§ 33 bis 43 LuftVG)	231
8.3	Die Haftung des Luftfrachtführers (§§ 44 bis 51 LuftVG)	233
9	**Straf- und Bußgeldvorschriften**	**235**
9.1	Allgemeines	235
9.2	Ordnungswidrigkeiten (§ 58 LuftVG und § 43 LuftVO)	235
9.3	Straftaten (§§ 59, 60 und 62 LuftVG)	236
9.4	Zuständige Behörden	237
10	**Anhänge**	**239**
10.1	Abkürzungsverzeichnis – Abbreviations	239
10.2	Begriffsbestimmungen und Abkürzungen (JAR-FCL 1.001/2.001)	241
10.3	Inhaltsübersicht der Bestimmungen JAR-FCL 1 (Flugzeug) und JAR-FCL 2 (Hubschrauber) deutsch	243
11	**Sachverzeichnis**	**253**

1 Rechtsvorschriften für den Luftverkehr (Einteilung des Luftrechts)

1.1 Grundgesetz (GG)

Das **Grundgesetz (GG)** – die Verfassung der Bundesrepublik Deutschland vom 23. Mai 1949 – ist die wichtigste Rechtsgrundlage für die Gesetzgebung im Luftverkehrswesen. Insbesondere wurde darin die

> **Gesetzgebungsbefugnis** (vgl. Abschnitt 1.1.1) und die **Verwaltungsbefugnis** (vgl. Abschnitt 1.1.2)

auf dem Gebiet des Luftverkehrs geregelt.

1.1.1 Die Gesetzgebungsbefugnis im Luftverkehrswesen

Im **Artikel 73 Ziffer 6** des Grundgesetzes (GG) wird die **Gesetzgebungsbefugnis** für den Luftverkehr behandelt. Danach obliegt dem

> **Bund** die **ausschließliche Gesetzgebung**

für das Luftverkehrswesen in der Bundesrepublik Deutschland.

Alle **Gesetze** auf dem Gebiet des Luftverkehrs sind also

> **Bundesgesetze.**

Die Länder haben auf diesem Gebiet **keine** Gesetzgebungsbefugnis.

1.1.2 Die Verwaltungsbefugnis im Luftverkehrswesen

Während die Gesetzgebungskompetenz also ausschließlich beim Bund liegt, hat der Gesetzgeber im Bereich der **Verwaltungszuständigkeit** einen etwas anderen Weg beschritten.

Am 6. Februar 1961 wurde der Artikel 87 d in das Grundgesetz (GG) eingefügt, der besagt, dass die

> **Luftverkehrsverwaltung in bundeseigener Verwaltung**

durchzuführen ist. Über die öffentlich-rechtliche oder privat-rechtliche Organisationsform wird durch Bundesgesetz entschieden. Durch das ebenfalls 1961 erlassene Gesetz über die Zuständigkeiten in der Luftverkehrsverwaltung wurde jedoch bestimmt, dass der Bund den Ländern bestimmte Aufgaben als

> **Auftragsverwaltung (Bundesauftragsverwaltung)**

übertragen kann. Der Bund hat von diesem Recht Gebrauch gemacht und durch das Gesetz zugleich den Zuständigkeitskatalog des § 31 Abs. 2 in das LuftVG eingefügt.

Rechtlich ist die Verwaltung damit zunächst Aufgabe des Bundes. In der **Praxis** wurden jedoch so viele Aufgaben auf die Landesbehörden übertragen, dass der Privatpilot fast ausschließlich **Kontakt mit diesen regionalen Behörden** haben wird. Erst bei spezielleren Aufgaben oder im Bereich höherwertigerer Lizenzen werden Bundesbehörden (LBA, EASA, Bundesministerium für Verkehr, Bau und Stadtentwicklung) zuständig.

Nach **Artikel 87 Abs. 3 Satz 1** und **Artikel 87 d GG** darf der Bund für Angelegenheiten, für die ihm die Gesetzgebung zusteht, selbständige Bundesoberbehörden, Anstalten des öffentlichen Rechts, bundesunmittelbare Körperschaften und privatrechtliche Organisationen errichten. Um bestimmte Aufgaben – insbesondere solche **hoheitlicher Natur** – in einer **bundeseigenen Luftverkehrsverwaltung** selbst wahrnehmen zu können, richtete der Bund durch **Änderung des Artikels 87 d GG** und des **Luftverkehrsgesetzes (LuftVG)** als Ersatz für die ehemalige Bundesanstalt für Flugsicherung (BFS) mit Wirkung vom 1. Januar 1993 die **privatrechtliche**

> **DFS Deutsche Flugsicherung GmbH** mit Sitz in Langen

und durch Gesetz vom 30. November 1954 **(LBA-Gesetz)** das

> **Luftfahrt-Bundesamt (LBA)** mit Sitz in Braunschweig

ein (vgl. hierzu Kapitel 2 „Nationale und internationale Organisationen der Luftfahrt [Behörden und Organisationen]").

Die vom **Bundesministerium für Verkehr, Bau und Stadtentwicklung (BMVBS)** als oberster Luftfahrtbehörde des Bundes, der **DFS Deutschen Flugsicherung GmbH** und dem **Luftfahrt-Bundesamt (LBA)** wahrzunehmenden Aufgaben in der Luftverkehrsverwaltung haben fast ausschließlich

> **hoheitliche Natur.**

In der Durchführung dieser Aufgaben üben diese Bundesbehörden bzw. privatrechtlichen Organisationen

> **öffentliche Gewalt**

aus.

1.1.3 Die Bundesauftragsverwaltung durch die Länder

Die Länder führen eine Vielzahl von Aufgaben auf dem Gebiet der Luftverkehrsverwaltung im Auftrag des Bundes **(Bundesauftragsverwaltung)** aus. Diese Aufgaben sind im **§ 31 Absatz 2 Luftverkehrsgesetz (LuftVG)** genau festgelegt. Es handelt sich dabei unter anderem um folgende wichtige Sachgebiete:

- Lizenzerteilung für Privatflugzeugführer, nichtberufsmäßige Führer von Drehflüglern, Motorseglerführer, Segelflugzeugführer, Freiballonführer, Steurer von verkehrszulassungspflichtigen Flugmodellen und sonstigen verkehrszulassungspflichtigen Luftfahrtgerät ohne Luftsportgerät sowie der Berechtigungen nach der Verordnung über Luftfahrtpersonal an diese Personen, ausgenommen hiervon bleiben die Lizenzen, die zugleich mit der Instrumentenflugberechtigung erteilt oder die nachträglich um die Instrumentenflugberechtigung erweitert werden,
- Genehmigung von Flugplätzen, der Flugplatzentgelte und der Flugplatzbenutzungsordnung,
- Genehmigung von Luftfahrtveranstaltungen,
- Erlaubniserteilung zum Starten und Landen außerhalb der genehmigten Flugplätze, außerhalb der Betriebszeiten und außerhalb festgelegter Start- und Landebahnen, ausgenommen die Erteilung der Erlaubnis zum Starten und Landen für nichtmotorgetriebene Luftsportgeräte,
- Wiederstarterlaubnis nach Notlandungen,
- Ausübung der Luftaufsicht (§ 29 LuftVG).

Alle nicht an die Länder delegierten Aufgaben führt der Bund durch seine Behörden bzw. Organisationen (BMVBS, DFS und LBA) selbst aus. **Nach Artikel 85 des Grundgesetzes (GG)** ist es bei der Bundesauftragsverwaltung Sache der Länder, die zur Durchführung der übertragenen Aufgaben notwendigen Behörden selbst einzurichten.

Die **Luftfahrtbehörden der Länder** (vgl. Kapitel 2 „Nationale und internationale Organisationen der Luftfahrt [Behörden und Organisationen]") unterstehen bei der Ausführung ihrer Aufgaben im Auftrag des Bundes dem

> **Weisungsrecht** und der **Aufsicht des Bundes.**

Die Bundesaufsicht erstreckt sich dabei auf die **Zweckmäßigkeit** und die **Gesetzmäßigkeit** der Ausführung.

1.1.4 Verordnungen des Europäischen Parlaments und des Rates im Bereich der Zivilluftfahrt

Die folgenden Verordnungen des Europäischen Parlaments und des Rates **gelten unmittelbar** in jedem Mitgliedsstaat, also auch in der Bundesrepublik Deutschland, im Bereich der Zivilluftfahrt.

- Die Verordnung (EG) Nr. **216/2008** des Europäischen Parlamentes und des Rates vom 20. Februar 2008 zur „Festlegung gemeinsamer Vorschriften für die Zivilluftfahrt und zur Errichtung einer Europäischen Agentur für Flugsicherheit."

- Die Verordnung (EG) Nr. **1702/2003** der Kommission vom 24. September 2003 zur „Festlegung der Durchführungsbestimmungen für die Erteilung von Lufttüchtigkeits- und Umweltzeugnissen für Luftfahrzeuge und zugehörige Erzeugnisse, Teile und Ausrüstungen sowie für die Zulassung von Entwicklungs- und Herstellungsbetrieben" und mit dieser Verordnung (als Anhang)
  - Anhang **(Part-21)** „Zertifizierung von Luftfahrzeugen und zugehörigen Produkten, Bau- und Ausrüstungsteilen von Entwicklungs- und Herstellungsbetrieben."
- Die Verordnung (EG) Nr. **2042/2003** der Kommission vom 20. November 2003 über die „Aufrechterhaltung der Lufttüchtigkeit von Luftfahrzeugen, Teilen und Ausrüstungen und die Erteilung von Genehmigungen für Organisationen und Personen, die diese Tätigkeiten ausführen" und mit dieser Verordnung als Anhänge;
  - **Anhang I (Part-M)** Continuing airworthiness requirements;
  - **Anhang II (Part-145)** Maintenance organisation approvals;
  - **Anhang III (Part-66)** Certifying staff;
  - **Anhang IV (Part-147)** Training organisation requirements.

1.1.4.1 Die Verordnung (EG) Nr. 216/2008 des Europäischen Parlaments und des Rates zur „Festlegung gemeinsamer Vorschriften für die Zivilluftfahrt und zur Errichtung einer Europäischen Agentur für Flugsicherheit"

Die Verordnung (EG) Nr. 216/2008, die auch als „**Grundverordnung**" bezeichnet wird, wurde u.a. in Erwägung nachstehender Gründe, verabschiedet **(Auszüge):**

a) Im Bereich der Zivilluftfahrt sollte für die europäischen Bürger jederzeit ein **einheitliches und hohes Schutzniveau** gewährleistet sein; hierzu sind **gemeinsame Sicherheitsvorschriften** zu erlassen und es ist sicherzustellen, dass **Erzeugnisse, Personen und Organisationen,** die in der Gemeinschaft im Umlauf bzw. tätig sind, diese Vorschriften sowie die geltenden **Umweltschutzvorschriften** einhalten.

b) Es sollten **luftfahrttechnische Erzeugnisse einem Zulassungsverfahren** unterzogen werden, bei dem überprüft wird, ob sie den grundlegenden **Lufttüchtigkeits- und Umweltschutzanforderungen der Zivilluftfahrt** genügen (vgl. Abschnitt 1.1.4.2 „**Verordnung (EG) 1702/2003** der Kommission zur Festlegung der Durchführungsbestimmungen für die Erteilung von Lufttüchtigkeits- und Umweltzeugnissen für Luftfahrzeuge und zugehörige Erzeugnisse, Teile und Ausrüstungen sowie für die Zulassung von Entwicklungs- und Herstellungsbetrieben").

Ebenfalls sollten entsprechende grundlegende Anforderungen für den Betrieb von Luftfahrzeugen und für die Zulassung der Flugbesatzung und für die Anwendung dieser Verordnung auf **Drittluftfahrzeuge** sowie für andere Bereiche der **Sicherheit der Zivilluftfahrt** erarbeitet werden.

c) Die Gemeinschaft sollte im Einklang mit den Normen und empfohlenen Verfahren des Abkommens von Chicago grundlegende Anforderungen für luftfahrttechnische Erzeugnisse, Teile und Ausrüstungen sowie für Personen und Organisationen, die mit dem Betrieb von Luftfahrzeugen befasst sind, und für Personen und Erzeugnisse festlegen, die bei der Ausbildung und flugmedizinischen Untersuchung von Piloten eingesetzt werden bzw. mitwirken. Die Kommission sollte ermächtigt werden, die erforderlichen Durchführungsvorschriften zu erarbeiten.

d) In allen Bereichen, die unter diese Verordnung fallen, sind bessere Verfahren erforderlich, so dass bestimmte Aufgaben von einer speziellen Fachinstanz auf Gemeinschaftsebene wahrgenommen werden können. Es besteht daher die Notwendigkeit eine **Europäische Agentur für Flugsicherheit – EASA** (vgl. Abschnitt 2.2.3 „Europäische Agentur für Flugsicherheit") zu schaffen, die am 28. September 2003 ihre Arbeit aufgenommen hat.

e) Mit der **Verordnung (EG) Nr. 216/2008** wird ein angemessener und umfassender Rahmen für die **umweltrechtliche Zulassung** von luftfahrttechnischen Erzeugnissen sowie für die Festlegung und Umsetzung von **gemeinsamen technischen Anforderungen und Verwaltungsverfahren** im Bereich der Zivilluftfahrt geschaffen.

Es folgen nun **einige Artikel oder Ausschnitte aus den verschiedenen Kapiteln der Verordnung (EG) 216/2008** die auch für den Privatpiloten von Bedeutung sind.

Geltungsbereich (Kapitel I, Artikel 1 – Auszug)

(1) Die Verordnung (EG) 216/2008 gilt für:

a) **die Konstruktion, die Herstellung, die Instandhaltung und den Betrieb** von luftfahrttechnischen Erzeugnissen, Teilen und Ausrüstungen sowie für **Personen und Organisationen,** die mit der Konstruktion, Herstellung und Instandhaltung dieser Erzeugnisse, Teile und Ausrüstungen befasst sind;

b) **Personen und Organisationen,** die mit dem **Betrieb** von Luftfahrzeugen befasst sind.

(2) Diese Verordnung gilt **nicht** für Fälle, in denen in Absatz 1 genannte Erzeugnisse, Teile, Ausrüstungen, Personen und Organisationen einer **militär-, zoll- oder polizeidienstlichen oder ähnlichen Verwendung** dienen. Die Mitgliedstaaten verpflichten sich, dafür zu sorgen, dass bei diesen dienstlichen Verwendungen, so weit als durchführbar, den Zielen dieser Verordnung gebührend Rechnung getragen wird.

Ziele (Kapitel I, Artikel 2 – Auszug)

(1) Hauptziel dieser Verordnung ist die Schaffung und die Aufrechterhaltung eines einheitlichen, hohen Niveaus der zivilen Flugsicherheit in Europa.

(2) In den von dieser Verordnung erfassten Bereichen bestehen u. a. folgende weitere Ziele:

a) die Sicherstellung eines einheitlichen und hohen Niveaus des **Umweltschutzes;**
b) die Errichtung einer unabhängigen **Europäischen Agentur für Flugsicherheit;**
c) die **einheitliche Umsetzung aller notwendigen Rechtsvorschriften** durch die einzelstaatlichen Luftfahrtbehörden und die Agentur im Rahmen ihrer jeweiligen Aufgabenbereiche.

Begriffsbestimmungen (Kapitel I, Artikel 3 – Auszug)

Im Sinne dieser Verordnung bezeichnet der Ausdruck

a) „**fortlaufende Aufsicht**" die Aufgaben, die durchzuführen sind, um zu überprüfen, ob die Bedingungen, unter denen ein Zeugnis erteilt wurde, während der Geltungsdauer des Zeugnisses jederzeit weiterhin erfüllt sind sowie die Ergreifung von Schutzmaßnahmen;
b) „**Abkommen von Chicago**" das am 7. Dezember 1944 in Chicago unterzeichnete Abkommen über die Internationale Zivilluftfahrt und seine Anhänge;
c) „**Erzeugnis**" ein Luftfahrzeug, einen Motor oder einen Propeller;
d) „**Teile und Ausrüstungen**" ein Instrument, eine Vorrichtung, einen Mechanismus, ein Teil, ein Gerät, eine Armatur oder ein Zubehörteil, einschließlich Kommunikationseinrichtungen, der/die/das für den Betrieb oder die Kontrolle eines Luftfahrzeugs im Flugbetrieb verwendet wird oder verwendet werden soll und in ein Luftfahrzeug eingebaut oder an ein Luftfahrzeug angebaut ist; dazu gehören auch Teile einer Flugzeugzelle, eines Motors oder eines Propellers;
e) „**Zulassung**" jede Form der Anerkennung, dass ein Erzeugnis, ein Teil oder eine Ausrüstung, eine Organisation oder eine Person die geltenden Vorschriften, einschließlich der Bestimmungen dieser Verordnung und ihrer Durchführungsbestimmungen, erfüllt sowie die Ausstellung des entsprechenden Zeugnisses, mit dem diese Übereinstimmung bescheinigt wird;
f) „**qualifizierte Stelle**" eine Stelle, der unter der Kontrolle und Verantwortung der Agentur oder einer nationalen Luftfahrtbehörde von der Agentur bzw. Luftfahrtbehörde eine spezielle Zulassungsaufgabe übertragen werden darf;
g) „**Zeugnis**" einen Genehmigungsschein, einen Erlaubnisschein oder eine andere Urkunde, die als Ergebnis der Zulassung ausgestellt wird;
h) „**Betreiber**" eine juristische oder natürliche Person, die ein oder mehrere Luftfahrzeuge betreibt oder zu betreiben beabsichtigt;
i) „**Flugsimulationsübungsgerät**" jede Art von Gerät, mit dem Flugbedingungen am Boden simuliert werden; dazu gehören Flugsimulatoren, Flugübungsgeräte, Flug- und Navigationsverfahrens-Übungsgeräte sowie Basisinstrumentenübungsgeräte;
j) „**Berechtigung**" einen Vermerk in einer Lizenz, mit dem Rechte, besondere Bedingungen oder Einschränkungen im Zusammenhang mit dieser Lizenz festgelegt werden.

Grundsatzregelungen und Anwendbarkeit (Kapitel II, Artikel 4 – Auszug)

(1) Luftfahrzeuge, einschließlich eingebauter Erzeugnisse, Teile und Ausrüstungen, die

a) von einer Organisation konstruiert oder hergestellt werden, über die die Agentur oder ein Mitgliedstaat die **Sicherheitsaufsicht ausübt,** oder
b) in einem **Mitgliedstaat** registriert sind, es sei denn, die behördliche Sicherheitsaufsicht hierfür wurde an ein Drittland delegiert und sie werden nicht von einem Gemeinschaftsbetreiber eingesetzt, oder

c) in einem **Drittland** registriert sind und von einem Betreiber eingesetzt werden, über den ein Mitgliedstaat die **Betriebsaufsicht** ausübt, oder von einem Betreiber, der in der Gemeinschaft niedergelassen oder ansässig ist, auf Strecken in die, innerhalb der oder aus der Gemeinschaft eingesetzt werden, oder

d) in einem Drittland registriert sind oder in einem Mitgliedstaat registriert sind, der die behördliche Sicherheitsaufsicht hierfür an ein Drittland delegiert hat, und von einem Drittlandsbetreiber auf Strecken in die, innerhalb der oder aus der Gemeinschaft eingesetzt werden, müssen dieser Verordnung entsprechen.

(2) Absatz 1 gilt nicht für die in Anhang II aufgeführten Luftfahrzeuge. Es sind Luftfahrzeuge, die zu mindestens einer der nachfolgenden Kategorien gehören:

a) historische Luftfahrzeuge, die folgende Kriterien erfüllen:
- technisch weniger komplizierte Luftfahrzeuge,
  - deren ursprüngliche Auslegung vor dem 1.1.1955 festgelegt wurde und
  - deren Produktion vor dem 1.1.1975 eingestellt wurde oder
- Luftfahrzeuge von eindeutiger **historischer Bedeutung**
  - aufgrund der Teilnahme an einem bemerkenswerten historischen Ereignis oder
  - als wichtiger Schritt in der Entwicklung der Luftfahrt oder
  - aufgrund einer wichtigen Rolle innerhalb der Streitkräfte eines Mitgliedstaates;

b) speziell für Forschungszwecke, Versuchszwecke oder wissenschaftliche Zwecke ausgelegte oder veränderte Luftfahrzeuge, die wahrscheinlich in sehr begrenzten Stückzahlen produziert werden;

c) Luftfahrzeuge, die zu mindestens 51% von einem Amateur oder einer Amateurvereinigung ohne Gewinnzweck für den Eigengebrauch ohne jegliche gewerbliche Absicht gebaut werden;

d) militärisch genutzte Luftfahrzeuge, sofern es sich nicht um Muster handelt, für die eine Musterbauart von der Agentur festgelegt wurde;

e) Flächenflugzeuge, Hubschrauber und Motorgleitschirme mit höchstens zwei Sitzen und einer von den Mitgliedstaaten erfassten höchstzulässigen Startmasse (MTOM) von nicht mehr als
- **300 kg im Fall von einsitzigen Landflugzeugen/-hubschraubern** oder
- **450 kg im Fall von zweisitzigen Landflugzeugen/-hubschraubern** oder
- **330 kg im Fall von einsitzigen Amphibienflugzeugen oder Schwimmerflugzeugen/-hubschraubern** oder
- **495 kg im Fall von zweisitzigen Amphibienflugzeugen oder Schwimmerflugzeugen/-hubschraubern,** sofern sie für den Fall, dass sie sowohl als Schwimmerflugzeuge/-hubschrauber als auch als Landflugzeuge/-hubschrauber betrieben werden, jeweils beide MTOM-Grenzwerte nicht überschreiten;
- **472,5 kg im Fall von zweisitzigen Landflugzeugen** mit an der Zelle montiertem Fallschirm-Gesamtrettungssystem;
- **315 kg im Fall von einsitzigen Landflugzeugen** mit an der Zelle montiertem Fallschirm-Gesamtrettungssystem und,

bei Flächenflugzeugen, mit einer Abreißgeschwindigkeit oder Mindestgeschwindigkeit im stationären Flug in Landekonfiguration von höchstens 35 Knoten CAS (Calibrated Air Speed – berichtigte Fluggeschwindigkeit);

f) einsitzige und zweisitzige Tragschrauber mit einer höchstzulässigen Startmasse von nicht mehr als 560 kg;

g) Segel- und Gleitflugzeuge mit einer höchstzulässigen Leermasse von nicht mehr als 80 kg im Fall von einsitzigen bzw. 100 kg im Fall von zweisitzigen Flugzeugen, einschließlich fußstartfähiger Flugzeuge;

h) Nachbildungen von Luftfahrzeugen gemäß den Buchstaben a bis d, deren Konstruktion dem Original-Luftfahrzeug ähnlich ist;

i) unbemannte Luftfahrzeuge mit einer Betriebsmasse von nicht mehr als 150 kg;

j) sonstige Luftfahrzeuge mit einer höchstzulässigen Leermasse (einschließlich Kraftstoff) von nicht mehr als 70 kg.

Das bedeutet, dass die EASA grundsätzlich für Musterzulassung von Luftfahrzeugen, einschließlich eingebauter Erzeugnisse, Teile und Ausrüstungen zuständig ist, eben ausgenommen die oben genannten Luftfahrzeuge, einschließlich deren eingebauten Erzeugnisse, Teile und Ausrüstungen.

Die EASA kann und hat gewisse Aufgaben aus ihrem Verantwortungszuständigkeitsbereich an die nationalen Luftfahrtbehörden der EU, auch an das Luftfahrt-Bundesamt (vgl. Abschnitt 2.1.3 „Das Luftfahrt-Bundesamt") per Vertrag abgetreten.

(3) Diese Verordnung lässt die Rechte von Drittländern aus **internationalen Übereinkünften,** insbesondere aus dem **Abkommen von Chicago, unberührt.**

Lufttüchtigkeit (Kapitel II, Artikel 5 – Auszug)

(1) Luftfahrzeuge im Sinne des Artikels 4 Absatz 1 Buchstabe a, b und c müssen die festgelegten grundlegenden Anforderungen für die **Lufttüchtigkeit** erfüllen.

(2) Für Luftfahrzeuge im Sinne des Artikels 4 Absatz 1 Buchstabe b und daran angebrachte Erzeugnisse, Teile und Ausrüstungen ist der **Nachweis für die Erfüllung dieser Anforderungen wie folgt zu erbringen:**

  a) Für Erzeugnisse muss eine **Musterzulassung** vorliegen. **Die Musterzulassung und die Änderungsgenehmigungen, einschließlich der zusätzlichen Musterzulassungen werden erteilt,** wenn der Antragsteller nachgewiesen hat, dass das Erzeugnis der **Musterzulassungsgrundlage** entspricht und wenn das Erzeugnis keine Merkmale oder Eigenschaften aufweist, die die **Betriebssicherheit** beeinträchtigen. Die Musterzulassung gilt für das Erzeugnis einschließlich aller eingebauten Teile und Ausrüstungen.

  b) Für Teile und Ausrüstungen können **spezielle Zeugnisse** erteilt werden.

  c) Für jedes Luftfahrzeug ist ein **individuelles Lufttüchtigkeitszeugnis** auszustellen, wenn nachgewiesen wird, dass es der in seiner Musterzulassung genehmigten **Musterbauart** entspricht und dass die einschlägigen Unterlagen, Inspektionen und Prüfungen belegen, dass das Luftfahrzeug die Voraussetzungen für einen **sicheren Betrieb** erfüllt. **Das Lufttüchtigkeitszeugnis gilt, solange es nicht ausgesetzt, entzogen oder widerrufen wird und solange das Luftfahrzeug entsprechend den grundlegenden Anforderungen für die Erhaltung der Lufttüchtigkeit instand gehalten wird.**

  d) Für den **Entwurf und die Herstellung von Erzeugnissen, Teilen und Ausrüstungen zuständige Organisationen** müssen nachweisen, dass sie über die Befähigung und die Mittel zur Wahrnehmung der Verantwortlichkeiten verfügen, die mit ihren Sonderrechten verbunden sind. Sofern nichts anderes gestattet wurde, werden diese Befähigung und diese Mittel durch das Ausstellen einer **Organisationszulassung** anerkannt. Die der zugelassenen Organisation gewährten Sonderrechte und der Geltungsbereich der Zulassung werden in den Zulassungsbedingungen aufgeführt.

(3) Abweichend von den obigen Absätzen gilt Folgendes:

  a) **Eine Fluggenehmigung** kann erteilt werden, wenn nachgewiesen wird, dass mit dem Luftfahrzeug Flüge unter Normalbedingungen **sicher** durchgeführt werden können. Sie wird **mit angemessenen Beschränkungen,** insbesondere zum Schutz der Sicherheit von Dritten erteilt.

  b) **Ein eingeschränktes Lufttüchtigkeitszeugnis** kann für Luftfahrzeuge ausgestellt werden, für die keine Musterzulassung nach Absatz 2 Buchstabe a) erteilt wurde. In diesem Fall muss nachgewiesen werden, dass das Luftfahrzeug **besondere Spezifikationen für die Lufttüchtigkeit erfüllt,** wobei Abweichungen von den grundlegenden Anforderungen gemäß Absatz 1 dennoch **eine angemessene Sicherheit** im Verhältnis zu dem jeweiligen Zweck gewährleisten ...

  c) Wenn es die Anzahl von Luftfahrzeugen des gleichen Typs, für die ein eingeschränktes Lufttüchtigkeitszeugnis ausgestellt werden kann, rechtfertigt, kann eine **eingeschränkte Musterzulassung** erteilt werden; in diesem Fall wird eine **angemessene Musterzulassungsgrundlage** festgelegt.

(4) Die Maßnahmen zur Änderung nicht wesentlicher Bestimmungen dieses Artikels 5 durch Ergänzung werden nach dem Regelungsverfahren dieser Verordnung mit Kontrolle erlassen und es sind u. a. die Bedingungen für **Musterzulassungsgrundlagen,** für die Lufttüchtigkeit, auch für ein eingeschränktes Lufttüchtigkeitszeugnis, für die Erhaltung der Lufttüchtigkeit von Erzeugnissen, für Erteilung, Beibehaltung, Änderung, Aussetzung oder Widerruf von Musterzulassungen, eingeschränkten Musterzulassungen, Änderungsgenehmigungen für Musterzulassungen, individuellen Lufttüchtigkeitszeugnissen, eingeschränkten Lufttüchtigkeitszeugnissen, Fluggenehmigungen und Zeugnissen für Erzeugnisse, Teile oder Ausrüstungen festgelegt, einschließlich folgender Aspekte:

- Vorschriften für die **Gültigkeitsdauer** dieser Zulassungen bzw. Zeugnisse und ihre **Verlängerung,** sofern diese befristet sind;
- Einschränkungen für die Ausstellung von **Fluggenehmigungen.**
- Mindestlehrplan für die Ausbildung des Personals, das berechtigt ist, die Instandhaltung zu bescheinigen und
- Mindestlehrplan für den Erwerb einer Pilotenberechtigung und die Zulassung der betreffenden Simulationen.

Grundlegende Anforderungen an den Umweltschutz (Kapitel II, Artikel 6 – Auszug)

Hier wird u. a. festgelegt, dass die Erzeugnisse, Teile und Ausrüstungen den **Umweltschutzanforderungen** des Anhang 16 des Abkommens von Chicago (ICAO-Abkommen) mit Ausnahme seiner Anlagen, entsprechen müssen.

Piloten (Kapitel II, Artikel 7 – Auszug)

(1) Piloten, die mit dem Führen von Luftfahrzeugen im Sinne von Artikel 4 Absatz 1 Buchstaben b und c befasst sind, sowie **Flugsimulationsübungsgeräte, Personen und Organisationen, die bei der Ausbildung, Prüfung, Kontrolle und flugmedizinischen Untersuchung** dieser Piloten eingesetzt werden bzw. mitwirken, müssen den in Anhang III der VO (EG) 216/2008 aufgeführten einschlägigen **„grundlegenden Anforderungen"** genügen.

(2) Außer im Rahmen der Ausbildung darf eine Person die Funktion des Piloten nur dann ausüben, wenn sie im Besitz einer Lizenz und eines ärztlichen Zeugnisses ist, die der auszuführenden Tätigkeit entsprechen.

Einer Person wird nur dann eine Lizenz erteilt, wenn sie die Vorschriften, die zur Sicherstellung der Erfüllung der grundlegenden Anforderungen an **theoretische Kenntnisse, praktische Fertigkeiten, Sprachkenntnisse und Erfahrung gemäß Anhang III der VO (EG) 216/2008** erlassen wurden, erfüllt.

Einer Person wird ein **ärztliches Zeugnis** nur dann ausgestellt, wenn sie die Vorschriften, die zur Sicherstellung der Erfüllung der grundlegenden Anforderungen an die **flugmedizinische Tauglichkeit** gemäß **Anhang III der VO (EG) 216/2008** erlassen wurden, erfüllt. Dieses ärztliche Zeugnis kann von **flugmedizinischen Sachverständigen oder flugmedizinischen Zentren ausgestellt werden.**

Ungeachtet des Unterabsatzes 3 kann im Falle einer **Pilotenlizenz für Freizeitflugverkehr** ein Arzt für Allgemeinmedizin, dem der Gesundheitszustand des Antragstellers hinreichend genau bekannt ist, im Einklang mit den detaillierten Durchführungsbestimmungen, die nach den in der VO (EG) 216/2008 genannten Verfahren erlassen werden, als flugmedizinischer Sachverständiger fungieren, **wenn dies nach nationalem Recht zulässig ist;** die Durchführungsbestimmungen stellen sicher, dass das Sicherheitsniveau aufrechterhalten wird.

Die dem Piloten gewährten Sonderrechte sowie der Geltungsbereich der Lizenz und des ärztlichen Zeugnisses sind in der Lizenz und dem Zeugnis zu vermerken.

Die Anforderungen der Unterabsätze 2 und 3 können durch **Anerkennung von Lizenzen und ärztlichen Zeugnissen** erfüllt werden, die **von einem Drittland oder in dessen Namen** erteilt wurden, sofern es sich um Piloten handelt, die mit dem Führen von Luftfahrzeugen im Sinne von Artikel 4 Absatz 1 Buchstabe c befasst sind.

(3) Die Befähigung der Ausbildungseinrichtungen für Piloten und der flugmedizinischen Zentren, die mit ihren Sonderrechten verbundenen Verantwortlichkeiten in Bezug auf die Ausstellung von Lizenzen und ärztlichen Zeugnissen wahrzunehmen, **wird durch Ausstellung einer Zulassung anerkannt. Ausbildungseinrichtungen für Piloten oder flugmedizinischen Zentren wird eine Zulassung erteilt,** wenn die betreffende Organisation die Vorschriften, die zur Sicherstellung der Erfüllung der entsprechenden grundlegenden Anforderungen gemäß Anhang III der VO (EG) 216/2008 erlassen wurden, erfüllt. **Die durch die Zulassung gewährten Sonderrechte sind darin zu vermerken.**

(4) Für die Pilotenausbildung verwendete Flugsimulationsübungsgeräte müssen zugelassen sein. Das entsprechende Zeugnis wird erteilt, wenn nachgewiesen ist, dass das Gerät die Vorschriften, die zur Sicherstellung der Erfüllung der entsprechenden grundlegenden Anforderungen gemäß Anhang III der VO (EG) 216/2008 erlassen wurden, erfüllt.

(5) Personen, die für die Flugausbildung oder die Flugsimulatorausbildung oder die Bewertung der Befähigung eines Piloten verantwortlich sind sowie flugmedizinische Sachverständige müssen im Besitz eines entsprechenden Zeugnisses sein. Dieses Zeugnis wird erteilt, wenn nachgewiesen ist, dass die betreffende Person die Vorschriften, die zur Sicherstellung der Erfüllung der entsprechenden grundlegenden Anforderungen gemäß Anhang III der VO (EG) 216/2008 erlassen wurden, erfüllt. **Die durch das Zeugnis gewährten Sonderrechte sind darin zu vermerken.**

(6) Die Maßnahmen **zur Änderung nicht wesentlicher Bestimmungen** dieses Artikels durch Ergänzung werden nach dem in Artikel 65 Absatz 4 der VO (EG) 216/2008 genannten **Regelungsverfahren mit Kontrolle** erlassen. In diesen Maßnahmen wird insbesondere Folgendes festgelegt:

  a) **die verschiedenen Berechtigungen für Pilotenlizenzen** und die für die unterschiedlichen Arten von Tätigkeiten geeigneten **ärztlichen Zeugnisse;**

  b) **die Bedingungen für Erteilung, Beibehaltung, Änderung, Einschränkung, Aussetzung oder Widerruf der Lizenzen, Berechtigungen für Lizenzen, ärztlichen Zeugnisse, Zulassungen und Zeugnisse** im Sinne der Absätze 2, 3, 4 und 5 und die Voraussetzungen, unter denen diese Zulassungen und Zeugnisse nicht verlangt zu werden brauchen;

  c) **die Sonderrechte und Verantwortlichkeiten der Inhaber der Lizenzen, Berechtigungen für Lizenzen, ärztlichen Zeugnisse, Zulassungen und Zeugnisse** im Sinne der Absätze 2, 3, 4 und 5;

  d) die Bedingungen für die Umwandlung bestehender nationaler Pilotenlizenzen und nationaler Flugingenieurlizenzen in Pilotenlizenzen sowie die Bedingungen für **die Umwandlung** nationaler ärztlicher Zeugnisse **in allgemein anerkannte ärztliche Zeugnisse;**

e) unbeschadet der Bestimmungen bilateraler Abkommen, die in Einklang mit Artikel 12 geschlossen wurden, die Bedingungen für die **Anerkennung von Lizenzen aus Drittländern;**

f) ...

(7) Beim Erlass der in Absatz 6 genannten Maßnahmen achtet die Kommission besonders darauf, dass diese dem **Stand der Technik einschließlich der bewährten Verfahren und dem wissenschaftlichen und technischen Fortschritt auf dem Gebiet der Pilotenausbildung** entsprechen.

Diese Maßnahmen umfassen auch **Bestimmungen für die Ausstellung aller Arten von Pilotenlizenzen und Berechtigungen, die nach dem Abkommen von Chicago erforderlich sind,** und für die Ausstellung einer Pilotenlizenz für Freizeitflugverkehr, die nichtgewerblichen Flugverkehr unter Nutzung eines Luftfahrzeugs mit einer höchstzulässigen Startmasse von bis zu 2 000 kg abdeckt, das die in Artikel 3 Buchstabe j („technisch kompliziertes motorgetriebenes Luftfahrzeug") genannten Kriterien nicht erfüllt.

Flugbetrieb (Kapitel II, Artikel 8 – Auszug)

(1) Der Betrieb von Luftfahrzeugen im Sinne von Artikel 4 Absatz 1 Buchstaben b und c muss den in Anhang IV der VO (EG) 216/2008 aufgeführten grundlegenden Anforderungen genügen.

Von einem Drittlandsbetreiber auf Strecken in die, innerhalb der oder aus der Gemeinschaft eingesetzte Luftfahrzeuge Flugbetrieb (Kapitel II, Artikel 9 – Auszug)

(1) In Artikel 4 Absatz 1 Buchstabe d genannte Luftfahrzeuge sowie ihre Besatzung und ihr Betrieb müssen die geltenden ICAO-Normen erfüllen. Sind diesbezügliche Normen nicht vorhanden, müssen diese Luftfahrzeuge und ihr Betrieb die in den Anhängen I, III und IV der VO (EG) 216/2008 festgelegten Anforderungen erfüllen, sofern diese Anforderungen den Rechten dritter Länder aufgrund internationaler Übereinkünfte nicht zuwiderlaufen.

Aufsicht und Durchsetzung Flugbetrieb (Kapitel II, Artikel 10 – Auszug)

(1) Die Mitgliedstaaten, die Kommission und die Agentur arbeiten zusammen, um zu gewährleisten, dass alle von dieser Verordnung erfassten Erzeugnisse, Personen oder Organisationen ihre Vorschriften und Durchführungsbestimmungen erfüllen.

Anerkennungen von Zulassungen bzw. Zeugnissen (Kapitel II, Artikel 11 – Auszug)

Die Mitgliedstaaten erkennen ohne weitere technische Anforderungen oder Bewertungen **Zulassungen bzw. Zeugnisse an,** die gemäß dieser Verordnung erteilt wurden. Wurde die ursprüngliche Anerkennung für einen bestimmten Zweck oder bestimmte Zwecke erteilt, bezieht sich eine nachfolgende Anerkennung ausschließlich auf dieselben Zwecke.

Im Kapitel III der Grundverordnung sind die Aufgaben der Europäischen Agentur für Flugsicherung (EASA) [vgl. Abschnitt 2.2.3 „Europäische Agentur für Flugsicherheit (EASA)"], die bereits ihre Arbeit in Köln aufgenommen hat, festgelegt.

Im Anhang I der Verordnung sind die **grundlegenden Anforderungen** an die **Lufttüchtigkeit** in allen Einzelheiten spezifiziert.

Der Anhang II der Verordnung listet die Luftfahrzeuge auf, die nicht dieser Verordnung unterliegen. Diese unterliegen der Musterzulassung der **nationalen Behörden** und diese erteilen auch das Lufttüchtigkeitszeugnis für die dort genannten Luftfahrzeuge (vgl. Artikel 4 Kapitel II Absatz 2) – im Sprachgebrauch die **„Anhang II Luftfahrzeuge."**

Im Anhang III der Verordnung sind die **grundlegenden Anforderungen** für die **Erteilung von Pilotenlizenzen** gemäß Artikel 7 festgelegt.
1. Ausbildung
2. Erforderliche Erfahrung
3. Ausbildungseinrichtungen
4. Flugmedizinische Tauglichkeit

Im Anhang IV der Verordnung sind die **grundlegenden Anforderungen** an den **Flugbetrieb** gemäß Artikel 8 festgelegt.
1. Allgemeines
2. Flugvorbereitung
3. Flugbetrieb
4. Flugzeugleistung und Betriebsgrenzen

1 Rechtsvorschriften für den Luftverkehr (Einteilung des Luftrechts)

5. Instrumente, Daten und Ausrüstung
6. Erhaltung der Lufttüchtigkeit
7. Besatzungsmitglieder
8. Zusätzliche Anforderungen für den gewerblichen Betrieb und für den Betrieb technisch komplizierter motorgetriebener Luftfahrzeuge

1.1.4.2 Die Verordnung (EG) Nr. 1702/2003 der Kommission zur Festlegung der Durchführungsbestimmungen für die Erteilung von Lufttüchtigkeits- und Umweltzeugnissen für Luftfahrzeuge und zugehörige Erzeugnisse, Teile und Ausrüstungen sowie für die Zulassung von Entwicklungs- und Herstellungsbetrieben

Die Kommission der Europäischen Gemeinschaften, gestützt auf die Verordnung (EG) Nr. 216/2008, die „Grundverordnung", hat diese **Verordnung Nr. 1702/2003** erlassen, aus der die folgenden Artikel, soweit sie den Privatpiloten betreffen, zum Teil auch nur in Ausschnitten, entnommen sind:

Geltungsbereich und Begriffsbestimmungen (Artikel 1)

(1) Diese Verordnung enthält gemäß Artikel 5 und Artikel 6 der Grundverordnung die gemeinsamen technischen Anforderungen und Verwaltungsverfahren für die Erteilung von **Lufttüchtigkeits- und Umweltzeugnissen** für Erzeugnisse, Teile und Ausrüstungen, einschließlich:
  a) **Erteilung von Musterzulassungen,** eingeschränkten Musterzulassungen, zusätzlichen Musterzulassungen und Änderungsgenehmigungen für solche Zulassungen;
  b) **Ausstellung von Lufttüchtigkeitszeugnissen,** eingeschränkten Lufttüchtigkeitszeugnissen, Flugzulassungen und offiziellen Freigabebescheinigungen;
  c) Erteilung von **Genehmigungen für Reparaturverfahren;**
  d) Nachweis der Einhaltung von **Umweltschutzvorschriften;**
  e) Ausstellung von **Lärmzeugnissen;**
  f) **Kennzeichnung** von Erzeugnissen, Teilen und Ausrüstungen;
  g) **Zulassung** bestimmter Teile und Ausrüstungen;
  h) **Zulassung von Entwicklungs- und Herstellungsbetrieben;**
  i) Erteilung von **Lufttüchtigkeitsanweisungen.**

(2) Im Sinne der vorliegenden Verordnung gelten folgende **Begriffsbestimmungen:**
  a) „**JAA**" steht für „Joint Aviation Authorities",
  b) „**JAR**" steht für die „Joint Aviation Requirements",
  c) „**Teil 21**" steht für die Anforderungen und Verfahren für die Zertifizierung von Luftfahrzeugen und zugehörigen Produkten, Bau- und Ausrüstungsteilen, und von Entwicklungs- und Herstellungsbetrieben, die der vorliegenden Verordnung beigefügt sind.
  d) „**Teil M**" steht für die umzusetzenden Anforderungen an die Aufrechterhaltung der Lufttüchtigkeit, die in Übereinstimmung mit der vorliegenden Verordnung angenommen wurden.

Zulassung von Erzeugnissen, Teilen und Ausrüstungen (Artikel 2)

(1) Für Erzeugnisse, Teile und Ausrüstungen werden die in Teil 21 angegebenen Zeugnisse ausgestellt.

Weiter folgen in diesem Artikel Bestimmungen für Luftfahrzeuge, einschließlich eingebauter Erzeugnisse, Teile und Ausrüstungen, die nicht in einem Mitgliedstaat registriert sind, denen vor dem 28. September 2003 von einem damaligen Mitgliedstaat eine Musterzulassung erteilt wurde, für Erzeugnisse mit einem am 28. September 2003 laufenden Musterzulassungsverfahren bei der JAA oder einem Mitgliedstaat, für Erzeugnisse mit einer nationalen Musterzulassung oder gleichwertigen Zulassung, deren Genehmigungsverfahren für eine Änderung in einem Mitgliedstaat zum Zeitpunkt der Festlegung der Musterzulassung gemäß dieser Verordnung noch nicht abgeschlossen war, für Ergänzungen zu Musterzulassungen, für große Reparaturverfahren und für festgestellte Lufttüchtigkeitszeugnisse.

(2) Zulassungen von Teilen und Ausrüstungen, die von einem Mitgliedstaat erteilt wurden und am 28. September 2003 Gültigkeit hatten, gelten als im Einklang mit dieser Verordnung erteilt.

Entwicklungsbetriebe (Artikel 3)

> **(1) Für die Entwicklung von Erzeugnissen, Teilen und Ausrüstungen oder für Änderungen oder Reparaturen** zuständige Betriebe müssen ihre Befähigung gemäß den Bestimmungen von Teil 21 nachweisen.
>
> **(2) Genehmigungen als Entwicklungsbetriebe,** die gemäß den einschlägigen Anforderungen und Verfahren der JAA von einem Mitgliedstaat erteilt oder anerkannt wurden und vor dem 28. September 2003 gültig waren, gelten als dieser Verordnung entsprechend.

Herstellungsbetriebe (Artikel 4)

> **(1) Für die Herstellung von Erzeugnissen, Teilen und Ausrüstungen** zuständige Betriebe müssen ihre Befähigung gemäß den Bestimmungen von Teil 21 nachweisen.
>
> **(2) Genehmigungen als Herstellungsbetriebe,** die vor dem 28. September 2003 im Rahmen der einschlägigen Verfahren der **JAA** von einem Mitgliedstaat erteilt wurden, gelten als dieser Verordnung entsprechend.

1.1.4.3 Verordnung (EG) Nr. 2042/2003 der Kommission über die Aufrechterhaltung der Lufttüchtigkeit von Luftfahrzeugen und luftfahrttechnischen Erzeugnissen, Teilen und Ausrüstungen und die Erteilung von Genehmigungen für Organisationen und Personen, die diese Tätigkeit ausführen

Die Kommission der Europäischen Gemeinschaft hat, **gestützt auf die Verordnung (EG) Nr. 216/2008,** die „**Grundverordnung**" (vgl. Abschnitt 1.1.4.1 „Die Verordnung (EG) Nr. 216/2008" des Europäischen Parlaments und des Rates zur „Festlegung gemeinsamer Vorschriften für die Zivilluftfahrt und zur Errichtung einer Europäischen Agentur für Flugsicherheit"), **insbesondere auf die Artikel 5 und 6,** in Erwägung u. a. nachstehender Gründe die Verordnung (EG) Nr. 2042/2003 erlassen:

1. Es ist notwendig, gemeinsame technische Vorschriften und Verwaltungsverfahren zu erarbeiten, um die **Aufrechterhaltung der Lufttüchtigkeit von luftfahrttechnischen Erzeugnissen, Teilen und Ausrüstungen** gemäß der Grundverordnung sicherzustellen.
2. **Organisationen und Personen,** die mit der Instandhaltung von Produkten, Teilen und Ausrüstungen befasst sind, sollten zur Erbringung des Nachweises über ihre Befähigung und Mittel zur Wahrnehmung ihrer Pflichten und der damit im Zusammenhang stehenden Rechte bestimmte technische Anforderungen erfüllen; die Kommission hat Maßnahmen zur Spezifizierung der Bedingungen für die Ausstellung, Aufrechterhaltung, Änderung, Aussetzung oder Rücknahme von Zulassungen bzw. Zeugnissen, die die Erfüllung dieser Anforderungen belegen, erlassen.

Es folgt ein **Auszug** aus dieser Verordnung und seiner Artikel:

Ziel und Geltungsbereich (Artikel 1)

> **(1)** Mit dieser Verordnung werden gemeinsame technische Anforderungen und Verwaltungsverfahren zur Sicherstellung der **Aufrechterhaltung der Lufttüchtigkeit** von Luftfahrzeugen, einschließlich der jeweiligen Komponenten für deren Installation, festgelegt, die
> a) in einem **Mitgliedstaat** registriert sind oder
> b) in einem **Drittstaat** registriert sind und von einem Betreiber eingesetzt werden, über den die Agentur oder ein Mitgliedstaat die Betriebsaufsicht ausübt.
>
> **(2)** Absatz 1 **gilt nicht** für Luftfahrzeuge, für die behördliche Sicherheitsaufsicht an ein **Drittland** delegiert wurde und die nicht von einem Gemeinschaftsbetreiber eingesetzt werden, oder **für die in Anhang II aufgeführten Luftfahrzeuge.**

Begriffsbestimmungen (Artikel 2)

> Im Rahmen der Grundverordnung bezeichnet der Ausdruck
> a) „**Luftfahrzeug**" eine Maschine, die sich aufgrund von Reaktionen der Luft, die keine Reaktionen der Luft gegenüber der Erdoberfläche sind, in der Atmosphäre halten kann;
> b) „**freigabeberechtigtes Personal**" Personal, das für die Freigabe eines Luftfahrzeugs oder einer Komponente nach Instandhaltungsarbeiten verantwortlich ist;
> c) „**Komponente**" einen Motor, einen Propeller, ein Teil oder eine Ausrüstung;

1 Rechtsvorschriften für den Luftverkehr (Einteilung des Luftrechts)

d) **„Aufrechterhaltung der Lufttüchtigkeit"** alle Prozesse, durch die sichergestellt wird, dass das Luftfahrzeug die geltenden Anforderungen an die Lufttüchtigkeit erfüllt und sicher betrieben werden kann;
e) **„JAA"** die gemeinsamen Luftfahrtbehörden („Joint Aviation Authorities")
f) **„JAR"** die Anforderungen der gemeinsamen Luftfahrtbehörden („Joint Aviation Requirements")
g) **„großes Luftfahrzeug"** ein Luftfahrzeug, das als Flugzeug eingestuft ist, mit einer höchstzulässigen Startmasse von 5700 kg oder mehr oder einen mehrmotorigen Hubschrauber;
h) **„Instandhaltung"** eine oder eine Kombination der folgenden Tätigkeiten: Überholung, Reparatur, Inspektion, Austausch, Änderung oder Fehlerbehebung bei einem Luftfahrzeug oder einer Komponente, mit Ausnahme der Vorflugkontrolle;
i) **„Organisation"** eine natürliche Person, eine juristische Person oder einen Teil einer juristischen Person; eine solche Organisation kann an einem oder mehreren Standorten innerhalb oder außerhalb des Hoheitsgebiets der Mitgliedstaaten ansässig sein;
j) **„Vorflugkontrolle"** die vor einem Flug durchgeführte Inspektion, mit der sichergestellt wird, dass das Luftfahrzeug für den beabsichtigten Flug tauglich ist.

Anforderungen an die Aufrechterhaltung der Lufttüchtigkeit (Artikel 3)

(1) Die Aufrechterhaltung der Lufttüchtigkeit von Luftfahrzeugen und der Komponenten ist gemäß den Bestimmungen in Anhang I der VO (EG) 2042/2003 sicherzustellen.

(2) Organisationen und Personal, die in die Aufrechterhaltung der Lufttüchtigkeit von Luftfahrzeugen und Komponenten, einschließlich Instandhaltung, einbezogen sind, müssen die Bestimmungen von Anhang I der VO (EG) 2042/2003 und gegebenenfalls die Bestimmungen der Artikel 4 und 5 erfüllen.

(3) Abweichend von Absatz 1 und unbeschadet der Bestimmungen des Gemeinschaftsrechts ist die Aufrechterhaltung der Lufttüchtigkeit von Luftfahrzeugen, die über eine **Fluggenehmigung** verfügen, auf der Grundlage der einzelstaatlichen Rechtsvorschriften des Staates sicherzustellen, in dem sie registriert sind.

Erteilung von Genehmigungen für Instandhaltungsbetriebe (Artikel 4)

(1) Betriebe, die die Instandhaltung von großen Luftfahrzeugen oder von Luftfahrzeugen, die für die gewerbsmäßige Beförderung benutzt werden sowie **von Komponenten,** die für den Einbau in diese bestimmt sind, betreiben, bedürfen der Genehmigung gemäß den Bestimmungen von Anhang II der VO (EG) 2042/2003.

(2) Genehmigungen als Instandhaltungsbetrieb, die vor dem Inkrafttreten dieser Verordnung von einem Mitgliedstaat gemäß den JAA-Anforderungen und -Verfahren erteilt wurden und gültig waren, gelten als gemäß dieser Verordnung erteilt …

Freigabeberechtigtes Personal (Artikel 5)

(1) Freigabeberechtigtes Personal ist gemäß den Bestimmungen von Anhang III mit einigen Ausnahmen qualifiziert …

Die VO (EG) 2042/2003 hat folgende Anhänge:

Anhang I Teil – M (Continuing Airworthiness Requirements)

Abschnitt A – Technische Anforderungen
Unterabschnitt A – Allgemeines
Unterabschnitt B – Zuständigkeit
Unterabschnitt C – Aufrechterhaltung der Lufttüchtigkeit
Unterabschnitt D – Instandhaltungsnormen
Unterabschnitt E – Komponenten
Unterabschnitt F – Instandhaltungsbetrieb (Organisationen, die die **Instandhaltung durchführen**)
Unterabschnitt G – Unternehmen zur **Führung der Aufrechterhaltung** der Lufttüchtigkeit
  (**CAMO** – **C**ontinuing **A**irworthiness **M**anagement **O**rganisation/Subpart G-Betrieb)
Unterabschnitt H – Freigabebescheinigung (CRS – **C**ertificate of **R**elease to **S**ervice)
Unterabschnitt I – Bescheinigung über die Prüfung der Lufttüchtigkeit

Abschnitt B – Verfahren für zuständige Behörden
Unterabschnitt A – Allgemeines
Unterabschnitt B – Zuständigkeit
Unterabschnitt C – Aufrechterhaltung der Lufttüchtigkeit
Unterabschnitt D – Instandhaltungsnormen

Unterabschnitt E – Komponenten
Unterabschnitt F – Instandhaltungsbetrieb
Unterabschnitt G – Unternehmen zur Führung der Aufrechterhaltung der Lufttüchtigkeit
Unterabschnitt H – Freigabebescheinigung (CRS - **C**ertificate of **R**elease to **S**ervice)
Unterabschnitt I – Bescheinigung über die Prüfung der Lufttüchtigkeit

Für den Privatpiloten sind aus dem Teil M.1 die folgende Anlage VII von Bedeutung:

Komplexe Instandhaltungsaufgaben

Die folgenden Arbeiten stellen die in M.A.801(b)(2), aufgeführten **komplexen Instandhaltungsaufgaben** dar, die nur durch entsprechende **Instandhaltungsorganisationen** durchgeführt und nur durch **freigabeberechtigtes Personal** gemäß M.A. Unterabschnitt F (so genannte Subpart F-Betriebe) freigegeben werden dürfen.

1. **Die Änderungen, die Reparatur oder der Austausch** eines der nachfolgend aufgeführten Teile **der Zelle** durch Nieten, Kleben, Laminieren oder Schweißen:
    a) eines Kastenholmes,
    b) eines Teiles des Tragflächenholmes oder des -holmgurtes,
    c) eines Holmes,
    d) eines Holmgurtes,
    e) eines Teiles eines Fachwerkholmes,
    f) des Holmsteges,
    g) eines Rumpfkiel- oder Kimmteiles eines Flugbootrumpfes oder eines -schwimmers,
    h) von Druckgliedern aus Wellblech in einem Tragflügel oder einer Leitwerksfläche,
    i) einer Tragflächen-Hauptrippe,
    j) einer Tragflächen- oder Leitwerksstützstrebe,
    k) eines Motorträgers,
    l) eines Rumpflängsträgers oder -spanten,
    m) eines Teiles eines seitlichen Trägers, horizontalen Trägers oder Brandschotts,
    n) einer Sitzbefestigung oder eines -lagerbockes,
    o) die Erneuerung von Sitzschienen,
    p) einer Fahrwerksstrebe oder -knickstrebe,
    q) einer Achse,
    r) eines Rades und
    s) einer Schneekufe oder eines Kufengestells, ausgenommen die Erneuerung einer Beschichtung mit niedriger Reibung.

2. **Die Änderung oder Reparatur** eines der folgenden Teile:
    a) der Luftfahrzeugbeplankung oder der Beplankung eines Schwimmers, wenn die Arbeiten die Verwendung einer Stütze, eines Bockes oder einer Befestigung erfordern,
    b) von Luftfahrzeugbeplankungen, die Druckbeaufschlagungslasten unterliegen, wenn der Schaden in der Beplankung in irgendeiner Richtung mehr als 15 cm (6 Zoll) umfasst,
    c) eines lastbeaufschlagten Teils der Steuerungsanlage, einschließlich Steuersäulen, Pedalen, Wellen, Quadranten, Umlenkhebeln, Steuerhörnern und geschmiedeten Lagerböcken oder Lagerböcken aus Guss, ausgenommen ist jedoch
        – das Aufhämmern von Reparaturspleißen oder Seilbeschlägen und
        – der Austausch eines Stoßstangen-Endanschlusses, der durch Nieten befestigt ist, und
    d) jedes anderen nicht unter Ziffer 1 aufgeführten Strukturbauteils, das ein Hersteller in seinem Instandhaltungshandbuch, Strukturreparaturhandbuch oder seinen Anweisungen für die Aufrechterhaltung der Lufttüchtigkeit als Primärstrukturbauteil gekennzeichnet hat.

Zusätzlich sind für den Privatpiloten aus Teil M.1 die Anlage VIII von Bedeutung:

Eingeschränkte Instandhaltung durch den Piloten/Eigentümer

Der Pilot/Eigentümer ist die Person, die das instand gehaltene Luftfahrzeug allein oder gemeinsam mit anderen besitzt und im Besitz einer **gültigen Pilotenlizenz in Verbindung mit der entsprechenden Muster- oder Klassenberechtigung** ist.

Für jedes **privat betriebene Luftfahrzeug einfacher Bauart mit einer höchstzulässigen Startmasse von weniger als 2 730 kg,** jedes **Segelflugzeug** und jeden **Ballon,** kann der Pilot/Eigentümer **die Freigabebescheinigung (CRS – C**ertificate of **R**elease to **S**ervice) der unten aufgeführten Arbeiten der eingeschränkten Instandhaltung (wie in **M.A. 803** festgelegt), ausstellen.

Die Freigabebescheinigung (CRS – Certificate of **R**elease to **S**ervice) muss in die Bordbücher eingetragen werden und wesentliche Angaben zu der durchgeführten Instandhaltung beinhalten, **das Datum,** an dem die Instandhaltung vollendet wurde sowie die Identität und **Pilotenlizenznummer** des Piloten/Eigentümers, der eine solche Bescheinigung ausstellt.

Die eingeschränkte Instandhaltung durch den Piloten/Eigentümer muss im **Instandhaltungsprogramm (IHP)** festgelegt sein.

Jedes Luftfahrzeug muss in Übereinstimmung mit einem **von der zuständigen Behörde genehmigten Instandhaltungsprogramm** instand gehalten werden, das in regelmäßigen Abständen überprüft und entsprechend geändert werden muss.

1 Rechtsvorschriften für den Luftverkehr (Einteilung des Luftrechts)

Das Instandhaltungsprogramm und alle nachfolgenden Änderungen müssen von der zuständigen Behörde genehmigt werden und **genau festgelegten Anforderungen** entsprechen.

Die nachfolgenden Arbeiten stellen die in **M.A. 803** aufgeführten **eingeschränkten Instandhaltungsarbeiten** durch den Piloten dar, vorausgesetzt, diese Arbeiten sind mit **keinen komplexen Instandhaltungsaufgaben** verbunden und werden gemäß den Vorschriften (M.A. 402) ausgeführt:

1. Ausbau, Einbau von Rädern;
2. Austausch von elastischen Stoßdämpferbändern am Fahrwerk;
3. Wartung von Fahrwerkstoßdämpfern durch Nachfüllen von Öl und/oder Luft;
4. Wartung der Lager von Fahrwerksrädern, wie etwa Reinigen oder Fetten;
5. Austausch von schadhaften Sicherungsdrähten oder Splinten;
6. Schmierung, für die kein Zerlegen von Teilen erforderlich ist, ausgenommen das Entfernen von nicht zur Struktur gehörigen Komponenten, wie etwa Deckeln, Abdeckungen und Verkleidungen;
7. Ausführen von einfachen Gewebeflickarbeiten, für die kein Vernähen an den Rippen und kein Ausbau von Strukturbauteilen oder Steuerflächen erforderlich ist; für Ballone die Durchführung von kleinen Gewebereparaturarbeiten an der Hülle (wie in oder in Übereinstimmung mit den Anweisungen des Ballonherstellers festgelegt), für die keine Reparatur und kein Austausch des Lastbandes erforderlich ist;
8. Nachfüllen von Hydraulikflüssigkeit in den Hydraulikbehälter;
9. Neulackierung (Aufbringen von dekorativen Lackschichten) von Rümpfen, Ballonkörben, Tragflächen, Leitwerken (ausgenommen ausgeglichene Ruder), Verkleidungen, Abdeckungen, Fahrwerken, Kabinen- oder Cockpitinnenräumen, soweit sie keinen Ausbau und keine Zerlegung von Primärstrukturbauteilen oder Betriebssystemen erfordert;
10. Aufbringen von konservierenden oder schützenden Materialien auf Komponenten, soweit damit nicht das Zerlegen einer Primärstruktur oder eines Betriebssystems verbunden ist, und soweit eine solche Beschichtung nicht verboten ist oder bewährten Arbeitsverfahren widerspricht;
11. Reparieren von Polstern oder dekorativen Verkleidungen in der Kabine, dem Cockpit oder dem Ballonkorbinneren, soweit die Reparatur nicht das Zerlegen einer Primärstruktur oder eines Betriebssystems erfordert oder ein Betriebssystem oder die Primärstruktur des Luftfahrzeugs beeinträchtigt;
12. kleine einfache Reparaturen an Verkleidungen, nicht zur Struktur gehörigen Deckeln und Abdeckungen und Aufbringen von kleinen Flicken und Verstärkungen, die die Kontur nicht in einem Maße verändern, dass die Anströmung beeinträchtigt wird;
13. Austausch von Seitenfenstern, soweit diese Arbeit nicht die Struktur oder ein Betriebssystem, wie etwa die Steuerung, die elektrische Ausrüstung usw. beeinträchtigt;
14. Austausch von Anschnallgurten;
15. Austausch von Sitzen oder Sitzteilen gegen Ersatzteile, die für das Luftfahrzeug genehmigt sind, soweit dieser Austausch nicht die Zerlegung einer Primärstruktur oder eines Betriebssystems erfordert;
16. Fehlersuche und -behebung in unterbrochenen Leitungen der Landescheinwerferversorgung;
17. Austausch von Glühlampen, Reflektoren und Linsen der Positionslichter und Landescheinwerfer;
18. Austausch von Rädern und Kufen, soweit dieser Austausch keine Berechnung der Masse und Schwerpunktlage beinhaltet;
19. Austausch von Abdeckungen, soweit dafür nicht das Abbauen des Propellers oder das Abtrennen von Flugsteuerungen erforderlich ist;
20. Austausch oder Reinigung von Zündkerzen und Einstellen des Zündkerzenelektrodenabstandes;
21. Austausch von Schlauchverbindungen mit Ausnahme von Hydraulikanschlüssen;
22. Austausch von vorgefertigten Kraftstoffleitungen;
23. Reinigung oder Austausch von Kraftstoff- und Ölsieben oder –filterelementen;
24. Austausch und Wartung von Batterien;
25. Reinigen von Steuer- und Hauptdüsen von Ballonbrennern in Übereinstimmung mit den Anweisungen des Ballonherstellers;
26. Austausch oder Einstellung von nicht zur Struktur gehörigen Standard-Befestigungselementen, die den Betrieb nicht beeinflussen;
27. Austausch von Ballonkörben und Brennern an Hüllen, wenn der Korb oder der Brenner in dem Kennblatt des Ballonmusters als untereinander austauschbar angegeben sind und die Körbe und die Brenner speziell für den schnellen Aus- und Einbau entwickelt sind;
28. der Einbau einer Vorrichtung zum Schutz gegen das Einfüllen von falschen Kraftstoffsorten, mit der der Durchmesser des Kraftstoffeinfüllstutzens verringert wird, vorausgesetzt, der Luftfahrzeughersteller hat diese spezifische Vorrichtung in das Kennblatt des Luftfahrzeugmusters aufgenommen, der Hersteller hat Anweisungen für den Einbau der spezifischen Vorrichtung zur Verfügung gestellt und der Einbau beinhaltet nicht den Ausbau des vorhandenen Kraftstoffeinfüllstutzens;
29. Ausbau, Prüfung und Austausch von magnetischen Spansuchern;
30. Ausbau und Austausch von Navigations- und Kommunikations-Einzelgeräten, die in das vordere Instrumentenbrett eingebaut sind und für die in das Gerätefach eingebaute Stecker verwendet werden, so dass die Einheit mit dem Einschieben in das Instrumentenbrett angeschlossen wird (ausgenommen automatische Flugsteuerungssysteme, Transponder und Mikrowellen-Entfernungsmessgeräte (DME). Das zugelassene Gerät muss so gestaltet sein, dass es jederzeit und schnell aus- und wieder eingebaut werden kann und keine speziellen Prüfgeräte erfordert; entsprechende Anweisungen müssen vorhanden sein. Vor der beabsichtigten Verwendung der Einheit muss eine Funktionsprüfung durchgeführt werden.

31. Aktualisierung von Datenbanken für die Navigationssoftware von Einzelgeräten der Flugsicherungsausrüstung (ATC), die in das vordere Instrumentenbrett eingebaut sind (ausgenommen die Datenbanken für automatische Flugsteuerungen, Transponder und Mikrowellen-Entfernungsmessgeräte (DME), vorausgesetzt, eine Zerlegung des Gerätes ist nicht erforderlich, und es sind entsprechende Anweisungen vorhanden. Vor der beabsichtigten Verwendung der Einheit muss eine Funktionsprüfung durchgeführt werden.
32. Austausch von Flügel- und Leitwerksflächen und -steuerungen, die so befestigt sind, dass sie unmittelbar vor jedem Flug montiert und nach jedem Flug demontiert werden können.
33. Austausch der Hauptrotorschaufeln, sofern diese so ausgelegt sind, dass sie ohne Spezialwerkzeuge ausgebaut werden können.

Anhang II Teil –145 (Maintenance Organisation Approvals)

Abschnitt A – Geltungsbereich
In diesem Abschnitt werden die Bestimmungen festgelegt, die ein **Betrieb für die Berechtigung zur Erteilung und die Aufrechterhaltung von Genehmigungen für die Instandhaltung von Luftfahrzeugen und deren Komponenten** erfüllen muss.

Abschnitt B – Verfahren für zuständige Behörden
In diesem Abschnitt sind **die Verwaltungsverfahren** festgelegt, die die zuständige Behörde bei der Wahrnehmung ihrer Aufgaben und Zuständigkeiten hinsichtlich **der Erteilung, Fortdauer der Gültigkeit, Änderung, Aussetzung oder Rücknahme einer Genehmigung für Instandhaltungsbetriebe** gemäß Teil 145 befolgen muss.

Anhang III Teil – 66 (Certifying Staff)

Abschnitt A
In diesem Abschnitt werden die Bestimmungen für die **Erteilung einer Lizenz für freigabeberechtigtes Personal sowie die Bedingungen für ihre Gültigkeit und Anwendung für Flugzeuge und Hubschrauber** bestimmter Kategorien festgelegt.

Unterabschnitt A – Lizenz für freigabeberechtigtes Personal – Flugzeuge und Hubschrauber
Unterabschnitt B – Luftfahrzeuge mit Ausnahme von Flugzeugen und Hubschraubern
Unterabschnitt C – Komponenten

Abschnitt B – Verfahren für zuständige Behörden
In diesem Abschnitt werden **die Verwaltungsvorschriften** festgelegt, die von den zuständigen Behörden, die mit der Anwendung und Durchsetzung von Abschnitt A dieses Teils befasst sind, einzuhalten sind.

Unterabschnitt A – Allgemeines
Unterabschnitt B – Erteilung einer Lizenz für freigabeberechtigtes Personal
Unterabschnitt C – Prüfungen
Unterabschnitt D – Umwandlung nationaler Qualifikationen
Unterabschnitt E – Bonuspunkte für die Prüfung
Unterabschnitt F – Widerruf, Aussetzen oder Einschränken der Lizenz für freigabeberechtigtes Personal

Anhang IV Teil – 147 (Training Organisation Requirements)

Abschnitt A
In diesem Abschnitt werden die Bestimmungen festgelegt, die von **Betrieben** erfüllt werden müssen, die eine Genehmigung zur Durchführung der in Teil 66 spezifizierten **Ausbildung und Prüfung** beantragen.

Unterabschnitt A – Allgemeines
Unterabschnitt B – Anforderungen an den Betrieb
Unterabschnitt C – Der anerkannten Lehrgang für die Grundausbildung
Unterabschnitt D – Musterlehrgang/Aufgabenbezogene Ausbildung

Abschnitt B – Verfahren für zuständige Behörden
In diesem Abschnitt werden **die Verwaltungsvorschriften** festgelegt, die von den zuständigen Behörden, die mit der Anwendung und Durchsetzung von Abschnitt A dieses Teils befasst sind, einzuhalten sind.

Unterabschnitt A – Allgemeines
Unterabschnitt B – Erteilung einer Genehmigung
Unterabschnitt C – Widerruf, Aussetzung und Einschränkung der Genehmigung des Ausbildungsbetriebes für Instandhaltungspersonal

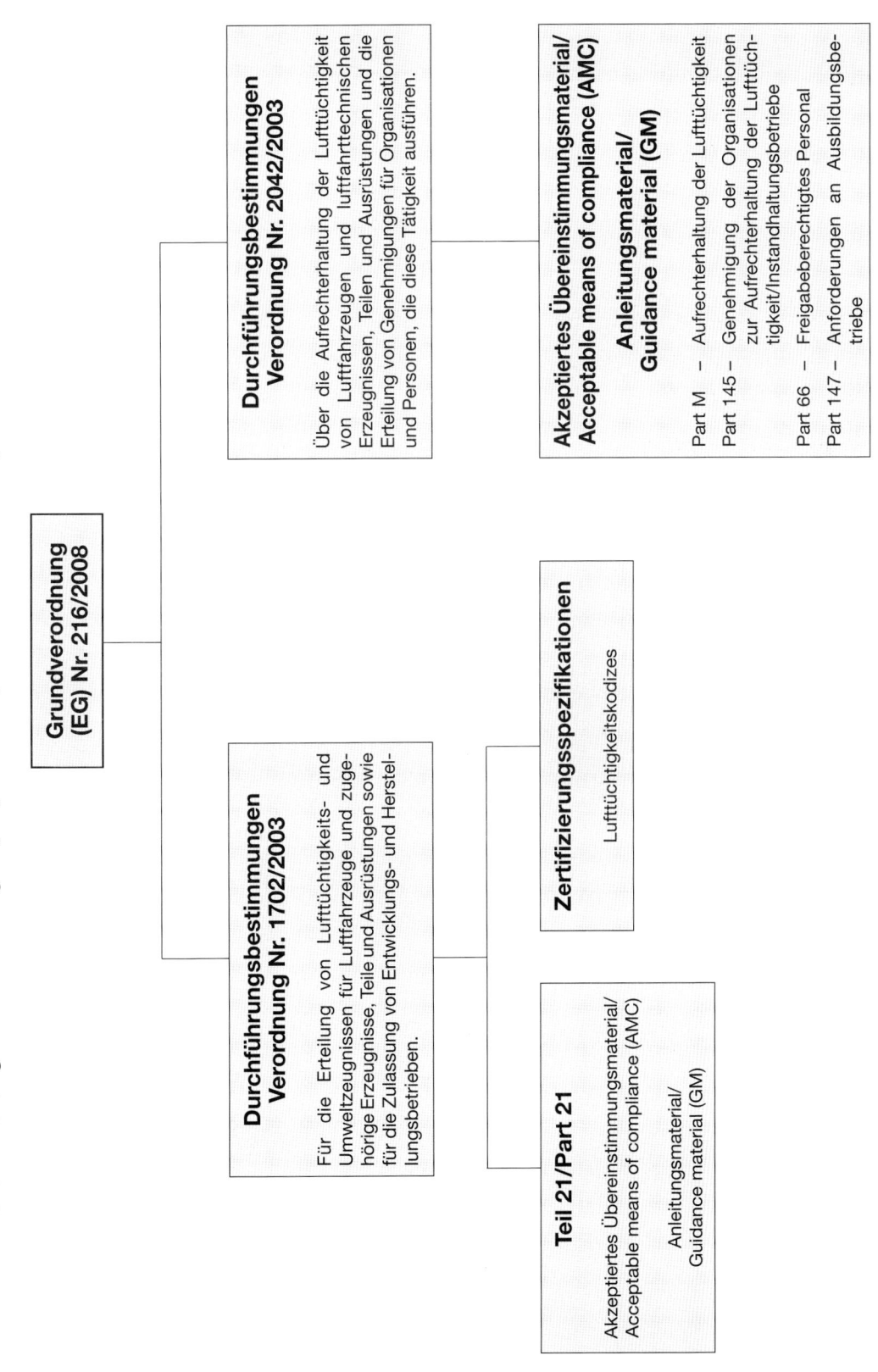

1 Rechtsvorschriften für den Luftverkehr (Einteilung des Luftrechts)

Die Einteilung der Verordnungen (EG) des Europäischen Parlaments, des Rates und der Kommissionen

Grundverordnung (EG) Nr. 216/2008

Durchführungsbestimmungen Verordnung Nr. 1702/2003

Für die Erteilung von Lufttüchtigkeits- und Umweltzeugnissen für Luftfahrzeuge und zugehörige Erzeugnisse, Teile und Ausrüstungen sowie für die Zulassung von Entwicklungs- und Herstellungsbetrieben.

Durchführungsbestimmungen Verordnung Nr. 2042/2003

Über die Aufrechterhaltung der Lufttüchtigkeit von Luftfahrzeugen und luftfahrttechnischen Erzeugnissen, Teilen und Ausrüstungen und die Erteilung von Genehmigungen für Organisationen und Personen, die diese Tätigkeit ausführen.

Zertifizierungsspezifikationen

Lufttüchtigkeitskodizes

Teil 21/Part 21

Akzeptiertes Übereinstimmungsmaterial/
Acceptable means of compliance (AMC)

Anleitungsmaterial/
Guidance material (GM)

**Akzeptiertes Übereinstimmungsmaterial/
Acceptable means of compliance (AMC)
Anleitungsmaterial/
Guidance material (GM)**

Part M   – Aufrechterhaltung der Lufttüchtigkeit
Part 145 – Genehmigung der Organisationen zur Aufrechterhaltung der Lufttüchtigkeit/Instandhaltungsbetriebe
Part 66 – Freigabeberechtigtes Personal
Part 147 – Anforderungen an Ausbildungsbetriebe

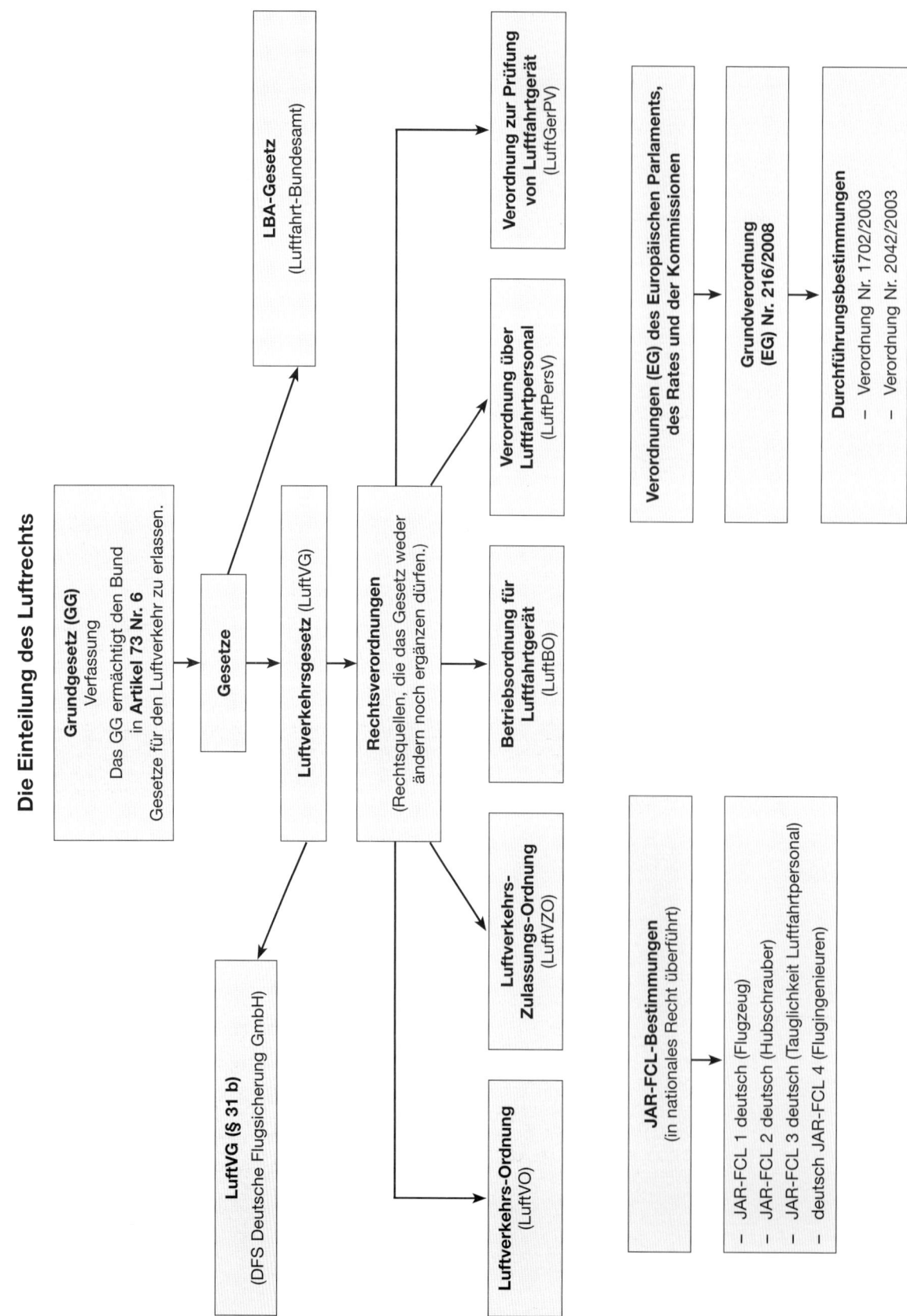

1 Rechtsvorschriften für den Luftverkehr (Einteilung des Luftrechts)

1.2 Das Luftverkehrsgesetz (LuftVG)

1.2.1 Allgemeines

Das **Luftverkehrsgesetz (LuftVG)** ist die weitaus wichtigste Rechtsgrundlage für den Bereich des deutschen Luftrechts. Schon vor dem ersten Weltkrieg und nur zehn Jahre nach dem ersten Motorflug (1913) wurden Entwürfe für ein deutsches LuftVG angefertigt, die erste Gesetzesfassung trat dann 1922 in Kraft. Heute ist das LuftVG in der Neufassung vom 10. Mai 2007 gültig. Allerdings ist hierbei zu berücksichtigen, dass das Gesetz schon bisher ständigen Änderungen unterlag und auch wohl in der Zukunft – insbesondere unter Berücksichtigung von EG-Recht – ständig verändert werden wird.

Das LuftVG enthält **grundlegende gesetzliche Vorschriften** für den gesamten Bereich des Luftrechts sowie eine Aufzählung derjenigen Aufgaben, die den Landesluftfahrtbehörden im Auftrag des Bundes zugewiesen worden sind (§ 31 Abs. 2 LuftVG).

Das LuftVG besteht heute aus den Abschnitten 1 bis 5, wobei für den Privatpiloten im Wesentlichen die Abschnitte 1 bis 4 von Bedeutung sind:

- **Luftverkehr,**
- **Haftpflicht,**
- **Straf- und Bußgeldvorschriften,**
- **Luftfahrtdateien,**
- **Übergangsregelungen.**

Durch das Änderungsgesetz zum LuftVG vom 25.08.1998 ist die Rechtsgrundlage geschaffen worden, um verstärkt Daten über den Luftverkehr zu erfassen und zu verarbeiten:

Zur Überwachung der Verkehrssicherheit aller im Inland zum Verkehr zugelassenen Luftfahrzeuge ist zunächst eine **Luftfahrzeugdatei** eingerichtet worden. Die dort gespeicherten Daten dürfen für Zwecke der Verwaltung, der Ahndung von Gesetzesverstößen sowie aus Gründen der öffentlichen Sicherheit an andere Behörden weitergegeben werden. Unter bestimmten Voraussetzungen ist auch die **Auskunftserteilung an Privatpersonen** erlaubt.

Darüber hinaus sind beim Luftfahrt-Bundesamt (LBA) eine **zentrale Luftfahrerdatei** sowie eine **Luftfahrer-Eignungsdatei** eingeführt worden. Beide Einrichtungen lassen sich am ehesten mit dem Verkehrszentralregister beim Kraftfahrt-Bundesamt („Flensburger Verkehrssünderkartei") vergleichen. Die Luftfahrerdatei dient zunächst der Feststellung, welche Lizenzen und Berechtigungen der einzelne Luftfahrer besitzt. Erfasst werden auch Personen, deren Lizenzen nicht vom LBA verwaltet werden. Weiterhin wird eine Luftfahrer-Eignungsdatei geführt, um Informationen hinsichtlich der **Erteilung und des Entzuges von Lizenzen** zu sammeln (vgl. hierzu die Ausführungen im 4. Abschnitt zum LuftVG). Auch diese Daten dienen insbesondere der Verfolgung von Straftaten und Ordnungswidrigkeiten sowie für Aufgaben der Verwaltung. Sie können zu diesen Zwecken an Dritte weitergegeben werden. Darüber hinaus wird beim LBA ein **Deliktregister** geführt, in dem luftrechtliche Straftaten und Ordnungswidrigkeiten eingetragen werden. Schließlich dürfen Luftaufsichtsstellen oder Flugleitungen bestimmte Angaben aus Gründen der Überwachung des Luftverkehrs speichern.

1.2.2 Inhalt des LuftVG

Das **LuftVG** gliedert sich in **fünf Abschnitte:**

1.2 Das Luftverkehrsgesetz (LuftVG)

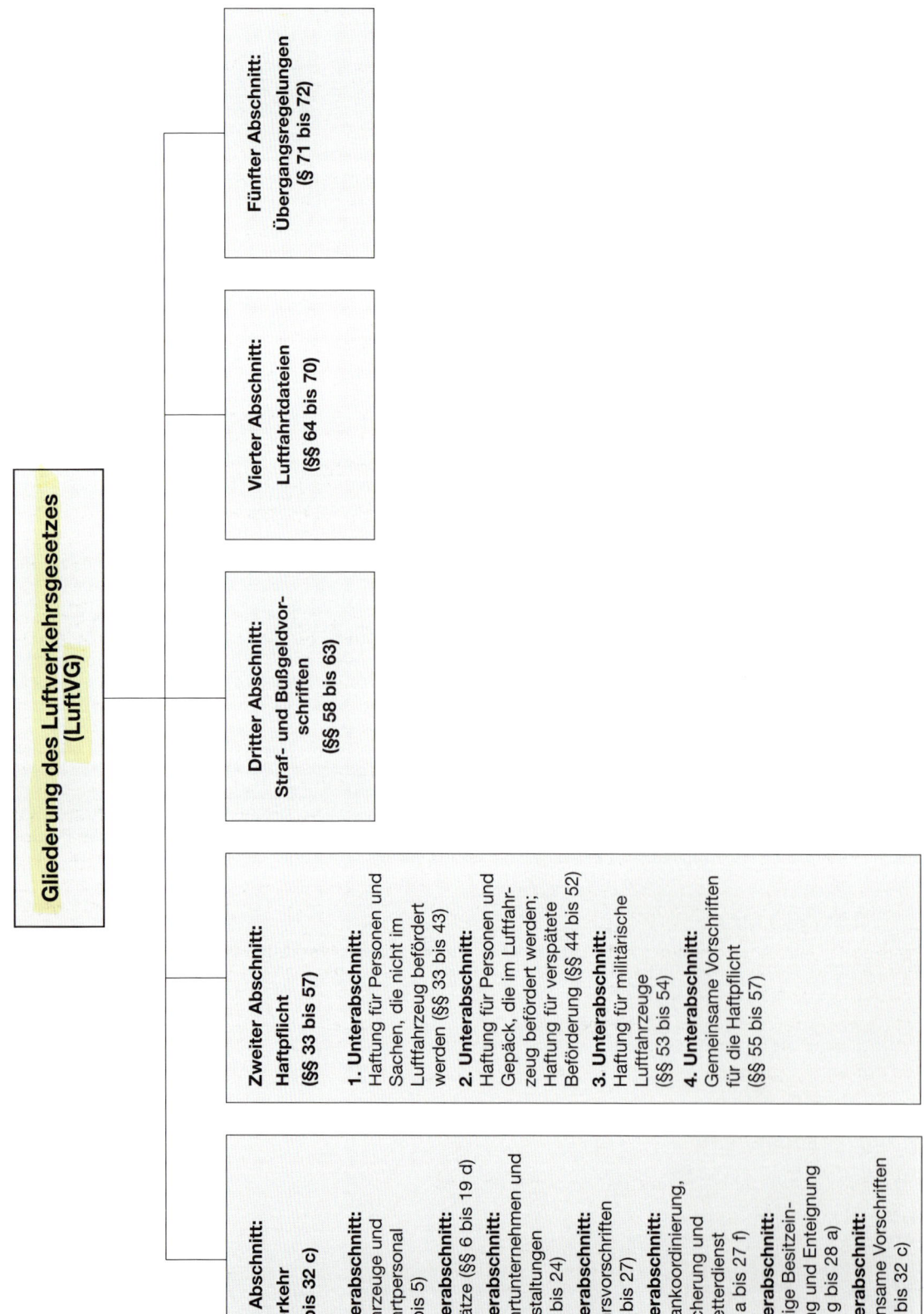

Alle für den **Privatluftfahrzeugführer (Privatpiloten)** wichtigen gesetzlichen Bestimmungen des **LuftVG** werden in den **folgenden Abschnitten** ausführlich behandelt!

1 Rechtsvorschriften für den Luftverkehr (Einteilung des Luftrechts)

1.2.3 Rechtsverordnungen zum Luftverkehrsgesetz (LuftVG)

Obwohl das LuftVG den Kern des deutschen Luftrechts darstellt, kann es nur die wesentlichen Grundlinien bestimmen. Die näheren Einzelheiten werden im luftrechtlichen Bereich daher durch Rechtsverordnungen geregelt. Bei diesen Verordnungen handelt es sich um rechtliche Bestimmungen, die Einzelheiten des Gesetzes näher ausführen und regeln, ohne das Gesetz aber selbst ändern oder ergänzen zu dürfen.

Der **§ 32 des LuftVG** enthält die nach Artikel 80 des Grundgesetzes (GG) erforderlichen Ermächtigungen für das Bundesministerium für Verkehr, Bau und Stadtentwicklung (BMVBS) zum Erlass von Rechtsverordnungen, auch die des Rates oder der Kommission der europäischen Gemeinschaft zur Durchführung des LuftVG.

Aufgrund dieser gesetzlichen Vorschrift wurden unter anderem die folgenden – für den **Privatluftfahrzeugführer (Privatpiloten)** wichtigen– **Rechtsverordnungen und Bestimmungen** erlassen:

- **Luftverkehrs-Ordnung** (LuftVO); vgl. Abschnitt 1.3!
- **Luftverkehrs-Zulassungs-Ordnung** (LuftVZO); vgl. Abschnitt 1.4!
- **Betriebsordnung für Luftfahrtgerät** (LuftBO); vgl. Abschnitt 1.5!
- **Verordnung über Luftfahrtpersonal** (LuftPersV); vgl. Abschnitt 1.6!
- **Bestimmungen über die Lizenzierung von Piloten (Flugzeug)** – JAR-FCL 1 deutsch; vgl. Abschnitt 1.7 und 6.2.1!
- **Bestimmungen über die Lizenzierung von Piloten (Hubschrauber)** – JAR-FCL 2 deutsch; vgl. Abschnitt 1.7!
- **Bestimmungen über die Anforderungen an die Tauglichkeit des Luftfahrtpersonals** – JAR-FCL 3 deutsch; vgl. Abschnitt 1.7 und 6.4.5!
- **Verordnung zur Prüfung von Luftfahrtgerät** (LuftGerPV); vgl. Abschnitt 1.8!

Diese zu erlassenen **Rechtsverordnungen und Bestimmungen** bedürfen grundsätzlich der Zustimmung des **Bundesrates**, es sei denn, sie dienen der Durchführung von **Richtlinien und Empfehlungen der Internationalen Zivilluftfahrt-Organisation** (ICAO – vgl. hierzu Abschnitt 2.2)

1.3 Die Luftverkehrs-Ordnung (LuftVO)

1.3.1 Allgemeines

Die Luftverkehrs-Ordnung (**LuftVO**) enthält alle bei der Teilnahme am Luftverkehr zu beachtenden **Verkehrsvorschriften** und kann mit der Straßenverkehrs-Ordnung (StVO) für den Straßenverkehr verglichen werden. Mit dieser Verordnung wurden auf dem für die Sicherheit des Luftverkehrs sehr wichtigen Gebiet des **Flugbetriebs** klare und eindeutige Regelungen getroffen.

Da die Bundesrepublik Deutschland Mitglied der **Internationalen Zivilluftfahrt-Organisation** (ICAO; vgl. Abschnitt 2.2) ist, mussten die **Richtlinien und Empfehlungen** der ICAO weitgehend berücksichtigt werden. Deshalb enthält die **LuftVO** insbesondere die Bestimmungen des **ICAO-Anhang 2** (Annex 2) zum ICAO-Abkommen, der den Titel „**Rules of the Air**" (Luftverkehrsregeln) trägt. **Abweichungen** von diesen **internationalen Luftverkehrsregeln** wurden nur da vorgenommen, wo dies aus Sicherheitsgründen oder aufgrund der Besonderheiten des deutschen Luftraums unumgänglich war. Außerdem hat die Bundesrepublik Deutschland die Richtlinien des Rates oder der Kommission der EG umzusetzen.

Zur **LuftVO** hat das Luftfahrt-Bundesamt (LBA) eine Vielzahl von **Durchführungsverordnungen (DVs)** erlassen, die – soweit für den **Privatluftfahrzeugführer (Privatpiloten)** wichtig – in den **folgenden Abschnitten** behandelt werden.

Die **LuftVO** gilt zurzeit in der Neufassung vom 27. März 1999 mit aktualisierten Ergänzungen neueren Datums.

1.3.2 Inhalt der LuftVO

Die **LuftVO** gliedert sich in **fünf Abschnitte** und hat **sieben Anlagen.**

1.3.3 Anwendung der Flugregeln der LuftVO

Bei der Anwendung der Flugregeln der LuftVO gilt **immer** folgender Grundsatz:

- Der **Betrieb** eines Luftfahrzeugs richtet sich nach den **Allgemeinen Regeln** (§§ 6 bis 27 a, LuftVO),
- die **Führung** eines Luftfahrzeugs während des Fluges richtet sich **zusätzlich** nach den **Sichtflugregeln** (§§ 28 bis 34) **oder** den **Instrumentenflugregeln** (§§ 36 bis 42, LuftVO)!

1.3 Die Luftverkehrs-Ordnung (LuftVO)

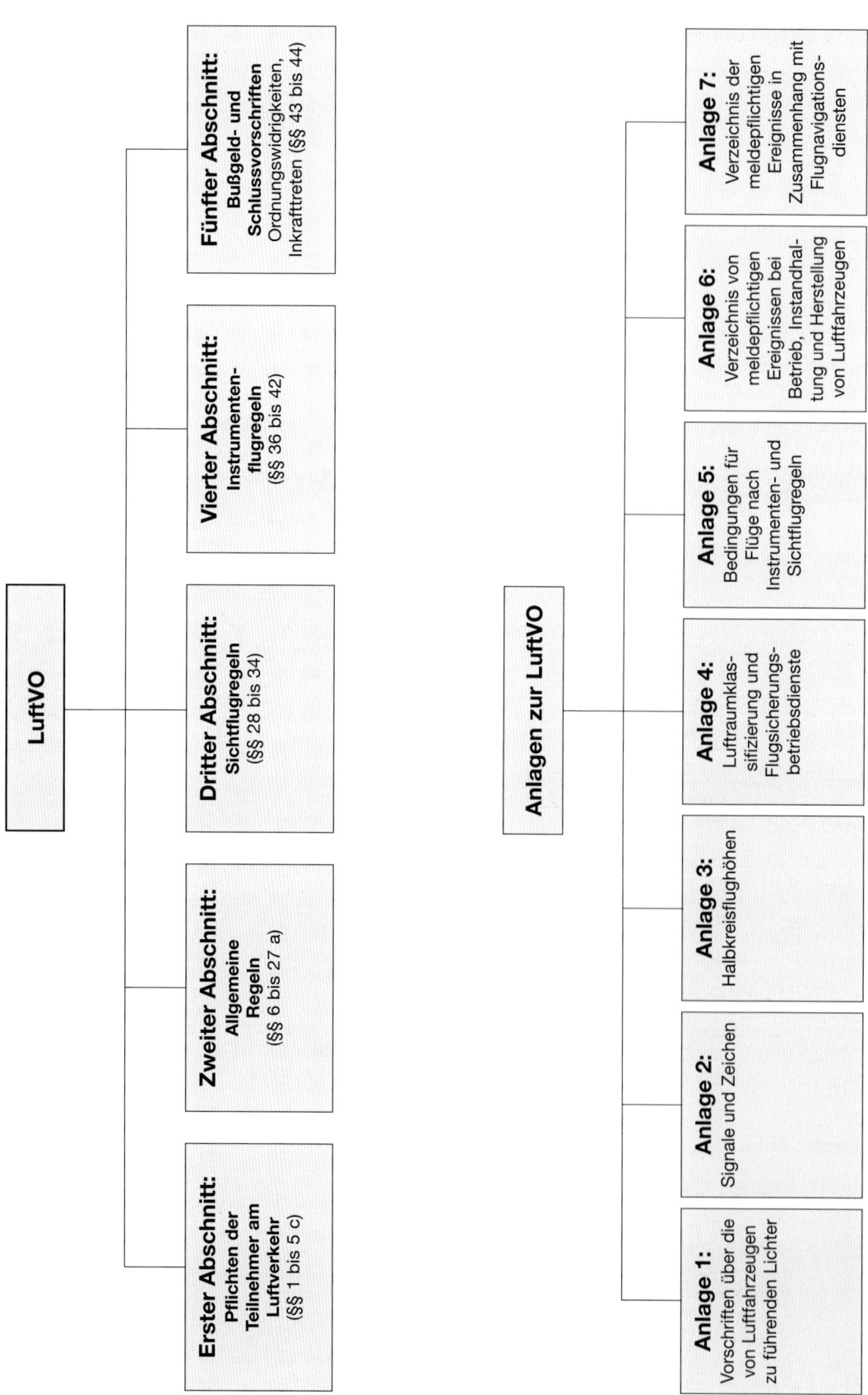

Alle für den Privatluftfahrzeugführer (Privatpiloten) wichtigen Bestimmungen der **LuftVO** werden in den **folgenden Abschnitten** ausführlich behandelt! (vgl. insbesondere Kapitel 7 „Teilnahme am Luftverkehr [Luftverkehrsregeln und -vorschriften, Flugverkehrsdienste]")!

1.4 Die Luftverkehrs-Zulassungs-Ordnung (LuftVZO)

1.4.1 Allgemeines

Die Luftverkehrs-Zulassungs-Ordnung **(LuftVZO)** trat in ihrer ursprünglichen Form erstmals am 14. Juni 1964 in Kraft.

Während in der **LuftVO** alle bei der Teilnahme am Luftverkehr zu beachtenden **Verkehrsvorschriften** zu finden sind, regelt die **LuftVZO** im Wesentlichen die **Voraussetzungen für die Teilnahme am Luftverkehr.**

Sie enthält genaue **Einzelvorschriften** über die Erteilung von luftrechtlichen **Zulassungen, Lizenzen, Berechtigungen, Anerkennungen** und **Genehmigungen.** Des Weiteren werden **Versicherungsfragen** am Ende der Verordnung detailliert behandelt.

Zusammenfassend kann gesagt werden, dass die **LuftVZO** fast ausschließlich **Zulassungsvorschriften** für das **Luftfahrtgerät,** das **Luftfahrtpersonal,** die **Flugplätze** und die **Verwendung und den Betrieb von Luftfahrtgerät enthält**. Sie gibt Auskunft über die **Zulassungsverfahren** und die zuständigen **Zulassungsbehörden.** Es ist darauf hinzuweisen, dass die europäische Gesetzgebung (vgl. Abschnitt 1.1.4 „Verordnung des Europäischen Parlaments und des Rates im Bereich der Zivilluftfahrt") immer größere Bedeutung haben wird und die Rechtsverordnungen zum Luftverkehrsgesetz entsprechend den Verordnungen (EG) angeglichen werden müssen.

Die **LuftVZO** gilt zurzeit in der Form der Neufassung vom 27. März 1999 mit verschiedenen Änderungen jüngeren Datums.

Alle für den **Privatluftfahrzeugführer (Privatpiloten)** wichtigen Bestimmungen der **LuftVZO** werden in den **nachfolgenden Abschnitten** ausführlich behandelt!

1.4.2 Inhalt der LuftVZO

Die **LuftVZO** gliedert sich in **sechs Abschnitte** und enthält am Ende **fünf Anlagen:**

1.4 Die Luftverkehrs-Zulassungs-Ordnung (LuftVZO)

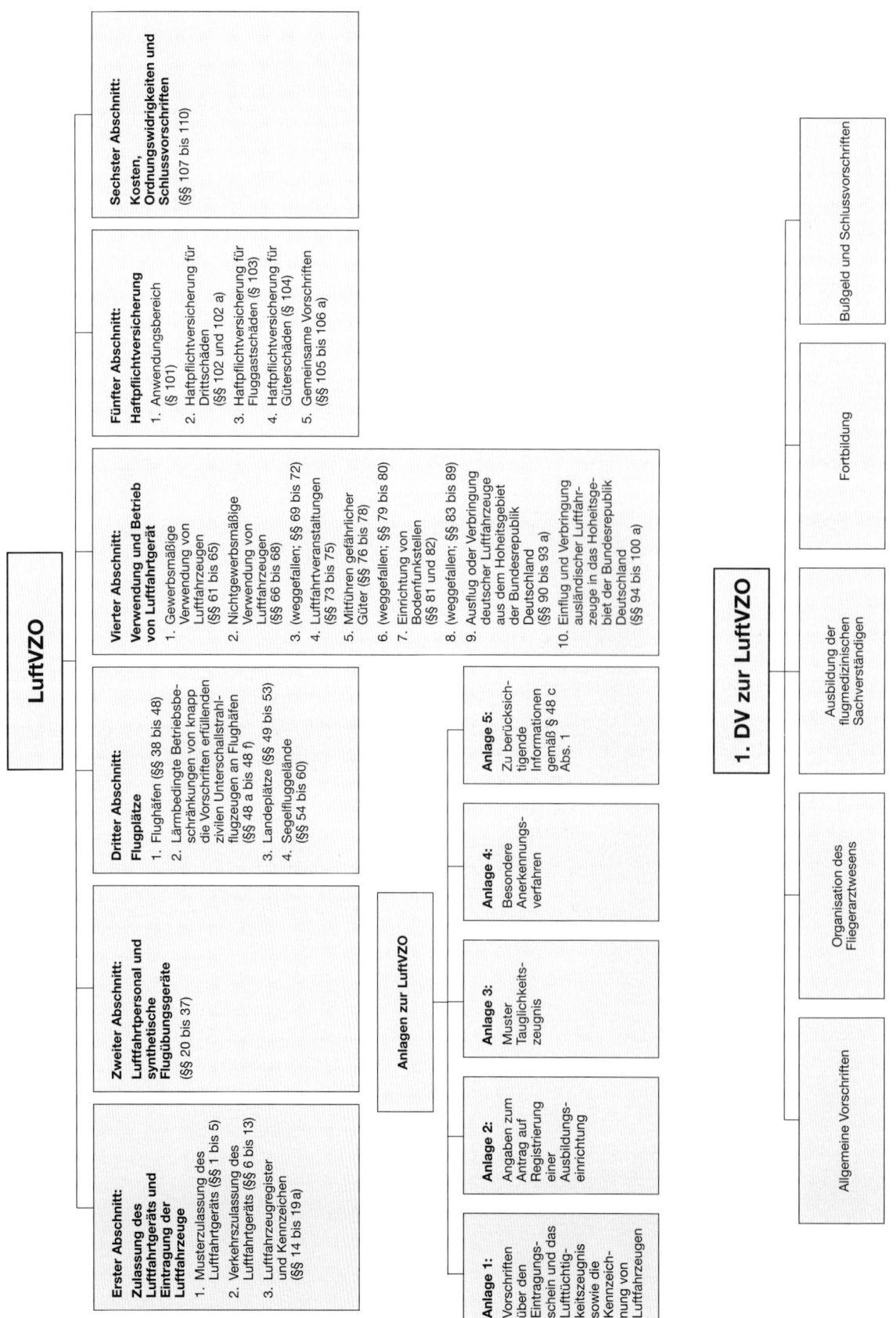

1 Rechtsvorschriften für den Luftverkehr (Einteilung des Luftrechts)

1.5 Die Betriebsordnung für Luftfahrtgerät (LuftBO)

1.5.1 Allgemeines

Die Betriebsordnung für Luftfahrtgerät (**LuftBO**) vom 4. März 1970 mit verschiedenen Änderungen aus jüngerer Zeit enthält im Wesentlichen **technische Betriebsvorschriften** für das nach der LuftVZO zum Verkehr zugelassene Luftfahrtgerät, Ausrüstungsvorschriften für **Luftfahrzeuge** und **Flugbetriebsvorschriften** (vgl. auch Abschnitt 1.1.4.3 „Verordnung (EG) Nr. 2042/2003 ...").

Die meisten dieser Vorschriften richten sich direkt an die **Halter von Luftfahrzeugen** und an die **Luftfahrzeugführer.** Die **technischen Betriebsvorschriften der LuftBO** enthalten unter anderem **Regelungen über:**

- zulässige Betriebszeiten des Luftfahrtgeräts,
- Instandhaltung (Wartung, Überholung, Reparatur, Wägung, Prüfflüge) des Luftfahrtgeräts,
- Betriebsaufzeichnungen (Bordbuch) und
- technische Betriebshandbücher für luftfahrttechnische Betriebe, Instandhaltungsbetriebe, Herstellungsbetriebe, Luftfahrtunternehmen und Luftfahrerschulen.

Die **Ausrüstungsvorschriften der LuftBO** unterscheiden zwischen der

- Grundausrüstung gemäß den Bauvorschriften,
- Flugsicherungsausrüstung gemäß der Verordnung über die Flugsicherungsausrüstung der Luftfahrzeuge (FSAV, vgl. Abschnitt 1.9.3.1),
- Ergänzungsausrüstung gemäß LuftBO.

Zur Ergänzungsausrüstung nach **LuftBO** gehören unter anderem **Anschnallgurte, Rettungsausrüstung, Sauerstoffanlagen, Enteisungsanlagen, Instrumentenbeleuchtung** usw.

Die **Flugbetriebsvorschriften der LuftBO** enthalten u. a. Regelungen über

- Kontrollen nach Klarlisten (Checklisten),
- Mitführen ausreichender Betriebsstoffmengen,
- Führung des Bordbuches,
- Flugdurchführungsplan,
- Zusammensetzung der Besatzung,
- Verhalten der Besatzung im Flugbetrieb,
- Betriebsmindestbedingungen und Mindestflughöhen, Wettermindestbedingungen.

Das Luftfahrt-Bundesamt (LBA) hat zur **LuftBO sechs Durchführungsverordnungen** (DVs) erlassen, in denen Einzelheiten geregelt sind.

1.5.2 Inhalt der LuftBO

Die **LuftBO** gliedert sich in **sieben Abschnitte** und hat **sechs Durchführungsverordnungen** (DVs):

1.5 Die Betriebsordnung für Luftfahrtgerät (LuftBO)

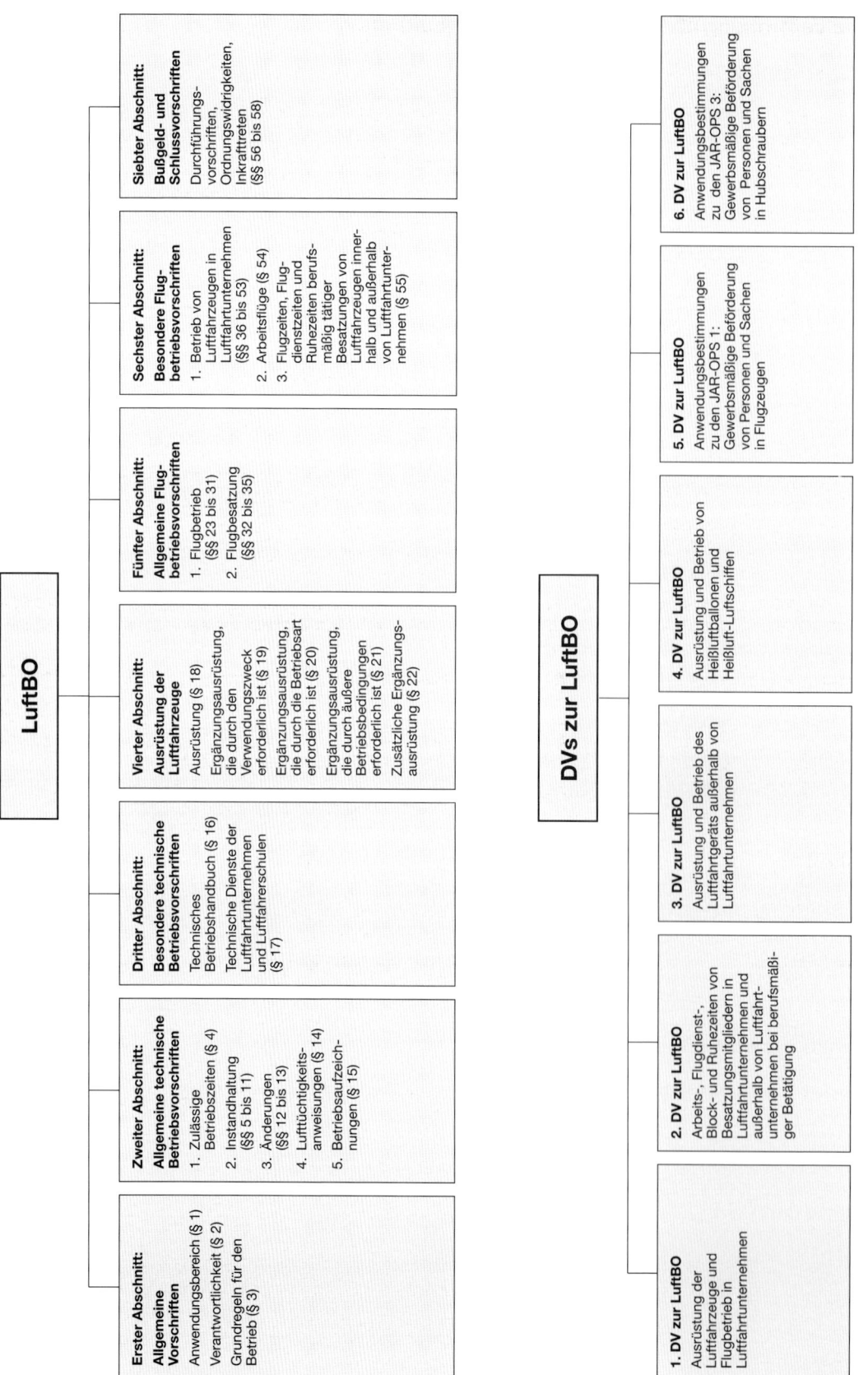

Alle für den **Privatluftfahrzeugführer (Privatpiloten)** wichtigen Vorschriften der **LuftBO** werden in den **folgenden Abschnitten** ausführlich behandelt!

1 Rechtsvorschriften für den Luftverkehr (Einteilung des Luftrechts)

1.6 Die Verordnung über Luftfahrtpersonal (LuftPersV)

1.6.1 Allgemeines

Die Verordnung über Luftfahrtpersonal (**LuftPersV**) gilt zurzeit in der Fassung vom 13. Februar 1984 mit aktuellen Änderungen (zuletzt geändert durch Artikel 2 der Verordnung vom 13. Juni 2007; vgl. BGBl. IS.1048, 2203). Sie enthält Vorschriften über die einzelnen **Lizenzen** und **Berechtigungen** für das **Luftfahrtpersonal.**

In der **LuftPersV** finden wir im Wesentlichen Regelungen über

- die fachlichen Voraussetzungen für den Erwerb der einzelnen Lizenzen (Luftfahrerscheine),
- die durchzuführenden Prüfungen,
- die Erteilung und den Umfang der einzelnen Lizenzen (Luftfahrerscheine) und Klassenberechtigungen,
- die Gültigkeit der einzelnen Lizenzen (Luftfahrerscheine) und Klassenberechtigungen.

Da die **LuftPersV** zwischen **Lizenzen** und **Berechtigungen** unterscheidet, enthält sie des Weiteren noch Vorschriften über

- die Musterberechtigung oder Klassenberechtigungen, die Luftfahrer zum Führen oder Bedienen der Luftfahrzeuge eines bestimmten Musters benötigen,
- die Berechtigungen für Kunstflug, das Streuen und Sprühen von Stoffen, Passagierberechtigung für Luftsportgeräteführer, Nachtflug, Schleppflug, Wolkenflug mit Segelflugzeugen usw.,
- die Berechtigung zur praktischen Ausbildung von Luftfahrtpersonal sowie die Ausbildung an synthetischen Flugübungsgeräten usw.

Die Vorschriften der **LuftPersV** entsprechen in allen wesentlichen Punkten den **Richtlinien und Empfehlungen** des **ICAO-Anhang 1** zum ICAO-Abkommen (ICAO, vgl. Abschnitt 2.2.1 „Die Internationale Zivilluftfahrt-Organisation [ICAO]"), der den Titel „Personnel Licensing" (Zulassung des Luftfahrtpersonals) trägt.

In der LuftPersV sind keine Einzelheiten über den **zu prüfenden Stoff** und die **Prüfverfahren** enthalten. Diese Einzelheiten sind in der

Zweiten Durchführungsverordnung zur Verordnung über Luftfahrtpersonal (2. DV LuftPersV)

des Bundesministeriums für Verkehr, Bau und Stadtentwicklung (BMVBS) vom 24. Januar 2006 veröffentlicht.

1.6.2 Inhalt der LuftPersV

Die **LuftPersV** gliedert sich in **vier Abschnitte:**

Alle Vorschriften der LuftPersV, die für den Privatluftfahrzeugführer (Privatpiloten) von Bedeutung sind, werden in den folgenden Kapiteln ausführlich behandelt (vgl. insbesondere Kapitel 6 „Luftfahrtpersonal [Ausbildung, Lizenzen und Berechtigungen]")!

1.6 Die Verordnung über Luftfahrtpersonal (LuftPersV)

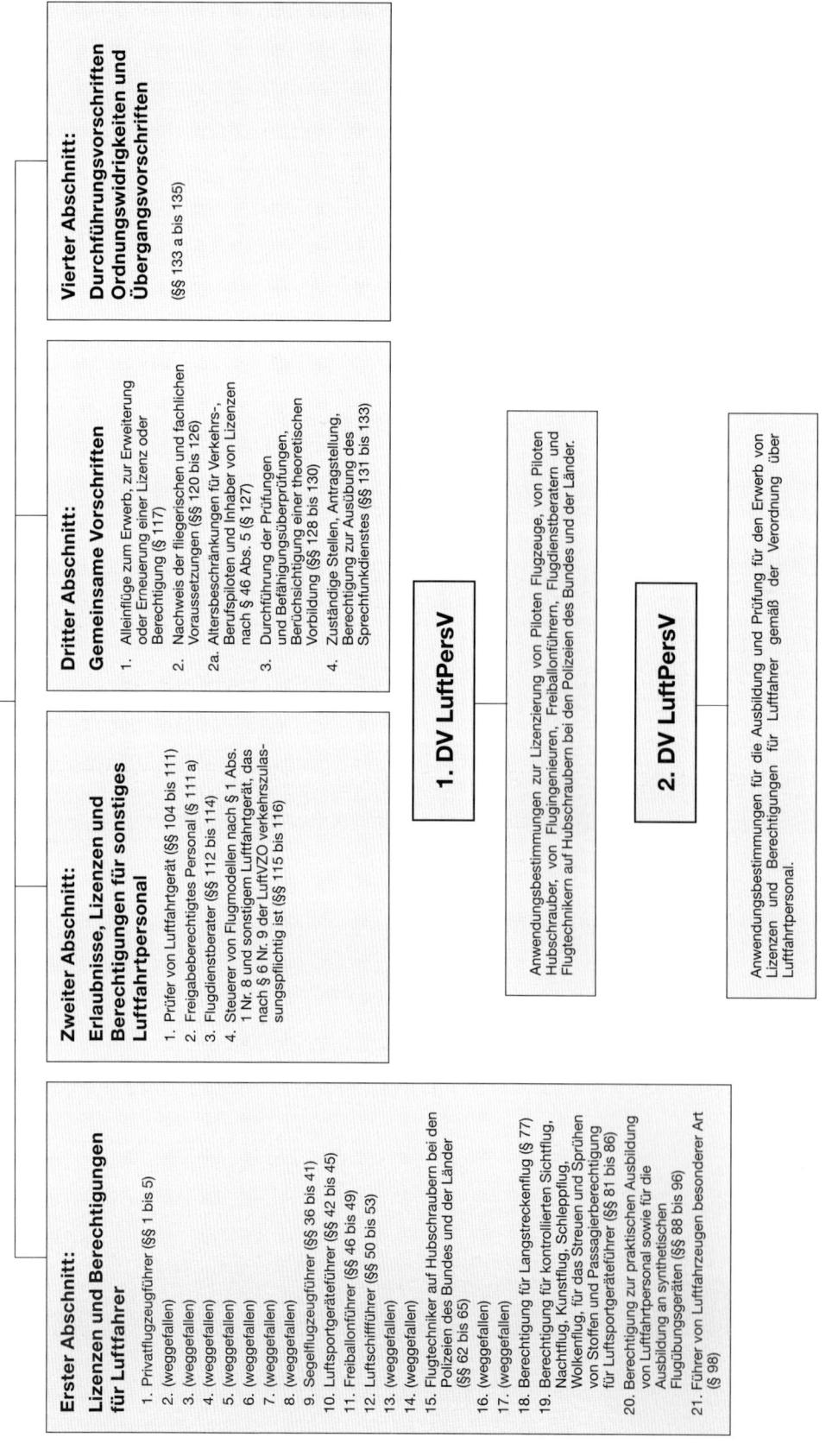

Alle Vorschriften der **LuftPersV**, die für den **Privatluftfahrzeugführer (Privatpiloten)** von Bedeutung sind, werden in den **folgenden Abschnitten** ausführlich behandelt (vgl. insbesondere Kapitel 6 „Luftfahrtpersonal")!

1 Rechtsvorschriften für den Luftverkehr (Einteilung des Luftrechts)

1.7 Bekanntmachung der Bestimmungen über die Lizenzierung von Piloten (JAR-FCL deutsch)

1.7.1 Allgemeines

Die Bestimmungen über die Lizenzierung von Piloten (Flugzeug) – (JAR-FCL 1 deutsch), von Piloten (Hubschrauber) – (JAR-FCL 2 deutsch) und die Bestimmungen über die Anforderungen an die Tauglichkeit des Luftfahrtpersonals (JAR-FCL 3 deutsch) vom 15.04.2003 traten am 01.05.2003 in Kraft. Somit sind die von der JAA (Joint Aviation Authorities) vereinheitlichten Bestimmungen für die Mitgliedsstaaten der „Europäischen Luftfahrtbehörde" in nationales, deutsches Recht überführt.

Es gibt nunmehr in Deutschland neben den Lizenzen der Verordnung über Luftfahrtpersonal (LuftPersV) – vgl. Abschnitt 6.2.2 „Die Lizenz (Luftfahrerschein) für Privatflugzeugführer nach LuftPersV", die europäischen Lizenzen nach JAR-FCL (Joint Aviation Requirements – Flight Crew Licensing) – vgl. auch Abschnitt 6.2.1 „Die Lizenz (Luftfahrerschein) nach JAR-FCL 1 deutsch für Privatpiloten (Privatflugzeugführer).

In JAR-FCL 1 und JAR-FCL 2 deutsch finden wir im Wesentlichen die Bestimmungen für Piloten (Flugzeug) bzw. Piloten (Hubschrauber) über

- die Voraussetzungen für eine Tätigkeit als Flugbesatzungsmitglied,
- Gültigkeit, Form und Inhalt von Lizenzen und Berechtigungen, Ausbildungslehrgänge,
- Prüfungsangelegenheiten,
- Ausbildungsbetriebe und registrierte Ausbildungseinrichtungen,
- flugmedizinische Tauglichkeit,
- Flugschüler.

Auch die Bestimmungen über die Lizenzierung von Piloten JAR-FCL deutsch unterscheiden, wie die LuftPersV, zwischen Lizenzen und Berechtigungen (Muster- und Klassenberechtigungen und Genehmigungen) und enthalten die folgenden, weiteren Bestimmungen:

- Klassen- Musterberechtigungen, die Piloten zum Führen oder Bedienen eines bestimmten Musters und die Piloten zur Ausübung der Rechte aus den Lizenzen benötigen,
- die Instrumentenflugberechtigung,
- die Lehrberechtigungen für Flugausbildung, für Musterberechtigungen, für Klassenberechtigungen und für Instrumentenflug,
- Anerkennung für die Ausbildung an synthetischen Flugübungsgeräten.

Außerdem finden wir in den JAR-FCL-Bestimmungen Einzelheiten über

- Prüfer und
- die erforderlichen theoretischen Kenntnisse und Verfahren für die Durchführung von theoretischen Prüfungen für die Lizenz für Berufs- und Verkehrspiloten sowie Instrumentenflugberechtigungen.

1.7.2 Inhalt der Bestimmungen über die Lizenzierung von Piloten (Flugzeug und Hubschrauber) – JAR-FCL 1 und 2 deutsch

Die Bestimmungen über die Lizenzierung von Piloten (Flugzeug und Hubschrauber) – **JAR-FCL 1 und 2 deutsch** – gliedern sich in 10 Abschnitte:

Alle Bestimmungen, die für den Privatluftfahrzeugführer (Privatpiloten) von Bedeutung sind, werden in den folgenden Kapiteln ausführlich behandelt (vgl. insbesondere Abschnitt 6.2.1 „Die Lizenz [Luftfahrerschein] nach JAR-FCL 1 deutsch für Privatpiloten [Privatflugzeugführer]")

1.7.3 Inhalt der Bestimmungen über die Anforderungen an die Tauglichkeit des Luftfahrtpersonals (JAR-FCL 3 deutsch)

Die Bestimmungen über die Anforderungen an die **Tauglichkeit** des Luftfahrtpersonals (JAR-FCL 3 deutsch) gliedern sich in **3 Abschnitte** und **19 Anhänge**:

1.7 Bekanntmachung der Bestimmungen über die Lizenzierung von Piloten (JAR-FCL deutsch)

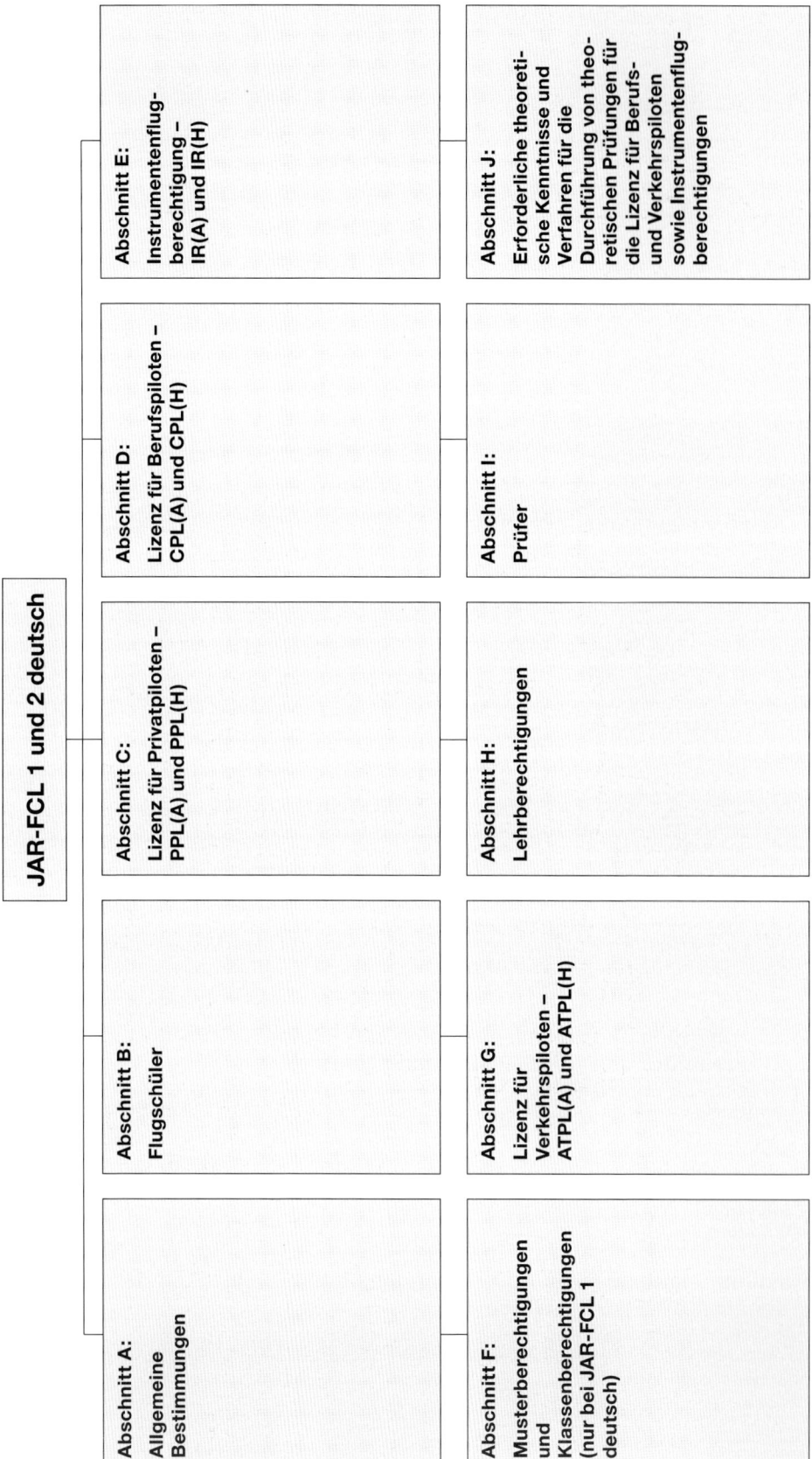

Eine Übersicht der einzelnen JAR-FCL-Anhänge finden Sie in Abschnitt 10.2

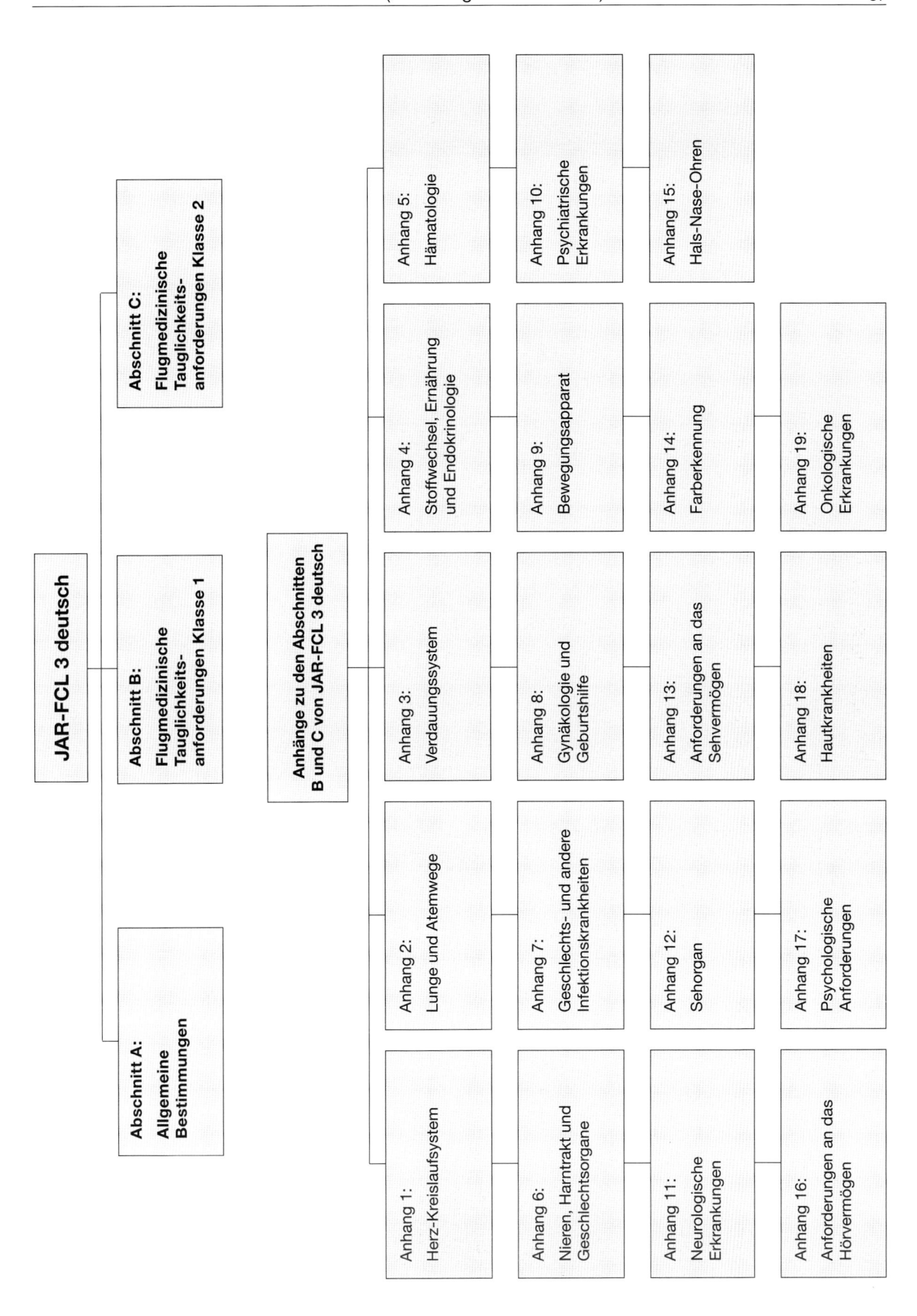

1 Rechtsvorschriften für den Luftverkehr (Einteilung des Luftrechts)

JAR-FCL 3 deutsch

- **Abschnitt A:** Allgemeine Bestimmungen
- **Abschnitt B:** Flugmedizinische Tauglichkeitsanforderungen Klasse 1
- **Abschnitt C:** Flugmedizinische Tauglichkeitsanforderungen Klasse 2

Anhänge zu den Abschnitten B und C von JAR-FCL 3 deutsch:

- Anhang 1: Herz-Kreislaufsystem
- Anhang 2: Lunge und Atemwege
- Anhang 3: Verdauungssystem
- Anhang 4: Stoffwechsel, Ernährung und Endokrinologie
- Anhang 5: Hämatologie
- Anhang 6: Nieren, Harntrakt und Geschlechtsorgane
- Anhang 7: Geschlechts- und andere Infektionskrankheiten
- Anhang 8: Gynäkologie und Geburtshilfe
- Anhang 9: Bewegungsapparat
- Anhang 10: Psychiatrische Erkrankungen
- Anhang 11: Neurologische Erkrankungen
- Anhang 12: Sehorgan
- Anhang 13: Anforderungen an das Sehvermögen
- Anhang 14: Farberkennung
- Anhang 15: Hals-Nase-Ohren
- Anhang 16: Anforderungen an das Hörvermögen
- Anhang 17: Psychologische Anforderungen
- Anhang 18: Hautkrankheiten
- Anhang 19: Onkologische Erkrankungen

1.8 Die Verordnung zur Prüfung von Luftfahrtgerät (LuftGerPV)

1.8.1 Allgemeines

Die **„Verordnung zur Prüfung von Luftfahrtgerät (LuftGerPV)"** regelt sowohl die **Anforderungen** und das **Verfahren der Prüfung** von Luftfahrtgerät auf seine **Lufttüchtigkeit** im Rahmen der Entwicklung, der Herstellung und der laufenden Instandhaltung. Sie unterscheidet hierbei zwischen

- **Muster- oder Einzelstückprüfung,**
- **Stückprüfungen oder Prüfungen in einem Qualitätsmanagement-System oder**
- **Instandhaltungsprüfungen oder Nachprüfungen.**

Im Rahmen der **Entwicklung** neuer Luftfahrtgeräte wird der Nachweis der Lufttüchtigkeit hauptsächlich durch eine **Musterprüfung** erbracht. Zuständig sind hierfür die Herstellungsbetriebe, ansonsten die EASA (Europäische Agentur für Flugsicherheit) oder die von ihr beauftragten Stellen (z. B. das LBA).

Die **Musterzulassung** wird durch das **LBA erstellt** und von der **EASA gezeichnet,** anschließend in den Nachrichten für Luftfahrer veröffentlicht.

Die Musterzulassung für Luftsportgeräte einschließlich Rettungs- und Schleppgeräten und von Flugmodellen bis zu einer höchstzulässigen Startmasse von 150 kg wird von dem Beauftragten nach § 31 c des Luftverkehrsgesetzes (LuftVG) erteilt (z. B. DAeC, DULF).

Der Nachweis der Lufttüchtigkeit wird überwiegend durch eine Musterprüfung erbracht, die mit Ausnahme von Luftsportgeräten in einem nach europäischen Vorschriften anerkannten **Qualitäts-Management-System** erfolgt. Hierin wird festgestellt, ob das Luftfahrzeugmuster den Bauvorschriften für Luftfahrtgerät entspricht und keine **Merkmale oder Eigenschaften aufweist, die den sicheren Betrieb beeinträchtigen können.** Ferner wird geprüft, ob die für den laufenden Betrieb und die Wartung erforderlichen Unterlagen vorhanden und ordnungsgemäß sind.

Die Kontrolle von Luftfahrzeugen, die nicht zum Nachbau vorgesehen sind (z. B. Eigenbauten), findet ausnahmsweise in einer **Einzelstückprüfung** statt. Wird der Nachweis der Lufttüchtigkeit nicht nach den allgemeinen Bauvorschriften, sondern unter Erleichterungen erbracht, erfolgt die Verkehrszulassung in der Kategorie „Sonderklasse" oder „Beschränkte Sonderklasse". Diese Regelung gilt allerdings nicht für Luftsportgeräte. Die Verkehrszulassung von Einzelstücken von Luftsportgerät wird in der Kategorie „Luftsportgerät" erteilt.

Darüber hinaus muss im **Rahmen der laufenden Herstellung** durch eine **Stückprüfung** festgestellt werden, ob das gebaute Luftfahrzeug mit dem geprüften Muster übereinstimmt, lufttüchtig ist und die notwendigen Unterlagen (Betriebs- und Wartungsunterlagen) vorhanden sind. Auch die Stückprüfung erfolgt durch den hierfür genehmigten Herstellungsbetrieb, ansonsten durch das LBA im Rahmen seiner Aufgaben.

Die ordnungsgemäße Durchführung der Stückprüfung eines Luftsportgeräts ist für Ultraleichtflugzeuge durch einen Prüfschein zu bescheinigen. Darin sind die Lufttüchtigkeit und die Übereinstimmung mit den im zugehörigen Gerätekennblatt enthaltenen Angaben festzustellen.

Die **Nachprüfung/Prüfung der Lufttüchtigkeit** dient der laufenden Kontrolle der Instandhaltung und Aufrechterhaltung der Lufttüchtigkeit des zum Verkehr zugelassenen Luftfahrzeugs. Sie erfolgt durch anerkannte Herstellungs-, Instandhaltungs- oder andere luftfahrttechnische Betriebe, durch anerkannte Prüfer oder eines Unternehmens zur Führung der Aufrechterhaltung der Lufttüchtigkeit (**CAMO** – **C**ontinuing **A**irworthiness **M**anagement **O**rganisation). Bei der Nachprüfung ist zu unterscheiden zwischen

- Nachprüfungen/Prüfung der Lufttüchtigkeit in **bestimmten Zeitabständen,**
- Nachprüfungen/Prüfung der Lufttüchtigkeit bei der **Instandhaltung und Änderung** des Luftfahrtgeräts,
- Nachprüfungen/Prüfung der Lufttüchtigkeit auf **Anordnung der zuständigen Stelle.**

Nachprüfungen/Prüfung der Lufttüchtigkeit erfolgen zunächst in bestimmten Zeitabständen. Bei dem zum Verkehr zugelassenen Luftfahrtgerät wird in Zeitabständen von **12 Monaten** festgestellt, ob es noch lufttüchtig ist und dem Muster (= Gerätekennblatt) entspricht („Jahresnachprüfung"/Lufttüchtigkeitsfolgezeugnis – **ARC/A**irworthiness **R**eview **C**ertificate).

Die zuständigen Stellen können darüber hinaus jederzeit eine Nachprüfung anordnen, wenn sich Mängel gezeigt haben oder begründete **Zweifel an der Lufttüchtigkeit** des jeweiligen Luftfahrtgeräts bestehen.

Die umfassende Nachprüfung sowie diejenigen nach Überholungen, großen Reparaturen und großen Änderungen sowie die angeordnete Nachprüfung im Rahmen eines Instandhaltungsprogramms auf Grund der Verordnung (EG) Nr. 2042/2003 Teil M – Verordnung über die Aufrechterhaltung der Lufttüchtigkeit von Luftfahrzeugen und luftfahrttechnischen Erzeugnissen, Teilen und Ausrüstungen und die Erteilung von Genehmigungen für Organisationen und Personen, die diese Tätigkeiten ausführen, sind durch einen **Prüfschein** zu bescheinigen. Auf Hängegleitern und Gleitsegeln ist ein Prüfstempel anzubringen. Ein Exemplar des Prüfscheins ist ständig an Bord des Luftfahrzeugs mitzuführen. Eine Verletzung dieser Pflicht stellt eine Ordnungswidrigkeit dar, die mit einer Geldbuße geahndet werden kann.

1 Rechtsvorschriften für den Luftverkehr (Einteilung des Luftrechts)

1.8.2 Inhalt der LuftGerPV (Übersicht)

Die **LuftGerPV** gliedert sich in **vier Abschnitte**:

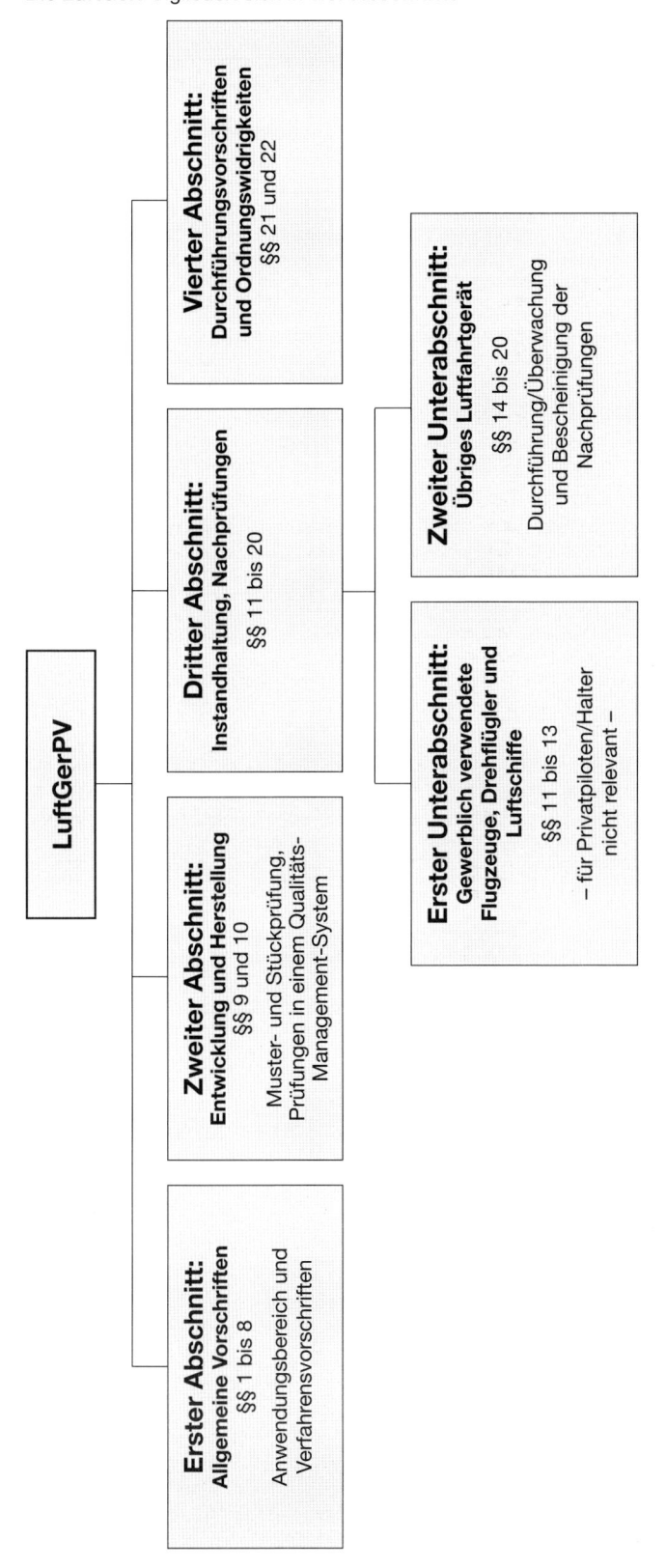

LuftGerPV

- **Erster Abschnitt: Allgemeine Vorschriften**
  §§ 1 bis 8
  Anwendungsbereich und Verfahrensvorschriften

- **Zweiter Abschnitt: Entwicklung und Herstellung**
  §§ 9 und 10
  Muster- und Stückprüfung, Prüfungen in einem Qualitäts-Management-System

- **Dritter Abschnitt: Instandhaltung, Nachprüfungen**
  §§ 11 bis 20
  - **Erster Unterabschnitt: Gewerblich verwendete Flugzeuge, Drehflügler und Luftschiffe**
    §§ 11 bis 13
    – für Privatpiloten/Halter nicht relevant –
  - **Zweiter Unterabschnitt: Übriges Luftfahrtgerät**
    §§ 14 bis 20
    Durchführung/Überwachung und Bescheinigung der Nachprüfungen

- **Vierter Abschnitt: Durchführungsvorschriften und Ordnungswidrigkeiten**
  §§ 21 und 22

1.9 Weitere Gesetze und Rechtsverordnungen
(soweit für den Privatluftfahrzeugführer [Privatpiloten] von Bedeutung)

1.9.1 Zuständigkeitsgesetze

1.9.1.1 Die rechtlichen Grundlagen für die DFS Deutsche Flugsicherung GmbH

Durch Änderungen des **Grundgesetzes (Artikel 87 d GG)** und des **Luftverkehrsgesetzes (LuftVG)** wurde zum 1. Januar 1993 die **Umwandlung** der öffentlich-rechtlichen **Bundesanstalt für Flugsicherung (BFS)** in die privatrechtliche Organisation **DFS Deutsche Flugsicherung GmbH** möglich und wirksam. Die **DFS Deutsche Flugsicherung GmbH** ist gemäß **Luftverkehrsgesetz (LuftVG)** für die **Sicherung der Luftfahrt (Flugsicherung)** – z. B. durch die Kontrolle des Luftverkehrs mit Bewegungslenkung, Flugberatung, Fluginformationsdienst, Flugalarmdienst usw. – zuständig. Sie ist die allein zuständige Organisation für die Durchführung der **Flugverkehrsdienste** in der Bundesrepublik Deutschland und übt im Rahmen ihrer **Beauftragung** nach § 31 b und § 31 d LuftVG **bundeseigene Verwaltung** im Sinne des Artikels 87 d GG aus. Die **DFS Deutsche Flugsicherung GmbH** (Geschäftsleitung) hat ihren Sitz in **Langen** und unterliegt der **Fachaufsicht** durch das **Bundesministerium für Verkehr, Bau und Stadtentwicklung** (BMVBS) **(vgl. auch Abschnitt 2.1.1).**

1.9.1.2 Das Gesetz über das Luftfahrt-Bundesamt (LBA-Gesetz)

Das Gesetz über das Luftfahrt-Bundesamt **(LBA-Gesetz)** trat im November 1954 in Kraft. Es enthält im Wesentlichen Vorschriften über die **Aufgaben** (Zuständigkeiten) dieser **Luftfahrt-Bundesbehörde**.

Das Luftfahrt-Bundesamt **(LBA)** ist gemäß **LBA-Gesetz** in erster Linie als **Prüf-, Zulassungs-, Überwachungs- und Erlaubnisbehörde** für Luftfahrtgerät und Luftfahrtpersonal tätig. Es führt diese Aufgaben z. T. in eigener Verantwortung durch und unterstützt in vielen Bereichen die Europäische Agentur für Flugsicherheit (EASA; vgl. auch Abschnitt 2.2.3).

Das **LBA** hat seinen Sitz in **Braunschweig** und ist dem Bundesministerium für Verkehr, Bau und Stadtentwicklung **(BMVBS)** direkt unterstellt **(vgl. auch Abschnitt 2.1.3).**

1.9.1.3 Das Gesetz über den Deutschen Wetterdienst (DWD)

Durch das zum 01.01.1999 in Kraft getretene „Gesetz über den deutschen Wetterdienst" (DWD-Gesetz) wurde die derzeit gültige Rechtsgrundlage für diese Organisation neu geschaffen. Der DWD ist eine öffentlich-rechtliche Anstalt mit Sitz in Offenbach am Main und unterliegt der Fachaufsicht durch das Bundesministerium für Verkehr, Bau und Stadtentwicklung (BMVBS).

Neben den vielfältigen allgemeinen meteorologischen Aufgaben für den gesamten Bereich der Bundesrepublik Deutschland ist der **DWD** auch für die **meteorologische Sicherung der zivilen Luftfahrt** zuständig. Um diese wichtige Aufgabe erfüllen zu können, hat der **Deutsche Wetterdienst (DWD) Luftfahrtberatungszentralen, Flugwetterwarten und verschiedene automatische Verfahren** eingerichtet, die die Luftfahrzeugführer im Rahmen der Flugvorbereitung mit **Wetterinformationen** versorgen (vgl. auch Abschnitt 2.1.4). Der Deutsche Wetterdienst **(DWD)**, Geschäftsfeld Luftfahrt in Offenbach, betreibt gemäß eines ICAO-Regionalplanes zusätzlich die „**regionale Gebietsvorhersagezentrale Frankfurt**" (RAFC Frankfurt) für die gesamte Europa-Region (EUR-Region).

1.9.2 Besondere Gesetze für die Luftfahrt

1.9.2.1 Das Gesetz zum Schutz gegen Fluglärm

Der Zweck des Gesetzes zum Schutz gegen Fluglärm vom 30. März 1971 (in der Neufassung vom 7. Juni 2007) ist es, in der Umgebung von Flugplätzen bauliche Nutzungsbeschränkungen und baulichen Schallschutz zum Schutz der Allgemeinheit und der Nachbarschaft vor Gefahren, erheblichen Nachteilen und erheblichen Belästigungen durch Fluglärm sicherzustellen.

Durch dieses Gesetz werden für **Flugplätze, Lärmschutzbereiche** festgelegt. Des Weiteren enthält das Gesetz Vorschriften über **Bauverbote** in Lärmschutzbereichen, **Schallschutz** im Hochbau, **Entschädigung** bei Bauverboten usw.

1.9.2.2 Das Gesetz über Rechte an Luftfahrzeugen

Im Gesetz über Rechte an Luftfahrzeugen vom 29. Februar 1959, zuletzt geändert am 26.03.2007, wird das **Pfandrecht an Luftfahrzeugen** geregelt. Es bestimmt, dass an Luftfahrzeugen – ähnlich wie bei Schiffen – ein **Registerpfandrecht** begründet werden kann. Da durch die hohen Anschaffungskosten das **Kreditgeschäft** beim Kauf eines Luftfahrzeugs eine wichtige Rolle spielt, hat man hier – im Gegensatz zum Pfandrecht nach dem Bürgerlichen Gesetzbuch (BGB) – ein „besitz-

1 Rechtsvorschriften für den Luftverkehr (Einteilung des Luftrechts)

loses" Pfandrecht, das so genannte **Registerpfandrecht,** eingeführt. Dieses Registerpfandrecht sichert dem Verkäufer einen von ihm gewährten Kredit und garantiert dem Käufer die Benutzung des Luftfahrzeugs.

Das **Registerpfandrecht** kann nur für Luftfahrzeuge zur Anwendung kommen, die in die deutsche **„Luftfahrzeugrolle"** (Eintragungsverzeichnis) beim Luftfahrt-Bundesamt (LBA) eingetragen sind. Des Weiteren müssen die Pfandrechte in das **„Register für Pfandrechte an Luftfahrzeugen"** eingetragen werden, welches vom **Amtsgericht Braunschweig** (Sitz des LBA) geführt wird.

1.9.2.3 Das Flugunfall-Untersuchungs-Gesetz (FIUUG)

Durch das mit Wirkung zum 01.09.1998 in Kraft getretene Gesetz über die Untersuchung von Unfällen und Störungen bei dem Betrieb ziviler Luftfahrzeuge – kurz: **Flugunfall-Untersuchungs-Gesetz (FIUUG)** – wurde der Bereich der Flugunfalluntersuchung in Deutschland erstmals und in Angleichung an EG-Richtlinien auf eine gesetzliche Grundlage gestellt. Gemäß dem ausschließlichen Zweck des Gesetzes, durch die Aufklärung von Unfällen künftige Störungen und Zwischenfälle zu verhindern, wurden u. a. die Untersuchungsgrundsätze festgelegt. Zuständig ist nun die **Bundesstelle für Flugunfall-Untersuchung (BFU)** in Braunschweig (vgl. auch Abschnitt 2.1.5 „Die Bundesstelle für Flugunfalluntersuchung [BFU]").

Als praktische Auswirkung des Gesetzes haben sich für den Halter oder Führer eines Luftfahrzeugs wesentliche Änderungen bei den **Meldepflichten nach Flugunfällen** gemäß § 5 LuftVO ergeben (vgl. hierzu Abschnitt 7.4.7 „Anzeige von Flugunfällen und sonstigen Störungen").

1.9.2.4 Das Luftsicherheitsgesetz (LuftSiG)

Das Luftsicherheitsgesetz (LuftSiG) dient dem Schutz vor Angriffen auf die Sicherheit des Luftverkehrs, insbesondere vor Flugzeugentführungen, Sabotageakten und terroristischen Anschlägen. Die Luftsicherheitsbehörde hat die Aufgabe, Angriffe auf die Sicherheit des Luftverkehrs abzuwehren. Sie nimmt insbesondere **auch Zuverlässigkeitsüberprüfungen** vor.

Die Aufgaben der Luftsicherheitsbehörden nach dem LuftSiG und nach der Verordnung (EG) 2320/2002 „Festlegung gemeinsamer Vorschriften für die Sicherheit in der Zivilluftfahrt" werden **von den Ländern im Auftrag des Bundes,** soweit sie nicht vom LBA oder durch das Bundesministerium des Inneren im Einvernehmen mit dem Bundesministerium für Verkehr, Bau und Stadtentwicklung ausgeführt.

Zum Schutz vor Angriffen auf die Sicherheit des Luftverkehrs hat die Luftsicherheitsbehörde nach **§ 7 LuftSiG** u. a. die **Zuverlässigkeit folgender Personen** zu überprüfen:

> **(1) Luftfahrer**
> 1. **Die Erlaubnis eines Luftfahrers** wird nach § 4 LuftVG (vgl. Abschnitt 6.1.1 „Voraussetzung für die Betätigung als Luftfahrtpersonal") nur erteilt, wenn u. a. bei dem Luftfahrer keine Tatsachen vorliegen, die den Bewerber als **unzuverlässig** erscheinen lassen ein Luftfahrzeug zu führen oder zu bedienen und **keine Zweifel an der Zuverlässigkeit** des Bewerbers nach dem Luftsicherheitsgesetz bestehen. Dies bezieht sich auf **Inhaber und Bewerber einer Erlaubnis** für Flugzeuge, Drehflügler, Luftschiffe und Motorsegler.
> 2. Mitglieder von flugplatzansässigen Vereinen, Schülerpraktikanten oder Führern von Luftfahrzeugen im Sinne von § 1 Abs. 2 des Luftverkehrsgesetzes oder sonstige Berechtigte, denen nicht nur gelegentlich Zugang zu den
>   a) nicht allgemein zugänglichen Bereichen des Flugplatzgeländes eines Verkehrsflughafens, in denen der Unternehmer des Verkehrsflughafens für die Sicherheit des Luftverkehrs verantwortlich ist.
>   b) überlassenen Bereichen, in denen ein Luftfahrtunternehmen für die Sicherheit des Luftverkehrs verantwortlich ist
>
> gewährt werden soll.
>
> **(2) Die Überprüfung erfolgt auf Antrag des Betroffenen.** Der Betroffene ist bei Antragstellung über
> 1. die zuständige Luftsicherheitsbehörde,
> 2. den Zweck der Datenerhebung, -verarbeitung und -nutzung,
> 3. die Stellen, deren Beteiligung nach Absatz 3 Satz 1 Nr. 2 bis 5 und Absatz 4 in Betracht kommt sowie
> 4. die Übermittlungsempfänger nach dem LuftSiG
>
> zu unterrichten.

(3) Zur Überprüfung der Zuverlässigkeit darf die Luftsicherheitsbehörde
1. die Identität des Betroffenen überprüfen,
2. Anfragen bei den Polizeivollzugs- und den Verfassungsschutzbehörden der Länder sowie, soweit im Einzelfall erforderlich, dem Bundeskriminalamt, dem Zollkriminalamt, dem Bundesamt für Verfassungsschutz, dem Bundesnachrichtendienst, dem militärischen Abschirmdienst und der Bundesbeauftragten für die Unterlagen des Staatssicherheitsdienstes der ehemaligen Deutschen Demokratischen Republik nach vorhandenen, für die Beurteilung der Zuverlässigkeit bedeutsamen Informationen stellen,
3. unbeschränkte Auskünfte aus dem Bundeszentralregister einholen,
4. bei ausländischen Betroffenen um eine Auskunft aus dem Ausländerzentralregister ersuchen und, soweit im Einzelfall erforderlich, Anfragen an die zuständigen Ausländerbehörden nach Anhaltspunkten für eine Beeinträchtigung der öffentlichen Sicherheit durch den Betroffenen richten.

Der Betroffene ist verpflichtet, an seiner Überprüfung mitzuwirken.

(4) Begründen die Auskünfte der in Absatz 3 Nr. 2 und 4 genannten Behörden **Anhaltspunkte für Zweifel an der Zuverlässigkeit** des Betroffenen, darf die Luftsicherheitsbehörde **Auskünfte von Strafverfolgungsbehörden** einholen.

(5) Die Luftsicherheitsbehörde gibt dem Betroffenen vor ihrer Entscheidung Gelegenheit, sich zu den eingeholten Auskünften zu äußern, soweit diese Zweifel an seiner Zuverlässigkeit begründen und Geheimhaltungspflichten nicht entgegenstehen oder bei Auskünften durch Strafverfolgungsbehörden eine Gefährdung des Untersuchungszwecks nicht zu besorgen ist. Stammen die Erkenntnisse von einer der in Absatz 3 Nr. 2 oder Absatz 4 genannten Stellen, ist das Einvernehmen dieser Stellen erforderlich. Der Betroffene ist verpflichtet, **wahrheitsgemäße Angaben** zu machen. Er kann Angaben verweigern, die für ihn oder eine der in § 52 Abs. 1 der Strafprozessordnung genannten Personen die Gefahr strafrechtlicher Verfolgung, der Verfolgung wegen einer Ordnungswidrigkeit oder von disziplinar- oder arbeitsrechtlichen Maßnahmen begründen könnten. Über die Verpflichtung wahrheitsgemäße Angaben zu machen und das Verweigerungsrecht ist der Betroffene vorher zu belehren.

(6) Die Luftsicherheitsbehörden unterrichten sich gegenseitig über die Durchführung von Zuverlässigkeitsüberprüfungen, soweit dies im Einzelfall erforderlich ist.

(7) Werden den nach Absatz 3 Satz 1 Nr. 2 beteiligten Behörden, den nach Absatz 3 Satz 1 Nr. 4 beteiligten Ausländerbehörden oder den nach Absatz 3 Satz 1 Nr. 5 beteiligten **Stellen im Nachhinein** Informationen bekannt, die für die Beurteilung de**r Zuverlässigkeit** einer der in Absatz 1 genannten Personen von Bedeutung sind, sind diese Stellen verpflichtet, die Luftsicherheitsbehörde über die vorliegenden Erkenntnisse zu informieren. Zu diesem Zweck dürfen sie Name, Vorname, Geburtsname, Geburtsdatum, Geburtsort, Wohnort und Staatsangehörigkeit des Betroffenen sowie die Aktenfundstelle speichern. Die Verfassungsschutzbehörden des Bundes und der Länder dürfen zu diesem Zweck die in Satz 2 genannten personenbezogenen Daten des Betroffenen und ihre Aktenfundstelle zusätzlich auch in den gemeinsamen Dateien nach § 6 des Bundesverfassungsschutzgesetzes speichern. Die in Satz 1 genannten Behörden und Stellen unterrichten die Luftsicherheitsbehörde, zu welchen Betroffenen sie Daten gemäß Satz 2 und 3 speichern.

(8) Die Luftsicherheitsbehörde darf bei Zuverlässigkeitsüberprüfungen, die durch Stellen außerhalb des Geltungsbereichs dieses Gesetzes veranlasst werden, **mitwirken.** Hierzu darf sie Name, Vorname, Geburtsname, Geburtsdatum, Geburtsort, Wohnort und Staatsangehörigkeit sowie das Ergebnis der Sicherheitsüberprüfung des Betroffenen übermitteln. Die Datenübermittlung unterbleibt, soweit der Betroffene ein schutzwürdiges Interesse am Ausschluss der Übermittlung hat, insbesondere wenn bei der empfangenden Stelle ein angemessenes Datenschutzniveau nicht gewährleistet ist. Die empfangende Stelle ist darauf zu verweisen, dass die übermittelten Daten nur für den Zweck verwendet werden dürfen, zu dessen Erfüllung sie übermittelt worden sind.

1.9.3 Weitere wichtige Verordnungen für den Luftverkehr

1.9.3.1 Die Verordnung über die Flugsicherungsausrüstung der Luftfahrzeuge (FSAV)

Die Verordnung über die Flugsicherungsausrüstung der Luftfahrzeuge **(FSAV)** vom 26. November 2004, mit Änderungen neueren Datums, schreibt die **Ausrüstung der Luftfahrzeuge** vor, die aus **Flugsicherungsgründen** vorhanden sein muss. Es handelt sich um eine **Rahmenvorschrift,** die die Ausrüstung der Luftfahrzeuge bei Flügen nach Sichtflugregeln (VFR-Flüge) und nach Instrumentenflugregeln (IFR-Flüge) festlegt.

Die **FSAV** regelt genau, mit **welchen Geräten** die Luftfahrzeuge bei **Flügen nach Sichtflugregeln** (VFR) und bei **Flügen nach Instrumentenflugregeln** (IFR) ausgerüstet sein müssen. Des Weiteren ist detailliert vorgeschrieben, welche **Sende- und Empfangsgeräte** vorhanden sein müssen, welchen **Frequenzbereich** diese Geräte umfassen müssen usw. Alle Vorschriften der **FSAV**, die für den **Privatluftfahrzeugführer (Privatpiloten)** von Bedeutung sind, werden in den folgenden Abschnitten ausführlich behandelt!

1 Rechtsvorschriften für den Luftverkehr (Einteilung des Luftrechts)

1.9.3.2 Die Verordnung über Flugfunkzeugnisse (FlugfunkV)

In der Verordnung über Flugfunkzeugnisse vom 26. November 2004 ist festgelegt, dass zur **Ausübung des Flugfunkdienstes** bei Boden- und Luftfunkstellen in der Bundesrepublik Deutschland ein gültiges Flugfunkzeugnis notwendig ist. Von diesem wichtigen Grundsatz bestehen nur wenige Ausnahmen. Die **Bundesnetzagentur für Elektrizität, Gas, Telekommunikation, Post und Eisenbahnen** (kurz: Bundesnetzagentur [BNetzA]) stellt aufgrund dieser Verordnung folgende Flugfunkzeugnisse aus:

- **Allgemeines Sprechfunkzeugnis für den Flugfunkdienst (AZF),**
- **Beschränkt gültiges Sprechfunkzeugnis I für den Flugfunkdienst (BZF I),**
- **Beschränkt gültiges Sprechfunkzeugnis II für den Flugfunkdienst (BZF II).**

Wer bei einer **Boden- oder Luftfunkstelle** den Sprechfunkdienst **uneingeschränkt** ausüben will, muss das **Allgemeine Sprechfunkzeugnis für den Flugfunkdienst** – das so genannte **AZF** – der **BNetzA** besitzen.

Privatluftfahrzeugführer (Privatpiloten) und andere Personen, die den Sprechfunkverkehr bei einer **Luftfunkstelle** an Bord eines Luftfahrzeugs, das nur nach den **Sichtflugregeln (VFR)** fliegt, oder bei einer **Bodenfunkstelle** im Funkverkehr mit Luftfunkstellen der vorgenannten Art ausüben wollen, müssen das

Beschränkt gültige Sprechfunkzeugnis I für den Flugfunkdienst (BZF I)

der Bundesnetzagentur (BNetzA) erwerben. Beide Zeugnisse – AZF und BZF I – berechtigen dazu, den Flugfunkdienst auch in **englischer Sprache** und außerhalb der Bundesrepublik Deutschland auszuüben.

Wer den Sprechfunkdienst **nur innerhalb der Bundesrepublik Deutschland in deutscher Sprache** bei VFR-Flügen ausüben will, muss das

Beschränkt gültige Sprechfunkzeugnis II für den Flugfunkdienst (BZF II)

der Bundesnetzagentur (BNetzA) erwerben.

Zuständig für die Prüfungen zum Erwerb von Flugfunkzeugnissen sind die folgenden **Außenstellen der Bundesnetzagentur (BNetzA):**

Außenstelle Augsburg/ Standort Augsburg	Außenstelle Hamburg/ Standort Rostock	Außenstelle Köln/ Standort Köln	Außenstelle Nürnberg/ Standort Nürnberg
Außenstelle Berlin/ Standort Berlin	Außenstelle Hannover/ Standort Bremen	Außenstelle Köln/ Standort Mülheim	
Außenstelle Eschborn/ Standort Eschborn	Außenstelle Hannover/ Standort Hannover	Außenstelle Leipzig/ Standort Dresden	
Außenstelle Hamburg/ Standort Hamburg	Außenstelle Karlsruhe/ Standort Reutlingen	Außenstelle Leipzig/ Standort Erfurt	

Des Weiteren enthält die **Verordnung über Flugfunkzeugnisse** genaue Vorschriften über die **Prüfungen** zum Erwerb eines Flugfunkzeugnisses, die **Gültigkeitsdauer** der Flugfunkzeugnisse, die **Entziehung** eines Flugfunkzeugnisses und die **Gebühren** für die Prüfungen einschließlich des Ausstellens eines Flugfunkzeugnisses.

Gemäß einer **Verwaltungsvereinbarung** zwischen dem damaligen Bundesministerium für Post und Telekommunikation und dem Bundesministerium für Verkehr, Bau und Stadtentwicklung vom 24. März 1995 können Prüfungen zum Erwerb einer Lizenz für Luftfahrzeugführer oder zum Erwerb der Instrumentenflugberechtigung (IFR) nach der Verordnung über Luftfahrtpersonal (LuftPersV) **als Prüfung zum Erwerb eines Flugfunkzeugnisses** anerkannt werden. Nähere Einzelheiten sind in den Nachrichten für Luftfahrer (Teil II) – **NfL II-44/95** – veröffentlicht.

1.9.3.3 ICAO–Sprachanforderungen

Ab dem 05.03.2008 verlangt die Internationale Zivilluftfahrtorganisation (ICAO), dass Flugzeugführer, Hubschrauberführer, Luftschiffführer und Fluglotsen über die Beherrschung der im Flugfunk üblichen Sprechgruppen (Phraseologie) hinaus **nachweisen müssen, dass sie der im Sprechfunkverkehr jeweils gesprochenen Sprache oder des Englischen in ausreichendem Maße mächtig sind.** Hintergrund für diese Maßnahme waren Auswertungen von Unfall- und Störungsberichten, die nach Auffassung der ICAO mangelnde Sprachfähigkeiten als häufige Ursache oder zumindest Teilursache für den Hergang sicherheitskritischer Ereignisse waren.

Für betroffenes Luftfahrtpersonal bedeutet dies, dass sie **ab dem 1. Mai 2008** in einem **formalen Sprachtest** nachweisen müssen, dass sie die für ihre fliegerischen bzw. sonstigen Einsätze maßgebliche(n) Sprache(n) oder alternativ Englisch ausreichend beherrschen. Gemäß ICAO werden **sechs Leistungsstufen** unterschieden, wobei die Stufe 6 (expert level) die höchsten Anforderungen stellt und **muttersprachlichen Fähigkeiten** nahezu gleichzusetzen ist. Um am Luftverkehr teilnehmen zu dürfen, muss man **mindestens Fähigkeiten der Stufe 4** (operational level) nachweisen. Die ICAO sieht vor, in Abhängigkeit vom erreichten Sprachleistungsprofil **Wiederholungsprüfungen** durchzuführen, wobei jemand, der die **Stufe 6** erreicht hat, von Wiederholungsprüfungen **zeitlebens befreit** sein wird. In allen sechs Stufen werden die Sprachkenntnisse in **sechs Elemente** untergliedert:

- Aussprache,
- Struktur,
- Wortschatz,
- Sprachfluss,
- Verständnis und
- Dialogfähigkeit.

Die Sprachstufe 4 ist gemäß ICAO wie folgt definiert:

> **Aussprache:** erkennbarer Akzent, regionale Abweichungen. Gelegentlich muss ein geübter Zuhörer aufmerksam sein, um zu verstehen, oder er muss gelegentlich nachfragen.
>
> **Struktur:** grammatikalische Strukturen und Satzfolgen werden kreativ gebraucht und gewöhnlich gut beherrscht. Fehler treten auf, besonders in ungewöhnlichen oder unerwarteten Situationen, aber diese haben selten Einfluss auf die Bedeutung.
>
> **Wortschatz:** Wortschatz und Ausdrucksgenauigkeit sind im Normalfall ausreichend, um sich wirksam bei allgemeinen, konkreten und arbeitsbezogenen Themen zu verständigen. In der Regel erfolgreiche Umschreibung, wenn Vokabular in ungewöhnlichen oder unerwarteten Umständen fehlt.
>
> **Sprachfluss:** Die Aussprache ist zusammenhängend und in angemessener Geschwindigkeit. Gelegentlich Verlust des Redeflusses beim Übergang von erprobten Phrasen zu spontanem Gespräch, was aber eine wirksame Verständigung nicht verhindert. Füllwörter lenken nicht ab.
>
> **Verständnis:** Das Verständnis ist meist richtig bei allgemeinen, konkreten und arbeitsbezogenen Themen, wenn der verwendete Akzent oder Dialekt für einen internationalen Nutzerkreis ausreichend verständlich ist. Im Fall der Konfrontation mit sprachlichen oder situationsbedingten Komplikationen kann das Verständnis verlangsamt sein oder Rückfragen erforderlich machen.
>
> **Dialogfähigkeit:** Antworten kommen gewöhnlich sofort und sind angemessen und aussagekräftig. Die Verständigung wird aufgenommen und aufrechterhalten selbst bei Auftreten unerwarteter Ereignisse. Reaktion auf offensichtliche Missverständnisse durch Kontrolle, Bestätigung oder Rückfragen.

Erwerb des Sprechfunkzeugnisses am oder nach dem 1. Mai 2008.

Erworben werden soll das BZF I oder das AZF:
Während der Prüfung zum Erwerb des BZF I oder des AZF werden gleichzeitig die Sprachkenntnisse auf Grundlage des geänderten ICAO-Anhangs 1 (hier der Stufe 4) geprüft. Die Prüfung wird den ICAO Anforderungen angepasst. Die Prüfungskommission besteht aus jeweils einem Vertreter der Bundesnetzagentur (BNetzA) und einem Fluglotsen.

Gültigkeit des Nachweises der Sprachkenntnisse (Wiederholungsprüfungen)
Ab dem 05. März 2008 müssen, so die ICAO, die Sprachkenntnisse unterhalb der Stufe 6 förmlich ermittelt werden und, abhängig von der Einstufung, in regelmäßigen Zeitabständen überprüft werden. Die ICAO empfiehlt einen Zeitraum von drei Jahren für Luftfahrer mit Kenntnissen der Stufe 4 und von sechs Jahren für Luftfahrer mit Kenntnissen der Stufe 5.

Prüfung der englischen Sprachkenntnisse
Die Sprachkenntnisse werden erstmalig im Rahmen der Prüfung zum Erwerb des Allgemein oder Beschränkt Gültigen Sprechfunkzeugnisses I (AZF, BZF I) festgestellt. Zu diesem Zweck wird die Sprechfunkprüfung an die Vorgaben der ICAO angepasst und durch Sprachmodule ergänzt. Insgesamt besteht die Prüfung aus vier Phasen:

- Die erste und zweite Phase entsprechen weitestgehend den sprachbezogenen Anteilen der heutigen Prüfung zur Erlangung eines Sprechfunkzeugnisses gemäß dem Anhang zur FlugFunkV.
- In der dritten Phase wird das nicht auf die Sprechfunkphraseologie beschränkte Hörverstehen geprüft. Dabei wird ein kurzer Text in englischer Sprache vorgelesen. In deutscher Sprache werden dann schriftlich Fragen gestellt und jeweils vier Antworten angeboten, von denen die richtige anzukreuzen ist.
- In der vierten Phase wird in deutscher Sprache ein in der Luftfahrt denkbares Szenario vorgestellt. Daran schließt sich eine kurze, etwa 10 Minuten dauernde Unterhaltung mit dem Prüfer in englischer Sprache an. Hierdurch soll festgestellt werden, ob man sich in der englischen Sprache ausreichend verständlich machen kann.

1 Rechtsvorschriften für den Luftverkehr (Einteilung des Luftrechts)

Wiederholungsprüfungen der englischen Sprachkenntnisse
Folgende Möglichkeiten sind vorgesehen, um den Fortbestand der Sprachkenntnisse feststellen zu lassen:

1. Prüfung bei der für die Sprechfunkzeugnisse zuständigen Bundesnetzagentur:
Das Prüfteam besteht am oder nach dem 1. Mai 2008, auf jeden Fall erst nach dem Inkrafttreten der neuen Verordnung in der Bundesrepublik Deutschland, aus jeweils einem Vertreter der Bundesnetzagentur und einem Fluglotsen des Flugsicherungsunternehmens. In der Prüfung der Sprachkenntnisse, die lediglich die Phasen 3 (Hörverstehen) und 4 (Kommunikation) umfasst, kann maximal die Sprachbefähigung der Stufe 4 festgestellt werden, oder

2. Prüfung bei einer behördlich anerkannten Sprachschule oder

3. Prüfung im Rahmen eines Übungsfluges zur Verlängerung einer Berechtigung (Privatpiloten ohne IR-Berechtigung):
In diesen Fällen muss der jeweilige Prüfer zur Feststellung der Sprachkenntnisse und Eintragung in die Lizenz befähigt und berechtigt sein, d. h. er muss ein BZF I oder AZF besitzen, mindestens die Sprachleistungsstufe 4 nachgewiesen haben und in die Anwendung der Beurteilungskriterien eingewiesen worden sein. Übungsflüge zum Erhalt der Klassenberechtigung sind alle zwei Jahre zu absolvieren, daher sind die sprachlichen Befähigungen nur bei jedem zweiten Übungsflug, also alle 4 Jahre, wenn der Betroffene vorher in Stufe 4 eingestuft war, oder

4. Prüfung im Rahmen von Befähigungsüberprüfungen (Verkehrsflugzeugführer, Berufspiloten und Privatpiloten mit IR-Berechtigung):
Berufspiloten und Verkehrsflugzeugführer können das Fortbestehen ausreichender Sprachkenntnisse von dem sie beschäftigenden Luftfahrtunternehmen feststellen lassen, wenn dies anerkannt worden ist. Die sprachlichen Fähigkeiten können grundsätzlich im Rahmen der sowieso jährlich stattfindenden Überprüfungen zur Verlängerung der Instrumentenflugberechtigung überprüft werden und werden von den hierfür anerkannten IR-Prüfern abgenommen, sofern diese Prüfer selbst entsprechend qualifiziert sind, d. h. über Sprachkenntnisse der Stufe 4 oder höher verfügen und in die Anwendung der Beurteilungskriterien eingewiesen sind.

Dokumentation der Sprachkenntnisse
Nachgewiesene Sprachkenntnisse werden im Feld XIII des Luftfahrerscheines dokumentiert.

Befugnis, Eintragungen in den Luftfahrerschein vorzunehmen
Eingetragen werden die Sprachkenntnisse von der Stelle, die die Prüfung abnimmt, also in vielen Fällen von der Bundesnetzagentur, aber auch von denjenigen, die zur Abnahme der Prüfung der Sprachkenntnisse anerkannt sind.

Folgende Stellen sind zur Eintragung von Sprachfähigkeitsnachweisen in die Lizenz autorisiert:
- **Verkehrspiloten, Berufspiloten und Privatpiloten mit IR-Berechtigung:**
  Luftfahrt-Bundesamt, BNetzA, Prüfer nach JAR-FCL 1.420 deutsch oder JAR 2.420 deutsch mit Berechtigung zur Feststellung der Sprachbefähigung, Sprachschulen.
- **Privatpiloten ohne IR-Berechtigung:**
  Luftfahrtbehörden der Länder, BNetzA, Fluglehrer mit Berechtigung zur Feststellung der Sprachbefähigung, Sprachschulen.
- **Fluglotsen:**
  Bundesaufsichtsamt für Flugsicherung (BAF), DFS, BNetzA, Luftfahrt-Bundesamt Abteilung V.

Durch die Ausstellung von **Übergangsbescheinigungen** an Luftfahrer soll vermieden werden, dass Inhaber deutscher Lizenzen im Ausland Hindernisse bei der Lizenzausübung entstehen. Die **Gültigkeit** der Übergangsbescheinigung ist bis zum **31. Dezember 2010** befristet.

Von den Forderungen ausgenommen sind Inhaber einer Lizenz für Segelflugzeugführer, Lizenz für **Luftsportgeräteführer (UL)** und Lizenz für Ballonfahrer. Deutschsprachige Flugzeugführer und Hubschrauberführer, die ausschließlich in Lufträumen fliegen, in denen auch die deutsche Sprache im Sprechfunkverkehr zugelassen ist, brauchen die Forderungen nicht zu erfüllen.

1.9.3.4 Die Bauordnung für Luftfahrtgerät (LuftBauO)

Die Bauordnung für Luftfahrtgerät **(LuftBauO)** enthält allgemeine Vorschriften, die beim **Bau von Luftfahrtgerät** und der dazugehörigen **Grundausrüstung** zu beachten sind.

Seit dem **1. Januar 1992** gelten in den **Mitgliedstaaten der Europäischen Gemeinschaft (EG) gemeinsame Vorschriften für den technischen** und verwaltungsmäßigen Bereich in der Zivilluftfahrt, insbesondere in **Bezug auf Entwicklung, Herstellung, Betrieb und Instandhaltung von Luftfahrzeugen** sowie Personen und Stellen, die diese Tätigkeiten ausführen. Diese **gemeinsamen europäischen Lufttüchtigkeitsforderungen** werden **JAR** (**J**oint **A**viation **R**equirements) genannt und enthalten neben den einschlägigen Prüfvorschriften auch die **Bauvorschriften** für die verschiedenen Arten der Luftfahrtgeräte.

1.9.3.5 Die Kostenverordnung der Luftfahrtverwaltung (LuftKostV)

Die Kostenverordnung der Luftfahrtverwaltung (**LuftKostV**) vom 14. Februar 1984 mit verschiedenen Änderungen jüngeren Datums legt fest, dass die Luftfahrtbehörden und die vom Bundesministerium für Verkehr, Bau und Stadtentwicklung Beauftragten nach den §§ 31 b und 31 c des Luftverkehrsgesetzes für Amtshandlungen im Bereich der Luftfahrtverwaltung **Kosten** (Gebühren und Auslagen) erheben.

Nach der **LuftKostV** wird zwischen **Gebühren** und **Auslagen** unterschieden. Die gebührenpflichtigen Amtshandlungen und die Gebührensätze sind in einem **Gebührenverzeichnis** festgelegt, das am Ende der **LuftKostV** als Anlage zu finden ist.

Danach sind unter anderem die **Prüfungen und Überprüfungen von Luftfahrtpersonal** für den Erwerb von Lizenzen (Luftfahrerscheinen) und Berechtigungen, die **Erteilung** von Lizenzen (Luftfahrerscheinen) und Berechtigungen usw. **gebührenpflichtig.**

1.9.3.6 Die Landeplatz-Lärmschutz-Verordnung

Obwohl sich jeder verantwortungsbewusste Pilot von alleine umweltfreundlich verhalten und sich auch Gedanken über den von ihm verursachten Fluglärm machen wird, hat die zum 28.01.1999 in Kraft getretene **Landeplatz-Lärmschutz-Verordnung** (mit letzten Änderungen in 2007) wesentliche Einschränkungen für den Flugbetrieb an stark benutzten Landeplätzen (mehr als 15 000 Flugbewegungen durch Flugzeuge, Motorsegler und Drehflügler pro Jahr) mit sich gebracht.

Die Beschränkungen gelten grundsätzlich nicht für propellergetriebene Flugzeuge und Motorsegler, die den **erhöhten Schallschutzanforderungen** im Sinne dieser Verordnung entsprechen. Das Luftfahrt-Bundesamt hat anlässlich der Verkehrszulassung oder sonst auf Antrag zu bestätigen, ob das jeweilige Luftfahrzeug-Muster den Anforderungen entspricht. In diesem Fall darf das Luftfahrzeug ein besonderes Kennzeichnungsmerkmal verwenden.

Für alle anderen Flugzeuge und Motorsegler bis zu 9 000 kg höchstzulässiger Startmasse sind Starts und Landungen in den **Ruhezeiten**

- montags bis freitags vor 0700 Uhr, zwischen 1300 und 1500 Uhr Ortszeit und nach Sonnenuntergang sowie
- samstags, sonntags und an Feiertagen vor 0900 Uhr und nach 1300 Uhr Ortszeit

verboten. Auch innerhalb dieser Ruhezeiten sind allerdings Starts und Landungen zu **Überlandflügen** (§ 3 a Abs. 2 LuftVO) möglich, wenn für das propellergetriebene Flugzeug oder den Motorsegler ein **Lärmzeugnis** oder eine ihm entsprechende Urkunde des Staates, in dem das Luftfahrzeug zum Verkehr zugelassen ist, erteilt worden ist. Starts sind allerdings nur dann zulässig, wenn der Flug mindestens 60 Minuten dauern sollte.

Wer entgegen diesen Bestimmungen startet, landet oder die besondere Kennzeichnung für lärmgeschützte Luftfahrzeuge missbräuchlich benutzt, begeht eine **Ordnungswidrigkeit,** die nach dem LuftVG mit einer Geldbuße bis zu 50 000 EURO geahndet werden kann (vgl. hierzu die Ausführungen in Kapitel 9 „Straf- und Bußgeldvorschriften").

1.9.3.7 Die Luftsicherheits-Zuverlässigkeitsüberprüfungsverordnung (LuftSiZÜV)

Die **Luftsicherheits-Zuverlässigkeitsüberprüfungsverordnung** wurde auf Grund des **Luftsicherheitsgesetzes** (vgl. Abschnitt 1.9.2.4 „Das Luftsicherheitsgesetz [LuftSiG]") erlassen. Die Paragraphen 1–3 LuftSiZÜV besagen sinngemäß:

- Die Zuverlässigkeitsüberprüfung erfolgt u. a. bei Personen, die eine Erlaubnis zum Führen und Bedienen von Flugzeugen, Drehflüglern, Luftschiffen und Motorseglern anstreben, **mit Aufnahme der Ausbildung vor der Erteilung der Erlaubnis** für Luftfahrer oder **vor der Anerkennung ausländischer Erlaubnisse** für Luftfahrer.
- **Segelflugzeugführer unterliegen nicht** der Luftsicherheits-Zuverlässigkeitsüberprüfungsverordnung, auch wenn sie eine Eigenstartberechtigung (Betrieb mit Klapptriebwerk) besitzen; wenn **Segelflugzeugführer eine Klassenberechtigung für Reisemotorsegler haben oder erwerben** wollen, müssen sie sich allerdings der Zuverlässigkeitsüberprüfung nach LuftSiZÜV unterziehen.
- Die Zuverlässigkeit der oben genannten Personen wird von der für den Hauptwohnsitz des Antragstellers **zuständigen Luftsicherheitsbehörde** überprüft (im Regelfall die **Luftfahrtbehörde des Landes);** soweit der Antragsteller keinen Wohnsitz im Geltungsbereich des Luftsicherheitsgesetzes hat, erfolgt die Zuverlässigkeitsüberprüfung von der am Sitz der Luftfahrtbehörde für die Erteilung der Erlaubnis für Luftfahrer zuständigen Luftsicherheitsbehörde.
- Die Durchführung der Zuverlässigkeitsüberprüfung soll mit **Beginn der Ausbildung** als Luftfahrer bei der zuständigen Luftsicherheitsbehörde (Luftfahrtbehörde des Landes) beantragt werden.

- In dem **Antrag** sind von dem Betroffenen anzugeben:
  1. der Familienname einschließlich früherer Name,
  2. der Geburtsname,
  3. sämtliche Vornamen,
  4. das Geschlecht,
  5. das Geburtsdatum,
  6. der Geburtsort und das Geburtsland,
  7. die Wohnsitze der letzten zehn Jahre vor der Antragstellung, hilfsweise die gewöhnlichen Aufenthaltsorte,
  8. Staatsangehörigkeit, auch frühere und doppelte Staatsangehörigkeiten,
  9. die Nummer des Personalausweises oder Passes; bei einem Pass oder Passersatz eines Ausländers auch die Bezeichnung des Papiers und des Ausstellers sowie
  10. in der Vergangenheit durchgeführte oder laufende Zuverlässigkeits- oder Sicherheitsüberprüfungen.

Zusätzlich sind u. a. anzugeben oder beizufügen:
bei Führern von Flugzeugen, Drehflüglern, Luftschiffen und Motorseglern ein Nachweis zur erteilten oder Angaben zur angestrebten Erlaubnis für Luftfahrer.

- Der Betroffene ist verpflichtet, auf Verlangen der Luftsicherheitsbehörde die im Antrag gemachten
  a) **Angaben zu belegen und**
  b) **weitere Nachweise vorzulegen.**
- Stellt die Luftsicherheitsbehörde die Zuverlässigkeit fest, ist die Zuverlässigkeitsüberprüfung **nach Ablauf von fünf Jahren** (zwei Jahre bis 31. Dezember 2008) ab Bekanntgabe des Ergebnisses der letzten Überprüfung **auf Antrag des Betroffenen zu wiederholen.** Die Absätze 2 bis 4 gelten für die Wiederholungsüberprüfung entsprechend. Wird die **Zuverlässigkeit verneint, kann ein erneuter Antrag** auf Durchführung einer Zuverlässigkeitsüberprüfung **frühestens nach Ablauf von einem Jahr** nach Mitteilung des letzten Überprüfungsergebnisses gestellt werden; dies **gilt nicht,** wenn der Betroffene nachweist, dass die Gründe für die Verneinung der Zuverlässigkeit entfallen sind.

§ 4 LuftSiZÜV:

(1) Die Luftsicherheitsbehörde soll über den Antrag auf Überprüfung der Zuverlässigkeit **innerhalb eines Monats** entscheiden.

(2) Die Luftsicherheitsbehörde darf zum Zwecke der Zuverlässigkeitsüberprüfung **die Polizeivollzugs- und die Verfassungsschutzbehörden der Länder** ersuchen, die für die Beurteilung der Zuverlässigkeit des Antragstellers nach dem Luftsicherheitsgesetz vorhandenen bedeutsamen Informationen zu übermitteln. Das Ersuchen an die Polizeivollzugs- und Verfassungsschutzbehörden ist an die nach Landesrecht zuständige Behörde zu richten. Die Luftsicherheitsbehörde darf **die Registerbehörde** nach dem Bundeszentralregistergesetz um eine unbeschränkte Auskunft aus dem **Bundeszentralregister** ersuchen. **Bei ausländischen Antragstellern** darf sie zusätzlich das Bundesverwaltungsamt als Registerbehörde nach dem Ausländerzentralregistergesetz um Auskunft ersuchen. Soweit dies im Einzelfall erforderlich ist, darf die Luftsicherheitsbehörde auch bei den zuständigen Ausländerbehörden anfragen, ob diese Anhaltspunkte dafür haben, dass ausländische Antragsteller die öffentliche Sicherheit beeinträchtigen.

(3) Die Polizeivollzugsbehörden übermitteln der Luftsicherheitsbehörde **auf Ersuchen** nach Absatz 2 Satz 1 bedeutsame Informationen für die Beurteilung der Zuverlässigkeit nach dem Luftsicherheitsgesetz, insbesondere aus
  1. Kriminalaktennachweisen,
  2. Personen- und Sachfahndungsdateien und
  3. polizeilichen Staatsschutzdateien.

Die für den Sitz der Luftsicherheitsbehörde nach Landesrecht zuständige **Verfassungsschutzbehörde** führt insbesondere eine Abfrage des nachrichtendienstlichen Informationssystems durch.

(4) Soweit dies im Einzelfall erforderlich ist, darf die Luftsicherheitsbehörde auch die folgenden Stellen um Übermittlung von bedeutsamen Informationen für die Beurteilung der Zuverlässigkeit nach dem Luftsicherheitsgesetz ersuchen:
  1. das Bundeskriminalamt,
  2. das Zollkriminalamt,
  3. das Bundesamt für Verfassungsschutz,
  4. den Bundesnachrichtendienst,
  5. den militärischen Abschirmdienst und
  6. die Bundesbeauftragte für die Unterlagen des Staatssicherheitsdienstes der ehemaligen Deutschen Demokratischen Republik.

(5) Hatte der Betroffene **in den letzten zehn Jahren vor der Überprüfung weitere Wohnsitze** auch in anderen Bundesländern, so darf die Luftsicherheitsbehörde auch die für diese Wohnsitze zuständigen Polizeivollzugsbehörden um Übermittlung dort vorhandener bedeutsamer Informationen für die Beurteilung der Zuverlässigkeit nach dem Luftsicherheitsgesetz ersuchen.

(6) Hat der Betroffene im Geltungsbereich des Luftsicherheitsgesetzes **weder Wohnsitz noch gewöhnlichen Aufenthaltsort**, so ist das Ersuchen um Übermittlung der für die Beurteilung der Zuverlässigkeit bedeutsamen Informationen der Luftsicherheitsbehörde an die für den **Unternehmenssitz seines Arbeitgebers** zuständige Polizeivollzugs- und Verfassungsschutzbehörde zu richten. Hat auch der Arbeitgeber keinen Unternehmenssitz im Geltungsbereich des Luftsicherheitsgesetzes, so ist das Ersuchen an die für den Sitz der Luftsicherheitsbehörde zuständige Polizeivollzugs- und Verfassungsschutzbehörde zu richten.

(7) Bestehen auf Grund der übermittelten Informationen **Anhaltspunkte für Zweifel an der Zuverlässigkeit des Betroffenen,** darf die Luftsicherheitsbehörde zur Behebung dieser Zweifel Auskünfte von Strafverfolgungsbehörden einholen. Sie darf vom Betroffenen selbst weitere Informationen einholen und die Vorlage geeigneter Nachweise verlangen.

§ 5 LuftSiZÜV:

(1) Die Zuverlässigkeit eines Betroffenen ist zu verneinen, wenn daran **Zweifel** verbleiben. Zweifel an seiner Zuverlässigkeit verbleiben auch, wenn der Betroffene die ihm obliegenden Mitwirkungspflichten nicht erfüllt hat.

(2) Stellt die Luftsicherheitsbehörde **die Zuverlässigkeit fest, gilt die Feststellung fünf Jahre ab Bekanntgabe** oder, wenn zuvor die personenbezogenen Daten des Betroffenen von der Luftsicherheitsbehörde nach Luftsicherheitsgesetz zu löschen sind, bis zur Löschung. **Hat der Betroffene die Wiederholungsüberprüfung spätestens drei Monate vor Ablauf der Geltungsdauer der Zuverlässigkeitsüberprüfung beantragt,** gilt er bis zum Abschluss der Wiederholungsüberprüfung als zuverlässig. Werden bei der Wiederholungsüberprüfung für die Beurteilung der Zuverlässigkeit bedeutsame Informationen bekannt oder entstehen **Zweifel an der Identität des Betroffenen,** kann bei Personen der Zugang zu nicht allgemein zugänglichen Bereichen oder die Tätigkeit unter Berücksichtigung der Umstände und Erkenntnisse des Einzelfalls **versagt werden.**

§ 6 LuftSiZÜV:

(1) Über **das Ergebnis der Zuverlässigkeitsüberprüfung** werden Flugzeugführer, Führer von Drehflüglern, Luftschiffen und Motorseglern bzw. Lizenzanwärter und die beteiligten Polizeivollzugs- und Verfassungsschutzbehörden des Bundes und der Länder unterrichtet.

(2) Die Unterrichtung beinhaltet:
    1. den Familiennamen,
    2. den Geburtsnamen,
    3. sämtliche Vornamen,
    4. das Geburtsdatum,
    5. den Geburtsort,
    6. den Wohnsitz,
    7. die Staatsangehörigkeit,
    8. das Aktenzeichen,
    9. die Geltungsdauer der Zuverlässigkeitsüberprüfung und
    10. das Ergebnis der Zuverlässigkeitsüberprüfung.

(3) Bei Verneinung der Zuverlässigkeit sind dem Betroffenen die maßgeblichen Gründe hierfür durch einen schriftlichen, mit einer Rechtsbehelfsbelehrung versehenen Bescheid mitzuteilen. Die Begründung hat den Schutz geheimhaltungsbedürftiger Erkenntnisse und Tatsachen zu gewährleisten. Stammen die Erkenntnisse von einer im Luftsicherheitsgesetz genannten Stelle, ist das Einvernehmen dieser Stellen erforderlich.

(4) Über **die Verneinung** der Zuverlässigkeit sind die anderen Luftsicherheitsbehörden im Geltungsbereich des Luftsicherheitsgesetzes zu unterrichten. Die Unterrichtung enthält die in Absatz 2 genannten Angaben.

(5) Das Ergebnis einer nach dieser Verordnung durchgeführten Zuverlässigkeitsüberprüfung gilt im gesamten Bundesgebiet.

§ 7 LuftSiZÜV:

Absatz 1 besagt sinngemäß:

(1) Werden den beteiligten Behörden oder Stellen oder den beteiligten Ausländerbehörden hinsichtlich der im Luftsicherheitsgesetz genannten Personen **im Nachhinein bedeutsame Informationen** für die Beurteilung der Zuverlässigkeit nach dem Luftsicherheitsgesetz bekannt, **sind diese verpflichtet, die Luftsicherheitsbehörde hierüber unverzüglich zu unterrichten**. Werden der Luftsicherheitsbehörde nachträglich für die Beurteilung der Zuverlässigkeit bedeutsame Informationen bekannt oder entstehen nachträglich Zweifel **an der Identität des Betroffenen,** so darf die Luftsicherheitsbehörde zur Prüfung der Aufhebung der Feststellung der Zuverlässigkeit die erforderlichen Auskünfte einholen.

(2) ...

(3) Wird das Ergebnis der Zuverlässigkeitsüberprüfung zurückgenommen oder widerrufen, gelten die Mitteilungspflichten des § 6 Abs. 1 bis 4 entsprechend. Bei **Luftfahrern** ist auch die für die Aufhebung der Erlaubnis für Luftfahrer **zuständige Luftfahrtbehörde** zu unterrichten.

2 Nationale und internationale Organisationen der Luftfahrt
(Behörden und Organisationen)

2.1 Nationale Organisationen der Luftfahrt

2.1.1 Das Bundesministerium für Verkehr, Bau und Stadtentwicklung (BMVBS)

Das Bundesministerium für Verkehr, Bau und Stadtentwicklung (BMVBS) ist als oberste Bundesbehörde der Verkehrsverwaltung auch

> **oberste Luftfahrtbehörde**

in der Bundesrepublik Deutschland. Die zivile Luftfahrtverwaltung wird auf Bundesebene von der **Abteilung Luft- und Raumfahrt (LR)** des **BMVBS** wahrgenommen.

Dem **BMVBS** sind auf dem Gebiet der Luftfahrtverwaltung unmittelbar nachgeordnet (unterstellt):

1. **Die DFS Deutsche Flugsicherung GmbH** mit Sitz in Langen (vgl. Abschnitt 2.1.2!),
2. **das Luftfahrt-Bundesamt (LBA)** mit Sitz in Braunschweig (vgl. Abschnitt 2.1.3!),
3. **der Deutsche Wetterdienst (DWD)** mit Sitz in Offenbach (vgl. Abschnitt 2.1.4!),
4. **die Bundesstelle für Flugunfalluntersuchung (BFU)** mit Sitz in Braunschweig (vgl. Abschnitt 2.1.5!).

Die Abteilung Luft- und Raumfahrt (LR) des Ministeriums ist u. a. für die zivile Luftverkehrsverwaltung in der Bundesrepublik Deutschland zuständig. Zu ihrem Aufgabenbereich gehören u. a. die **Ausarbeitung von Gesetzen und Verordnungen** sowie die **Überwachung von deren Ausführung**. Diese Überwachung wird insbesondere durch den Erlass von Verwaltungsvorschriften sowie durch die Beaufsichtigung der nachgeordneten Behörden und Organisationen erreicht.

Unterabteilung Luft- und Raumfahrt:

LR1	LR2
• Luftrecht,	• Sicherheit in der Luftfahrt,
• Flugplätze,	• Meteorologie,
• Luftverkehrspolitik,	• Raumfahrt.
• Internationaler Luftverkehr.	

2.1.2 Die DFS Deutsche Flugsicherung GmbH

Die privatrechtliche DFS Deutsche Flugsicherung GmbH übernahm mit Wirkung vom 1. Januar 1993 alle Aufgaben der zum 31. Dezember 1992 aufgelösten öffentlich-rechtlichen Bundesanstalt für Flugsicherung (BFS). Diese Umwandlung wurde durch umfangreiche Vorarbeiten im administrativen und parlamentarischen Bereich möglich. Sie soll die Effektivität der deutschen Flugsicherung wegen des stetig steigenden Luftverkehrsaufkommens verbessern. Aus diesem Grunde mussten sowohl das Grundgesetz (GG Artikel 87 d) als auch das Luftverkehrsgesetz (LuftVG) geändert werden (vgl. Abschnitt 1.1.2 „Die Verwaltungsbefugnis im Luftverkehrswesen" und 1.9.1.1 „Die rechtlichen Grundlagen für die DFS Deutsche Flugsicherung GmbH").

Der **DFS** wurde nach § 31 b und § 31 d LuftVG die **Sicherung der Luftfahrt** (Flugsicherung) – insbesondere durch die Kontrolle des Luftverkehrs mit Bewegungslenkung im Luftraum und auf den Rollfeldern der Flughäfen – übertragen. Sie übt **bundeseigene Verwaltung** im Sinne des **Artikels 87 d GG** aus und unterliegt der **Fachaufsicht** durch das **Bundesministerium für Verkehr, Bau und Stadtentwicklung (BMVBS)**.

Die DFS Deutsche Flugsicherung GmbH wird von zurzeit drei Geschäftsführern geleitet und hat ihren Sitz in Langen.

2.1.2.1 Gliederung, Zuständigkeiten und Aufgaben der DFS

Die DFS Deutsche Flugsicherung GmbH gliedert sich in

> • die Unternehmenszentrale der DFS in Langen und
> • verschiedene Geschäftsbereiche (Center, Tower und Aeronautical Solutions).

Die **Unternehmenszentrale** in Langen hat alle Angelegenheiten der **DFS** zu bearbeiten, die einer einheitlichen Regelung bedürfen oder von grundsätzlicher Bedeutung sind. Ferner ist sie für die Überwachung des gesamten Dienstbereichs der **DFS** verantwortlich.

Die Geschäftsbereiche sind für die **Durchführung der Flugsicherungsbetriebsdienste** (Flugverkehrskontrolldienst, Fluginformationsdienst, Flugalarmdienst usw.) auf den Flughäfen, in der Nähe der Flughäfen und in den Fluginformationsgebieten zuständig **(Luftraumgliederung:** vgl. Abschnitt 7.3 „Flugverkehrsdienste im Unteren Luftraum [bis FL 245]"). Diese **Geschäftsbereiche** gliedern sich in

> **5 Geschäftsbereiche Center**

in Bremen, Langen, Karlsruhe, Maastrich und München. Sie führen neben den **Flugsicherungsbetriebsdiensten** auf den Flughäfen und in deren Nähe auch die Flugsicherungsbetriebsdienste in den Fluginformationsgebieten Bremen, Langen und München aus. Des Weiteren gibt es

> **15 Geschäftsbereiche Tower** (Niederlassungen)

auf den Flughäfen Berlin-Schönefeld, Bremen, Dresden, Düsseldorf, Erfurt, Frankfurt, Hamburg, Hannover, Köln-Bonn, Leipzig, München, Münster-Osnabrück, Nürnberg, Saarbrücken und Stuttgart, die für die Durchführung der **Flugsicherungsbetriebsdienste** auf den genannten Flughäfen und in deren Nähe zuständig sind.

> Die **Niederlassung Karlsruhe** (Geschäftsbereich Center)

führt im süddeutschen Bereich im Oberen Luftraum (UIR Rhein) die **Flugsicherungsbetriebsdienste** im Auftrag von **EURO-CONTROL** (Europäische Organisation zur Sicherung der Luftfahrt) durch.

Weitere Geschäftsbereiche der DFS sind der Unternehmenszentrale in Langen angegliedert:

> **1. Büro der Nachrichten für Luftfahrer** und **NOTAM-Office**

in Frankfurt bzw. Langen, die für die Sammlung und Veröffentlichung der **Nachrichten für Luftfahrer (NfL)**, die Herausgabe des **Luftfahrthandbuches (AIP)** und die Herstellung und Veröffentlichung von **Luftfahrtkarten** zuständig sind. Beide gehören zum Geschäftsbereich „**Aeronautical Solutions**".

> **2. Flight Calibration Services (FCS),**

die **Messflüge** zur Überprüfung der Funknavigationsanlagen durchführen, ist ein Gemeinschaftsunternehmen der DFS Deutsche Flugsicherung GmbH, Skyguide und Austrocontrol mit Sitz in Braunschweig.

> **3. DFS-Flugsicherungsakademie**

in Langen, bei der das Betriebspersonal und das technische Personal der DFS ausgebildet wird.

Die wichtigsten Aufgaben der DFS sind:

- **die Planung und Erprobung** von flugsicherungstechnischen Verfahren und Einrichtungen,
- **die Einrichtung und Unterhaltung** von Flugsicherungsanlagen,
- **die Ausbildung** des Flugsicherungspersonals,
- **die Sammlung und Bekanntgabe** der Nachrichten für Luftfahrer (NfL) sowie die Herausgabe des Luftfahrthandbuches (AIP) und der Luftfahrtkarten,
- **die Durchführung** der Flugsicherungsbetriebsdienste usw.

2.1.3 Das Luftfahrt-Bundesamt (LBA)

Das Luftfahrt-Bundesamt **(LBA)** mit Sitz in Braunschweig wurde durch Gesetz vom 30. November 1954 (vgl. Abschnitt 1.9.1.2) als **Bundesbehörde der Luftverkehrsverwaltung** errichtet. Es untersteht dem Bundesministerium für Verkehr, Bau und Stadtentwicklung (BMVBS) und ist in erster Linie als **Prüf-, Zulassungs-, Überwachungs- und Erlaubnisbehörde** für Luftfahrtpersonal (mit Einschränkungen), Luftfahrtgerät, Luftfahrtunternehmen, luftfahrttechnische Betriebe inklusive **CAMO** (in Zusammenarbeit, z.T. im Auftrag der Europäischen Agentur für Flugsicherheit – EASA) tätig. Die Behörde wird von einem **Direktor** geleitet.

2.1.3.1 Zuständigkeiten und Aufgaben des LBA

Neben der Zentralstelle in Braunschweig hat das LBA noch sieben Außenstellen.

- LBA-Außenstelle Berlin,
- LBA-Außenstelle Hamburg (Flughafen),
- LBA-Außenstelle Düsseldorf (mit Flugbetriebsinspektion),
- LBA-Außenstelle Frankfurt/Main (mit Flugbetriebsinspektion),
- LBA-Außenstelle Raunheim (Gruppe Luftverkehrssicherheit),
- LBA-Außenstelle Stuttgart (Flughafen) und
- LBA-Außenstelle München (Flughafen).

Diese **Außenstellen** des LBA sind in festgelegten Bereichen für die dort ansässigen luftfahrttechnischen Betriebe, CAMOs und Herstellerbetriebe, soweit nicht die **EASA** zuständig ist.

Zu den **Aufgaben des Luftfahrt-Bundesamtes** gehören u. a.:

- Durchführung **in eigener Verantwortung oder zur Unterstützung der Europäischen Agentur für Flugsicherheit (EASA)** bei der
    a) Überwachung von Musterprüfungen und Musterzulassungen;
    b) Musterzulassung kleiner Flugzeuge (Part 23, VLA) und Drehflügler;
    c) Musterzulassung und Bauvorschriften für Segelflugzeuge, Motorsegler, Luftschiffe, bemannte Ballone und Flugmodelle;
    d) Zulassung von Einzelstücken und Luftfahrzeugen im Selbstbau;
    e) Änderungen und Ergänzungen zu Musterzulassungen;
    f) Musterbetreuung zur Aufrechterhaltung der Lufttüchtigkeit;
    g) Systeme (Triebwerks- und Heizanlagen);
    h) Lärmzulassung;
    i) Genehmigung und Überwachung von Entwicklungs- und Herstellungsbetrieben.
- Genehmigung und Überwachung der **Instandhaltungssysteme** von gewerblichen Luftfahrtunternehmen und Luftfahrerschulen;
- Genehmigung, Überwachung und Beratung von **Instandhaltungsbetrieben, luftfahrttechnischen Betrieben und selbständigen Prüfern** von Luftfahrtgerät;
- Erteilung und Überwachung von Erlaubnissen und Berechtigungen für **Prüfer von Luftfahrtgerät** und freigabeberechtigtem Personal;
- Genehmigung und Überwachung in- und ausländischer **Ausbildungsbetriebe** für technisches Personal;
- **Bau- und Zulassungsvorschriften;**
- Ausgabe von **Lufttüchtigkeitsanweisungen (LTAs/ADs);**
- Überwachung von **Luftsportverbänden;**
- Genehmigung und Aufsicht von **deutschen Luftfahrtunternehmen;**
- Kontrolle der **Eigensicherungsmaßnahmen** deutscher und ausländischer Luftfahrtunternehmen;
- Genehmigung von **Gefahrguttransporten;**
- die Erteilung von **Ausflugerlaubnissen** für deutsche Luftfahrtunternehmen;
- die Erteilung von **Einflugerlaubnissen und Fluglliniengenehmigungen** für ausländische Luftfahrtunternehmen;
- die Durchführung von **Ramp-Checks** an Flugzeugen ausländischer Luftfahrtunternehmen;
- die Zulassung des Luftfahrtgerätes zum Luftverkehr **(Verkehrszulassung);**
- **die Erlaubniserteilung** für Verkehrs- und Berufsflugzeugführer, Verkehrs- und Berufshubschrauberführer sowie **Erteilung von Berechtigungen** für diesen Personenkreis;
- die Abnahme von theoretischen und praktischen **Prüfungen** für das genannte Luftfahrtpersonal;
- die Genehmigung und Überwachung von **Flugschulen;**
- Beschwerde- und Durchsetzungsstelle für die **Fluggastrechte** in Deutschland.

Die Arbeit des LBA erfährt eine starke **internationale Ausrichtung**. Beispiele dafür sind die Mitarbeit in internationalen Zulassungsteams und Arbeitsgruppen sowie die Unterstützung ausländischer Unternehmen und Behörden vor Ort.

2.1.4 Die Anstalt „Deutscher Wetterdienst" (DWD)

Rechtsgrundlage für die Anstalt „Deutscher Wetterdienst" mit Sitz in Offenbach/Main ist das zum 01.01.1999 in Kraft getretene „Gesetz über den Deutschen Wetterdienst" (DWD-Gesetz, zuletzt geändert am 31. Oktober 2006) (vgl. Abschnitt 1.9.1.3). Die **teilrechtsfähige Anstalt** des öffentlichen Rechts untersteht – wie das LBA – dem Bundesministerium für Verkehr, Bau und Stadtentwicklung (BMVBS), gehört jedoch **nicht** zur **bundeseigenen Luftverkehrsverwaltung.** Das **Gesetz über den DWD** bestimmt unter anderem, dass der Deutsche Wetterdienst die

> **meteorologische Sicherung der Luftfahrt**

zu gewährleisten hat.

Der **DWD** hat zu diesem Zweck – wie schon in Abschnitt 1.9.1.3 erwähnt – **Luftfahrtberatungszentralen, Flugwetterwarten** und verschiedene automatische Verfahren eingerichtet, um den Luftverkehr mit den notwendigen **Wetterinformationen** versorgen zu können.

Die Anstalt „Deutscher Wetterdienst" **(DWD)** wird von einem **Vorstand** geleitet.

2.1.4.1 Gliederung, Zuständigkeiten und Aufgaben des DWD im Bereich des Flugwetterdienstes

Der **DWD** gliedert sich im Bereich des Flugwetterdienstes (Aeronautical Meteorological Service) in

> **das Geschäftsfeld Luftfahrt** in Offenbach/Main

und in

> • **die Luftfahrtberatungszentralen** (LBZ) sowie die **Flugwetterwarten**

LBZ Nord am Flughafen Hamburg, **LBZ Ost** am Flughafen Berlin-Tempelhof, **LBZ Südost** am Flughafen Leipzig, **LBZ West** in Essen, **LBZ Mitte** in Frankfurt, **LBZ Südwest** in Filderstadt und **LBZ Süd** in München. Die **Flugwetterwarten** unterstehen den LBZ, in deren Bereich sie liegen.

Die Tätigkeit des **Flugwetterdienstes** wird entsprechend den **Bestimmungen der Internationalen Zivilluftfahrt-Organisation (ICAO**: vgl. Abschnitt 2.2) und der **Weltorganisation für Meteorologie (WMO)** durchgeführt.

Die wichtigsten Aufgaben des DWD im Bereich des **Flugwetterdienstes** sind gemäß **DWD-Gesetz**:

- **die Erstellung von Beratungsunterlagen** für Flüge in der Europa-Region;
- **die schriftliche und mündliche Wetterberatung des Luftfahrtpersonals** einschließlich seiner Versorgung mit allen für die Flugplanung und Flugdurchführung erforderlichen meteorologischen Informationen;
- **die Versorgung der Flugverkehrskontrollstellen mit allen Wettermeldungen, Vorhersagen und Warnungen** die diese für die Sicherung des Luftverkehrs sowie die Übermittlung an Luftfahrzeuge im Fluge benötigen;
- **die Durchführung eines** den Erfordernissen der Luftfahrt angepassten **Wetterbeobachtungs- und Meldedienstes** usw.

2.1.5 Die Bundesstelle für Flugunfalluntersuchung (BFU)

Durch das „**Gesetz über die Untersuchung von Unfällen und Störungen bei dem Betrieb ziviler Luftfahrzeuge (Flugunfall-Untersuchungs-Gesetz (FlUUG)"** ist in Anwendung von EU-Recht zum 01.09.1998 die **Bundesstelle für Flugunfalluntersuchung (BFU)** gegründet worden, die als selbständige Bundesoberbehörde direkt dem Bundesministerium für Verkehr, Bau und Stadtentwicklung unterstellt ist.

Nähere Angaben über die BFU sowie interessante Informationen zu Fragen der Flugsicherheit und Unfalluntersuchung können unter der Internet-Adresse

> www.bfu-web.de

abgefragt werden. Auch das Formblatt zur Meldung von Unfällen und schweren Störungen (vgl. Abschnitt 7.4.7 „Anzeige von Flugunfällen und sonstigen Störungen") kann auch im Internet ausgefüllt und an die BFU geschickt werden.

2.1.6 Die Luftfahrtbehörden der Länder

Die Luftfahrtbehörden der Länder nehmen – neben den schon behandelten Luftfahrtbehörden und Organisationen des Bundes (BMVBS, DFS, LBA, DWD und BFU) – ebenfalls **wichtige Aufgaben der Luftverkehrsverwaltung** im Rahmen der

> **Bundesauftragsverwaltung** (vgl. Abschnitt 1.1.3)

wahr.

Diese Luftverkehrsverwaltung im Auftrag des Bundes wird in den einzelnen Bundesländern von **Abteilungen der Ministerien für Verkehr** durchgeführt.

In vielen Bundesländern haben die zuständigen Ministerien einen großen Teil der Aufgaben an **nachgeordnete Stellen** – wie z. B. **Regierungspräsidien, Bezirksregierungen** und **Luftämter** – delegiert.

Gliederung und Aufgaben der Luftfahrtbehörden in der Bundesrepublik Deutschland

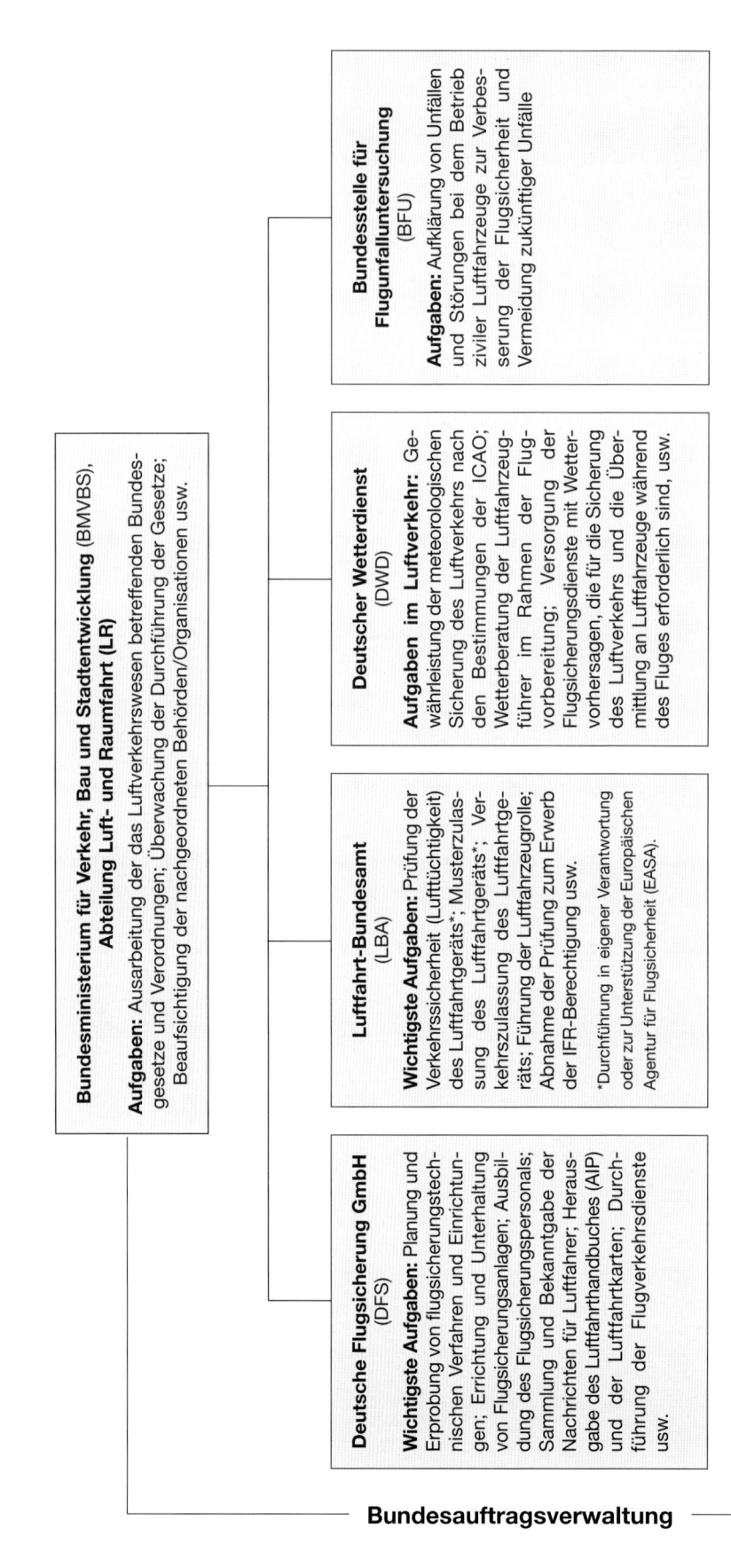

Bundesministerium für Verkehr, Bau und Stadtentwicklung (BMVBS), Abteilung Luft- und Raumfahrt (LR)

Aufgaben: Ausarbeitung der das Luftverkehrswesen betreffenden Bundesgesetze und Verordnungen; Überwachung der Durchführung der Gesetze; Beaufsichtigung der nachgeordneten Behörden/Organisationen usw.

Deutsche Flugsicherung GmbH (DFS)

Wichtigste Aufgaben: Planung und Erprobung von flugsicherungstechnischen Verfahren und Einrichtungen; Errichtung und Unterhaltung von Flugsicherungsanlagen; Ausbildung des Flugsicherungspersonals; Sammlung und Bekanntgabe der Nachrichten für Luftfahrer; Herausgabe des Luftfahrthandbuches (AIP) und der Luftfahrtkarten; Durchführung der Flugverkehrsdienste usw.

Luftfahrt-Bundesamt (LBA)

Wichtigste Aufgaben: Prüfung der Verkehrssicherheit (Lufttüchtigkeit) des Luftfahrtgeräts*; Musterzulassung des Luftfahrtgeräts*; Verkehrszulassung des Luftfahrtgeräts; Führung der Luftfahrzeugrolle; Abnahme der Prüfung zum Erwerb der IFR-Berechtigung usw.

*Durchführung in eigener Verantwortung oder zur Unterstützung der Europäischen Agentur für Flugsicherheit (EASA).

Deutscher Wetterdienst (DWD)

Aufgaben im Luftverkehr: Gewährleistung der meteorologischen Sicherung des Luftverkehrs nach den Bestimmungen der ICAO; Wetterberatung der Luftfahrzeugführer im Rahmen der Flugvorbereitung; Versorgung der Flugsicherungsdienste mit Wettervorhersagen, die für die Sicherung des Luftverkehrs und die Übermittlung an Luftfahrzeuge während des Fluges erforderlich sind, usw.

Bundesstelle für Flugunfalluntersuchung (BFU)

Aufgaben: Aufklärung von Unfällen und Störungen bei dem Betrieb ziviler Luftfahrzeuge zur Verbesserung der Flugsicherheit und Vermeidung zukünftiger Unfälle

---

Luftfahrtbehörden der Länder

Wichtigste Aufgaben: Erteilung der Lizenz für Privatflugzeugführer, nichtberufsmäßige Führer von Drehflüglern, Segelflugzeugführer und Freiballonführer; Genehmigung von Flugplätzen; Genehmigung von Luftfahrtveranstaltungen; Erteilung der Erlaubnis zum Starten und Landen außerhalb von genehmigten Flugplätzen; Ausübung der Luftaufsicht, soweit diese nicht der DFS oder dem LBA übertragen ist; Durchführung der Zuverlässigkeitsüberprüfung der Luftfahrzeugführer nach dem Luftsicherheitsgesetz (LuftSiG); usw.

Bundesauftragsverwaltung

2.1.6.1 Zuständigkeiten, Aufgaben und Gliederung der Luftfahrtbehörden der Länder

Die Luftfahrtbehörden der Länder führen gemäß **§ 31 Absatz 2 LuftVG** folgende Aufgaben im **Auftrag des Bundes** (in Bundesauftragsverwaltung) aus – Auszug:

1. **die Erteilung der Lizenz für Privatflugzeugführer,** nicht berufsmäßige Führer von Drehflüglern, Motorseglerführer, Segelflugzeugführer, Freiballonführer, Steuerer von verkehrszulassungspflichtigen Flugmodellen und sonstigem verkehrszulassungspflichtigen Luftfahrtgerät ohne Luftsportgerät sowie die Erteilung der Berechtigungen nach der LuftPersV an diese Personen; ausgenommen hiervon bleiben die Lizenzen, die zugleich mit der Instrumentenflugberechtigung erteilt oder die nachträglich um die Instrumentenflugberechtigung erweitert wurden;
2. **die Anerkennung** fliegerärztlicher Untersuchungsstellen und die Bestellung ärztlicher Sachverständiger für die fliegerärztlichen Untersuchungen der in Nummer 1 genannten Luftfahrer (§ 4 LuftVG);
3. **die Erteilung der Lizenz** für die Ausbildung des in Nummer 1 genannten **Luftfahrtpersonals** (§ 5 LuftVG);
4. **die Genehmigung von Flugplätzen,** mit Ausnahme der Prüfung und Entscheidung, inwieweit durch die Anlegung und den Betrieb eines Flughafens, der dem allgemeinen Verkehr dienen soll, die öffentlichen Interessen des Bundes berührt werden (§ 6 LuftVG) sowie die Genehmigung der Flugplatzentgelte und der Flugplatzbenutzungsordnung;
4a. die im Zusammenhang mit der Regelung der **Bodenabfertigungsdienste** auf Flugplätzen nach § 19 c Abs. 1 und 2 LuftVG erforderlichen Maßnahmen und Verwaltungsentscheidungen;
5. **die Erteilung der Erlaubnis für Vorbereitungsarbeiten zur Anlegung von Flugplätzen** (§ 7 LuftVG);
6. **die Bestimmung von beschränkten Bauschutzbereichen** bei Landeplätzen und Segelfluggeländen (§ 17 LuftVG);
7. **die Zustimmung zur Baugenehmigung** oder einer sonstigen nach allgemeinen Vorschriften erforderlichen Genehmigung oder die luftrechtliche Genehmigung bei der Errichtung von Bauwerken, Anlagen und Geräten, bei Bäumen sowie bei der Herstellung von Bodenvertiefungen in Bauschutzbereichen und beschränkten Bauschutzbereichen (§§ 12, 15 und 17 LuftVG);
8. **die Festlegung von Bauhöhen,** bis zu denen in Bauschutzbereichen und beschränkten Bauschutzbereichen ohne Zustimmung der Luftfahrtbehörden Baugenehmigungen oder sonstige nach allgemeinen Vorschriften erforderliche Genehmigungen erteilt werden können (§§ 13, 15 und 17 LuftVG);
9. **die Zustimmung zur Baugenehmigung** oder einer sonstigen nach allgemeinen Vorschriften erforderlichen Genehmigung oder die luftrechtliche Genehmigung bei der Errichtung von Bauwerken, Anlagen und Geräten sowie bei Bäumen außerhalb des Bauschutzbereiches (§§ 14 und 15 LuftVG);
10. **das Verlangen, die Abtragung von Bauwerken und anderen Luftfahrthindernissen,** welche die zulässigen Höhen überragen, und die Beseitigung von Vertiefungen oder die erforderlichen Sicherheitsmaßnahmen zu dulden (§§ 16 und 17 LuftVG);
11. Die Genehmigungen nach § 20 Abs. 1 **(für gewerbsmäßige Rundflüge in Luftfahrzeugen, mit denen eine Beförderung nicht zwischen verschiedenen Punkten verbunden ist und für die gewerbsmäßige Beförderung von Personen und Sachen mit Ballonen)** und § 21 Abs. 4 für Luftfahrtunternehmen, deren Luftfahrzeuge **ausschließlich nach Sichtflugregeln** betrieben werden. Auf Antrag eines Landes kann der Bund diese Aufgaben in bundeseigener Verwaltung ausführen. In diesem Fall werden die Aufgaben vom Bundesministerium für Verkehr, Bau und Stadtentwicklung oder einer anderen von ihm bestimmten Stelle wahrgenommen.
12. **die Genehmigung von Luftfahrtveranstaltungen,** die nicht über das Land, in dem die Veranstaltung stattfindet, hinausgehen oder für die das Bundesministerium für Verkehr, Bau und Stadtentwicklung im Einvernehmen mit den beteiligten Ländern einem Auftrag erteilt hat (§ 24 LuftVG);
13. **die Erteilung der Erlaubnis zum Starten und Landen außerhalb der genehmigten Flugplätze** (§ 25 LuftVG), ausgenommen die Erteilung der Erlaubnis zum Starten und Landen für nichtmotorgetriebene Luftsportgeräte;
14. weggefallen
15. **die Mitwirkung bei der Bestimmung der Koordinierungseckwerte** (§ 27 a Abs. 2 LuftVG);
16. **die Erteilung der Erlaubnis zu besonderer Benutzung des Luftraums** für
    a) Kunstflüge,
    b) Schleppflüge,
    c) Reklameflüge,
    d) Abwerfen von Gegenständen aus Luftfahrzeugen,
    e) Aufstieg von Frei- und Fesselballonen,
    f) Steigenlassen von Drachen, Flugmodellen und Flugkörpern mit Eigenantrieb,
    g) Abweichung von Sicherheitsmindestflughöhen, Sicherheitsmindestabständen, Mindesthöhen mit Ausnahme der Erlaubnisse, die von der für die Flugsicherung zuständigen Stelle erteilt werden (§ 32 LuftVG);
17. **die Aufsicht** innerhalb der in den Nummern 1 bis 16 festgelegten Verwaltungszuständigkeiten;
18. **die Ausübung der Luftaufsicht,** soweit diese nicht das Bundesministerium für Verkehr, Bau und Stadtentwicklung aufgrund gesetzlicher Regelung selbst, das Luftfahrt-Bundesamt oder die für die Flughafenkoordinierung, die Flugsicherung und die Luftsportgeräte zuständigen Stellen im Rahmen ihrer Aufgaben ausüben;

2.1 Nationale Organisationen der Luftfahrt

Die Gliederung der **Luftfahrtbehörden der Länder** ist in den einzelnen Bundesländern verschieden. Die nachfolgende Aufstellung enthält die **zuständigen Luftfahrtbehörden** mit den ihnen **nachgeordneten Stellen** (Behörden) und **Zuständigkeitsbereichen** für jedes Bundesland:

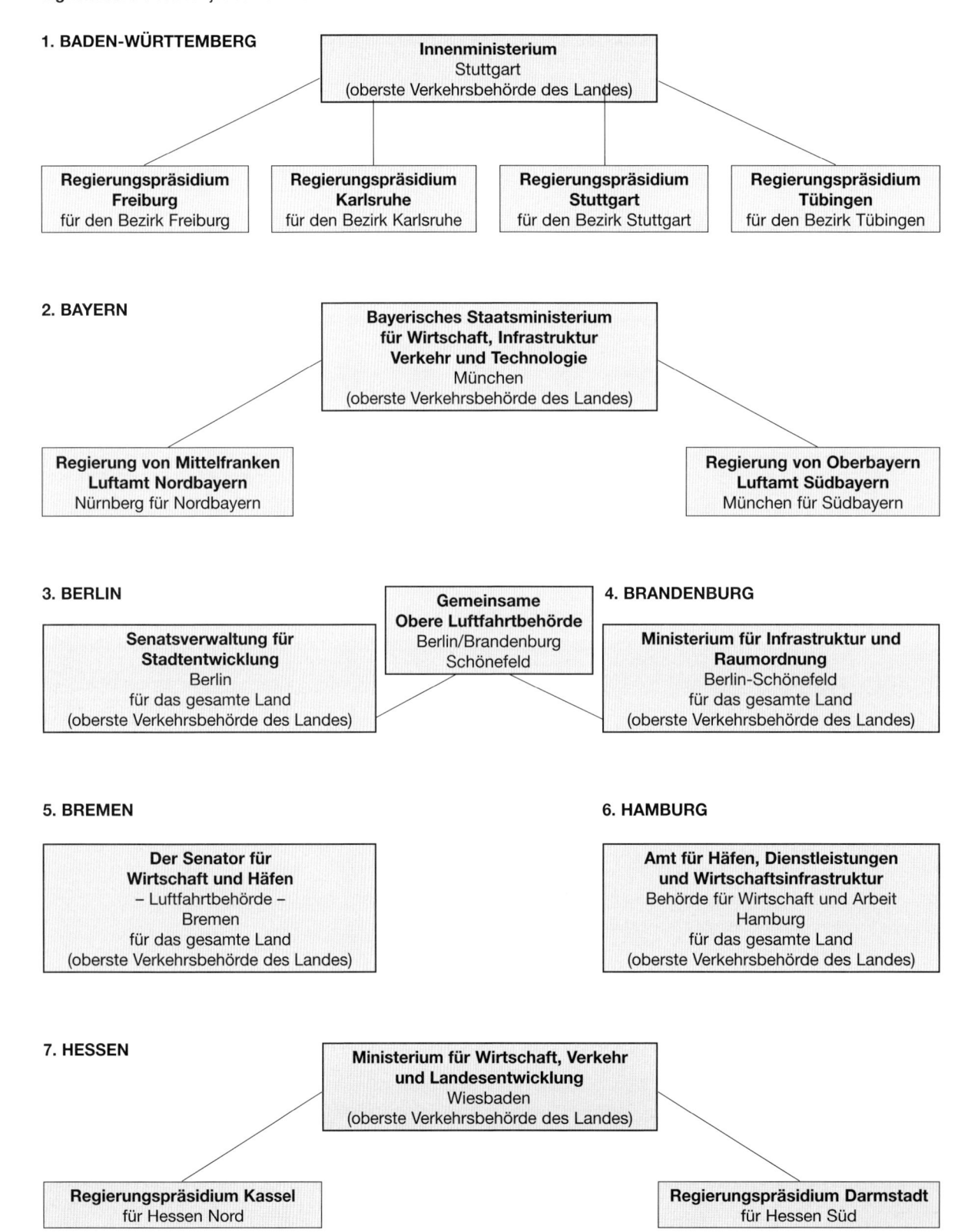

1. BADEN-WÜRTTEMBERG

Innenministerium
Stuttgart
(oberste Verkehrsbehörde des Landes)

- **Regierungspräsidium Freiburg** — für den Bezirk Freiburg
- **Regierungspräsidium Karlsruhe** — für den Bezirk Karlsruhe
- **Regierungspräsidium Stuttgart** — für den Bezirk Stuttgart
- **Regierungspräsidium Tübingen** — für den Bezirk Tübingen

2. BAYERN

Bayerisches Staatsministerium für Wirtschaft, Infrastruktur Verkehr und Technologie
München
(oberste Verkehrsbehörde des Landes)

- **Regierung von Mittelfranken Luftamt Nordbayern** — Nürnberg für Nordbayern
- **Regierung von Oberbayern Luftamt Südbayern** — München für Südbayern

3. BERLIN

Senatsverwaltung für Stadtentwicklung
Berlin
für das gesamte Land
(oberste Verkehrsbehörde des Landes)

Gemeinsame Obere Luftfahrtbehörde
Berlin/Brandenburg
Schönefeld

4. BRANDENBURG

Ministerium für Infrastruktur und Raumordnung
Berlin-Schönefeld
für das gesamte Land
(oberste Verkehrsbehörde des Landes)

5. BREMEN

Der Senator für Wirtschaft und Häfen
– Luftfahrtbehörde –
Bremen
für das gesamte Land
(oberste Verkehrsbehörde des Landes)

6. HAMBURG

Amt für Häfen, Dienstleistungen und Wirtschaftsinfrastruktur
Behörde für Wirtschaft und Arbeit
Hamburg
für das gesamte Land
(oberste Verkehrsbehörde des Landes)

7. HESSEN

Ministerium für Wirtschaft, Verkehr und Landesentwicklung
Wiesbaden
(oberste Verkehrsbehörde des Landes)

- **Regierungspräsidium Kassel** — für Hessen Nord
- **Regierungspräsidium Darmstadt** — für Hessen Süd

2 Nationale und internationale Organisationen der Luftfahrt

8. MECKLENBURG-VORPOMMERN

> **Ministerium für Verkehr, Bau und Landesentwicklung**
> Schwerin
> für das gesamte Land
> (oberste Verkehrsbehörde des Landes)

9. NIEDERSACHSEN

> **Ministerium für Wirtschaft, Arbeit und Verkehr**
> Hannover
> (oberste Verkehrsbehörde des Landes)

- **Niedersächsische Landesbehörde für Straßenbau und Verkehr**
  Geschäftsbereich Wolfenbüttel
  – Luftfahrtbehörde –

- **Niedersächsische Landesbehörde für Straßenbau und Verkehr**
  Geschäftsbereich Oldenburg
  – Luftfahrtbehörde –

10. NORDRHEIN-WESTFALEN

> **Ministerium für Bau und Verkehr**
> Düsseldorf
> (oberste Verkehrsbehörde des Landes)

- **Bezirksregierung Düsseldorf**
  für das Rhein-Ruhrgebiet

- **Bezirksregierung Münster**
  für Westfalen

11. RHEINLAND-PFALZ

> **Ministerium für Wirtschaft, Verkehr, Landwirtschaft und Weinbau**
> Mainz
> (oberste Verkehrsbehörde des Landes)

> **Landesbetrieb für Mobilität Rheinland-Pfalz**
> – Referat Luftverkehr –
> für das gesamte Land

12. SAARLAND

> **Ministerium für Wirtschaft und Arbeit**
> Saarbrücken
> für das gesamte Land
> (oberste Verkehrsbehörde des Landes)

13. SACHSEN

> **Sächsisches Staatsministerium für Wirtschaft und Arbeit**
> Dresden
> (oberste Verkehrsbehörde des Landes)

> **Regierungspräsidium Dresden**
> Luftverkehrsamt Sachsen
> für das gesamte Land

14. SACHSEN-ANHALT

> **Ministerium für Wohnungswesen, Städtebau und Verkehr**
> Magdeburg
> (oberste Verkehrsbehörde des Landes)

> **Landesverwaltungsamt**
> – Luftfahrt –
> Halle
> für das gesamte Land

15. SCHLESWIG-HOLSTEIN

> Ministerium für Wissenschaft,
> Wirtschaft und Verkehr
> Kiel
> für das gesamte Land
> (oberste Verkehrsbehörde des Landes)

16. THÜRINGEN

> Thüringer Ministerium für
> Bau und Verkehr
> Erfurt
> (oberste Verkehrsbehörde des Landes)
>
> Thüringer Landesverwaltungsamt
> Weimar
> für das gesamte Land

2.2 Internationale Organisation der Luftfahrt

2.2.1 Die Internationale Zivilluftfahrt-Organisation (ICAO)

Die sprunghafte Entwicklung des internationalen Luftverkehrs vor und nach dem Zweiten Weltkrieg zwang die luftverkehrsbetreibenden Staaten zur Gründung einer **weltweiten Luftfahrtorganisation.** Einen ersten Schritt in diese Richtung unternahmen die USA im Jahre 1944, indem sie 55 alliierte und neutrale Staaten zu einer Konferenz nach Chicago einluden, auf der die Probleme des internationalen Luftverkehrs möglichst umfassend und einheitlich gelöst werden sollten. 52 Staaten folgten der Einladung der US-Regierung zu dieser Luftverkehrskonferenz, die vom 1. November bis zum 7. Dezember 1944 stattfand und als **„Konferenz von Chicago"** in die Luftfahrtgeschichte einging.

Die wichtigsten Ergebnisse dieser Konferenz waren das **„Abkommen über die Internationale Zivilluftfahrt"** (ICAO-Abkommen, engl.: ICAO-Convention) und die Gründung der provisorischen Luftfahrtorganisation **PICAO** (Provisional International Civil Aviation Organization). Nachdem genügend Teilnehmerstaaten das **„Chicagoer Abkommen"** (ICAO-Abkommen) ratifiziert hatten, wurde am 4. April 1947 aus der provisorischen Organisation PICAO

> **die „Internationale Zivilluftfahrt-Organisation" – ICAO (International Civil Aviation Organization)**

gegründet.

Gemäß eines Abkommens mit den Vereinten Nationen (UNO) hat die ICAO den Rang einer

> **Sonderorganisation der UNO**

und besteht zurzeit aus 190 Mitgliedstaaten.

Im Jahre 1956 ratifizierte die Bundesrepublik Deutschland das „Chicagoer Abkommen" (ICAO-Abkommen) und wurde als 67. Mitgliedstaat in die ICAO aufgenommen. Die ICAO hat ihren Sitz in **Montreal** (Kanada).

Zu den Aufgaben der ICAO zählt insbesondere die Förderung und Entwicklung der Zivilluftfahrt. Durch die **Entwicklung und Einführung von einheitlichen Richtlinien** auf allen Gebieten des zivilen Luftverkehrs soll auf weltweiter Grundlage insbesondere die Flugsicherheit verbessert werden.

Die von der ICAO erarbeiteten **Regelungen und Empfehlungen, die als Anhänge zum ICAO-Abkommen** veröffentlicht worden sind, sind von den einzelnen Mitgliedsstaaten weitestgehend in national geltendes Recht umgesetzt worden. Für die theoretische Prüfung zur Privatpiloten-Lizenz müssen Sie zu diesem Thema daher nur wissen, dass

- die ICAO mit dem **Abkommen von Chicago** geschaffen worden ist,
- in diesem Abkommen der **internationale Verkehr für private Luftfahrzeuge** geregelt wird,
- die Abkürzung **ICAO** für **Internationale Zivilluftfahrt-Organisation** steht,
- ein **Flug im Ausland** immer nach den **Luftverkehrsregeln desjenigen Staates durchzuführen ist, über dessen Gebiet geflogen wird** und
- einem **deutschen Staatsangehörigen mit ausländischem Luftfahrerschein** jede Führung von Luftfahrzeugen in der Bundesrepublik Deutschland nur durch das **Bundesministerium für Verkehr, Bau und Stadtentwicklung untersagt werden kann.**

Unter der Internet-Adresse

> www.icao.org

können weitere Informationen und Hintergrund-Berichte zu dieser Organisation abgerufen werden.

2.2.2 The European Joint Aviation Authorities (JAA)

Die Joint Aviation Authorities (JAA) ist eine der European Civil Aviation Conference (ECAC) angeschlossene Einrichtung der zivilen Luftfahrtbehörden von zurzeit 42 europäischen Staaten (inklusive der Anwärterstaaten), die sich zusammengeschlossen haben mit dem Ziel, **einheitliche Vorschriften und Standards für die Luftfahrt in Europa** zu schaffen.

Die Ziele sind u. a.

- **Sicherheit in der Luftfahrt,** Sicherstellung durch Kooperation der Mitgliedstaaten, so dass alle JAA-Mitgliedstaaten den gleichen Sicherheitsstand erreichen
- **Zusammenarbeit mit der EASA** (**E**uropean **A**viation **S**afety **A**gency), damit sie ihre Tätigkeiten und Aufgaben in Übereinstimmung mit den beschlossenen Programmen erfüllen kann, die sicherstellen sollen, dass die JAA – aber auch die nicht EASA Länder – eingebunden werden, mit dem Ziel, die bestehende Einheit des Regelwerkes in paneuropäischer Dimension, die gegenseitige Anerkennung von Zertifikaten/Genehmigungen zu erhalten und die Entscheidungen der FUJA (Arbeitsgruppe „Zukunft der JAA" – Future JAA) umzusetzen.
- Erlangen eines **kostengünstigen Sicherheitssystems,** um zu einer effizienten zivilen Luftfahrtindustrie beizutragen.
- eine **einheitliche Anwendung von höchstmöglichen gemeinsamen Standards,** um durch regelmäßige Überarbeitung der bestehenden Regelwerke einen fairen und gleichen Wettbewerb innerhalb der Mitgliedsstaaten sicherzustellen.
- **Internationale Zusammenarbeit** mit anderen Länderorganisationen oder nationalen Behörden, die eine wichtige Rolle in der zivilen Luftfahrt einnehmen, um mindestens das Sicherheitsniveau der JAA zu erreichen. Die weltweite Einführung von harmonisierten Sicherheitsstandards und Erfordernissen durch Abschluss von internationalen Vereinbarungen voranzubringen und Beteiligung bei technischen Unterstützungsprogrammen, ohne Einfluss auf die Zuständigkeit des jeweiligen Staates zu nehmen.
- Nach der Betriebsaufnahme der **EASA** hat und wird die JAA ihre Aufgaben an diese übertragen und sich auflösen **(JAA T – J**oint **A**viation **A**uthorities in **T**ransition).

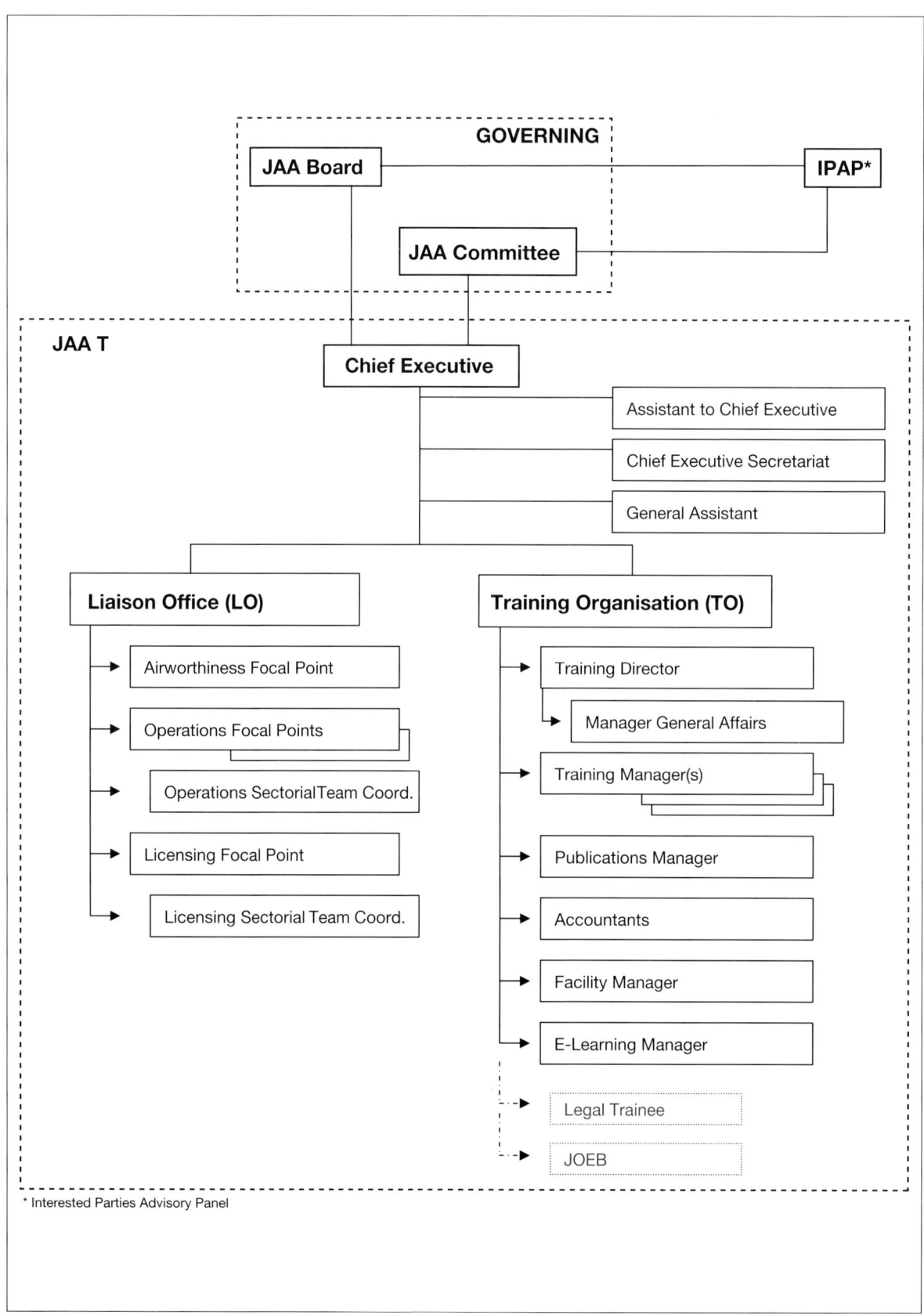

2.2 Internationale Organisation der Luftfahrt

GOVERNING
- JAA Board
- JAA Committee
- IPAP*

JAA T

Chief Executive
- Assistant to Chief Executive
- Chief Executive Secretariat
- General Assistant

Liaison Office (LO)
- Airworthiness Focal Point
- Operations Focal Points
  - Operations Sectorial Team Coord.
- Licensing Focal Point
  - Licensing Sectorial Team Coord.

Training Organisation (TO)
- Training Director
  - Manager General Affairs
- Training Manager(s)
- Publications Manager
- Accountants
- Facility Manager
- E-Learning Manager
- Legal Trainee
- JOEB

* Interested Parties Advisory Panel

Bild 2.1 Struktur der JAA/JAA T

2.2.3 Die Europäische Agentur für Flugsicherheit (EASA)

Die Europäische Agentur für Flugsicherheit (**EASA** – **E**uropean **A**viation **S**afety **A**gency) ist die Luftsicherheitsbehörde der Europäischen Union. Die EASA hat am 28. September 2003 auf der Grundlage der **Verordnung 1592/2002 (aufgehoben durch die Verordnung 216/2008 vom 20. Februar 2008)** des Europäischen Parlamentes und des Rates ihren Dienst aufgenommen. Als unabhängige europäische Einrichtung ist die Agentur gegenüber den Mitgliedstaaten und den europäischen Institutionen rechenschaftspflichtig. Ein Verwaltungsrat mit Vertretern der Mitgliedstaaten und der Europäischen Kommission beschließt den Haushaltsplan sowie das Arbeitsprogramm. Die Luftfahrtindustrie ist durch mehrere beratende und technische Beiräte aktiv in die Arbeit der Agentur eingebunden. Für die Agentur wurde ebenfalls eine eigene Beschwerdekammer eingerichtet.

An ihrem **Standort in Köln** arbeiten bereits mehrere hundert Mitarbeiter aus allen Mitgliedstaaten. Die Agentur wird in den nächsten Jahren weitere hochqualifizierte Luftfahrtexperten und Verwaltungsfachleute rekrutieren und ihre Stellung als **europäisches Kompetenzzentrum für die Flugsicherheit** ausbauen.

Die EASA steht im Mittelpunkt der Luftverkehrspolitik der Europäischen Union. Ziel ist die Förderung der höchstmöglichen gemeinsamen Sicherheits- und Umweltstandards in der Zivilluftfahrt.

2.2.3.1 Die gemeinsame Strategie

Angesichts des anhaltenden Wachstums bedarf es einer gemeinsamen europäischen Initiative, um **die Sicherheit und Umweltverträglichkeit des Luftverkehrs auf Dauer zu gewährleisten.** Während die nationalen Luftfahrtbehörden auch in Zukunft den Großteil der operativen Aufgaben wahrnehmen werden – z.B. die Verkehrszulassung einzelner Luftfahrzeuge sowie die Erteilung von Pilotenlizenzen – entwickelt die Agentur **gemeinsame Sicherheits- und Umweltstandards** auf der europäischen Ebene. Zur Harmonisierung der Standards führt die Agentur in den Mitgliedstaaten **Inspektionen durch und leistet die erforderliche technische Beratung, Ausbildung und Forschung.**

Die EASA ist ebenfalls für **die Musterzulassung zuständig,** d. h. die Zulassung bestimmter Flugzeugmodelle, Triebwerke und Ausrüstungsteile zum Betrieb in der EU. Für die Luftfahrtindustrie entstehen Vorteile durch gemeinsame Vorschriften und kosteneffiziente Dienstleistungen „aus einer Hand".

2.2.3.2 Aufgaben

Zusammenfassend hat die Agentur heute folgende Aufgaben:

- **Vorschriftenerstellung:** Vorbereitung von Gesetzesvorschlägen sowie technische Beratung für die europäische Kommission und die Mitgliedstaaten;
- **Durchführung von Inspektionen, Ausbildungs- und Standardisierungs-Programmen** für eine einheitliche Umsetzung der europäischen Sicherheitsvorschriften in den Mitgliedstaaten;
- **Musterzulassung luftfahrttechnischer Produkte** (Flugzeuge, Triebwerke, Ausrüstungsteile);
- **Genehmigung (und Aufsicht)** von Entwicklungsbetrieben sowie von Herstellungs- und Instandhaltungsbetrieben in Nicht-Mitgliedstaaten;
- **Datenerhebung, Analyse und Forschung** zur Verbesserung der Flugsicherheit.
- Vorschriften und Verfahren für den **Flugbetrieb;**
- Vorschriften zur Erteilung von **Pilotenlizenzen;**
- **Genehmigung von Luftfahrtunternehmen aus Nicht-Mitgliedstaaten.**

Nach einem Vorschlag der Europäischen Kommission soll die **EASA künftig** weitere wichtige Regulierungs- und Harmonisierungsaufgaben im Bereich der Flugsicherheit übernehmen.

Langfristig soll die Agentur auch bei der Vorschriftenerstellung der Sicherheitsstandards für Flughäfen sowie für **Flugverkehrsmanagementsysteme** eine zentrale Rolle spielen.

2.2.3.3 Internationale Zusammenarbeit

Die Europäische Agentur für Flugsicherheit (EASA) entwickelt enge Beziehungen mit ihren internationalen Partnerbehörden einschließlich der Internationalen Zivilluftfahrt-Organisation (ICAO), der Federal Aviation Administration (FAA) in den Vereinigten Staaten sowie mit den Luftfahrtbehörden in Kanada, Brasilien, Israel, China und Russland. Die Agentur schließt mit diesen Organisationen Arbeitsvereinbarungen ab, um die Harmonisierung von Standards voranzutreiben und durch die Förderung von „Best Practice" die Flugsicherheit weltweit zu verbessern.

3 Veröffentlichungen der Luftfahrtbehörden

3.1 Erfordernis der Flugvorbereitung

Zum einen unterliegt der gesamte Bereich der Flugsicherung, der Luftraumstruktur und des Luftrechts einem ständigen Wandel. Andererseits besteht für den Piloten aber die Pflicht, sich vor jedem Flug **mit allen Unterlagen und Informationen,** die für dessen sichere Durchführung von Bedeutung sind, **vertraut zu machen** (§ 3 Abs. 1 LuftVO). Er hat sich also z. B. nicht nur mit der Wetterlage und dem technischen Zustand seines Flugzeugs zu befassen, sondern auch die Frage zu klären, ob und wie der Flug unter rechtlichen Bedingungen durchführbar ist. Im Fall von entdeckten Verstößen können – je nach Art – Geldbußen (vgl. Kapitel 9 „Straf- und Bußgeldvorschriften"), Probleme bei der Lizenzverlängerung oder gar die Versagung des Versicherungsschutzes nach einem Unfall drohen.

Im Folgenden soll daher erläutert werden, welche Informationsquellen es gibt und wie die zur Flugvorbereitung notwendigen Informationen eingeholt werden können.

3.2 Das Büro der Nachrichten für Luftfahrer (Büro NfL – Aeronautical Publication Agency)

Die DFS Deutsche Flugsicherung GmbH ist auch für verschiedene **Veröffentlichungen der Luftfahrtbehörden** zuständig. Sie hat zur Durchführung dieser Aufgaben das

> **Büro der Nachrichten für Luftfahrer** in Langen und das **NOTAM-Office** in Frankfurt

eingerichtet. Beide gehören zum Geschäftsbereich „Aeronautical Solutions". Das **Büro NfL** (Aeronautical Publication Agency) befasst sich insbesondere mit der Bearbeitung und Herausgabe

- **des Luftfahrthandbuches** (AIP = Aeronautical Information Publication; vgl. Abschnitt 3.3),
- **der Nachrichten für Luftfahrer** (NfL I und II, NOTAM, Aeronautical Information Circular [AIC]; vgl. Abschnitt 3.4),
- **von Luftfahrtkarten** (vgl. Abschnitt 3.5).

Das „**NOTAM-Office**" (NOTAM = Notice to Airmen, deutsch: **Nachrichten für Luftfahrer = NfL),** nimmt im Wesentlichen folgende Aufgaben wahr:

- **Luftfahrt-Nachrichten** zu beschaffen, zu bearbeiten und zu verbreiten, die für die Planung, Durchführung und Sicherheit von Flügen, die auf Flugplätzen in der Bundesrepublik Deutschland starten oder landen, wichtig sind;
- **NOTAM-Kurzfassungen und NOTAM-Handbücher** für die Flugberatung (AIS = Aeronautical Information Service) herauszugeben;
- **bei der Herstellung von Luftfahrtkarten** durch navigatorische und flugsicherungsbetriebliche Beratung mitzuwirken;
- die zentrale **Flugberatungsstelle** (AIS-C) mit allen erforderlichen Beratungsunterlagen zu versorgen.

3.3 Das Luftfahrthandbuch (AIP – Aeronautical Information Publication)

3.3.1 Inhalt des Luftfahrthandbuches (AIP)

3.3.1.1 Überblick

Die DFS (Büro NfL) gibt für den Bereich der Bundesrepublik Deutschland ein **Luftfahrthandbuch** (AIP = Aeronautical Information Publication) nach den **Richtlinien der ICAO – Anhang 15** heraus, das in deutscher und englischer Sprache abgefasst ist. Es wird in drei Versionen veröffentlicht: Papier, CD-ROM, Online (Internet). Sowohl die Papierversion, als auch die CD-ROM- und Online-Version gelten als amtliche Veröffentlichungen des Luftfahrthandbuches Deutschland und können in dieser Form jeweils gleichrangig genutzt werden.

Das **Luftfahrthandbuch (AIP)** ist eine Sammlung von Anordnungen, Informationen und Hinweisen für die Luftfahrt, die für einen längeren Zeitraum gültig sind. Es enthält Veröffentlichungen über wichtige Sachgebiete der Luftfahrt unter besonderer Berücksichtigung des Flugsicherungssystems der Bundesrepublik Deutschland.

Es besteht aus drei Bänden, die hauptsächlich für den Flugbetrieb nach Instrumentenflugregeln von Bedeutung sind. Darüber hinaus wird ein Band speziell für den **Flugverkehr nach Sichtflugregeln (AIP VFR)** herausgegeben, der mit einem Sonderteil für den Hubschrauberbetrieb (AIP VFR/H, enthält z. B. Anflugkarten für Hubschrauberlandeplätze) bezogen werden kann.

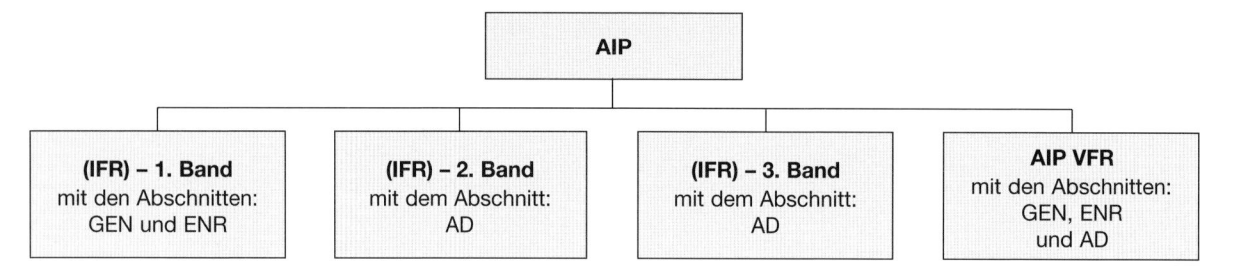

```
                              AIP
        ┌──────────┬───────────┬──────────┐
  (IFR) – 1. Band  (IFR) – 2. Band  (IFR) – 3. Band   AIP VFR
  mit den Abschnitten:  mit dem Abschnitt:  mit dem Abschnitt:  mit den Abschnitten:
  GEN und ENR       AD              AD              GEN, ENR
                                                    und AD
```

3.3.1.2 Inhalt des AIP (1. Band)

Das AIP (1. Band) enthält im Abschnitt **GEN** u. a. folgende **Informationen:**

- zuständige Behörden und Organisationen,
- Einflug, Überflug und Ausflug von Luftfahrzeugen,
- Einflug, Überflug und Ausflug von Passagieren und Flugbesatzung,
- Einflug, Überflug und Ausflug von Fracht,
- Luftfahrzeuginstrumente, Ausrüstung und Flugunterlagen,
- Zusammenfassung nationaler Regelungen und internationaler Abkommen/Konventionen,
- Abweichungen von den ICAO-Richtlinien, -Empfehlungen und Verfahren,
- Maßeinheiten, Luftfahrzeugkennungen, Feiertage,
- in AIS-Veröffentlichungen benutzte Abkürzungen,
- Kartenzeichen,
- Ortskennungen,
- alphabetisches Verzeichnis der Funknavigationsanlagen,
- Umrechnungstabellen,
- Zeiten der Sonnenauf- und -untergänge,
- Angaben zur Durchführung des Flugberatungsdienstes (AIS-C),
- Luftfahrtkarten,
- Flugverkehrsdienst,
- Fernmeldedienst,
- meteorologischer Dienst,
- Such- und Rettungsdienst,
- Flughafengebühren,
- Flugsicherungsgebühren.

Der Abschnitt **ENR** untergliedert sich in die Abschnitte **ENR 0, ENR 1, ENR 2, ENR 3, ENR 4, ENR 5 und ENR 6** und behandelt:

- Inhaltsverzeichnis ENR (ENR 0),
- Allgemeine Regeln und Verfahren (ENR 1),
- ATS-Luftraum (ENR 2),
- ATS-Strecken (ENR 3),
- Funknavigationsanlagen/-systeme (ENR 4),
- Navigationswarnungen (ENR 5),
- Streckenkarte (ENR 6).

3 Veröffentlichungen der Luftfahrtbehörden

- Allgemeine Regeln (Luftverkehrs-Ordnung – LuftVO),
- Sichtflugregeln,
- Instrumentenflugregeln,
- ATS – Luftraumklassifizierung,
- Warte-, Anflug- und Abflugverfahren,
- Radardienste und -verfahren,
- Höhenmessereinstellung,
- regionale Ergänzungsverfahren,
- Verkehrsfluss-Kapazitätsregelung,
- Flugplanung,
- Adressierung von Flugplanmeldungen,
- Ansteuerung von Zivilluftfahrzeugen,
- widerrechtlicher Eingriff,
- Zwischenfälle im Luftverkehr,
- FIR/UIR – Luftraumklassifizierung,
- anderer geregelter Luftraum,
- ATS-Strecken im Unteren Luftraum,
- ATS-Strecken im Oberen Luftraum,
- RNAV-Strecken,
- Hubschrauberstrecken,
- andere Strecken,
- Warteverfahren auf Strecke,
- ATS-Fernmeldeeinrichtungen – Strecke,
- Funknavigationsanlagen – Strecke,
- Sondernavigationssysteme,
- Name-Code-Kennzeichnungen für die signifikanten geographischen Punkte,
- Luftfahrtbodenfeuer – Strecke,
- Sperr-, Beschränkungs- und Gefahrengebiete,
- militärische Übungsgebiete,
- andere gefährliche Aktivitäten,
- Luftfahrthindernisse – Strecke,
- Luftsport- und Freizeitaktivitäten,
- Vogelzug und Gebiete mit empfindlicher Fauna,
- Streckenkarte.

Bild 3.1   Luftfahrthandbuch (AIP)

3.3.1.3 Inhalt des AIP (2. Band)

Das AIP (2. Band) enthält den **1. Teil** des Abschnittes **AD**. Dies sind im Wesentlichen:

- Verfügbarkeit der Flugplätze,
- Rettungs- und Feuerwehrdienste, Schneeplan,
- Übersicht der Flugplätze,
- Gruppierung der Flugplätze,
- Flugplätze (IFR-anfliegbar) von: Altenburg-Nobitz bis Hof-Plauen.

3.3.1.4 Inhalt des AIP (3. Band)

Das AIP (3. Band) enthält den **2. Teil** des Abschnittes **AD**. Dies sind:

- Flugplätze (IFR-anfliegbar) von: Karlsruhe/Baden-Baden bis Zweibrücken,
- die Militärflugplätze mit ständiger ziviler Mitbenutzung (IFR-anfliegbar), zurzeit Ingolstadt/Manching, Laage (Rostock-Laage), Neubrandenburg und Nordholz.

3.3.1.5 Inhalt Luftfahrthandbuch VFR (AIP VFR)

Das **Luftfahrthandbuch VFR** ist ein **Ergänzungsband** zum **Luftfahrthandbuch (AIP)**. Es enthält wichtige Anordnungen und Informationen für **Flüge nach Sichtflugregeln** (**VFR** = **V**isual **F**light **R**ules) und ist für die Vorbereitung und Durchführung von VFR-Flügen unerlässlich.

Das **AIP VFR** gliedert sich in die folgenden Abschnitte mit folgendem Inhalt:

Der Abschnitt **GEN** enthält allgemeine Informationen zur Durchführung des VFR-Flugbetriebs, so z. B.:

- ausgewählte Berichtigungen zur ICAO-Karte 1:500 000,
- Luftverkehrsverwaltung in der Bundesrepublik Deutschland,
- Flugsicherungsausrüstung der Luftfahrzeuge,
- Abkürzungsverzeichnis und Kartenzeichen,
- Flugplatz-Ortskennungen mit Entschlüsselung,
- Zeiten der Sonnenauf- und -untergänge,
- Umrechnungstabellen,
- Informationen zum Flugberatungsdienst (AIS) sowie zum Fluginformationsdienst (FIS),
- Redewendungen für den Sprechfunkverkehr,
- Flugwetterinformationen für die VFR-Luftfahrt (GAFOR, VOLMET, INFOMET, GAMET, SIGMET usw.),
- Strecken- und Radarführungsmindesthöhenkarte.

Der Abschnitt **ENR** (Enroute Information) enthält **Streckeninformationen** für die Durchführung von Sichtflügen, so z. B.:

- Angaben zur Luftraumklassifizierung, Flugverkehrsdienste und Flugbedingungen,
- Höhenmesser-Einstellungen Halbkreisflughöhen bei VFR-Flügen,
- Transponder-Schaltungen bei VFR-Flügen mit motorgetriebenen Luftfahrzeugen,
- Flugpläne und Flugberatungen für VFR-Flüge,
- Liste der Funknavigationsanlagen mit technischen Daten (Frequenzen usw.),
- Gebiete mit Flugbeschränkungen, Gefahrengebiete, Gebiete mit besonderen Aktivitäten und Tiefflüge mit militärischen Strahl- und Transportflugzeugen.

Der Abschnitt **AD (Aerodromes)** unterteilt sich im Wesentlichen in die Unterabschnitte AD-1 und AD-2 und gibt Informationen zur Durchführung des Flugplatzverkehrs, so z. B.:

> **AD-1**
> - Verhalten an kontrollierten und unkontrollierten Plätzen einschließlich Funkverkehr,
> - Angaben zu ATIS und Anflughilfen (PAPI),
> - Landeplatz-Lärmschutz-Verordnung,
> - gelegentliche Landungen und Starts ziviler Luftfahrzeuge auf Militärflugplätzen,
> - Signale für den Flugplatzverkehr (Bodensignale, Lichtzeichen, Einweiser).
>
> **AD-2**
> - Liste der Flugplätze mit näheren Einzelheiten (Zulassungen, Betriebszeiten, Adressen, verfügbaren Bodendiensten usw.),
> - Sichtflugkarten mit Platzrunden und Flugplatzkarten (alphabetisch).

3.3.2 Berichtigung des Luftfahrthandbuches (AIP)

1. Luftfahrthandbuch-Berichtigungen (AIP AMDT)
Berichtigungen zum Luftfahrthandbuch von permanenter Natur werden im Abstand von vier Wochen herausgegeben. Die Veröffentlichungsdaten für das jeweils laufende Jahr werden vorab in der AIP/AIP VFR im Abschnitt GEN bekannt gemacht.

Dem Deckblatt der jeweiligen Berichtigung (farbige Seite) ist zu entnehmen, welche AIP-Seiten auszutauschen bzw. neu einzufügen sind und welche NOTAM durch Übernahme in das Luftfahrthandbuch aufgehoben wurden.

2. AIRAC-System
Geplante Änderungen von Anlagen, Bestimmungen, Verfahren, Beschränkungen und Gefahren, die für den Luftverkehr von besonderer Bedeutung sind, werden nach dem international vereinbarten AIRAC-System bekannt gemacht. Danach werden solchen Änderungen nur zu international vereinbarten Terminen im Abstand von 28 Tagen veröffentlicht. Sie werden so rechtzeitig bekannt gemacht, dass die entsprechende AIP-Berichtigung (AIP AIRAC AMDT) und/oder die AIP-Ergänzung (AIP AIRAC SUP) mindestens sechs Wochen vor Inkrafttreten erscheint.

Die AIRAC-Termine werden für das jeweils laufende Jahr in dem Abschnitt GEN der AIP/AIP VFR bekannt gemacht.

Wenn für einen der festgelegten AIRAC-Termine keine AIRAC-Informationen vorliegen, wird durch NOTAM eine Fehlanzeige („AIRAC NIL") veröffentlicht.

3. Luftfahrthandbuch-Ergänzungen (AIP SUP)
Die Ergänzungen zum Luftfahrthandbuch (AIP) beinhalten **Anordnungen und Informationen von befristeter Dauer.** Es handelt sich dabei um Veröffentlichungen mit einer Gültigkeitsdauer von drei Monaten oder mehr und solche, die Karten beinhalten, auch bei einer Gültigkeit von weniger als drei Monaten. Ebenfalls gibt es Veröffentlichungen, die aufgrund ihrer **Textlänge nicht als NOTAM** verbreitet werden können, auch bei einer Gültigkeit von weniger als drei Monaten. Diese **AIP-Ergänzungen (AIP SUP)** werden dem Luftfahrthandbuch in zwei Serien zugeordnet:

- **AIP SUP IFR**
  Informationen, die den IFR-Flugverkehr betreffen und dem AIP zuzuordnen sind;

- **AIP SUP VFR**
  Informationen, die den VFR-Flugverkehr betreffen und dem AIP VFR zuzuordnen sind.

AIP-Ergänzungen, die sowohl für den IFR- als auch für den VFR-Flugbetrieb von Bedeutung sind, erscheinen in beiden Serien. Änderungen zu einer AIP-Ergänzung werden als NOTAM bekannt gegeben.

3.3 Das Luftfahrthandbuch (AIP)

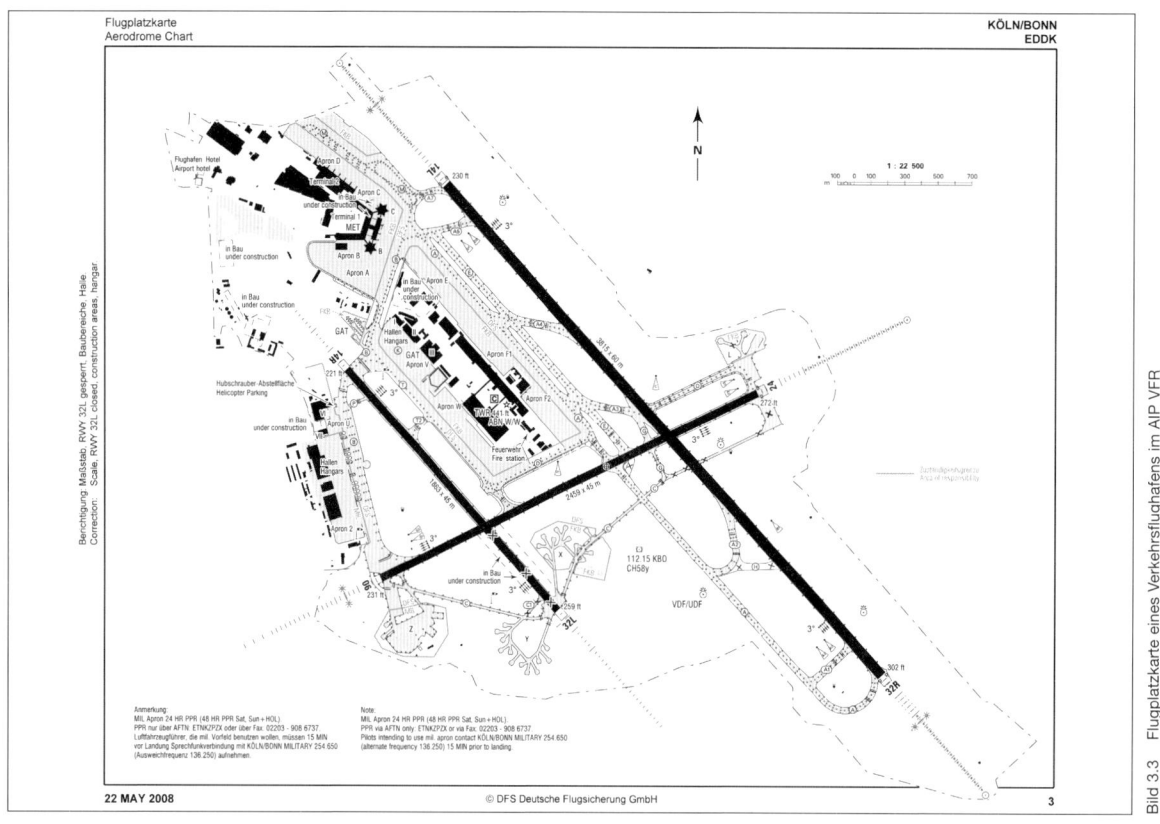

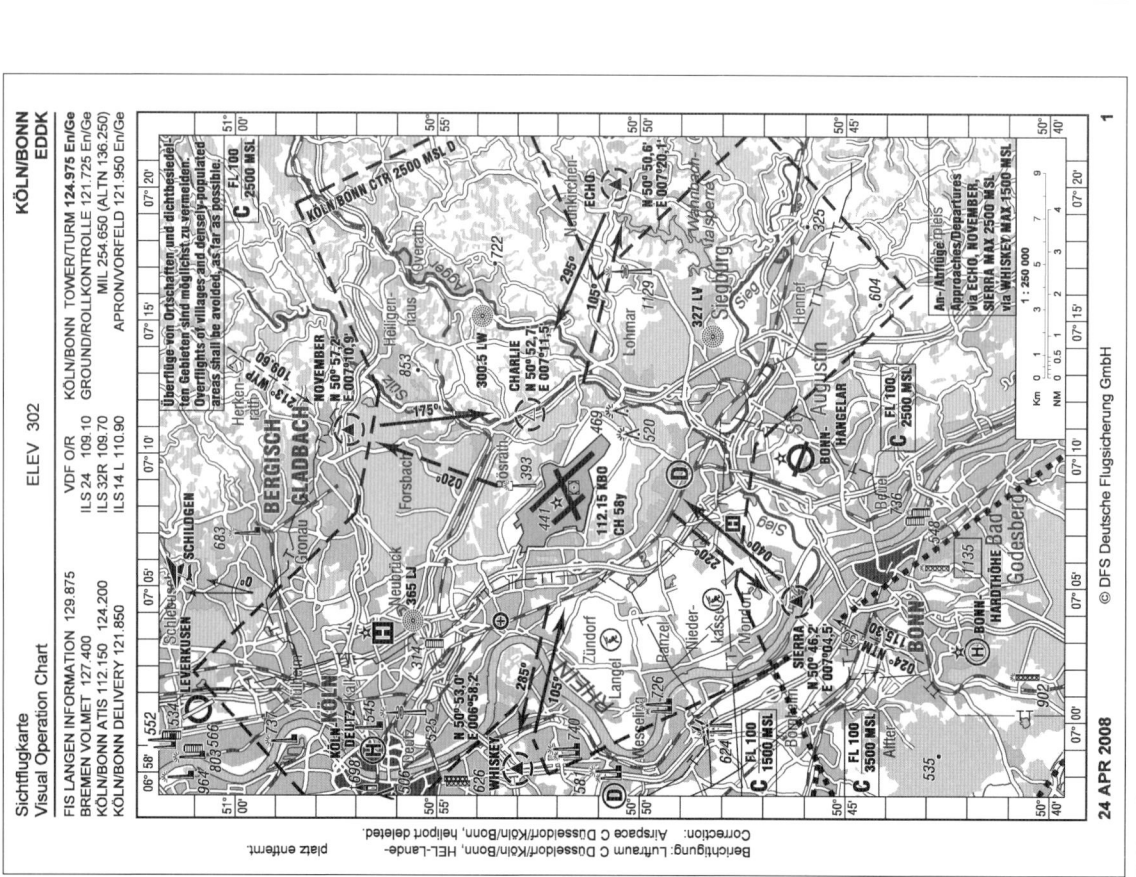

Bild 3.3 Flugplatzkarte eines Verkehrsflughafens im AIP VFR
(Nur für Übungszwecke)

Bild 3.2 Sichtflugkarte eines Verkehrsflughafens im AIP VFR
(Nur für Übungszwecke)

KARLSRUHE/BADEN-BADEN
EDSB

VFR-Flugverfahren/VFR Flight Procedures
(NfL I-150/97)

1. VFR-An-/Abflüge am Flughafen Karlsruhe/Baden-Baden sind gemäß Sichtflugkarte durchzuführen.

2. Bei Anflügen ist Sprechfunkverbindung mit Baden TURM spätetestens 5 MIN vor den Meldepunkten aufzunehmen.

1. VFR approaches, departures at Karlsruhe/Baden-Baden Airport shall be conducted according to Visual Operation Chart.

2. On approaches radio contact shall be established with Baden TOWER at least 5 MIN prior to the reporting points.

Sicherheitshinweise

- Für VFR-Flüge via ECHO, ROMEO:

  Verkehr am Landeplatz Baden-Oos beachten.
- Für VFR-Flüge via ECHO:

  Geradeausanflüge RWY 04, Geradeausabflüge RWY 22 in Baden-Oos können VFR-Flüge via ECHO kreuzen und melden sich zur Verkehrsinformation bei Baden TURM.

Safety Advices

- For VFR flights via ECHO, ROMEO:

  Take care of traffic at Baden-Oos airfield.
- For VFR flights via ECHO:

  Straight-in approaches RWY 04, straight-out departures RWY 22 at Baden-Oos may cross VFR flights via ECHO and will contact Baden TOWER for traffic information.

Örtliche Flugbeschränkungen

Der Flugbetrieb unterliegt folgenden Einschränkungen:

An Werktagen und nicht bundeseinheitlichen Feiertagen in der Zeit von 2100 (2000) bis 0500 (0400) sowie an Sonntagen und bundeseinheitlichen Feiertagen in der Zeit von 1900 (1800) bis 0800 (0700) dürfen Luftfahrzeuge weder starten noch landen.

Flugbetrieb mit Propellerflugzeugen bis 2000 kg MTOM:

Flugbetrieb ist zu folgenden Zeiten unzulässig:

Local Flying Restrictions

Flight operations are subject to the following restrictions:

Take- offs and landings are prohibited on working days and regional German HOL between 2100 (2000) and 0500 (0400) as well as on Sundays and legal German HOL between 1900 (1800) and 0800 (0700).

Flight operations of propeller-driven aircraft up to 2000 kg MTOM:

Flight operations are prohibited at the following times:

Mon–Fri vor/before 0600 (0500), 1200 (1100)–1400 (1300)
Sat, Sun, HOL vor/before 0800 (0700) und nach/and after 1200 (1100).

Von den Beschränkungen sind ausgenommen:

- Flugbetrieb mit Flugzeugen, soweit sie bei einer Zulassung nach Kapitel VI der LSL (Lärmschutzforderungen für Luftfahrzeuge) die in Abschnitt VI 2.4 ausgewiesenen Lärmgrenzwerte um mindestens 4 db(A) unterschreiten und dies durch ein Lärmzeugnis oder eine vergleichbare Urkunde nachgewiesen wird;
- Überlandflüge soweit das Flugzeug nicht vor Ablauf von 60 MIN nach dem Start zum Flughafen Karlsruhe/Baden-Baden zurückkehrt.

Bei Landungen darf Schubumkehr nur in dem aus Sicherheitsgründen unvermeidbaren Umfang angewendet werden; die Stellung „Leerlauf-Schubumkehr" wird hiervon nicht berührt.

Probe- und Standläufe von Triebwerken sind nur mit vorheriger Zustimmung und nach näherer Weisung der Luftaufsichtstelle zulässig.

Excepted are:

- flight operations of aircraft, licenced according to LSL Chapter VI, if it is proved by a noise certificate or a comparable document that they remain at least 4 db(A) below the nose values according to Chapter VI 2.4;
- cross-country flights, if the aircraft does not return to Karlsruhe/Baden-Baden Airport before an elapsed time of 60 MIN after take-off.

When landing reverse thrust, except idle thrust, shall only be used to an extent necessary for safety reasons.

Engine test runs and ground run-ups are permitted only after prior consent and additional instructions of Karlsruhe-Baden INFO.

16 MAR 2006 © DFS Deutsche Flugsicherung GmbH 1

Bild 3.4 Beschreibung der VFR-Flugverfahren eines Flugplatzes im AIP VFR
(Nur für Übungszwecke!)

GERMANY
Visual Operation Chart | ELEV 408 | **KARLSRUHE/BADEN-BADEN EDSB**

FIS
LANGEN INFORMATION 128.950
REIMS INFORMATION 124.100
BADEN ATIS 121.275

VDF 125.875
ILS 03 109.95
ILS 21 108.75

BADEN TOWER/TURM 125.875 En/Ge
(25 NM 4000 ft GND)
BADEN GROUND/ROLLKONTROLLE
121.825

Berichtigung: Langen FIR, Missweisung.
Correction: Langen FIR, variation.

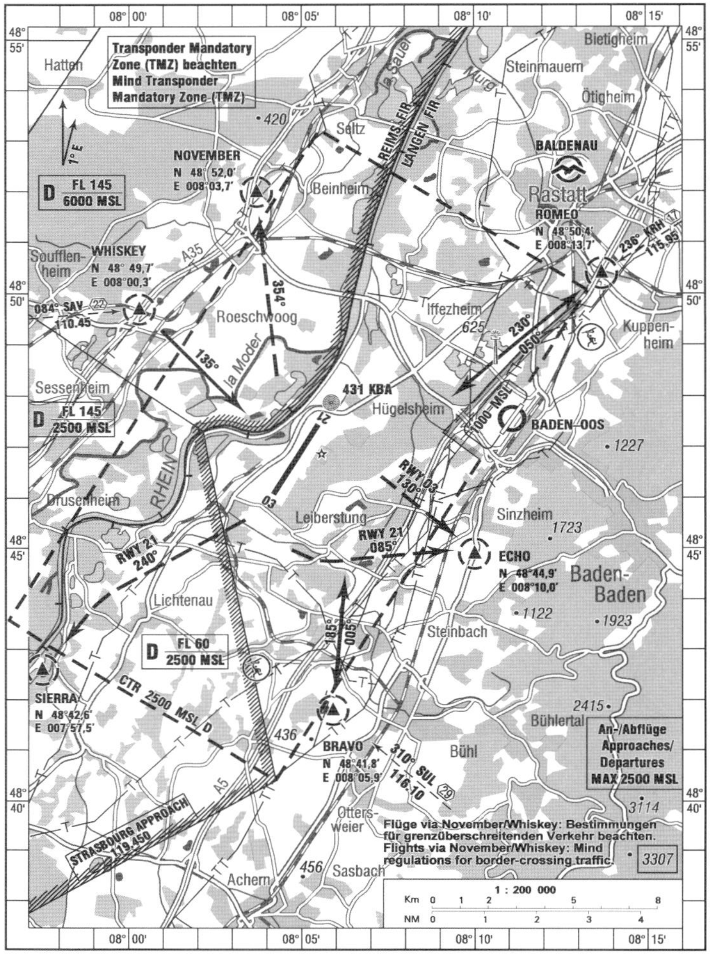

21 DEC 2006 © DFS Deutsche Flugsicherung GmbH 3

Bild 3.5 Sichtflugkarte eines Flugplatzes im AIP VFR
(Nur für Übungszwecke!)

3.4 Nachrichten für die Luftfahrt

Gemäß **ICAO-Anhang 15** (**AIS** = **A**eronautical **I**nformation **S**ervice) sind **Anordnungen,** wichtige **Informationen** und **Hinweise** für die Luftfahrt immer dann als „**Nachrichten für Luftfahrer**" („**No**tice **t**o **A**ir**m**en" – NOTAM) bekanntzugeben, wenn die zu verbreitenden Nachrichten nur eine **begrenzte Gültigkeitsdauer** haben oder – bei längerer Gültigkeitsdauer – nicht rechtzeitig im Luftfahrthandbuch (AIP) veröffentlicht werden können.

3.4.1 Nachrichten für Luftfahrer (NfL)

Die Nachrichten für Luftfahrer (NfL) dienen der rechtsförmigen Bekanntmachung von Anordnungen sowie wichtigen Informationen und Hinweisen für die Luftfahrt. Sie sind in deutscher Sprache abgefasst und wie folgt unterteilt:

a) Nachrichten für Luftfahrer Teil I (NfL I)
In den Nachrichten für Luftfahrer Teil I (NfL I) werden Anordnungen sowie wichtige Informationen und Hinweise für die Luftfahrt bekannt gemacht, soweit sie die Durchführung des Flugbetriebs betreffen, und umfassen folgende Themenbereiche:

- Flugplätze
- Flugsicherungsbetriebsdienste
- Flugwetterdienst
- Luftverkehrsvorschriften
- Flugsicherungsverfahren
- Luftraumstruktur
- Flugbeschränkungen und Gefahren für die Luftfahrt
- Einflugbestimmungen
- Such- und Rettungsdienst
- Luftfahrtkarten

b) Nachrichten für Luftfahrer Teil II (NfL II)
In den Nachrichten für Luftfahrer Teil II (NfL II) werden Anordnungen sowie wichtige Informationen und Hinweise für die Luftfahrt bekannt gemacht, soweit sie Luftfahrtgerät und Luftfahrtpersonal betreffen und nicht in den Nachrichten für Luftfahrer Teil I (NfL I) einzuordnen sind, und behandeln folgende Themenbereiche:

- Registrierung von Luftfahrzeugen
- Musterzulassung
- Lufttüchtigkeit
- Ausbildung und Lizensierung von Luftfahrtpersonal
- Betrieb von Luftfahrzeugen
- Flugunfalluntersuchung
- Fliegertauglichkeit
- Luftfahrttechnische Betriebe

Bild 3.6 Nachrichten für Luftfahrer, Teil I (NFL I)

Bild 3.7 Nachrichten für Luftfahrer, Teil II (NFL II)

3.4.2 NOTAM

Informationen über **zeitlich befristete Änderungen zum Luftfahrthandbuch (AIP),** die von Bedeutung für den Flugverkehr sind, werden als **NOTAM** bekannt gemacht.

Unbefristete Änderungen zum AIP, Änderungen mit überlangem Text und Änderungen mit einer Dauer von mehr als drei Monaten werden nur dann als NOTAM veröffentlicht, wenn eine rechtzeitige Bekanntgabe als Nachtrag oder Ergänzung zum Luftfahrthandbuch nicht sichergestellt ist.

Zeitlich befristet werden NOTAM mit Bezug auf AIP-Nachträge/Ergänzungen **(AIP AMDT/SUP)** veröffentlicht, um auf für den Flugverkehr besonders wichtige Änderungen hinzuweisen.

NOTAM werden in englischer Sprache fernschriftlich über das **feste Flugfernmeldenetz (AFTN)** verbreitet. Der Grad der Verbreitung ist abhängig von der Serienzuordnung. **NOTAM** sind in **sechs Serien,** die beginnend am 1. Januar jeden Jahres von 0001 fortlaufend nummeriert werden, unterteilt.

3.4.3 Pre-Flight Information Bulletin (PIB) – Flugberatung

Die Pre-Flight Information Bulletins (PIBs) sind Zusammenstellungen von NOTAMs für den Piloten, um seiner Verpflichtung zur ordnungsgemäßen Flugvorbereitung nachzukommen. Folgende Flugberatungsunterlagen können zur Verfügung gestellt werden, wobei die inhaltliche Zuordnung von NOTAM-Informationen durch sachliche (IFR-/VFR-Flug), geographische und zeitliche Kriterien bestimmt werden:

a) **gebietsbezogene Flugberatung (PIB Area Type)** auf der Basis von angegebenen Fluginformationsgebieten;
b) **streckenbezogene Flugberatung (PIB Narrow Route Type)** auf der Basis eines Flugplanes (FPL) oder einer angegebenen Flugstrecke;
c) **flugplatzbezogene Flugberatung (PIB Aerodrome Type);**
d) **aktualisierungen („PIB Update")** zu den unter a) bis c) aufgeführten Flugberatungen.

Darüber hinaus können auf Wunsch weitere NOTAM-Informationszusammenstellungen aus der NOTAM-Datenbank abgerufen und zur Verfügung gestellt werden.

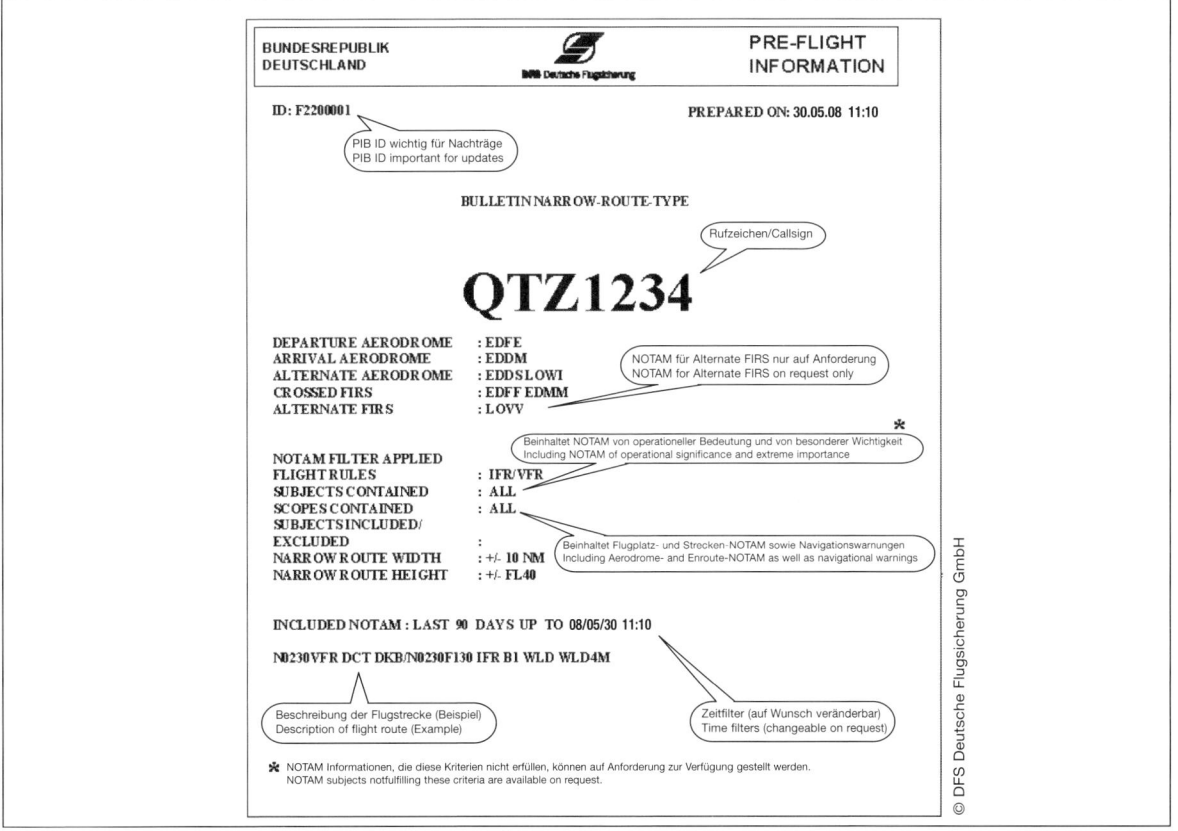

Bild 3.8   Beispiel eines Deckblattes einer Flugberatung (PIB) – **nur für Übungszwecke!**

DFS Deutsche Flugsicherung

B U N D E S R E P U B L I K   D E U T S C H L A N D
F E D E R A L   R E P U B L I C   O F   G E R M A N Y

AIC VFR
AIC VFR 3
27 MAR 08

DFS Deutsche Flugsicherung GmbH (German Air Navigation Services)
Büro der Nachrichten für Luftfahrer (Aeronautical Publication Agency)
Am DFS-Campus 10 · 63225 Langen · Germany
Tel. +49 6103 707 - 12 72 · Fax +49 6103 707 - 12 96
www.dfs-aviationshop.de · e-mail: buero.nfl@dfs.de

Erhöhung der Flugsicherheit im Bereich Mannheim / Odenwald

Bedingt durch die in den letzten Jahren aufgetretene Steigerung der IFR An- und Abflüge am Flughafen Mannheim und dem sehr ausgeprägten VFR-Verkehr (insbesondere Segelflug) in der Region des Odenwaldes ist es in jüngster Zeit vermehrt zu flugsicherheitsrelevanten Vorfällen in diesem Bereich gekommen.
Die IFR-Anflüge nach Mannheim erfolgen dabei ausschließlich aus östlicher Richtung und verlaufen schwerpunktmäßig wie in der Karte auf der Rückseite dargestellt.
Mit IFR-Abflügen muss verkehrsbedingt in der gesamten Region gerechnet werden.
Um in der anstehenden Flugsaison das gemeinsame und sichere Miteinander von gewerblichen IFR-Flügen und Luftsport zu gewährleisten, werden alle VFR-Piloten dringend darum gebeten, den Luftraum in diesem Bereich (insbesondere die in der Karte auf der Rückseite eingezeichneten IFR-Hauptanflugströme) intensiv zu beobachten und im Zweifel auf das Vorflugrecht zu verzichten und IFR-Flügen rechtzeitig auszuweichen.

Increasing flight safety in the Mannheim / Odenwald area

As a result of the increase in IFR approaches and departures at Mannheim Airport over the past few years, and the dense VFR traffic (especially glider traffic) in the Oldenwald area, an increase in air-safety relevant incidents have occurred in this area in recent times.

The IFR approaches to Mannheim are conducted from an eastern direction only, with their emphasis as depicted on the chart on the reverse page.
As regards traffic, IFR departures must be expected in the whole region.
In order to ensure safe cooperation between commercial IFR flights and aerial sports in the coming flight season, all VFR pilots are urgently requested to observe the airspace in this area intensively (especially the main IFR approach flows as depicted on the chart on the reverse page) and, if in doubt, to dispense with their right-of-way and to give way to IFR flights in good time.

Bild 3.9 Aeronautical Information Circular (AIC VFR) – **nur für Übungszwecke!**

3.4.4 Luftfahrtinformationsrundschreiben (Aeronautical Information Circular – AIC)

Als **AIC** (**A**eronautical **I**nformation **C**ircular) werden **Informationen für die Luftfahrt** bekanntgemacht, die gemäß ICAO Anhang 15 **weder im Luftfahrthandbuch noch als NOTAM** zu veröffentlichen sind, deren internationale Verbreitung jedoch aufgrund der internationalen Verflechtungen auf dem Gebiet der Luftfahrt im rechtlichen und technischen Bereich oder im Interesse der Flugsicherheit zweckdienlich erscheint.

AIC sind in **deutscher und/oder englischer Sprache** abgefasst, mit Laufnummern und Jahr versehen und auf farbigem, vorzugsweise grünem Papier gedruckt. Sie werden dem Luftfahrthandbuch in Form von zwei Serien zugeordnet: **AIC IFR** und **AIC VFR.** AIC, die sowohl den IFR-Flugbetrieb (AIC IFR), als auch für den VFR-Flugbetrieb (AIC VFR) von Bedeutung sind, erscheinen in beiden Serien.

VFReBulletin NOTAM-Briefing

Ihre Eingabe: r=10;EDKB-EDRT
Erkannte Route: EDKB Bonn/Hangelar > EDRT Trier-Föhren
Suchradius: 10.00 nm
Abfragedatum: 30.04.2008 07:24:42 UTC
NOTAM-Stand: 30.04.2008 06:35:10 UTC

Warnungen

M0268/08 EDWW Manöver findet statt
Bremen FIR
05.05.2008 06:00 bis 23.05.2008 22:00
Mo-Fr taeglich SR-22:00
EDWW: Intensiver Hubschrauberverkehr in folgendem Gebiet: 5400N 0630E - 5400N 0705E - 5346N 0705E - 5341N 0705E - 5340N 0650E - 5332N 0645E - entlang der hollaendischen Grenze - 5339N 0630E - 5400N 0630E, GND-1000ft AGL. 05.-23.05.

M0269/08 EDWW Manöver findet statt
Bremen FIR
09.06.2008 06:00 bis 27.06.2008 22:00
Mo-Fr taeglich SR-22:00
EDWW: Hohes Hubschrauberflugaufkommen in folgendem Gebiet: 5400N0630E - 5400N0705E - 5346N0705E - 5341N0705E - 5340N0650E - 5332N0645E entlang der niederlaendischen Grenze - 5339N0630E - 5400N0630E. Einflug in das Gebiet sollte vermieden werden. GND-1000ft AGL. 09.-27.06.

M0270/08 EDWW Manöver findet statt
Bremen FIR
01.09.2008 06:00 bis 26.09.2008 22:00
Mo-Fr taeglich SR-22:00
EDWW: Hohes Hubschrauberflugaufkommen in folgendem Gebiet: 5400N0630E - 5400N0705E - 5346N0705E - 5341N0705E - 5340N0650E - 5332N0645E entlang der iederlaendischen Grenze - 5339N0630E - 5400N0630E. Einflug in das Gebiet ist zu vermeiden. GND-1000ft AGL.

Enroute

A1277/07 EDGG VORTAC komplett zurückgezogen
Langen FIR
11.06.2007 00:00 bis PERM
EDGG: Kim VORTAC KIR zurueckgezogen.

A0113/08 EDMM EDWW Fluginformationsgebiet (FIR)
16.01.2008 14:39 bis PERM
Folgende Navigationsalagen von der VFR Karte entfernen:
Lokator SK 5126N 01207E, NDB SLN 5223N 01334E.

B0058/08 EDMM EDWW Fluginformationsgebiet (FIR)
16.01.2008 14:47 bis PERM
EDWW EDMM: Folgende Navigationsalagen aus der AIP VFR Seite ENR 2-1 und 2-3 entfernen: NDB SLN, Lokator MA und SK, DME-Sued LED.
Folgende Navigationsalagen sind einzufuegen:
DME LLD CH58Y 112.15 Betriebsueberdeckung 25NM bei 512454N 0121349E,
NDB SKZ 357 Betriebsueberdeckung 15NM bei 512454N 0121617E.

A1031/08 EDWW EDGG EDMM
Grenzübergangsregelungen geändert
14.04.2008 14:59 bis PERM

duerfen zu und von jedem genehmigten Flugplatz innerhalb der Bundesrepublik Deutschland ausgefuehrt werden. Fuer Fluege zu und von Staaten ausserhalb des Gebietes der 'Schengen-Staaten' besteht weiterhin die Pflicht einen Zollflugplatz zu nutzen.

Flugplätze/Enroute

A0470/08 EDDK Verschiedenes
Köln/Bonn
13.03.2008 00:00 bis PERM
EDGG: Luftraum C geaendert siehe ICAO Karte 2008, Bezug VFR Terminal Chart Koeln/Duesseldorf und Sichtanflugkarte Koeln/Bonn.

F5728/07 EDKB Fallschirmsprung findet statt
Bonn/Hangelar
17.12.2007 08:16 bis 30.06.2008 23:59
EDGG: PJE Bonn-Hangelar 2NM um 5046N 00709E (5,5NM S Koeln-Bonn VOR/DME KBO) aus FL100. Mo-Fr, bis 30.06.

F0859/08 EDRB Kunstflug findet statt
Bitburg
28.04.2008 07:00 bis 03.05.2008 19:00
Taeglich 07:00-19:00
EDGG: Segelkunstflug Bitburg 6NM um 4957N 00634E (4NM S Nattenheim VORTAC NTM), GND-FL055. Taeglich 07:00-19:00, 28.04.-03.05.

Flugplätze

A0403/08 EDDK Aerodrome Operating Minima
Köln/Bonn
13.02.2008 16:04 bis 30.04.2008 23:59
Kran 1: 560m vor THR 14R und 245m SW EXT RCL. ELEV 381ft/165ft GND.
Kran 2: 450m vor THR 14R AND 270m SW EXT RCL. ELEV 319ft/102ft GND.
Kran 3: 445m vor THR 14R AND 230m SW EXT RCL. ELEV 381ft/165ft GND. Tag-/Nachtmarkierung. Waehrend An/Abflug RWY 14R Kraene unter Hindernisfreiflaeche.

A0564/08 EDDK RWY geschlossen
Köln/Bonn
03.03.2008 09:59 bis 31.08.2008 23:59
RWY 14R/32L in voller Laenge geschlossen. Kreuzung mit RWY 06/24 ist ausgenommen. ICAO markiert.

A0939/08 EDDK Rollweg(e) geschlossen
Köln/Bonn
07.04.2008 10:56 bis 31.08.2008 23:59
TWY C geschlossen zwischen Zugang Vorfeld ZULU und TWY A. Tag- und Nachtmarkierung.

Bild 3.10 VFRe-Bulletin **(Auszug nur für Übungszwecke)**

3.4.5 VFRe-Bulletin

Das VFRe-Bulletin wird im Internet (www.dfs-ais.de) jedem Piloten kostenlos zur Flugvorbereitung zur Verfügung gestellt.

Mit dem elektronischen VFR-Bulletin (VFRe-Bulletin) ist es möglich, im Rahmen der Flugvorbereitung flugstgreckenbezogene NOTAM für VFR-Flüge in Deutschland, Österreich und der Schweiz graphisch oder in Textform anzeigen zu lassen. Diese NOTAM können analog der geplanten Flugstrecke gefiltert und/oder gespeichert und ausgedruckt werden.

Darüber hinaus können Nutzer Informationen zu einer bestimmten ICAO-Ortskennung, einem Fluginformationsgebiet, einem Land oder durch Eingabe des Radius suchen. Die Informationen im VFRe-Bulletin sind immer tagesaktuell und können für eine bestimmte Flugstrecke rund um die Uhr online abgefragt werden. Sogar komplexe Strecken lassen sich einfach eingeben und auf vier verschiedenen interaktiven Karten graphisch darstellen.

Alternativ besteht die Möglichkeit, aktuelle NOTAM-Informationen im AIS-Centre (AIS-C) telefonisch einzuholen.

3.5 Luftfahrtkarten (Aeronautical Charts)

Die Luftfahrtkarten für das Gebiet der Bundesrepublik Deutschland werden von der DFS Deutsche Flugsicherung GmbH herausgegeben. Die nachfolgend aufgeführten Luftfahrtkarten werden, soweit wie möglich, nach den **Richtlinien und Empfehlungen des ICAO-Anhang 4** (Aeronautical Charts/Luftfahrtkarten) hergestellt und erscheinen entweder als **Einzeldrucke** oder als **Bestandteil des Luftfahrthandbuches** (AIP/AIP VFR). Es gibt sie auch als digitale Version auf CD-ROM mit perspektivischer Kartenansicht und zusätzlichen Tools, die den Zugang zu weiteren Fluginformationen erleichtern.

3.5.1 Die Luftfahrtkarte ICAO 1:500 000 (Aeronautical Chart ICAO 1:500 000)

Die Luftfahrtkarte ICAO 1:500 000 für das Gebiet der Bundesrepublik Deutschland besteht aus **8 Blättern** und ist als **Navigationskarte für den Sichtflieger** (VFR-Flieger) unentbehrlich. Dieses Kartenwerk ist der Beitrag der Bundesrepublik Deutschland gemäß **ICAO-Anhang 4 Abs. 9.1.1.** Der Maßstab 1:500 000 wurde statt 1:1 000 000 gewählt, weil es mit einem kleineren Maßstab nicht möglich ist, den betrieblichen Erfordernissen zu genügen.

Das mehrfarbige Kartenwerk in **winkeltreuer Schnittkegelprojektion** (vgl. Band 4 A, Flugnavigation, Abschnitt 4.2 „Gebräuchliche Projektionsarten für Luftfahrtkarten") **nach Lambert** enthält in der **Grundkarte:** Siedlungsbild, Verkehrswege, Gewässernetz, Geländedarstellung (Höhenlinien, Schummerung und Höhenpunkte), Waldaufdruck sowie andere Geländemerkmale und Grenzen.

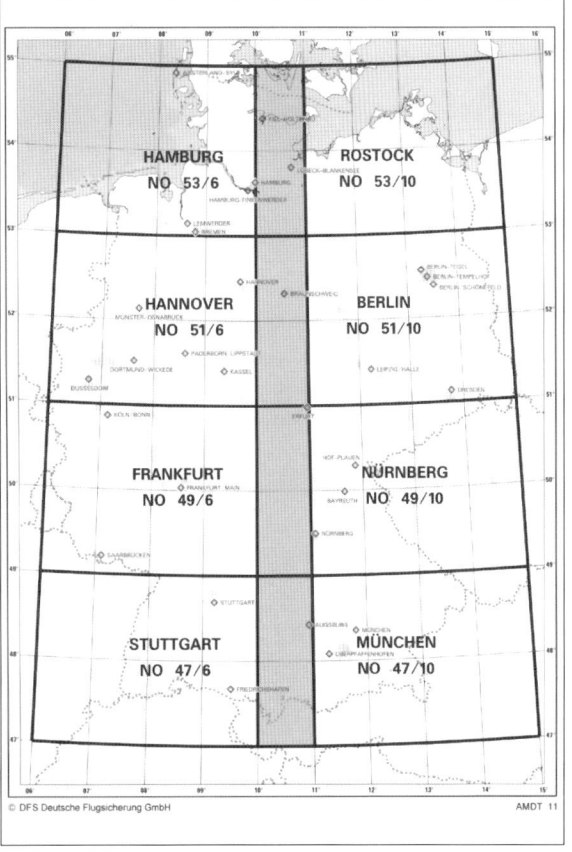

Bild 3.11 Schnittplan für das Luftfahrtkartenwerk ICAO 1:500 000

Der **mehrfarbige Flugsicherungsaufdruck** enthält: Luftraumstruktur (FIR, Lufträume D, E, F und Luftraum C in der Umgebung von Verkehrsflughäfen (mit den Frequenzen der zuständigen Flugverkehrskontrolle), Flugbeschränkungs- und Gefahrengebiete, Sprechfunkfrequenzen usw.), Flugplätze und Segelfluggelände, aber keine Modellflugplätze, Funknavigationsanlagen (mit Namen, Frequenz und Kennung), ausgewählte Luftfahrthindernisse, Luftfahrtfeuer, Isogonen, Tieffluggebiete usw. Außerdem ist die Luftfahrtkarte ICAO 1:500 000 als Segelflugkarte mit metrischen Angaben und speziellen Angaben für den Segelflug, wie Geländehöhe, Bahnlänge- und ausrichtung sowie Frequenzen der Segelfluggelände veröffentlicht.

Die **Vorder- und Rückseiten der Kartenblätter** enthalten eine Zeichenerklärung des Karteninhalts sowie **wichtige Informationen für den VFR-Flieger** (Sprechfunkfrequenzen der Fluginformationsdienste – FIS, ATIS-Frequenzen, VOLMET-Frequenzen, Luftraumklassifizierung, Bodensignale usw.). Die Luftfahrtkarte ICAO 1:500 000 erscheint nach Bedarf (normalerweise jährlich) mit **neuem Flugsicherungsaufdruck.**

Neuerscheinungen werden in den Nachrichten für Luftfahrer, Teil I (NfL I) und in den Aeronautical Information Circulars (AIC) bekanntgegeben.

Diese wichtige Luftfahrtkarte für den VFR-Flug muss laufend vom Luftfahrzeugführer berichtigt und aktualisiert werden. Er hat die „Berichtigungen zu der Luftfahrtkarte ICAO 1:500 000" im **AIP VFR** und die in den **NOTAMs** und dem **VFRe-Bulletin** veröffentlichten Änderungen zu berücksichtigen.

Zusätzlich wird die **Luftfahrtkarte ICAO 1:500 000 mit den militärischen Nachttiefflugstrecken** in einer Sonderausgabe herausgegeben und ist für den VFR-Nachtflug eine große Unterstützung.

3.5.2 Streckenkarte (Enroute Chart) – ICAO 1:1 000 000

Dieses **vierfarbige Kartenwerk** im **Maßstab 1:1 000 000** erscheint in zwei Ausgaben. Auf der **Vorderseite** ist der **Untere Luftraum,** auf der **Rückseite** ist der **Obere Luftraum** abgebildet. Es handelt sich um eine winkeltreue Schnittkegelprojektion.

Die Karte erfasst das Staatsgebiet der Bundesrepublik Deutschland und enthält Angaben über das Flugverkehrssystem, Flugplätze, Funkanlagen, Wegpunkte (waypoints), Dekodierungstabelle der ICAO-Ortskennungen der deutschen Flugplätze und andere für die Streckennavigation nach Instrumentenflugregeln wichtige Einzelheiten.

3.5.3 Streckenkarte mit Radarführungsmindesthöhenkarte (Minimum Radar Vectoring Altitude Chart)

Diese **vierfarbige Karte** stellt sowohl den Unteren Luftraum als auch die **IFR-Sicherheitsmindesthöhen** einschließlich eines Puffers von 500 ft zur Untergrenze des kontrollierten Luftraums dar. Als Grundlage dient die Streckenkarte im Maßstab 1:1 000 000. Diese MRVA-Karte ist auf der **Rückseite der Streckenkarte „Ausgabe mit FIS-Gebieten"** abgedruckt.

3.6 Luftfahrtkarten im Luftfahrthandbuch (AIP) Abschnitt AD

3.6.1 Flugplatzkarten-ICAO (Aerodrome Charts-ICAO)

Die **Flugplatzkarten-ICAO** für die Verkehrsflughäfen sind im **Luftfahrthandbuch (AIP), Abschnitt AD,** veröffentlicht. Diese mehrfarbigen Karten dienen der **Orientierung** von Luftfahrzeugbesatzungen beim **Rollen** auf Verkehrsflughäfen und enthalten Angaben über die vorhandenen Abfertigungseinrichtungen.

Die Flugplatzkarte-ICAO enthält Start- und Landebahnen, Stopp- und Freiflächen sowie Rollbahnen mit Abmessungen, Bezeichnungen und Befeuerung, Flughafenvorfeld, Gebäude und Hallen, Flugplatzbezugspunkt, Navigations- und Radaranlagen.

3.6.2 Flugplatzhinderniskarten-ICAO (Aerodrome Obstacle Charts-ICAO)

Die **Flugplatzhinderniskarten-ICAO** für die Verkehrsflughäfen sind ebenfalls im **Luftfahrthandbuch (AIP), Abschnitt AD,** veröffentlicht.

Diese Spezialkarte enthält alle **Hindernisse** in den **An- und Abflugbereichen** der Start- und Landebahnen für die deutschen Verkehrsflughäfen mit IFR-Flugbetrieb.

3.6.3 Bodenprofilkarten für Präzisionsanflug-ICAO (Precision Approach Terrain Charts-ICAO)

Diese im **Luftfahrthandbuch (AIP), Abschnitt AD,** veröffentlichten Spezialkarten für den IFR-Allwetterflugbetrieb stellen das **Bodenprofil** für alle Landebahnen der deutschen Verkehrsflughäfen dar, die für ILS-Anflüge nach Betriebsstufe II und III zugelassen sind.

3.7 Luftfahrtkarten im Luftfahrthandbuch (AIP 2. und 3. Band) Abschnitt AD

3.7.1 Instrumenten-Einflug- und Abflugkarten (STAR/SID Charts)

Für Verkehrsflughäfen mit IFR-Einflug- und Abflugverfahren werden im **2. und 3. Band/Abschnitt AD des Luftfahrthandbuches (AIP)** besondere **Streckenführungskarten** veröffentlicht (§ 27a LuftVO). Die in diesen Karten dargestellten **Standard-Instrumenten-Einflugstrecken** (**St**andard **I**nstrument **A**rrival **R**outes = **STAR**) und **Standard-Instrumenten-Abflugstrecken** (**St**andard **I**nstrument **D**eparture **R**outes = **SID**) können bei

VFR-Nachtflügen im kontrollierten Luftraum

von und zu Verkehrsflughäfen Bestandteil der **Flugverkehrskontrollfreigabe (ATC clearance)** sein.

3.7.2 Instrumentenanflugkarten-ICAO (Instrument Approach Charts-ICAO)

Die **Instrumentenanflugkarten-ICAO** (Instrument Approach Charts-ICAO) werden für alle Flughäfen, für die Instrumentenanflugverfahren festgelegt sind, im **Luftfahrthandbuch, 2. und 3. Band, Abschnitt AD,** veröffentlicht. Sie erscheinen einfarbig und enthalten alle Daten, die für einen Instrumentenanflug notwendig sind.

3 Veröffentlichungen der Luftfahrtbehörden

3.8 Luftfahrtkarten im Luftfahrthandbuch VFR (AIP VFR)

3.8.1 Sichtflugkarten-ICAO (Visual Operation Charts-ICAO)

Die **Sichtflugkarten-ICAO** für die Verkehrsflughäfen, kontrollierten Flugplätze und Landeplätze der Bundesrepublik Deutschland werden im **Luftfahrthandbuch VFR** (AIP VFR) veröffentlicht.

Sie enthalten die festgelegten **An- und Abflugverfahren** (bei Landeplätzen die zu fliegenden Platzrunden), die erforderlichen Sprechfunkfrequenzen (TWR/INFO, FIS) und Informationen über die Luftraumstruktur (Kontrollzonen-CTR, Lufträume E, F, D und C usw.).

Die in den Sichtflugkarten-ICAO **festgelegten Verfahren** (Flugwege, Platzrunden usw.) sind **Anordnungen der zuständigen Luftfahrtbehörden,** die unbedingt zu befolgen sind.

> **Verstöße gegen diese Verfahren werden von den Luftfahrtbehörden als Ordnungswidrigkeiten und unter Umständen auch als Straftaten geahndet!**

Eine Darstellung von Sichtflugkarten finden Sie unter Abschnitt 3.3.2 „Berichtigung des Luftfahrthandbuches (AIP)" (siehe Bilder 3.2 und 3.3).

3.8.2 Flugplatzkarten-ICAO (Aerodrome Charts-ICAO)

Für alle Flughäfen und Landeplätze sind **zusätzlich zur Sichtflugkarte** noch so genannte **Flugplatzkarten** (Aerodrome Charts) herausgegeben worden.

Sowohl die **Rückseite der Sichtflugkarte** als auch die **Flugplatzkarten-ICAO** des **AIP VFR** enthalten **Angaben für die Orientierung von Flugzeugbesatzungen in der Nähe des Flugplatzes** (Warteschleifen) und für das **Rollen auf dem Flugplatz.** Des Weiteren werden die Abfertigungsanlagen, Start- und Landebahnen, Rollbahnen, Stopp- und Freiflächen, Befeuerung, Gebäude und Hallen sowie am Flugplatz vorhandene Navigationsanlagen (UKW-Peiler usw.) dargestellt.

3.9 Sonderdrucke der DFS Deutsche Flugsicherung GmbH (Büro NfL)

Die DFS Deutsche Flugsicherung GmbH (Büro NfL) gibt neben den bisher erwähnten Veröffentlichungen auch eine Reihe von **Sonderdrucken** heraus.

Diese Art der Veröffentlichung wird gewählt, wenn eine rechtsverbindliche Vorschrift zur Bekanntmachung in den „NfL" oder „NOTAM" nicht besteht oder ein begrenzter Interessentenkreis angesprochen werden soll.

Die **wesentlichsten Sonderdrucke** der DFS sind:

- das **Luftverkehrsgesetz** (LuftVG);
- die **Luftverkehrs-Ordnung** (LuftVO);
- die **Luftverkehrs-Zulassungs-Ordnung** (LuftVZO);
- die **Betriebsordnung für Luftfahrtgerät** (LuftBO);
- die **Verordnung zur Prüfung von Luftfahrtgerät** (LuftGerPV);
- die **Verordnung über Luftfahrtpersonal** (LuftPersV);
- die **Verordnung zur Regelung des Verfahrens der Zuverlässigkeitsüberprüfung auf dem Gebiet des Luftverkehrs** (LuftVZÜV);
- die **Verordnung über die Flugsicherungsausrüstung der Luftfahrzeuge** (FSAV);
- die **Verordnung über Flugfunkzeugnisse** (FlugfunkV);
- das **Gesetz zum Schutz gegen Fluglärm**
  usw.

4 Flugplätze

4.1 Arten der Flugplätze und deren Genehmigung

Die **rechtlichen Grundlagen** für die **Flugplätze** sind im **Luftverkehrsgesetz** (LuftVG), in der **Luftverkehrs-Zulassungs-Ordnung** (LuftVZO) und – was Außenstarts und Außenlandungen betrifft – teilweise auch in der **Luftverkehrs-Ordnung** (LuftVO) enthalten.

In der deutschen Luftverkehrsgesetzgebung ist der Begriff „**Flugplätze**" (Aerodromes) der Oberbegriff für

- **Flughäfen** (airports), vgl. Abschnitt 4.1.1;
- **Landeplätze** (landing sites), vgl. Abschnitt 4.1.2, und
- **Segelfluggelände** (glider sites), vgl. Abschnitt 4.1.3.

Nach **§ 6 LuftVG** dürfen Flugplätze nur mit **Genehmigung** angelegt oder betrieben werden.

Die gesetzlichen Vorschriften für das Genehmigungsverfahren sind in den **§§ 6 bis 11 LuftVG** niedergelegt. Bei der **Anlegung** und bei **wesentlichen Änderungen** eines Flughafens oder eines Landeplatzes mit beschränktem Bauschutzbereich (siehe folgende Ausführungen) bedarf es eines so genannten „**Planfeststellungsverfahrens**". Diese Planfeststellung ersetzt alle nach anderen Rechtsvorschriften notwendigen öffentlich-rechtlichen Genehmigungen (§ 9 LuftVG).

In den **§§ 12 bis 19 a LuftVG** sind die Vorschriften über die „**Bauschutzbereiche**" zu finden. Bauschutzbereiche sind die Bereiche um einen **Flughafen,** in denen aus Gründen der Sicherheit des Flugbetriebs (Starts und Landungen von Luftfahrzeugen) bestimmte **Baubeschränkungen** gelten. Für **Landeplätze** und **Segelfluggelände** können die Luftfahrtbehörden **beschränkte Bauschutzbereiche** nach § 17 LuftVG festlegen, in denen im Umkreis von 1,5 Kilometer Halbmesser um den Flugplatzbezugspunkt die Errichtung von Bauwerken nur mit Zustimmung der zuständigen Luftfahrtbehörde erfolgen darf.

Die **Genehmigung** zur Anlage und zum Betrieb eines **Flugplatzes** wird nach den **§§ 39, 50 und 55 LuftVZO** von der **Luftfahrtbehörde des Landes** erteilt, in dem das Gelände liegt.

4.1.1 Flughäfen (Airports)

Flughäfen sind im deutschen Luftrecht Flugplätze, die nach Art und Umfang des vorgesehenen Flugbetriebs einer Sicherung durch einen **Bauschutzbereich nach § 12 LuftVG** bedürfen.

Sie werden gemäß **§ 38 LuftVZO** genehmigt als

- **Flughäfen des allgemeinen Verkehrs** (Verkehrsflughäfen)

    oder als

- **Flughäfen für besondere Zwecke** (Sonderflughäfen).

In der Bundesrepublik Deutschland gibt es zurzeit **36 Flugplätze**, die als **Verkehrsflughäfen** zugelassen sind. Als Beispiel für einen **Sonderflughafen** sei Oberpfaffenhofen genannt, der als Werksflughafen dient.

4.1.2 Landeplätze (Landing Sites)

Landeplätze sind Flugplätze, die nach Art und Umfang des vorgesehenen Flugbetriebs einer Sicherung durch einen **Bauschutzbereich** nach § 12 LuftVG **nicht** bedürfen und **nicht nur** als **Segelfluggelände** dienen.

Die Landeplätze werden gemäß **§ 49 LuftVZO** genehmigt als

- **Landeplätze des allgemeinen Verkehrs** (Verkehrslandeplätze)

    oder als

- **Landeplätze für besondere Zwecke** (Sonderlandeplätze).

Die Luftfahrtbehörden **können** für solche Flugplätze bestimmen, dass die **Errichtung von Bauwerken** im Umkreis von 1,5 Kilometern Radius um den Flugplatzbezugspunkt **nur mit Zustimmung der zuständigen Luftfahrtbehörde des Landes** erfolgen darf (**§ 17 LuftVG**, beschränkter Bauschutzbereich).

In der Bundesrepublik Deutschland gibt es zurzeit **mehr als 300 Flugplätze**, die als **Verkehrslandeplätze** oder als **Sonderlandeplätze** zugelassen sind.

4.1.3 Segelfluggelände (Glider Sites)

Segelfluggelände sind nach § 54 LuftVZO Flugplätze, die für die Benutzung durch **Segelflugzeuge** und **nicht-selbststartende Motorsegler** bestimmt sind.

Die **Genehmigung** zur Anlage und zum Betrieb eines Segelfluggeländes **kann** auf die Benutzung durch selbststartende Motorsegler, Freiballone, Luftsportgeräte und Luftfahrzeuge, soweit diese bestimmungsgemäß zum Schleppen von Segelflugzeugen oder Motorseglern oder Hängegleitern oder zum Absetzen von Fallschirmspringern Verwendung finden, **erstreckt werden**. Die Erstreckung erfolgt **auf Antrag des Antragstellers** der Genehmigung oder bei bereits erteilter Genehmigung **auf Antrag des Halters** des Segelfluggeländes (§ 54 Abs. 2 LuftVZO).

Segelfluggelände können von der zuständigen Luftfahrtbehörde des Landes – wie die Landeplätze – mit einem **beschränkten Bauschutzbereich nach § 17 LuftVG** genehmigt werden.

4.1.4 Betriebspflicht und Benutzungsordnung

Für die **Flughäfen und Landeplätze des allgemeinen Verkehrs** (Verkehrsflughäfen und Verkehrslandeplätze) besteht eine **Betriebspflicht nach § 45 Abs. 1 LuftVZO**, d. h. jeder hat gegen den Flughafenunternehmer/Landeplatzhalter einen Anspruch, den Flughafen/Landeplatz gemäß der „**Benutzungsordnung**" (siehe folgende Ausführungen) nutzen zu können. Nur die Genehmigungsbehörde (Luftfahrtbehörde des Landes) kann den Flugplatzunternehmer/Landeplatzhalter von der Betriebspflicht entbinden. **Sonderflughäfen** und **Sonderlandeplätze** hingegen dürfen nur mit **Zustimmung des Halters** genutzt werden (**PPR** = **P**rior **P**ermission **R**equired). Die Veröffentlichung O/R = On Request bedeutet, dass auf Anfrage Betriebspflicht besteht. Nach **§ 58 LuftVZO** besteht für die Halter von Segelfluggeländen **keine** Betriebspflicht.

Der **Verkehr** auf den Flughäfen und Landeplätzen wird durch eine von der Luftfahrtbehörde des Landes (Genehmigungsbehörde) genehmigten „**Benutzungsordnung**" des Flughafenunternehmers/Landeplatzhalters **geregelt**, z. B. wird festgelegt, dass ein Luftfahrzeug unter bestimmten Bedingungen auch von der Rollbahn eines Flugplatzes starten darf. In der Benutzungsordnung für die **Flughäfen und Landeplätze des allgemeinen Verkehrs** (Verkehrsflughäfen und Verkehrslandeplätze) muss außerdem eine **Regelung der Entgelte** für das Starten, Landen und Abstellen von Luftfahrzeugen sowie für die Benutzung von Fluggasteinrichtungen enthalten sein (§ 43 Abs. 1 LuftVZO).

Für **Segelfluggelände** ist **keine** Benutzungsordnung vorgeschrieben.

4.1.5 Sicherung von Flugplätzen

Die Flughafenunternehmer, Landeplatzhalter und Halter von Segelfluggeländen sind verpflichtet, das **Flugplatzgelände** so **einzufrieden** oder **Verbotsschilder** so aufzustellen, dass das **Betreten durch Unbefugte** verhindert wird („**Verkehrssicherungspflicht**" nach den §§ 46, 53 und 59 LuftVZO).

Das **Betreten** der eingefriedeten oder durch Verbotsschilder gekennzeichneten Teile eines Flugplatzes ist **Unbefugten verboten!**

4.2 Flugplatzzwang, Außenstarts und Außenlandungen, Notlandungen

4.2.1 Flugplatzzwang

Luftfahrzeuge dürfen grundsätzlich nur auf den für sie **genehmigten Flugplätzen** und den dafür **festgelegten Start- und Landebahnen** starten und landen, Ausnahme: Starts von Luftfahrzeugen auf der Rollbahn eines Flugplatzes sind möglich, wenn der Flugplatzhalter zustimmt und die Landesluftfahrtbehörde eine Erlaubnis erteilt hat. Dieser Grundsatz wird im deutschen Luftrecht als

> „Flugplatzzwang"

bezeichnet und ergibt sich aus den gesetzlichen Vorschriften des **§ 25 LuftVG**.

Des Weiteren ist darin geregelt, dass Starts und Landungen von Luftfahrzeugen grundsätzlich **nur innerhalb der Betriebsstunden und außerhalb der Betriebsbeschränkungen** des Flugplatzes durchgeführt werden dürfen.

Die Ausnahmen von dieser gesetzlichen Regelung werden unter Abschnitt 4.2.2 („Außenstarts und Außenlandungen") und Abschnitt 4.2.3 („Notlandungen") behandelt.

4 Flugplätze

4.2.2 Außenstarts und Außenlandungen

Starts und Landungen von Luftfahrzeugen

- **außerhalb** der für sie **genehmigten Flugplätze,**
- **außerhalb** der in der Flugplatzgenehmigung **festgelegten Start- und Landebahnen**
  und
- **außerhalb** der **Betriebsstunden** oder **innerhalb** von **Betriebseinschränkungszeiten** eines Flugplatzes

bedürfen nach **§ 25 Abs. 1 LuftVG** und **§ 15 LuftVO** einer

Außenstart- und/oder Außenlandeerlaubnis der örtlich zuständigen Luftfahrtbehörde des Landes.

Für Starts und Landungen von nicht motorgetriebenen Luftsportgeräten tritt an die Stelle der Erlaubnis der Luftfahrtbehörde die Erlaubnis des Beauftragten nach § 31 c LuftVG. Der Beauftragte hat die Zustimmung der Luftfahrtbehörde einzuholen, wenn das Außenlandegelände weniger als 5 km von einem Flugplatz entfernt ist.

Neben dieser luftfahrtbehördlichen Erlaubnis muss für solche **Außenstarts** oder **Außenlandungen** außerhalb von genehmigten Flugplätzen

die Zustimmung des Grundstückseigentümers oder sonstigen Berechtigten

und auf Flugplätzen

die Zustimmung des Flugplatzunternehmers

eingeholt werden.

Eine Erlaubnis für Außenstarts oder Außenlandungen **kann** von den zuständigen Stellen allgemein oder im Einzelfall erteilt, mit Auflagen verbunden und befristet werden.

Die Erteilung einer Außenstart- oder Außenlandeerlaubnis liegt im **Ermessen der Luftfahrtbehörde**. Es besteht grundsätzlich **kein** Rechtsanspruch auf die Erteilung solcher Erlaubnisse.

Nach **§ 25 Abs. 2 LuftVG** ist eine Außenlandeerlaubnis nicht erforderlich, wenn der **Ort der Landung** infolge der Eigenschaften des Luftfahrzeugs nicht vorausbestimmbar ist (z. B. Freiballone) oder die Landung aus **Gründen der Sicherheit** oder zur **Hilfeleistung** bei einer Gefahr für Leib oder Leben einer Person erforderlich ist (vgl. Abschnitt 4.2.3 „Notlandungen, Landungen zur Nothilfe").

Für **Segelflugzeuge** mit und ohne Hilfsantrieb, Hängegleiter und Gleitsegel die sich auf einem Überlandflug befinden, sowie für bemannte Freiballone gilt die Erlaubnis für Außenlandungen nach **§ 15 Abs. 1 LuftVO** als erteilt.

4.2.3 Notlandungen, Landungen zur Nothilfe

Unter Landungen zur Nothilfe versteht man Landungen, die zur **Abwehr von Gefahr für Leib oder Leben von Personen** notwendig sind. Für solche Landungen aus **Gründen der Sicherheit** oder zur **Hilfeleistung** bei einer Gefahr für Leib und Leben einer Person gilt die **Außenlandeerlaubnis** selbstverständlich **immer** als **erteilt**.

In Fällen der **Nothilfe** – hierunter sind **Rettungsflüge** zur Abwehr einer Gefahr für Leib und Leben einer Person zu verstehen – bedarf auch der **Wiederstart keiner Erlaubnis** oder Zustimmung, während der **Wiederstart** nach einer **Notlandung** immer **erlaubnispflichtig** ist (§ 25 Abs. 2 LuftVG).

Sind bei einer Außenlandung oder bei einem Außenstart **Schäden** entstanden (z. B. Flurschäden), so kann der **Grundstückseigentümer** oder der Berechtigte gemäß § 25 Abs. 3 LuftVG **Schadenersatz** nach den Haftpflichtbestimmungen der §§ 33 bis 43 LuftVG beanspruchen (vgl. hierzu auch Kapitel 8 „Haftung im Luftverkehr und Versicherungspflicht des Luftfahrzeughalters").

Aus diesem Grunde ist die **Besatzung des Luftfahrzeugs verpflichtet,** dem Berechtigten **Auskunft** über Namen und Wohnsitz des Luftfahrzeughalters, des Luftfahrzeugführers sowie des Versicherers zu geben, bei einem unbemannten Luftfahrzeug ist sein Halter zu entsprechender Auskunft verpflichtet.

Nach Erteilung der Auskunft darf der Berechtigte den Abflug oder die Abbeförderung des Luftfahrzeugs **nicht** verhindern (§ 25 Abs. 2 LuftVG).

5 Luftfahrzeuge und zulassungspflichtige Ausrüstung

5.1 Arten und Zulassung der Luftfahrzeuge

Die **rechtlichen Grundlagen** für das **Luftfahrtgerät** sind in den **EG-Verordnungen Nr. 216/2008, Nr. 2042/2003, Nr. 1702/2003**, im **Luftverkehrsgesetz** (LuftVG), in der **Luftverkehrs-Zulassungs-Ordnung** (LuftVZO), in der **Verordnung zur Prüfung von Luftfahrtgerät** (LuftGerPV) und in der **Betriebsordnung für Luftfahrtgerät** (LuftBO) enthalten.

Im Luftrecht ist der Begriff **Luftfahrtgerät** der **Oberbegriff** für die **Luftfahrzeuge** und die **dazugehörigen Ausrüstungs- und Zubehörteile**, soweit dies nach der **Verordnung (EG) Nr. 2042/2003** und **Verordnung zur Prüfung von Luftfahrtgerät** (LuftGerPV) prüfpflichtig ist.

5.1.1 Arten der Luftfahrzeuge

Der Begriff **Luftfahrzeuge** ist nach **§ 1 Abs. 2 LuftVG** der Oberbegriff für

- Flugzeuge,
- Drehflügler,
- Luftschiffe,
- Segelflugzeuge,
- Motorsegler,
- Frei- und Fesselballone,
- Drachen,
- Rettungsfallschirme,
- Flugmodelle,
- Luftsportgeräte (Ultraleichtflugzeuge, Hängegleiter, Gleitsegel und Sprungfallschirme)

und **sonstige für die Benutzung des Luftraums bestimmte Geräte,** sofern sie in Höhen von mehr als 30 m über Grund bzw. Wasser betrieben werden können. Raumfahrzeuge, Raketen und ähnliche Flugkörper gelten als Luftfahrzeuge, solange sie sich im Luftraum befinden.

Bei dieser Auflistung von Luftfahrzeugen wurde bewusst auf eine Begriffsbestimmung im eigentlichen Sinne verzichtet. Es handelt sich hier um eine so genannte „Legaldefinition" mit der Formulierung „... und sonstige für die Benutzung des Luftraums bestimmte Geräte". Mit dieser sehr weitgehenden Fassung kann allen möglichen zukünftigen technischen Entwicklungen in der Luftfahrt Rechnung getragen werden.

Um einen besseren Überblick über die **wichtigsten Arten** der Luftfahrzeuge zu erhalten, wollen wir uns jetzt kurz mit den **ICAO-Definitionen** für diese Luftfahrzeuge befassen.

Flugzeug (aeroplane):
Ein mit eigener Kraft angetriebenes Luftfahrzeug, schwerer als Luft, das seinen Auftrieb im Fluge hauptsächlich aus aerodynamischen Reaktionen auf Flächen erhält, die unter gegebenen Flugbedingungen fest bleiben.

Drehflügler (rotorcraft):
Ein mit eigener Kraft angetriebenes Luftfahrzeug, schwerer als Luft, das seine tragende Kraft im Fluge durch Luftkräfte auf einen oder mehrere Drehflügel erhält.

Luftschiff (airship):
Ein Luftfahrzeug, leichter als Luft, mit eigenem Kraftantrieb.

Segelflugzeug (glider):
Ein Luftfahrzeug, schwerer als Luft, das durch die dynamische Reaktion der Luft auf seine festen Flügel getragen wird, und dessen Flugvermögen im freien Flug nicht vom Antrieb eines Motors abhängt.

Motorsegler (powered glider):
Ein Luftfahrzeug, das mit einem Motor ausgerüstet ist, und bei nicht im Betrieb befindlichen Motor, die Eigenschaften eines Segelflugzeugs aufweist.

Reisemotorsegler (TMG – Touring Motor Glider)
Ein Reisemotorsegler im Sinne der LuftPersV ist ein gemäß JAR 22 zugelassenes Luftfahrzeug, das über ein fest eingebautes Triebwerk und einem nicht einklappbaren Propeller verfügt. Ein Reisemotorsegler muss eigenstartfähig sein und mit eigener Leistung steigen können!
Anmerkung: Nach **§ 13 Abs. 2 LuftVO** (Ausweichregeln) gelten Motorsegler, deren Motor nicht in Betrieb ist, als Segelflugzeuge.

Frei- und Fesselballone (free balloons and captive balloons):
Luftfahrzeuge, leichter als Luft, ohne eigenen Kraftantrieb.

5.1.2 Zulassung der Luftfahrzeuge und des Luftfahrtgeräts

Deutsche Luftfahrzeuge dürfen nach **§ 2 Abs. 1 LuftVG** nur dann am Luftverkehr teilnehmen (verkehren), wenn sie

- **zum Luftverkehr zugelassen** (vgl. Abschnitt 5.1.2.2, „Die Verkehrszulassung")
  und – soweit es durch Rechtsverordnung vorgeschrieben ist –
- **in das Verzeichnis der deutschen Luftfahrzeuge** (Luftfahrzeugrolle, vgl. Abschnitt 5.1.2.3)

eingetragen sind.

Eine Verkehrszulassung wird nur erteilt, wenn

- **das Muster des Luftfahrzeugs zugelassen ist** (Musterzulassung vgl. Verordnung (EG) Nr. 216/2008, Verordnung (EG) Nr. 1702/2003 und Abschnitt 5.1.2.1),
- **der Nachweis der Verkehrssicherheit** (Lufttüchtigkeit) nach der **Verordnung zur Prüfung von Luftfahrtgerät (LuftGerPV)** geführt ist (vgl. Abschnitt 5.2 und Verordnung (EG) 2042/2003),
- **der Halter des Luftfahrzeugs nach den Vorschriften des LuftVG (Abschnitt Haftpflicht)** und den Verordnungen der Europäischen Gemeinschaft **versichert ist** (vgl. Kapitel 8 „Haftung im Luftverkehr") und
- **die technische Ausrüstung des Luftfahrzeugs so gestaltet ist, dass das durch seinen Betrieb entstehende Geräusch** das nach dem jeweiligen Stand der Technik **unvermeidbare Maß nicht übersteigt.**

Definitionen für Begriffe aus der Zulassung

Musterzulassung: Zulassung eines Produkts (Luftfahrzeug, Motor, Propeller), mit der die Übereinstimmung mit den anwendbaren Lufttüchtigkeitsforderungen dokumentiert wird. Bestandteile der Musterzulassung sind unter anderem die Musterzulassungsurkunde, das Gerätekennblatt, die Musterunterlagen sowie die Betriebsgrenzen.

Sonstiges Luftfahrtgerät: Bau- oder Ausrüstungsteil bzw. Ausrüstungs- oder Zubehörteil eines Luftfahrzeugs, das den technischen Mindestforderungen gemäß ETSO unterliegt. Hierzu gehören neben Avionikgeräten unter anderem Rettungs- und Sicherungsgeräte, Sitze, Frachttransportgeräte und Sauerstoffgeräte.

Avionikgerät: Zu den Avionikgeräten gehören hier insbesondere Funkgeräte (Sprechfunk, Navigationsfunk, Datenfunk, Rettungsfunk [ELT], Transponder) einschließlich Zubehör (Headsets, Mikrofone, Lautsprecher und Eigenverständigungs- und andere Sprechanlagen), Navigationssysteme (FMS, INS, GPS, Loran C, Radar, Moving Map) einschließlich zugehöriger Bediengeräte und Anzeigen (Displays), Warnsysteme (TCAS, TAWS, GPWS) und Batterien.

European Technical Standard Order (ETSO): Von der EASA herausgegebene technische Mindestforderungen (Lufttüchtigkeitsforderungen) für Bau- und Ausrüstungsteile eines Luftfahrzeugs.

ETSO-Berechtigung: Eigenständige Zulassung für Bau- und Ausrüstungsteile eines Luftfahrzeugs. Sie beinhaltet die Genehmigung zur Herstellung und berechtigt den anerkannten Herstellungsbetrieb seine Bau- und Ausrüstungsteile mit der entsprechenden ETSO-Kennzeichnung zu versehen. Im Rahmen einer ETSO-Berechtigung dürfen kleine Änderungen entwickelt werden. Große Änderungen führen zu einer neuen ETSO-Berechtigung *(Quelle LBA)*.

Technical Standard Order (TSO): Von der US-amerikanischen Zulassungsbehörde (FAA) herausgegebene technische Mindestforderungen (Lufttüchtigkeitsforderungen) für Bau- und Ausrüstungsteile eines Luftfahrzeugs. Siehe FAA-Veröffentlichung der aktuellen TSO-Dokumente.

5.1.2.1 Die Musterzulassung

Die Musterzulassung des Luftfahrtgeräts ist in den **§§ 1 bis 5 LuftVZO** geregelt. Danach bedürfen die folgenden Luftfahrzeuge und Luftfahrtgeräte der Musterzulassung:

1. **Flugzeuge,**
2. **Drehflügler,**
3. **Motorsegler,**
4. **Segelflugzeuge,**
5. **Luftschiffe,**
6. **bemannte Ballone,**
7. **Luftsportgeräte einschließlich Rettungs- und Schleppgeräte,**

8. **Flugmodelle mit einer höchstzulässigen Startmasse über 25 kg** (unbemannte Luftfahrzeuge, die in Sichtweite des Steuerers ausschließlich zum Zweck des Sports oder der Freizeitgestaltung betrieben werden),
9. **Flugmotoren,**
10. **Propeller,**
11. **sonstiges Luftfahrtgerät,** das als Ausrüstungs- oder Zubehörteil eines Luftfahrzeugs den vom Bundesministerium für Verkehr, Bau und Stadtentwicklung in der jeweils jüngsten im Bundesanzeiger bekanntgemachten Fassung der deutschen Übersetzung der Bestimmungen der Joint Aviation Authorities über technische Beschreibungen und Festlegungen der Luftfahrzeugausrüstung (JAR-TSO deutsch) (BAnz. Nr. 137a vom 28. Juli 1998) oder besonderen Anforderungen nach den Bau- oder Betriebsvorschriften für Luftfahrzeuge unterliegt.

In die Musterzulassung eines Luftfahrtgeräts nach § 1 Absatz 1 Nr. 1 bis 7 LuftVZO kann die Musterzulassung eines Luftfahrtgeräts nach § 1 Absatz 1 Nr. 9 bis 11 LuftVZO einbezogen werden; diese gilt dann nur für die Verwendung des Geräts in den Luftfahrtgeräten, in deren Musterzulassung sie einbezogen war.

Ein Luftfahrtgerät, dessen Nachbau nicht vorgesehen ist, wird als Einzelstück zugelassen. Einzelstücke sind von der Musterzulassung befreit (§ 1 Abs. 3 LuftVZO). Dies gilt auch sinngemäß für die Änderung von Einzelstücken.

Die **zuständige Stelle** für die Erteilung der **Musterzulassung** für die so genannten **Anhang II – Luftfahrzeuge –** ist das

Luftfahrt-Bundesamt (LBA).

Die EASA ist zuständig für die Musterzulassung von Flugzeugen, Hubschraubern, Luftschiffen, Segelflugzeugen inkl. Reisemotorsegler und Ballone. Mit dem **LBA,** der nationalen Luftfahrtbehörde der Bundesrepublik Deutschland hat **die EASA Verträge abgeschlossen,** um es mit der **Musterprüfung beauftragen** zu können, vor allem um z. B: „**Ergänzende Musterzulassungen" (EMZ)** vom LBA erarbeiten zu lassen. **Die endgültigen Musterzulassungen oder Änderungen werden jedoch von der EASA ausgesprochen. Sie sind dann sofort in allen teilnehmenden EU-Staaten gültig.**

Vor der Zulassung des Musters (Musterzulassung) führt das Luftfahrt-Bundesamt (LBA) in eigener Verantwortung oder im Auftrag der Europäischen Agentur für Flugsicherheit (EASA) eine so genannte **Musterprüfung** durch, in der die Lufttüchtigkeit des entsprechenden Luftfahrtgeräts festgestellt wird (vgl. Abschnitt 5.2 „Prüfungen des Luftfahrtgeräts" und Abschnitt 1.1.4.2 „Verordnung (EG) 1702/2003").

Die **Musterzulassung für Luftsportgeräte,** einschließlich Rettungs- und Schleppgeräte und für Luftfahrtgeräte, wie oben unter Ziffer 8 aufgeführt, bis zu einer höchstzulässigen Startmasse von 150 kg, wird von dem vom Bundesministerium für Verkehr, Bau und Stadtentwicklung **Beauftragten** (Luftsportverbände wie DAeC, DULV, DHV usw.) erteilt (§ 2 LuftVZO). Einzelheiten sind der **Verordnung zur Beauftragung** von **Luftsportverbänden** (BeauftrV) zu entnehmen.

5.1.2.2 Die Verkehrszulassung

Die Verkehrszulassung des Luftfahrtgeräts ist in den **§§ 6 bis 13 LuftVZO** geregelt. Nach diesen Vorschriften sind folgende Luftfahrzeuge und Luftfahrtgeräte **verkehrszulassungspflichtig:**

1. **Flugzeuge,**
2. **Drehflügler,**
3. **Luftschiffe,**
4. **Motorsegler,**
5. **Segelflugzeuge,**
6. **bemannte Ballone,**
7. **Luftsportgeräte,**
8. **Flugmodelle** mit einer höchstzulässigen Startmasse über 150 kg,
9. **sonstiges Luftfahrtgerät,** soweit es für die **Benutzung des Luftraums** bestimmt und nach der LuftGerPV (Verordnung zur Prüfung von Luftfahrtgerät) prüfpflichtig ist.

Ein- oder zweisitzige Luftsportgeräte ohne Motor oder mit einem nicht fest mit dem Luftfahrzeug verbundenen Motor und mit einer höchstzulässigen Leermasse von 120 kg einschließlich Gurtzeug und Rettungsgerät sind von der Muster- und der Verkehrszulassung befreit. Flugmodelle mit einer höchstzulässigen Startmasse über 25 kg und bis zu 150 kg bedürfen keiner Verkehrszulassung, wenn deren Verkehrssicherheit nach LuftGerPV bestätigt ist.

Mit der **Verkehrszulassung** wird das Luftfahrzeug (Luftfahrtgerät) von der Zulassungsbehörde zur Teilnahme am Luftverkehr freigegeben. Die **Basis** für die Erteilung der Verkehrszulassung ist die unter Abschnitt 5.1.2.1 behandelte **Muster-**

zulassung des Luftfahrzeugs und die Feststellung in einer **Stückprüfung** (vgl. Abschnitt 5.2.2), dass das betreffende Luftfahrzeug in allen Teilen und Eigenschaften dem zugelassenen Muster entspricht.

Wie bei der Verkehrszulassung für Kraftfahrzeuge müssen der Zulassungsbehörde im **Antrag auf Verkehrszulassung** (§ 8 LuftVZO) Angaben gemacht werden über

- die Eigentumsverhältnisse;
- die Staatsangehörigkeit des Eigentümers;
- die Erklärung, dass das Luftfahrzeug außerhalb des Geltungsbereichs der LuftVZO nicht in einem öffentlichen Register einzutragen ist;
- den Verwendungszweck;
- den Namen und die Anschrift des Halters, wenn der Eigentümer nicht zugleich Halter ist;
- den regelmäßigen Standort des Luftfahrzeugs usw.

Dem **Antrag auf Verkehrszulassung** sind des Weiteren beizufügen:

- der Nachweis des Eigentumserwerbs an dem Luftfahrzeug;
- der Nachweis der Lufttüchtigkeit nach der VO (EG) 2042/2003 und der LuftGerPV (Verordnung zur Prüfung von Luftfahrtgerät) in Form eines Prüfscheins/Nachprüfscheins;
- den Nachweis der Löschung, wenn das Luftfahrzeug zuletzt außerhalb des Geltungsbereichs der LuftVZO in einem öffentlichen Register eingetragen war;
- Versicherungsbestätigung, die das Bestehen eines Haftpflichtversicherungsvertrages und die Einhaltung der jeweils maßgeblichen Mindestdeckung bestätigt;
- der Nachweis der Frequenzzuteilung gemäß § 47 des Telekommunikationsgesetzes; für Ultraleichtflugzeuge zusätzlich der Nachweis der Zulassung der Bordfunkanlage durch das LBA oder das Flugsicherungsunternehmen.
- eine Bescheinigung (auf Verlangen) über das Ausmaß des durch den Betrieb des Luftfahrzeugs entstehenden Geräuschs.

Bei Luftfahrzeugen aus dem **Ausland** ist für den Nachweis des Eigentumserwerbs eine Erklärung des Herstellerwerks erforderlich, dass das Luftfahrzeug vom Hersteller uneingeschränkt in das Eigentum des Erwerbers übergegangen ist (z. B. „Bill of Sale" bei USA-Importen).

Für gebrauchte ausländische Luftfahrzeuge gilt die gleiche Regelung, wobei jedoch die Erklärung vom ausländischen Verkäufer erstellt werden muss (z. B. reicht eine quittierte Rechnung in solchen Fällen). Darüber hinaus ist eine Zollbescheinigung beizufügen und der Nachweis zu erbringen, dass das Luftfahrzeug im Ausland nicht bereits in das öffentliche Register eingetragen ist bzw. dass eine solche Eintragung dort gelöscht worden ist.

Die **zuständige Stelle** für die **Verkehrszulassung** ist das

Luftfahrt-Bundesamt (LBA).

Das LBA erteilt die **Verkehrszulassung** durch Ausstellen eines **Lufttüchtigkeitszeugnisses**.

Die **Verkehrszulassung für Luftsportgeräte** wird von dem vom **Bundesministerium für Verkehr, Bau und Stadtentwicklung Beauftragten** (Luftsportverbände wie DAeC, DULV, DHV usw.) erteilt (§ 7 LuftVZO). Einzelheiten sind der **Verordnung zur Beauftragung von Luftsportverbänden** (BeauftrV) zu entnehmen.

5 Luftfahrzeuge und zulassungspflichtige Ausrüstung

Bild 5.1 Lufttüchtigkeitszeugnis, EASA FORM 24 und 25 (Muster)

Wichtig: Das **Lufttüchtigkeitszeugnis** ist beim Betrieb des Luftfahrtgeräts mitzuführen (§ 9 Abs. 1 LuftVZO)!

Im **Lufttüchtigkeitszeugnis (Certificate of Airworthiness)** bzw. im „**Eingeschränktem Lufttüchtigkeitszeugnis**" **(Restricted Certificate of Airworthiness)** wird auch die Kategorie des Luftfahrzeugs durch die zuständige Stelle eingetragen, die sich aus den erfüllten Bauvorschriften ergibt.

Eine oder mehrere der nachstehenden Kategorien können eingetragen werden:

- **sehr leichtes Flugzeug** – very light aeroplane;
- **Flugzeug der Normal-, Nutz- und Kunstflug- oder** Zubringerkategorie – normal, utility, aerobatic or commuter category aeroplane;
- **großes Flugzeug** – large aeroplane;
- **sehr leichter Drehflügler** – very light rotorcraft,
- **kleiner Drehflügler** – small rotorcraft,
- **großer Drehflügler** – large rotorcraft,

- **Segelflugzeug oder Motorsegler** – Nutz- und/oder Kunstflug Kategorie – sailplane or powered sailplane – utility and/or aerobatic category;
- **Luftschiff der Normal- und/oder Zubringerkategorie** – normal and/or commuter category airship;
- **Beförderungsluftschiff** – transport airship;
- **Heissluftluftschiff** – hot air airship;
- **Heissluftballon** – hot air balloon;
- **Gas Freiballon** – free gas balloon;
- **Fesselballon** – tethered gas balloon.

Verwendung:
Die **zulässige Verwendung** der Luftfahrzeuge ergibt sich aus dem geltenden Kennblatt. Die **tatsächlich mögliche Verwendung** der Luftfahrzeuge ergibt sich aus dem Ausrüstungszustand.

Bei der Verkehrszulassung wird neben dem Lufttüchtigkeitszeugnis auch ein **Lärmzeugnis** für das Luftfahrzeug ausgestellt, wenn die Einhaltung der in den Nachrichten für Luftfahrer, Teil II (NfL II), veröffentlichten **Lärmgrenzwerte** nachgewiesen ist (§ 9 Abs. 4 LuftVZO).

Bild 5.2 Lärmzeugnis für Propellerflugzeuge bis 9000 kg Starthöchstmasse und Motorsegler

5 Luftfahrzeuge und zulassungspflichtige Ausrüstung

Der **Halter** eines für den Verkehr zugelassenen Luftfahrzeugs hat der zuständigen Stelle Folgendes unverzüglich anzuzeigen (Anzeigepflichten nach § 11 LuftVZO):

1. **technische Mängel,** welche die **Lufttüchtigkeit beeinträchtigen** oder beeinträchtigen können, soweit sie nicht durch die vorgeschriebene Instandhaltung zu beheben sind;
2. **jede Änderung des regelmäßigen Standorts** der Luftfahrzeuge und der Segelflugzeuge.

Ferner muss der **Eigentümer** des Luftfahrtgeräts der zuständigen Stelle **unverzüglich** anzeigen, wenn der **Halter des Geräts wechselt** und mit dem neuen Halter vereinbart wird, dass er das Gerät für mindestens 6 Monate in Gebrauch nimmt.

Einzelheiten über die Verkehrszulassung auf einen Blick

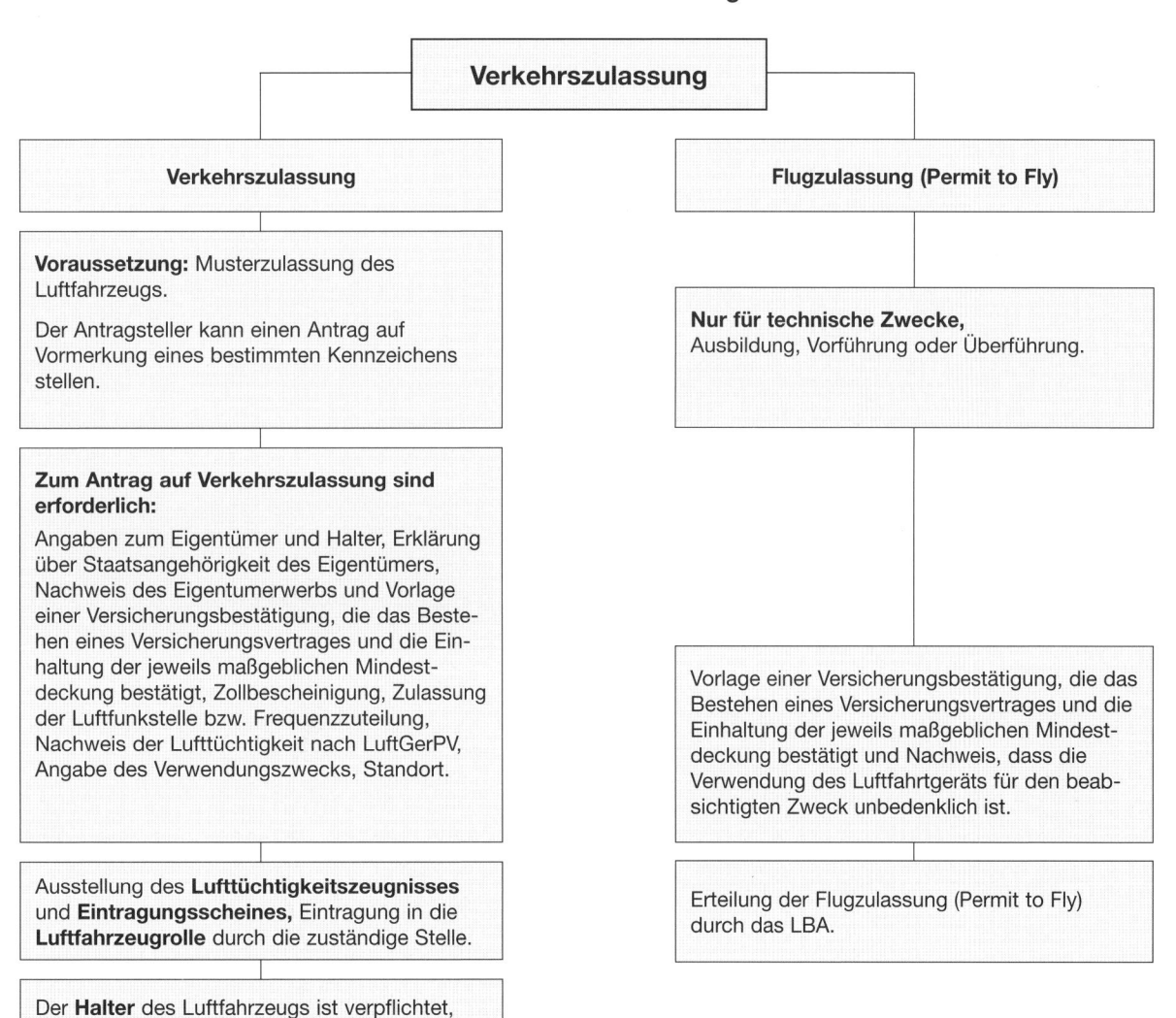

Verkehrszulassung

Verkehrszulassung

Voraussetzung: Musterzulassung des Luftfahrzeugs.

Der Antragsteller kann einen Antrag auf Vormerkung eines bestimmten Kennzeichens stellen.

Zum Antrag auf Verkehrszulassung sind erforderlich:

Angaben zum Eigentümer und Halter, Erklärung über Staatsangehörigkeit des Eigentümers, Nachweis des Eigentumerwerbs und Vorlage einer Versicherungsbestätigung, die das Bestehen eines Versicherungsvertrages und die Einhaltung der jeweils maßgeblichen Mindestdeckung bestätigt, Zollbescheinigung, Zulassung der Luftfunkstelle bzw. Frequenzzuteilung, Nachweis der Lufttüchtigkeit nach LuftGerPV, Angabe des Verwendungszwecks, Standort.

Ausstellung des **Lufttüchtigkeitszeugnisses** und **Eintragungsscheines,** Eintragung in die **Luftfahrzeugrolle** durch die zuständige Stelle.

Der **Halter** des Luftfahrzeugs ist verpflichtet, **technische Mängel,** z. B. Bruch oder Verrottung, soweit sie nicht durch Instandhaltung zu beheben sind, und Standortwechsel der zuständigen Stelle anzuzeigen.

Der **Eigentümer** hat dem LBA **jede Änderung** der in die Luftfahrzeugrolle eingetragenen Daten zu melden und dabei den Eintragungsschein vorzulegen.

Flugzulassung (Permit to Fly)

Nur für technische Zwecke, Ausbildung, Vorführung oder Überführung.

Vorlage einer Versicherungsbestätigung, die das Bestehen eines Versicherungsvertrages und die Einhaltung der jeweils maßgeblichen Mindestdeckung bestätigt und Nachweis, dass die Verwendung des Luftfahrtgeräts für den beabsichtigten Zweck unbedenklich ist.

Erteilung der Flugzulassung (Permit to Fly) durch das LBA.

5.1.2.3 Eintragung in das Verzeichnis der Luftfahrzeuge und Erteilung eines Kennzeichens

Im Rahmen der Verkehrszulassung werden Flugzeuge, Drehflügler, Luftschiffe, Motorsegler, Segelflugzeuge und bemannte Ballone vom **Luftfahrt-Bundesamt (LBA)** in die

Luftfahrzeugrolle (Verzeichnis der deutschen Luftfahrzeuge)

eingetragen (§ 14 LuftVZO).

Dem **Eigentümer** des Luftfahrzeugs oder seinem Bevollmächtigten wird nach der Eintragung ein **Eintragungsschein** (Certificate of Registration) ausgestellt.

Luftfahrzeugrolle
Aircraft Register
Band: Blatt:
Volume: Page:

BUNDESREPUBLIK DEUTSCHLAND
Federal Republic of Germany
Luftfahrt-Bundesamt
Federal Office of Civil Aeronautics

Art des Luftfahrzeugs
Class of Aircraft

Muster 1
(Vorderseite)

EINTRAGUNGSSCHEIN
Certificate of Registration

1. Staatszugehörigkeits- und Eintragungszeichen: Nationality and Registration Marks: D—......	2. Hersteller: Manufacturer: Muster: Manufacturer's Designation:	3. Werknummer: Serial Nr.:

4. Eigentümer:
Name of owner:

5. Anschrift des Eigentümers:
Address of owner:

6. Hiermit wird bescheinigt, daß das vorbezeichnete Luftfahrzeug in die Luftfahrzeugrolle der Bundesrepublik Deutschland in Übereinstimmung mit dem Abkommen über die Internationale Zivilluftfahrt vom 7. Dezember 1944 sowie dem deutschen Luftverkehrsgesetz und den zu seiner Durchführung erlassenen Rechtsverordnungen eingetragen ist.
It is hereby certified that the above described aircraft has been duly entered on the Register of the Federal Republic of Germany in accordance with the Convention on International Civil Aviation dated 7 December 1944 and with the German Aeronautics Act and the regulations issued for its execution.

Datum der Ausstellung:
Date of issue:

Unterschrift:
Signature:

Der Eintragungsschein ist im Luftfahrzeug mitzuführen

Eintragungen über Eigentumswechsel:
Entries on change of ownership:

Muster 1
(Rückseite)

Rechte an deutschen Luftfahrzeugen sind eingetragen bei dem Amtsgericht in 38100 Braunschweig. An der Martinikirche 8 (Artikel III Abs. 1 des Abkommens über die internationale Anerkennung von Rechten an Luftfahrzeugen).
Rights in aircraft registered in the Federal Republic of Germany are recorded by the Amtsgericht in D - 38100 Braunschweig. An der Martinikirche 8 (Article III [1] of the Convention on the International Recognition of Rights in Aircraft).

Bild 5.3 Eintragungsschein (Beispiel)

Wichtig: Der **Eintragungsschein** ist **ständig an Bord des Luftfahrzeugs** mitzuführen (§ 14 Abs. 1 LuftVZO)!

5 Luftfahrzeuge und zulassungspflichtige Ausrüstung

Eine **Eintragung in die Luftfahrzeugrolle** ist **nur möglich,** wenn das betreffende Luftfahrzeug im **ausschließlichen Eigentum deutscher Staatsangehöriger** steht. **Staatsangehörige der Mitgliedsstaaten der Europäischen Union** stehen deutschen Staatsangehörigen gleich. Das Gleiche gilt für **Angehörige aus anderen Staaten,** in denen das Luftverkehrsrecht der Europäischen Gemeinschaft Anwendung findet (§ 3 Abs. 1 LuftVG) und noch nicht in einem öffentlichen **Register außerhalb des Geltungsbereiches der LuftVZO** eingetragen ist (§ 8 Abs. 1 Nr. 4 LuftVZO). Mit dieser Regelung soll der Erwerb einer doppelten Staatsangehörigkeit ausgeschlossen werden.

Der **Eigentümer** des Luftfahrzeugs ist verpflichtet, jede **Änderung** der in der Luftfahrzeugrolle eingetragenen Tatsachen dem **Luftfahrt-Bundesamt (LBA)** unverzüglich schriftlich anzuzeigen.

Ultraleichtflugzeuge werden für die Verkehrszulassung von den Beauftragten (Luftsportverbände wie DAeC, DULV, DHV usw.) in das Luftsportgeräteverzeichnis eingetragen, Hängegleiter und Gleitsegel auf Antrag.

Bei der Verkehrszulassung wird jedem Luftfahrzeug ein **Kennzeichen** (Registration Mark) zugeteilt, das neben dem **Staatszugehörigkeitszeichen** (Nationality Mark) am Luftfahrzeug zu führen ist (§ 2 Abs. 5 LuftVG und § 19 LuftVZO). Nach den Vorschriften der **Anlage 1 zur LuftVZO** führen Flugzeuge, Drehflügler, Luftschiffe, Motorsegler, bemannte Ballone und Luftsportgeräte (ausgenommen Sprungfallschirme) der Bundesrepublik Deutschland als Staatszugehörigkeitszeichen die **Bundesflagge** und den Buchstaben **D** sowie als besondere Kennzeichnung **vier weitere Buchstaben** (z. B. D-EABC).

Segelflugzeuge führen ebenfalls die Bundesflagge und den Buchstaben **D** als Staatszugehörigkeitszeichen, erhalten jedoch als besondere Kennzeichnung eine **Kennzahl** (z. B. D-1234).

Folgende Buchstaben werden als **erste** Buchstaben des Eintragungszeichens (besondere Kennzeichnung) verwendet:

- **Für Flugzeuge**
  - über 20 t   höchstzulässige Startmasse   **A** (z. B. D-ABCD)
  - von 14 bis 20 t   höchstzulässige Startmasse   **B** (z. B. D-BABC)
  - von 5,7 bis 14 t   höchstzulässige Startmasse   **C** (z. B. D-CABC)
  - einmotorig bis 2 t   höchstzulässige Startmasse   **E** (z. B. D-EABC)
  - einmotorig von 2 bis 5,7 t   höchstzulässige Startmasse   **F** (z. B. D-FABC)
  - mehrmotorig bis 2 t   höchstzulässige Startmasse   **G** (z. B. D-GABC)
  - mehrmotorig von 2 bis 5,7 t   höchstzulässige Startmasse   **I** (z. B. D-IABC)
- **für Drehflügler**   **H** (z. B. D-HABC)
- **für Luftschiffe**   **L** (z. B. D-LABC)
- **für Motorsegler**   **K** (z. B. D-KABC)
- **für Luftsportgeräte,** motorgetrieben   **M** (z. B. D-MABC)
  - nichtmotorgetrieben   **N** (z. B. D-NABC)
- **für bemannte Ballone**   **O** (z. B. D-OABC)

Auszug aus den Vorschriften über die Anbringung, Form und Größe der Kennzeichen (Anlage 1 LuftVZO):
Flugzeuge, Drehflügler und Motorsegler führen den Buchstaben D und das Eintragungszeichen an **beiden Seiten des Rumpfes** (Bild 5.4 a) oder an **beiden Seiten des Seitenleitwerks** (Bild 5.4 b). Flugzeuge bis 5,7 t Höchstmasse und Motorsegler führen den Buchstaben D und das Eintragungszeichen außerdem auf der **unteren Seite des linken Flügels** (Bild 5.4 c).

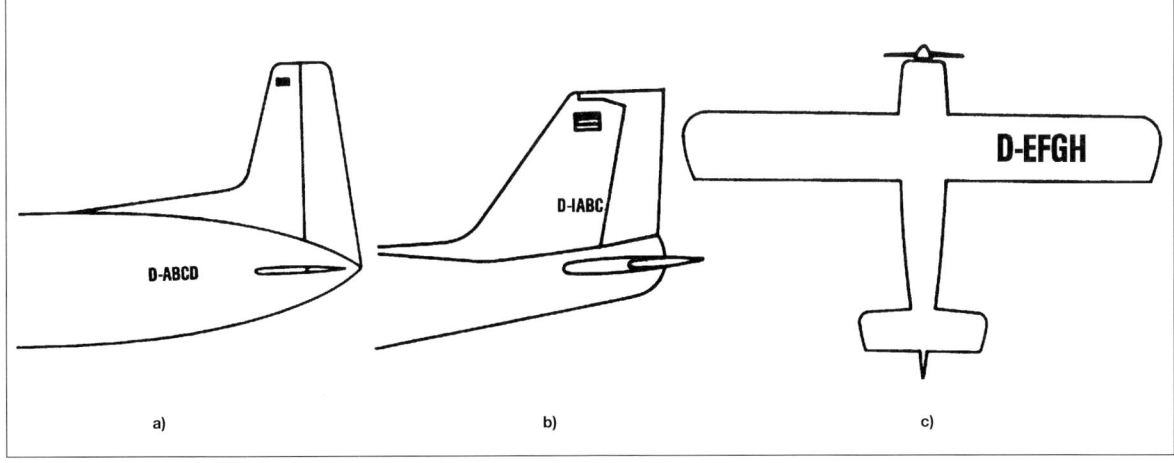

Bild 5.4 a–c Anbringung, Form und Größe der Kennzeichen

Luftschiffe führen den Buchstaben D und das Eintragungszeichen beiderseits auf der Hülle derart, dass die Zeichen von der Seite und vom Boden aus sichtbar sind, oder an beiden Seiten des Seitenleitwerks und auf der linken Unterseite des Höhenleitwerks.

Luftsportgeräte führen den Buchstaben D und die Kennzeichnung auf der unteren Seite der linken Tragfläche und – soweit vorhanden – an beiden Seiten des Seitenleitwerks.

Bei Anbringung des Buchstabens D und des Eintragungszeichens an den Seitenflächen des Rumpfes oder des Seitenleitwerks ist eine Schrägstellung der Schriftzeichen bis zu höchstens 15 Grad zulässig.

Die **Höhe der Schriftzeichen** muss mindestens betragen:

- am Rumpf von Flugzeugen, Motorseglern, Drehflüglern und Ultraleichtflugzeugen (soweit vorhanden) sowie am Leitwerk von Luftschiffen und Ultraleichtflugzeugen (soweit vorhanden) **30 cm,**
- an den Flügeln von Flugzeugen, Motorseglern und Luftsportgeräten sowie an der Hülle von Luftschiffen und bemannten Ballonen **50 cm.**

Die **Breite der Schriftzeichen** mit Ausnahme des Buchstabens I und der Zahl 1 soll zwei Drittel der Schrifthöhe, der Abstand der Schriftzeichen voneinander ein Viertel der Breite eines Schriftzeichens betragen. Die Stärke der einzelnen Schriftlinien soll einem Sechstel der Schrifthöhe entsprechen.

5.2 Prüfungen des Luftfahrtgeräts (ausgenommen Luftsportgerät)

Nach **§ 1 Abs. 2 LuftGerPV** (Verordnung zur Prüfung von Luftfahrtgerät) und der **Verordnung (EG) 2042/2003** ist die **Verkehrssicherheit** (Lufttüchtigkeit) des Luftfahrtgeräts durch **Prüfungen** festzustellen.

In der LuftGerPV und der Verordnung (EG) 2042/2003 sind für diesen Zweck **folgende Prüfungen** vorgesehen:

- **Musterprüfung** oder **Einzelstückprüfung** (vgl. Abschnitt 5.2.1),
- **Stückprüfung** oder **Prüfungen in einem Qualitätsmanagement-System** (vgl. Abschnitt 5.2.2) und
- **Instandhaltungsprüfung** (vgl. Abschnitt 5.2.4) oder **Nachprüfung/Prüfung der Lufttüchtigkeit** (vgl. Abschnitt 5.2.3).

5.2.1 Die Musterprüfung

Die **Lufttüchtigkeit** des Musters eines Luftfahrtgeräts, das der **Musterzulassung** (vgl. Abschnitt 5.1.2.1) bedarf, ist nach **§ 9 LuftGerPV** in einer **Musterprüfung** festzustellen.

Bei der **Neuentwicklung** eines musterprüfpflichtigen Luftfahrtgeräts wird in einer

Musterprüfung (§ 9 LuftGerPV)

festgestellt, ob das Muster den anzuwendenden **Bauvorschriften** (Lufttüchtigkeitsforderungen) entspricht und nicht Merkmale oder Eigenschaften aufweist, die einen **sicheren Betrieb beeinträchtigen.** Dabei werden die **europäischen Lufttüchtigkeitsforderungen nach der Verordnung (EG) Nr. 216/2008 und Nr. 1702/2003 der Kommission** angewendet oder **amerikanische Lufttüchtigkeitsforderungen** zugrundegelegt, die von der EASA anerkannt worden sind. Diese Lufttüchtigkeitsforderungen sind bestimmte Abschnitte (Parts) aus oben genannten Verordnungen (EG) wie z. B.:

- **Teil 21** für Luftfahrzeuge (Aircraft) und zugehörige Produkte,
- **ETSO** für Funkgeräte, Ausrüstungs-, Bau- und Zubehörteile des Luftfahrtgeräts.

Segelflugzeuge und **Motorsegler** werden nach den neuen europäischen Verordnungen (vgl. Abschnitt 1.1.4 „Verordnungen des Europäischen Parlaments und des Rates im Bereich der Zivilluftfahrt") mustergeprüft.

In jeder Musterprüfung ist außerdem nachzuweisen, dass für das Muster **ausreichende Bau-, Betriebs- und Instandhaltungsunterlagen** vorhanden sind.

Die Muster eines Luftfahrtgeräts, die bereits nach **Lufttüchtigkeitsvorschriften,** die außerhalb der EU-Staaten gelten oder **Lufttüchtigkeitsvorschriften der Bundeswehr** mustergeprüft worden sind, werden von der EASA bzw. dem LBA einer so genannten

vereinfachten Musterprüfung (§ 4 LuftGerPV)

unterzogen. In dieser vereinfachten Musterprüfung wird festgestellt, ob die zur Erteilung der Musterzulassung **erforderlichen Unterlagen** (z. B. Betriebs- und Instandhaltungsunterlagen) ordnungsgemäß sind. Soll ein bereits zugelassenes Muster eines Luftfahrtgeräts geändert werden, so muss eine

> **Ergänzung zur Musterzulassung**

erteilt werden, in der festgestellt wird, ob das geänderte Muster den **Bauvorschriften für Luftfahrtgerät** (Lufttüchtigkeitsforderungen) entspricht und nicht Merkmale oder Eigenschaften aufweist, die einen **sicheren Betrieb beeinträchtigen**.

5.2.2 Die Stückprüfung

Bei der Herstellung des Luftfahrtgeräts ist in einer so genannten **Stückprüfung** festzustellen, ob das Luftfahrtgerät mit dem **zugelassenen Muster übereinstimmt, lufttüchtig** ist und die notwendigen Betriebs- und Wartungsunterlagen vorhanden sind.

Die **Stückprüfung** von Luftfahrtgerät, erfolgt in den **Herstellungsbetrieben,** die hierfür von der zuständigen Stelle zur Durchführung der Prüfung genehmigt wurden.

Luftfahrtgerät, das im **außereuropäischen Ausland hergestellt** und in die Bundesrepublik Deutschland importiert wurde, wird keiner Stückprüfung unterzogen, da unsere Vorschriften im außereuropäischen Ausland nicht gelten. Solche Luftfahrzeuge oder andere Luftfahrtgeräte werden mit einem **„Certificate of Airworthiness for Export"** (franz.: „Certificat de Navigabilité pour Exportation") geliefert, und die **Lufttüchtigkeit** wird dann bei einem von der EASA bzw. dem LBA anerkannten Instandhaltungsbetrieb, **CAMO** (**C**ontinuing **A**irworthiness **M**anagement **O**rganisation – Einrichtung, die für die Aufrechterhaltung der Lufttüchtigkeit von Luftfahrzeugen sorgt) oder luftfahrttechnischen Betrieb aufgrund des Zertifikats und einer **Nachprüfung/Prüfung der Lufttüchtigkeit** (vgl. auch Abschnitt 5.2.3) festgestellt.

5.2.3 Die Nachprüfung/Prüfung der Lufttüchtigkeit

Die laufende Kontrolle der Instandhaltung sowie der Aufrechterhaltung der Lufttüchtigkeit bereits zum Verkehr zugelassener Luftfahrzeuge ist gemäß der Verordnung (EG) Nr. 2042/2003 und den §§ 11 ff. LuftGerPV in

> **Nachprüfungen bzw. Instandhaltungsprüfungen/Prüfungen der Lufttüchtigkeit**

festzustellen. Sie erfolgt durch **anerkannte Herstellungs-, Instandhaltungs- oder andere luftfahrttechnische Betriebe, durch anerkannte Prüfer oder eine CAMO.** Bei der Nachprüfung ist zu unterscheiden zwischen

- Nachprüfungen/Prüfungen der Lufttüchtigkeit in **bestimmten Zeitabständen,**
- Nachprüfungen/Prüfungen der Lufttüchtigkeit bei **der Instandhaltung und der Änderung des Luftfahrtgeräts,**
- Nachprüfungen/Prüfungen der Lufttüchtigkeit **auf Anordnung der zuständigen Stelle.**

Nachprüfungen/Prüfungen der Lufttüchtigkeit erfolgen zunächst in bestimmten Zeitabständen. Bei allen motorgetriebenen Luftfahrzeugen wird alle **12 Monate** in einer umfassenden Nachprüfung/Prüfung der Lufttüchtigkeit festgestellt, ob es noch lufttüchtig ist und dem Muster (= Gerätekennblatt) entspricht **(Jahresnachprüfung).** Die Nachprüfungsfrist verlängert sich bei nichtmotorgetriebenen Luftfahrzeugen auf **24 Monate** (§ 15 LuftGerPV). Darüber hinaus bestehen weitere Fristen, z. B. die 100-Stunden-Prüfung bei Schulflugzeugen.

Bild 5.5 Lufttüchtigkeitsfolgezeugnis (ARC – Airworthiness Review Certificate)

Nach der Durchführung von Wartungsarbeiten und kleinen Änderungen im Sinne der LuftBO (hierzu später mehr) wird die ordnungsgemäße Durchführung der Arbeiten kontrolliert (§ 16 Abs. 1 LuftGerPV). Nach Überholungen, großen Reparaturen und Änderungen im Sinne der LuftBO werden die Lufttüchtigkeit und die Übereinstimmung mit dem im Gerätekennblatt enthaltenen Angaben nachgeprüft (§ 16 Abs. 2 LuftGerPV).

Die zuständigen Stellen können darüber hinaus jederzeit eine **Nachprüfung/Prüfung der Lufttüchtigkeit aus besonderem Anlass** anordnen, wenn sich Mängel des Luftfahrzeugs gezeigt haben oder begründete **Zweifel an der Lufttüchtigkeit** des jeweiligen Musters entstanden sind (§ 17 LuftGerPV).

Die Nachprüfung/Prüfung der Lufttüchtigkeit ist von anerkannten luftfahrttechnischen Betrieben, CAMOs, selbständigen Prüfern im Rahmen ihrer Befugnisse oder den beauftragten Luftsportverbänden durchzuführen. Alle zur Nachprüfung/Prüfung der Lufttüchtigkeit befugten Stellen bedürfen der **Anerkennung durch die EASA bzw. das LBA**.

> **Merke:** Die umfassende Nachprüfung/Prüfung der Lufttüchtigkeit sowie diejenigen nach Überholungen, großen Reparaturen und großen Änderungen sowie die angeordnete Nachprüfung/Prüfung der Lufttüchtigkeit sind durch ein ARC (**A**irworthiness **R**eview **C**ertificate; Lufttüchtigkeitsfolgezeugnis, siehe Bild 5.5) zu bescheinigen. Auf Hängegleitern und Gleitsegeln ist ein Prüfstempel anzubringen. Ein Exemplar der Prüfbescheinigung ist **ständig an Bord** des Luftfahrzeugs mitzuführen. Eine Verletzung dieser Pflicht stellt eine **Ordnungswidrigkeit** dar, die mit einer Geldbuße geahndet werden kann.

Eine Ausfertigung des Lufttüchtigkeitsfolgezeugnisses ist der zuständigen Stelle (LBA, DAeC, DULV usw.) vorzulegen und eine weitere den Betriebsaufzeichnungen des Luftfahrzeugs (Lebenslaufakte) beizufügen.

5.2.4 Die Instandhaltung (Wartung) von Luftfahrzeugen

Zur Aufrechterhaltung der Lufttüchtigkeit eines Luftfahrzeugs sind umfangreiche **Instandhaltungsarbeiten** (Wartung und Reparaturen) notwendig.

Nach den „Allgemeinen technischen Betriebsvorschriften" der **Betriebsordnung für Luftfahrtgerät** (LuftBO) können für das Luftfahrtgerät oder seine Teile (wie z. B. Triebwerk, Luftschraube)

> **zulässige Betriebszeiten** (**TBO** = **T**ime **B**etween **O**verhaul)

vom Hersteller in den Instandhaltungsprogrammen festgelegt werden, soweit dies zur Gewährleistung eines sicheren Betriebs erforderlich ist (§ 4 LuftBO).

Die Instandhaltung der Luftfahrzeuge ist in der **Verordnung (EG) 2042/2003** um dem **§§ 5 bis 11 LuftBO** geregelt. Sie umfasst:

- **planmäßige Kontrollen und Arbeiten,** die zur Aufrechterhaltung und Überwachung der **Lufttüchtigkeit** erforderlich sind sowie
- **nichtplanmäßige zusätzliche Arbeiten und kleine Reparaturen,** die zur Behebung angezeigter Beanstandungen oder festgestellter Mängel erforderlich sind und mit **einfachen Mitteln** ausgeführt werden können. Dazu gehört auch der **Einbau von bereits geprüften Teilen im Austausch** gegen überholungs-, reparatur- oder änderungsbedürftige Teile, wenn dies mit einfachen Mitteln möglich ist (§ 6 LuftBO – Wartung).

Solche Instandhaltungsarbeiten erstrecken sich von **einfachen Sichtkontrollen** (25-Std.- und 50-Std.-Kontrollen) über **umfangreiche Kontrollen,** die mit System-Funktionskontrollen verbunden sind (100-Std.-Kontrollen), bis zum **Austausch von Ausrüstungs- und Bauteilen** des Luftfahrzeugs.

Kleine Reparaturen an Luftfahrtgeräten sind solche Arbeiten, die mit **einfachen Mitteln** ausgeführt werden können und die bei **fehlerhafter Ausführung** die **Lufttüchtigkeit** des Luftfahrzeugs **nicht beeinträchtigen**.

Die Instandhaltung der Luftfahrzeuge sowie kleine Reparaturen und kleine Änderungen bedürfen der **Nachprüfung,** in der die **ordnungsgemäße Durchführung der Arbeiten** festzustellen ist (§§ 14 bis 16 LuftGerPV).

Hat ein Luftfahrzeug oder ein dazugehöriges Gerät (Triebwerk, Luftschraube usw.) die festgelegte **zulässige Betriebszeit erreicht** (§ 4 LuftBO) oder sind beim Betrieb **Mängel** festgestellt worden, die im Rahmen der vorgeschriebenen Wartung (Instandhaltung) nicht behoben werden können, so ist das Luftfahrzeug oder das entsprechende Gerät gemäß **§ 7 LuftBO**

> **ganz oder teilweise zu überholen** (Grund- oder Teilüberholung).

Nach **§ 8 LuftBO** ist bei **Schäden** (z. B. durch Unfall), die im Rahmen der Wartung nicht einwandfrei behoben werden können eine

> **große Reparatur**

5 Luftfahrzeuge und zulassungspflichtige Ausrüstung

durchzuführen. Hierbei angewandte Reparaturverfahren, die nicht in den Instandhaltungsunterlagen im Rahmen der Musterzulassung genehmigt worden sind, sind als Änderungen des Musters zu behandeln und zulassungspflichtig.

Große Reparaturen oder die vorher erwähnten Überholungen (Grund- oder Teilüberholung) bedürfen der **Nachprüfung,** in der die **Lufttüchtigkeit** erneut festzustellen ist (§ 16 LuftGerPV).

Die **Durchführung der Instandhaltung** (Wartung) ist in der **Verordnung (EG) 2042/2003** und in **§ 9 LuftBO** geregelt. Danach gilt: Die Instandhaltung der Flugzeuge, die in der Lufttüchtigkeitsgruppe Verkehrsflugzeuge zugelassen sind, und der Drehflügler mit einer höchstzulässigen Flugmasse über 5 700 kg sowie die Überholung und große Reparatur des übrigen Luftfahrtgeräts, sind von Betrieben durchzuführen, die eine Genehmigung als

> Instandhaltungsbetrieb, Instandhaltungs-Organisation, CAMO oder luftfahrttechnischer Betrieb

nach der Verordnung (EG) 2042/2003 bzw. der Verordnung zur Prüfung von Luftfahrtgerät besitzen. Gleiches gilt für Luftfahrzeuge, die in Luftfahrerschulen für die Ausbildung von Flugzeugführern eingesetzt werden. Die **Wartung einschließlich kleiner Reparaturen** des Luftfahrtgeräts mit Ausnahme der in Satz 1 aufgeführten Flugzeuge und Drehflügler kann auch von

> sachkundigen Personen

durchgeführt werden. Bei einfachen Kontrollen und Arbeiten im Rahmen der Wartung können in diesem Fall die Nachprüfungen nach der Verordnung zur Prüfung von Luftfahrtgerät zusammengefasst bei der Jahresnachprüfung/Prüfung der Lufttüchtigkeit durchgeführt werden.

Nach **LBA-Erläuterungen** zu diesem Thema kann als **sachkundige Person** angesehen werden, wer aufgrund einer **entsprechenden beruflichen Ausbildung** und/oder aufgrund **langjähriger Praxis** in der Wartung von Luftfahrzeugen über **ausreichende Erfahrungen** für die ordnungsgemäße Durchführung solcher Arbeiten verfügt. Zu beachten sind die Ausführungen unter Abschnitt 1.1.4.3 Verordnung (EG) Nr. 2042/2003 – Teil M.1 Anlage VIII „Eingeschränkte Instandhaltung durch den Piloten/Eigentümer." Personen, die im Besitz eines gültigen **Technischen Ausweises des DAeC** nach den Richtlinien für die Ausbildung des technischen Personals im DAeC sind, können im Rahmen ihrer Berechtigung solche Wartungsarbeiten durchführen.

Kontrollen und Arbeiten von sachkundigen Personen im Rahmen der Wartung, die aufgrund ihres Umfangs und ihrer Bedeutung bei unsachgemäßer Durchführung die **Lufttüchtigkeit** des Luftfahrzeugs beeinträchtigen können, müssen bei der Durchführung der Arbeiten von einem **LBA-anerkannten Instandhaltungsbetrieb, CAMO, luftfahrttechnischen Betrieb** oder von einem **LBA-anerkannten Prüfer von Luftfahrtgerät** nachgeprüft und bescheinigt werden.

Nach **§ 9 Abs. 2 LuftBO** dürfen auch

> **Luftfahrzeugführer mit gültiger Lizenz**

an Luftfahrzeugen, deren **Halter oder Eigentümer** sie sind und die **nicht** für die gewerbsmäßige Beförderung von Personen oder Sachen verwendet werden, **einfache Kontrollen und Arbeiten** im Rahmen der Wartung **selbst durchführen,** wenn sie hierfür die notwendigen Fähigkeiten und Kenntnisse besitzen (vgl. Abschnitt 1.1.4.3 „VO (EG) Nr. 2042/2003" und hier: Anhang I, Teil-M Anlage VIII).

Die **Wartungsarbeiten** sind in solchen Fällen vom **Luftfahrzeugführer** im **Bordbuch** einzutragen und zu bescheinigen/freizugeben. Die **Nachprüfung** der ordnungsgemäßen Durchführung dieser Arbeiten erfolgt dann bei der **nächsten Jahresnachprüfung/Prüfung der Lufttüchtigkeit** des Luftfahrzeugs durch einen **LBA-anerkannten Instandhaltungsbetrieb, CAMO, luftfahrttechnischen Betrieb** oder durch einen **anerkannten Prüfer von Luftfahrtgerät**.

> **Wichtig:** Wer Luftfahrtgeräte instandhält (wartet), hat der **zuständigen Stelle (LBA, DAeC, DULV usw.) Mängel des Musters,** die ihm bei seiner Tätigkeit bekannt werden und welche die **Lufttüchtigkeit beeinträchtigen** oder beeinträchtigen können, **unverzüglich anzuzeigen** (§ 9 Abs. 6 LuftBO)!

Umfang der Wartung, die durch sachkundige Personen und Luftfahrzeugführer durchgeführt und bescheinigt werden darf:

Beispiele **für Kontrollen und Arbeiten im Rahmen der Wartung,** die von sachkundigen Personen und von Luftfahrzeugführern mit gültiger Lizenz durchgeführt werden dürfen und im **Luftfahrzeug-Bordbuch eingetragen** und **bescheinigt** werden müssen, sind insbesondere:

- **vom Hersteller festgelegte planmäßige Sicht- und Funktionskontrollen** (nach 25, 50 und 100 Std.), sofern sie mit einfachen Mitteln durchgeführt werden können, keine Ausbauarbeiten damit verbunden sind, die über das Entfernen von nichttragenden Bauteilen wie Abdeckbleche, Hauben und Verkleidungen hinausgehen, und für deren ordnungsgemäße Durchführung keine besonderen Werkzeuge und Prüfeinrichtungen benötigt werden;

- **Auswechseln der Bereifung** des Fahrwerks;
- **Auswechseln von elastischen Stoßdämpfer-Elementen** im Fahrwerk;
- **Wartung der Stoßdämpfer** im Fahrwerk durch Nachfüllen von Öl oder Luft;
- **Wartung der Radlager des Fahrwerks** durch Reinigen oder Schmieren;
- **Auswechseln defekter Sicherungsdrähte** und Splinte an Schrauben und Verschraubungen;
- **Abschmieren,** soweit damit keine Ausbauarbeiten verbunden sind;
- **Aufsetzen einfacher Flicken bei Stoffbespannung,** soweit kein Vernähen oder der Ausbau tragender Bauteile oder von Steuerflächen erforderlich wird;
- **Nachfüllen von Hydraulikflüssigkeit im Vorratsbehälter;**
- **Erneuerung von Farbanstrichen,** die dekorativen Zwecken dienen, an Rumpf, Tragwerkflächen, Leitwerkflächen (mit Ausnahme der Steuerflächen mit Ausgleich), Verkleidungen, Hauben, Fahrgestell, Kabine oder Führerraum, soweit der Abbau oder die Zerlegung tragender Bauteile oder von Steuerungs- und Betätigungsanlagen nicht damit verbunden ist (Vorschriften für die Beschriftung mit Kennzeichen beachten!);
- **Auftrag von schützenden Überzügen** auf Bauteile, soweit damit keine Zerlegung tragender Bauteile oder von Betätigungsanlagen verbunden ist und nur soweit, als solche schützenden Überzüge nicht im Gegensatz zu anerkannten Verfahrensweisen stehen;
- **Ausbesserung der Polsterung und der Auskleidung der Kabine und des Führerraumes** mit schwer entflammbaren Werkstoffen, soweit damit keine Zerlegung tragender Bauteile oder von Betätigungsanlagen verbunden ist und soweit solche Teile und Anlagen dadurch nicht nachteilig beeinflusst werden;
- **einfache Ausbesserungen geringen Umfangs an Verkleidungen,** Führungen der Motorkühl- und Ansaugluft sowie Kabinenheizung, nichttragenden Deckblechen und Hauben, Anbringen kleiner Flicken oder Verstärkungen, soweit dadurch die Formgebung nicht verändert und die Luftströmung nicht beeinflusst wird;
- **Auswechseln von Seitenfenstern,** soweit diese Arbeiten Zellenaufbau oder Betätigungsanlagen, wie Steuerung und elektrische Anlagen, nicht beeinflussen;
- **Auswechseln von Anschnallgurten;**
- **Auswechseln von Sitzen** oder deren Teilen gegen geprüfte Ersatzteile, soweit dazu keine Ausbauarbeiten an tragenden Bauteilen oder Bedienungsanlagen erforderlich sind;
- **Austausch oder Reinigung der Zündkerzen** und Einstellung ihres Elektrodenabstandes;
- **Auswechseln aller Schlauchverbindungen** mit Ausnahme derjenigen der hydraulischen Anlage;
- **Auswechseln von Betriebsstoffleitungen** gegen vorgefertigte Ersatzleitungen;
- **Reinigen von Kraftstoff- und Ölfiltern;**
- **Austausch von elektrischen Batterien** und Kontrolle des Säurespiegels und der Säuredichte;
- **Ab- und Anbau von Tragflächen und Leitwerkflächen an Segelflugzeugen,** wenn solche Teile für den schnellen Ab- und Anbau konstruiert worden sind und die Arbeiten von einer sachkundigen Person oder vom Luftfahrzeugführer bewältigt werden können.

Umfang der Wartung, die durch sachkundige Personen durchgeführt werden darf, jedoch der sofortigen Nachprüfung unterliegt:

Kontrollen und Arbeiten im Rahmen der Wartung, die von sachkundigen Personen durchgeführt werden können, jedoch der sofortigen Nachprüfung durch anerkannte Instandhaltungsbetriebe, luftfahrttechnische Betriebe oder anerkannte Prüfer von Luftfahrtgerät unterliegen, sind insbesondere:

- **vom Hersteller festgelegte planmäßige Stundenkontrollen,** für deren ordnungsgemäße Durchführung **Ausbauarbeiten erforderlich** werden, die über das Entfernen nichttragender Bauteile wie Abdeckbleche, Hauben und Verkleidungen hinausgehen oder für die besondere Werkstätten- und Prüfeinrichtungen notwendig sind;
- **der Austausch von sowie Instandsetzungsarbeiten an:** Motoren, Propellern, Propellerreglern, Zündmagneten, Vergasern, Einspritzanlagen, Motorböcken, Fahrwerken (komplett), Kraftstoffbehältern, Ölbehältern, Steuerungsteilen.

Zu beachten sind die Ausführungen unter Abschnitt 1.1.4.3 „Verordnung (EG) Nr. 2042/2003" – Teil M.1 Anlage VII „Komplexe Instandhaltungsaufgaben".

Art und Umfang der Arbeiten und deren **ordnungsgemäße Durchführung** sind von einem **Prüfer von Luftfahrtgerät** mit entsprechender Erlaubnis im **Luftfahrzeug-Bordbuch** zu bescheinigen/freizugeben.

5 Luftfahrzeuge und zulassungspflichtige Ausrüstung

In bestimmten Zeitabständen müssen das **Gewicht** und der **Schwerpunkt** eines Luftfahrzeugs durch eine

> Wägung

überprüft werden (§ 10 LuftBO). Das gilt auch, wenn Gewicht oder Schwerpunkt **verändert** worden sind (z. B. nach dem Einbau zusätzlicher Geräte) und die Daten durch Rechnung nicht mit hinreichender Genauigkeit festgestellt werden können.

Nach **Instandhaltungsarbeiten,** deren ordnungsgemäße Ausführung **nur im Flug** überprüft werden kann, ist mit dem betroffenen Luftfahrzeug ein

> Prüfflug

durchzuführen. Über solche Prüfflüge sind **Aufzeichnungen** zu führen (§ 11 LuftBO). Bei Prüfflügen dürfen nur die bei der **Führung und Prüfung** des Luftfahrzeugs **tätigen Personen** mitgenommen werden oder teilnehmen.

Ist bei einem zum Verkehr zugelassenen Luftfahrzeug der eingetragene Termin der

> nächsten Jahresnachprüfung überschritten,

so können **Flüge im Rahmen der Nachprüfung** ohne weiteres durchgeführt werden, wenn sich das Luftfahrzeug bereits am Platz des mit der Nachprüfung beauftragten Instandhaltungsbetriebs oder luftfahrttechnischen Betriebs befindet. **Überführungsflüge** nach Ablauf des Nachprüftermins **zum Platz des Instandhaltungsbetriebs oder des luftfahrttechnischen Betriebs,** bei dem die Nachprüfung durchgeführt werden soll, müssen vom **Luftfahrt-Bundesamt (LBA) genehmigt werden!** – Dazu ist ein **formloser Antrag** zu stellen, in dem neben der **Begründung** der gegenwärtige Standort des Luftfahrzeugs und der des luftfahrttechnischen Betriebs angegeben sein muss. Ist der Nachprüfungstermin bereits um **mehr als 4 Wochen** überschritten, so ist dem Antrag eine **Unbedenklichkeitserklärung** eines Prüfers von Luftfahrtgerät beizufügen.

5.2.5 Lufttüchtigkeitsanweisungen (LTA)/Airworthiness Directive (AD)

Stellen sich beim Betrieb eines Luftfahrtgeräts **Mängel** heraus, welche die **Lufttüchtigkeit beeinträchtigen,** ordnet das **Luftfahrt-Bundesamt** (LBA oder der Beauftragte) durch eine

> **Lufttüchtigkeitsanweisung (LTA)/Airworthiness Directive (AD)**

die zur Behebung der Mängel durchzuführenden Maßnahmen an (§ 14 LuftBO). Die **LTA/AD** werden in den **Nachrichten für Luftfahrer, Teil II (NfL II)** oder in der Informationsschrift des Beauftragten bekanntgemacht.

Ein durch die **Lufttüchtigkeitsanweisung (LTA/AD) betroffenes Luftfahrtgerät** darf nach dem in der **LTA/AD** angegebenen Termin für die Behebung der Mängel – außer für Zwecke der Nachprüfung – **nur in Betrieb genommen** werden, wenn die angeordneten **Maßnahmen ordnungsgemäß durchgeführt** worden sind (§ 14 Abs. 2 LuftBO).

Der **Eigentümer/Halter** des Luftfahrtgeräts ist für die Durchführung der in einer **LTA/AD angeordneten Maßnahmen** (Änderungen und Nachprüfung) **verantwortlich!**

5.2.6 Betriebsaufzeichnungen

Der Halter eines Luftfahrtgeräts ist nach **§ 15 LuftBO** verpflichtet, **Betriebsaufzeichnungen** zu führen und sie den für die Nachprüfungen des Luftfahrtgeräts zuständigen Stellen (Instandhaltungsbetrieb, CAMO, luftfahrttechnischer Betrieb/Prüfer von Luftfahrtgerät) bei der **Nachprüfung vorzulegen. Die zuständigen Stellen** können jederzeit die **Einsicht** in die Betriebsaufzeichnungen verlangen. Der Beauftragte kann Haltern von nichtmotorgetriebenen Luftsportgeräten von der Verpflichtung zum Führen der Betriebsaufzeichnung befreien.

> **Anmerkung:** Die Sammlung von Betriebsaufzeichnungen für ein Luftfahrzeug wird als **„Lebenslaufakte"** bezeichnet.
> Die **Betriebsaufzeichnungen** müssen alle Angaben über die Instandhaltung des Luftfahrtgeräts und durchgeführte Änderungen sowie alle Prüfaufzeichnungen und Bescheinigungen enthalten, deren Übernahme die zuständige Stelle vorgeschrieben hat **(§ 15 Abs. 2 LuftBO).**
> **Die Betriebsaufzeichnungen können in der Form des Bordbuches geführt werden!**

Nach **endgültiger Außerdienststellung** des Luftfahrtgeräts sind die zugehörigen Betriebsaufzeichnungen **12 Monate aufzubewahren.** Die zuständige Stelle kann in besonderen Fällen eine längere Aufbewahrungszeit anordnen.

6 Luftfahrtpersonal (Ausbildung, Lizenzen und Berechtigungen)

6.1 Betätigung als Luftfahrtpersonal (Voraussetzungen und Ausbildung)

Die **rechtlichen Grundlagen** für das **Luftfahrtpersonal** sind im **Luftverkehrsgesetz** (LuftVG), in der **Luftverkehrs-Zulassungs-Ordnung** (LuftVZO), in den **Bestimmungen über Lizenzierung von Piloten – Flugzeug** (JAR-FCL 1 deutsch) bzw. **Hubschrauber** (JAR-FCL 2 deutsch) – und in der **Verordnung über Luftfahrtpersonal** (LuftPersV) enthalten.

Hinweis: Die in den folgenden Abschnitten benutzten Abkürzungen im Rahmen der JAR-FCL-Bestimmungen, werden im „Abkürzungsverzeichnis" im Anhang erläutert.

6.1.1 Voraussetzungen für die Betätigung als Luftfahrtpersonal

Nach **§ 4 LuftVG** bedarf jeder, der ein Luftfahrzeug **führt** oder **bedient** (Luftfahrer), einer

> **Lizenz.**

Die Lizenz wird **nur erteilt,** wenn

> 1. der Bewerber das **vorgeschriebene Mindestalter** besitzt (siehe folgende Ausführungen);
> 2. der Bewerber seine **Tauglichkeit nachgewiesen** hat (siehe folgende Ausführungen);
> 3. **keine Tatsachen** vorliegen, die den **Bewerber** als **unzuverlässig** erscheinen lassen, ein Luftfahrzeug zu führen oder zu bedienen;
> 4. der **Bewerber** eine **Prüfung** nach den **Bestimmungen über die Lizenzierung von Piloten – Flugzeug** (JAR-FCL 1 deutsch) bzw. von **Hubschraubern** (JAR-FCL 2 deutsch) – oder nach der **Verordnung über Luftfahrtpersonal** (LuftPersV) bestanden hat (vgl. Abschnitt 6.2 „Lizenzen [Luftfahrerscheine] für Privatflugzeugführer gemäß JAR-FCL 1 deutsch und LuftPersV").

Eine **Lizenz** ist zu **widerrufen** (einzuziehen), wenn die oben genannten Voraussetzungen **nicht mehr** vorliegen (§ 4 Abs. 3 LuftVG).

Bei **Übungs- und Prüfungsflügen** in Begleitung von **Fluglehrern (FI)** gelten die Fluglehrer als diejenigen, die das Luftfahrzeug führen oder bedienen. Das Gleiche gilt auch für **Prüfungsratsmitglieder (FE)** bei **Prüfungsflügen** und für Luftfahrer (TRI bzw. CRI), die andere Luftfahrer in ein **Luftfahrzeugmuster einweisen** oder mit diesem **vertraut machen,** es sei denn, dass ein anderer als verantwortlicher Luftfahrzeugführer bestimmt ist. Bei Übungs- und Prüfungsflügen **ohne Begleitung von Fluglehrern** (oder Prüfungsratsmitgliedern) bedürfen Luftfahrer **keiner Erlaubnis** (Lizenz), wenn es sich um Flüge handelt, die von Fluglehrern oder Prüfungsratsmitgliedern angeordnet oder beaufsichtigt werden (§ 4 Abs. 4 LuftVG). Nach **§ 20 LuftVZO** bedürfen die folgenden **Luftfahrer** einer **Lizenz:**

> 1. Flugzeugführer,
> 2. Führer von Hubschraubern,
> 3. Flugingenieure,
> 4. Flugtechniker auf Hubschraubern der Polizeien des Bundes und der Länder,
> 5. Luftschiffführer,
> 6. Segelflugzeugführer,
> 7. Freiballonführer,
> 8. Luftsportgeräteführer.

Art und Umfang der Lizenz sowie die **fachlichen Voraussetzungen** für den Erwerb der Lizenz ergeben sich aus den Bestimmungen über die Lizenzierung von Piloten von Flugzeugen (JAR-FCL 1 deutsch) bzw. von Hubschraubern (JAR-FCL 2 deutsch; vgl. Abschnitt 6.2) und den Vorschriften der **Verordnung über Luftfahrtpersonal** (LuftPersV; vgl. Abschnitt 6.2). Angehörige des **technischen Personals** bedürfen für das **Rollen eines Luftfahrzeugs,** das sich mit eigener Kraft fortbewegt, **keiner Lizenz,** wenn sie das Luftfahrzeug insoweit beherrschen und vom **Luftfahrzeughalter** oder vom **Unternehmer eines luftfahrttechnischen Betriebs,** unter dessen Verantwortung das Luftfahrzeug gerollt wird, **schriftlich** mit dem Rollen beauftragt sind. Das Gleiche gilt für **Luftfahrzeugführer,** deren Lizenz die **Musterberechtigung** für das betreffende Muster **nicht umfasst** (§ 20 Abs. 4 LuftVZO).

> **Anmerkung:** Diese Regelung gilt **nicht** für **Hubschrauber.**

Prüfer von Luftfahrtgerät, freigabeberechtigtes Personal, Flugdienstberater, Steuerer von Flugmodellen mit mehr als 25 kg höchstzulässiger Startmasse und Steuerer von sonstigem Luftfahrtgerät, soweit es für die Benutzung des Luftraums bestimmt und nach der Verordnung zur Prüfung von Luftfahrtgerät prüfpflichtig ist, bedürfen einer **Lizenz als sonstiges Luftfahrtpersonal** (§ 21 LuftVZO).

Das Mindestalter zum **Erlangen** einer **Lizenz nach LuftPersV, JAR-FCL 1 und 2 deutsch** beträgt nach **§ 23 Abs. 1 LuftVZO**

1. **16 Jahre** für Segelflugzeugführer (ohne Klassenberechtigung für Reisemotorsegler), Führer nichtmotorgetriebener Luftsportgeräte und Steuerer von Flugmodellen mit einer höchstzulässigen Startmasse über 25 kg (unbemannte Luftfahrzeuge, die in Sichtweite des Steuerers ausschließlich zum Zweck des Sports oder der Freizeitgestaltung betrieben werden);
2. **17 Jahre** für Privatflugzeugführer, Privathubschrauberführer, Segelflugzeugführer (mit Klassenberechtigung für Reisemotorsegler), Führer motorgetriebener Luftsportgeräte und Freiballonführer;
3. **18 Jahre** für Berufsflugzeugführer, Berufshubschrauberführer und für Flugtechniker auf Hubschraubern bei den Polizeien des Bundes und der Länder;
4. **21 Jahre** für Verkehrsflugzeugführer, Verkehrshubschrauberführer, Flugingenieure, Luftschiffführer, Steuerer von Flugmodellen mit einer höchstzulässigen Startmasse über 150 kg sowie zulassungspflichtigem sonstigen Luftfahrtgerät, soweit es für die Benutzung des Luftraums bestimmt und nach der Verordnung zur Prüfung von Luftfahrtgerät prüfpflichtig ist, Prüfer von Luftfahrtgerät und Flugdienstberater.

Gemäß **§ 23 Abs. 2 LuftVZO** beträgt das **Mindestalter** für den **Beginn der Ausbildung**

1. **14 Jahre** für Segelflugzeugführer und Führer nichtmotorgetriebener Luftsportgeräte;
2. **15 Jahre** für Steuerer von Flugmodellen mit einer höchstzulässigen Startmasse über 25 kg (unbemannte Luftfahrzeuge, die in Sichtweite des Steuerers ausschließlich zum Zweck des Sports oder der Freizeitgestaltung betrieben werden) sowie zulassungspflichtigem sonstigen Luftfahrtgerät, soweit es für die Benutzung des Luftraums bestimmt und nach der Verordnung zur Prüfung von Luftfahrtgerät prüfpflichtig ist;
3. **16 Jahre** für Privatflugzeugführer, Privathubschrauberführer, Führer motorgetriebener Luftsportgeräte und Freiballonführer;
4. **17 Jahre** für Luftfahrtpersonal nach § 23 LuftVZO Absatz 1 Nr. 3 und 4 (s. o.).

Die zuständige Stelle kann im Einzelfall einen **früheren Ausbildungsbeginn** zulassen.

Die Voraussetzungen für die Ausbildung von Luftfahrtpersonal sind in **§ 24 LuftVZO** geregelt.

(1) Die Ausbildung von Luftfahrtpersonal ist nur zulässig, wenn

1. der Bewerber **das vorgeschriebene Mindestalter** besitzt;
2. der Bewerber **tauglich** ist (siehe folgende Ausführungen);
3. **keine Tatsachen** vorliegen, die den Bewerber als **unzuverlässig** erscheinen lassen, die beabsichtigte Tätigkeit als Luftfahrtpersonal auszuüben;
4. bei einem **minderjährigen Bewerber der gesetzliche Vertreter zustimmt.**

(2) Die Zuverlässigkeit von Bewerbern um eine Lizenz zum Führen eines Flugzeugs, Drehflüglers, Luftschiffes und Motorseglers liegt nicht vor, wenn die Zuverlässigkeit der Bewerber nach § 7 des Luftsicherheitsgesetzes nicht festgestellt worden ist. Die erforderliche Zuverlässigkeit besitzen Bewerber um eine Lizenz nach **§ 20 LuftVZO** ferner in der Regel nicht,

1. die rechtskräftig verurteilt worden sind
    a) wegen eines Verbrechens, wenn seit dem Eintritt der Rechtskraft der letzten Verurteilung zehn Jahre noch nicht verstrichen sind;
    b) wegen sonstiger vorsätzlicher Straftaten zu einer Freiheitsstrafe oder Jugendstrafe von mindestens einem Jahr, wenn seit dem Eintritt der Rechtskraft der letzten Verurteilung fünf Jahre noch nicht verstrichen sind.
2. die erheblich oder wiederholt gegen verkehrsrechtliche Vorschriften verstoßen haben, wenn diese Verstöße für die Beurteilung der Zuverlässigkeit von Personen im Umgang mit Luftfahrzeugen von Bedeutung sind.
3. die regelmäßig Alkohol, Rauschmittel oder Medikamente missbrauchen;
4. für die eine rechtliche Betreuung nach den §§ 1896 ff. des Bürgerlichen Gesetzbuchs besteht. Die Zuverlässigkeit kann auch im Falle von Verurteilungen, die nicht von Nummer 1 erfasst sind, oder im Falle von Entscheidungen der Gerichte oder Staatsanwaltschaften nach § 153 a der Straf-

prozessordnung verneint werden, wenn der zugrunde liegende Sachverhalt für die Beurteilung der Zuverlässigkeit von Personen im Umgang mit Luftfahrzeugen von Bedeutung ist und seit dem Eintritt der Rechtskraft der letzten Verurteilung oder der Entscheidung fünf Jahre noch nicht verstrichen sind.

(3) Der Bewerber hat dem **Ausbildungsbetrieb** oder der **registrierten Ausbildungseinrichtung vor Beginn der Ausbildung folgende** Unterlagen vorzulegen:

1. der **Personalausweis** oder **Pass** des Bewerbers zur Feststellung der Identität und zur Erhebung der Daten nach § 65 Abs. 3 Nr. 1 und 2 des Luftverkehrsgesetzes (Familienname, Geburtsname, sonstige frühere Namen, Vorname, Geschlecht, Geburtsdatum und Geburtsort und Anschrift);
2. das **Tauglichkeitszeugnis** (vgl. Abschnitt 6.4.5 „Tauglichkeit");
3. eine **Erklärung über laufende Ermittlungs- oder Strafverfahren** und darüber, dass eine Auskunft nach § 30 Abs. 8 des Straßenverkehrsgesetzes beantragt worden ist;
4. bei Personen, die sich erstmalig um eine Lizenz für das Führen eines Flugzeugs, Drehflüglers, Luftschiffes und Motorseglers bewerben, eine Bescheinigung der zuständigen Luftsicherheitsbehörde über die Feststellung der Zuverlässigkeit nach § 7 des Luftsicherheitsgesetzes, deren Ausstellungsdatum nicht länger als drei Monate zurückliegen darf, oder die Bestätigung der zuständigen Luftsicherheitsbehörde, dass eine Überprüfung beantragt worden ist, oder bei Personen, die sich erstmalig um eine andere Lizenz bewerben, eine Bescheinigung, dass ein Führungszeugnis nach § 30 Abs. 5 des Bundeszentralregistergesetzes beantragt worden ist.
5. bei einem **minderjährigen Bewerber die Zustimmungserklärung** des gesetzlichen Vertreters.

Die Vorlagepflicht für das **Tauglichkeitszeugnis** und für die Erklärung über laufende Ermittlungs- oder Strafverfahren und darüber, dass ein Führungszeugnis (s. o.) beantragt worden ist, **gilt nicht** für Bewerber um eine Lizenz für **nichtmotorgetriebene Luftsportgeräte, Steuerer von Flugmodellen** mit einer höchstzulässigen Startmasse über 25 kg und für **Flugdienstberater**.

(4) Der Ausbildungsbetrieb oder die registrierte Ausbildungseinrichtung meldet jeden neu aufgenommen Bewerber **spätestens acht Tage nach Ausbildungsbeginn** der zuständigen Stelle. Die genannten Unterlagen sind in Kopie der Meldung beizufügen oder **spätestens bis zum ersten Alleinflug** nachzureichen. Hat der für die Ausbildung Verantwortliche **Zweifel an der Tauglichkeit oder Zuverlässigkeit** des Bewerbers, teilt er die Gründe hierfür bei der Meldung oder während der Ausbildung der zuständigen Stelle mit. Die zuständige Stelle kann die Aufnahme oder Weiterführung der Ausbildung davon abhängig machen, dass der Bewerber seine **Eignung** nach § 24 c Abs. 2 LuftVZO **nachweist** (vgl. Abschnitt 6.4.5 „Tauglichkeit"). Die zuständige Stelle **untersagt** die Aufnahme oder Weiterführung der Ausbildung, wenn der Bewerber die **Voraussetzungen** der **Fliegertauglichkeit** oder der **Zuverlässigkeit nicht erfüllt**.

(5) Abweichend von der Vorlagepflicht das Tauglichkeitszeugnisses nach § 24 a LuftVZO vor Beginn der Ausbildung vorzulegen, haben Bewerber um eine **Lizenz für Segelflugzeugführer** nach § 36 der LuftPersV ein Tauglichkeitszeugnis dem Ausbildungsbetrieb oder der registrierten Einrichtung spätestens **vor dem ersten Alleinflug** vorzulegen. Der Ausbildungsbetrieb oder die registrierte Einrichtung weist den Bewerber vor Beginn der Ausbildung darauf hin, dass **die Lizenz nur bei nachgewiesener Tauglichkeit erteilt wird**. Inhaber einer Lizenz für Segelflugzeugführer haben **spätestens sechs Wochen nach Beginn der Ausbildung mit dem Ziel des Erwerbs einer Klassenberechtigung für Reisemotorsegler** nach § 40 a der LuftPersV durch Vorlage einer Mitteilung der zuständigen Luftsicherheitsbehörde nachzuweisen, dass **Zweifel an ihrer Zuverlässigkeit** im Sinne des § 7 des Luftsicherheitsgesetzes **nicht bestehen**. Die Meldung des Ausbildungsbetriebes oder der registrierten Ausbildungseinrichtung an die zuständige Stelle, ist bei Bewerbern um eine **Lizenz für Segelflugzeugführer oder Führer von nicht motorgetriebenen Luftsportgerät nur erforderlich,** wenn der für die Ausbildung Verantwortliche **Zweifel** hat, dass der Bewerber die Voraussetzungen erfüllt oder die erforderliche Zuverlässigkeit besitzt.

Das erforderliche **Tauglichkeitszeugnis** wird gemäß **§ 24 b LuftVZO** von

anerkannten flugmedizinischen Zentren oder flugmedizinischen Sachverständigen ausgestellt.

Zuständige Stelle für die Erteilung von Lizenzen für das Luftfahrtpersonal (§ 20 und § 21 LuftVZO)

1. Die **Lizenz** wird erteilt
    a) von der **Luftfahrtbehörde des Landes,** in dem der Bewerber seinen **Hauptwohnsitz hat oder ausgebildet wurde,** für Privatflugzeugführer, Privathubschrauberführer, Segelflugzeugführer, Freiballonführer und Steuerer von Flugmodellen mit einer höchstzulässigen Startmasse von über 150 kg und von sonstigem Luftfahrtgerät, das nach § 6 Abs. 1 Nr. 9 LuftVZO verkehrszulassungspflichtig ist (sonstiges Luftfahrtgerät, soweit es für die Benutzung des Luftraums bestimmt ist und nach der Verordnung zur Prüfung von Luftfahrtgerät prüfpflichtig ist);

b) vom **Luftfahrt-Bundesamt** für Verkehrsflugzeugführer, Berufsflugzeugführer, Berufshubschrauberführer, Verkehrshubschrauberführer, Flugingenieure, Luftschiffführer, Prüfer von Luftfahrtgerät und freigabeberechtigtes Personal, Flugdienstberater, Luftfahrtpersonal bei den Polizeien des Bundes und der Länder sowie für Luftfahrzeugführer nach Buchstabe a) bei gleichzeitigem Erwerb der Instrumentenflugberechtigung;

c) von dem **Beauftragten** nach § 31 c des Luftverkehrsgesetzes für Luftsportgeräteführer, Steuerer von Flugmodellen mit einer höchstzulässigen Startmasse bis zu 150 kg und für Prüfer von Luftsportgerät.

2. **Erweiterungen der Lizenz, die Erteilung besonderer Berechtigungen und die Anerkennung von Prüfungen und Prüfern** werden von den unter Buchstabe a), b) und c) genannten jeweils zuständigen Stellen vorgenommen. Für die Erteilung der **Instrumentenflugberechtigung ist allein das Luftfahrt-Bundesamt zuständig.** Wird eine Lizenz, die nach Ziffer 1. Buchstabe a) in die Zuständigkeit des Landes fällt, um die Instrumentenflugberechtigung erweitert, tritt das Luftfahrt-Bundesamt für diese Lizenz an die Stelle der bisher zuständigen Luftfahrtbehörde des Landes. Erlischt eine Instrumentenflugberechtigung, wird die betreffende Stelle nach Ziffer 1. Buchstabe a) für die verbleibende Lizenz zuständig.

3. **Die Verlängerung und Erneuerung der Lizenz** wird in den Fällen von Ziffer 1. Buchstabe a) von der für den Hauptwohnsitz des Antragstellers zuständigen Stelle, bei besonderen Umständen, von der für den Ausbildungsbetrieb zuständigen Stelle und in den Fällen unter Ziffer 1. Buchstabe b) und c) von der hiernach zuständigen Stelle erteilt.

Die Lizenz nach Ziffer 1. Buchstabe a) ihre **Verlängerung und Erneuerung** sowie **Erweiterungen** und **besondere Berechtigungen** hierzu können auch von der zuständigen Stelle **eines anderen Landes erteilt** werden, wenn die zuständige Stelle zustimmt.

Ziffer 3. gilt entsprechend für den **Widerruf, das Ruhen und die Beschränkung** der Lizenz nach § 29 LuftVZO.

Eine **Lizenz für Luftfahrtpersonal** muss gemäß **§ 25 LuftVZO beantragt** werden. Der Antrag auf Erteilung der Lizenz kann schon **vor Ablegung** der **vorgeschriebenen Prüfungen** nach JAR-FCL 1 deutsch, JAR-FCL 2 deutsch, JAR-FCL 4 deutsch bzw. der Verordnung über Luftfahrtpersonal (LuftPersV) gestellt werden. Ist für die Lizenz eine Prüfung nicht vorgeschrieben, ist der Antrag nach Erfüllung der fachlichen Voraussetzungen zu stellen. Dem Antrag sind beizufügen:

1. die bereits oben bei Beginn der Ausbildung erwähnten Unterlagen, es sei denn, der Antrag wird bei der zuständigen Stelle gestellt, der die Unterlagen nach § 24 Abs. 4 oder 5 LuftVZO vorgelegt worden sind; die zuständige Stelle kann die Vorlage eines **neuen Tauglichkeitszeugnisses** verlangen, wenn das vorgelegte Tauglichkeitszeugnis **älter als ein Jahr ist;**
2. eine Erklärung über die **Staatsangehörigkeit,** die auf Verlangen nachzuweisen ist;
3. ein vom Ausbildungsbetrieb oder von der registrierten Ausbildungseinrichtung angefertigter **Nachweis über die theoretische und praktische Ausbildung;**
4. ein **Passbild.**

Die zuständige Stelle **erteilt die Lizenz durch Aushändigung eines Luftfahrerscheins,** wenn die Voraussetzungen für die Ausbildung und die fachlichen Voraussetzungen nach JAR-FCL 1 deutsch, JAR-FCL 2 deutsch, JAR-FCL 4 deutsch bzw. Verordnung über Luftfahrtpersonal (LuftPersV) erfüllt sind. Hat der Prüfer Zweifel an der Eignung des Bewerbers, teilt er der zuständigen Stelle die Gründe hierfür mit.

Die Dauer der **Gültigkeit der Lizenz** ist nach den Bestimmungen im Luftfahrerschein einzutragen. Das Gleiche gilt für besondere Berechtigungen sowie Erweiterungen der Lizenz, wenn der Bewerber die Voraussetzungen erfüllt.

> **Wichtig:** Der Luftfahrerschein ist zusammen mit dem Personalausweis oder Reisepass und dem Tauglichkeitszeugnis bei Ausübung der erlaubnispflichtigen Tätigkeit mitzuführen.

Widerruf, Ruhen und Beschränkung der Lizenz

Die **Lizenz** ist von der zuständigen Stelle **zu widerrufen** und der Luftfahrerschein oder Ausweis einzuziehen, wenn die Voraussetzungen für ihre Erteilung nachträglich nicht nur vorübergehend entfallen sind. An Stelle des Widerrufes kann eine **Lizenz beschränkt oder mit Nebenbestimmungen** versehen werden, wenn dies ausreicht, die Sicherheit des Luftverkehrs aufrechtzuerhalten. Werden Tatsachen bekannt, die Bedenken gegen die Zuverlässigkeit oder Tauglichkeit eines Inhabers einer Lizenz begründen oder es wird die Nichttauglichkeit festgestellt, kann die zuständige Stelle das Ruhen der Lizenz anordnen und den Luftfahrerschein einziehen, bis der Inhaber der Lizenz seine Tauglichkeit nachgewiesen hat.

Die Lizenz ist ferner zu **widerrufen** und der **Luftfahrerschein oder Ausweis einzuziehen,** wenn der zuständigen Stelle Tatsachen bekannt werden, die **Zweifel an dem ausreichenden praktischen Können oder fachlichen Wissen** des Inhabers der Lizenz rechtfertigen und wenn eine von ihr **angeordnete Überprüfung verweigert wird oder ergibt,** dass der Inhaber der Lizenz ein ausreichendes praktisches Können oder fachliches Wissen **nicht mehr besitzt.**

An Stelle des Widerrufes kann das **Ruhen der Lizenz auf Zeit** oder eine **Nachschulung mit anschließender Überprüfung** angeordnet oder die Lizenz auf eine **bestimmte Betätigung** in der Luftfahrt beschränkt werden, wenn dies ausreicht, um die Sicherheit des Luftverkehrs aufrechtzuerhalten. **Das Ruhen der Lizenz** kann auch in Fällen **erheblicher Gefahr für die**

Sicherheit des Luftverkehrs bis zur Feststellung des weiteren ausreichenden praktischen Könnens oder fachlichen Wissens angeordnet werden, wenn der zuständigen Stelle Tatsachen bekannt werden, die erkennen lassen, dass der Inhaber der Lizenz das ausreichende praktische Können oder fachliche Wissen nicht mehr besitzt. Der über die Lizenz ausgestellte Luftfahrerschein oder Ausweis ist **für die Zeit des Ruhens der Lizenz in amtliche Verwahrung** zu nehmen und **im Falle der Beschränkung zu berichtigen** oder durch einen **neuen Luftfahrerschein oder Ausweis zu ersetzen.**

Oben Gesagtes gilt ebenfalls für die besonderen Berechtigungen und die nach LuftVZO erteilten Anerkennungen (nicht im Geltungsbereich der LuftVZO erteilte Lizenzen und Berechtigungen und die von einem Mitgliedstaat der Europäischen Union erteilte Lizenz sowie alle damit verbundenen Rechte und Bedingungen) sinngemäß.

6.1.2 Die Ausbildung von Luftfahrern

Nach **§ 5 LuftVG** und **§ 30 LuftVZO** darf die **Ausbildung** von Luftfahrern **nur** in

> **Ausbildungsbetrieben oder registrierten Ausbildungseinrichtungen**

durchgeführt werden, die dafür eine **Erlaubnis** besitzen.

Die Ausbildung von Inhabern einer Lizenz für Luftfahrer auf weiteren Luftfahrzeugmustern und Luftfahrzeugklassen richtet sich

1. für Luftfahrtpersonal, das unter § 20 Abs. 2 Satz Nr. 1 LuftVZO fällt, nach den Bestimmungen über die Lizenzierung von Piloten von Flugzeugen (JAR-FCL 1 deutsch) vom 15. April 2003 (BAnz. Nr. 80 a vom 29. April 2003);
2. für Luftfahrtpersonal, das unter § 20 Abs. 2 Satz 1 Nr. 2 LuftVZO fällt, nach den Bestimmungen über die Lizenzierung von Piloten von Hubschraubern (JAR-FCL 2 deutsch) von 15. April 2003 (BAnz. Nr. 80 b vom 29. April 2003). Die Ausbildung von Inhabern einer Lizenz für Luftfahrer zum Erwerb einer Berechtigung für weitere Luftfahrzeugmuster, Luftfahrzeugklassen oder Ballonarten, die nicht unter Satz 1 fallen, richtet sich nach der LuftPersV und kann auch außerhalb von Ausbildungsbetrieben oder registrierten Ausbildungseinrichtungen erfolgen.

Die **praktische Ausbildung** darf nur von Personen vorgenommen werden, die hierfür

> **eine Berechtigung zur praktischen Ausbildung von Luftfahrern**

besitzen. Die Berechtigung zur praktischen Ausbildung von Luftfahrern wird nach den gemäß LuftVZO § 20 Abs. 2 oder 3 anzuwendenden Vorschriften erteilt (Bestimmungen über die Lizenzierung von Piloten von Flugzeugen JAR-FCL 1 deutsch, von Hubschraubern JAR-FCL 2 deutsch. Für anderes erlaubnispflichtiges Personal gelten die Bestimmungen der LuftPersV).

§ 34 der LuftVZO enthält Vorschriften, die gewisse **Erleichterungen für den Luftsport** bringen. Für die Ausbildung von

- Privatflugzeugführern ohne Instrumentenflugberechtigung,
- Privathubschrauberführern ohne Instrumentenflugberechtigung,
- Segelflugzeugführern,
- Freiballonführern und
- Luftsportgeräteführern

gilt die Ausbildungserlaubnis als erteilt, wenn die Ausbildungseinrichtung oder ein Verband zusammengeschlossener Ausbildungseinrichtungen (z. B. DAeC) von der zuständigen Stelle registriert wurde. Die **zuständigen Stellen** für die Erteilung der **Ausbildungserlaubnis oder Registrierung** gemäß § 31 Abs. 1 LuftVZO wird

1. für Ausbildungsbetriebe oder registrierte Ausbildungseinrichtungen, die nur Privatflugzeugführer, Privathubschrauberführer, jeweils ohne Instrumentenflugberechtigung, Segelflugzeugführer oder Freiballonführer ausbilden, von der **Luftfahrtbehörde des Landes,** in dem die Ausbildung durchgeführt werden soll;
2. für registrierte Ausbildungseinrichtungen von den **Beauftragten (DAeC, DULV, DHV usw.),** soweit sie mit der Erteilung der Erlaubnis für die Ausbildung beauftragt sind;
3. für andere Ausbildungsbetriebe vom **Luftfahrt-Bundesamt,** erteilt.

Wären nach obigen Ausführungen in derselben Sache die **Luftfahrtbehörden mehrerer Länder zuständig,** so ist die Luftfahrtbehörde des Landes zuständig, in deren Bereich der **Schwerpunkt der Ausbildung** liegt. Im Zweifel bestimmen die obersten Luftfahrtbehörden der beteiligten Länder im **gegenseitigen Einvernehmen** die zuständige Behörde.

Mit der Ausbildung darf erst dann begonnen werden, wenn die zuständige Stelle dies aufgrund einer **Abnahmeprüfung** bei dem Ausbildungsbetrieb gestattet oder einer Ausbildungseinrichtung die Registrierung mitgeteilt hat (§ 35 LuftVZO).

Alle Ausbildungsbetriebe oder registrierten Ausbildungseinrichtungen – auch die der Luftsportverbände – unterliegen der **Aufsicht der zuständigen Stelle** der einmal im Jahr ein **Ausbildungsbericht** über den Verlauf der Ausbildung einschließlich besonderer Vorkommnisse vorzulegen ist (§ 36 LuftVZO).

Eine **Ausbildungserlaubnis** kann **widerrufen** werden, wenn **länger als ein Jahr kein Gebrauch** von ihr gemacht worden ist (§ 37 LuftVZO).

6.1.2.1 Anforderungen an Ausbildungsbetriebe (Anhang 1a zu JAR-FCL 1.055)

Im Folgenden werden die **Anforderungen an**

- eine **Erlaubnis als Ausbildungsbetrieb** für Flugausbildung zum Erwerb von **Lizenzen und Berechtigungen (FTOs – Flight Training Organisations),**
- eine **Erlaubnis als Ausbildungsbetrieb** für den Erwerb von **Musterberechtigungen,** nur für Inhaber von Lizenzen **(TRTOs – Type Rating Training Organisations)** und
- an **registrierte Ausbildungseinrichtungen.**

beschrieben.

I. Ausbildungsbetriebe für Flugausbildung zum Erwerb von Lizenzen und Berechtigungen (FTOs) – Flugzeuge – (Auszüge)

Einführung
Ein Ausbildungsbetrieb für Flugausbildung (FTO) ist eine Organisation, die über Personal und Ausrüstung verfügt und mit geeigneter Infrastruktur eine Flugausbildung und/oder eine Ausbildung an synthetischen Flugübungsgeräten und, soweit zutreffend, eine theoretische Ausbildung für besondere Ausbildungsprogramme anbietet. Eine **FTO,** die eine genehmigte Ausbildung gemäß den Bestimmungen der JAR-FCL anbieten möchte, bedarf der **Genehmigung der zuständigen Stelle.** Die zuständige Stelle erteilt die Genehmigung nur, wenn die FTO alle Anforderungen der JAR-FCL 1 erfüllt.

Genehmigungsverfahren
Sämtliche Ausbildungslehrgänge bedürfen der Genehmigung.

Die zuständige Stelle überwacht den Ausbildungsstandard und führt stichprobenartig Überprüfungen der Ausbildungsflüge durch. Während solcher Kontrollbesuche hat die FTO Einsicht in Ausbildungsaufzeichnungen, Genehmigungsunterlagen, technische Bordbücher, Unterrichtsunterlagen und sonstige Lehrmittel sowie Zugang zu Unterrichtsstunden und Flugbesprechungen zu gewähren. Nach dem Kontrollbesuch erhält die FTO von der zuständigen Stelle eine Kopie des Überprüfungsberichtes.

Wirtschaftliche Leistungsfähigkeit
Eine FTO muss der zuständigen Stelle glaubhaft machen, dass sie über ausreichende **finanzielle Grundlagen** verfügt, um die Ausbildung gemäß den genehmigten Standards durchzuführen.

Betriebsleitung und Lehrpersonal
Die Betriebsstruktur der FTO muss die Aufsicht über alle Mitarbeiter durch Personen gewährleisten, die über die notwendige Erfahrung und Befähigung verfügen, um anhaltend hohe Standards sicherzustellen. Nähere Angaben zur Betriebsstruktur, aus denen individuelle Aufgaben hervorgehen, müssen im Betriebshandbuch der FTO enthalten sein.

Die FTO muss der zuständigen Stelle glaubhaft machen, dass sie in ausreichender Anzahl entsprechend geeignete Mitarbeiter beschäftigt. Für die Durchführung durchgehender Ausbildungen müssen drei Mitarbeiter in Vollzeit beschäftigt sein als:

- Ausbildungsleiter (Head of Training/HT),
- Leiter der praktischen Ausbildung (Chief Flying Instructor/CFI),
- Leiter der theoretischen Ausbildung (Chief Ground Instructor/CGI).

Für die Durchführung **modularer Ausbildungen** können diese Aufgaben kombiniert und je nach Umfang der angebotenen Ausbildung von einer Person oder zwei Personen in Voll- oder Teilzeitbeschäftigung wahrgenommen werden. **Mindestens ein Mitarbeiter muss in Vollzeit tätig sein.** Die Anzahl der in Teilzeit beschäftigten Lehrberechtigten muss hinsichtlich des Umfangs der angebotenen Ausbildung den Anforderungen der zuständigen Stelle genügen.

Das Verhältnis der Flugschüler zu den Lehrberechtigten, ohne den Ausbildungsleiter, darf in der Regel **nicht mehr als 6:1** betragen. In theoretischen Fächern, die ein hohes Maß an Aufsicht erfordern oder praktische Tätigkeiten beinhalten, darf **die Anzahl der Flugschüler pro Klasse in der Regel nicht mehr als 12 betragen.**

6 Luftfahrtpersonal

Ausbildungsleiter
Der Ausbildungsleiter trägt **die Gesamtverantwortung** für die zweckmäßige Koordinierung der Flugausbildung, der Ausbildung an synthetischen Flugübungsgeräten und der theoretischen Ausbildung sowie für die Aufsicht über den Ausbildungsfortschritt der einzelnen Flugschüler. Er muss über **umfassende Erfahrungen** als Lehrberechtigter in der Ausbildung von beruflich tätigen Piloten und über solide **Führungsqualitäten** verfügen. Der Ausbildungsleiter muss **Inhaber einer CPL oder ATPL und der Berechtigung(en)** gemäß ICAO Anhang 1 für die entsprechende Ausbildung sein **oder in den drei Jahren vor seiner ersten Ernennung gewesen sein.**

Leiter der praktischen Ausbildung
Der Leiter der praktischen Ausbildung ist **verantwortlich für die Aufsicht** über die Lehrberechtigten **und die Standardisierung** der Flugausbildung sowie der **Ausbildung an synthetischen Flugübungsgeräten.** Der **Leiter der praktischen Ausbildung** muss:

> a) **im Besitz der höchsten Lizenz** für beruflich tätige Piloten sein, für die er ausbildet,
>
> b) **im Besitz der Berechtigung(en)** sein, für die er ausbildet,
>
> c) **im Besitz einer Lehrberechtigung** für mindestens eines der in der Ausbildung verwendeten Flugzeugmuster sein und
>
> d) **1 000 Stunden als verantwortlicher Pilot** nachweisen, davon **mindestens 500 Stunden Flugausbildungstätigkeit,** bezogen auf die durchgeführten Ausbildungslehrgänge, von denen **200 Stunden aus Instrumentenbodenzeit** bestehen können.

Lehrberechtigte, ausgenommen anerkannte Lehrberechtigte für die Ausbildung an synthetischen Flugübungsgeräten

> **Lehrberechtigte** müssen:
>
> a) im Besitz einer **CPL oder ATPL und der Berechtigung(en)** sein, für die sie ausbilden,
>
> b) im Besitz einer **Lehrberechtigung** für die entsprechende Ausbildung sein, z. B. Lehrberechtigung für Instrumentenflug, Lehrberechtigung für Flugausbildung, Lehrberechtigung für Klassen-/Musterberechtigungen oder
>
> c) im Besitz einer **Anerkennung** der zuständigen Stelle zur Durchführung besonderer Ausbildungen an der FTO sein.

Die höchstzulässigen Flug- und Flugdienstzeiten und die Mindestruhezeiten zwischen den einzelnen Einsätzen als Lehrberechtigter müssen den Anforderungen der Behörde genügen.

Anerkannte Lehrberechtigte für die Ausbildung an synthetischen Flugübungsgeräten
Für die Ausbildung an **FTD und FNPT** müssen Lehrberechtigte im Besitz einer **CPL oder ATPL und der Berechtigung(en)** für die entsprechende Ausbildung sein oder in den drei Jahren vor ihrer ersten Ernennung gewesen sein und über Ausbildungserfahrung verfügen; ausgenommen Lehrberechtigte, die im Besitz einer Anerkennung gemäß Punkt 3 und/oder 4 des Anhanges 1 zu JAR-FCL 1.005 sind. Für die Ausbildung in einem **Flugsimulator und/oder einem FNPT II** müssen Lehrberechtigte im Besitz einer **Lehrberechtigung FI(A), TRI(A), CRI(A) oder Anerkennung SFI(A)** sein (Abkürzungen siehe Abkürzungsverzeichnis im Anhang).

Leiter der theoretischen Ausbildung
Der Leiter der theoretischen Ausbildung ist **verantwortlich für die Aufsicht über die Lehrer** für theoretische Ausbildung und die **Standardisierung** der gesamten theoretischen Ausbildung. Der CGI muss in der Luftfahrt tätig gewesen sein, an einem Ausbildungslehrgang in Unterrichtsmethodik teilgenommen haben oder über umfassende Erfahrungen in Erteilung von theoretischem Unterricht verfügen.

Lehrer für theoretische Ausbildung
Lehrer für theoretische Ausbildung in Prüfungsfächern zum Erwerb von Lizenzen oder Berechtigungen müssen über entsprechende **Erfahrungen im Bereich Luftfahrt** verfügen. Vor ihrer Ernennung müssen sie ihre Fähigkeiten in einer **Lehrprobe,** die auf Unterrichtsmaterial basiert, das für die zu unterrichtenden Fächer von ihnen selbst erarbeitet wurde, nachweisen.

Aufzeichnungen
Eine FTO muss über geeignetes Verwaltungspersonal verfügen, um für einen Zeitraum von **mindestens fünf Jahren** folgende **Aufzeichnungen** zu führen und aufzubewahren:

> a) **ausführliche Angaben** zur theoretischen, praktischen und simulierten Flugausbildung (Ausbildung an synthetischen Flugübungsgeräten) **einzelner Flugschüler;**
>
> b) regelmäßige und ausführliche **Berichte** der Lehrberechtigten über den Ausbildungsfortschritt einschließlich **Beurteilungen** sowie regelmäßige theoretische und praktische **Zwischenprüfungen** und

c) **personenbezogene Daten,** z.B. Ablauf der Gültigkeitsdauer von flugmedizinischen Zeugnissen, Berechtigungen, usw.

Die Form des Ausbildungsnachweises für die Flugschüler ist im **Ausbildungshandbuch** festzulegen. Die FTO hat die Ausbildungsnachweise und Berichte auf Verlangen der zuständigen Stelle vorzulegen.

Ausbildungsprogramm
Für jede angebotene Ausbildung ist ein Ausbildungsprogramm zu erarbeiten. Dieses Programm muss **die wochen- oder abschnittsweise dargestellte theoretische und praktische Ausbildung** sowie die durchzuführenden **Flugübungen** und eine Zusammenfassung des Lehrplanes beinhalten. Insbesondere **die Ausbildung an synthetischen Flugübungsgeräten und die theoretische Ausbildung** sind so zu planen, dass die Flugschüler ihre **theoretischen Kenntnisse in den Flugübungen anwenden** können. Es sind Vorkehrungen zu treffen, damit **Probleme,** die während der theoretischen Ausbildung auftreten in der anschließenden praktischen Ausbildung **gelöst werden können.** Der Inhalt und Ablauf des Ausbildungsprogramms muss den Anforderungen der zuständigen Stelle genügen.

Ausbildungsflugzeuge
Es müssen in **ausreichender Anzahl** Flugzeuge zur Verfügung stehen, die für die entsprechende Ausbildung geeignet sind. Jedes Flugzeug muss mit einem **Doppelsteuer** ausgerüstet sein. **Schwenkbare Steuer sind nicht zulässig.** Je nach Art der Ausbildung, müssen ein oder mehrere Flugzeuge vorhanden sein, mit dem oder denen das **Überziehverhalten und Vermeiden von Trudeln** vorgeführt werden kann sowie ein oder mehrere Flugzeuge, die für **die Simulation von Instrumentenflug-Wetterbedingungen** und die Durchführung der geforderten **Instrumentenflugausbildung** in geeigneter Weise ausgerüstet sind. Es dürfen nur **Flugzeuge für die Ausbildung** eingesetzt werden, die von der zuständigen Stelle für diesen Zweck **genehmigt** worden sind.

Flugplätze
Der Flugplatz, bei dem der **Schwerpunkt für die Ausbildung** liegt, und alle weiteren Flugplätze, auf denen eine Flugausbildung durchgeführt wird, müssen **mindestens über folgende Einrichtungen** verfügen:

a) mindestens eine **Piste** oder einen **Startbereich,** die/der Ausbildungsflugzeugen die Möglichkeit bietet, **normale Starts oder Landungen mit der höchstzulässigen Start- oder Landemasse** durchzuführen unter den Bedingungen, dass

- **Windstille** herrscht (Windstärke nicht über vier Knoten) und **Temperaturen** vorliegen, die der durchschnittlich höchsten Temperatur für den wärmsten Monat des Jahres in dem Einsatzgebiet entsprechen,
- das Einhalten einer Startflugbahn mit einer **Hindernisfreiheit von mindestens 50 Fuß** möglich ist,
- sich **Triebwerk, Fahrwerk und Landeklappen** (sofern zutreffend) in dem vom Hersteller empfohlenen Betriebszustand befinden und
- ein **gleichmäßiger Übergang** vom Abheben bis zur Geschwindigkeit für die beste Steigrate ohne außergewöhnliche fliegerische Fähigkeiten oder Verfahren erreicht werden kann;

b) ein **Windrichtungsanzeiger,** in Bodennähe von den Endpunkten einer jeden Piste gesehen werden kann;

c) eine geeignete **elektrische Pistenbefeuerung für die Nachtflugausbildung** und

d) eine **Flugverkehrskontrollstelle,** außer an Flugplätzen, an denen die Ausbildungsbestimmungen, mit Genehmigung der zuständigen Stelle, durch andere **Flugfunkeinrichtungen** erfüllt werden können.

Räumlichkeiten für den Flugbetrieb
Folgende Räumlichkeiten müssen vorhanden sein:

a) ein **Flugüberwachungsraum;**

b) ein **Flugvorbereitungsraum** mit folgenden Einrichtungen:

- geeigneten aktuellen **Luftfahrtkarten,**
- aktuellen **Informationen des Flugberatungsdienstes,**
- aktuellen **Wetterinformationen,**
- **Verbindung zur Flugverkehrskontrollstelle und zum Flugüberwachungsraum,**
- **Karten** mit Eintragungen der **Standardstrecken** für Überlandflüge,
- Karten mit Eintragungen aktueller **Sperr-, Gefahren- und Flugbeschränkungsgebiete,**
- sonstige **Unterlagen für Flugsicherheit.**

c) angemessene **Besprechungsräume/-kabinen** in ausreichender Größe und Anzahl;

d) geeignete **Büroräume** für **das Aufsichtspersonal** und **Räumlichkeiten**, die den **Lehrberechtigten** zum Verfassen und Vervollständigen von Aufzeichnungen zur Verfügung stehen usw.;

e) möblierte **Aufenthaltsräume für Lehrberechtigte und Flugschüler.**

Einrichtungen für die theoretische Ausbildung
Folgende Einrichtungen müssen für die theoretische Ausbildung zur Verfügung stehen:

a) geeignete **Räumlichkeiten für die jeweilige Anzahl an Flugschülern,**

b) geeignetes **Anschauungsmaterial** als Hilfsmittel für die Theorieausbildung,

c) **eine Einrichtung zur Ausbildung und Prüfung des Sprechfunks,**

d) **eine Bibliothek** mit unterrichtsrelevantem Lehrmaterial,

e) **Büroräume für das Lehrpersonal.**

Voraussetzungen für die Aufnahme der Ausbildung
Ein Flugschüler, der zur Ausbildung angenommen wird, muss im Besitz des vorgeschriebenen flugmedizinischen Zeugnisses für die angestrebte Lizenz sein und muss die von der zuständigen Stelle genehmigten Aufnahmebedingungen der FTO gemäß LuftVZO erfüllen.

Ausbildungs- und Betriebshandbuch
Eine FTO hat ein Ausbildungs- und ein Betriebshandbuch zu erstellen und auf aktuellem Stand zu halten.

II. Ausbildungsbetrieb für den Erwerb von Musterberechtigungen nur für Inhaber von Lizenzen (TRTOs) – Flugzeuge.

Ähnliche Anforderungen an den Ausbildungsbetrieb, wie oben unter I. aufgeführt, werden auch hier gestellt. Einzelheiten siehe Anhang 2 JAR-FCL 1.055.

III. Registrierte Ausbildungseinrichtungen

Angaben zum Antrag auf Registrierung einer Ausbildungseinrichtung:
- **Name und Anschrift,** unter denen die Ausbildungseinrichtung betrieben wird,
- **Name des/der Betreiber** oder Vertretungsbefugten,
- beabsichtigter **Beginn der Ausbildungstätigkeit,**
- **Name, Anschrift und Telefonnummer der Fluglehrer** unter Angabe der Qualifikationen,
- **Name und Anschrift des Flugplatzes,** auf dem die Ausbildung durchgeführt werden soll (falls zutreffend), Name des Unternehmers des Flugplatzes,
- **Auflistung der Luftfahrzeuge,** die in der Ausbildungseinrichtung verwendet werden sollen, **einschließlich aller synthetischen Flugübungsgeräte** (falls zutreffend), unter Angabe von: Luftfahrzeugklasse/art und ggf. -muster, Eintragung(en) im Luftfahrzeugregister, eingetragenem(n) Halter(n), Kategorie des Lufttüchtigkeitszeugnisses,
- **Art der Ausbildung,** die in der Einrichtung durchgeführt werden soll:
    - theoretische Ausbildung,
    - Flugausbildung,
    - Nachtflugqualifikation,
    - Klassenberechtigungen (z. B. Reisemotorsegler),
    - sonstige Berechtigungen (z. B. Kunstflugberechtigung, Wolkenflugberechtigung usw.),
- **Angaben zur Versicherung der Luftfahrzeuge und der Auszubildenden,**
- **Angaben über Voll- oder Teilzeitbetrieb der Ausbildungseinrichtung,**
- **sonstige zweckdienliche Angaben,**
- **Erklärung, dass**
    - die obigen Angaben richtig sind,
    - die Ausbildung in Übereinstimmung mit den in der LuftVZO § 20 Abs. 2 oder 3 genannten Vorschriften durchgeführt wird,
- **Datum,**
- **Unterschrift.**

6.2 Lizenzen für Privatluftfahrzeugführer gemäß JAR-FCL 1 deutsch und LuftPersV

(Privatflugzeugführer PPL(A) JAR-FCL 1 deutsch und LuftPersV, Luftfahrerschein für Segelflugzeugführer und Luftfahrerschein für Luftsportgeräteführer)

Die **Bestimmungen über Lizenzierung von Piloten der europäischen Länder,** die der JAA (Joint Aviation Authority) angeschlossen sind, nämlich

JAR-FCL	Joint Aviation Requirements – Fligt Crew Licensing
	(Anforderungen der europäischen Luftfahrtbehörden an die Lizenzierung von Flugbesatzungen)
JAR-FCL 1 deutsch	Flugzeug
JAR-FCL 2 deutsch	Hubschrauber
JAR-FCL 4 deutsch	Flugingenieure

enthalten im Wesentlichen **Vorschriften** über:

- **die fachlichen Voraussetzungen für den Erwerb** der einzelnen **europäischen** Lizenzen (Luftfahrerscheine) und Berechtigungen;
- **die durchzuführenden Prüfungen für den Erwerb der europäischen** Lizenzen (Luftfahrerscheine) und Berechtigungen;
- **die Erteilung und den Umfang der europäischen** Lizenzen (Luftfahrerscheine) und Berechtigungen;
- **die Gültigkeitsdauer, Verlängerung und Erneuerung der europäischen** Lizenzen (Luftfahrerscheine) und Berechtigungen.

Die **Verordnung über Luftfahrtpersonal** (LuftPersV) enthält im Wesentlichen **Vorschriften** über:

- **die fachlichen Voraussetzungen für den Erwerb der einzelnen nationalen** Lizenzen (Luftfahrerscheine) und Berechtigungen;
- **die durchzuführenden Prüfungen für den Erwerb der nationalen** Lizenzen (Luftfahrerscheine) und Berechtigungen;
- **die Erteilung und den Umfang der nationalen** Lizenzen (Luftfahrerscheine) und Berechtigungen;
- **die Gültigkeitsdauer, Verlängerung und Erneuerung der nationalen** Lizenzen (Luftfahrerscheine) und Berechtigungen.

Wir werden uns im Folgenden mit den **Lizenzen** für **Privatflugzeugführer, Segelflugzeugführer** und **Luftsportgeräteführer** befassen. Die Berechtigungen für Privatflugzeugführer, Segelflugzeugführer und Luftsportgeräteführer werden im Abschnitt 6.3 „Berechtigungen..." behandelt.

6.2.1 Die Lizenz PPL(A) nach JAR-FCL 1 deutsch für Privatpiloten (Privatflugzeugführer)

Abschnitt C der Bestimmungen **JAR-FCL 1 deutsch** (JAR-FCL 1.100 bis 1.135 und Anhänge dazu) enthalten die **Vorschriften** über die **fachlichen Voraussetzungen, Erleichterungen, Prüfungen** und die **Nachtflugqualifikation.**

Abschnitt B der Bestimmungen **JAR-FCL 1 deutsch** enthält **Anforderungen an den Flugschüler.** Der Flugschüler muss **vor seinem ersten Alleinflug mindestens 16 Jahre** alt sein (JAR-FCL 1.090). Der Flugschüler darf **Alleinflüge** nur durchführen, **wenn er im Besitz eines gültigen Tauglichkeitszeugnisses der Klasse 1 oder 2 ist** (JAR-FCL 1.095).

Fachliche Voraussetzungen (JAR-FCL 1.125, 1.085)

(1) **Fachliche Voraussetzungen** für den Erwerb der **Lizenz für Privatpiloten PPL(A) nach JAR-FCL** sind:

1. die **theoretische Ausbildung,**
2. die **Flugausbildung,**
3. **erfolgreiche Teilnahme an einer Unterweisung in Sofortmaßnahmen am Unfallort**
   (bei Beginn der praktischen Ausbildung zum Erwerb einer Lizenz muss diese abgeschlossen sein).

(2) **Der Lehrplan für die theoretische Ausbildung** des PPL(A)-Lehrgangs muss Folgendes umfassen:

- Luftrecht,
- allgemeine Luftfahrzeugkenntnisse (A),

6 Luftfahrtpersonal

- Flugleistung und Flugplanung,
- menschliches Leistungsvermögen,
- Meteorologie,
- Navigation,
- flugbetriebliche Verfahren,
- Aerodynamik und Sprechfunkverkehr.

Weitere Einzelheiten der theoretischen Ausbildung sind in Anhang 1 B zur 1. DV LuftPersV festgelegt.

Der Bewerber für eine PPL(A) hat in einem **Ausbildungsbetrieb oder einer akzeptierten, registrierten Ausbildungseinrichtung** die erforderliche Ausbildung in Übereinstimmung mit dem Lehrplan (s. o.) gemäß Anhang 1 zu JAR-FCL 1.125 nachzuweisen. Die Voraussetzungen für die **Registrierung der Ausbildungseinrichtung sind** in Auszügen im Abschnitt 6.1.2 „Die Ausbildung von Luftfahrern" aufgeführt. Das Ziel eines PPL(A)-Lehrgangs ist die Ausbildung von Flugschülern in der **sicheren und fachkundigen Durchführung von Flügen nach Sichtflugregeln.**

(3) Der Bewerber für eine PPL(A) muss **mindestens 45 Stunden** als Pilot auf Flugzeugen nachweisen, davon können **fünf Stunden in einem FNPT oder Flugsimulator** durchgeführt worden sein. Inhaber von Lizenzen oder gleichwertigen Rechten für Hubschrauber, Ultraleichthubschrauber, Flugschrauber, aerodynamisch gesteuerte Ultraleichtflugzeuge mit starren Tragflügeln, Segelflugzeuge oder Motorsegler können **10 Prozent ihrer gesamten Flugzeit** als verantwortlicher Pilot auf diesen Luftfahrzeugen, jedoch **nicht mehr als 10 Stunden,** für eine PPL(A) **anrechnen** lassen.

(4) In der Flugausbildung muss der Bewerber für eine PPL(A) **mindestens 25 Stunden mit Lehrberechtigtem und mindestens 10 Stunden im Alleinflug unter Aufsicht** auf Flugzeugen mit einem von einem JAA-Mitgliedstaat erteilten oder akzeptierten Lufttüchtigkeitszeugnis nachweisen, darin müssen **mindestens fünf Stunden im Allein-Überlandflug mit mindestens einem Flug über eine Strecke von mindestens 270 km (150 NM)** enthalten sein, bei dem auf **zwei vom Startflugplatz verschiedenen Flugplätzen Landungen bis zum vollständigen Stillstand** durchzuführen sind. Wurde dem Bewerber Flugzeit als verantwortlicher Pilot auf anderen Luftfahrzeugen gemäß JAR-FCL (s. o.) angerechnet, kann sich die geforderte Ausbildungszeit mit Lehrberechtigtem auf Flugzeugen **auf eine Mindestanzahl von 20 Stunden verringern.**

Der Lehrplan für die Flugausbildung zum PPL(A) muss Folgendes umfassen (Anhang 1 zu JAR-FCL 1.125):

1. Flugvorbereitung, einschließlich Bestimmung von Masse und Schwerpunktlage, Kontrolle und Bereitstellung des Flugzeugs;
2. Platzrundenverfahren, Verfahren zur Vermeidung von Zusammenstößen und Vorsichtsmaßnahmen;
3. Führen des Flugzeugs mit Sicht nach außen;
4. Grenzflugzustände im unteren Geschwindigkeitsbereich, Erkennen und Beenden von beginnenden und voll überzogenen Flugzuständen;
5. Grenzflugzustände im oberen Geschwindigkeitsbereich, Erkennen und Beenden von Spiralsturzflugzuständen;
6. Starts und Landungen mit und ohne Seitenwind;
7. Starts mit höchstzulässiger Leistung auf kurzen Pisten und unter Berücksichtigung der Hindernisfreiheit und Landungen auf kurzen Pisten;
8. Führen des Flugzeugs ausschließlich nach Instrumenten, einschließlich einer Horizontalkurve von 180° (dieser Teil der Ausbildung kann von einem FI(A) durchgeführt werden);
9. Überlandflüge mit Sicht nach außen, Koppelnavigation und Funknavigationshilfen;
10. Notverfahren, einschließlich simulierter Ausfälle der Flugzeugausrüstung;
11. An- und Abflüge von und zu kontrollierten Flugplätzen, Flüge durch Kontrollzonen, Einhaltung von Flugverkehrsverfahren, Sprechfunkverkehr und Sprechgruppen.

Prüfung (JAR-FCL 1.130 und JAR-FCL 1.135)

(1) Der Bewerber für eine PPL(A) der **alle Voraussetzungen gemäß JAR-FCL deutsch** nachweist, erfüllt damit die Anforderungen für die Erteilung einer PPL(A) und hat **mindestens die Klassen-/Musterberechtigung** für das in der praktischen Prüfung verwendete Flugzeugmuster erworben.

(2) Der Bewerber für eine PPL(A) hat der zuständigen Stelle **theoretische Kenntnisse** in Art und Umfang nachzuweisen, die den Rechten der PPL(A) entsprechen. Die Bestimmungen und Verfahren für die theoretische Prüfung sind in Anhang 1 zu JAR-FCL 1.130 und 1.135 enthalten.

(3) Der Bewerber für eine PPL(A) muss die **Fähigkeit nachgewiesen** haben, als verantwortlicher Pilot eines Flugzeugs die entsprechenden Verfahren und Übungen gemäß Anhang 1 zu JAR-FCL 1.130 und 1.135 so durchzuführen, wie es die Rechte der Lizenz erfordern. Die praktische Prüfung ist **innerhalb von sechs Monaten** nach Beendigung der Flugausbildung abzulegen.

Erteilung und Umfang der Lizenz (JAR-FCL 1.110 und 1.105)
Der Inhaber einer PPL(A) ist berechtigt als **verantwortlicher Pilot oder Kopilot** auf Flugzeugen im **nichtgewerbsmäßigen Luftverkehr** tätig zu sein. Er muss im Besitz eines Tauglichkeitszeugnisses der Klasse 1 oder 2 sein. **Für die Ausübung der Rechte einer PPL(A) ist ein gültiges Tauglichkeitszeugnis Klasse 1 oder 2 vorgeschrieben.**

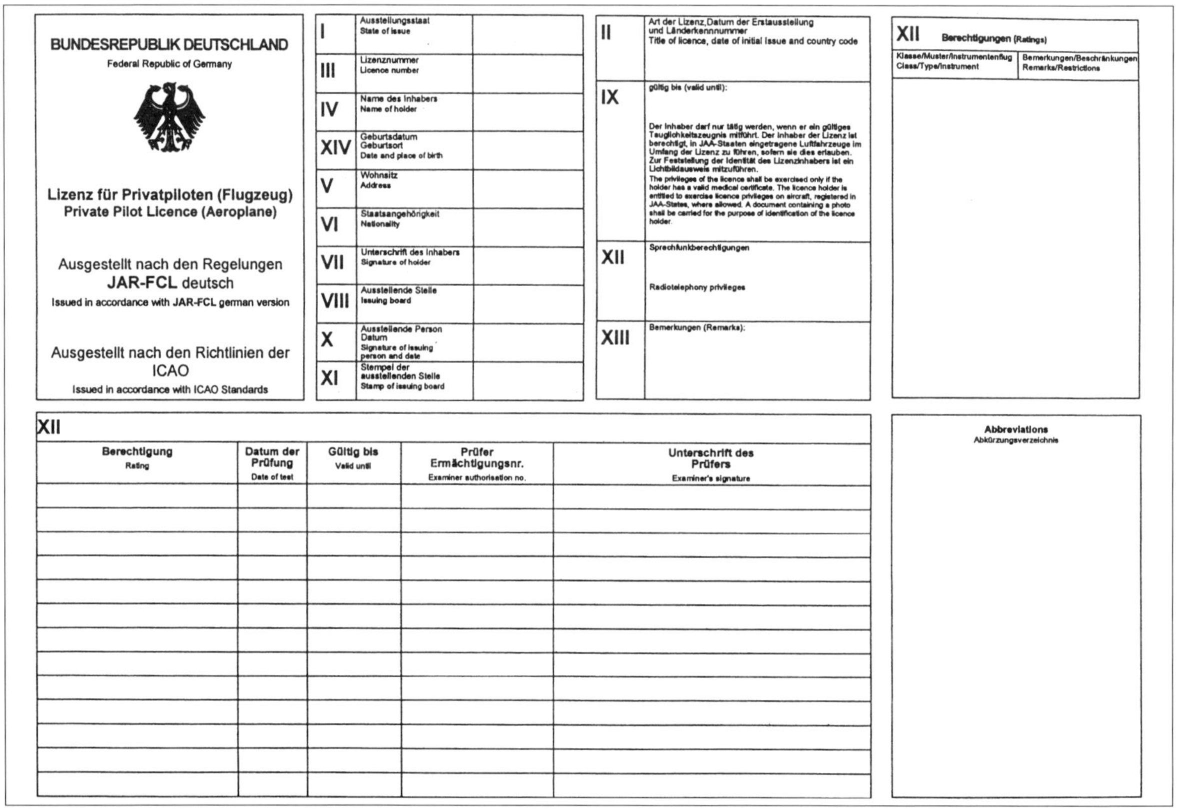
BUNDESREPUBLIK DEUTSCHLAND
Federal Republic of Germany

Lizenz für Privatpiloten (Flugzeug)
Private Pilot Licence (Aeroplane)

Ausgestellt nach den Regelungen JAR-FCL deutsch
Issued in accordance with JAR-FCL german version

Ausgestellt nach den Richtlinien der ICAO
Issued in accordance with ICAO Standards

I	Ausstellungsstaat State of issue	
III	Lizenznummer Licence number	
IV	Name des Inhabers Name of holder	
XIV	Geburtsdatum Geburtsort Date and place of birth	
V	Wohnsitz Address	
VI	Staatsangehörigkeit Nationality	
VII	Unterschrift des Inhabers Signature of holder	
VIII	Ausstellende Stelle Issuing board	
X	Ausstellende Person Datum Signature of issuing person and date	
XI	Stempel der ausstellenden Stelle Stamp of issuing board	

II	Art der Lizenz, Datum der Erstausstellung und Länderkennnummer Title of licence, date of initial issue and country code
IX	gültig bis (valid until): Der Inhaber darf nur tätig werden, wenn er ein gültiges Tauglichkeitszeugnis mitführt. Der Inhaber der Lizenz ist berechtigt, in JAA-Staaten eingetragene Luftfahrzeuge im Umfang der Lizenz zu führen, sofern sie dies erlauben. Zur Feststellung der Identität des Lizenzinhabers ist ein Lichtbildausweis mitzuführen. The privileges of the licence shall be exercised only if the holder has a valid medical certificate. The licence holder is entitled to exercise licence privileges on aircraft, registered in JAA-States, where allowed. A document containing a photo shall be carried for the purpose of identification of the licence holder.
XII	Sprechfunkberechtigungen Radiotelephony privileges
XIII	Bemerkungen (Remarks):

XII Berechtigungen (Ratings)	
Klasse/Muster/Instrumentenflug Class/Type/Instrument	Bemerkungen/Beschränkungen Remarks/Restrictions

XII

Berechtigung Rating	Datum der Prüfung Date of test	Gültig bis Valid until	Prüfer Ermächtigungsnr. Examiner authorisation no.	Unterschrift des Prüfers Examiner's signature

Abbreviations
Abkürzungsverzeichnis

Bild 6.1 Lizenz für Privatpiloten (Flugzeug) ausgestellt nach den Regelungen JAR-FCL deutsch

Die Nachtflugqualifikation
Für die Durchführung von **Flügen bei Nacht** hat der Lizenzinhaber **die Nachtflugqualifikation** zu erwerben. Für die Durchführung von Flügen bei Nacht sind **mindestens fünf zusätzliche Stunden** auf Flugzeugen **bei Nacht** durchzuführen, davon **drei Stunden mit Lehrberechtigtem mit mindestens einer Stunde Überlandflugnavigation sowie fünf Alleinstarts und fünf Alleinlandungen bis zum vollständigen Stillstand.** Diese Qualifikation wird in die Lizenz eingetragen.

Einzelheiten über Ausbildungsflugzeuge und Flugplätze, bei denen der Schwerpunkt der Ausbildung liegt und alle weiteren Flugplätze, auf denen eine Flugausbildung durchgeführt wird, vgl. Abschnitt **6.1.2 „Die Ausbildung von Luftfahrern“.**

Gültigkeit von Lizenzen und Berechtigungen (JAR-FCL 1.025)
Der Inhaber einer Lizenz darf **die Rechte einer erteilten Lizenz oder Berechtigung nur dann ausüben,** wenn er die entsprechenden Anforderungen der JAR-FCL erfüllt. **Die Gültigkeit der Lizenz wird durch die Gültigkeit der eingetragenen Berechtigung und das Tauglichkeitszeugnis bestimmt.** Die Lizenz wird für längstens **fünf Jahre** ausgestellt. Innerhalb dieses Zeitraumes wird die Lizenz von der zuständigen Stelle in folgenden Fällen **neu ausgestellt:**

- beim Ersterwerb sowie bei der Erneuerung einer Berechtigung,
- wenn unter Punkt XII der Lizenz kein Platz für weitere Eintragungen zur Verfügung steht,
- aus verwaltungstechnischen Gründen,
- nach Ermessen der zuständigen Stelle bei Verlängerung einer Berechtigung.

Gültige Berechtigungen werden von der zuständigen Stelle in die neu ausgestellte Lizenz übernommen. **Der Lizenzinhaber hat bei der zuständigen Stelle einen Antrag auf Neuausstellung der Lizenz zu stellen.**

Einzelheiten über Gültigkeit (24 Monate) und Verlängerung der Klassenberechtigungen für mehrmotorige/einmotorige Flugzeuge mit einem Piloten finden Sie in Abschnitt 6.3.1 „Die Klassenberechtigung und die Musterberechtigung".

6.2.2 Die Lizenz (Luftfahrerschein) für Privatflugzeugführer nach LuftPersV

Die **§§ 1 bis 5 LuftPersV** enthalten die Vorschriften über die fachlichen Voraussetzungen, Erleichterungen, Prüfungen, Erteilung und Umfang der Lizenz, Gültigkeit der Lizenz und der Klassenberechtigungen für den **Erwerb des Luftfahrerscheins für Privatflugzeugführer nach nationalem Recht.**

Ferner wird darin die Erteilung, Umfang der Lizenz, die Gültigkeit der Lizenz und der Klassenberechtigungen und der Übergang zum Erwerb der Privatpilotenlizenz (Flugzeuge) nach JAR-FCL 1 deutsch geregelt.

Fachliche Voraussetzungen (§ 1 LuftPersV)

(1) **Fachliche Voraussetzungen** für den Erwerb der **Lizenz für Privatflugzeugführer** sind:
  1. die theoretische Ausbildung,
  2. die Flugausbildung,
  3. die erfolgreiche Teilnahme an einer Ausbildung in Sofortmaßnahmen am Unfallort.

(2) **Die theoretische Ausbildung umfasst die Sachgebiete:**
  1. Luftrecht, Luftverkehrs- und Flugsicherungsvorschriften, einschließlich Rechtsvorschriften des beweglichen Flugfunkdienstes und die Durchführung des Sprechfunkverkehrs bei Flügen nach Sichtflugregeln,
  2. Navigation,
  3. Meteorologie,
  4. Aerodynamik,
  5. allgemeine Luftfahrzeugkenntnisse, Technik,
  6. Verhalten in besonderen Fällen,
  7. menschliches Leistungsvermögen.

(3) **Die Flugausbildung** umfasst **mindestens 35 Flugstunden** auf Flugzeugen **verschiedener Muster** mit einer **Höchstabflugmasse bis zu 750 kg** innerhalb der **letzten vier Jahre** vor Ablegung der Prüfung nach § 2, davon **10 Stunden Alleinflug.** Wird die Flugausbildung **innerhalb von vier Monaten** abgeschlossen, ermäßigt sie sich auf mindestens **30 Flugstunden**, davon **10 Stunden im Alleinflug.**

(4) **In der Flugausbildung nach Absatz 3 müssen enthalten sein:**
  1. die Flugvorbereitung einschließlich Bestimmung von Masse und Schwerpunktlage, Kontrolle und Bereitstellung des Flugzeugs;
  2. Platzrundenverfahren, Verfahren zur Vermeidung von Zusammenstößen und Vorsichtsmaßnahmen;
  3. Führen des Flugzeugs mit Sicht nach außen;
  4. Grenzflugzustände im unteren Geschwindigkeitsbereich, Erkennen und Beenden von beginnenden überzogenen Flugzuständen;
  5. Grenzflugzustände im oberen Geschwindigkeitsbereich, Erkennen und Beenden von Spiralsturzflugzuständen;
  6. Starts und Landungen bei Seitenwind;
  7. Starts und Landungen mit höchstzulässiger Leistung auf kurzen Pisten und unter Berücksichtigung der Hindernisfreiheit auf kurzen Pisten;

> 8. Notverfahren einschließlich simulierter Ausfälle der Flugzeugausrüstung;
> 9. An- und Abflüge zu und von kontrollierten Flugplätzen, Flüge durch Kontrollzonen, Einhaltung von Flugverkehrsverfahren, Sprechfunkverkehr;
> 10. ein Überlandflug im Alleinflug über eine Strecke von mindestens 270 km, bei dem auf zwei vom Startflugplatz verschiedenen Flugplätzen Landungen bis zum vollständigen Stillstand durchzuführen sind.
>
> **(5)** In der Flugausbildung mit Fluglehrer können **Reisemotorsegler als zweites Muster** mit einer Flugzeit von insgesamt **nicht mehr als 15 Stunden** verwendet werden.

§ 1 a der LuftPersV sieht gewisse **Erleichterungen** für den Erwerb der Lizenz für Privatflugzeugführer für Segelflugzeugführer, Hubschrauberführer und Führer von aerodynamisch gesteuerten Ultraleichtflugzeugen mit **gültigem Luftfahrerschein** vor. Für diesen Personenkreis **verringern** sich die vorgeschriebenen Flugstunden der Flugausbildung zum Teil erheblich.

Erleichterungen (§ 1 a LuftPersV)

> **(1)** Für Bewerber, die eine Lizenz für **Segelflugzeugführer** oder **Hubschrauberführer** besitzen, verringert sich die Flugausbildung nach § 1 Abs. 3 LuftPersV auf **mindestens 20 Flugstunden** auf Flugzeugen mit einer Höchstabflugmasse bis zu 750 kg. § 1 Abs. 4 LuftPersV bleibt unberührt.
>
> **(2)** Für Bewerber, die eine Lizenz für **Segelflugzeugführer mit Klassenberechtigung Reisemotorsegler** besitzen, verringert sich die Ausbildung auf **fünf Flugstunden,** darin müssen **10 Starts und Landungen mit Lehrer und 10 Starts und Landungen im Alleinflug** enthalten sein.
>
> **(3)** Für Bewerber, die eine Lizenz für Führer von **aerodynamisch gesteuerten Ultraleichtflugzeugen** besitzen, verringert sich die Ausbildung auf **sieben Flugstunden,** darin müssen **10 Starts und Landungen mit Lehrer und 10 Starts und Landungen im Alleinflug** sowie **An- und Abflüge zu und von kontrollierten Flugplätzen,** Flüge durch **Kontrollzonen,** Einhaltung von **Flugverkehrsverfahren, Sprechfunkverkehr** und Sprechgruppen enthalten sein.

Nach § 2 LuftPersV hat der Bewerber um die **Lizenz für Privatflugzeugführer** eine **theoretische** und eine **praktische Prüfung** abzulegen. Die theoretische Prüfung hat **immer vor** der praktischen Prüfung zu erfolgen.

Prüfung (§ 2 LuftPersV)

> **(1)** Der Bewerber hat in einer **theoretischen und praktischen Prüfung** nachzuweisen, dass er nach seinem praktischen Können und seinem fachlichen Wissen die an einen Privatflugzeugführer zu stellenden **Anforderungen erfüllt.**
>
> **(2)** Die Prüfung erstreckt sich auf
>
> 1. die in § 1 Abs. 2 **aufgeführten Sachgebiete,**
> 2. **die notwendigen Kenntnisse und Fähigkeiten** zum Führen und Bedienen von Flugzeugen mit einer **Höchstabflugmasse bis zu 750 kg,**
> 3. **das Verhalten in besonderen Flugzuständen und in Notfällen.**

§ 3 LuftPersV regelt die **Erteilung** und den **Umfang der Lizenz** (Luftfahrerschein)

> **Wichtig:** Die **Lizenz** gilt **erst mit der Aushändigung** des **Luftfahrerscheins** als erteilt.

Erteilung und Umfang der Lizenz (§ 3 LuftPersV)

> **(1)** Die Lizenz wird durch Aushändigung des Luftfahrerscheins mit der **Klassenberechtigung einmotorige kolbengetriebene Landflugzeuge bis zu einer Höchstabflugmasse von 750 kg** erteilt. Werden während der Ausbildung auch die Voraussetzungen nach § 3 a LuftPersV für den Erwerb der Klassenberechtigung für Reisemotorsegler nachgewiesen, wird zusätzlich die **Klassenberechtigung für Reisemotorsegler** in den Luftfahrerschein eingetragen. Der Luftfahrerschein wird von der nach der Luftverkehrs-Zulassungs-Ordnung **zuständigen Stelle** bei Erteilung, Verlängerung, Erneuerung einer Berechtigung, sonstige Änderung der eingetragenen Daten **neu ausgestellt.**
>
> **(2)** Die Lizenz berechtigt zum Führen von **Flugzeugen** nach Absatz 1:
>
> 1. im **nichtgewerbsmäßigen Luftverkehr** als verantwortlicher Flugzeugführer **am Tage** auf Flugzeugen der eingetragenen Muster **innerhalb des Hoheitsgebietes der Bundesrepublik Deutschland;**

2. im **nichtgewerbsmäßigen Luftverkehr** zu einer **berufsmäßigen Tätigkeit** als verantwortlicher Flugzeugführer auf Flugzeugen der im Luftfahrerschein eingetragenen Muster, **beschränkt auf das Schleppen von Gegenständen hinter Flugzeugen und die Ausbildung von Privatflugzeugführern auf diesen Mustern innerhalb des Hoheitsgebietes der Bundesrepublik Deutschland.** Die §§ 84 und 88 a bleiben unberührt.

Klassenberechtigung für Reisemotorsegler (§ 3 a LuftPersV)

(1) Privatflugzeugführer nach § 1 LuftPersV bedürfen **zur Führung von Reisemotorseglern der Klassenberechtigung.**

(2) **Fachliche Voraussetzungen** für den Erwerb der **Klassenberechtigung für Reisemotorsegler** sind:
1. Der Besitz der Lizenz für Privatflugzeugführer nach § 1 LuftPersV sowie eine **Einweisung** von mindestens **fünf Flugstunden** in die Führung und Bedienung von Reisemotorseglern, deren Beherrschung in besonderen Flugzuständen und das Verhalten in Notfällen; darin müssen **10 Starts und Landungen mit Lehrer, fünf Landungen mit abgestelltem Triebwerk** und **10 Starts und Landungen im Alleinflug**, davon **fünf Landungen mit abgestelltem Triebwerk** enthalten sein.
2. Die **Ablegung einer praktischen Prüfung,** in der der Bewerber nachweist, dass er die erforderlichen Kenntnisse und Fähigkeiten zur Führung und Bedienung von Reisemotorseglern **im Normalflugbetrieb** und bei **besonderen Flugzuständen** besitzt.

Klassenberechtigung für einmotorige kolbengetriebene Landflugzeuge bis zu einer Höchstabflugmasse von 2 000 kg (§ 3 b LuftPersV)

(1) Privatflugzeugführer nach § 1 LuftPersV bedürfen zur **Führung von einmotorigen kolbengetriebenen Landflugzeugen** bis zu einer Höchstabflugmasse von 2 000 kg der Klassenberechtigung.

(2) **Fachliche Voraussetzungen** für den Erwerb der **Klassenberechtigung zur Führung von einmotorigen kolbengetriebenen Landflugzeugen bis zu einer Höchstabflugmasse von 2 000 kg** sind:
1. Der Besitz der Lizenz für Privatflugzeugführer nach § 1 LuftPersV sowie eine **Einweisung** von **fünf Flugstunden** in die Führung und Bedienung von einmotorigen kolbengetriebenen Landflugzeugen bis zu einer Höchstabflugmasse von 2 000 kg, deren Beherrschung in **besonderen Flugzuständen** und das **Verhalten bei Notfällen,** darin müssen mindestens **10 Starts und Landungen mit Lehrer und 10 Starts und Landungen im Alleinflug** enthalten sein.
2. Die **Ablegung einer praktischen Prüfung,** in der der Bewerber nachweist, dass er die erforderlichen Kenntnisse und Fähigkeiten zur Führung und Bedienung von einmotorigen kolbengetriebenen Landflugzeugen bis zu einer Höchstabflugmasse von 2 000 kg **im Normalbetrieb** und bei **besonderen Flugzuständen** besitzt.

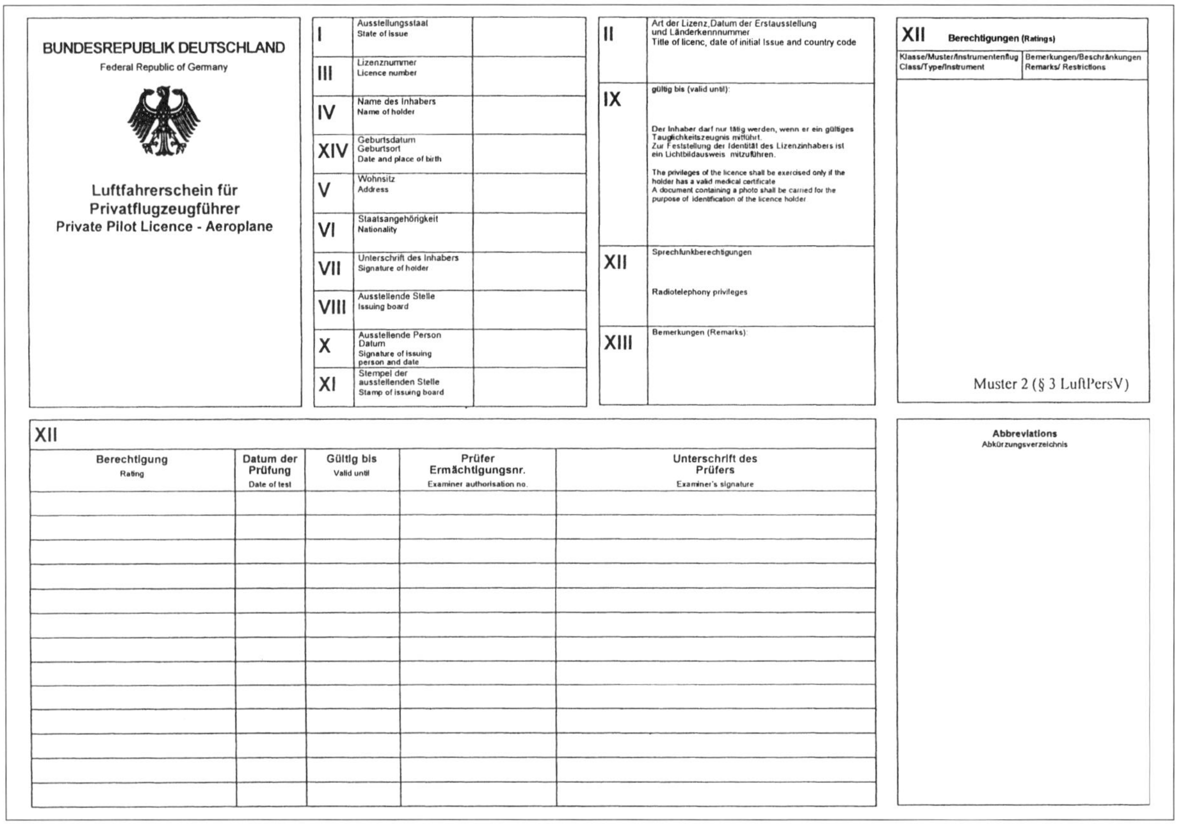

BUNDESREPUBLIK DEUTSCHLAND
Federal Republic of Germany

Luftfahrerschein für Privatflugzeugführer
Private Pilot Licence - Aeroplane

I	Ausstellungsstaat State of issue	
III	Lizenznummer Licence number	
IV	Name des Inhabers Name of holder	
XIV	Geburtsdatum Geburtsort Date and place of birth	
V	Wohnsitz Address	
VI	Staatsangehörigkeit Nationality	
VII	Unterschrift des Inhabers Signature of holder	
VIII	Ausstellende Stelle Issuing board	
X	Ausstellende Person Datum Signature of issuing person and date	
XI	Stempel der ausstellenden Stelle Stamp of issuing board	

II	Art der Lizenz,Datum der Erstausstellung und Länderkennnummer Title of licenc, date of initial Issue and country code
IX	gültig bis (valid until): Der Inhaber darf nur tätig werden, wenn er ein gültiges Tauglichkeitszeugnis mitführt. Zur Feststellung der Identität des Lizenzinhabers ist ein Lichtbildausweis mitzuführen. The privileges of the licence shall be exercised only if the holder has a valid medical certificate A document containing a photo shall be carried for the purpose of identification of the licence holder
XII	Sprechfunkberechtigungen Radiotelephony privileges
XIII	Bemerkungen (Remarks):

XII Berechtigungen (Ratings)	
Klasse/Muster/Instrumentenflug Class/Type/Instrument	Bemerkungen/Beschränkungen Remarks/ Restrictions

Muster 2 (§ 3 LuftPersV)

XII

Berechtigung Rating	Datum der Prüfung Date of test	Gültig bis Valid until	Prüfer Ermächtigungsnr. Examiner authorisation no.	Unterschrift des Prüfers Examiner's signature

Abbreviations
Abkürzungsverzeichnis

Bild 6.2 Luftfahrerschein für Privatflugzeugführer (nach § 3 LuftPersV)

Gültigkeit der Lizenz und der Klassenberechtigungen (§ 4 LuftPersV)

(1) Die Lizenz nach § 1 LuftPersV wird für einen **Zeitraum von 60 Monaten erteilt. Die Klassenberechtigung,** für die der Bewerber ausgebildet worden ist und die Prüfung abgelegt hat, wird **in den Luftfahrerschein eingetragen.**

(2) Die Rechte einer im Luftfahrerschein eingetragenen Klassenberechtigung dürfen **nur ausgeübt** werden, wenn der Inhaber der Lizenz mindestens **12 Flugstunden** auf einmotorigen kolbengetriebenen Landflugzeugen, Reisemotorseglern oder aerodynamisch gesteuerten Ultraleichtflugzeugen **innerhalb der letzten 24 Monate** durchgeführt hat. In den 12 Flugstunden müssen mindestens **sechs Stunden als verantwortlicher Luftfahrzeugführer, 12 Starts und 12 Landungen** sowie ein **Übungsflug von mindestens einer Stunde** Flugzeit in Begleitung eines Fluglehrers mit der erforderlichen Klassenberechtigung auf einem Luftfahrzeug, für das die Klassenberechtigung erteilt wurde, enthalten sein. Die Voraussetzungen nach den Sätzen 1 und 2 können durch eine **Befähigungsüberprüfung** mit einem anerkannten Prüfer mit der erforderlichen Klassenberechtigung auf einem Luftfahrzeug, für das die Klassenberechtigung erteilt wurde, ersetzt werden. **Die Nachweise sind im Flugbuch zu führen** und durch **Unterschrift des Fluglehrers oder Prüfers zu bestätigen.**

(3) Die Lizenz nach § 3 Abs. 1 LuftPersV kann um den Zeitraum nach Absatz 1 (60 Monate) **verlängert oder erneuert** werden, wenn der Bewerber die Erfüllung der Voraussetzungen nach Absatz 2 (s. o.) nachweist und ein **gültiges Tauglichkeitszeugnis** vorlegt.

Erwerb der Privatpilotenlizenz (Flugzeuge) nach JAR-FCL 1 deutsch (§ 5 LuftPersV)

(1) Fachliche Voraussetzungen für den Erwerb der **Privatpilotenlizenz (Flugzeuge)** nach den Bestimmungen über die Lizenzierung von Piloten von Flugzeugen **(JAR-FCL 1 deutsch):**

1. **der Besitz einer Lizenz für Privatflugzeugführer nach § 1 LuftPersV mit Klassenberechtigung** nach § 3 b LuftPersV für **einmotorig kolbengetriebene Landflugzeuge** bis zu einer **Höchstabflugmasse von 2000 kg** oder der **Klassenberechtigung für Reisemotorsegler** nach § 3 a LuftPersV;

2. **die Ausbildung** nach § 82 Abs. 3 und 4 LuftPersV „Die theoretische Ausbildung und die Flugausbildung" (vgl. Abschnitt 6.3.4 „Die Nachtflugqualifikation");

(2) Die theoretische Ausbildung und die Flugausbildung können in einer Ausbildungseinrichtung gemäß den Bestimmungen über die Lizenzierung von Piloten von Flugzeugen **(JAR-FCL 1 deutsch)** erfolgen.

(3) Der Bewerber hat die Prüfung nach § 82 Abs. 5 LuftPersV (vgl. Abschnitt 6.3.4 „Die Nachtflugqualifikation") zu absolvieren.

(4) Umfang und Gültigkeit der Lizenz nach § 5 LuftPersV richten sich nach den Bestimmungen über die Lizenzierung von Piloten von Flugzeugen **(JAR-FCL 1 deutsch).**

6.2.3 Die Lizenz (Luftfahrerschein) für Segelfugzeugführer nach LuftPersV

Die Einzelheiten der **Lizenz für Segelfugzeugführer** sind in den **§§ 36 bis 41 LuftPersV** geregelt.

Fachliche Voraussetzungen (§ 36 LuftPersV)

(1) Fachliche Voraussetzungen für den Erwerb der **Lizenz für Segelfugzeugführer** sind:
1. die theoretische Ausbildung,
2. die Flugausbildung,
3. die erfolgreiche Teilnahme an einer Ausbildung in Sofortmaßnahmen am Unfallort.

(2) Die **theoretische Ausbildung** umfasst die Sachgebiete:
1. Luftrecht, Luftverkehrs- und Flugsicherungsvorschriften, einschließlich Rechtsvorschriften des beweglichen Flugfunkdienstes und die Durchführung des Sprechfunkverkehrs bei Flügen nach Sichtflugregeln,
2. Navigation,
3. Meteorologie,
4. Aerodynamik,
5. allgemeine Luftfahrzeugkenntnisse, Technik,
6. Verhalten in besonderen Fällen,
7. menschliches Leistungsvermögen.

(3) Die Flugausbildung umfasst **mindestens 25 Flugstunden** auf Segelflugzeugen **verschiedener Muster innerhalb der letzten vier Jahre** vor Ablegung der **Prüfung** nach § 38 LuftPersV, davon **15 Stunden Alleinflug.** Wird die Flugausbildung **innerhalb von 18 Monaten** abgeschlossen, ermäßigt sie sich auf mindestens **20 Flugstunden,** davon **10 Stunden im Alleinflug.**

(4) In der Flugausbildung nach Absatz 3 müssen enthalten sein:
1. **je 60 Starts und Landungen** im Segelflug, davon **20 Alleinstarts und Alleinlandungen** und **drei Landungen aus einer Position außerhalb der Platzrunde mit Fluglehrer;**
2. **drei Landungen** mit oder ohne Fluglehrer auf **mindestens einem anderen Flugplatz** als auf dem, auf dem die Ausbildung durchgeführt wird;
3. mindestens eine **Außenlandeübung mit Fluglehrer;**
4. die selbständige Vorbereitung und Durchführung eines Überlandfluges als Alleinflug über eine **Flugstrecke von mindestens 50 km** im Segelflug;
5. eine theoretische und praktische Einweisung zur Beherrschung des Segelflugzeugs **in besonderen Flugzuständen sowie in das Verhalten in Notfällen.**

(5) Die Flugausbildung **kann auf Segelflugzeugen mit Hilfsanstrieb, auf Reisemotorseglern jedoch nur mit Fluglehrer,** durchgeführt werden.

6.2 Lizenzen für Privatluftfahrzeugführer (gemäß JAR-FCL 1 deutsch und LuftPersV)

Erleichterungen (§ 37 LuftPersV)

(1) Für Bewerber, die eine **gültige Lizenz für Flugzeugführer** oder als **Führer von aerodynamisch gesteuerten Ultraleichtflugzeugen** besitzen, verringert sich die Flugausbildung auf **mindestens 10 Flugstunden**, für Bewerber, **die Inhaber einer Lizenz als Segelflugzeugführer mit der Klassenberechtigung Reisemotorsegler sind, auf mindestens fünf Flugstunden**, für Bewerber, die eine **Lizenz für Hubschrauberführer** besitzen, auf **mindestens 15 Flugstunden** auf Segelflugzeugen. In der Zeit müssen je **20 Alleinstarts und Alleinlandungen** und **drei Landungen aus einer Position außerhalb der Platzrunde** mit Fluglehrer sowie die Flugausbildung nach § 36 LuftPersV Abs. 4 Nr. 3, 4 und 5 (s. o.) enthalten sein. § 40 LuftPersV (s. u.) bleibt unberührt.

(2) Der **Alleinüberlandflug** nach § 36 Abs. 4 Nr. 4 LuftPersV kann durch einen **Überlandflug** im Segelflug **mit Fluglehrer** über eine Flugstrecke von **mindestens 100 km** ersetzt werden.

Prüfung (§ 38 LuftPersV)

(1) **Der Bewerber hat in einer theoretischen und praktischen Prüfung** nachzuweisen, dass er nach seinem praktischen Können und seinem fachlichen Wissen die an einen **Segelflugzeugführer** zu stellenden Anforderungen erfüllt.

(2) **Die Prüfung** erstreckt sich insbesondere auf:

1. die in § 36 Abs. 2 LuftPersV aufgeführten Sachgebiete,
2. die notwendigen Kenntnisse und Fähigkeiten zum Führen und Bedienen von Segelflugzeugen,
3. das Verhalten in besonderen Flugzuständen und in Notfällen.

Bild 6.3 Luftfahrerschein für Segelflugzeugführer (nach § 39 LuftPersV) – ausgestellt nach den Richtlinien der ICAO

6 Luftfahrtpersonal

Erteilung und Umfang der Lizenz (§ 39 LuftPersV)

(1) **Die Lizenz für Segelflugzeugführer wird durch Aushändigung des Luftfahrerscheins** erteilt. Der Luftfahrerschein wird von der zuständigen Stelle bei **Erteilung, Verlängerung und Erneuerung einer Berechtigung, Startart, sonstiger Änderung der eingetragenen Daten neu ausgestellt.**

(2) Die Lizenz **berechtigt zum Führen von Segelflugzeugen oder von Segelflugzeugen mit Hilfsantrieb im nichtgewerbsmäßigen Luftverkehr am Tage** und zu den eingetragenen Startarten.

Zulässige Startarten (§ 40 LuftPersV)

Die Lizenz nach § 39 LuftPersV wird für diejenigen Startarten erteilt, in denen der Bewerber ausgebildet worden ist. Die Ausbildung muss mindestens umfassen:

1. für den **Windenstart:** 10 Starts mit Fluglehrer und 10 Alleinstarts;
2. für den **Gummiseilstart:** fünf Alleinstarts unter Anleitung und Aufsicht eines Fluglehrers;
3. für den **Schleppstart hinter Luftfahrzeugen:** fünf Starts mit Fluglehrer und fünf Alleinstarts;
4. für den **Eigenstart von Segelflugzeugen mit Hilfsantrieb:** eine Einweisung durch einen Fluglehrer in deren Führung und Bedienung sowie 10 Starts mit Fluglehrer und 10 Alleinstarts; die Einweisung und die Starts mit Fluglehrer können **auch auf Reisemotorseglern** durchgeführt werden;
5. für eine **andere Startart:** 10 Starts mit Fluglehrer und 10 Alleinstarts; das Bundesministerium für Verkehr, Bau und Stadtentwicklung kann Ausnahmen zulassen.

Klassenberechtigung für Reisemotorsegler (§ 40 a LuftPersV)

(1) **Segelflugzeugführer** bedürfen zur Führung von Reisemotorseglern der **Klassenberechtigung für Reisemotorsegler.**

(2) **Fachliche Voraussetzungen** für den Erwerb der **Klassenberechtigung für Reisemotorsegler** sind:

1. der Besitz der **Lizenz für Segelflugzeugführer nach § 39 LuftPersV,**
2. eine **theoretische Ausbildung,**
3. eine **Flugausbildung** zum Führen und Bedienen von Reisemotorseglern, deren Beherrschung in besonderen Flugzuständen und zum Verhalten in Notfällen und
4. die **Ablegung einer theoretischen Ergänzungsprüfung und einer praktischen Prüfung,** in der der Bewerber nachweist, dass er die erforderlichen Kenntnisse und Fähigkeiten zur Führung und Bedienung von Reisemotorseglern im Normalbetrieb und bei besonderen Flugzuständen besitzt.

(3) **Die Flugausbildung umfasst mindestens 10 Flugstunden,** in denen enthalten sein müssen

1. **20 Alleinstarts und 20 Alleinlandungen,**
2. An- und Abflüge von und zu **kontrollierten Flugplätzen,** Flüge durch **Kontrollzonen,**
3. Einhaltung von **Flugverkehrsverfahren, Sprechfunkverkehr** und
4. **selbständige Vorbereitung und Durchführung von mindestens zwei Navigationsdreiecksflügen,** davon **einer in Begleitung eines Fluglehrers** und **einer als Alleinflug** über eine Strecke von jeweils **mindestens 270 km,** bei dem auf zwei vom Startplatz **verschiedenen Flugplätzen** Landungen bis zum vollständigen Stillstand durchzuführen sind.

Gültigkeit der Lizenz, eingetragene Startarten und Klassenberechtigung für Reisemotorsegler (§ 41 LuftPersV)

(1) **Die Lizenz wird unbefristet erteilt.** Eine Lizenz für Segelflugzeugführer ist **nur gültig in Verbindung mit einem gültigen Tauglichkeitszeugnis** nach § 24 d der LuftVZO.

(2) **Die Rechte** einer im Luftfahrerschein eingetragenen **Startart** dürfen nur ausgeübt werden, wenn der Inhaber der Lizenz **mindestens 25 Starts und Landungen,** davon **mindestens je fünf Starts in den eingetragenen Startarten innerhalb der letzten 24 Monate** durchgeführt hat. Ist diese Voraussetzung nicht oder nicht vollständig erfüllt, hat er die fehlenden Starts mit einem Fluglehrer oder unter Aufsicht eines Fluglehrers durchzuführen. **Die Nachweise sind im Flugbuch zu führen und durch Unterschrift des Fluglehrers zu bestätigen.**

(3) **Die Rechte** einer im Luftfahrerschein eingetragenen **Klassenberechtigung für Reisemotorsegler** dürfen nur ausgeübt werden, wenn der Inhaber der Lizenz **mindestens 12 Flugstunden auf Reisemotorseglern, einmotorigen Landflugzeugen mit Kolbentriebwerk oder aerodynamisch gesteuerten Ultraleichtflugzeugen innerhalb der letzten 24 Monate** durchgeführt hat. In den 12 Flugstunden müssen mindestens sechs Stunden als verantwortlicher Luftfahrzeugführer sowie 12 Starts und 12 Landungen** sowie **ein Übungsflug von mindestens einer Stunde Flugzeit in Begleitung eines Flugleh-

rers auf Reisemotorseglern enthalten sein. Die Voraussetzungen nach den Sätzen 1 und 2 können durch eine **Befähigungsüberprüfung mit einem anerkannten Prüfer** auf einem Reisemotorsegler oder, bei Inhabern der Lizenz für Privatflugzeugführer, auf einem einmotorigen Landflugzeug mit Kolbentriebwerk **ersetzt werden.**

(4) Die Nachweise sind im Flugbuch zu führen und durch Unterschrift des Fluglehrers oder Prüfers zu bestätigen.

6.2.4 Die Lizenz (Luftfahrerschein) für Luftsportgeräteführer nach LuftPersV

Die Einzelheiten über die **Lizenz für Luftsportgeräteführer** sind in den **§§ 42 bis 45 LuftPersV** geregelt. **Luftsportgeräte** sind:

a) aerodynamisch gesteuerte Ultraleichtflugzeuge,

b) schwerkraftgesteuerte Ultraleichtflugzeuge,

c) Hängegleiter,

d) Gleitsegel,

e) andere vergleichbare Luftsportgeräte u. a. ein- oder zweisitzige Luftsportgeräte ohne Motor oder mit einem nicht fest mit dem Luftfahrzeug verbundenen Motor,

f) Sprungfallschirme.

Fachliche Voraussetzungen (§ 42 LuftPersV)

(1) **Fachliche Voraussetzungen** für den Erwerb der **Lizenz für Luftsportgeräteführer** sind:

1. die theoretische Ausbildung,

2. die Flug- oder Sprungausbildung,

3. die erfolgreiche Teilnahme an einer Unterrichtung in Sofortmaßnahmen am Unfallort.

(2) Inhalt und Durchführung der **theoretischen Ausbildung** und der **Flug- oder Sprungausbildung** legt **der Beauftragte** nach § 31 c des Luftverkehrsgesetzes vorbehaltlich der Absätze 3 und 4 für die betreffende Luftsportgeräteart fest.

(3) **Die theoretische Ausbildung** umfasst die Sachgebiete:

1. Luftrecht, Luftverkehrs- und Flugsicherungsvorschriften, einschließlich Rechtsvorschriften des beweglichen Flugfunkdienstes und die Durchführung des Sprechfunkverkehrs bei Flügen nach Sichtflugregeln,

2. Navigation oder, bei der Sprungausbildung: Freifall,

3. Meteorologie,

4. Aerodynamik,

5. allgemeine Luftfahrzeugkenntnisse, Technik und pyrotechnische Einweisung,

6. Verhalten in besonderen Fällen,

7. menschliches Leistungsvermögen.

(4) Die **Ausbildung** von Führern für **aerodynamisch gesteuerte Ultraleichtflugzeuge** umfasst:

1a) eine **Gesamtflugzeit von 30 Flugstunden** mit aerodynamisch gesteuerten Ultraleichtflugzeugen; davon können **bis zu 20 Flugstunden** durch Flugzeit als verantwortlicher Führer von **Segelflugzeugen** oder **Hubschraubern** oder fünf Flugstunden durch Flugzeit als Führer von **schwerkraftgesteuerten Ultraleichtflugzeugen ersetzt werden**, wobei in der Gesamtflugzeit mindestens **fünf Flugstunden im Alleinflug** enthalten sein müssen sowie

1b) Starts und Landungen auf verschiedenen Flugplätzen, Außenlandeübungen mit Fluglehrer, **mindestens zwei Überlandflüge mit Fluglehrer** über jeweils eine **Gesamtstrecke von mindestens 200 km mit Zwischenlandung,** eine theoretische und praktische Einweisung zur Beherrschung des aerodynamisch gesteuerten Ultraleichtflugzeugs **in besonderen Flugzuständen sowie eine theoretische und praktische Einweisung in das Verhalten in Notfällen;**

2. bei Bewerbern, die eine **Lizenz als Flugzeugführer** oder **Segelflugzeugführer mit Klassenberechtigung für Reisemotorsegler** besitzen, eine **Ausbildung** auf aerodynamisch gesteuerten Ultraleichtflugzeugen **in einer dazu registrierten Ausbildungseinrichtung.**

(5) Die Ausbildung von Führern nach § 1 Abs. 1 Nr. 7 der LuftVZO für **schwerkraftgesteuerte Ultraleichtflugzeuge** umfasst:

1. eine **Gesamtflugzeit von 25 Flugstunden** mit schwerkraftgesteuerten Ultraleichtflugzeugen; davon können **bis zu 10 Flugstunden** durch Flugzeit als verantwortlicher Führer von **Flugzeugen, Hubschraubern, Motorseglern, Segelflugzeugen, aerodynamisch gesteuerten Ultraleichtflugzeugen, Hängegleitern oder Gleitsegeln ersetzt werden,** wobei in der Gesamtflugzeit mindestens **10 Flugstunden mit Fluglehrer** und **fünf Flugstunden im Alleinflug** enthalten sein müssen sowie

2. **Starts und Landungen auf verschiedenen Flugplätzen, Außenlandeübungen mit Fluglehrer,** mindestens **zwei Überlandflüge mit Fluglehrer** über jeweils eine Gesamtstrecke von **mindestens 100 km** mit einer Zwischenlandung, eine theoretische und praktische Einweisung zur Beherrschung des schwerkraftgesteuerten Ultraleichtflugzeugs in **besonderen Flugzuständen sowie in das Verhalten in Notfällen.**

(6) Die Ausbildung von Führern für Luftsportgeräte nach § 1 Abs. 4 der LuftVZO (ein- oder zweisitzige Luftsportgeräte ohne Motor oder mit einem nicht fest mit dem Luftfahrzeug verbundenen Motor und mit einer höchstzulässigen Leermasse von 120 kg einschließlich Gurtzeug und Rettungsgerät, von der Musterzulassung befreit) umfasst:

1. für Führer von **Hängegleitern, Gleitsegeln** und anderen **vergleichbaren Luftsportgeräten: Vorbereitungs-, Start-, Steuer-, Lande- und Flugübungen** mit unterschiedlichen Höhen sowie **Überlandflugübungen** unter Anleitung und Aufsicht eines Fluglehrers oder mit dessen Flugauftrag bis zur sicheren Beherrschung des Luftsportgerätes und der Startart, für **Hängegleiter und Gleitsegel** unter besonderer Berücksichtigung der Anforderungen an Flüge im Hochgebirge;

2. für Sprungfallschirmführer:
Packen von Sprungfallschirmen, Bodenübungen, Ausbildungssprünge unter Anleitung und Aufsicht eines Sprunglehrers bis zur sicheren Beherrschung unter besonderer Berücksichtigung der Auslöseart von Sprungfallschirmen.

Prüfung (§ 43 LuftPersV)

(1) Der Bewerber hat in einer theoretischen und praktischen Prüfung nachzuweisen, dass er nach seinem fachlichen Wissen und praktischen Können die an einen Luftsportgeräteführer zu stellenden Anforderungen erfüllt.

(2) Die Prüfung erstreckt sich insbesondere auf:

1. die in § 42 Abs. 3 LuftPersV aufgeführten Sachgebiete;

2. die **notwendigen Kenntnisse und Fähigkeiten** zum Führen und Bedienen der Luftsportgeräteart, für die der Bewerber die Prüfung ablegt;

3. das **Verhalten bei besonderen Flugzuständen und in Notfällen,** wenn dies Bestandteil der Flugausbildung nach § 42 Abs. 4 und 5 LuftPersV ist.

Erteilung und Umfang der Lizenz (§ 44 LuftPersV)

(1) Die Lizenz für **Luftsportgeräteführer** wird durch **Aushändigung des Luftfahrerscheins erteilt.** Sie wird vom Beauftragten nach § 31 c des Luftverkehrsgesetzes bei Erteilung, Verlängerung, Erneuerung einer Berechtigung oder sonstiger Änderung der eingetragenen Daten neu ausgestellt.

(2) Die Lizenz berechtigt zum Führen von Luftsportgerät der im Luftfahrerschein eingetragenen Art und zu den eingetragenen Start- oder Sprungarten am Tage und von Sprungfallschirmen auch bei Nacht. Sie **umfasst** die Ausübung des **Flugfunkdienstes außerhalb von Lufträumen der Klassen B, C und D,** wenn die entsprechende Ausbildung erfolgreich durchgeführt worden ist.

(3) Im Luftfahrerschein nach § 42 Abs. 6 Nr. 1 LuftPersV werden diejenigen Startarten eingetragen, in denen der Bewerber ausgebildet worden ist.

(4) Die Lizenz nach § 42 Abs. 6 Nr. 1 LuftPersV wird auf Flüge in der **Umgebung der Startstelle beschränkt,** wenn die Ausbildung **keine Überlandflugübungen** und die dazugehörige theoretische Ausbildung enthalten hat.

(5) Die Lizenz nach § 42 Abs. 6 Nr. 2 LuftPersV wird auf **automatische Auslösung beschränkt,** wenn die Ausbildung die manuelle Auslösung nicht umfasst hat.

6.2 Lizenzen für Privatluftfahrzeugführer (gemäß JAR-FCL 1 deutsch und LuftPersV)

Gültigkeit der Lizenz (§ 45 LuftPersV)

(1) Die Lizenz nach § 42 Abs. 6 LuftPersV (s. o.) wird **unbefristet** erteilt. Die Lizenz nach § 42 Abs. 4 und 5 LuftPersV (s. o.) wird mit einer **Gültigkeitsdauer von 60 Monaten** vom Zeitpunkt der Erfüllung aller Voraussetzungen erteilt. Eine **Lizenz für Ultraleichtflugzeugführer ist nur gültig in Verbindung mit einem gültigen Tauglichkeitszeugnis** nach § 24 d der LuftVZO.

(2) Die Rechte einer Lizenz mit der eingetragenen Luftsportgeräteart dürfen **nur ausgeübt werden, wenn der Inhaber einer Lizenz für aerodynamisch gesteuerte Ultraleichtflugzeuge mindestens 12 Flugstunden auf aerodynamisch gesteuerten Ultraleichtflugzeugen, Reisemotorseglern oder einmotorigen Landflugzeugen mit Kolbentriebwerk innerhalb der letzten 24 Monate durchgeführt hat. In den 12 Stunden müssen mindestens sechs Stunden als verantwortlicher Luftfahrzeugführer und 12 Starts und 12 Landungen sowie ein Übungsflug** von mindestens einer Stunde Flugzeit in **Begleitung eines Fluglehrers** auf aerodynamisch gesteuerten Ultraleichtflugzeugen enthalten sein.

(3) Die Voraussetzungen nach Absatz 2 können durch eine **Befähigungsüberprüfung mit einem dazu anerkannten Prüfer** auf einem aerodynamisch gesteuerten Ultraleichtflugzeug, einem Reisemotorsegler oder einem einmotorigen Landflugzeug mit Kolbentriebwerk ersetzt werden. **Die Nachweise sind im Flugbuch zu führen und durch Unterschrift des Fluglehrers oder Prüfers zu bestätigen.**

(4) Die Rechte einer Lizenz mit der eingetragenen Luftsportgeräteart dürfen nur ausgeübt werden, wenn der Inhaber einer **Lizenz für schwerkraftgesteuerte Ultraleichtflugzeuge, für Hängegleiter und Gleitsegel und andere vergleichbare Luftsportgeräte** sowie für **Sprungfallschirme eine ausreichende fliegerische Übung** aufweist. Die Einzelheiten werden vom Beauftragten entsprechend § 42 Abs. 2 LuftPersV (s. o.) festgelegt.

(5) Die Lizenz nach § 42 Abs. 4 LuftPersV **kann** um die Gültigkeitsdauer nach Absatz 1 **verlängert oder erneuert** werden, wenn der Bewerber die Erfüllung der Voraussetzungen nach Absatz 2 nachweist und ein **gültiges Tauglichkeitszeugnis** vorlegt.

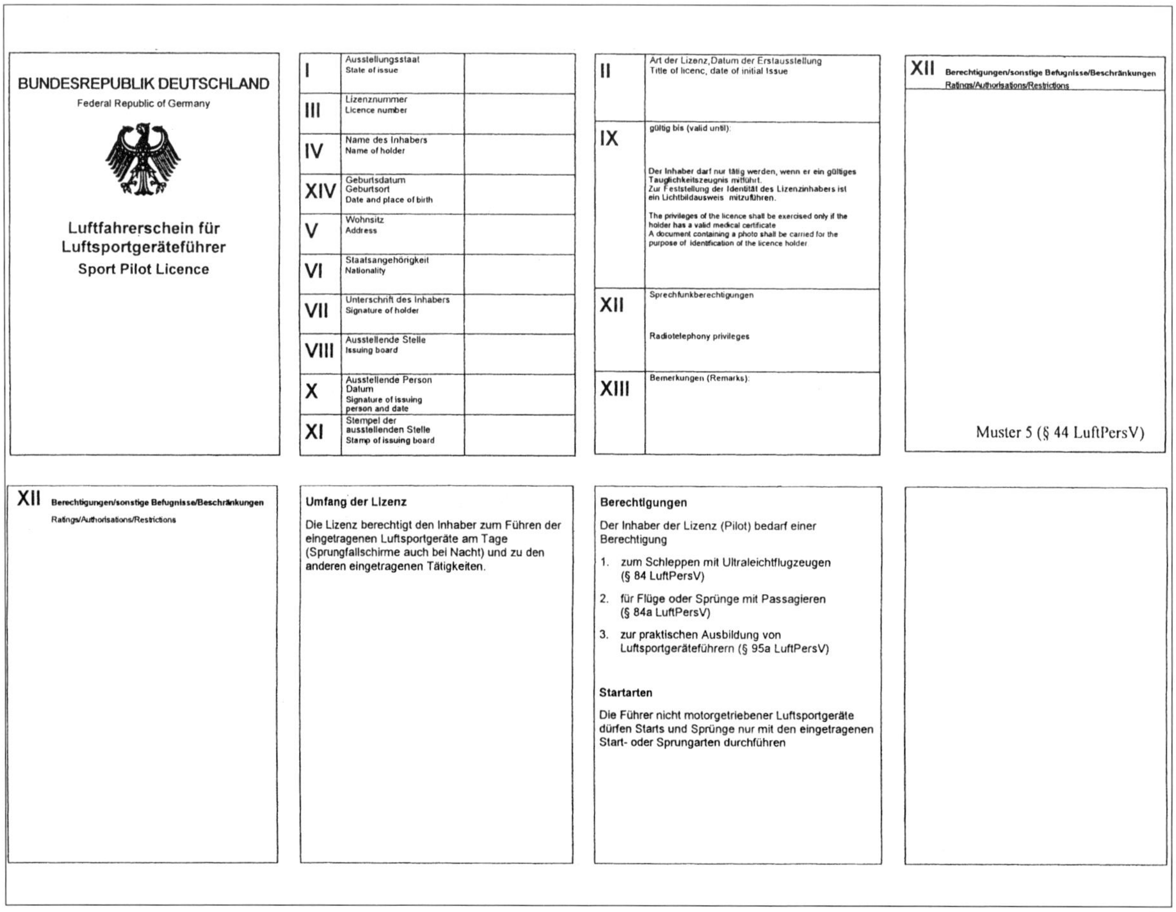

Bild 6.4 Luftfahrerschein für Luftsportgeräteführer

6.3 Berechtigungen für Privatflugzeugführer, Hubschrauberführer und Segelflugzeugführer gemäß JAR-FCL 1 und 2 deutsch und LuftPersV
(mit Ausnahme der Instrumentenflugberechtigung IR(A) und IR(H) nach JAR-FCL 1 und JAR-FCL 2 deutsch, Abschnitt E)

Nach den Vorschriften von JAR-FCL 1 deutsch und JAR-FCL 2 deutsch, Abschnitt F und der LuftPersV (§§ 81 bis 96) bedürfen Luftfahrzeugführer zur **Durchführung bestimmter Flüge** (wie z. B. Flüge nach Instrumentenflugregeln, Kunstflüge, Schleppflüge, Wolkenflüge mit Segelflugzeugen, kontrollierte Sichtflüge-CVFR, Nachtflüge usw.) einer besonderen

> **Berechtigung (Rating).**

Für **Motorflugzeugführer, Hubschrauberführer und Luftschiffführer** ist des Weiteren eine

> **Klassenberechtigung (Class Rating – CR) oder eine Musterberechtigung (Type Rating – TR)**

zum Führen und Bedienen eines Luftfahrzeugs erforderlich.

6.3.1 Die Klassenberechtigung und die Musterberechtigung

6.3.1.1 Die Klassenberechtigung (Class Rating – CR) nach JAR-FCL 1.215

Klassenberechtigungen werden verlangt für **Flugzeuge (A)** mit **einem Piloten,** die **keine Musterberechtigung** erfordern:

- für **einmotorige Landflugzeuge mit Kolbentriebwerk** (SEP – Single-Engine Piston),
- für **einmotorige Wasserflugzeuge mit Kolbentriebwerk** (SEP – Single-Engine Piston),
- für **Reisemotorsegler** (TMG – Touring Motor Glider),
- für **einmotorige Landflugzeuge mit Propellerturbinenantrieb** eines Herstellers (SET – Single-Engine Turbine),
- für **einmotorige Wasserflugzeuge mit Propellerturbinenantrieb** eines Herstellers (SET – Single-Engine Turbine),
- für **mehrmotorige Landflugzeuge mit Kolbentriebwerk** (MEP – Multi-Engine Piston),
- für **mehrmotorige Wasserflugzeuge mit Kolbentriebwerk** (MEP – Multi-Engine Piston).

Klassenberechtigungen für Flugzeuge werden in Übereinstimmung mit der Aufstellung der Flugzeugklassen im Anhang zur 1. DV LuftPersV erteilt. Für den **Wechsel** auf ein Flugzeug eines **anderen Musters** oder einer **anderen Baureihe** innerhalb derselben Klassenberechtigung ist eine **Unterschiedsschulung** (Differences Training – D) oder ein **Vertrautmachen** (Familiarisation – F) erforderlich.

6.3.1.2 Die Musterberechtigung (Type Rating – TR) nach JAR-FCL 1.220

Musterberechtigungen werden **verlangt für Flugzeuge (A)** unter Berücksichtigung folgender Kriterien:

- Musterzulassung,
- Flugeigenschaften,
- Mindestflugbesatzungen gemäß Musterzulassung,
- Stand der Technik.

Musterberechtigungen für **Flugzeuge (A)** sind **erforderlich** für:

- alle Flugzeugmuster, die gemäß Musterzulassung mit zwei Piloten betrieben werden müssen,
- alle mehrmotorigen Flugzeugmuster mit einem Piloten und Propellerturbinenantrieb oder Strahlturbinenantrieb,
- alle einmotorigen Flugzeugmuster mit einem Piloten mit Strahlturbinenantrieb oder
- alle sonstigen Flugzeugmuster, falls dies für notwendig erachtet wird.

Musterberechtigungen für Flugzeuge werden in Übereinstimmung mit der Aufstellung der Flugzeugmuster erteilt (siehe Anhang zur 1. DV LuftPersV). Für den Wechsel auf ein Flugzeug einer anderen Baureihe des gleichen Musters ist eine **Unterschiedsschulung** oder ein **Vertrautmachen** erforderlich.

> Für **jedes Hubschraubermuster** ist eine **Musterberechtigung** erforderlich.

Erfordernis von Klassen- oder Musterberechtigungen (JAR-FCL 1.225)
Der **Inhaber einer Lizenz** darf ein Flugzeug nur dann führen, wenn er im Besitz der entsprechenden gültigen **Klassen- oder Musterberechtigung ist. Davon ausgenommen sind Piloten während der praktischen Prüfung oder während der Flugausbildung.** Werden für eine Klassen- oder Musterberechtigung die Rechte eines Piloten **auf die Tätigkeit als Kopilot beschränkt** oder bestehen andere, in Bestimmungen des BMVBS zu JAR-FCL deutsch oder anderen deutschen Vorschriften festgelegte Auflagen, ist **die Berechtigung mit diesen Einschränkungen oder Auflagen zu versehen**.

Sonderregelungen (JAR-FCL 1.230)
Für die Durchführung von Flügen besonderer Art im nicht gewerbsmäßigen Luftverkehr, z. B. **Testflüge,** kann die zuständige Stelle dem Lizenzinhaber anstelle der Erteilung einer Muster- oder Klassenberechtigung gemäß JAR-FCL 1.225 schriftlich eine **besondere Anerkennung** erteilen. Die Gültigkeit dieser Anerkennung ist **auf den Abschluss einer bestimmten Aufgabe beschränkt.**

Rechte, Anzahl und Baureihen der Klassen- und Musterberechtigungen (JAR-FCL 1.235)

> **a) Rechte**
> Der Inhaber einer Klassen- oder Musterberechtigung ist berechtigt, die entsprechenden Flugzeuge zu führen.
>
> **b) Anzahl von Klassen-/Musterberechtigungen**
> Die Bestimmungen der **JAR-FCL** sehen hinsichtlich der **Anzahl von Klassen-/Musterberechtigungen,** die ein Pilot zur selben Zeit besitzen kann, **keinerlei Einschränkungen** vor. Es können jedoch Einschränkungen für die gleichzeitige Ausübung von Rechten durch die Bestimmungen der Betriebsvorschriften JAR-OPS 1 deutsch bestehen.
>
> **c) Wechsel zwischen Baureihen**
> Wurden auf der Baureihe **innerhalb eines Zeitraums von zwei Jahren** nach der Unterschiedsschulung **keine Flüge** durchgeführt, ist eine **erneute Unterschiedsschulung oder eine Befähigungsüberprüfung** auf einem Flugzeug dieser Baureihe erforderlich, **außer** für Muster oder Baureihen **innerhalb der Klassenberechtigung für einmotorige Flugzeuge (SEP).**

(1) Eine Unterschiedsschulung erfordert zusätzliche Kenntnisse und eine Schulung auf dem Flugzeug oder einem geeigneten Übungsgerät. Die Unterschiedsschulung ist in das **Flugbuch des Piloten** oder **gleichwertige Unterlagen** einzutragen und von einem **CRI/TRI/SFI(A) oder FI(A), soweit zutreffend, abzuzeichnen.**

(2) Ein Vertrautmachen erfordert den Erwerb zusätzlicher Kenntnisse.

Anforderungen an Klassen- und Musterberechtigungen nach JAR-FCL 1.240

- **Allgemeines**

Die Bewerber für eine **Musterberechtigung**

> a) für Flugzeuge mit zwei Piloten,
> b) für Flugzeuge mit einem Piloten und
> c) für eine Klassenberechtigung

haben gemäß JAR-FCL unterschiedliche Anforderungen zu erfüllen. Die folgenden Ausführungen in Bezug auf die **Musterberechtigungen** werden **nur die wesentlichen Bestimmungen von JAR-FCL 1 deutsch** auflisten und sich **hauptsächlich auf einmotorige Flugzeuge** beziehen.

Der Lehrgang für Musterberechtigungen einschließlich der theoretischen Ausbildung ist innerhalb der sechs Monate, die der praktischen Prüfung vorangehen, abzuschließen.

Eine in einer Lizenz enthaltene gültige Klassen-/Musterberechtigung, die von einem **JAA-Mitgliedsstaat** erteilt wurde, kann auf eine **JAR-FCL-Lizenz übertragen** werden, vorausgesetzt, dass sie zum aktuellen Zeitpunkt **gültig ist** und die letzte Verlängerung/Erneuerung der Berechtigung in Übereinstimmung mit den Bestimmungen von JAR-FCL erfolgt ist und die **Bestimmungen** von JAR-FCL **erfüllt** sind.

6 Luftfahrtpersonal

- **Praktische Prüfung**

    (1) Die Prüfungsinhalte und -abschnitte für den Erwerb einer Berechtigung für mehrmotorige Flugzeuge mit zwei Piloten sind in Anhang 1 und 2 zu JAR-FCL 1.240 enthalten und

    (2) die Prüfungsinhalte und -abschnitte für den Erwerb einer Berechtigung für mehrmotorige Flugzeuge mit einem Piloten und einmotorige Flugzeuge sind in Anhang 1 und 3 zu JAR-FCL 1.240 enthalten.

Alle zutreffenden Übungen der entsprechenden **praktischen Prüfung** sind **innerhalb der sechs Monate,** die dem Eingangsdatum des Antrags auf Erwerb der Berechtigung unmittelbar vorangehen, **erfolgreich abzuschließen.**

- **Gültigkeit, Verlängerung und Erneuerung der Klassen- und Musterberechtigungen nach JAR-FCL 1.245**

1. Gültigkeit der Klassenberechtigungen und Musterberechtigungen für mehrmotorige Flugzeuge

Die Gültigkeit von Klassen- und Musterberechtigungen für mehrmotorige Flugzeuge **beträgt ein Jahr,** beginnend mit dem Ausstellungsdatum oder, bei einer Verlängerung der Berechtigung innerhalb der Gültigkeitsdauer, mit dem Ablauf der Gültigkeitsdauer.

2. Verlängerung der Klassenberechtigungen und Musterberechtigungen für mehrmotorige Flugzeuge

Für die Verlängerung von Klassen- und Musterberechtigungen für mehrmotorige Flugzeuge hat der Inhaber Folgendes nachzuweisen:

   (1) eine Befähigungsüberprüfung gemäß JAR-FCL auf einem Flugzeug der/des entsprechenden Klasse/Musters **innerhalb der letzten drei Monate vor Ablauf der Gültigkeitsdauer** der Berechtigung;

   (2) mindestens 10 Streckenabschnitte als Pilot eines Flugzeugs der/des entsprechenden Klasse/Musters **oder einen Streckenabschnitt** als Pilot eines Flugzeugs der/des entsprechenden Klasse/Musters **in Begleitung eines Prüfers innerhalb der Gültigkeitsdauer** der Berechtigung, durchgeführt in **einem Flugzeug oder Flugsimulator,** der für die Ausbildung ohne Flugzeiten im Flugzeug (Zero Flight Time Training/ZFTT) qualifiziert ist.

   (3) Die Verlängerung einer IR(A), soweit zutreffend, sollte mit der Befähigungsüberprüfung für eine Klassen-/Musterberechtigung verbunden werden.

3. Gültigkeit und Verlängerung der Klassenberechtigungen für einmotorige Flugzeuge mit einem Piloten

Die Gültigkeit von Klassenberechtigungen für einmotorige Flugzeuge mit einem Piloten beträgt zwei Jahre ab dem Ausstellungsdatum oder dem Ablauf der Gültigkeitsdauer, sofern die Berechtigung innerhalb der Gültigkeitsdauer verlängert wird.

- **Verlängerung der Klassenberechtigungen für einmotorige Landflugzeuge mit Kolbentriebwerk und Klassenberechtigungen für Reisemotorsegler**

Für die Verlängerung von Klassenberechtigungen für einmotorige Landflugzeuge mit Kolbentriebwerk mit einem Piloten und/oder Klassenberechtigungen für Reisemotorsegler muss der Bewerber auf einmotorigen Landflugzeugen und/oder Reisemotorseglern

   a) innerhalb der letzten drei Monate vor Ablauf der Gültigkeitsdauer der Berechtigung eine **Befähigungsüberprüfung** in Übereinstimmung mit JAR-FCL mit einem anerkannten Prüfer auf einem einmotorigen Landflugzeug mit Kolbentriebwerk oder einem Reisemotorsegler ablegen **oder**

   b) innerhalb der letzten 12 Monate vor Ablauf der Gültigkeitsdauer der Berechtigung/Berechtigungen mindestens **12 Flugstunden** entweder in einer der beiden Klassen oder **kumulativ in beiden Klassen** insgesamt nachweisen, darin enthalten:

   - **sechs Stunden Flugzeit als verantwortlicher steuernder Pilot,**
   - **12 Starts und 12 Landungen und**
   - **ein Übungsflug von mindestens einer Stunde Dauer mit einem FI(A) oder CRI(A).** Dieser Flug kann durch jede **andere Befähigungsüberprüfung** oder praktische Prüfung für eine Klassen- oder Musterberechtigung ersetzt werden.

- **Verlängerung der Klassenberechtigung für einmotorige Landflugzeuge mit Propellerturbinenantrieb mit einem Piloten**

Für die Verlängerung von Klassenberechtigungen für einmotorige Landflugzeuge mit Propellerturbinenantrieb mit einem Piloten hat der Inhaber **innerhalb der letzten drei Monate** vor Ablauf der Gültigkeitsdauer der Berechtigung **eine Befähigungsüberprüfung** mit einem anerkannten Prüfer in der entsprechenden Flugzeugklasse abzulegen.

4. Ein Bewerber, der nicht alle Abschnitte einer Befähigungsüberprüfung vor dem Ablauf der Gültigkeitsdauer einer Klassen- oder Musterberechtigung besteht, darf die Rechte dieser Berechtigung nicht ausüben, bis er die Befähigungsüberprüfung erfolgreich abgeschlossen hat.

5. Abgelaufene Berechtigungen

Nach Ablauf der Gültigkeitsdauer einer Muster- oder Klassenberechtigung für mehrmotorige Flugzeuge hat der Bewerber alle von der zuständigen Stelle festgelegten Anforderungen bezüglich **Auffrischungsschulungen** zu erfüllen **und eine Befähigungsüberprüfung** gemäß JAR-FCL abzulegen. Die Gültigkeitsdauer der Berechtigung beginnt mit dem Zeitpunkt der Erfüllung der Voraussetzungen für die Erneuerung.

Nach Ablauf der Gültigkeitsdauer einer Klassenberechtigung für einmotorige Flugzeuge mit einem Piloten hat der Bewerber die praktische Prüfung gemäß JAR-FCL abzulegen.

- **Klassenberechtigung – Voraussetzungen (JAR-FCL 1.260)**

Erfahrung – nur mehrmotorige Flugzeuge

Der Bewerber für den Erwerb einer **Klassenberechtigung für mehrmotorige Flugzeuge mit einem Piloten** muss mindestens **70 Stunden als verantwortlicher Pilot** auf Flugzeugen nachweisen.

- **Klassen- und Musterberechtigungen – theoretische Kenntnisse und Flugausbildung (JAR-FCL 1.261)**

1. **Theoretische Ausbildung und Prüfungsbestimmungen**

   a) Der Bewerber für eine Klassen- oder Musterberechtigung für **ein- oder mehrmotorige** Flugzeuge muss die geforderte **theoretische Ausbildung** (siehe Anhang 1 zu JAR-FCL und Anhang 1 zur 1. DV LuftPersV) abgeschlossen haben sowie **Kenntnisse** nachweisen, die **für das sichere Führen des entsprechenden Flugzeugmusters** notwendig sind.

   b) Nur **mehrmotorige Flugzeuge**
   Der Bewerber für eine Klassenberechtigung **für mehrmotorige Flugzeuge mit einem Piloten** muss **mindestens sieben Stunden theoretische Ausbildung** für den Betrieb von mehrmotorigen Flugzeugen abgeschlossen haben.

2. **Flugausbildung**

   a) Der Bewerber für eine Klassen-/Musterberechtigung **für ein- und mehrmotorige Flugzeuge mit einem Piloten** muss eine auf die praktische Prüfung für Klassen-/Musterberechtigungen (siehe Anhang 3 zu JAR-FCL 1.240) **abgestimmte Flugausbildung** abgeschlossen haben.

   b) **Nur mehrmotorige Flugzeuge**
   Der Bewerber für eine Klassenberechtigung **für mehrmotorige Flugzeuge mit einem Piloten** muss mindestens **zwei Stunden und 30 Minuten Ausbildung mit Lehrberechtigtem** auf mehrmotorigen Flugzeugen **unter normalen Bedingungen sowie mindestens drei Stunden und 30 Minuten Ausbildung mit Lehrberechtigtem bei Triebwerksausfall und asymmetrischen Flugzuständen** absolviert haben.

   c) Der Bewerber für eine Musterberechtigung für **Flugzeuge mit zwei Piloten** muss eine auf die praktische Prüfung für Musterberechtigungen (siehe Anhang 2 zu JAR-FCL 1.240) **abgestimmte Flugausbildung** abgeschlossen haben.

3. **Durchführung von Ausbildungslehrgängen**

   a) Ausbildungslehrgänge für den oben genannten Zweck sind von einem Ausbildungsbetrieb für **Flugausbildung (FTO) oder Ausbildungsbetrieb für Musterberechtigungen (TRTO)** durchzuführen. Ausbildungslehrgänge können außerdem von einem **Luftfahrtunternehmer oder Hersteller** oder einer vertraglich für diese arbeitende Einrichtung oder, unter besonderen Umständen, von einem für den jeweiligen Zweck anerkannten **Lehrberechtigten durchgeführt werden.**

6 Luftfahrtpersonal

b) **Diese Lehrgänge bedürfen der Genehmigung** der zuständigen Stelle und die Einrichtungen müssen, gemäß den Festlegungen der zuständigen Stelle, die einschlägigen Bestimmungen des Anhangs 2 zu JAR-FCL 1.055 erfüllen.

c) **Abweichend** von 3.a) und 3.b) können Ausbildungslehrgänge für **eine Klassenberechtigung für einmotorige Flugzeuge oder Reisemotorsegler von einem FI(A) oder CRI(A)** durchgeführt werden.

- **Klassen- und Musterberechtigungen – praktische Fähigkeiten (JAR-FCL 1.262)**

1. **Praktische Prüfung für das Führen von Flugzeugen mit einem Piloten**
Der Bewerber für eine Klassen- oder Musterberechtigung **für Flugzeuge mit einem Piloten** muss die praktischen Fähigkeiten nachweisen, die für das sichere Führen von Flugzeugen der/des entsprechenden Klasse/Musters erforderlich sind.

2. **Praktische Prüfung für das Führen von Flugzeugen mit zwei Piloten**
Der Bewerber für eine Musterberechtigung für **Flugzeuge mit zwei Piloten** muss die praktischen Fähigkeiten nachweisen, die für das sichere Führen von Flugzeugen des entsprechenden Musters in einer aus mehreren Mitgliedern bestehenden Flugbesatzung **als verantwortlicher Pilot oder Kopilot gemäß Anhang 1 und 2 zu JAR-FCL 1.240** erforderlich sind.

6.3.2 Die Kunstflugberechtigung (§ 81 LuftPersV)

(1) **Flugzeugführer, Hubschrauberführer und Segelflugzeugführer** bedürfen zur Durchführung von Kunstflügen der **Kunstflugberechtigung**.

(2) **Fachliche Voraussetzungen** für den Erwerb der **Kunstflugberechtigung** für Flugzeugführer und Segelflugzeugführer sind:

1. **eine praktische Tätigkeit von mindestens 50 Flugstunden** als verantwortlicher Flugzeugführer oder Segelflugzeugführer nach Erwerb der betreffenden Lizenz;
2. **eine Kunstflugausbildung von mindestens fünf Flugstunden.**

(3) In der Kunstflugausbildung müssen eine Einweisung in besondere Flugzustände sowie die folgenden Flugübungen enthalten sein:

1. Überschlag,
2. Turn,
3. gesteuerte Rolle,
4. hochgezogene Rollenkehre,
5. Aufschwung,
6. Rückenflug,
7. Trudeln.

(4) **Die Kunstflugausbildung** von Flugzeugführern und Segelflugzeugführern **kann auf Motorseglern durchgeführt** werden.

(5) **Der Bewerber hat in einer praktischen Prüfung** nachzuweisen, dass er die zur Durchführung von Kunstflügen notwendigen Fähigkeiten besitzt.

(6) **Für Hubschrauberführer** gelten die Absätze 2, 3 und 5 sinngemäß. Im Einzelfall sind Ausnahmen von der Ausbildung nach Absatz 3 zugelassen, wenn das Hubschraubermuster für einzelne Kunstflugfiguren nicht zugelassen ist.

(7) **Die Kunstflugberechtigung** wird durch **Eintragung im Luftfahrerschein** für diejenige Luftfahrzeugart erteilt, auf der die Prüfung nach Absatz 5 abgelegt wurde. Die **Kunstflugberechtigung für Flugzeuge kann auf Reisemotorsegler oder Segelflugzeuge erweitert werden,** wenn der Inhaber der Berechtigung zur Führung dieser Luftfahrzeugart berechtigt ist und eine **Kunstflugausbildung** nach Absatz 3 von **mindestens einer Flugstunde** durch einen dazu berechtigten Fluglehrer erhalten hat. Entsprechendes gilt für die Kunstflugberechtigung auf Segelflugzeugen oder Motorseglern.

(8) Die Gültigkeit der Kunstflugberechtigung richtet sich nach der Gültigkeit der Lizenz.

6.3.3 Die Berechtigung zur Durchführung kontrollierter Sichtflüge – CVFR-Berechtigung (§ 82 LuftPersV)

(1) Inhaber von Erlaubnissen für Privatflugzeugführer und Privathubschrauberführer und Segelflugzeugführer mit der Klassenberechtigung für Reisemotorsegler, die nicht nach den Bestimmungen über die Lizenzierung von Piloten und Flugzeugen (JAR-FCL 1 deutsch) oder Hubschraubern (JAR-FCL 2 deutsch) ausgestellt worden sind, bedürfen zur Durchführung von Flügen nach Sichtflugregeln in bestimmten Teilen des kontrollierten Luftraumes der Berechtigung zur Durchführung kontrollierter Sichtflüge, sofern sie nicht im Besitz einer Instrumentenflugberechtigung sind.

(2) Fachliche Voraussetzungen für den Erwerb der Berechtigung sind:
   1. die theoretische Ausbildung,
   2. die Flugausbildung.

(3) Die theoretische Ausbildung erstreckt sich auf die Sachgebiete:
   1. Luftverkehrs- und Flugsicherungsvorschriften,
   2. Funknavigation,
   3. Instrumentenkunde.

(4) Die Flugausbildung umfasst mindestens 10 Flugstunden mit Fluglehrer mit Flügen nach Instrumenten und zur Einführung in Navigationsverfahren mittels bodenabhängiger Funknavigations- und Radarhilfen sowie in den Gebrauch von Funknavigationsgeräten innerhalb der letzten fünf Monate vor Ablegung der Prüfung nach Absatz 5. Hiervon können bis zu fünf Stunden in einem vom Luftfahrt-Bundesamt für den Nutzer anerkannten synthetischen Flugübungsgerät (STD) durchgeführt werden.

(5) Der Bewerber hat in einer theoretischen und praktischen Prüfung nachzuweisen, dass er die zur Durchführung kontrollierter Sichtflüge notwendigen Kenntnisse und Fähigkeiten besitzt.

6.3.4 Die Nachtflugqualifikation (§ 83 LuftPersV)

(1) Inhaber von Erlaubnissen für Privatflugzeugführer und Privathubschrauberführer und Segelflugzeugführer mit der Klassenberechtigung für Reisemotorsegler, die nicht nach den Bestimmungen über die Lizenzierung von Piloten von Flugzeugen (JAR-FCL 1 deutsch) oder Hubschraubern (JAR-FCL 2 deutsch) ausgestellt worden sind, bedürfen zur Durchführung von Flügen bei Nacht einer Nachtflugqualifikation nach Maßgabe der Absätze 2 und 3.

(2) Fachliche Voraussetzungen für den Erwerb der Qualifikation sind
   1. die Berechtigung zur Durchführung kontrollierter Sichtflüge nach § 82 LuftPersV;
   2. die Flugausbildung.

(3) Die Flugausbildung umfasst mindestens fünf Flugstunden mit Flügen unter Sichtflugbedingungen bei Nacht, davon drei Stunden mit Fluglehrer mit mindestens einer Stunde Überlandflugnavigation sowie fünf Alleinstarts und Alleinlandungen bis zum vollständigen Stillstand.

6.3.5 Die Schleppberechtigung (§ 84 LuftPersV)

(1) Führer von motorgetriebenen Luftfahrzeugen, bedürfen zum Schleppen anderer Luftfahrzeuge oder anderer Gegenstände einer Berechtigung.

(2) Fachliche Voraussetzungen für den Erwerb der Schleppberechtigung für andere Luftfahrzeuge oder für andere Gegenstände ohne Fangschlepp sind:
   1. eine praktische Tätigkeit als verantwortlicher Führer von motorgetriebenen Luftfahrzeugen von mindestens 30 Flugstunden nach Erwerb der betreffenden Lizenz; in der Flugzeit müssen fünf Flugstunden auf dem Luftfahrzeugmuster, auf dem die Berechtigung erworben werden soll, enthalten sein;
   2. die Durchführung von fünf Flügen mit anderen Luftfahrzeugen oder anderen Gegenständen im Schlepp ohne Beanstandung unter Anleitung und Aufsicht eines Fluglehrers mit der erforderlichen Klassenberechtigung und der entsprechenden Schleppberechtigung innerhalb der letzten sechs Monate vor Stellung des Antrags auf Erteilung der Schleppberechtigung;

3. für Bewerber um eine Berechtigung zum Schleppen von anderen Luftfahrzeugen, die Teilnahme an fünf Schleppstarts im geschleppten Luftfahrzeug der zu schleppenden Art, sofern er die betreffende Lizenz nicht selbst besitzt.

(3) Fachliche Voraussetzungen für den Erwerb der Berechtigung zum Schleppen von anderen Gegenständen hinter motorgetriebenen Luftfahrzeugen im Fangschlepp sind:

1. eine praktische Tätigkeit als verantwortlicher Führer von motorgetriebenen Luftfahrzeugen von 90 Flugstunden nach Erwerb der betreffenden Lizenz; in der Flugzeit müssen fünf Flugstunden auf dem Luftfahrzeugmuster, auf dem die Berechtigung erworben werden soll, enthalten sein;

2. die Durchführung von fünf Flügen in Begleitung eines Fluglehrers mit der entsprechenden Schleppberechtigung, bei denen die Schlinge ohne Schleppgegenstand aufzunehmen ist, und fünf Flüge unter Anleitung und Aufsicht eines solchen Fluglehrers, bei denen der Schleppgegenstand im Fangschlepp ohne Beanstandung aufzunehmen ist, innerhalb der letzten sechs Monate vor Stellung des Antrags auf Erteilung der Berechtigung.

(4) Die Schleppberechtigung wird unter Angabe der Art der Aufnahme und der Art des Schleppgegenstandes in den betreffenden Luftfahrerschein eingetragen.

(5) Die Rechte aus einer im Luftfahrerschein eingetragenen Schleppberechtigung dürfen nur ausgeübt werden, wenn der Inhaber der Lizenz mindestens zehn Schleppflüge in der jeweils eingetragenen Art innerhalb der letzten 24 Monate durchgeführt hat. Ist diese Voraussetzung nicht erfüllt, ist Absatz 2 Nr. 2 oder Absatz 3 Nr. 2 anzuwenden.

6.3.6 Passagierberechtigung für Luftsportgeräteführer (§ 84 a LuftPersV)

(1) Luftsportgeräteführer bedürfen für Flüge oder Sprünge mit Passagieren der Passagierberechtigung.

(2) Fachliche Voraussetzungen für den Erwerb der Berechtigung, Flüge nach Absatz 1 mit zweisitzigen Ultraleichtflugzeugen durchzuführen, ist der Nachweis von fünf Überlandflügen, davon mindestens zwei Überlandflüge mit Zwischenlandung über eine Gesamtstrecke von mindestens 200 km nach Erwerb der Lizenz in Begleitung eines Fluglehrers. Die Passagierberechtigung für Führer von aerodynamisch gesteuerten Ultraleichtflugzeugen, die eine gültige Lizenz für Privatflugzeugführer oder Segelflugzeugführer besitzen, gilt mit Erteilung der Lizenz nach § 44 Abs. 1 LuftPersV als erteilt. § 122 Abs. 1 LuftPersV (vgl. Abschnitt 6.4 „Gemeinsame Vorschriften der LuftPersV") bleibt unberührt.

(3) Für die fachlichen Voraussetzungen für den Erwerb der Berechtigung, Flüge nach Absatz 1 mit doppelsitzigen Hängegleitern, Gleitsegeln oder anderen vergleichbaren Luftsportgeräten oder Sprünge mit Tandem-Sprungfallschirmen durchzuführen, gilt § 42 Abs. 2 LuftPersV entsprechend.

(4) Der Bewerber für eine Berechtigung nach Absatz 1 hat in einer praktischen Prüfung nachzuweisen, dass er nach seinem Wissen und praktischen Können die Anforderungen für Flüge oder Sprünge mit Passagieren erfüllt.

(5) Die Passagierberechtigung wird für die betreffende Luftsportgeräteart, auf der der Bewerber ausgebildet wurde, im Luftfahrerschein eingetragen. Die Gültigkeit richtet sich nach der Gültigkeit der Lizenz, soweit nicht der Beauftragte nach § 31 c des Luftverkehrsgesetzes entsprechend § 42 Abs. 2 LuftPersV die Gültigkeitsdauer beschränkt und Voraussetzungen für die Verlängerung festlegt.

6.3.7 Wolkenflugberechtigung für Segelflugzeugführer (§ 85 LuftPersV)

(1) Segelflugzeugführer bedürfen zum Führen von Segelflugzeugen in Wolken der Wolkenflugberechtigung.

(2) Fachliche Voraussetzungen für den Erwerb der Wolkenflugberechtigung ist eine praktische Tätigkeit als verantwortlicher Segelflugzeugführer von 70 Flugstunden.

(3) In der Flugzeit nach Absatz 2 müssen mindestens 10 Stunden Instrumentenflugübungen ohne Sicht nach außen auf Segelflugzeugen oder Motorseglern in Begleitung eines Segelfluglehrers mit Wolkenflugberechtigung innerhalb der letzten 12 Monate vor Stellung des Antrags auf Erteilung der Berechtigung enthalten sein.

(4) Für Bewerber, die Inhaber der Berechtigung zur Durchführung kontrollierter Sichtflüge sind, oder eine Lizenz nach JAR-FCL 1 deutsch besitzen, verringert sich die nach Absatz 3 nachzuweisende Flugzeit auf 6 Stunden. Für Bewerber, die Inhaber der Instrumentenflugberechtigung sind, tritt an die Stelle der nach Absatz 3 nachzuweisenden Flugzeit von 10 Stunden Instrumentenflugübungen eine praktische Einweisung.

(5) Der Bewerber hat in einer praktischen Prüfung vor einem von der zuständigen Stelle bestimmten Prüfer nachzuweisen, dass er die zur Durchführung von Wolkenflügen notwendigen Fähigkeiten besitzt.

(6) Die Wolkenflugberechtigung wird im Luftfahrerschein eingetragen. Die Gültigkeit richtet sich nach der Gültigkeit der Lizenz.

6.3.8 Die Streu- und Sprühberechtigung (§ 86 LuftPersV)

(1) Luftfahrzeugführer bedürfen zum Streuen und Sprühen von Stoffen aus Luftfahrzeugen der Streu- und Sprühberechtigung.

(2) Fachliche Voraussetzungen für den Erwerb der Berechtigung sind:
1. eine praktische Tätigkeit als verantwortlicher Luftfahrzeugführer von 400 Flugstunden auf der Art von Luftfahrzeugen, für die die Berechtigung angestrebt wird,
2. eine theoretische Ausbildung,
3. eine Flugausbildung.

(3) Von der fachlichen Voraussetzung des Absatzes 2 Nr. 1 kann abgesehen werden, wenn die Flugausbildung nach Absatz 5 im Rahmen der Ausbildung zum Erwerb der Lizenz für Berufsflugzeugführer oder Berufshubschrauberführer durchgeführt wird.

(4) Die theoretische Ausbildung umfasst mindestens 30 Unterrichtsstunden innerhalb der letzten 12 Monate vor Ablegung der Prüfung nach Absatz 6. Sie erstreckt sich insbesondere auf die Sachgebiete:
1. gesetzliche Vorschriften über die Anwendung von Streu- und Sprühmitteln,
2. Kenntnisse über Streu- und Sprühmittel,
3. Technik,
4. Flugvorbereitung und -durchführung.

(5) Die Flugausbildung umfasst mindestens 30 Flugstunden, davon mindestens 10 Flugstunden mit Fluglehrer und muss Streu- oder Sprühflüge im Forst, in Sonderkulturen und in der Landwirtschaft enthalten.

(6) Der Bewerber hat in einer theoretischen und praktischen Prüfung nachzuweisen, dass er die zur Vorbereitung und Durchführung entsprechender Flüge notwendigen Kenntnisse und Fähigkeiten besitzt.

(7) Die Streu- und Sprühberechtigung wird durch Eintragung im Luftfahrerschein erteilt. Die Gültigkeit richtet sich nach der Gültigkeit der Lizenz und des eingetragenen Luftfahrzeugmusters oder der Klassenberechtigung.

6.3.9 Berechtigung zur praktischen Ausbildung von Luftfahrtpersonal sowie für die Ausbildung an synthetischen Flugübungsgeräten

6.3.9.1 Berechtigung zur praktischen Ausbildung nach JAR-FCL 1 und 2 deutsch (§ 88 LuftPersV)

Die fachlichen Voraussetzungen für den Erwerb, die Erteilung, den Umfang, die Gültigkeitsdauer, Verlängerung und Erneuerung der Berechtigung zur praktischen Ausbildung von Privatflugzeugführern, ausgenommen Privatflugzeugführer nach § 1 der Verordnung über Luftfahrtpersonal, Berufsflugzeugführern, Verkehrsflugzeugführern, Privathubschrauberführern, Berufshubschrauberführern und Verkehrshubschrauberführern sowie zur Ausbildung für den Erwerb von Klassen- und Musterberechtigungen, der Instrumentenflugberechtigung und der Nachtflugqualifikation oder für die Ausbildung an synthetischen Flugübungsgeräten richten sich für vorstehend bezeichnete Lizenzinhaber nach der vom Bundesministerium für Verkehr, Bau und Stadtentwicklung im Bundesanzeiger bekannt gemachten Fassung der Bestimmungen über die Lizenzierung von Piloten von Flugzeugen (JAR-FCL 1 deutsch) und von Piloten von Hubschraubern (JAR-FCL 2 deutsch).

6 Luftfahrtpersonal

Diese Bestimmungen folgen **in Auszügen** soweit sie die Ausbildung des **Privatpiloten PPL(A) nach JAR-FCL 1 deutsch und v. a. einmotorige Flugzeuge** betrifft.

Lehrberechtigungen nach JAR-FCL 1 deutsch

Ausbildung – Allgemeines (JAR-FCL 1.300)

1. Die für den Erwerb einer **Lizenz oder Berechtigung** geforderte **Flugausbildung** dürfen nur Personen durchführen, die

   a) im Besitz einer **Lizenz einschließlich Lehrberechtigung oder**

   b) im Besitz einer besonderen **Anerkennung** sind, für den Fall, dass
   - **neue Flugzeuge** eingeführt werden,
   - **historische Flugzeuge oder Flugzeuge spezieller Bauart** zum Verkehr zugelassen werden, für die niemand eine Lehrberechtigung besitzt oder
   - die Ausbildung **außerhalb von JAA-Mitgliedstaaten** von Lehrberechtigten durchgeführt wird, die keine JAR-FCL-Lizenz besitzen.

2. Die Ausbildung an synthetischen Flugübungsgeräten dürfen nur Personen durchführen, die im Besitz einer Lehrberechtigung FI(A), TRI(A), CRI(A), IRI(A) oder Anerkennung SFI(A) sind – Abkürzungen siehe „Abkürzungsverzeichnis" im Anhang.

Lehrberechtigungen und Anerkennungen – Kategorien (JAR-FCL 1.305)
Es werden fünf Kategorien von Lehrberechtigungen unterschieden.

1. Lehrberechtigung für **Flugausbildung – Flugzeug FI(A)**,
2. Lehrberechtigung für **Musterberechtigungen – Flugzeug TRI(A)**,
3. Lehrberechtigung für **Klassenberechtigungen – Flugzeug CRI(A)**,
4. Lehrberechtigungen für **Instrumentenflug – Flugzeug IRI(A)**,
5. Anerkennung für die Ausbildung **an synthetischen Flugübungsgeräten – Flugzeug SFI(A)**.

Lehrberechtigungen – Allgemeines (JAR-FCL 1.310)
- **Voraussetzungen**
  Alle Lehrberechtigten müssen mindestens **im Besitz der Lizenz, Berechtigung und Qualifikation** sein, für die sie ausbilden (sofern nicht anders festgelegt), und **müssen berechtigt** sein, das Luftfahrzeug während dieser Ausbildung **als verantwortlicher Pilot zu führen**.
- **Mehrere Lehrberechtigungen**
  Lehrberechtigte **können im Besitz mehrerer Lehrberechtigungen** sein, wenn sie die entsprechenden Anforderungen erfüllen.
- **Anrechnung von Kenntnissen für weitere Lehrberechtigungen**
  Bewerbern, die **bereits eine Lehrberechtigung besitzen,** können die dabei erworbenen und nachgewiesenen Kenntnisse und Fähigkeiten für eine Ausbildungstätigkeit **auf den Erwerb weiterer Lehrberechtigungen angerechnet** werden.

Lehrberechtigungen und Anerkennungen – Gültigkeitsdauer (JAR-FCL 1.315)
Die Gültigkeitsdauer von Lehrberechtigungen und Anerkennungen für die Ausbildung an synthetischen Flugübungsgeräten beträgt **drei Jahre.** Die Gültigkeitsdauer für eine besondere **Anerkennung** darf **längstens drei Jahre** betragen. Ein Bewerber, der nicht alle Abschnitte einer Befähigungsüberprüfung vor dem Ablauf der Gültigkeitsdauer einer Lehrberechtigung besteht, darf die Rechte dieser Berechtigung nicht ausüben, bis er die **Befähigungsüberprüfung** erfolgreich abgeschlossen hat.

Lehrberechtigung für Flugausbildung FI(A) – Mindestalter (JAR-FCL 1.320)
Der Bewerber für eine Lehrberechtigung für Flugausbildung muss **mindestens 18 Jahre alt** sein.

FI(A) – eingeschränkte Rechte (JAR-FCL 1.325)
Einschränkungszeitraum
Die Rechte einer Lehrberechtigung FI(A) **sind eingeschränkt** bis der Inhaber **mindestens 100 Stunden Flugausbildung** durchgeführt hat und zusätzlich **bei mindestens 25 Alleinflügen von Flugschülern die Aufsicht** geführt hat. Die Aufhebung der Einschränkungen der Lehrberechtigung erfolgt bei Erfüllung der Anforderungen und auf Empfehlung des aufsichtführenden Lehrberechtigten FI(A).

Einschränkungen

Der Inhaber einer **eingeschränkten Lehrberechtigung** FI(A) darf **unter Aufsicht** eines für diesen Zweck anerkannten FI(A) Folgendes durchführen:

> **(1) die Flugausbildung für den Erwerb der PPL(A)** oder Flugausbildung in den Teilen eines durchgehenden Ausbildungslehrgangs, die sich auf die PPL(A) beziehen, und den **Erwerb von Klassen- und Musterberechtigungen für einmotorige Flugzeuge,** ausgenommen die **Zustimmung zum ersten Alleinflug** bei Tag oder Nacht **und zum ersten Navigationsalleinflug bei Tag oder Nacht** sowie
>
> **(2) die Nachtflugausbildung, vorausgesetzt,** dass er im Besitz einer **Nachtflugqualifikation** ist und die Fähigkeit, bei Nacht auszubilden gegenüber einem zur Durchführung der FI(A)-Ausbildung anerkannten FI(A) in Übereinstimmung mit JAR-FCL 1.330 und den Anforderungen an die fortlaufende Flugerfahrung bei Nacht gemäß JAR-FCL 1.026 nachgewiesen hat.

FI(A) – Rechte und Anforderungen (JAR-FCL 1.330)

Der Inhaber einer FI(A)-Berechtigung (zu Beschränkungen siehe JAR-FCL 1.325 – s. o.) ist berechtigt zur Durchführung der **Flugausbildung** für

1. **den Erwerb der PPL(A) und der Klassen- und Musterberechtigungen für einmotorige Flugzeuge.** Für die Ausbildung zum Erwerb de**r Musterberechtigung** muss der FI(A) während der **letzten 12 Monate mindestens 15 Flugstunden** auf dem entsprechenden Muster nachweisen.

2. **Nachtflüge,** vorausgesetzt, dass er **im Besitz einer Nachtflugqualifikation** ist und die Fähigkeit bei Nacht auszubilden, gegenüber einem zur Durchführung der FI(A)-Ausbildung anerkannten FI(A) in Übereinstimmung mit JAR-FCL 1.330 und den **Anforderungen** an die fortlaufende Flugerfahrung bei Nacht gemäß JAR-FCL 1.026 **nachgewiesen hat;**

3. **den Erwerb der Instrumentenflugberechtigung,** vorausgesetzt, dass der Lehrberechtigte
   - mindestens **200 Flugstunden nach Instrumentenflugregeln** nachweist, davon können bis zu **50 Stunden** als Instrumentenbodenzeit **in einem Flugsimulator oder FNPT II** durchgeführt werden und
   - als Flugschüler einen genehmigten **Flugausbildungslehrgang von mindestens fünf Stunden auf einem Flugzeug, in einem Flugsimulator oder FNPT II** abgeschlossen und die zugehörige **praktische Prüfung** gemäß Anhang 1 zu JAR-FCL 1.330 und 1.345 bestanden hat;

4. **den Erwerb einer Klassen- und Musterberechtigung für mehrmotorige Flugzeuge mit einem Piloten,** vorausgesetzt dass der Lehrberechtigte die Anforderung gemäß JAR-FCL 1.380 (a) erfüllt.

5. **den Erwerb der Lehrberechtigung FI(A),** vorausgesetzt, dass der Lehrberechtigte **mindestens 500 Stunden Flugausbildungstätigkeit** auf Flugzeugen nachweist und einem Prüfer für Lehrberechtigte in einer **praktischen Prüfung** gemäß Anhang 1 zu JAR-FCL 1.330 und 1.345 die Fähigkeit nachweist, einen Lehrberechtigten auszubilden und für diesen Zweck die **Anerkennung der zuständigen Stelle** besitzt.

FI(A) – Voraussetzungen (JAR-FCL 1.335)

Vor der Zulassung zu einem genehmigten Ausbildungslehrgang für den Erwerb der **Lehrberechtigung** FI(A) muss der Bewerber

> **(a) mindestens 200 Flugstunden** nachweisen, davon, als Inhaber einer ATPL(A) oder CPL(A), mindestens 100 Stunden als verantwortlicher Pilot oder, als Inhaber einer PPL(A), mindestens 150 Stunden als verantwortlicher Pilot;
>
> **(b) die Anforderungen an die theoretischen Kenntnisse für eine CPL(A)** gemäß Anhang 1 zu JAR-FCL 1.470 erfüllen;
>
> **(c) mindestens 30 Flugstunden auf einmotorigen Flugzeugen mit Kolbentriebwerk** nachweisen, von denen **mindestens fünf Stunden während der letzten sechs Monate vor der Auswahlprüfung** durchgeführt werden müssen;
>
> **(d) mindestens 10 Stunden Ausbildung im Instrumentenflug** erhalten haben, von denen höchstens fünf Stunden als Instrumentenbodenzeit in einem Flugsimulator oder FNPT II durchgeführt werden dürfen;
>
> **(e) mindestens 20 Stunden Überlandflug als verantwortlicher Pilot** nachweisen, einschließlich eines Fluges über **eine Strecke von mindestens 540 km (300 NM), bei dem Landungen auf zwei vom Startflugplatz verschiedenen Flugplätzen** durchzuführen sind;
>
> **(f) während der letzten sechs Monate vor Beginn der Ausbildung eine besondere Auswahlprüfung** mit einem gemäß JAR-FCL 1.330 qualifizierten FI(A), basierend auf der **Befähigungsüberprüfung** gemäß Anhang 3 zu JAR-FCL 1.240 erfolgreich abgelegt haben. Bei dieser Auswahlprüfung wird die Fähigkeit des Bewerbers zur Teilnahme am Ausbildungslehrgang beurteilt.

6 Luftfahrtpersonal

FI(A) – Lehrgang (JAR-FCL 1.340)

(a) Der Bewerber für eine **Lehrberechtigung FI(A)** hat die Teilnahme an einer **genehmigten theoretischen und praktischen Ausbildung in einer FTO** nachzuweisen.

(b) Ziel des Lehrgangs ist die Vermittlung von Kenntnissen für die PPL(A)-Ausbildung auf einmotorigen Flugzeugen. **Die Flugausbildung muss mindestens 30 Stunden umfassen, davon 25 Stunden mit Lehrberechtigtem.** Die verbleibenden **fünf Stunden** können als **gemeinsame Flugausbildung** durchgeführt werden (d. h. zwei Bewerber fliegen gemeinsam und führen Flugübungen vor). Von den 25 Stunden **können fünf Stunden** in einem für diesen Zweck von der zuständigen Stelle anerkannten **Flugsimulator oder FNPT** durchgeführt werden. Die **praktische Prüfung** erfolgt zusätzlich zur Ausbildungszeit des Lehrgangs.

FI(A) – praktische Fähigkeiten (JAR-FCL 1.345)

Der Bewerber für eine Lehrberechtigung FI(A) hat einem benannten Prüfer die Fähigkeit nachzuweisen, einen Flugschüler so auszubilden, dass dieser den Anforderungen für den Erwerb einer PPL(A) entspricht, einschließlich der Vor- und Nachbesprechung des Fluges und der theoretischen Ausbildung.

FI(A) – Erteilung der Berechtigung (JAR-FCL 1.350)

Der Bewerber für eine Lehrberechtigung FI(A), der die Voraussetzungen gemäß JAR-FCL nachweist, hat damit die Anforderungen für die Erteilung einer Lehrberechtigung FI(A), vorbehaltlich der anfänglichen Einschränkungen gemäß JAR-FCL 1.325 (s. o.) erfüllt.

FI(A) – Verlängerung und Erneuerung (JAR-FCL 1.355)

Für die **Verlängerung einer Lehrberechtigung FI(A)** hat der Inhaber zwei der folgenden drei Voraussetzungen zu erfüllen:

> **(1) Mindestens 100 Stunden Flugausbildungstätigkeit als FI, CRI, IRI oder als Prüfer** auf Flugzeugen während der Gültigkeitsdauer der Berechtigung, darin enthalten **mindestens 30 Stunden Flugausbildungstätigkeit während der letzten 12 Monate** vor Ablauf der Gültigkeitsdauer der Lehrberechtigung (FI). Soll sich die Verlängerung der Lehrberechtigung auf die Lehrberechtigung **für Instrumentenflug (IR)** erstrecken, müssen von diesen 30 Stunden **mindestens 10 Stunden Instrumentenflugausbildungstätigkeit** sein.
>
> **(2)** Teilnahme an einem von der zuständigen Stelle genehmigten **FI-Fortbildungslehrgang** innerhalb der Gültigkeitsdauer der Lehrberechtigung (FI).
>
> **(3) Erfolgreiches Ablegen einer Befähigungsüberprüfung** unter Verwendung des Prüfungsnachweises gemäß JAR-FCL **während der letzten 12 Monate vor Ablauf der Gültigkeitsdauer der Lehrberechtigung (FI)**. Diese Befähigungsüberprüfung **kann mit der Befähigungsüberprüfung** zur Verlängerung der Muster- oder Klassenberechtigung des/der verwendeten Musters/Klasse verbunden werden, vorausgesetzt, dass alle Bedingungen gemäß JAR-FCL 1.145 erfüllt werden.

Nach Ablauf der Gültigkeitsdauer der Berechtigung muss der Bewerber während der letzten 12 Monate vor der Erneuerung die Voraussetzungen gemäß obiger Absätze 2 und 3 erfüllen.

Lehrberechtigung für Klassenberechtigungen (Flugzeuge mit einem Piloten CRI(SPA)) – Rechte (JAR-FCL 1.375)

Der Inhaber einer Lehrberechtigung CRI(SPA) ist berechtigt, Lizenzinhaber für den Erwerb einer Muster- oder Klassenberechtigung für Flugzeuge **mit einem Piloten** auszubilden. Der Inhaber kann, vorbehaltlich der entsprechenden Qualifikation, die Ausbildung auf ein- oder mehrmotorigen Flugzeugen durchführen.

CRI(SPA) – Anforderungen (JAR-FCL 1.380)

1. Mehrmotorige Flugzeuge

Der Bewerber für den Erwerb einer **Lehrberechtigung CRI(SPA) für mehrmotorige Flugzeuge** muss

> **(1) mindestens 500 Stunden als Pilot** auf Flugzeugen nachweisen;
>
> **(2) mindestens 30 Stunden als PIC** auf einem Flugzeug des entsprechenden Musters oder der entsprechenden Klasse nachweisen, davon **mindestens 10 Stunden innerhalb der vorangegangenen 12 Monate**;
>
> **(3) einen genehmigten Lehrgang in einer FTO oder TRTO mit mindestens fünf Stunden Flugausbildung auf dem Flugzeug oder im Flugsimulator,** der von einem für diesen Zweck anerkannten Lehrberechtigten durchgeführt wird, abgeschlossen haben und
>
> **(4) eine praktische Prüfung bestanden haben.**

2. Einmotorige Flugzeuge
Der Bewerber für den Erwerb einer **Lehrberechtigung CRI(SPA) für einmotorige Flugzeuge** muss

(1) **mindestens 300 Flugstunden als Pilot** auf Flugzeugen nachweisen;

(2) **mindestens 30 Stunden als PIC** auf einem Flugzeug des entsprechenden Musters oder der entsprechenden Klasse nachweisen, davon **mindestens 10 Stunden in den vorangegangenen 12 Monaten;**

(3) **einen genehmigten Lehrgang in einer FTO oder TRTO mit mindestens drei Stunden Flugausbildung auf dem Flugzeug oder im Flugsimulator** abgeschlossen haben, der von einem für diesen Zweck anerkannten Lehrberechtigten durchgeführt wird (siehe Anhang 2 zu JAR-FCL 1.380) und

(4) **eine praktische Prüfung** in Übereinstimmung mit Anhang 1 und den Abschnitten 1, 2, 3, 5 und 7 von Anhang 2 zu JAR-FCL 1.330 und 1.345 **bestanden haben.**

3. **Für die Erweiterung der Rechte** auf Flugzeuge eines anderen Musters oder einer anderen Klasse muss der Inhaber **während der letzten 12 Monate mindestens 10 Flugstunden** auf Flugzeugen des/der Musters/Klasse oder, mit Zustimmung der zuständigen Stelle, auf einem ähnlichen Muster nachweisen. Für die Erweiterung einer CRI(A) von einmotorigen auf mehrmotorige Flugzeuge sind die Anforderungen des Absatzes 1. zu erfüllen.

CRI(SPA) – Verlängerung und Erneuerung (JAR-FCL 1.385)

1. **Für die Verlängerung einer Lehrberechtigung CRI(SPA)** muss der Bewerber **während der letzten 12 Monate vor Ablauf der Gültigkeitsdauer** der Berechtigung

(1) mindestens 10 Stunden Flugausbildungstätigkeit ausgeübt haben oder

(2) Auffrischungsschulungstätigkeit zufrieden stellend ausgeübt haben oder

(3) eine Auffrischungsschulung als CRI(A) erhalten haben.

2. **Nach Ablauf der Gültigkeitsdauer** der Berechtigung muss der Bewerber **während der letzten 12 Monate vor der Antragstellung**

(1) **eine Auffrischungsschulung als CRI(A)** in Abstimmung mit der zuständigen Stelle erhalten haben und

(2) **als Befähigungsüberprüfung** den entsprechenden Teil (z. B. ME oder SE) der praktischen Prüfung gemäß JAR-FCL bestanden haben.

Lehrberechtigung für Instrumentenflug IRI(A) – Rechte (JAR-FCL 1.390)
Die Rechte des Inhabers einer Lehrberechtigung IRI(A) sind auf die Flugausbildung für den Erwerb einer IR(A) beschränkt.

Anerkennung für die Ausbildung an synthetischen Flugübungsgeräten SFI(A) – Rechte (JAR-FCL 1.405)
Der Inhaber einer Anerkennung SFI(A) ist berechtigt, die Ausbildung an einem synthetischen Flugübungsgerät zum Erwerb einer Musterberechtigung und die für die Zusammenarbeit der Besatzung geforderte Ausbildung durchzuführen.

6.3.10 Voraussetzungen, Anerkennung, Rechte/Anforderungen an Prüfer nach JAR-FCL 1 und 2 deutsch

6.3.10.1 Kategorien von Prüfern (JAR-FCL 1.420/2.420)

Es werden **sechs Kategorien von Prüfern** unterschieden:

- **Flugprüfer** – FE(A) bzw. (H),
- Prüfer für **Musterberechtigungen** – TRE(A) bzw. (H),
- Prüfer für **Klassenberechtigungen** – CRE(A),
- Prüfer für **Instrumentenflug** – IRE(A) bzw. (H),
- Prüfer an **synthetischen Flugübungsgeräten** – SFE(A) bzw. (H),
- Prüfer für **Fluglehrer** – FIE(A) bzw. (H).

6.3.10.2 Prüfer – Allgemeines (JAR-FCL 1.425)

- **Voraussetzungen**

> **(1)** Prüfer müssen mindestens im Besitz **der Lizenz und Berechtigung** sein, für die sie anerkannt sind, **praktische Prüfungen und Befähigungsüberprüfungen** durchzuführen und müssen, soweit nicht anders festgelegt, die entsprechende **Lehrberechtigung** besitzen.
>
> **(2)** Prüfer müssen **qualifiziert** sein, das Flugzeug während einer praktischen Prüfung oder Befähigungsüberprüfung **als verantwortlicher Pilot** zu führen und müssen die **Flugerfahrung** gemäß den folgenden Ausführungen nachweisen. In Fällen, in denen kein qualifizierter Prüfer verfügbar ist, können, nach Ermessen der zuständigen Stelle, auch Prüfer/Inspektoren anerkannt werden, die die entsprechenden Anforderungen für Lehr-, Muster- oder Klassenberechtigungen nicht erfüllen.
>
> **(3)** Der Bewerber für eine Anerkennung als Prüfer muss mindestens **eine praktische Prüfung** in der Rolle eines Prüfers durchgeführt haben, für die er eine Anerkennung anstrebt. Die Prüfung muss die Besprechung vor dem Flug, die Beurteilung des zu prüfenden Bewerbers, die Besprechung nach dem Flug sowie Aufzeichnung und Dokumentation beinhalten. Die Überwachung dieser Prüfung erfolgt durch einen Inspektor der zuständigen Stelle oder einen erfahrenen Prüfer mit besonderer Anerkennung der zuständigen Stelle.

- **Anerkennung für mehrere Kategorien**

Prüfer können für mehrere Kategorien anerkannt werden, wenn sie die entsprechenden Anforderungen erfüllen.

- **Einhaltung der JAR-Bestimmungen**

Prüfern wird eine **Anerkennung** in Übereinstimmung mit JAR-FCL 1.030 erteilt. Sie müssen die von der zuständigen Stelle vorgegebenen **Standardisierungsanforderungen** wie folgt erfüllen:

Während einer Prüfung/Überprüfung sind von den Prüfern **die Standards der JAR-FCL** durchgängig anzuwenden. Da jedoch die Umstände, unter denen ein Prüfer eine Prüfung/Überprüfung abnimmt, unterschiedlich sein können, ist ebenfalls von Bedeutung, dass der Prüfer bei der Beurteilung einer Prüfung/Überprüfung **ungünstige Bedingungen,** die während der Prüfung/Überprüfung eingetreten sind, **berücksichtigt.**

Prüfer werden in Übereinstimmung mit **JAR-FCL bestimmt und anerkannt** und sind:

> a) **Fluginspektoren** einer zuständigen Stelle oder
>
> b) **Lehrberechtigte** einer registrierten Ausbildungseinrichtung, FTO, TRTO, eines Hersteller- oder Fremdbetriebs oder
>
> c) **Piloten** im Besitz einer besonderen **Anerkennung**.

Alle Prüfer müssen entsprechend der Kategorie, in der sie tätig sind, auf dem jeweiligen Muster oder der jeweiligen Klasse von Flugzeug über die **geeignete Ausbildung, Qualifikation und Erfahrung** verfügen. Hinsichtlich der Qualifikation können keine bestimmten Vorschriften erlassen werden, da jede Organisation bestimmten unterschiedlichen Bedingungen unterliegt. Wichtig ist jedoch, dass der Prüfer in jedem Fall aufgrund seines Werdegangs und seiner Erfahrung **berufliches Ansehen** in der Luftfahrt genießt.

Eine **Verlängerung der Anerkennung als Prüfer** kann wiederum **für längstens drei Jahre** erfolgen. **Für eine Verlängerung muss der Prüfer mindestens zwei praktische Prüfungen oder Befähigungsüberprüfungen in jedem Jahr innerhalb der dreijährigen Gültigkeitsdauer** der Anerkennung abgenommen haben. Eine der von dem Prüfer innerhalb des Gültigkeitszeitraums der Anerkennung durchgeführten praktischen Prüfungen oder Befähigungsüberprüfungen muss unter Beobachtung eines Inspektors der zuständigen Stelle oder eines erfahrenen Prüfers, der zu diesem Zweck besonders anerkannt wurde, stattgefunden haben.

- **Eintragungen in die Lizenz**

Werden von einem Prüfer **Verlängerungsvermerke** in der Lizenz vorgenommen, so wird er:
(1) Die Berechtigungen, das Datum der Überprüfung, die Gültigkeitsdauer, die Nummer der Anerkennung und seine Unterschrift eintragen.

(2) Das Original des Prüfungsformulars der ausstellenden Behörde übermitteln und eine Kopie aufbewahren.

6.3.10.3 Gültigkeitsdauer der Anerkennung der Prüfer (JAR-FCL 1.430)

Die Gültigkeitsdauer von Anerkennungen beträgt längstens drei Jahre. Eine Verlängerung der Anerkennung erfolgt nach Ermessen der zuständigen Stelle.

6.3.10.4 Flugprüfer FE(A) – Rechte/Anforderungen (JAR-FCL 1.435)

Ein **FE(A)** ist berechtigt:

> **(a) praktische Prüfungen für den Erwerb der PPL(A)** sowie praktische Prüfungen und Befähigungsüberprüfungen für die zugehörige Klassen-/Musterberechtigung **für Flugzeuge mit einem Piloten durchzuführen**, vorausgesetzt, er verfügt über mindestens **1 000 Stunden** als Pilot auf Flugzeugen, davon **mindestens 250 Stunden Flugausbildungstätigkeit;**
>
> **(b) praktische Prüfungen für den Erwerb der CPL(A)** sowie praktische Prüfungen und Befähigungsüberprüfungen für die zugehörigen Klassen-/Musterberechtigungen **für Flugzeuge mit einem Piloten** durchzuführen, vorausgesetzt er verfügt über mindestens **2 000 Stunden** als Pilot auf Flugzeugen, davon mindestens **250 Stunden Flugausbildungstätigkeit.**

6.3.10.5 Prüfer für Musterberechtigungen TRE(A) – Rechte/Anforderungen (JAR-FCL 1.440)

Ein **TRE(A)** ist berechtigt, Folgendes durchzuführen:

> - **praktische Prüfungen** für den Erwerb von Musterberechtigungen **für Flugzeuge mit zwei Piloten;**
> - **Befähigungsüberprüfungen** für die **Verlängerung oder Erneuerung von** Musterberechtigungen für **Flugzeuge mit zwei Piloten** sowie von **Instrumentenflugberechtigungen;**
> - **praktische Prüfungen** für den Erwerb der **ATPL(A).**

Voraussetzung ist, dass der Prüfer über **mindestens 1 500 Stunden als Pilot auf Flugzeugen mit zwei Piloten** verfügt, von denen **mindestens 500 Stunden als verantwortlicher Pilot** durchgeführt worden sein müssen sowie im Besitz einer entsprechenden **Lehrberechtigung für Musterberechtigungen oder Anerkennung (TRI(A))** ist.

6.3.10.6 Prüfer für Klassenberechtigungen CRE(A) – Rechte/Anforderungen (JAR-FCL 1.445)

Ein **CRE(A)** ist berechtigt, Folgendes durchzuführen:

> - **praktische Prüfungen** für den Erwerb von **Klassen- und Musterberechtigungen für Flugzeuge mit einem Piloten;**
> - **Befähigungsüberprüfungen für die Verlängerung oder Erneuerung** von **Klassen- und Musterberechtigungen für Flugzeuge mit einem Piloten** sowie für die Verlängerung von **Instrumentenflugberechtigungen.** Voraussetzung ist, dass der Prüfer **im Besitz einer CPL(A) oder ATPL(A) ist oder war** und im **Besitz einer PPL(A)** ist sowie über **mindestens 500 Stunden** als Pilot auf Flugzeugen verfügt.

6.3.10.7 Prüfer für Instrumentenflug IRE(A) – Rechte/Anforderungen (JAR-FCL 1.450)

Ein IRE(A) ist berechtigt, praktische Prüfungen für den Ersterwerb von Instrumentenflugberechtigungen und Befähigungsüberprüfungen für die Verlängerung oder Erneuerung solcher Berechtigungen durchzuführen, vorausgesetzt, dass er über mindestens 2 000 Stunden als Pilot auf Flugzeugen verfügt, davon mindestens 450 Stunden nach Instrumentenflugregeln, von denen 250 Stunden als Fluglehrer durchgeführt worden sein müssen.

6.3.10.8 Prüfer an synthetischen Flugübungsgeräten SFE(A) – Rechte/Anforderungen (JAR-FCL 1.455)

Ein SFE(A) ist berechtigt, Befähigungsüberprüfungen für Muster- und Instrumentenflugberechtigungen für Flugzeuge mit zwei Piloten in einem Flugsimulator durchzuführen, vorausgesetzt, dass er im Besitz einer ATPL(A) ist, über mindestens 1 500 Stunden als Pilot auf Flugzeugen mit zwei Piloten verfügt und berechtigt ist, als SFI(A) tätig zu sein.

6.3.10.9 Prüfer für Lehrberechtigte FIE(A) – Rechte/Anforderungen (JAR-FCL 1.460)

Ein FIE(A) ist berechtigt, praktische Prüfungen und Befähigungsüberprüfungen für den Erwerb, die Verlängerung oder Erneuerung von Lehrberechtigungen durchzuführen, vorausgesetzt, dass er über mindestens 2 000 Stunden als Pilot auf Flugzeugen verfügt, davon mindestens 100 Stunden, in denen er Bewerber für eine Lehrberechtigung (FI(A)) ausgebildet hat.

6.4 Gemeinsame Vorschriften der LuftPersV
(Auszug für Privatflugzeugführer, Segelflugzeugführer, Hubschrauberführer und Führer motorgetriebener Luftsportgeräte)

6.4.1 Alleinflüge zum Erwerb, zur Erweiterung oder zur Erneuerung einer Lizenz oder Berechtigung

Alleinflüge zum Erwerb, zur Erweiterung oder Erneuerung einer Lizenz oder Berechtigung (§ 117 LuftPersV)

(1) Wer eine Lizenz oder Berechtigung zum Führen von Flugzeugen, Hubschraubern, Segelflugzeugen oder motorgetriebenen Luftsportgeräten, erwerben, erweitern oder erneuern lassen will, darf die notwendigen **Alleinflüge** nur ausführen, wenn der **Fluglehrer** hierfür einen **Flugauftrag** erteilt hat. Der Fluglehrer darf den Flugauftrag nur erteilen, wenn er sich von der **Befähigung des Bewerbers** überzeugt hat. Den **Flugauftrag zum ersten Alleinflug** eines Bewerbers darf er nur mit Zustimmung eines zweiten Fluglehrers erteilen.

(2) **Außerhalb der Sichtweite** des ausbildenden Fluglehrers dürfen Flüge nach Absatz 1 nur durchgeführt werden, wenn der Fluglehrer hierfür einen **schriftlichen Flugauftrag** erteilt hat. Der Fluglehrer darf den Flugauftrag nur erteilen, wenn der Bewerber um eine Lizenz für Privatluftfahrzeugführer

1. **die theoretische Prüfung zum Erwerb der Lizenz bestanden** hat,
2. **eine theoretische und praktische Einweisung** in besondere Flugzustände sowie in das Verhalten in Notfällen erhalten hat,
3. **mindestens zwei Überlandflugeinweisungen** erhalten hat.

(3) **Bei Flügen nach Absatz 2** muss der Flugauftrag die Erklärung enthalten, dass die Voraussetzungen des Absatzes 2 Satz 2 Nr. 1 bis 3 erfüllt sind. Der Bewerber hat den **schriftlichen Flugauftrag bei der Durchführung des Fluges als Nachweis mitzuführen.**

6.4.2 Nachweis der fliegerischen und fachlichen Voraussetzungen, Flugerfahrung der Luftfahrzeugführer und Flugzeitenanrechnung einer Lizenz

Nachweis der fliegerischen Voraussetzungen (§ 120 LuftPersV)

(1) Privatluftfahrzeugführer, Segelflugzeugführer, Freiballonführer, Luftschiffführer, Luftsportgeräteführer und Flugtechniker auf Hubschraubern bei den Polizeien des Bundes und der Länder haben ein **Flug- oder Sprungbuch** zu führen, in dem **alle Flüge,** Fahrten oder Sprünge unter Angabe der ausgeübten Tätigkeit und des Luftfahrzeugmusters nach Datum, Art des Fluges, Kennzeichen des Luftfahrzeugs, wenn dieses vorgeschrieben ist, Start-/Landeflugplatz sowie Abflug- und Ankunftszeit (Zeiten in Blockzeit in koordinierter Weltzeit [UTC]), Gesamtdauer des Fluges, Gesamtflugzeit anzugeben sind. **Das Flug-, Fahrten- oder Sprungbuch ist zwei Jahre, gerechnet vom Tag der letzten Eintragung, aufzubewahren.** Das Flug-, Fahrten- oder Sprungbuch ist während der lizenzpflichtigen Tätigkeit außerhalb des Flugplatzbereiches mitzuführen und ansonsten am Flugplatz vorzuhalten. **Angaben zum Nachweis** von Voraussetzungen zum Erwerb, zur Erweiterung, zur Ausübung der Rechte aus der Lizenz, zur Verlängerung oder Erneuerung einer Lizenz oder Berechtigung, die **mit Prüfer, mit Fluglehrer** oder unter dessen Aufsicht zu erfüllen sind, müssen von diesem unter Angabe der **Art und Nummer seines Luftfahrerscheins als richtig bescheinigt werden.** Der Nachweis der fliegerischen Voraussetzungen kann durch Auszüge aus dem Flug-, Fahrten- oder Sprungbuch erbracht werden. **Die Richtigkeit** der Übereinstimmung mit den Angaben des Flug-, Fahrten- oder Sprungbuches ist durch einen Beauftragten für Luftaufsicht, einen Ausbildungs- oder Flugbetriebsleiter, einen Prüfer oder Fluglehrer **zu bestätigen.**

(2) **Bei Ausbildungsbetrieben, registrierten Ausbildungseinrichtungen, Luftfahrtunternehmen** oder im **Werkluftverkehr** kann **die zuständige Stelle Ausnahmen** von Absatz 1 zulassen, wenn die Erfüllung der Anforderungen nach Absatz 1 auf andere Weise gewährleistet ist.

(3) **Für Luftsportgeräteführer** kann der **Beauftragte** nach § 31 c des LuftVG Ausnahmen von Absatz 1 zulassen oder weitere Angaben im Flug- oder Sprungbuch verlangen, wenn die Erfüllung der Anforderungen nach Absatz 1 auf andere Weise gewährleistet ist.

Anmerkung: In der ersten DV zur LuftPersV wird ausgeführt, dass der in der Verordnung über Luftfahrtpersonal (LuftPersV) verwendete Begriff **„Flugzeit"** wie folgt **definiert** ist: Flugzeit bezeichnet die Zeit zwischen dem erstmaligen Abrollen eines Luftfahrzeugs aus seiner Parkposition zum Zwecke des Startens bis zum Stillstand an der zugewiesenen Parkposition und bis alle Triebwerke abgestellt sind.

6.4 Gemeinsame Vorschriften der LuftPersV

Nachweis der theoretischen Ausbildung (§ 121 LuftPersV)

(1) **Der Bewerber um eine Lizenz oder Berechtigung** nach der LuftPersV ist **verpflichtet** ein **Unterrichtsbuch** zu führen, in dem alle **Unterrichtsstunden** unter Angabe des Sachgebietes und des behandelten Unterrichtsstoffes mit **Datum und Dauer sowie der Name des Lehrers** einzutragen sind. Bei **geschlossenen Lehrgängen** tritt an die Stelle des vom Bewerber zu führenden Unterrichtsbuches **ein von dem Ausbildungsbetrieb, der registrierten Ausbildungseinrichtung oder der Lehrgangsleitung zu führendes Unterrichtsbuch**.

(2) **Die Eintragungen** nach Absatz 1 sind **vom betreffenden Lehrer abzuzeichnen**.

(3) **Nimmt der Bewerber an einem theoretischen Ausbildungslehrgang einer Fernschule** teil, tritt für den Teil des Fernunterrichtes an die Stelle des Unterrichtsbuches nach Absatz 1 eine **Bescheinigung der Fernschule**.

Flugerfahrung der Luftfahrzeugführer bei Mitnahme von Fluggästen (§ 122 LuftPersV)

(1) **Privatluftfahrzeugführer, Segelflugzeugführer, Luftschiffführer** oder **Luftsportgeräteführer** dürfen ein Luftfahrzeug, in dem sich **Fluggäste** befinden, als verantwortlicher Luftfahrzeugführer nur führen, wenn **innerhalb der vorhergehenden 90 Tage mindestens drei Starts und drei Landungen** mit einem Luftfahrzeug **derselben Klasse, desselben oder ähnlichen Musters, der Art des Luftsportgerätes** ausgeführt wurden. Für Sprungfallschirmführer gilt Satz 1 mit der Maßgabe, dass der Sprungfallschirmführer mindestens 10 Fallschirmsprünge durchgeführt hat. Für Freiballonführer gilt Satz 1 mit der Maßgabe, dass der Freiballonführer mindestens einen Start sowie eine Landung aus einer Höhe von mindestens 150 Meter über Grund (GND) durchgeführt haben muss.

(2) **Für einen Flug nach Sichtflugregeln bei Nacht** gilt Absatz 1 Satz 1 mit der Maßgabe, dass von den drei Starts und den drei Landungen **mindestens ein Start und eine Landung bei Nacht** durchgeführt wurden. Absatz 1 Satz 3 gilt mit der Maßgabe, dass mindestens ein Start mit Freiballonen bei Nacht durchgeführt wurde.

(3) Soll eine Fahrt mit Fluggästen in einem Luftschiff nach den Instrumentenflugregeln durchgeführt werden, muss der verantwortliche Luftschiffführer innerhalb der vorhergehenden 90 Tage mindestens drei Fahrten nach Instrumentenflugregeln durchgeführt haben. Die Fahrten können durch eine Befähigungsüberprüfung mit einem von der zuständigen Stelle bestimmten Prüfer ersetzt werden.

(4) **Für die Durchführung von Kunstflügen mit Fluggästen** gilt Absatz 1 Satz 1 mit der Maßgabe, dass der Lizenzinhaber nach Erteilung der Kunstflugberechtigung **mindestens 50 Kunstflüge im Alleinflug**, davon **drei innerhalb der letzten 90 Tage** durchgeführt haben muss.

Anrechnung von Flugzeiten in besonderen Fällen (§ 124 LuftPersV)

Als **Flugzeiten für den Erwerb, die Erweiterung, den Nachweis für die Ausübung der Rechte aus der Lizenz, Verlängerung oder Erneuerung einer Lizenz** für Privatluftfahrzeugführer, Segelflugzeugführer, Luftsportgeräteführer, Freiballonführer oder Luftschiffführer werden, sofern in dieser Verordnung nichts anderes bestimmt ist, **voll angerechnet:**

1. **Flugzeit als Lehrer** bei der Ausbildung und bei vorgeschriebenen Übungsflügen sowie **Flugzeit als Schüler mit Fluglehrer** oder als **Luftfahrzeugführer bei vorgeschriebenen Übungsflügen mit Fluglehrer,**
2. **Flugzeit als Prüfer und als Bewerber** bei praktischen Prüfungen oder Befähigungsüberprüfungen.

Nachweis der vorgeschriebenen Ausbildung in Sofortmaßnahmen am Unfallort oder in erster Hilfe (§ 126 LuftPersV)

Der Nachweis über die **Ausbildung in Sofortmaßnahmen am Unfallort** oder **in erster Hilfe ist** durch eine Bescheinigung einer behördlich anerkannten Stelle zur Durchführung dieser Ausbildung zu führen.

6.4.3 Durchführung der Prüfungen und Befähigungsüberprüfungen, Berücksichtigung einer theoretischen Vorbildung (LuftPersV)

Durchführung von Prüfungen und Befähigungsüberprüfungen, Anerkennung von Prüfern (§ 128 LuftPersV)

(1) **Prüfungen und Prüfungsverfahren** für den Erwerb von Lizenzen und Berechtigungen sowie Befähigungsüberprüfungen richten sich

1. **für Privatflugzeugführer, ausgenommen Privatflugzeugführer nach § 1 (LuftPersV)** für Berufsflugzeugführer, für Verkehrsflugzeugführer zum Erwerb von Klassen- und Musterberechtigungen, der Instrumentenflugberechtigung oder der Berechtigung zur praktischen Ausbildung von Luftfahrzeugführern für diese Lizenzen nach der vom Bundesministerium für Verkehr, Bau und Stadtentwicklung im Bundesanzeiger bekannt gemachten Fassung der Bestimmungen über die Lizenzierung von Piloten von Flugzeugen (JAR-FCL 1 deutsch) vgl. auch Abschnitt 6.3.9 „Voraussetzungen, Anerkennung, Rechte/Anforderungen an Prüfer nach JAR-FCL 1 deutsch" sowie nach den folgenden Absätzen 2, 5, 6 und 7;

2. **für Privathubschrauberführer, für Berufshubschrauberführer, für Verkehrshubschrauberführer,** der Berechtigung zur praktischen Ausbildung von Luftfahrzeugführern für diese Lizenzen nach der vom Bundesministerium für Verkehr, Bau und Stadtentwicklung im Bundesanzeiger bekannt gemachten Fassung der Bestimmungen von Piloten von Hubschraubern (JAR-FCL 2 deutsch) sowie nach den Absätzen 2, 5, 6, und 7;

3. **für Flugingenieure,** der Berechtigung zur praktischen Ausbildung für diese Lizenzen nach der vom Bundesministerium für Verkehr, Bau und Stadtentwicklung im Bundesanzeiger bekannt gemachten Fassung der Bestimmungen (JAR-FCL 4 deutsch) sowie nach den Absätzen 2, 5, 6, und 7;

4. **für die Inhaber aller anderen Lizenzen und Berechtigungen nach dieser Verordnung** (LuftPersV).

(2) **Prüfungen** sind vor der nach § 131 LuftPersV zuständigen Stelle, **Befähigungsüberprüfungen** vor ihr oder vor von ihr anerkannten Prüfern abzulegen. Die zuständige Stelle bestimmt Einzelheiten sowie Zeit und Ort der theoretischen Prüfung. Zeit und Ort der praktischen Prüfung werden im Einzelfall von dem beauftragten Prüfer im Benehmen mit dem Bewerber, dem Ausbildungsbetrieb oder der registrierten Ausbildungseinrichtung festgelegt.

(3) Die nach § 131 LuftPersV zuständige Stelle kann zuverlässige und für die betreffende Prüfung **qualifizierte Personen anerkennen,** im Auftrag der zuständigen Stelle **Prüfungen und Befähigungsüberprüfungen** vorzunehmen. Jeder Prüfer wird über seine Rechte und Pflichten schriftlich in Kenntnis gesetzt. Die zuständige Stelle bestimmt die Anzahl der von ihr benötigten Prüfer. Der Anerkennung bedarf es nicht, wenn der Prüfer der zuständigen Stelle angehört.

(4) **Die Gültigkeitsdauer von Anerkennungen** nach Absatz 3 beträgt **längstens drei Jahre.** Eine Verlängerung der Anerkennung erfolgt nach Ermessen der zuständigen Stelle.

(5) **Prüfer dürfen bei Bewerbern, die von ihnen für die betreffende Lizenz oder Berechtigung ausgebildet wurden, keine Prüfungen abnehmen,** es sei denn, die zuständige Stelle hat schriftlich zugestimmt.

(6) Die mit der Abnahme der praktischen Prüfung oder Befähigungsüberprüfung **beauftragten Prüfer müssen über die Lehrberechtigung für die Ausbildung zum Erwerb der betreffenden Lizenz oder Berechtigung** sowie über **besondere fachliche Erfahrungen verfügen.** Die zuständige Stelle kann Ausnahmen von dem Erfordernis der Lehrberechtigung zulassen.

(7) **Ein Prüfer** zur Abnahme von Prüfungen auf **turbinen- oder turbopropellergetriebenen Flugzeugmustern** darf gleichzeitig nur im Besitz von insgesamt **zwei dieser Anerkennungen** sein. Ein Prüfer zur Abnahme von Prüfungen auf **Hubschraubermustern** darf gleichzeitig nur im Besitz von insgesamt **drei dieser Anerkennungen** sein. Die Sätze 1 und 2 gelten nicht für Prüfer auf synthetischen Flugübungsgeräten.

(8) **Die zuständige Stelle** gibt allen Ausbildungsbetrieben und registrierten Ausbildungseinrichtungen die **Prüfer bekannt,** die von ihr mit der Durchführung der praktischen Prüfungen für den Erwerb der Lizenz bei dem betreffenden Ausbildungsbetrieb oder der registrierten Ausbildungseinrichtung beauftragt wurden.

(9) **Praktische Prüfungen** dürfen erst dann abgenommen werden, wenn der Bewerber **die theoretische Prüfung abgeschlossen hat** und von dem Ausbildungsbetrieb oder dem für die Ausbildung Verantwortlichen für die Durchführung der Prüfung die **Bestätigung seiner Prüfungsreife** erhalten hat.

(10) **Der Bewerber hat die theoretische Prüfung** für den Erwerb einer Lizenz oder Berchtigung erfolgreich abgelegt, wenn er **innerhalb von 12 Monaten alle Prüfungsteile bestanden hat. Eine bestandene**

theoretische Prüfung wird für einen Zeitraum von **24 Monaten** ab dem Datum des Bestehens der Prüfung für den Erwerb einer Lizenz oder Berechtigung akzeptiert.

(11) weggefallen

(12) Für Prüfungen für den Erwerb von Lizenzen und Berechtigungen für **Luftsportgeräteführer** werden die Einzelheiten, insbesondere die Fragen für die schriftliche Theorieprüfung, die Durchführungsgrundsätze für die Theorieprüfung, die Flug- oder Sprungaufgaben, die Bewertungsmaßstäbe und die Anrechnung von vorangegangenen Prüfungen von dem **Beauftragten** festgelegt.

(13) Das Prüfungsergebnis wird mit „bestanden" oder „nicht bestanden" beurteilt. Die zuständige Stelle bestimmt im Benehmen mit dem jeweils beauftragten Prüfer, **ob und gegebenenfalls mit welchen Auflagen die Prüfung ganz oder zum Teil wiederholt werden muss.** Die Anzahl der Prüfungsversuche ist nicht beschränkt. Die Vorschriften der Luftverkehrs-Zulassungs-Ordnung (LuftVZO) über die Untersagung der Ausbildung bei Nichteignung des Bewerbers bleiben unberührt.

(14) Über den Inhalt, den Verlauf und das Ergebnis der Prüfung ist eine Niederschrift von der zuständigen Stelle oder von dem beauftragten Prüfer zu fertigen.

Berücksichtigung einer theoretischen Vorbildung (§ 129 LuftPersV)

(1) Für Inhaber einer gültigen Lizenz für Luftfahrzeugführer kann die **theoretische Ausbildung** zum Erwerb einer Lizenz für Privatluftfahrzeugführer zum Führen anderer Luftfahrzeugarten auf die **Sachgebiete beschränkt** werden, die **nicht in der theoretischen Ausbildung der erworbenen Lizenz** enthalten waren.

(2) Weist ein Bewerber **besondere Kenntnisse in einem Sachgebiet** der theoretischen Ausbildung nach, **kann** die zuständige Stelle ihn **von der Ausbildung in diesem Sachgebiet ganz oder teilweise befreien.** Dies gilt auch für Inhaber eines **Flugfunkzeugnisses** für die Ausbildung in Sprechfunkverfahren bei Erwerb einer Lizenz. Absatz 1 und die Sätze 1 und 2 finden auf die **theoretische Prüfung entsprechend Anwendung.** Die Sätze 1 bis 3 gelten entsprechend für **Luftsportgeräteführer**.

6.4.4 Zuständige Stellen, Antragstellung, Berechtigung zur Ausübung des Sprechfunkdienstes

Zuständige Stellen (§ 131 LuftPersV)

Zuständige Stellen für Verwaltungstätigkeiten nach der LuftPersV, sind die nach der Luftverkehrs-Zulassungs-Ordnung für die Erteilung der betreffenden Lizenzen und Berechtigungen zuständigen Luftfahrtbehörden der Länder, das Luftfahrt-Bundesamt und die Beauftragten nach § 31 c des Luftverkehrsgesetzes.

Antragstellung (§ 132 LuftPersV)

(1) Dem Antrag auf Durchführung der vorgeschriebenen Prüfungen oder Befähigungsprüfungen sind außer den **Nachweisen über die fachlichen Voraussetzungen** nach dieser Verordnung die nach der Luftverkehrs-Zulassungs-Ordnung **geforderten Nachweise und Erklärungen** beizufügen, es sei denn, diese Unterlagen liegen der zuständigen Stelle bereits vor.

(2) Weitere für die Prüfung der fachlichen und persönlichen Eignung und Befähigung erforderlichen Nachweise und Erklärungen werden von der zuständigen Stelle im Einzelfall bestimmt.

Berechtigung zur Ausübung des Sprechfunkdienstes (§ 133 LuftPersV)

(1) Die Berechtigung zur Ausübung des Sprechfunkdienstes kann im Luftfahrerschein eingetragen werden. Der Umfang richtet sich **nach der Verordnung über Flugfunkzeugnisse** oder nach § 44 Abs. 2 Satz 2 LuftPersV (Ausbildung im Sprechfunkdienst für Luftsportgeräteführer – vgl. Abschnitt 6.2.4 „Die Lizenz [Luftfahrerschein] für Luftsportgeräteführer" und hier unter „Erteilung und Umfang der Lizenz").

(2) Das Flugfunkzeugnis muss bei der Ausübung der lizenzpflichtigen Tätigkeit **nicht mitgeführt** werden, **wenn die Berechtigung zur Ausübung des Flugfunkdienstes im Luftfahrerschein eingetragen ist.**

6.4.5 Tauglichkeit

Das Tauglichkeitszeugnis (§ 24 a LuftVZO)

(1) Das Tauglichkeitszeugnis wird gemäß dem entsprechenden Muster (vgl. Bild 6.5) nach dem vollständigen Abschluss der entsprechenden flugmedizinischen Untersuchung erteilt. Der **Umfang der flugmedizinischen Untersuchung** und **die Beurteilungsmaßstäbe für die Tauglichkeit** richten sich nach den Bestimmungen über Anforderungen an die Tauglichkeit **(JAR-FCL 3 deutsch).**

(2) Die Anforderungen der **Tauglichkeitsklasse 1** gelten für Verkehrsflugzeugführer, Berufsflugzeugführer, Verkehrshubschrauberführer, Berufshubschrauberführer, Luftschiffführer, Freiballonführer mit der Lizenz, Freiballone als verantwortlicher Freiballonführer berufsmäßig und im gewerbsmäßigen Luftverkehr am Tage zu führen und Flugtechniker auf Hubschraubern bei den Polizeien des Bundes und der Länder.

(3) Die Anforderungen der **Tauglichkeitsklasse 2** gelten für Privatflugzeugführer, Privathubschrauberführer, Segelflugzeugführer, Freiballonführer mit der Lizenz Freiballone als verantwortlicher Freiballonführer nichtgewerbsmäßig und nichtberufsmäßig am Tage zu führen und Führer von Luftsportgeräten.

Tauglichkeitsuntersuchungen (§ 24 b LuftVZO)

(1) Untersuchungen zur erstmaligen Erteilung eines Tauglichkeitszeugnisses der Klasse 1 werden von den nach § 24 e Abs. 4 LuftVZO anerkannten flugmedizinischen Zentren durchgeführt. Untersuchungen zur Verlängerung und Erneuerung eines Tauglichkeitszeugnisses der Klasse 1 sowie sonstige Untersuchungen zur Beurteilung der flugmedizinischen Tauglichkeit werden von den nach § 24 e Abs. 4 LuftVZO anerkannten flugmedizinischen Zentren oder von den nach § 24 e Abs. 3 LuftVZO anerkannten flugmedizinischen Sachverständigen durchgeführt.

(2) Untersuchungen zur erstmaligen Erteilung eines Tauglichkeitszeugnisses der Klasse 2, Untersuchungen zur Verlängerung oder Erneuerung eines flugmedizinischen Tauglichkeitszeugnisses der Klasse 2 sowie sonstige Untersuchungen zur Beurteilung der flugmedizinischen Tauglichkeit werden von den nach § 24 e Abs. 4 LuftVZO anerkannten flugmedizinischen Zentren oder von den nach § 24 e Abs. 2 oder 3 LuftVZO anerkannten flugmedizinischen Sachverständigen durchgeführt.

(3) Bei der Untersuchung hat der Bewerber seine Identität durch Vorlage eines amtlichen Ausweisdokuments nachzuweisen, soweit er dem flugmedizinischen Sachverständigen nicht persönlich bekannt ist. Bei Untersuchungen zur Verlängerung oder Erneuerung eines Tauglichkeitszeugnisses ist zusätzlich das letzte Tauglichkeitszeugnis vorzulegen.

(4) Der anerkannte flugmedizinische Sachverständige nach § 24 e Abs. 2 oder 3 LuftVZO oder das anerkannte flugmedizinische Zentrum nach § 24 e Abs. 4 LuftVZO übermittelt dem Luftfahrt-Bundesamt nach jeder, auch abgebrochenen Untersuchung in der vom Luftfahrt-Bundesamt festgelegten Form den Familiennamen, den Geburtsnamen und sonstige frühere Namen, die Vornamen, das Geburtsdatum, den Geburtsort, das Geschlecht, die Anschrift des Bewerbers, die Referenznummer, die Bezeichnung der Stelle, die über die Tauglichkeit entschieden hat, den Tag dieser Entscheidung und im Falle der Feststellung der Tauglichkeit das Tauglichkeitszeugnis. Ist keine abschließende Entscheidung getroffen worden, da Tatsachen festgestellt wurden, die Zweifel an der Tauglichkeit des Luftfahrers begründen und eine Überprüfung nach § 24 c LuftVZO erforderlich machen, oder ist die Untauglichkeit des Bewerbers festgestellt worden, ist dies ebenfalls zur Eingabe in die Zentrale Luftfahrerdatei nach § 65 des Luftverkehrsgesetzes mitzuteilen.

(5) Das Luftfahrt-Bundesamt übermittelt auf Antrag der für die Lizenzerteilung zuständigen Stelle die ihm nach Absatz 4 übermittelten Daten zum Zweck der Durchführung der Aufsicht nach § 24 e Abs. 7 LuftVZO über die nach § 24 e Abs. 2 LuftVZO anerkannten Sachverständigen.

Weitergehende Überprüfung der Tauglichkeit (§ 24 c LuftVZO)

(1) Wenn ein anerkanntes flugmedizinisches Zentrum oder ein nach § 24 e Abs. 3 LuftVZO anerkannter flugmedizinischer Sachverständiger bei einem Bewerber um ein Tauglichkeitszeugnis der Klasse 1 die Untauglichkeit des Bewerbers festgestellt hat oder Tatsachen, die Zweifel an der Tauglichkeit begründen, kann der Bewerber bei einem anerkannten flugmedizinischen Zentrum diese Feststellung weitergehend überprüfen lassen. Wenn ein anerkanntes flugmedizinisches Zentrum oder ein nach § 24 e Abs. 2 oder 3 LuftVZO anerkannter flugmedizinischer Sachverständiger bei einem Bewerber um ein Tauglichkeitszeugnis der Klasse 2 die Untauglichkeit des Bewerbers festgestellt hat oder Tatsachen, die Zweifel an der Tauglichkeit des Bewerbers begründen, kann der Bewerber bei einem anerkannten flugmedizinischen Zentrum oder einem nach § 24 e Abs. 3 LuftVZO anerkannten flugmedizinischen Sachverständigen diese Feststellungen

weitergehend überprüfen lassen. Der überprüfende flugmedizinische Sachverständige oder das überprüfende flugmedizinische Zentrum prüft unter Anwendung der Bestimmungen von JAR-FCL 3 deutsch, ob ein Tauglichkeitszeugnis oder ein Tauglichkeitszeugnis mit Auflagen und Einschränkungen ausgestellt werden kann oder die Untauglichkeit zu bestätigen ist, und kann Fachärzte, andere flugmedizinische Sachverständige und Psychologen hinzuziehen und die für eine Überprüfung erforderlichen medizinischen Befunde mit Einwilligung des Bewerbers an diese übermitteln. Das nach abgeschlossener Prüfung ausgestellte Tauglichkeitszeugnis oder die Bestätigung der Untauglichkeit wird dem Bewerber übergeben und nach § 24 d Abs. 1 LuftVZO in Kopie der für die Lizenzerteilung zuständigen Stelle übermittelt. § 24 b Abs. 3 und 4 LuftVZO gilt sinngemäß. Wenn nach dieser Überprüfung ein Tauglichkeitszeugnis ausgestellt wird, ist auf diesem zu vermerken, dass die Tauglichkeit nach einer weitergehenden Überprüfung festgestellt wurde.

(2) Werden Tatsachen bekannt, die Bedenken gegen die Zuverlässigkeit oder Tauglichkeit eines Bewerbers um eine Lizenz oder eines Inhabers einer Lizenz begründen, kann die für die Lizenz zuständige Stelle anordnen, dass der Betroffene seine Zuverlässigkeit oder Tauglichkeit durch eine Begutachtung durch ein von ihr bestimmtes flugmedizinisches Zentrum nach § 24 e Abs. 4 LuftVZO oder ein von ihr bestimmten flugmedizinischen Sachverständigen nach § 24 e Abs. 2 oder 3 LuftVZO nachweist.

Erteilung und Gültigkeit eines Tauglichkeitszeunisses (§ 24 d LuftVZO)

(1) Nach vollständigem Abschluss einer Untersuchung nach § 24 b LuftVZO oder der Überprüfung nach § 24 c LuftVZO stellt die untersuchende oder überprüfende Stelle im Falle der Tauglichkeit **ein Tauglichkeitszeugnis** aus. Ein Original oder eine vom ausstellenden flugmedizinischen Zentrum oder flugmedizinischen Sachverständigen **bestätigte Kopie** des Tauglichkeitszeugnisses ist der für die Lizenz **zuständigen Stelle zu übermitteln.** Wenn die Untauglichkeit eines Bewerbers festgestellt wurde, ist ihm dies schriftlich mitzuteilen. Die für die Lizenz zuständige Stelle ist hierüber zu unterrichten. Die Pflicht zur Übermittlung der Daten nach § 24 b Abs. 4 LuftVZO bleibt unberührt.

(2) Die Gültigkeit des Tauglichkeitszeugnisses beträgt ab dem Tag des Abschlusses der Untersuchung

1. für **Klasse 1:**
   12 Monate, jedoch längstens bis zur Vollendung des **60. Lebensjahres,** danach 6 Monate; bei Inhabern einer Lizenz zum Führen von Flugzeugen und Hubschraubern bereits **nach Vollendung des 40. Lebensjahres sechs Monate,** wenn diese **gewerbsmäßig** Transport von Fluggästen mit Luftfahrzeugen, die mit **nur einem Piloten** betrieben werden, durchführen;

2. für **Klasse 2:**
   60 Monate bis zur **Vollendung des 40. Lebensjahres,** danach 24 Monate bis zur Vollendung des **60. Lebensjahres und danach 12 Monate.**

Ein Tauglichkeitszeugnis der **Klasse 1 schließt die Tauglichkeit der Klasse 2** mit der dieser zugeordneten Gültigkeitsdauer ein. Ist aufgrund des Befundes eine **kürzere Gültigkeitsdauer** für die betreffende Tauglichkeitsklasse erforderlich, ist dies **in dem Tauglichkeitszeugnis zu vermerken.**

(3) Bei der **wiederholten Erteilung eines Tauglichkeitszeugnisses** beginnt die Gültigkeit nach Absatz 2 am Tag des Abschlusses der Verlängerungs- oder Erneuerungsuntersuchung. Wird die Verlängerungsuntersuchung **innerhalb der letzten 45 Tage** vor dem Ablauf der Gültigkeit des vorhergehenden Tauglichkeitszeugnisses durchgeführt, bestimmt sich die Gültigkeit des Tauglichkeitszeugnisses nach Absatz 2 vom Zeitpunkt des Ablaufs der Gültigkeit des vorhergehenden Tauglichkeitszeugnisses.

(4) Sind im Rahmen einer Untersuchung der Tauglichkeit **Einschränkungen oder Auflagen** im Tauglichkeitszeugnis zu vermerken, werden diese Eintragungen durch das flugmedizinische Zentrum nach § 25 e Abs. 4 LuftVZO oder durch den flugmedizinischen Sachverständigen nach § 24 e Abs. 2 und 3 LuftVZO vorgenommen und der für die Lizenz zuständigen Stelle mitgeteilt. Dies gilt auch im Falle der Aufhebung oder Änderung bereits eingetragener Auflagen oder Einschränkungen. § 24 b Abs. 4 LuftVZO bleibt unberührt. Wurden im Rahmen einer Tauglichkeitsuntersuchung Tatsachen bei einem Inhaber einer Lizenz festgestellt, die eine **Nichttauglichkeit** begründen, **verliert das bereits erteilte Tauglichkeitszeugnis seine Gültigkeit.** Wird die Tauglichkeit eines Bewerbers durch ein vom Luftfahrt-Bundesamt anerkanntes flugmedizinisches Zentrum oder einen flugmedizinischen Sachverständigen nach § 24 e Abs. 2 oder 3 LuftVZO **eingeschränkt,** ist dies der für die Lizenz zuständigen Stelle und dem Luftfahrt-Bundesamt mitzuteilen. § 29 LuftVZO bleibt unberührt.

(5) Das Tauglichkeitszeugnis der für die Tätigkeit vorgeschriebenen Klasse **ist beim Betrieb des Luftfahrzeugs mitzuführen.**

6 Luftfahrtpersonal

Bild 6.5 Muster Tauglichkeitszeugnis

7 Teilnahme am Luftverkehr (Luftverkehrsregeln und -vorschriften, Flugverkehrsdienste)

7.1 Die Luftraumordnung gemäß LuftVG und LuftVO

Der Luftraum über dem Hoheitsgebiet der Bundesrepublik Deutschland ist nach den **Richtlinien und Empfehlungen der ICAO** in verschiedene Teile (Luftraumarten) gegliedert, deren **Bezeichnungen** den Luftverkehrsteilnehmern teilweise Auskunft über die Art der darin zur Verfügung stehenden **Flugverkehrsdienste** (Air Traffic Services) geben. Ferner wurden bei der Gliederung des Luftraums die **Struktur des Luftverkehrs** und die **geographischen und meteorologischen Verhältnisse** der Bundesrepublik Deutschland berücksichtigt (vgl. auch Abschnitt 7.2 „Die Luftraumklassifizierung").

Die **rechtlichen Grundlagen** für die Luftraumgliederung sind im **Luftverkehrsgesetz** (LuftVG) und in der **Luftverkehrs-Ordnung** (LuftVO) zu finden – Auszüge:

> **§ 1 LuftVG**
> (1) **Die Benutzung des Luftraums** durch Luftfahrzeuge ist frei, soweit sie nicht durch dieses Gesetz, durch die zu seiner Durchführung erlassenen Rechtsvorschriften, durch im Inland anwendbares internationales Recht, durch Verordnungen des Rates der Europäischen Union und die zu deren Durchführung erlassenen Rechtsvorschriften beschränkt wird.
>
> **§ 26 LuftVG**
> (1) **Bestimmte Lufträume** können vorübergehend oder dauernd für den Luftverkehr gesperrt werden **(Luftsperrgebiete)**.
>
> (2) **In bestimmten Lufträumen** kann der Durchflug von Luftfahrzeugen besonderen Beschränkungen unterworfen werden **(Gebiete mit Flugbeschränkungen)**.
>
> **Luftraumordnung (§ 10 LuftVO)**
> (1) **Zur Durchführung des Fluginformationsdienstes** und des **Flugalarmdienstes** legt das Bundesministerium für Verkehr, Bau und Stadtentwicklung **Fluginformationsgebiete** fest und gibt sie im Verkehrsblatt oder in den **Nachrichten für Luftfahrer** bekannt.
>
> (2) **Innerhalb der Fluginformationsdienste** legt das Bundesministerium für Verkehr, Bau und Stadtentwicklung die **kontrollierten** und die **unkontrollierten** Lufträume je nach dem Umfang der dort vorgehaltenen Flugsicherungsbetriebsdienste auf der Grundlage der in **Anlage 4 LuftVO** (vgl. Bild 7.20) **beschriebenen Klassifizierung** fest.
>
> (3) **Im kontrollierten Luftraum** können **Flüge nach Sichtflugregeln** ganz oder teilweise in einem räumlich und zeitlich begrenzten Umfang von dem Flugsicherungsunternehmen **untersagt** werden, wenn es der Grad der Inanspruchnahme durch den der Flugverkehrskontrolle unterliegenden Luftverkehr zwingend erfordert.
>
> **Luftsperrgebiete und Flugbeschränkungen (§ 11 LuftVO)**
> (1) **Das Bundesministerium für Verkehr, Bau und Stadtentwicklung** legt **Luftsperrgebiete** und **Gebiete mit Flugbeschränkungen** fest, wenn dies zur Abwehr von Gefahren für die öffentliche Sicherheit oder Ordnung, insbesondere für die **Sicherheit des Luftverkehrs,** erforderlich ist. Er gibt die Gebiete in dem Verkehrsblatt – Amtsblatt des Bundesministeriums für Verkehr, Bau und Stadtentwicklung – oder in den **Nachrichten für Luftfahrer** bekannt.
>
> (2) **Luftsperrgebiete** dürfen nicht durchflogen werden. **Gebiete mit Flugbeschränkungen** dürfen durchflogen werden, soweit die **Beschränkungen dies zulassen** oder das **Flugsicherungsunternehmen** allgemein oder die **zuständige Flugverkehrskontrollstelle** im Einzelfall den **Durchflug genehmigt hat**.
>
> (3) **Das Bundesministerium für Verkehr, Bau und Stadtentwicklung** kann zulassen, dass **in Luftsperrgebieten und Gebieten mit Flugbeschränkungen** von den Vorschriften dieser Verordnung abgewichen wird.

Bei der Aufteilung des Luftraums unterscheidet man grundsätzlich zuerst einmal zwischen dem

- **kontrollierten Luftraum** (controlled airspace)

  und dem

- **unkontrollierten Luftraum** (uncontrolled airspace).

Der **kontrollierte Luftraum** ist ein Luftraum mit bestimmten Abmessungen, in dem

- **Flugverkehrskontrolle** (Air Traffic Control Service)

für alle **kontrollierten Flüge** durchgeführt wird.

Da im kontrollierten Luftraum auch **unkontrollierte Flüge nach Sichtflugregeln** (**V**FR = **V**isual **F**light **R**ules) durchgeführt werden dürfen, ist es zur **Vermeidung von Zusammenstößen** zwischen kontrollierten Luftfahrzeugen (z. B. Flüge nach Instrumentenflugregeln) und unkontrollierten Luftfahrzeugen unbedingt erforderlich, dass die **unkontrollierten Luftfahrzeuge** im kontrollierten Luftraum **größere Mindestbedingungen** bezüglich der **Flugsicht** (flight visibility) und des **Abstands von Wolken** (distance from clouds) einhalten müssen als im unkontrollierten Luftraum (vgl. hierzu Abschnitte 7.2 „Die Luftraumklassifizierung" und 7.6 „Die Sichtflugregeln").

Durch die Festlegung der kontrollierten Lufträume nach **§ 10 Abs. 2 LuftVO** ergeben sich in **Bodennähe** nicht erfasste Restteile des Luftraums in Form von **unkontrolliertem Luftraum,** die am **Erdboden** (GND = ground) beginnen und ihre **Obergrenzen** zwischen **1 000** und **2 500 Fuß über Grund** (GND) haben. Des Weiteren ist der Luftraum über der Bundesrepublik Deutschland in einen so genannten

- **Unteren Luftraum** (lower airspace)

 und einen

- **Oberen Luftraum** (upper airspace)

aufgeteilt.

Der **Untere Luftraum** erstreckt sich vom **Erdboden** (GND) bis zur **Flugfläche 245** (FL 245) und der **Obere Luftraum** von **Flugfläche 245** (FL 245) bis in **unbegrenzte Höhe** (UNL = unlimited).

$$\text{Unterer Luftraum:} \quad \frac{\text{FL 245}}{\text{GND}}$$

$$\text{Oberer Luftraum:} \quad \frac{\text{UNL}}{\text{FL 245}}$$

Anmerkung: In den folgenden Ausführungen wird **nur** der **Untere Luftraum** (GND bis FL 245) berücksichtigt.

7.1.1 Die Fluginformationsgebiete (FIR = Flight Information Regions)

Fluginformationsgebiete (**F**light **I**nformation **R**egions = **FIR**) sind Lufträume, in denen **allen** Teilnehmern am Luftverkehr

- **Fluginformationsdienst** (**F**light **I**nformation **S**ervice = **FIS**)

 und

- **Flugalarmdienst** (Alerting Service)

zur Verfügung steht (vgl. Abschnitt 7.3 „Flugverkehrsdienste im Unteren Luftraum [bis FL 245]").

Die Fluginformationsgebiete (FIRs) enthalten den **gesamten Unteren Luftraum** – also den kontrollierten und den unkontrollierten Luftraum – vom **Erdboden** (GND) bis zu **Flugfläche 245** (FL 245).

$$\text{FIR:} \quad \frac{\text{FL 245}}{\text{GND}}$$

Zurzeit gibt es in der Bundesrepublik Deutschland **drei Fluginformationsgebiete** (FIRs):

- FIR Bremen,
- FIR Langen,
- FIR München.

Der **F**luginformationsdienst (**F**light **I**nformation **S**ervice = **FIS**) und der **Flugalarmdienst** (Alerting Service) für diese Gebiete wird von den **drei zuständigen Flugsicherungs-Geschäftsbereichen Control Center** in Bremen, Langen und München durchgeführt. In den Geschäftsbereichen Control Center sind für diesen Zweck **FIS-Arbeitsplätze** eingerichtet worden, die auf **festgelegten Frequenzen** für den Sprechfunkverkehr unter dem Rufzeichen (call sign)

„INFORMATION" oder „RADAR"

zu erreichen sind (siehe Bild 7.1).

7 Teilnahme am Luftverkehr (Luftverkehrsregeln und -vorschriften, Flugverkehrsdienste)

Fluginformationsdienst (FIS) wird von den zuständigen Flugverkehrskontrollstellen (Air Traffic Control Units) durchgeführt, um eine **sichere, geordnete und flüssige Flugdurchführung** zu gewährleisten. Er beschränkt sich auf **Informationen und Hinweise** während des Fluges und beinhaltet – im Gegensatz zu einer weitverbreiteten Meinung – **keine Flugverkehrskontrolle** (Air Traffic Control).

Die **Fluginformationsgebiete (FIR)** bestehen in der Bundesrepublik Deutschland aus **Lufträumen der Klassen C bis G** (vgl. Abschnitt 7.2 „Die Luftraumklassifizierung").

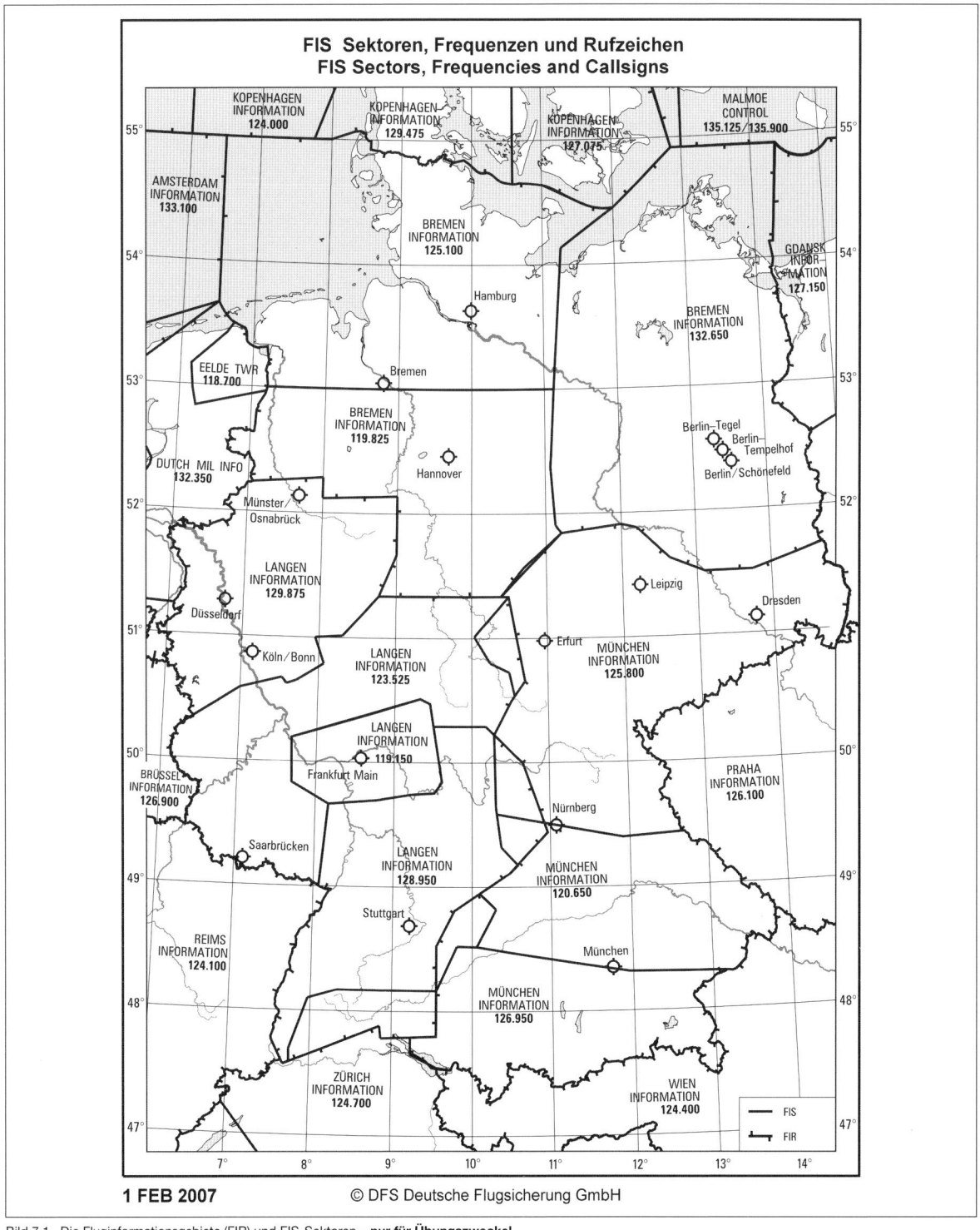

Bild 7.1 Die Fluginformationsgebiete (FIR) und FIS-Sektoren – **nur für Übungszwecke!**

7.1.2 Die Kontrollzonen (CTR = Control Zones)

Kontrollzonen (Control Zones = **CTR**) sind **kontrollierte Lufträume, die dem Schutz des nach Instrumentenflugregeln** (**IFR** = **I**nstrument **F**light **R**ules) **an- und abfliegenden Luftverkehrs** an Flughäfen oder Flugplätzen dienen. Sie erstrecken sich in der Vertikalen vom **Erdboden (GND)** bis zu einer bestimmten **Höhe in Fuß über MSL** (**MSL** = **M**ean **S**ea **L**evel).

Die **seitlichen Begrenzungen** (Größe und Form) einer **Kontrollzone** (CTR) richten sich nach der **Lage der Instrumenten-Start- und Landebahnen** (instrument runways) und hängen auch von der **Art der Luftfahrzeuge** ab, die den Flughafen oder Flugplatz benutzen.

Das **Bundesministerium für Verkehr, Bau und Stadtentwicklung** (BMVBS) hat als zuständige Behörde **zwei Grundtypen von Kontrollzonen** festgelegt (Typ 1 und Typ 2). Für Flugplätze, die vorwiegend von Leichtflugzeugen mit **Fluggeschwindigkeiten** bis zu etwa **150 Knoten** benutzt werden, wird **Typ 1 als Kontrollzone** angewendet:

Diese Kontrollzone hat die **Form eines Rechtecks.** Sie erstreckt sich vom **Flugplatzbezugspunkt** (ARP) aus in beide **Lande- (Start-) Richtungen über 5 Seemeilen** (9 km) und rechtwinklig zu dieser Linie nach beiden Seiten über 3 Seemeilen (5,5 km), so dass die **Gesamtlänge** der Kontrollzone **10 Seemeilen** (18 km) und die **Gesamtbreite 6 Seemeilen** (11 km) beträgt.

Wird ein Flughafen oder Flugplatz (z. B. Militärflugplatz) auch von **schnell fliegenden Strahlflugzeugen** (Jets) benutzt, so wird um einen solchen Platz eine **Kontrollzone Typ 2** errichtet.

Diese Kontrollzone ist ebenfalls **rechteckig**, sie erhält aber durch die **Einbeziehung eines Kreises**, dessen **Mittelpunkt der Flugplatzbezugspunkt ist**, eine seitliche, etwa **kreisförmige Ausweitung. Die Kontrollzone erstreckt sich parallel** zu der durch den **Flugplatzbezugspunkt** (ARP) verlaufenden, **verlängerten Start- und Landebahn-Mittellinie** bis zu einer Entfernung von **7 bis 10 Seemeilen** von diesem Punkt. Die **seitliche Ausdehnung** beträgt **3 Seemeilen nach beiden Seiten** der verlängerten Mittellinie.

Das so entstandene Rechteck hat eine **Gesamtlänge** von **14 bis 20 Seemeilen** und eine **Gesamtbreite** von **6 Seemeilen**. Ein **Kreis** um den Flugplatzbezugspunkt mit einem **Radius von 5 Seemeilen** führt zu einer Ausbuchtung der Kontrollzone in Flugplatznähe.

Alle Kontrollzonen beginnen – wie schon erwähnt – am **Erdboden (GND)** und **ragen in den darüber liegenden kontrollierten Luftraum („E")** hinein, damit an- und abfliegende Luftfahrzeuge bei Flügen nach Instrumentenflugregeln **ständig** im kontrollierten Luftraum mit **positiver Flugverkehrskontrolle** verbleiben können.

Für Flughäfen oder Flugplätze mit **mehr als einer** Instrumenten-Start- und Landebahn müsste eigentlich für jede Bahn eine gesonderte Kontrollzone (CTR) errichtet werden. In solchen Fällen wird häufig eine **modifizierte Version** der Kontrollzone des **Typs 2** nach folgendem Beispiel angewendet (siehe Bild 7.3).

Des Weiteren gibt es noch die Möglichkeit, dass die Kontrollzonen (CTR) zweier oder mehrerer benachbarter Flughäfen/Flugplätze zu einer **gemeinsamen Kontrollzone** verschmolzen werden, wenn sich ihre seitlichen Begrenzungen teilweise überdecken.

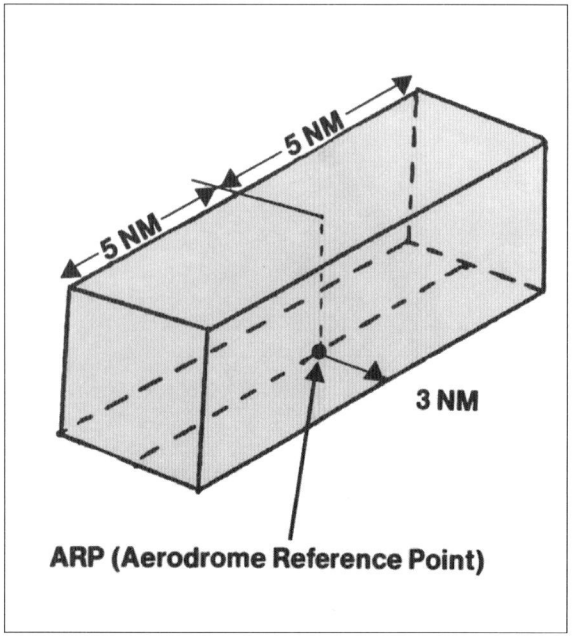

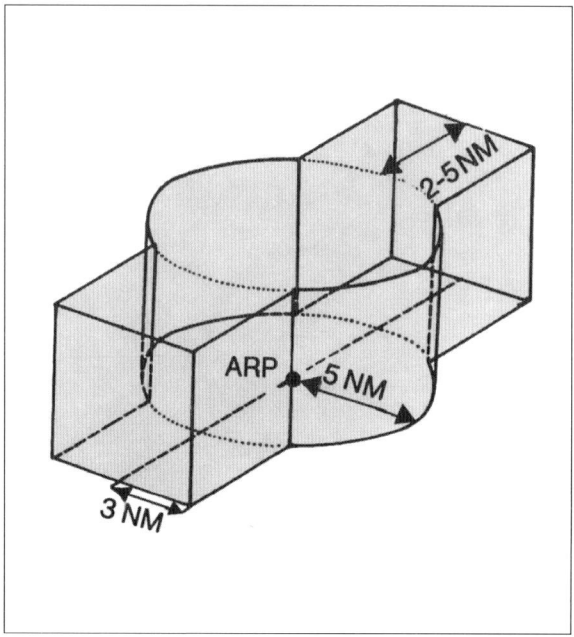

Bild 7.2 Kontrollzone (CTR) Typ 1

Bild 7.3 Kontrollzone (CTR) Typ 2

7 Teilnahme am Luftverkehr (Luftverkehrsregeln und -vorschriften, Flugverkehrsdienste)

In den **Kontrollzonen** (CTR) führen die zuständigen **Flugplatzkontrollstellen** (**TWR** = **A**erodrome Control Towers) und die Anflugkontrollstellen (**APP** = **App**roach Control Offices) bzw. Bezirkskontrollstellen (**ACC** = **A**rea **C**ontrol **C**enter) die

> **Flugverkehrskontrolle** (Air Traffic Control Service)

für den **an-, ab- und durchfliegenden** Luftverkehr nach **Instrumentenflugregeln** (**IFR** = **I**nstrument **F**light **R**ules) und nach **Sichtflugregeln** (**VFR** = **V**isual **F**light **R**ules) durch.

> **Wichtig:** **Alle Flüge** innerhalb einer **Kontrollzone** (CTR) unterliegen der **Flugverkehrskontrolle** und bedürfen in jedem Falle einer **Flugverkehrskontrollfreigabe** (Air Traffic Control Clearance) durch die **zuständige Flugplatzkontrollstelle** (TWR)!

Bild 7.4 Kontrollzone (CTR) für den Verkehrsflughafen Köln-Bonn (Luftraum D) – **Nur für Übungszwecke!**

Für **Flüge nach Sichtflugregeln (VFR)** in **Kontrollzonen** sind **zusätzliche Mindestbedingungen** für die **Bodensicht** (ground visibility) und die **Hauptwolkenuntergrenze** (ceiling) festgelegt (vgl. hierzu Abschnitte 7.2 „Die Luftraumklassifizierung" und 7.6 „Die Sichtflugregeln"). Sind diese Mindestbedingungen nicht erfüllt, so kann die **zuständige Flugverkehrskontrolle** (TWR/APP) unter bestimmten Voraussetzungen eine Sondergenehmigung in Form einer **Sonder-VFR-Freigabe** (Special VFR Clearance) erteilen.

Die **Kontrollzonen (CTR)** in der Bundesrepublik Deutschland sind als **Lufträume der Klasse D** eingestuft (vgl. Abschnitt 7.2 „Die Luftraumklassifizierung").

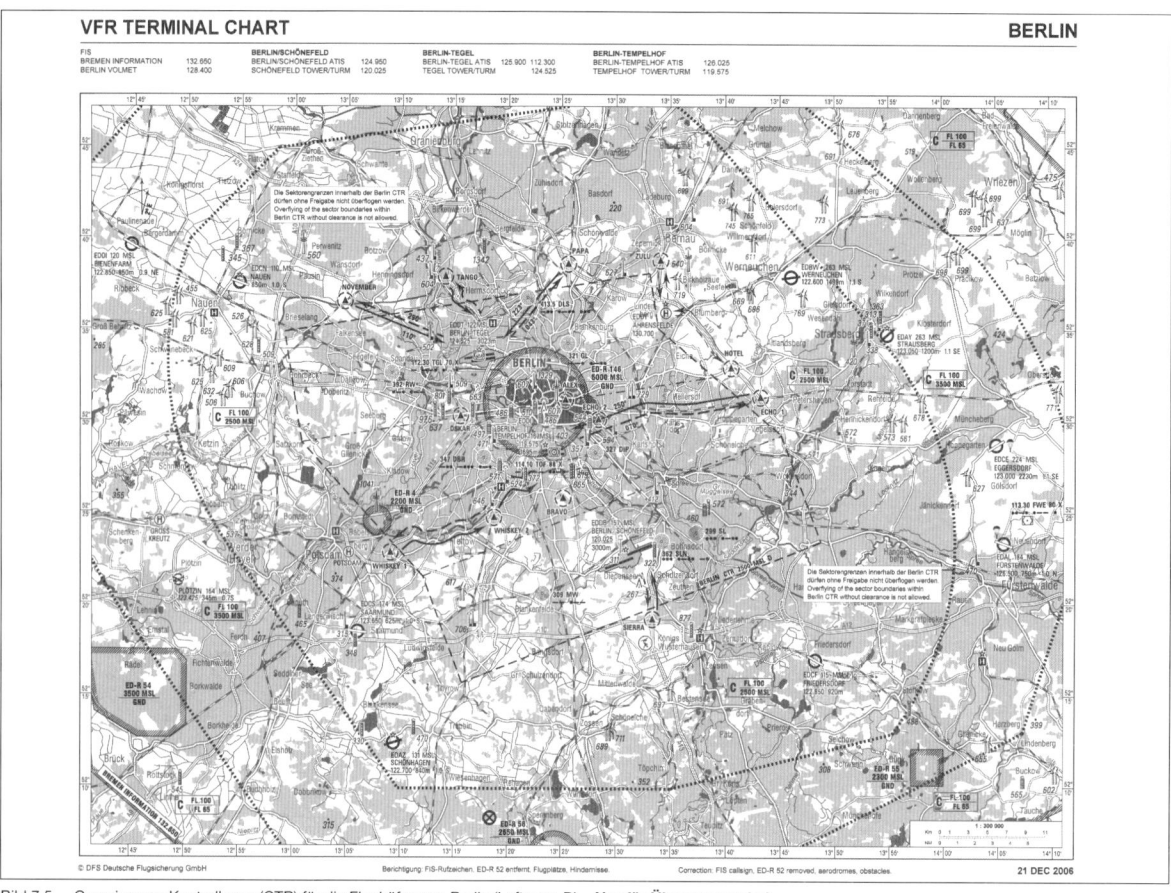

Bild 7.5 Gemeinsame Kontrollzone (CTR) für die Flughäfen von Berlin (Luftraum D) – **Nur für Übungszwecke!**

7.1.3 Die Luftsperrgebiete (Prohibited Areas = ED-P...)

Gemäß **§ 26 Abs. 1 LuftVG** und **§ 11 LuftVO** können **bestimmte Lufträume** vorübergehend oder dauernd für den Luftverkehr **gesperrt** werden.

Das **Bundesministerium für Verkehr, Bau und Stadtentwicklung** (BMVBS) legt im Bedarfsfall

Luftsperrgebiete (Prohibited Areas)

fest, wenn dies zur **Abwehr von Gefahren** für die öffentliche Sicherheit oder Ordnung, insbesondere für die **Sicherheit des Luftverkehrs**, erforderlich ist.

Die Errichtung von **Luftsperrgebieten** (Prohibited Areas) wird u. a. in den **Nachrichten für Luftfahrer, Teil I** (NfL I) bekanntgemacht.

Wichtig: Luftsperrgebiete (Prohibited Areas) dürfen **nicht durchflogen** werden!

Zurzeit gibt es in der Bundesrepublik Deutschland **keine Luftsperrgebiete** (Prohibited Areas)!

Luftsperrgebiete würden in der **Luftfahrtkarte ICAO 1:500 000,** wie in Bild 7.6 abgebildet, dargestellt.

Bild 7.6 Luftsperrgebiet (Prohibited Area = ED-P...)

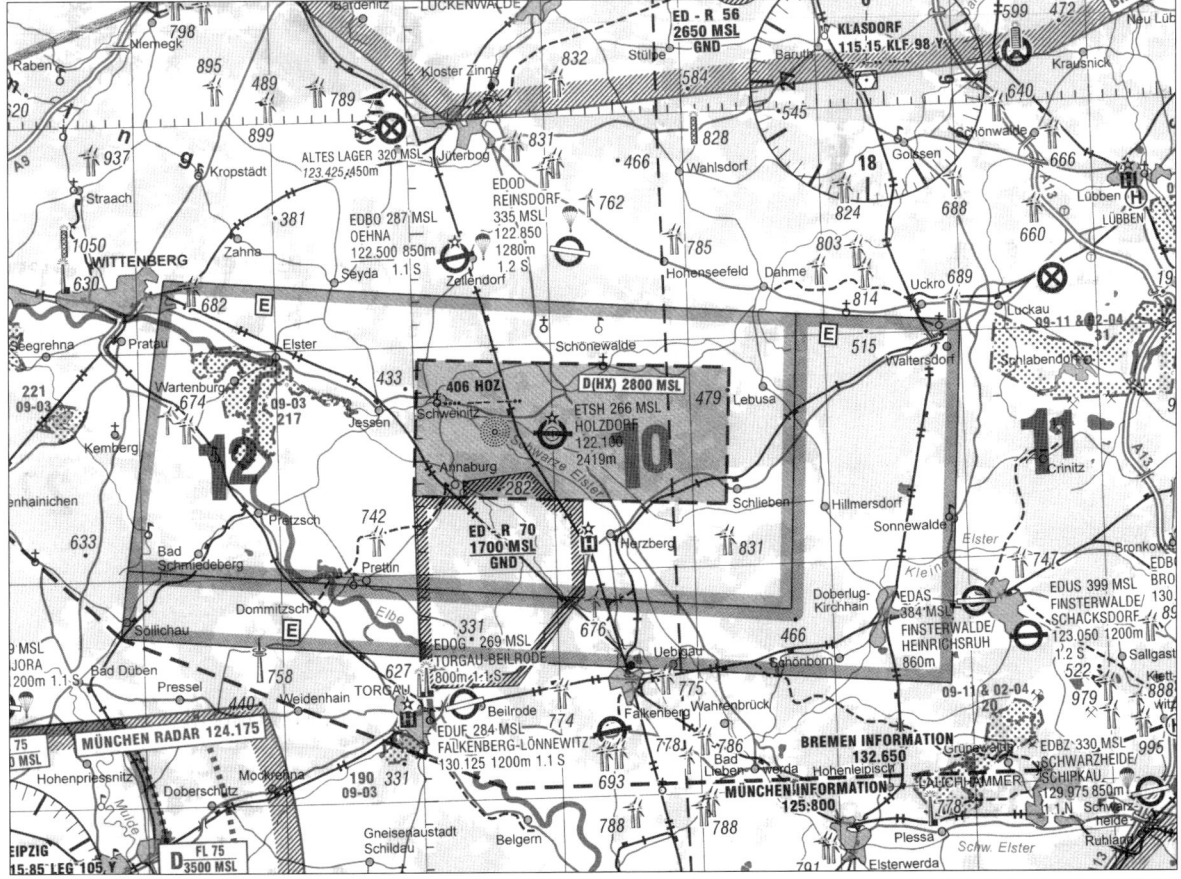

7 Teilnahme am Luftverkehr (Luftverkehrsregeln und -vorschriften, Flugverkehrsdienste)

7.1.4 Die Gebiete mit Flugbeschränkungen (Restricted Areas = ED-R...)

In **bestimmten Lufträumen** kann der **Durchflug** von Luftfahrzeugen nach **§ 26 Abs. 2 LuftVG** und **§ 11 LuftVO** besonderen **Beschränkungen** unterworfen werden.

Das **Bundesministerium für Verkehr, Bau und Stadtentwicklung** (BMVBS) legt im Bedarfsfall

> **Gebiete mit Flugbeschränkungen** (Restricted Areas)

fest, wenn dies zur **Abwehr von Gefahren** für die öffentliche Sicherheit oder Ordnung, insbesondere für die **Sicherheit des Luftverkehrs,** erforderlich ist.

Einige Flugbeschränkungsgebiete mit der **zusätzlichen Kennzeichnung TRA** (= Temporary Reserved Airspace/zeitweilig reservierter Luftraum) dienen **militärischen Übungsflügen.** Diese Gebiete sind Mon bis Fri aktiv. Ihre vertikale Ausdehnung ist unterschiedlich, die **Untergrenzen** liegen **teilweise unter FL 100.**

Die Errichtung von **Gebieten mit Flugbeschränkung** (Restricted Areas) wird in den **Nachrichten für Luftfahrer, Teil I** (NfL I), bekanntgegeben.

> **Wichtig:** Gebiete mit Flugbeschränkungen (Restricted Areas) dürfen **nur durchflogen** werden, wenn die **Beschränkungen es zulassen** oder die **DFS Deutsche Flugsicherung GmbH** allgemein oder die **zuständige Flugverkehrskontrolle im Einzelfall** den **Durchflug genehmigt hat!**

Genaue Angaben über die Lage der festgelegten **Gebiete mit Flugbeschränkungen,** die Unter- und Obergrenzen, die Art der Beschränkung, die zeitliche Wirksamkeit und Ausnahmeregelungen sind im **Luftfahrthandbuch ENR-5** veröffentlicht. Alle Flugbeschränkungsgebiete haben eine **Kurzbezeichnung,** die sich aus der **ICAO-Kennung** für die Bundesrepublik Deutschland **ED** und einer Kombination des Buchstabens **R** (= Restricted) mit einer **Zahl** zusammensetzt (z. B. **ED-R 70**). Gebiete mit Flugbeschränkungen (ED-R...) werden in den **Luftfahrtkarten** mit Angabe der Ober- und Untergrenzen so dargestellt (siehe Bild 7.7):

Bild 7.7 Gebiete mit Flugbeschränkungen (Restricted Areas = ED-R...) – **Nur für Übungszwecke!** © DFS Deutsche Flugsicherung GmbH

Beispiele für die Veröffentlichung von Gebieten mit Flugbeschränkungen im **Luftfahrthandbuch, ENR-5:**

LUFTFAHRTHANDBUCH DEUTSCHLAND
AIP GERMANY

ENR 5.1-1B
22 DEC 2005

Flugbeschränkungsgebiete / Restricted Areas

Gebietsbezeichnung Seitliche Begrenzung Area Designation Lateral Limits	Obere/Untere Begrenzung Upper/Lower Limit	Zeitliche Wirksamkeit Times of Activity	Zuständige Flug- sicherungsstelle für den Durchflug (über Funk/schriftlich) Competent ATS Unit for Penetration (via radio/in writing)	Anschrift des ED-R-Nutzers Address of ED-R User
1	2	3	4	5
ED-R 10 (Todendorf-Putlos) Sector A N 54 26 00 E 010 53 00 – N 54 29 45 E 010 59 00 – N 54 26 00 E 010 59 00 – N 54 23 00 E 010 57 00 – N 54 21 30 E 010 57 00 – N 54 14 00 E 010 45 00 – N 54 15 00 E 010 41 00 – N 54 19 30 E 010 53 00 – N 54 26 00 E 010 53 00. Sector B N 54 32 39 E 010 31 37 – N 54 30 39 E 010 39 12 – N 54 32 32 E 010 53 00 – N 54 19 30 E 010 53 00 – N 54 15 00 E 010 41 00 – N 54 20 00 E 010 25 00 – N 54 30 00 E 010 25 00 – N 54 32 39 E 010 31 37.	3000 ft MSL Meeresspiegel sea level/GND 40 000 ft MSL Meeresspiegel sea level/GND	Mon, Wed, Fri 0700 (0600) – 1900 (1800) Tue, Thu 0700 (0600) – 0100 (0000) Sat 0700 (0600) – 1300 (1200) Im Bedarfsfall wird die zeitliche Wirk- samkeit von Fri 1900 (1800) – Sat 0700 (0600), Sat 1300 (1200) – Mon 0700 (0600) und auf Feiertage ausgedehnt. Dies wird durch NOTAM bekanntgemacht. If required, the times of activity will be extended from Fri 1900 (1800) – Sat 0700 (0600), Sat 1300 (1200) – Mon 0700 (0600) and holidays. This will be announced by NOTAM.	BREMEN INFORMATION DFS, Geschäftsbereich Control Center Bremen, siehe/see GEN 1.1	TrÜbPlK Putlos ASt Todendorf 24321 Panker Tel.: (0 43 85) - 59 - 1313, 9879, 9881, 9882
ED-R 11 (Ostsee) Sector A N 54 34 00 E 010 08 00 – N 54 29 30 E 010 17 00 – N 54 28 48 E 010 05 00 – N 54 28 48 E 010 02 00 – N 54 30 00 E 010 01 00 – N 54 34 00 E 010 08 00. Sector B N 54 45 00 E 010 09 24 – N 54 35 35 E 010 20 24 – N 54 32 39 E 010 31 37 – N 54 30 00 E 010 25 00 – N 54 29 30 E 010 17 00 – N 54 34 00 E 010 08 00 – N 54 41 00 E 010 08 00 – N 54 42 30 E 010 06 30 – N 54 45 00 E 010 09 24.	48 000 ft MSL Meeresspiegel sea level 48 000 ft MSL Meeresspiegel sea level	Mon 0700 (0600) – Fri 1700 (1600) Im Bedarfsfall wird die zeitliche Wirksamkeit von Fri 1700 (1600) – Mon 0700 (0600) und auf Feier- tage ausgedehnt. Dies wird durch NOTAM bekanntgemacht. If required, the times of activity will be extended from Fri 1700 (1600) – Mon 0700 (0600) and to holidays. This will be announced by NOTAM.	BREMEN INFORMATION DFS, Geschäftsbereich Control Center Bremen, siehe/see GEN 1.1	Flottenkdo, Postfach 1163 24960 Glücksburg (Ostsee) Tel.: (0 46 31) 6 66 - 32 21
ED-R 12 (Schönhagen) Sector A N 54 42 13 E 010 02 29 – E 54 42 15 E 010 02 55 – N 54 31 00 E 010 00 00 – E 54 37 00 E 009 55 00 – N 54 42 13 E 010 02 29. Sector B N 54 42 15 E 010 02 55 – N 54 42 30 E 010 06 30 – N 54 41 00 E 010 08 00 – N 54 34 00 E 010 08 00 – N 54 30 00 E 010 01 00 – N 54 31 00 E 010 00 00 – N 54 42 15 E 010 02 55.	3500 ft MSL Meeresspiegel sea level/GND Im Bedarfsfall wird die obere Begren- zung auf 10 000 ft MSL angehoben. Die Anhebung wird durch NOTAM be- kanntgegeben. If required, the upper limit may be raised to 10 000 ft MSL. This will be announced by NOTAM. 10 000 ft MSL Meeresspiegel sea level/GND Im Bedarfsfall wird die obere Begren- zung auf 20 000 ft MSL angehoben. Die Anhebung wird durch NOTAM be- kanntgegeben. If required, the upper limit may be raised to 20 000 ft MSL. This will be announced by NOTAM.	Mon 0700 (0600) – Fri 1700 (1600) Im Bedarfsfall wird die zeitliche Wirksamkeit von Fri 1700 (1600) – Mon 0700 (0600) und auf Feier- tage ausgedehnt. Dies wird durch NOTAM bekanntgemacht. If required, the times of activity will be extended from Fri 1700 (1600) – Mon 0700 (0600) and to holidays. This will be announced by NOTAM.	BREMEN INFORMATION DFS, Geschäftsbereich Control Center Bremen, siehe/see GEN 1.1	Flottenkdo, Postfach 1163 24960 Glücksburg (Ostsee) Tel.: (0 46 31) 6 66 - 32 21

© DFS Deutsche Flugsicherung GmbH

AMDT 13

(Nur für Übungszwecke)

Bild 7.8   Flugbeschränkungsgebiete (Restricted Areas) – **Nur für Übungszwecke!**

7 Teilnahme am Luftverkehr (Luftverkehrsregeln und -vorschriften, Flugverkehrsdienste)

7.1.4.1 Die Segelflugsektoren

Im Luftraum der Bundesrepublik Deutschland sind Gebiete festgelegt, in denen besondere Aktivitäten nach Sichtflugregeln stattfinden (z. B. Segelflugsektoren, Fallschirmsprungzonen usw; vgl. Abschnitt 7.1.7 „Gebiete mit besonderen Aktivitäten").

Es wird in diesem Zusammenhang darauf hingewiesen, dass durch die DFS Deutsche Flugsicherung GmbH kontrollierte Flüge vertikal zu diesen Luftraumgrenzen mit 500 ft gestaffelt werden. Dies bedeutet, dass sich bei einer Nutzung dieser Lufträume bis zur jeweils festgelegten Obergrenze die Wirbelschleppenstaffelung von den sonst zur Anwendung kommenden 1000 ft auf 500 ft reduziert. Die Nutzung dieser Lufträume, unter Verzicht auf die Wirbelschleppenstaffelung von 1000 ft, erfolgt somit in eigener Verantwortung.

Informationen über eine Aktivierung der Segelflugsektoren können der ICAO-Karte 1:500 000 sowie der speziellen Ausgabe für den Segelflug entnommen werden. Auf dieser sind auch die entsprechenden Frequenzen veröffentlicht, zum Teil als Dauerrundfunksendung im Flugfunkdienst, auf denen die Aktivierungszeiten der einzelnen Segelflugsektoren abgehört werden können, ebenfalls die genutzten Höhenbereiche.

7.1.5 Die Gefahrengebiete (Danger Areas = ED-D...)

In der Bundesrepublik Deutschland gibt es neben den vorher erwähnten Flugbeschränkungsgebieten (Restricted Areas) auch eine Reihe von so genannten

> **Gefahrengebieten** (Danger Areas),

in denen zu bestimmten Zeiten Aktivitäten – meist militärischer Art – stattfinden, die für den Luftverkehr gefährlich sind (z. B. Luftkampfübungen, Flak-, Artillerie- und Bordwaffenschießübungen).

Diese **Gefahrengebiete** (Danger Areas) beginnen im Normalfall am **Erdboden** (GND) oder in **Meereshöhe** (NN/MSL = Mean Sea Level) und erstrecken sich bis zu einer festgelegten **Höhe über NN/MSL.**

Einige Gefahrengebiete reichen bis zu einer Höhe von 48 000 Fuß MSL.

Zurzeit gibt es in der Bundesrepublik Deutschland lediglich über dem **Nord- und Ostseeraum** Gefahrengebiete, die für Schießübungen der NATO-Streitkräfte eingerichtet worden sind.

Die **Gefahrengebiete** (Danger Areas) werden – ähnlich wie die Gebiete mit Flugbeschränkungen (ED-R...) – durch die Buchstaben **ED** (ICAO-Kennung für die Bundesrepublik Deutschland), den Buchstaben **D** (= Danger) und eine **Zahl** gekennzeichnet (z. B. **ED-D 44**).

> **Wichtig:** Da der **Durchflug durch Gefahrengebiete** wegen der beschriebenen Gefahren mit **erheblichen Risiken** verbunden ist, werden die Luftfahrzeugführer dringend ersucht, diese **Gebiete zu meiden** bzw. vor dem Einflug über Sprechfunk mit den angegebenen Stellen der Flugsicherung Kontakt aufzunehmen.

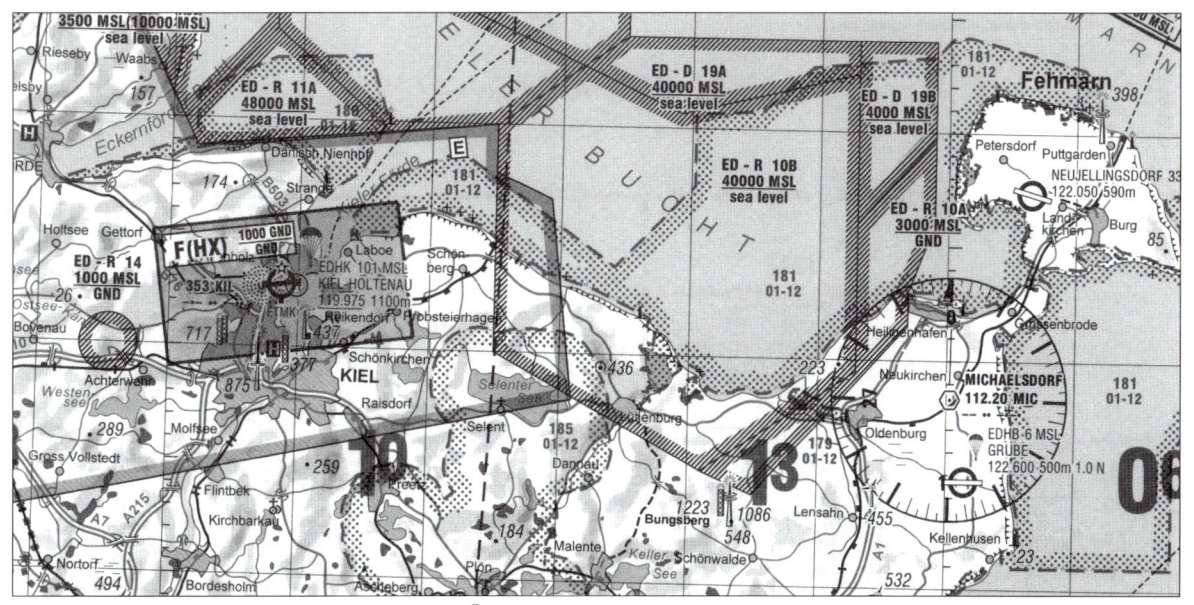

Bild 7.9   Gefahrengebiete (Danger Areas) ED-D 19 A/B – **Nur für Übungszwecke!**   © DFS Deutsche Flugsicherung GmbH

Alle Gefahrengebiete sind im **Luftfahrthandbuch, ENR-5** veröffentlicht. Hier ein Auszug **(nur für Übungszwecke):**

ENR 5.1-26　　8 JUN 2006			LUFTFAHRTHANDBUCH DEUTSCHLAND　　AIP GERMANY	
Gefahrengebiete / Danger Areas				
Gebietsbezeichnung Seitliche Begrenzung Area Designation Lateral Limits	Obere/Untere Begrenzung Upper/Lower Limit	Zeitliche Wirksamkeit Times of Activity	Zuständige Flugsicherungsstelle für den Durchflug (über Funk/schriftlich) Competent ATS Unit for Penetration (via radio/in writing)	Anschrift des ED-R-Nutzers Address of ED-R User
1	2	3	4	5
ED-D19 (Todendorf-Putlos) Sector A N 54 34 00 E 010 35 00 – N 54 34 00 E 010 53 00 – N 54 32 32 E 010 53 00 – N 54 30 39 E 010 39 12 – N 54 32 39 E 010 31 37 – N 54 34 00 E 010 35 00 Sector B N 54 34 00 E 010 53 00 – N 54 34 00 E 010 59 00 – N 54 29 45 E 010 59 00 – N 54 26 00 E 010 53 00 – N 54 34 00 E 010 53 00	40 000 ft MSL Meeresspiegel sea level 4000 ft MSL Meeresspiegel sea level	Mon – Fri 0700 (0600) – 1900 (1800) zusätzlich/in addition Tue + Thu 1900 (1800) – 0100 (2400) Sat 0700 (0600) – 1300 (1200)	BREMEN INFORMATION ——— DFS, Geschäftsbereich Control Center Bremen, siehe/see GEN 1.1	TrÜbPlK Putlos ASt Todendorf 24321 Panker Tel.: (0 43 85) - 59 - 1313, 9879, 9881, 9882
ED-D28 (Ostsee/Schönhagen) N 54 45 00 E 010 09 24 – N 54 45 00 E 010 18 12 – N 54 38 40 E 010 25 12 – N 54 35 57 E 010 35 00 – N 54 34 00 E 010 35 00 – N 54 32 39 E 010 31 37 – N 54 35 35 E 010 20 24 – N 54 45 00 E 010 09 24	48 000 ft MSL Meeresspiegel sea level	Mon 0700 (0600) – Fri 1700 (1600) Im Bedarfsfall wird die zeitliche Wirksamkeit von Fri 1700 (1600) – Mon 0700 (0600) und auf Feiertage ausgedehnt. Dies wird durch NOTAM bekanntgemacht. If required, the times of activity will be extended from Fri 1700 (1600) – Mon 0700 (0600) and to holidays. This will be announced by NOTAM.	BREMEN INFORMATION ——— DFS, Geschäftsbereich Control Center Bremen, siehe/see GEN 1.1	Flottenkdo Postfach 1163 24960 Glücksburg (Ostsee) Tel.: (0 46 31) 6 66 - 32 21
AMDT 6			© DFS Deutsche Flugsicherung GmbH	

Bild 7.10　Gefahrengebiete (Danger Areas) – **Nur für Übungszwecke!**

7.1.6　Tiefflüge mit militärischen Strahl- und Transportflugzeugen

1. Allgemeines
Tiefflüge mit militärischen Strahl- und Transportflugzeugen werden überwiegend nach VFR durchgeführt. Sie sind über dem Hoheitsgebiet der Bundesrepublik Deutschland in der Regel **nicht an feste Strecken und Höhen** gebunden. Sie finden im Allgemeinen an Werktagen statt. Es wird, sofern Tageszeit und Wetter es zulassen, überwiegend der Luftraum unterhalb **2 000 ft GND** genutzt.

2. Militärische Tiefflüge nach VMC am Tage
Diese Flüge werden in der Regel in dem Höhenband von **1 000 ft bis 2 000 ft GND** durchgeführt:

- während der militärischen Tagtiefflugbetriebszeiten Mon–Fri EXC HOL SR –30, jedoch nicht vor 0600 (0500), bis SS +30, jedoch nicht nach 1600 (1500);
- **im unkontrollierten Luftraum** (Klasse G) bei einer **Mindestflugsicht von 5 km und 500 ft Mindestabstand von Wolken;**
- **im kontrolliertem Luftraum** (Klasse E) sowie im unkontrollierten Luftraum (Klasse F) nach den hier **jeweils geltenden Sichtflugregeln;**
- außerhalb der Tagtiefflugbetriebszeiten, jedoch nicht nachts, werden VFR-Flüge mit militärischen Strahlflugzeugen in einer **Mindesthöhe von 1 500 ft GND** durchgeführt.

Im geringen Umfang werden VFR-Flüge mit militärischen Strahlflugzeugen auch unterhalb von 1 000 ft GND durchgeführt:

- In einer **Mindestflughöhe von 500 ft GND.**
- In einer **Mindestflughöhe von 250 ft GND** in den in der ICAO-Luftfahrtkarte 1:500 000 veröffentlichten 250-ft-Tiefluggebieten, und zwar:

7 Teilnahme am Luftverkehr (Luftverkehrsregeln und -vorschriften, Flugverkehrsdienste)

- montags im **Tieffluggebiet 1** (siehe Blätter Hamburg/Hannover)
- dienstags im **Tieffluggebiet 2** (siehe Blätter Hannover)
- mittwochs im **Tieffluggebiet 3** (siehe Blätter Hannover/Frankfurt)
- donnerstags im **Tieffluggebiet 5** (siehe Blätter Hamburg/Hannover)
- freitags im **Tieffluggebiet 6** (siehe Blätter Hamburg)
- **zu folgenden Zeiten:**

  0800 (0700)–1130 (1030)
  1230 (1130)–1600 (1500)

- bis auf Weiteres werden die **Tieffluggebiete 7/8** nicht genutzt.

Bild 7.11 250-Fuß-Tieffluggebiet 2 (250 ft Low Flying Area 2) in der Luftfahrtkarte ICAO 1:500 000 – **Nur für Übungszwecke!** © DFS Deutsche Flugsicherung GmbH

Weitere räumliche und zeitliche Abweichungen mit vermehrten Tiefflugaktivitäten sind insbesondere im Zusammenhang mit Übungen möglich und werden in den Nachrichten für Luftfahrer, im Luftfahrthandbuch und im VFRe-Bulletin veröffentlicht.

Sicherheitsempfehlung
Sofern nach Wetterlage und Tageszeit mit VFR-Flügen militärischer Strahlflugzeuge zu rechnen ist, wird den zivilen Luftfahrzeugführern, die einen Flug nach Sichtflugregeln planen, empfohlen:
- bei An- und Abflügen zu/von Landeplätzen, Segelfluggeländen sowie Geländen, auf denen Außenstarts und -landungen mit Hängegleitern und Gleitsegeln stattfinden, ist das Höhenband 500 bis 2 000 ft GND so schnell wie möglich zu durchfliegen.

3. IFR/VFR-Flüge mit militärischen Strahl- und Transportflugzeugen bei Nacht
Diese Flüge werden **grundsätzlich im Nachttiefflugsystem** durchgeführt:
- Mon–Thu SS +30–2300 (2200) EXC, HOL. In begründeten Einzelfällen kann das Nachttiefflugsystem auch außerhalb dieser Zeiten aktiviert werden. Dies wird mit NOTAM bekanntgemacht.
- **Als Geländefolgeflüge** in 1 000 ft GND und/oder
- **in festgelegten Flughöhen** (siehe Streckenkarte „Unterer Luftraum" – Nachttiefflugstrecken). Mögliche Streckenänderungen werden mit NOTAM veröffentlicht;
- **bei allen Wetterverhältnissen.**

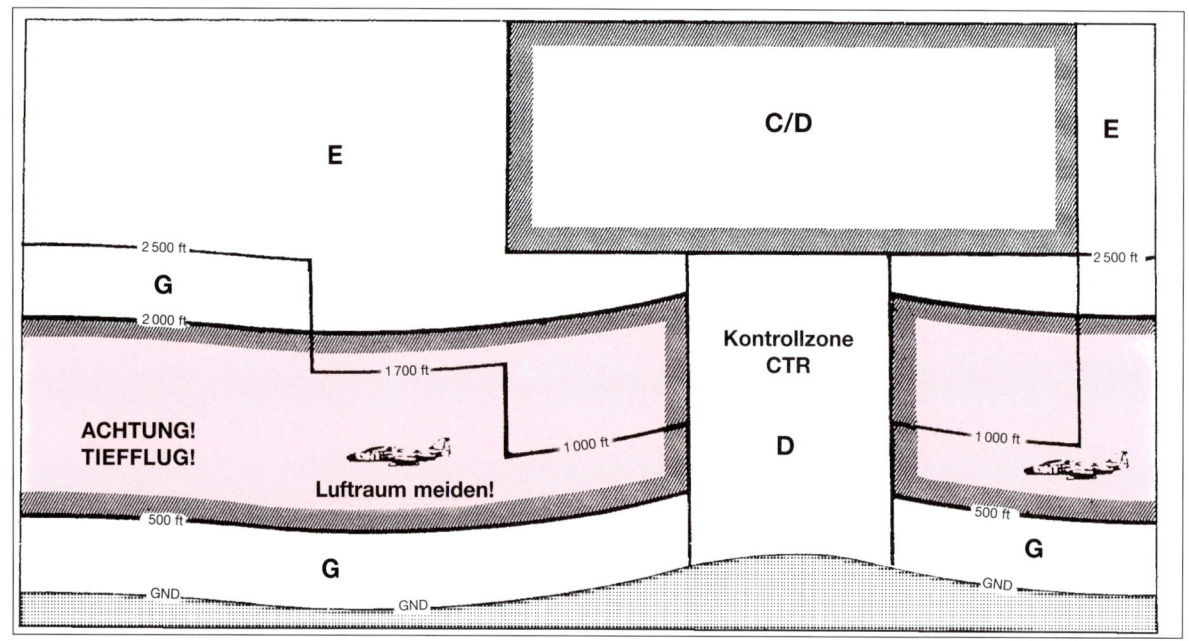

Bild 7.12 Tiefflüge im Tiefflug-Höhenband zwischen 500 ft und 2 000 ft GND

Hinweise:
Das Nachttiefflugstreckensystem liegt ausnahmslos **im kontrollierten Luftraum der Klasse E (HX)** mit einer Untergrenze von 1 000 ft GND.

Es werden jeweils nur die Streckenabschnitte aktiviert, in denen militärischer Nachttiefflugbetrieb stattfindet.

Informationen über die Aktivierung der einzelnen Abschnitte des Nachttiefflugstreckensystems können bei der zentralen Flugberatungsstelle (AIS-C) ab 1300 (1200) des jeweiligen Tages eingeholt werden.

Die das Nachttiefflugsystem nutzenden militärischen Luftfahrzeuge werden grundsätzlich durch die für den jeweiligen Bereich zuständige Flugverkehrskontrolle der DFS mittels Radar überwacht.

Mit der Einführung der **Flugplanpflicht für alle Überlandflüge nach VFR bei Nacht** werden Flugverkehrskontrollfreigaben grundsätzlich unter Berücksichtigung der nach § 6 Abs. 3 der Luftverkehrs-Ordnung (LuftVO) vorgeschriebenen Überlandflüge erteilt. Sollte dies aus Wettergründen nicht möglich sein und kann eine Flugverkehrskontrollfreigabe durch einen aktivierten Steckenabschnitt nicht erteilt werden, wird die DFS eine Freigabe zum Unterfliegen des aktivierten Abschnittes nur mit der Auflage erteilen,

- den Streckenabschnitt in einer **maximalen Flughöhe von 700 Fuß GND** im unkontrollierten Luftraum zu unterfliegen und dabei

- die **Sicherheitsmindesthöhe von 500 Fuß** nach § 6 Abs. 1 LuftVO, die geographische Geländestruktur und die Erreichbarkeit von Notlandeflächen zu beachten.

4. Sonstige Hinweise
4.1 Das Luftwaffenamt hat an bestimmten Flugplätzen **Schutzzonen** eingerichtet, die von militärischen Strahlflugzeugen **nicht unterhalb von 1 500 ft GND** durchflogen werden dürfen. Die zivilen Flugplätze und zivil mitbenutzten Militärflugplätze mit Schutzzone werden in den Nachrichten für Luftfahrer bekanntgegeben; zusätzlich werden sie im ENR-Teil des Lufthandbuches Deutschland, AIP VFR, veröffentlicht.

Die Regelungen zur Beantragung ständiger, periodisch befristeter oder zeitlich befristeter Schutzzonen sind mit NfL und im ENR-Teil des Luftfahrthandbuches Deutschland, Band VFR, veröffentlicht.

4.2 Allgemeine Fragen zum militärischen Tiefflug können an das Presse- und Informationszentrum der Luftwaffe in Köln/Wahn gerichtet werden. PIZLwCallCenter@bundeswehr.org; www.luftwaffe.de; Tel.-Nr.: 08 00/8 62 07 30. Der Anruf aus dem deutschen Festnetz ist gebührenfrei.

4.3 Die unter Ziffern 2. und 3. in Klammern genannten Zeiten gelten während der gesetzlichen Sommerzeit. Als Bezugspunkt für SR und SS wird Kassel festgelegt.

7 Teilnahme am Luftverkehr (Luftverkehrsregeln und -vorschriften, Flugverkehrsdienste)

7.1.7 Gebiete mit besonderen Aktivitäten

Ein **Gebiet mit besonderen Aktivitäten** ist ein Luftraum von festgelegten Ausmaßen, in dem **außergewöhnliche Sichtflugaktivitäten die besondere Aufmerksamkeit von Flugbesatzungen zur sicheren Flugdurchführung erfordern. Flüge nach Sichtflugregeln** sollten – soweit wie möglich – **Gebiete mit besonderen Aktivitäten meiden!**

Für Flüge nach Instrumentenflugregeln und für **Sichtflüge bei Nacht im kontrollierten Luftraum** wird von der Flugverkehrskontrolle zu Gebieten mit besonderen Aktivitäten **Abstand gehalten.** Eine Freigabe zum Einflug in ein Gebiet mit besonderen Aktivitäten wird nur Flügen, die an den Aktivitäten teilnehmen oder Luftfahrzeugführern, die in Kenntnis der Aktivitäten auf einer Freigabe bestehen, erteilt.

Ein Gebiet mit besonderen Aktivitäten kann von der DFS Deutschen Flugsicherung GmbH zu folgenden Gelegenheiten veröffentlicht werden:

a) bei militärischen Übungen,

b) bei Luftfahrtveranstaltungen,

c) bei Segelflugwettbewerben (nur für die Abflugphase),

d) für Wolkenflüge mit Segelflugzeugen,

e) für Kunstflüge im kontrollierten Luftraum und über Flugplätzen mit Flugverkehrskontrolle,

f) zu anderen Gelegenheiten, sofern es notwendig ist.

Gebiete mit besonderen Aktivitäten sind durch NfL/NOTAM zu veröffentlichen. Luftfahrzeugführer sind aufgefordert, sich vor Flugantritt mit der Flugverkehrskontrolle in Verbindung zu setzen.

7.2 Die Luftraumklassifizierung

Die ICAO hat Richtlinien für eine **einheitliche Luftraumstruktur** erarbeitet und in den Anhängen 2 und 11 zur ICAO-Konvention veröffentlicht. Es werden **7 Luftraumklassen** mit der Bezeichnung **A bis G** angeboten, denen Flugregeln und Dienste zugeordnet sind. Die **Begriffe Nahverkehrsbereich (TMA), Kontrollbezirk (CTA), Kontrollzone (CTR)** gelten z. T. im Ausland weiter.

Die ICAO hat die Mitgliedstaaten aufgefordert, ihre Luftraumstruktur entsprechend anzupassen, wobei den Staaten freigestellt ist, aus diesem Angebot für ihren Bedarf die geeigneten Luftraumklassen auszuwählen.

Die ICAO-Richtlinien betreffen Flüge nach Instrumentenflugregeln (IFR) und besonders **Flüge nach Sichtflugregeln (VFR)**. Wesentliche Merkmale sind Folgende:

- **Luftraum A bis E** ist kontrollierter Luftraum.
- **Luftraum F und G** ist unkontrollierter Luftraum.
- **Luftraum A ist IFR-Flügen** vorbehalten.
- In den **Lufträumen B bis G** sind **IFR-Flüge und VFR-Flüge** gestattet.

7.2.1 Staffelung von Flügen und Dienste

Luftraum A (bei uns nicht eingeführt):
- Staffelung IFR-Flüge/IFR-Flüge, Flugverkehrskontrolle, VFR-Flüge verboten!

Luftraum B (bei uns nicht eingeführt):
- Staffelung aller Flüge, auch VFR-Flüge/VFR-Flüge, Flugverkehrskontrolle.

Luftraum C:
- Staffelung IFR-Flüge/IFR-Flüge, Flugverkehrskontrolle,
- Staffelung IFR-Flüge/VFR-Flüge und umgekehrt, Flugverkehrskontrolle,
- Verkehrsinformation VFR-Flüge/VFR-Flüge, Ausweichempfehlungen auf Anfrage.

Luftraum D:
- Staffelung IFR-Flüge/IFR-Flüge, Flugverkehrskontrolle,
- Verkehrsinformation IFR-Flüge/VFR-Flüge und umgekehrt, Ausweichempfehlung auf Anfrage,
- Verkehrsinformation VFR-Flüge/VFR-Flüge.

Luftraum E:
- Staffelung IFR-Flüge/IFR-Flüge, Flugverkehrskontrolle,
- ansonsten Verkehrsinformation über VFR-Flüge, soweit möglich.

Luftraum F:
- Staffelung IFR-Flüge/IFR-Flüge, soweit bekannt,
- Flugverkehrsberatungsdienst, soweit möglich.

Luftraum G:
- Fluginformationsdienst.

7.2.1.1 Freigaben

Flugverkehrskontrollfreigaben sind erforderlich:
- für IFR-Flüge im Luftraum A bis F,
- für VFR-Flüge im Luftraum B, C und D,
- für VFR-Flüge bei Nacht im Luftraum E, F und G, soweit sie über die Umgebung des Flugplatzes hinausführen.

Flugverkehrskontrollfreigaben für VFR-Flüge im Luftraum D sind dazu bestimmt, die **Verkehrsdichte in diesem Luftraum zu regulieren.**

7.2.1.2 Sprechfunkverkehr

Dauernde Hörbereitschaft ist aufrechtzuerhalten:
- bei IFR-Flügen im Luftraum A bis F,
- **bei VFR-Flügen im Luftraum B, C und D!**

7.2.1.3 Minima für VFR-Flüge

Flugsicht im Luftraum B bis G:
- in/oberhalb 3 050 m (10 000 ft): 8 km,
- unterhalb 3 050 m (10 000 ft): 5 km*.

*Im Luftraum F und G** kann die zuständige Luftfahrtbehörde unterhalb 900 m MSL oder 300 m GND niedrigere Flugsichten festlegen.

Abstand von Wolken:
- im Luftraum B bis F: in waagerechter Richtung 1,5 km, in senkrechter Richtung 300 m (1 000 ft),
- im Luftraum G unterhalb 900 m MSL oder 300 m GND: frei von Wolken.

7.2.1.4 Geschwindigkeitsbeschränkung

Unterhalb 3 050 m (10 000 ft) MSL gilt eine eingeschränkte Geschwindigkeit von **max. 250 kt IAS**
- für alle Flüge im Luftraum D bis G,
- für VFR-Flüge zusätzlich im Luftraum C.

7.2.1.5 VMC-Minima in der Kontrollzone (CTR)

Zusätzlich gelten in der **Kontrollzone folgende VMC-Minima:**
- **Bodensicht:** 5 km,
- **Hauptwolkenuntergrenze:** 1 500 ft.

Hinweis: In der Bundesrepublik Deutschland **gelten Abweichungen im Luftraum D, E und G,** die unter **Abschnitt 7.2.2.2** beschrieben sind.

7.2.2 ICAO-Luftraumklassifizierung in der Bundesrepublik Deutschland

7.2.2.1 Allgemeines

Folgende Luftraumklassen wurden eingeführt:
- Luftraum C, D, E und G,
- Luftraum F, in der Umgebung von unkontrollierten Flugplätzen mit IFR-Flugbetrieb (vgl. Abschnitt 7.2.4.7).

7.2.2.2 Abweichungen von den ICAO-Richtlinien

Luftraum D:
Abweichend von den ICAO-Regeln im Luftraum D gilt für **VFR-Flüge in Kontrollzonen** (CTR) folgender **Abstand von Wolken:**
- **Wolken dürfen nicht berührt werden.**

Luftraum E:
Aus Sicherheitsgründen gilt für **VFR-Flüge im gesamten Luftraum E** eine **Mindestflugsicht von 8 km,** da in diesem Luftraum IFR-Flüge und unkontrollierte VFR-Flüge durchgeführt werden. **Die Trennhöhe „10 000 ft MSL" nach ICAO entfällt!**

Luftraum G:
Für VFR-Flüge unterhalb des kontrollierten Luftraums gelten im **Luftraum G folgende Minima:**
- Erdsicht,
- Flugsicht 1,5 km; für Hubschrauber, Ballone und Luftschiffe 800 m,
- frei von Wolken.

IFR-Flüge im Luftraum G sind aus Sicherheitsgründen nicht gestattet, da
- VFR-Flüge sich in diesem Luftraum „frei von Wolken" bewegen dürfen (s. o.),
- IFR/VFR-Mischverkehr in diesem Luftraum zu unberechenbaren Kollisionsrisiken führen kann, z. B. IFR-Sinkflüge durch Wolken/VFR-Flüge unterhalb von Wolken,
- „FIS" in diesem Luftraum kein ausreichendes Mittel darstellt, um solche Risiken zu vermeiden.

7.2.2.3 Legislative Maßnahmen

Um die Klassifizierung des Luftraums, einschließlich der Abweichungen unter Abschnitt 7.2.2.2, in deutsche Rechtsvorschriften umzusetzen, wurde die **Luftverkehrs-Ordnung (LuftVO)** entsprechend geändert. Diese ist durch Anlagen mit einer schematischen Übersicht ergänzt (siehe Tabellen am Ende dieses Abschnitts, Bild 7.20 und Bild 7.21).

7.2.3 Klassifizierung des Luftraums

Die einzelnen Teile des Luftraums werden wie folgt klassifiziert (siehe Bilder 7.13 und 7.19):
- **Luftraum A** (VFR verboten): Zurzeit nicht vorgesehen!
- **Luftraum B:** Zurzeit nicht vorgesehen!
- **Luftraum C:**
  - Lufträume unter FL 100 in der Umgebung von Verkehrsflughäfen und
  - der Luftraum in/oberhalb FL 100.
- **Luftraum D: Kontrollzonen (CTRs)** und **Lufträume in der Umgebung von Verkehrsflughäfen** (nicht Kontrollzone)!
- **Luftraum E:**
  der Luftraum ab 1 000 ft, 1 700 ft oder 2 500 ft GND bis FL 100, soweit nicht anders klassifiziert.
- **Luftraum F:**
  Lufträume in der Umgebung von unkontrollierten Flugplätzen mit IFR-Flugbetrieb (Abschnitt 7.2.4.7).
- **Luftraum G:**
  Der Luftraum unterhalb 2 500 ft GND**,** soweit nicht anders klassifiziert.

Anmerkung:
Die genauen lateralen und vertikalen Grenzen der einzelnen Lufträume werden in den entsprechenden Veröffentlichungen (z. B. AIP, NfL/NOTAM) beschrieben.

7.2 Die Luftraumklassifizierung

Die derzeit aktuelle Luftraumstruktur innerhalb der Bundesrepublik Deutschland gibt die nachfolgende Übersicht wieder (siehe Bild 7.13).

Obwohl es die **Lufträume A und B derzeit in der Bundesrepublik nicht gibt,** sollten Sie sich **für die theoretische Prüfung merken,** dass der **Luftraum B** durch die folgenden Bedingungen gekennzeichnet ist:

- Abstand von Wolken, vertikal 1 000 ft, horizontal 1 500 m,
- Flugsicht 5 km unter FL 100,
- 8 km in und über FL 100.

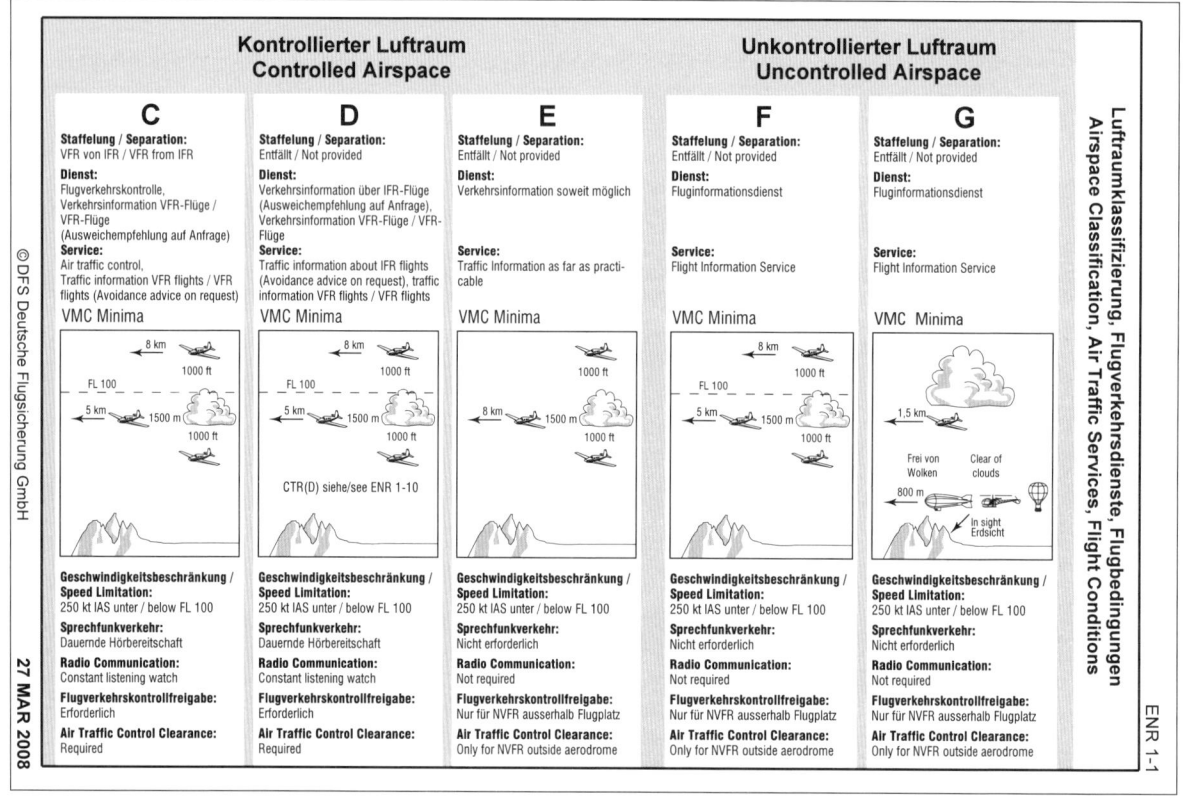

Bild 7.13   Luftraumklassifizierung, Flugverkehrsdienste, Flugbedingungen

7.2.4 Wichtige Hinweise und Verfahren für bestimmte Lufträume

7.2.4.1 Luftraum C unter Flugfläche 100 in der Umgebung von Verkehrsflughäfen

Zurzeit sind solche **C-Lufträume in der Umgebung der folgenden Flughäfen** eingerichtet: Berlin, Düsseldorf/Köln-Bonn, Frankfurt, Hamburg, Hannover, München, Nürnberg und Stuttgart (siehe ICAO-Karte 1:500 000). In der Vergangenheit ist verstärkt dazu übergegangen worden, diese Lufträume in „D" (nicht Kontrollzone) umzuwandeln.

- **Flüge nach Sichtflugregeln (VFR) im Luftraum C unter FL 100 in der Umgebung von Verkehrsflughäfen**

a) Voraussetzungen
Zu VFR-Flügen in diesem Luftraum sind berechtigt:

- **Privatflugzeugführer, Privathubschrauberführer und Motorseglerführer** die eine **IFR- oder CVFR-Berechtigung** besitzen.
- Flugzeugführer mit einer Lizenz nach den Bestimmungen über die Lizenzierung von Piloten von Flugzeugen (JAR-FCL 1 deutsch) vom 15. April 2003;
- Führer von Hubschraubern mit einer Lizenz nach den Bestimmungen von Piloten von Hubschraubern (JAR-FCL 2 deutsch) vom 15. April 2003;

7 Teilnahme am Luftverkehr (Luftverkehrsregeln und -vorschriften, Flugverkehrsdienste)

- Segelflugzeugführer mit einer Lizenz nach der Verordnung über Luftfahrtpersonal (LuftPersV) mit der Klassenberechtigung „Reisemotorsegler" oder der Startart „Eigenstart von Segelflugzeugen mit Hilfsantrieb", sofern sie im Besitz der CVFR-Berechtigung nach § 82 LuftPersV sind.
- **Luftfahrzeuge müssen gemäß LuftBO und FSAV zusätzlich ausgerüstet** sein mit: Kurskreisel, Wendezeiger oder künstlichem Horizont, Variometer, UKW-Sprechfunkgerät, VOR-Empfänger, Transponder mit Mode S-Technik.
- Haben Lfz.-Führer von nichtmotorgetriebenen Lfz. keine der vorgeschriebenen Berechtigungen oder sind diese Lfz. nicht entsprechend ausgerüstet, werden Freigaben zum Einflug in diesen Luftraum nur in Ausnahmefällen erteilt.

b) **Flugverkehrskontrollfreigaben**
Freigaben für VFR-Flüge werden erteilt, sofern die Verkehrslage und die Flugsicherungskapazität es gestatten.
Freigaben für örtliche Flüge (z.B. Segelflüge) an Flugplätzen unterhalb des betreffenden Luftraums richten sich nach einer Betriebsbestimmung der zuständigen DFS-Niederlassung, sofern diese ein solches Verfahren für vertretbar hält.
VFR-Flüge von öffentlichem Interesse (z.B. Foto- und Vermessungsflüge) sind bei der zuständigen Flugverkehrskontrolle im Voraus anzumelden und mit dieser abzustimmen.

c) **Durchführung von VFR-Flügen (Sprechfunk, Flugdaten, geänderte Freigaben)**
Mit dem zuständigen Fluginformationsdienst ist **Sprechfunkverbindung** wie folgt aufzunehmen:

- **spätestens 5 Minuten vor Einflug** in diesen Luftraum,
- **beim Abflug von einem Flugplatz unterhalb dieses Luftraums,** sobald wie möglich nach dem Start.

Der **Sprechfunkverkehr** wird in **englischer** und **deutscher** Sprache durchgeführt. Dabei sind die **veröffentlichten Sprechgruppen** anzuwenden.
Folgende Flugdaten sind in nachstehender Reihenfolge zu übermitteln:

- Luftfahrzeugkennung,
- Luftfahrzeugmuster,
- Position,
- Flugstrecke,
- Flughöhe oder Flugfläche.

Kann der Luftfahrzeugführer eine Freigabe aus Wettergründen oder aus anderen Gründen **nicht einhalten,** hat er rechtzeitig eine **geänderte Freigabe** einzuholen.
Im Interesse eines flüssigen Verkehrsablaufs kann die zuständige Flugverkehrskontrollstelle den Flug auf eine andere als die beantragte Flugstrecke/Flughöhe freigeben. Die beantragte/zugewiesene Flughöhe kann von den Halbkreisflughöhen abweichen.

d) **Staffelung und Dienste**
VFR-Flüge werden von **IFR-Flügen** (und umgekehrt) nach den geltenden Flugsicherungsbestimmungen wie folgt **gestaffelt:**

- vertikal 1 000 Fuß
- lateral mittels Radar (Radarstaffelung).

Radarstaffelung erfolgt in Form von Anweisungen, nach denen der Luftfahrzeugführer **bestimmte Kurse** einzuhalten hat („Radarkursführung").
VFR-Flüge erhalten **Verkehrsinformationen** über andere VFR-Flüge und Ausweichempfehlungen auf Anfrage. Diese Flüge können auch untereinander gestaffelt werden.

e) **Hinweis**
Die Flugverkehrskontrollstellen **unterrichten Luftfahrzeugführer** über den **Einflug in den und Ausflug aus** dem betreffenden Luftraum.

f) **Ausfall der Funkverbindung:** Vgl. Abschnitt 7.5.20!

7.2.4.2 Flüge nach Sichtflugregeln (VFR-Flüge) im Luftraum C in/oberhalb Flugfläche 100

a) **Voraussetzungen**
Zu VFR-Flügen in diesem Luftraum sind berechtigt:

- **Privatflugzeugführer, Privathubschrauberführer und Motorseglerführer** die eine **IFR- oder CVFR-Berechtigung** besitzen.

- Flugzeugführer mit einer Lizenz nach den Bestimmungen über die Lizenzierung von Piloten von Flugzeugen (JAR-FCL 1 deutsch) vom 15. April 2003;
- Führer von Hubschraubern mit einer Lizenz nach den Bestimmungen von Piloten von Hubschraubern (JAR-FCL 2 deutsch) vom 15. April 2003;
- Segelflugzeugführer mit einer Lizenz nach der Verordnung über Luftfahrtpersonal (LuftPersV) mit der Klassenberechtigung „Reisemotorsegler" oder der Startart „Eigenstart von Segelflugzeugen mit Hilfsantrieb", sofern sie im Besitz der CVFR-Berechtigung nach § 82 LuftPersV sind.
- **Luftfahrzeuge** müssen gemäß **LuftBO und FSAV zusätzlich ausgerüstet** sein mit: Kurskreisel, Wendezeiger oder künstlichem Horizont, Variometer, UKW-Sprechfunkgerät, VOR-Empfänger, Transponder mit Mode S-Technik.
- Haben Lfz.-Führer von nichtmotorgetriebenen Lfz. keine der vorgeschriebenen Berechtigungen, oder sind diese Lfz. nicht entsprechend ausgerüstet, werden Freigaben zum Einflug in diesen Luftraum nur in Einzelfällen erteilt.

b) **Flugverkehrskontrollfreigaben**
Freigaben für VFR-Flüge werden erteilt, sofern die Verkehrslage und Flugsicherungskapazität es gestatten.

Foto- und Vermessungsflüge, Erprobungs- und Abnahmeflüge sowie ähnliche Flugvorhaben sind bei der zuständigen Flugverkehrskontrolle im Voraus anzumelden und mit dieser abzustimmen.

c) **Durchführung von VFR-Flügen (Sprechfunk, Flugdaten, Flugstrecken, geänderte Freigaben)**
Mit den zuständigen Fluginformationsdienst (FIS) ist **rechtzeitig vor Einflug** in den betreffenden Luftraum **Sprechfunkverbindung auf der in der ICAO-Karte 1:500 000 veröffentlichten Frequenz aufzunehmen.**

Der Sprechfunkverkehr wird in **englischer Sprache** durchgeführt, da der Fluginformationsdienst bei Bedarf VFR-Flüge an die Flugverkehrskontrolle übergibt, die IFR-Streckenflüge kontrolliert. Dabei sind die **veröffentlichten Sprechgruppen** anzuwenden.

FIS sind folgende Flugdaten in nachstehender Reihenfolge zu übermitteln:
- Luftfahrzeugkennung,
- Luftfahrzeugmuster,
- Geschwindigkeit,
- Position,
- Zielflugplatz,
- Flugstrecke, bezogen auf Funknavigationsanlagen,
- Flugfläche.

Führt der VFR-Flug durch mehrere Fluginformationsgebiete, ist der Flug generell auf den **veröffentlichten Flugverkehrsstrecken** oder anderen Standardstrecken (z. B. TACAN) zu planen (Streckenkarte: 1:1 Mio.), um einen reibungslosen Datenaustausch zwischen den betroffenen Flugverkehrskontrollstellen zu gewährleisten.

Kann der Luftfahrzeugführer eine Freigabe aus Wettergründen oder aus anderen Gründen **nicht einhalten,** hat er rechtzeitig eine **geänderte Freigabe** einzuholen.

Im Interesse eines flüssigen Verkehrsablaufs kann die zuständige Flugverkehrskontrolle den Flug auf eine andere als die beantragte Flugstrecke/Flughöhe freigeben. Die beantragte/zugewiesene Flughöhe kann von den Halbkreisflughöhen abweichen.

d) **Staffelung und Dienste**
VFR-Flüge werden von **IFR-Flügen** nach den geltenden Flugsicherungsbestimmungen wie folgt **gestaffelt:**
- vertikal 1 000 Fuß oder mehr,
- lateral mittels Radar.

VFR-Flüge erhalten **Verkehrsinformationen** über andere VFR-Flüge und Ausweichempfehlungen auf Anfrage.

e) **Ausfall der Funkverbindung:** vgl. Abschnitt 7.5.20!

7.2.4.3 Kontrollzonen als Luftraum D

- Regeln und Dienste im Luftraum D entsprechen generell der Verfahrensweise in Kontrollzonen, sofern „VMC" gegeben ist (vgl. Abschnitt 7.6.1 „Flüge nach Sichtflugregeln in den Lufträumen mit der Klassifizierung B bis G [§ 28 LuftVO]").
- Die CTR-Minima für Bodensicht und Hauptwolkenuntergrenze gemäß ICAO (vgl. Abschnitt 7.2.1.5) wurden übernommen.

7 Teilnahme am Luftverkehr (Luftverkehrsregeln und -vorschriften, Flugverkehrsdienste)

- **Die VFR-Verfahren für kontrollierte Flugplätze mit Kontrollzone** (Sichtflugkarten) **bleiben unberührt.** Diese Verfahren gehen über die Bedingungen im Luftraum D insoweit hinaus, als sie VFR-An-/Abflüge in Richtung und Höhe von IFR An-/Abflügen trennen.
- **Auch die Verfahrensweise, wonach bei „IMC" in Kontrollzonen alle Flüge,** einschließlich VFR-Flüge/VFR-Flüge, in diesem Luftraum **gestaffelt werden,** ändert sich nicht („Sonder-VFR-Flüge", vgl. Abschnitt 7.6.1 „Flüge nach Sichtflugregeln in den Lufträumen mit der Klassifizierung B bis G [§ 28 LuftVO]").

7.2.4.4 Flüge nach Sichtflugregeln (VFR-Flüge) im Luftraum der Klasse D (nicht Kontrollzone)

a) Flugverkehrskontrollfreigaben
Freigaben für diese Flüge werden erteilt, sofern Verkehrslage und Flugsicherungskapazität dies gestatten.

Die Erteilung einer Flugverkehrskontrollfreigabe für motorgetriebene Luftfahrzeuge zum Einflug in den Luftraum D (nicht Kontrollzone) wird grundsätzlich von der **Schaltung eines Sekundärradar-Antwortgeräts (Transponder)** abhängig gemacht. Der Transponder muss Mode-S-Technik verwenden.

In **Ausnahmefällen** können Freigaben auch erteilt werden, wenn Luftfahrzeuge nicht mit der in der FSAV für Flüge nach Sichtflugregeln vorgeschriebenen funktionstüchtigen Flugsicherungsausrüstung ausgestattet sind.

Freigaben zum Einflug in den Luftraum D (nicht Kontrollzone) für **örtliche Flüge** an Flugplätzen unterhalb dieses Luftraums richten sich nach besonderen Regelungen mit der zuständigen Flugverkehrskontrolle, sofern diese ein solches Verfahren für vertretbar hält. Die Voraussetzungen zur Erteilung von Flugverkehrskontrollfreigaben für **Segelflüge** im Luftraum der Klasse D (nicht Kontrollzone) sind/werden in gesonderten NfL I bekannt gemacht bzw. in örtlichen Absprachen geregelt.

VFR-Flüge von öffentlichem Interesse (z. B. Foto- und Vermessungsflüge) sind bei der zuständigen Flugverkehrskontrolle im Voraus anzumelden und mit dieser abzustimmen.

b) Durchführung
Der **Sprechfunk wird in englischer und deutscher Sprache** durchgeführt. Dabei sind die veröffentlichten Sprechgruppen entsprechend anzuwenden.

Mit der zuständigen Flugverkehrskontrolle ist Sprechfunkverbindung wie folgt aufzunehmen:
- **spätestens 5 Miunten vor Einflug** in diesen Luftraum;
- beim **Abflug von einem Flugplatz unterhalb dieses Luftraums** sobald wie möglich nach dem Start.

Zur Durchführung dieser VFR-Flüge sind vom Luftfahrzeugführer folgende Flugdaten zu übermitteln:
- Luftfahrzeugkennung,
- Luftfahrzeugmuster,
- Position,
- Flugstrecke,
- Flughöhe.

Kann der Luftfahrzeugführer eine **Freigabe aus Wetter- oder anderen Gründen nicht einhalten,** hat er rechtzeitig eine **geänderte Freigabe** einzuholen.

Im Interesse eines **flüssigen Verkehrsablaufs** kann die zuständige Flugverkehrskontrolle den Flug auf eine andere als die beantragte Flugstrecke/Flughöhe freigaben.

Fällt bei einem **Flug nach Sichtflugregeln die Funkverbindung vor Einflug in den Luftraum D (nicht Kontrollzone) aus,** hat der Luftfahrzeugführer dieses Gebiet unbeschadet einer bereits erhaltenen Einflugfreigabe zu meiden; tritt der **Funkausfall innerhalb des Luftraums der Klasse D (nicht Kontrollzone)** ein, hat der Luftfahrzeugführer den Flug gemäß erhaltener und bestätigter Freigabe weiterzuführen oder, falls dies nicht möglich ist, dieses Gebiet unter Einhaltung der Sichtflugregeln nach Anlage 5 zu § 28 Abs. 1 LuftVO auf dem kürzesten Weg zu verlassen (siehe auch Abschnitt 7.5.20 „Funkverkehr [§ 26 a LuftVO]").

Die Flugverkehrskontrolle informiert den Luftfahrzeugführer über den Einflug in den und aus dem Luftraum der Klasse D (nicht Kontrollzone).

7.2.4.5 Trennhöhe zwischen Luftraum E und C im Alpengebiet

Im Alpenvorraum zwischen Friedrichshafen und Salzburg ist **FL 130** die **Trennhöhe zwischen Luftraum E und C** (siehe ICAO-Karte 1:500 000).

7.2.4.6 Zeitweiliger Luftraum

Ist ein **Luftraum zu bestimmten Zeiten nicht aktiv** (z.B. ED-R, CTR und E mit Kennzeichnung „HX"), gilt die **Klassifizierung des umgebenden Luftraums** (vgl. auch Abschnitt 7.2.4.9).

7.2.4.7 Transponder-Schaltung bei VFR-Flügen

7.2.4.7.1 Allgemeine Bestimmungen

Die für **VFR-Flüge mit zivilen, motorgetriebenen Luftfahrzeugen gemäß FSAV** vorgeschriebene Ausrüstung mit **Transponder** mit **Mode S-Technik** gilt:
- im Luftraum C,
- im Luftraum E oberhalb 5000 ft MSL oder 3500 ft GND.

Auch für **VFR-Flüge bei Nacht** im kontrollierten Luftraum ist ein **Transponder** mit **Mode S-Technik** erforderlich (vgl. Abschnitt 7.6.4).

Bei Flügen im Luftraum E oberhalb 5000 ft MSL oder 3500 ft GND, wobei der höhere Wert maßgebend ist, müssen Luftfahrzeugführer den Transponder unaufgefordert, d.h. ohne Funkkontakt mit ATC auf den **Code 7000** schalten (siehe Bild 7.14).

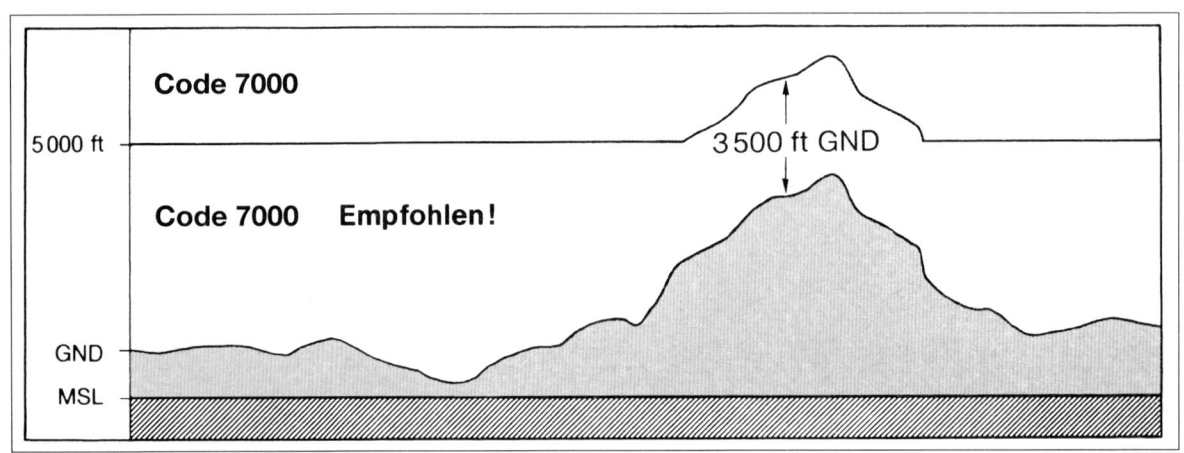

Bild 7.14 Transponder-Schaltung bei VFR-Flügen © DFS Deutsche Flugsicherung GmbH

- **Zusätzliche Empfehlungen für VFR-Flüge bis 5000 ft MSL**

    Bei **VFR-Flügen mit motorgetriebenen Luftfahrzeugen bis 5000 ft MSL** (oder 3500 ft GND) sollte der **Transponder unaufgefordert**, d.h. ohne Funkkontakt mit ATC, **auf Code 7000 bzw. Mode S** geschaltet werden. Diese Empfehlung gilt insbesondere in der Umgebung von Verkehrsflughäfen (siehe Luftfahrtkarte ICAO 1:500000).

    Durch die Schaltung des Transponders bei VFR-Flügen sollen Luftfahrzeugführern von kontrollierten Flügen und militärischen Strahlflugzeugen verbesserte Verkehrsinformationen seitens der Flugsicherung gegeben werden.

    Die Schaltung des Transponders bedeutet nicht, dass die betreffenden VFR-Flüge kontrolliert werden.

    Die Pflichten aller Teilnehmer am Luftverkehr, Zusammenstöße zu vermeiden, die Ausweichregeln zu beachten und in den vorgeschriebenen Fällen eine Freigabe einzuholen, bleiben unberührt.

7.2.4.7.2 Gebiete mit Transponderverpflichtung (Transponder Mandatory Zones – TMZ)

Zur Verbesserung der Verkehrslenkung und der Vermeidung von gefährlichen Annäherungen müssen Luftfahrzeuge bei VFR-Flügen in bestimmten Gebieten mit einem Transponder mit automatischer Höhenübermittlung ausgestattet sein und den Code 7000 unaufgefordert abstrahlen.

Eine TMZ besteht derzeit im Raum Friedrichshafen, Karlsruhe, Nürnberg und Paderborn.

Einzelheiten können in der AIP VFR ENR 1–18 und der AIP ENR 2 nachgelesen werden. Die Ausdehnung der TMZ ergibt sich aus der Luftfahrtkarte ICAO 1:500000.

7.2.4.8 Luftraum der Klasse F (HX) in der Umgebung von unkontrollierten Flugplätzen mit IFR-Flugbetrieb

An unkontrollierten Flugplätzen in Deutschland ist **Instrumentenflugbetrieb** möglich.

Die allgemeinen Bedingungen für IFR-Flüge und für VFR-Flüge werden nachfolgend vorgestellt:

- **Luftraum**

1. Einrichtung von Luftraum der Klasse F (HX)
Um IFR-An-/Abflüge an Flugplätzen ohne Flugplatzkontrolle zulassen zu können, wird **unkontrollierter Luftraum der Klasse F (HX) mit höheren Minima für VFR-Flüge** in der Umgebung der betreffenden Flugplätze festgelegt (vgl. Ziffer 3.)

Dieser Luftraum der Klasse F (HX) besteht aus zwei Teilbereichen und hat Anschluss an den kontrollierten Luftraum E mit der generellen Untergrenze 2 500 ft GND (siehe Bild 7.15).

2. Zeitliche Wirksamkeit des Luftraums der Klasse F (HX)
Um die Restriktionen für VFR-Flüge im Luftraum F (HX) möglichst gering zu halten, ist dieser **Luftraum nur aktiv, solange IFR-An-/Abflüge stattfinden.**

Weitere Angaben vgl. Abschnitt 7.2.4.9 „Zeitliche Wirksamkeit von Lufträumen mit der Kennzeichnung „HX""!

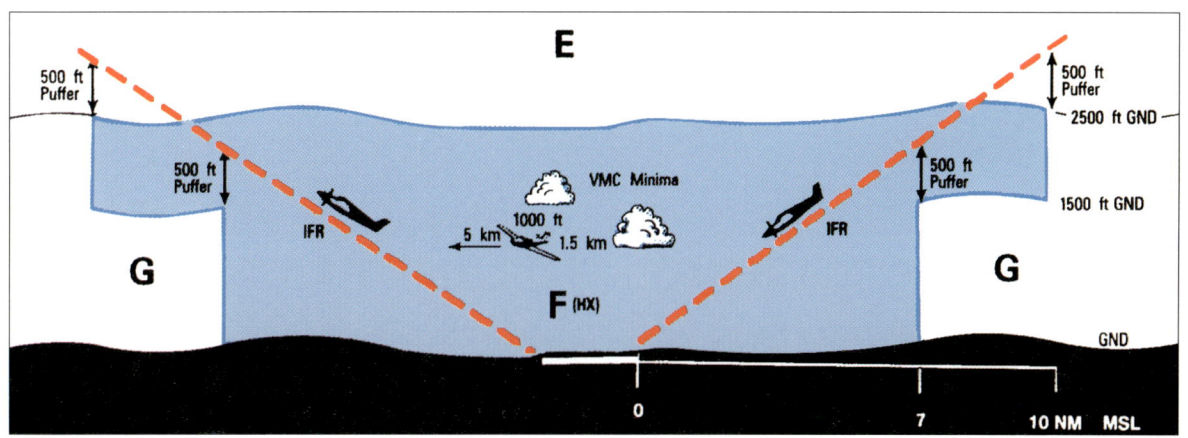

Bild 7.15 Luftraum F (HX) an einem unkontrollierten Flugplatz mit IFR-Flugbetrieb

3. Bedingungen für VFR-Flüge im Luftraum der Klasse F (HX)
Um die Anwendbarkeit der Ausweichregeln zu gewährleisten, **gelten für VFR-Flüge im Luftraum der Klasse F (HX) folgende Minima:**

- **Flugsicht 5 km,**
- **Abstand von Wolken: horizontal 1,5 km/vertikal 1 000 ft.**

Für VFR-Flüge in diesem Luftraum ist **keine** Freigabe erforderlich.

- **Flugsicherungsverfahren für IFR-Flüge**

1. Staffelung
Staffelung zwischen IFR-Flügen im Luftraum der Klasse F (HX) wird dadurch sichergestellt, dass sich nicht mehr als ein IFR-Flug in diesem Luftraum befindet (Modus „one at a time").

- IFR-Flüge werden im Luftraum der Klasse F (HX) von VFR-Flügen **nicht** gestaffelt.
- VFR-Flüge bei Nacht, soweit sie über die Umgebung des Flugplatzes hinaus führen, werden gestaffelt.

2. Flugverfahren für IFR-Flüge
Die Flugverfahren für IFR-Flüge im unkontrollierten Luftraum werden nach den gleichen ICAO-Kriterien (Doc 8168) festgelegt, wie sie auch für die Verfahren an kontrollierten Flugplätzen gelten.

Die Verfahren werden im AIP Abschnitt AD – 1. bzw. 2. Band – veröffentlicht.

Dem Luftfahrzeugführer wird in den Instrumentenkarten angegeben, wann der IFR-Anflug den kontrollierten Luftraum E verlässt oder der IFR-Abflug in diesen Luftraum einfliegt.

- **VFR-An-/Abflüge**
Da VFR-Flüge vor dem Anflug und vor dem Start mit der INFO-Stelle Funkkontakt aufnehmen und im Flugplatzverkehr in Hörbereitschaft bleiben, sind diese Flüge über den aktuellen Status von Luftraum der Klasse F (HX) jederzeit unter-

richtet. Ist das Einholen der Information über den aktuellen Luftraumstatus nicht möglich oder wird auf die Überprüfung verzichtet, ist dieser Luftraum als aktiv zu betrachten. Bei **VFR-An-/Abflügen wird empfohlen,** die in der jeweiligen Sichtflugkarte dargestellten **IFR-An-/Abflugsektoren zu meiden.** Im Übrigen bleiben die bekannten Standards für VFR-Betrieb an unkontrollierten Flugplätzen unverändert.

- **Darstellung in der Luftfahrtkarte und im AIP VFR**
  Luftraum der Klasse F (HX) wird in der Luftfahrtkarte 1:500 000 entsprechend der folgenden Abbildung dargestellt. Legende und Erläuterungen sind auf der Kartenrückseite zu finden. Entsprechende Angaben werden auch im AIP VFR veröffentlicht.

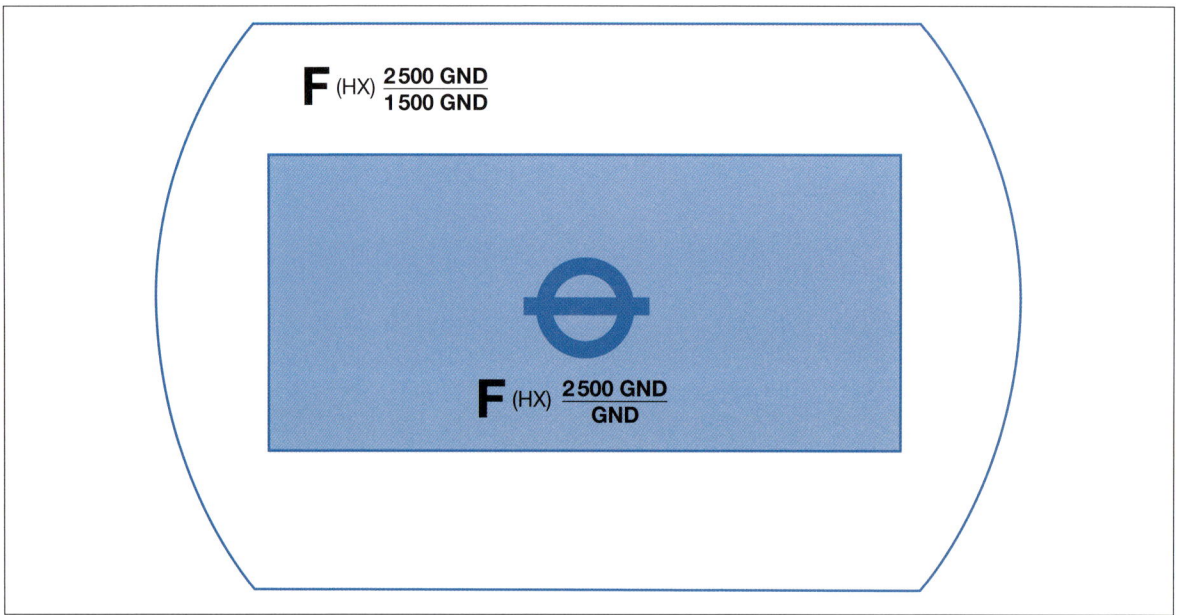

Bild 7.16 Luftraum F (HX) an einem unkontrollierten Flugplatz mit IFR-Flugbetrieb in der Luftfahrtkarte ICAO 1:500 000

7.2.4.9 Zeitliche Wirksamkeit von Lufträumen mit der Kennzeichnung „HX"

- **Allgemeines**
  Im Luftraum der Bundesrepublik Deutschland sind kontrollierte Lufträume der Klassen C, D und E sowie unkontrollierte Lufträume der Klassen F und G festgelegt. Diese Lufträume können **ständig (H 24) oder zeitweise (HX)** aktiv sein.

- **Zeitweise aktive Lufträume der Klasse F (HX) – Aktivierung/Deaktivierung:**
  Luftraum der Klasse F (HX) in der Umgebung von unkontrollierten Flugplätzen wird nur aktiviert, wenn IFR An-/Abflüge stattfinden. Die Aktivierung/Deaktivierung erfolgt durch die zuständige Flugverkehrskontrolle.

  In einem deaktiviertem Luftraum der Klasse F (HX) gelten die Regeln des Luftraums der Klasse G.

  Anfrage über Luftraumstatus:
  Der Luftraumstatus eines Luftraums der Klasse F (HX) kann beim **Flugplatzinformationsdienst (INFO) oder beim Fluginformationsdienst (FIS)** erfragt werden.

  Ist das Einholen der Information über den aktuellen Luftraumstatus **nicht möglich, oder wird auf die Überprüfung verzichtet, ist dieser Luftraum als aktiv zu betrachten.**

  Hörbereitschaft:
  Luftfahrzeugführer haben bei einem Flug durch einen deaktivierten Luftraum der Klasse F (HX) bei Unterschreitung der Mindestwetterbedingungen für Luftraum der Klasse F **dauernde Hörbereitschaft** auf der Frequenz, auf der die Statusanfrage erfolgte, aufrechtzuerhalten. Benachrichtigungen über kurzfristige Statusänderungen werden dadurch möglich.

- **Kontrollzonen der Klasse D (HX) – Aktivierung/Deaktivierung:**
  Die für Kontrollzonen der Klasse D (HX) im Luftfahrthandbuch veröffentlichten Zeiten geben einen **Anhaltspunkt** bezüglich der zu erwartenden Aktivierungszeiten.

  Eine **Aktivierung** außerhalb der veröffentlichten Zeiten bzw. **Deaktivierung** innerhalb dieser Zeiten ist **jederzeit möglich.**

  Die Aktivierung/Deaktivierung erfolgt durch die zuständige Flugplatzkontrolle.

7 Teilnahme am Luftverkehr (Luftverkehrsregeln und -vorschriften, Flugverkehrsdienste)

In einer deaktivierten Kontrollzone der Klasse D (HX) gelten die Regeln des umgebenden Luftraums der Klassen G bzw. E. Bei IFR An-/Abflügen muss die Kontrollzone der Klasse D (HX) aktiviert sein.

Anfrage über Luftraumstatus:
Der Luftraumstatus einer Kontrollzone der Klasse D (HX) kann bei der **zuständigen Flugplatzkontrolle (TWR)**, außerhalb der TWR-Besetzungszeiten beim **Flugplatzinformationsdienst (INFO),** oder beim **Fluginformationsdiens (FIS)** erfragt werden.

Ist das Einholen der Information über den aktuellen Luftraumstatus **nicht möglich, oder wird auf die Überprüfung verzichtet, ist dieser Luftraum als aktiv zu betrachten.**

Hörbereitschaft:
Luftfahrzeugführer haben bei einem Flug durch eine deaktivierte Kontrollzone der Klasse D (HX) **dauernde Hörbereitschaft** auf der Frequenz, auf der die Statusanfrage erfolgte, aufrechtzuerhalten, damit sie über kurzfristige Statusänderungen benachrichtigt werden können.

Anmerkung:
Die derzeit bestehende zeitliche Wirksamkeit des Luftraums der **Klasse E (HX)** für das **militärische Nachttiefflugstreckensystem** bleibt unverändert bestehen.

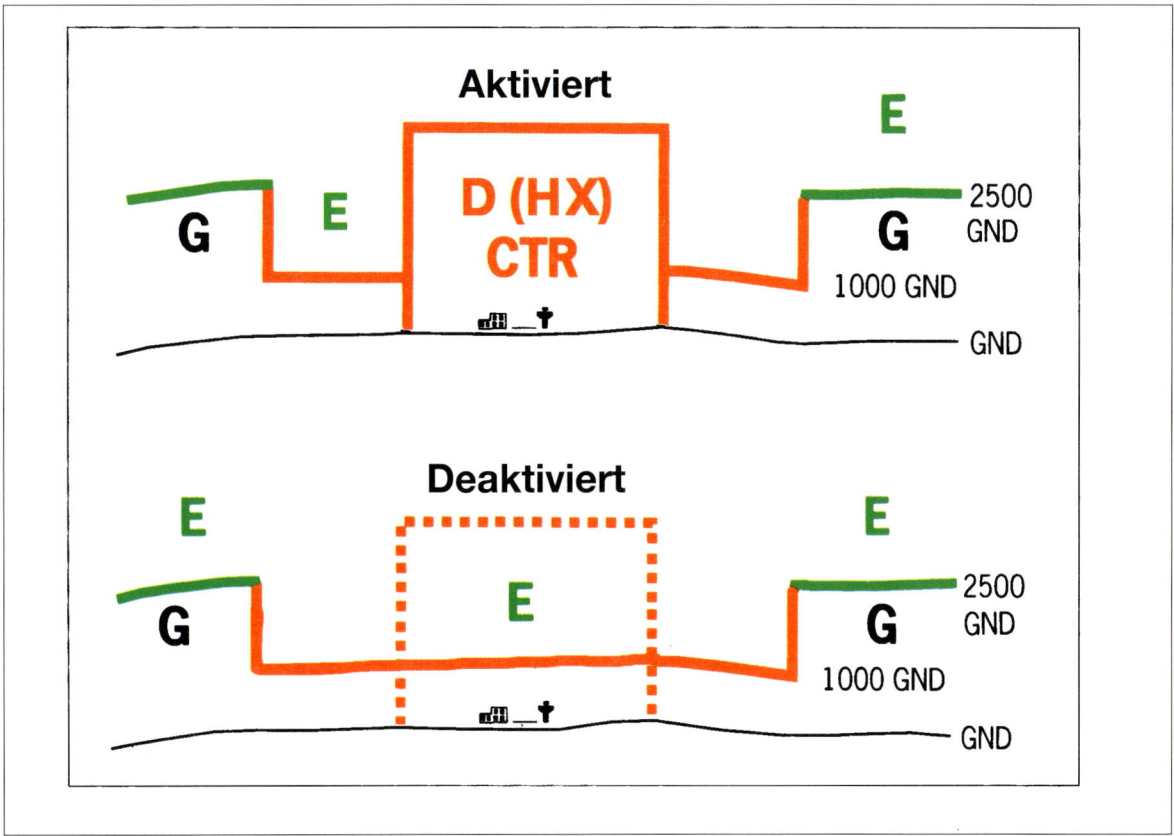

Bild 7.17 Luftraum D mit der Kennzeichnung „HX"

Bild 7.18 Luftraum F mit der Kennzeichnung „HX"

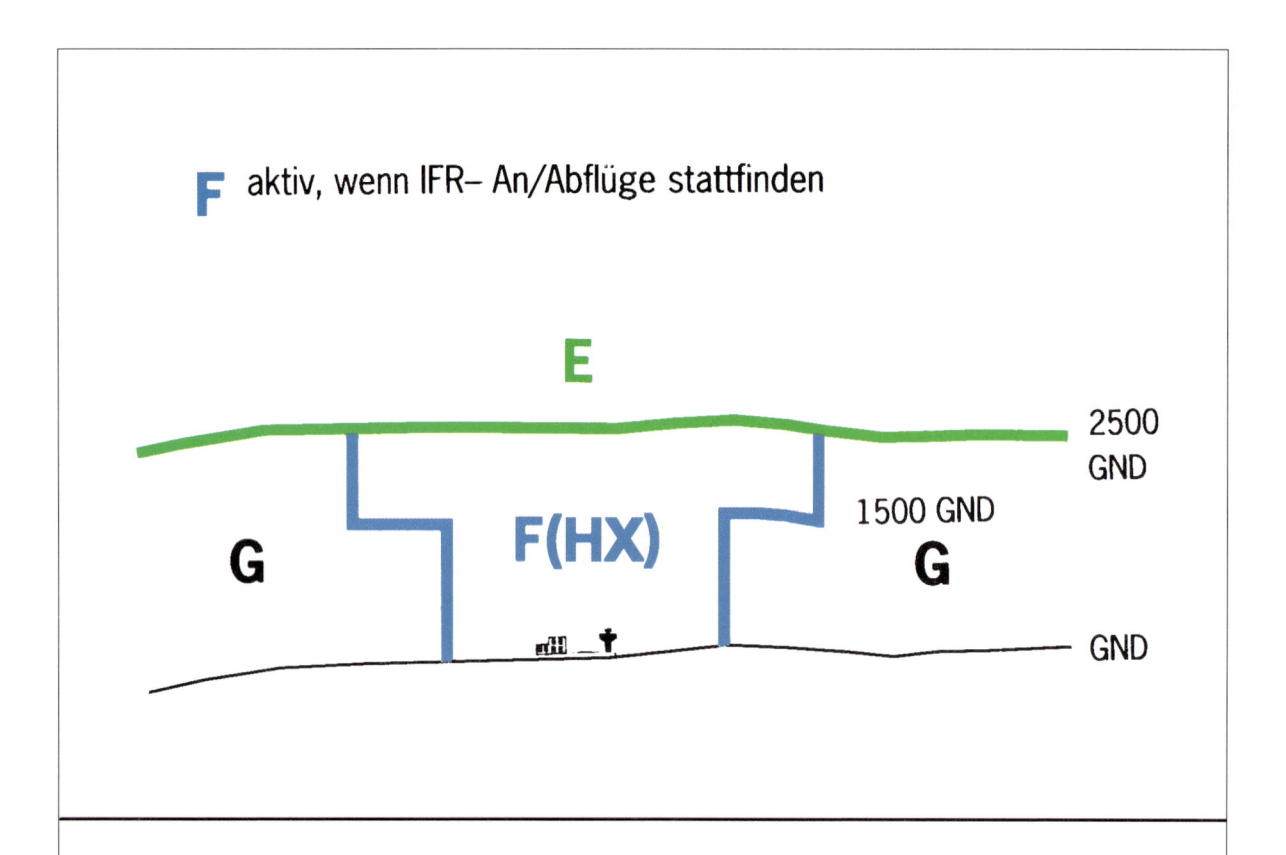

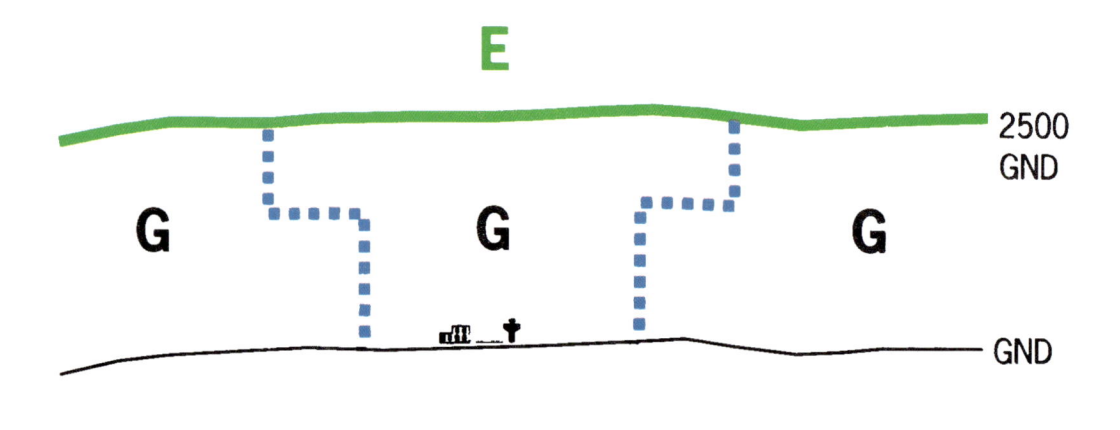

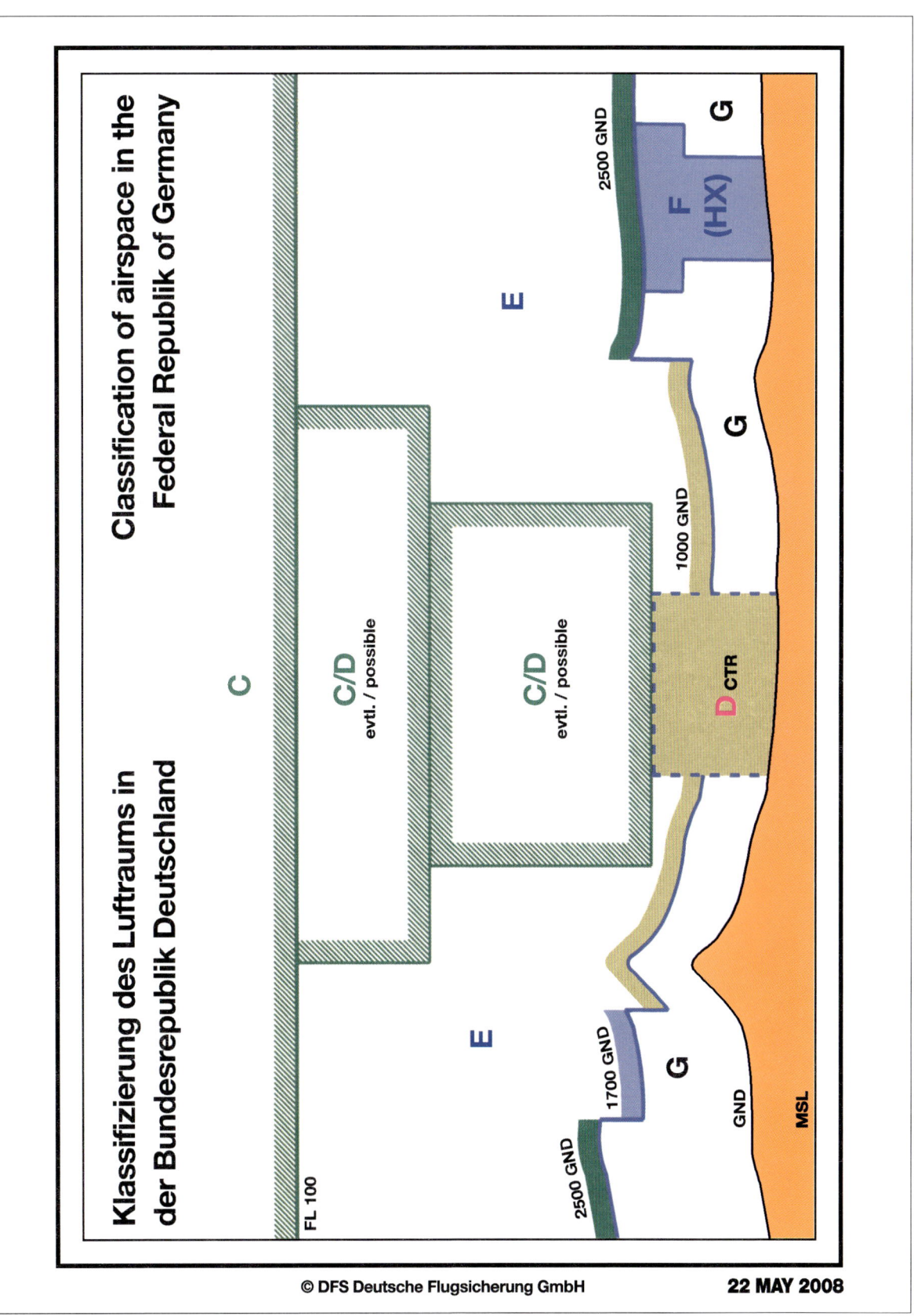

7 Teilnahme am Luftverkehr (Luftverkehrsregeln und -vorschriften, Flugverkehrsdienste)

Bild 7.19 Klassifizierung des Luftraums in der Bundesrepublik Deutschland

		Luftraumklassifizierung und Flugsicherungsbetriebsdienste		Anlage 4 (zu § 10 Abs. 2 LuftVO)
Klassen		**zugelassene Art von Flügen *)**	**Umfang der Dienste**	**Staffelung durch die Flugsicherung **)**
A	Kontrollierter Luftraum	nur nach IFR	Flugverkehrskontrolle	alle Luftfahrzeuge
B		nach IFR und VFR	Flugverkehrskontrolle	alle Luftfahrzeuge
C		nach IFR	Flugverkehrskontrolle	IFR von IFR und IFR von VFR
		nach VFR	1. FVK zur Staffelung von IFR 2. VFR/VFR zur Verkehrsinformation (Ausweichempfehlungen auf Anfrage)	VFR von IFR
Kontrollzone Klasse C		gleiche Voraussetzungen/Regelungen wie im Luftraum der Klasse „C"		
D		nach IFR	FVK einschl. Verkehrsinformationen über VFR-Flüge (Ausweichempfehlungen auf Anfrage)	IFR von IFR
		nach VFR	Verkehrsinformationen zwischen VFR- und IFR-Flügen (Ausweichempfehlungen auf Anfrage)	entfällt
Kontrollzone Klasse D		gleiche Voraussetzungen/Regelungen wie im Luftraum der Klasse „D"		
E		nach IFR	FVK einschl. Verkehrsinformationen über VFR-Flüge soweit möglich	IFR von IFR
		nach VFR	Verkehrsinformationen soweit möglich	entfällt
F	Unkontrollierter Luftraum	nach IFR	Flugverkehrsberatungsdienst soweit möglich	IFR von IFR soweit bekannt
		nach VFR	Fluginformationsdienst	entfällt
G		VFR	Fluginformationsdienst	entfällt

*) IFR = Flüge nach Instrumentenflugregeln
VFR = Flüge nach Sichtflugregeln
**) FVK = Flugverkehrskontrolle

© DFS Deutsche Flugsicherung GmbH

Bild 7.20   Luftraumklassifizierung und Flugverkehrsdienste (Anlage 4 LuftVO)

7 Teilnahme am Luftverkehr (Luftverkehrsregeln und -vorschriften, Flugverkehrsdienste)

LUFTFAHRTHANDBUCH DEUTSCHLAND
AIP GERMANY
ENR 1.1-47
15 MAR 2007

Bedingungen für IFR-/VFR-Flüge
Conditions for IFR/VFR Flights
Anlage/Attachment 5
§ 4 (2) – (4), § 26 (1), § 26 a (2), § 28 (1)-(2) LuftVO

Klasse Class	Art der Flüge Type of Flights	Höchstgeschwindigkeit Maximum Speed (IAS)	Sprechfunkverkehr Radio Communication	Flugverkehrskontrollfreigabe ATC Clearance	Minima für VFR-Flüge Minima for VFR Flights
A	IFR	nicht vorgeschrieben / not prescribed	dauernde Hörbereitschaft / constant listening watch	erforderlich / required	–
B	IFR, VFR	nicht vorgeschrieben / not prescribed	dauernde Hörbereitschaft / constant listening watch	erforderlich / required	**Flugsicht:** 8 km in/oberhalb FL 100; 5 km unterhalb FL 100. **Abstand von Wolken:** vertikal 1000 ft, horizontal 1,5 km. **Flight visibility:** 8 km at/above FL 100; 5 km below FL 100. **Distance from clouds:** vertical 1000 ft, horizontal 1.5 km
C	IFR	nicht vorgeschrieben / not prescribed	dauernde Hörbereitschaft / constant listening watch	erforderlich / required	**Flugsicht:** 8 km in/oberhalb FL 100; 5 km unterhalb FL 100. **Abstand von Wolken:** vertikal 1000 ft, horizontal 1,5 km. **Flight visibility:** 8 km at/above FL 100; 5 km below FL 100. **Distance from clouds:** vertical 1000 ft, horizontal 1.5 km
C	VFR	250 kt unterhalb/below FL 100			
Kontrollzone CTR C	Gleiche Voraussetzungen/Regelungen wie im Luftraum der Klasse C / Same requirements/regulations as in Airspace Class C			*)	zusätzlich: Bodensicht: 5 km; Hauptwolkenuntergrenze: 1500 ft. additionally: Ground visibility: 5 km; Ceiling: 1500 ft
D	IFR, VFR	250 kt unterhalb/below FL 100	dauernde Hörbereitschaft / constant listening watch	erforderlich / required	**Flugsicht:** 8 km in/oberhalb FL 100; 5 km unterhalb FL 100. **Abstand von Wolken:** vertikal 1000 ft, horizontal 1,5 km. **Flight visibility:** 8 km at/above FL 100; 5 km below FL 100. **Distance from clouds:** vertical 1000 ft, horizontal 1.5 km
Kontrollzone CTR D	Gleiche Voraussetzungen/Regelungen wie im Luftraum der Klasse D mit der Ausnahme, daß in Kontrollzonen die Abstände von Wolken nicht gefordert sind (frei von Wolken) / Same requirements/regulations as in Airspace Class D, except: distances from clouds are not required (clear of clouds)			*)	zusätzlich: Bodensicht: 5 km; Hauptwolkenuntergrenze: 1500 ft. additionally: Ground visibility: 5 km; Ceiling: 1500 ft
E	IFR	250 kt unterhalb/below FL 100	dauernde Hörbereitschaft / constant listening watch	erforderlich / required	**Flugsicht:** 8 km. **Abstand von Wolken:** vertikal 1000 ft, horizontal 1,5 km. **Flight visibility:** 8 km. **Distance from clouds:** vertical 1000 ft, horizontal 1.5 km
E	VFR		nicht erforderlich / not required	nicht erforderlich**) / not required**)	
F	IFR	250 kt unterhalb/below FL 100	dauernde Hörbereitschaft / constant listening watch	erforderlich / required	**Flugsicht:** 8 km in/oberhalb FL 100; 5 km unterhalb FL 100. **Abstand von Wolken:** vertikal 1000 ft, horizontal 1,5 km. **Flight visibility:** 8 km at/above FL 100; 5 km below FL 100. **Distance from clouds:** vertical 1000 ft, horizontal 1.5 km
F	VFR		dauernde Hörbereitschaft nicht erforderlich / constant listening watch not required	nicht erforderlich**) / not required**)	
G	VFR	250 kt unterhalb/below FL 100	nicht erforderlich / not required	nicht erforderlich**) / not required**)	**Flugsicht:** 1,5 km; 800 m* für Drehflügler, Luftschiffe und Freiballone. * zusätzlich: rechtzeitiges Erkennen von Hindernissen muß möglich sein. Dauernde Erdsicht. Wolken dürfen nicht berührt werden. **Flight visibility:** 1.5 km; 800 m* for rotorcraft, airships and balloons. * additionally: due recognition of obstacles must be possible. Permanent visual contact to the ground. Clear of clouds.

*) Hinweis: Für Sonder-VFR-Flüge separate Regelung in AIP VFR (ENR 1)
Note: For special VFR flights separate regulation in AIP VFR (ENR 1)
**)Hinweis: Ausgenommen sind VFR-Flüge bei Nacht, soweit sie über die Umgebung des Flugplatzes hinausführen.
Note: Except for VFR flights at night insofar as they exceed the vicinity of the aerodrome.

IFR = Flüge nach Instrumentenflugregeln / Flights according to Instrument Flight Rules
VFR = Flüge nach Sichtflugregeln / Flights according to Visual Flight Rules
FL = Flugfläche / Flight level
IAS = Angezeigte Fluggeschwindigkeit / Indicated Airspeed

© DFS Deutsche Flugsicherung GmbH
AMDT 3

Bild 7.21 Bedingungen für Flüge nach Instrumenten- und Sichtflugregeln (Anlage 5 LuftVO)

7.3 Flugverkehrsdienste im Unteren Luftraum (bis FL 245)

Unter dem Begriff **Flugverkehrsdienste** (Air Traffic Services) versteht man die folgenden Dienste für die Luftfahrt:

1. **Flugverkehrskontrolldienst**
   (**A**ir **T**raffic **C**ontrol Service = **ATC** service) – vgl. Abschnitt 7.3.1
2. **Fluginformationsdienst**
   (**F**light **I**nformation **S**ervice = **FIS**) – vgl. Abschnitt 7.3.2
3. **Flugalarmdienst**
   (Alerting Service) – vgl. Abschnitt 7.3.3

Erweitert man den Begriff Flugverkehrsdienste (Air Traffic Services) auf den Oberbegriff **Flugsicherungsbetriebsdienste** (Air Navigation Services), so kommen noch folgende Dienste hinzu:

4. **Flugberatungsdienst**
   (**A**eronautical **I**nformation **S**ervice = **AIS**) – vgl. Abschnitt 7.3.4
5. **Flugfernmeldedienst**
   (Aeronautical Telecommunication Service) – vgl. Abschnitt 7.3.5
6. **Flugnavigationsdienst**
   (Aeronautical Navigation Service) – vgl. Abschnitt 7.3.6

Für das Gebiet der Bundesrepublik Deutschland ist die **DFS Deutsche Flugsicherung GmbH** mit der Durchführung dieser Dienste für die Luftfahrt beauftragt.

Die Hauptaufgabe der Flugsicherungsbetriebsdienste (Air Navigation Services) besteht in der Abwehr von Gefahren für die Sicherheit des Luftverkehrs sowie für die öffentliche Sicherheit oder Ordnung durch die Luftfahrt **(Luftaufsicht gemäß § 29 LuftVG).**

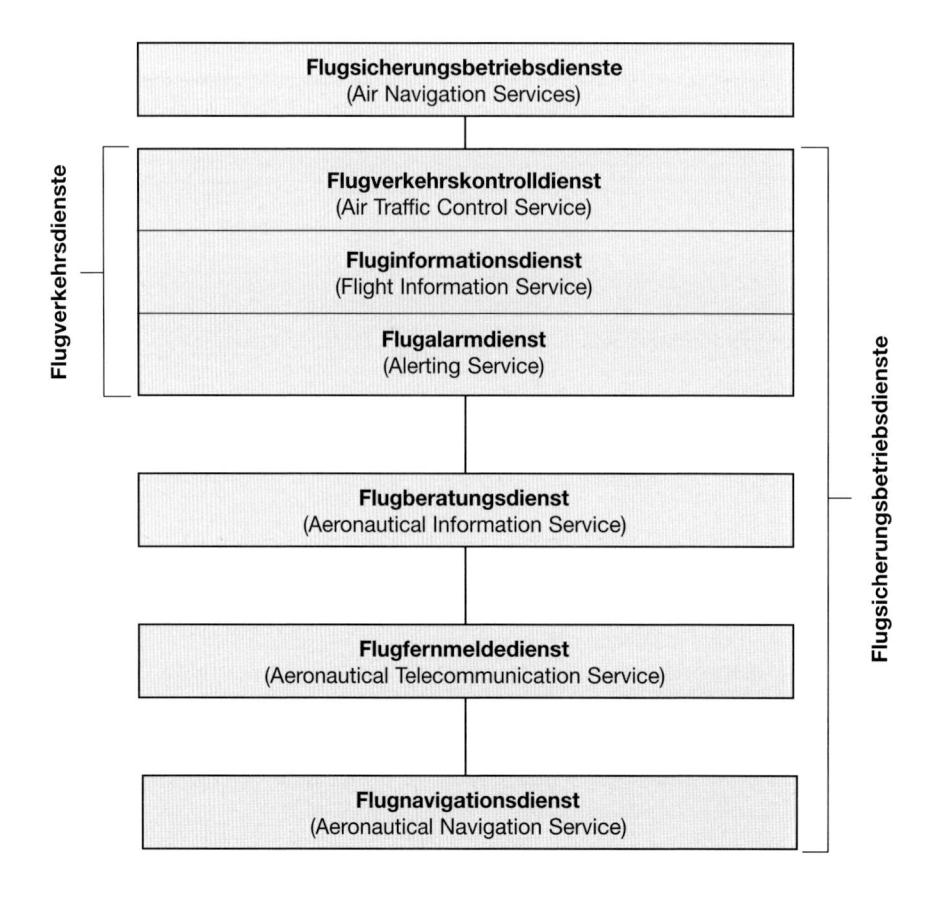

7 Teilnahme am Luftverkehr (Luftverkehrsregeln und -vorschriften, Flugverkehrsdienste)

7.3.1 Der Flugverkehrskontrolldienst (Air Traffic Control Service = ATC)

Der **Flugverkehrskontrolldienst** (Air Traffic Control Service) wird in der Bundesrepublik Deutschland entsprechend den **Richtlinien und Empfehlungen der ICAO** als

- **Flugplatzkontrolldienst** (Aerodrome Control Service),
- **Anflugkontrolldienst** (Approach Control Service)
  und
- **Bezirkskontrolldienst** (Area Control Service)

durchgeführt.

Flugverkehrskontrolle (Air Traffic Control = **ATC**) bedeutet – allgemein ausgedrückt – **Lenkung und Überwachung** des Luftverkehrs.

Die **Hauptaufgabe** des Flugverkehrskontrolldienstes (ATC Service) liegt in der Durchführung der **Flugverkehrskontrolle** einschließlich der **Bewegungslenkung** von Luftfahrzeugen im **kontrollierten Luftraum** (controlled airspace) und an **kontrollierten Flugplätzen** (controlled aerodromes). Insbesondere hat der Flugverkehrskontrolldienst

1. **Zusammenstöße zwischen Luftfahrzeugen** in der Luft und auf dem Rollfeld der Flugplätze zu vermeiden,
2. **Zusammenstöße zwischen Luftfahrzeugen und anderen Fahrzeugen** sowie sonstigen Hindernissen auf dem Rollfeld der Flugplätze zu verhindern,
3. **einen raschen und geordneten Ablauf des Flugverkehrs** unter Berücksichtigung der Minderung unnötigen Fluglärms zu gewährleisten,
4. **Ratschläge und Auskünfte** für die sichere und reibungslose Durchführung von Flügen zu erteilen (**Fluginformationsdienst = FIS,** vgl. Abschnitt 7.3.2),
5. **die zuständigen Stellen zu benachrichtigen,** wenn ein Luftfahrzeug die Hilfe des Such- und Rettungsdienstes (**SAR** = Search and Rescue Service) benötigt, und diese Stellen, soweit erforderlich, zu unterstützen (**Flugalarmdienst:** vgl. Abschnitt 7.3.3).

Der **Flugverkehrskontrolldienst** hat in der Durchführung seiner Aufgaben aufgrund der bei ihm eingehenden Informationen – wie Flugpläne, Standort- und Höhenmeldungen, Radardaten usw. – die **Verkehrslage** zu ermitteln und durch Flugverkehrskontrollfreigaben, Anweisungen und Verkehrsinformationen an die beteiligten Luftfahrzeugführer

Staffelung (separation)

zwischen **kontrollierten Flügen** (controlled flights) zu gewährleisten.

Flugverkehrskontrolldienst wird nur für **kontrollierte Flüge** durchgeführt. Dies sind:

1. **Flüge nach Instrumentenflugregeln** (IFR flights) im kontrollierten Luftraum,
2. **Flüge im Flugplatzverkehr** (aerodrome traffic) an kontrollierten Flugplätzen,
3. **Sonderflüge nach Sichtflugregeln** (special VFR flights) innerhalb von Kontrollzonen,
4. **Flüge nach Sichtflugregeln in Lufträumen der Klasse C/D** (airspace Charlie/Delta) in der Umgebung von Verkehrsflughäfen und in oder oberhalb FL 100.

Anmerkung: Kontrollierte Flugplätze sind Flugplätze, an denen **Flugplatzkontrolldienst** (Aerodrome Control Service) durchgeführt wird.

Der Flugverkehrskontrolldienst kann auch in **anderen Fällen** tätig werden, wenn dies zur **Abwehr von Gefahren** für die Sicherheit des Luftverkehrs sowie für die öffentliche Sicherheit oder Ordnung durch die Luftfahrt erforderlich ist.

Zur **Durchführung des Flugverkehrskontrolldienstes** hat die DFS Deutsche Flugsicherung GmbH **Flugverkehrskontrollstellen** (**A**ir **T**raffic **C**ontrol Units = **ATC** Units) eingerichtet:

1. **Bezirkskontrollstellen** bzw. **Geschäftsbereiche Control Center** (**A**rea **C**ontrol **C**entres = **ACC**),
2. **Anflugkontrollstellen** (Approach Control Offices = **APP** – integriert in die Bezirkskontrollstellen)
   und
3. **Flugplatzkontrollstellen,** bzw. **Geschäftsbereiche Tower** (Aerodrome Control Towers = **TWR**).

Die einzelnen Flugverkehrskontrollstellen führen den Flugverkehrskontrolldienst in ihnen zugewiesenen Zuständigkeitsbereichen durch. Grundsätzlich werden in den folgenden Zuständigkeitsbereichen die folgenden Stellen tätig:

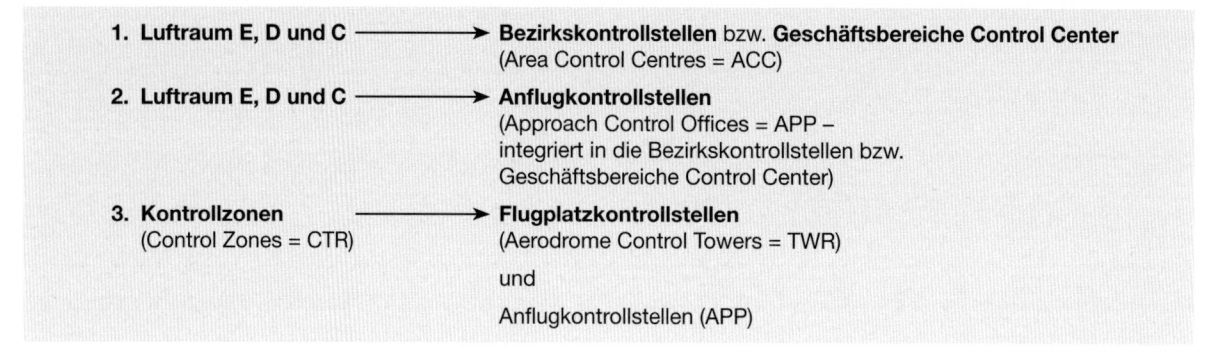

1. **Luftraum E, D und C** ⟶ **Bezirkskontrollstellen** bzw. **Geschäftsbereiche Control Center**
   (Area Control Centres = ACC)

2. **Luftraum E, D und C** ⟶ **Anflugkontrollstellen**
   (Approach Control Offices = APP –
   integriert in die Bezirkskontrollstellen bzw.
   Geschäftsbereiche Control Center)

3. **Kontrollzonen** ⟶ **Flugplatzkontrollstellen**
   (Control Zones = CTR)   (Aerodrome Control Towers = TWR)

   und

   Anflugkontrollstellen (APP)

7.3.2 Der Fluginformationsdienst (Flight Information Service = FIS)

Der **Fluginformationsdienst** (Flight Information Service = **FIS**) soll den Führern von Luftfahrzeugen **während des Fluges** Informationen und Hinweise geben, die für eine sichere, geordnete und flüssige Durchführung von Flügen erforderlich sind.

Dieser Dienst steht **allen Flügen,** sowohl IFR- als auch VFR-Flügen, im **kontrollierten und im unkontrollierten Luftraum** zur Verfügung. FIS wird grundsätzlich von **jeder Flugverkehrskontrollstelle** durchgeführt, wobei jedoch zu beachten ist, dass die Durchführung des Flugverkehrskontrolldienstes (ATC Service) **Vorrang** vor der Durchführung des Fluginformationsdienstes (FIS) hat.

In den einzelnen **Bezirkskontrollstellen** bzw. **Geschäftsbereichen Control Center** (ACC) sind zur Durchführung des Fluginformationsdienstes (FIS) innerhalb der Fluginformationsgebiete (FIR) **FIS-Arbeitsplätze** eingerichtet worden, die in der Bundesrepublik Deutschland auch mit **RADAR** ausgerüstet sind. Die dort tätigen **FIS-Lotsen** erteilen Luftfahrzeugführern bei Überlandflügen auf festgelegten **FIS-Sprechfunkfrequenzen** z. B. Informationen und Hinweise über

- **Flugverkehr** (traffic information),
- **Wetterbedingungen** (meteorological conditions),
- **den Zustand von Flugplätzen** (aerodrome conditions),
- **den Betriebszustand von Funknavigationsanlagen** (operational state of radio navigation facilities)

  usw.

7.3.3 Der Flugalarmdienst (Alerting Service)

Der **Flugalarmdienst** (Alerting Service) wird neben dem Flugverkehrskontrolldienst (ATC Service) und dem Fluginformationsdienst (FIS) von allen **Flugverkehrskontrollstellen** durchgeführt. Der **Flugalarmdienst** benachrichtigt die für die Durchführung des Such- und Rettungsdienstes (Search and Rescue Service = **SAR**) zuständigen Stellen über Luftfahrzeuge, die Such- und Rettungsdienst benötigen, und unterstützt diese Stellen.

Flugalarmdienst wird für **alle Flüge** zur Verfügung gestellt, für die ein **Flugplan** abgegeben wurde oder die den Flugverkehrskontrollstellen anderweitig bekannt geworden sind.

Zur Durchführung des Flugalarmdienstes sind **drei Alarmstufen** (alert phases) festgelegt worden, die von ihrer Bezeichnung her Auskunft über die Dringlichkeit von **SAR-Maßnahmen** geben:

1. **Ungewissheitsstufe** (Uncertainty Phase = **INCERFA**),
2. **Bereitschaftsstufe** (Alert Phase = **ALERFA**),
3. **Notstufe** (Distress Phase = **DETRESFA**).

Die **Ungewissheitsstufe** ist gegeben, wenn

1. **innerhalb von 30 Minuten nach einer fälligen Meldung** noch **keine Nachricht** über das Luftfahrzeug eingegangen ist, oder

2. **ein Luftfahrzeug innerhalb von 30 Minuten nach der vorgesehenen Ankunftszeit,** die der Flugverkehrskontrollstelle übermittelt wurde, oder der von der Flugverkehrskontrollstelle errechneten späteren Ankunftszeit **noch nicht angekommen ist.**

Die **Bereitschaftsstufe** ist gegeben, wenn

1. **die bei der Ungewissheitsstufe eingeleiteten Nachforschungen ergebnislos** verlaufen sind, oder
2. ein Luftfahrzeug eine Flugverkehrskontrollfreigabe für die Landung erhalten hat und nicht **innerhalb von 5 Minuten** nach der voraussichtlichen Landezeit **gelandet** ist und **keine Sprechfunkverbindung** mehr besteht, oder eine **Meldung über die Beeinträchtigung der Betriebssicherheit** des Luftfahrzeugs eingegangen ist, ohne dass eine Notlandung erforderlich wird, oder
3. **ein Luftfahrzeug von einem widerrechtlichen Eingriff betroffen** oder bedroht ist.

Die **Notstufe** ist gegeben, wenn

1. **die bei der Bereitschaftsstufe angestellten Versuche, die Sprechfunkverbindung wieder herzustellen, ergebnislos** verlaufen sind und weitere Nachforschungen auf die Wahrscheinlichkeit hinweisen, dass das Luftfahrzeug sich in einer Notlage befindet, oder
2. **der mitgeführte Treibstoffvorrat als verbraucht** oder für die sichere Beendigung des Fluges als unzureichend angesehen werden muss, oder
3. **eine Meldung vorliegt, dass die Betriebssicherheit** eines Luftfahrzeugs **derart beeinträchtigt** ist, dass eine **Notlandung wahrscheinlich** ist, oder
4. **eine Meldung vorliegt, oder die Wahrscheinlichkeit besteht,** dass das Luftfahrzeug eine **Notlandung durchführt** oder durchgeführt hat, es sei denn, dass das Luftfahrzeug weder von schwerer, unmittelbarer Gefahr bedroht ist noch sofortiger Hilfeleistung bedarf.

7.3.4 Der Flugberatungsdienst (Aeronautical Information Service = AIS)

Nach den **Richtlinien und Empfehlungen des ICAO-Anhang 15** (Aeronautical Information Service) sowie der europäischen Flugsicherungsorganisation **Eurocontrol**, hat jeder Mitgliedstaat einen Flugberatungsdienst (**A**eronautical **I**nformation **S**ervice = **AIS**) einzurichten und durchzuführen.

Die **Hauptaufgaben** dieses Dienstes sind:

- **Nachrichten aus dem In- und Ausland,** die für eine sichere, geordnete und flüssige Durchführung von Flügen notwendig sind, zu sammeln, auszuwerten, aufzubereiten und bekannt zu geben;
- **die Erteilung von Flugberatungen** an Luftfahrzeugbesatzungen und sonstiges Luftfahrzeugpersonal durch AIS-C (Aeronautical Information Service-Centre);
- **Unterstützung bei der Flugvorbereitung** durch PIB und Unterlagen aus Luftfahrthandbüchern;
- **Flugpläne** und Flugplanfolgemeldungen entgegenzunehmen, zu prüfen und weiterzuleiten;
- **Überwachung der zeitgerechten VFR-Landung** bei Flügen zu allen Flugplätzen, Segelfluggeländen und Hubschrauberlandeplätzen in Deutschland **(Ausnahme: die 17 internationalen Verkehrsflughäfen)** sowie IFR-Landungen auf unkontrollierten Flugplätzen, sofern ein Flugplan aufgegeben wurde.
- **Berichte der Luftfahrzeugführer** nach dem Fluge (Post-Flight Informationen) entgegenzunehmen und weiterzuleiten.

7.3.5 Der Flugfernmeldedienst (Aeronautical Telecommunication Service)

Der **Flugfernmeldedienst** (Aeronautical Telecommunication Service) hat die für eine sichere, geordnete und flüssige Abwicklung des Luftverkehrs erforderliche **Nachrichtenübermittlung** durchzuführen.

Dieser Dienst besteht aus dem **festen Flugfernmeldedienst** (Aeronautical Fixed Service), dem **beweglichen Flugfernmeldedienst** (Aeronautical Mobile Service) und dem **Flugrundfunkdienst** (Aeronautical Broadcasting Service).

Im **festen Flugfernmeldedienst** (Aeronautical Fixed Service) wird ein internationales **festes Flugfernmeldenetz** (**A**eronautical **F**ixed **T**elecommunication **N**etwork = **AFTN**) zur Nachrichtenübermittlung genutzt, das aus **Datenübertragungssystemen und Fernschreibverbindungen** besteht. Die DFS Deutsche Flugsicherung GmbH unterhält zur Durchführung dieses Dienstes am Flughafen Frankfurt/Main eine **internationale Fernmeldezentrale** (International Telecommunication Centre), die mit den Flugfernmeldezentralen des benachbarten Auslandes verbunden ist.

Unter dem **beweglichen Flugfernmeldedienst** (Aeronautical Mobile Service) versteht man die **Nachrichtenübermittlung zwischen Boden- und Luftfunkstellen** und **zwischen Luftfunkstellen**. Dieser Sprechfunkdienst darf nur auf den **festgelegten Frequenzen** durchgeführt werden.

Der **Flugrundfunkdienst** (Aeronautical Broadcasting Service) strahlt auf festgelegten Frequenzen und auch über Funknavigationsanlagen (z. B. VOR) wichtige **Informationen für die Luftfahrt** aus. Der Dienst besteht aus den

VOLMET-Sendungen,

die Wetterinformationen für Luftfahrzeuge im Flug in Form von Flughafen-Wettermeldungen und Landewettervorhersagen bringen, und den

ATIS-Ausstrahlungen,

die in den meisten Fällen über **UKW-Drehfunkfeuer** (VOR) in der Nähe von Flughäfen gesendet werden und **Lande- und Startinformationen** für an- und abfliegende Luftfahrzeuge enthalten (**ATIS** = **A**utomatic **T**erminal **I**nformation **S**ervice).

7.3.6 Der Flugnavigationsdienst (Aeronautical Navigation Service)

Der **Flugnavigationsdienst** (Aeronautical Navigation Service) hat die Aufgabe, den Luftfahrzeugführer bei der **Navigation während des Fluges** vom Boden aus zu unterstützen.

Zur Durchführung dieses Dienstes betreibt und unterhält die DFS Deutsche Flugsicherung GmbH eine Vielzahl von **Funknavigationsanlagen** (Radio Navigation Facilities) wie z. B.

- UKW-Drehfunkfeuer (Very High Frequency Omnidirectional Radio Range = VOR),
- ungerichtete Mittelwellenfunkfeuer (Non-directional Beacon = NDB),
- UKW-Fächerfunkfeuer (Fan Marker),
- UKW-Peilanlagen (Very High Frequency Direction Finding Equipment = VDF),
- Instrumenten-Landesysteme (Instrument Landing System = ILS),
- Primär- und Sekundär-Radaranlagen (Primary and Secondary Radar Equipment),
- elektronische Entfernungsmessanlagen (Distance Measuring Equipment = DME)

usw.

7.4 Die Pflichten der Teilnehmer am Luftverkehr (§§ 1 bis 5 a LuftVO)

In den Abschnitten 7.4 bis 7.6 werden die **Luftverkehrsregeln der LuftVO** behandelt, soweit sie von Privatflugzeugführern, die nach Sichtflugregeln fliegen, beachtet werden müssen. Der Inhalt dieser Abschnitte stimmt im Wesentlichen mit den entsprechenden Abschnitten der LuftVO überein und wurde überall dort, wo es notwendig erschien, durch wichtige **Anmerkungen, Durchführungsverordnungen** (DVs) und sonstige **Durchführungsbestimmungen zur LuftVO** ergänzt.

Die **einzelnen Vorschriften müssen** von den Bewerbern um die Lizenz für Privatflugzeugführer, Segelflugzeugführer, Privathubschrauberführer, Reisemotorsegelführer und Luftsportgeräteführer vollständig **beherrscht werden.**

Die **Pflichten der Teilnehmer am Luftverkehr** sind in den **§§ 1 bis 5 a LuftVO** geregelt. Zu diesen grundsätzlichen Pflichten zählen die Grundregeln für das Verhalten im Luftverkehr, die Regelung der Verantwortlichkeit an Bord eines Luftfahrzeugs, die Rechte und Pflichten des verantwortlichen Luftfahrzeugführers, Flugvorbereitung, Mitführen von Urkunden und Ausweisen, Startverbot, die Anwendung der Flugregeln und die Anzeige von Flugunfällen und sonstigen Störungen im Flugbetrieb.

7.4.1 Grundregeln für das Verhalten im Luftverkehr (§ 1 LuftVO)

(1) Jeder Teilnehmer am Luftverkehr hat sich so zu verhalten, dass Sicherheit und Ordnung im Luftverkehr gewährleistet sind und kein anderer gefährdet, geschädigt oder mehr als nach den Umständen unvermeidbar behindert oder belästigt wird.

Anmerkungen zu § 1 Abs. 1 LuftVO:
1. Bei dieser Vorschrift handelt es sich um eine **Sicherheitsvorschrift.**

2. **Verstöße** gegen diese **allgemeine Grundregel** können von den Luftfahrtbehörden als **Ordnungswidrigkeiten** geahndet oder sogar als **Straftaten** verfolgt werden (§ 43 LuftVO in Verbindung mit § 58 Abs. 1 Nr. 10 LuftVG und § 59 LuftVG).
3. Die Vorschrift gilt für **alle Personen,** die in irgendeiner Art am Luftverkehr teilnehmen.
4. **Teilnehmer am Luftverkehr** sind:
   - Luftfahrzeugführer;
   - Personen, die unbemannte Luftfahrzeuge in Betrieb nehmen bzw. für deren Inbetriebnahme verantwortlich sind;
   - Besatzungsmitglieder eines Luftfahrzeugs (Flugingenieure, Flugbegleiter usw.);
   - Luftsportgeräteführer (z. B. Ultraleichtflugzeugführer, Fallschirmspringer usw.);
   - Fluggäste;
   - Personen, die auf den Bewegungsflächen von Flugzeugen tätig sind (Einweiser, Abfertigungs- und Wartungspersonal usw.).
5. **Die Teilnehmer am Luftverkehr** müssen sich nach den gegebenen Vorschriften und Weisungen richten, um die Sicherheit und Ordnung zu gewährleisten und jede mögliche Gefährdung des Luftverkehrs weitgehend auszuschließen.

   Sie haben außerdem Handlungen zu unterlassen, die eine Gefährdung oder Schädigung Dritter herbeiführen könnten.
6. **Behinderungen oder Belästigungen** sind im Luftverkehr nicht immer vermeidbar und können deshalb auch nur verboten sein, wenn sie nach den Umständen des Einzelfalles vermeidbar sind.

> **(2)** Der Lärm, der bei dem Betrieb eines Luftfahrzeugs verursacht wird, darf nicht stärker sein, als es die ordnungsgemäße Führung oder Bedienung unvermeidbar erfordert.

Anmerkungen zu § 1 Abs. 2 LuftVO:
1. Diese Vorschrift dient dem **Schutz der Bevölkerung** gegen übermäßige Lärmbelästigung und mögliche **Lärmschäden.**
2. Ein Luftfahrzeug befindet sich **in Betrieb** vom Zeitpunkt des **Anlassens des Triebwerks** (der Triebwerke) bis zum **Abstellen des Triebwerks** (der Triebwerke).
3. **Die Führung** eines Luftfahrzeugs ist **ordnungsgemäß,** wenn sie sich nach den **Luftverkehrsvorschriften** und den hierauf beruhenden Weisungen richtet.
4. Die **Bedienung** eines Luftfahrzeugs wird **ordnungsgemäß** durchgeführt, wenn sie in Übereinstimmung mit dem für das betreffende Luftfahrzeug maßgebende **Betriebshandbuch** (Flughandbuch) erfolgt.

> **(3)** Wer infolge des Genusses alkoholischer Getränke oder anderer berauschender Mittel oder infolge geistiger oder körperlicher Mängel in der Wahrnehmung der Aufgaben als Führer eines Luftfahrzeugs oder sonst als Mitglied der Besatzung behindert ist, darf kein Luftfahrzeug führen und nicht als anderes Besatzungsmitglied tätig sein.

Anmerkungen zu § 1 Abs. 3 LuftVO:
1. Das **Führen** (und Bedienen) eines Luftfahrzeugs und die Ausübung der Tätigkeit als Besatzungsmitglied ist verboten, wenn eine in der Person begründete **Behinderung** vorliegt.
2. Eine **Behinderung** ist dann gegeben, wenn eine Beeinträchtigung (Verminderung) der geistigen und körperlichen Kräfte durch Einwirkung von berauschenden Mitteln (Alkohol, Rauschmittel, bestimmte Medikamente) vorliegt oder körperliche (gesundheitliche) oder geistige Mängel bestehen.
3. Sollten **Luftfahrzeugführer** oder andere **Besatzungsmitglieder** gegen diese **Verbotsvorschrift** verstoßen, so können die **Luftaufsichtsbehörden** nach § 29 LuftVG (DFS, LBA, Luftfahrtbehörden der Länder, Luftaufsicht-Stellen) sofort durch **luftaufsichtliche Verfügung** die erforderlichen Maßnahmen ergreifen (z. B. Verweigerung der Abfertigung).

7.4.2 Verantwortlicher Luftfahrzeugführer (§ 2 LuftVO)

Für den Betrieb eines Luftfahrzeugs ist immer eine bestimmte Person zuständig. Dies gilt nicht nur für die eigentliche Führung, sondern erst recht für die strafrechtliche Zuständigkeit bei Luftrechtsverstößen oder die zivilrechtliche Haftung nach Unfällen. Diese Person wird vom Gesetz als **verantwortlicher Luftfahrzeugführer** bezeichnet.

> **(1)** Die Vorschriften dieser Verordnung über die Rechte und Pflichten des Luftfahrzeugführers gelten für den verantwortlichen Luftfahrzeugführer unabhängig davon, ob er das Luftfahrzeug selber bedient oder nicht.

(2) Luftfahrzeuge sind während des Fluges und am Boden von dem verantwortlichen Luftfahrzeugführer zu führen. Er **hat dabei den Sitz des verantwortlichen Luftfahrzeugführers einzunehmen,** ausgenommen bei Ausbildungs-, Einweisungs- und Prüfungsflügen oder im Falle des Abs. 3, wenn der Halter etwas anderes bestimmt hat.

(3) Sind mehrere zur Führung des Luftfahrzeugs berechtigte Luftfahrer an Bord, ist verantwortlicher Luftfahrzeugführer, wer als solcher bestimmt ist. Die Bestimmung ist vom Halter oder von seinem gesetzlichen Vertreter, bei einer juristischen Person von dem vertretungsberechtigten Organ zu treffen. Den nach Satz 2 Verpflichteten steht gleich, wer mit der Leitung oder Beaufsichtigung des Unternehmens eines anderen beauftragt oder von diesem ausdrücklich damit betraut ist, die Bestimmung nach Satz 1 in eigener Verantwortlichkeit zu treffen.

Anmerkung zu § 2 Abs. 2 LuftVO:
Diese Vorschrift ermöglicht eine von Abs. 1 **abweichende Bestimmung des verantwortlichen Luftfahrzeugführers,** um bei mehrsitzigen Flugzeugen, die mit **Doppelsteuerung** ausgerüstet sind und oft – wie z. B. alle Verkehrsflugzeuge – **mehrere Luftfahrzeugführer** an Bord haben, klarzustellen, wer der **verantwortliche Luftfahrzeugführer** ist.

(4) Ist eine Bestimmung entgegen der Vorschrift des Absatzes 3 nicht getroffen, so ist derjenige verantwortlich, der das Luftfahrzeug von dem Sitz des verantwortlichen Luftfahrzeugführers aus führt. Ist in dem Flughandbuch oder in der Betriebsanweisung des Luftfahrzeugs der Sitz des verantwortlichen Luftfahrzeugführers nicht besonders bezeichnet, gilt
1. bei Flugzeugen, Motorseglern und Segelflugzeugen mit nebeneinander angeordneten Sitzen der linke Sitz,
2. bei Flugzeugen, Motorseglern und Segelflugzeugen mit hintereinander angeordneten Sitzen der beim Alleinflug einzunehmende Sitz,
3. bei Drehflüglern der rechte Sitz

als Sitz des verantwortlichen Luftfahrzeugführers.

7.4.3 Rechte und Pflichten des Luftfahrzeugführers (§ 3 LuftVO)

(1) Der Luftfahrzeugführer hat das Entscheidungsrecht über die Führung des Luftfahrzeugs. Er hat die während des Fluges, bei Start und Landung und beim Rollen aus Gründen der Sicherheit notwendigen Maßnahmen zu treffen.

Anmerkungen zu § 3 Abs. 1 LuftVO:
1. Diese Vorschrift regelt die **Befehlsgewalt** an Bord eines Luftfahrzeugs.
2. Der nach **§ 2 LuftVO verantwortliche Luftfahrzeugführer** hat das **alleinige und letzte Entscheidungsrecht** über die Führung eines Luftfahrzeugs. Dabei ist es gleichgültig, ob er das Luftfahrzeug selbst bedient oder nicht.

(2) Der Luftfahrzeugführer hat dafür zu sorgen, dass die Vorschriften dieser Verordnung und sonstiger Verordnungen über den Betrieb von Luftfahrzeugen sowie die in Ausübung der Luftaufsicht zur Durchführung des Fluges ergangenen Verfügungen eingehalten werden.

Anmerkung zu § 3 Abs. 2 LuftVO:
Der **verantwortliche Luftfahrzeugführer** muss sämtliche einschlägigen **gesetzlichen Bestimmungen** und die ihm schriftlich oder mündlich erteilten **Weisungen der Luftaufsichtsbehörden** (DFS, LBA, Luftaufsichtsbehörden der Länder) einschließlich der **luftrechtlichen Verfügungen,** die aufgrund § 29 Abs. 1 LuftVG durch die zuständigen Stellen ergangen sind, beachten und auch für deren Einhaltung durch die Insassen des Luftfahrzeugs Sorge tragen.

7.4.4 Flugvorbereitung (§ 3 a LuftVO)

(1) Bei der Vorbereitung des Fluges hat der Luftfahrzeugführer sich mit allen Unterlagen und Informationen, die für die sichere Durchführung des Fluges von Bedeutung sind, vertraut zu machen und sich davon zu überzeugen, dass das Luftfahrzeug und die Ladung sich in verkehrssicherem Zustand befinden, die zulässige Flugmasse nicht überschritten wird, die vorgeschriebenen Ausweise vorhanden sind und die erforderlichen Angaben über den Flug im Bordbuch, soweit es zu führen ist, eingetragen werden.

7 Teilnahme am Luftverkehr (Luftverkehrsregeln und -vorschriften, Flugverkehrsdienste)

Anmerkungen zu § 3 a Abs. 1 LuftVO:
1. Da der Luftfahrzeugführer das **Entscheidungsrecht** über die Durchführung des Fluges hat und ihm die Verantwortung für die Sicherheit des Luftfahrzeugs übertragen ist, hat er auch die besondere Pflicht, den beabsichtigten Flug eingehend vorzubereiten.
2. Er muss sich mit **allen Unterlagen und Informationen,** die für die sichere Durchführung des Fluges von Bedeutung sind, **vertraut machen** (z. B. NfL, NOTAM, AIP, internationale Vorschriften, Karten usw.).
3. **Vorgeschriebene Ausweise und Unterlagen,** die an Bord des Luftfahrzeugs vorhanden sein müssen, sind:
   – Lufttüchtigkeitszeugnis,
   – Lufttüchtigkeitsfolgezeugnis (Airworthiness Review Certificate – ARC),
   – Eintragungsschein,
   – Genehmigungsurkunde zur Errichtung und zum Betrieb einer Luftfunkstelle/Frequenzzuteilung,
   – Versicherungsnachweis Haftpflichtversicherung,
   – Flughandbuch,
   – Bordbuch,
   – Flugbuch,
   – Lizenz und Tauglichkeitszeugnis,
   – Flugfunkzeugnis, wenn nicht im Luftfahrerschein eingetragen,
   – Lärmzeugnis,
   – Personalausweis oder Reisepass.

> **(2)** Für einen Flug, der über die Umgebung des Startflugplatzes hinausführt (Überlandflug), und vor einem Flug nach Instrumentenflugregeln, hat sich der Luftfahrzeugführer über die verfügbaren Flugwettermeldungen und -vorhersagen ausreichend zu unterrichten. Vor einem Flug, für den ein Flugplan zu übermitteln ist, ist eine Flugberatung bei einer Flugberatungsstelle einzuholen. Absatz 1 bleibt unberührt.

Anmerkungen zu § 3 a Abs. 2 LuftVO:
1. Die Einholung der **Wetterberatung** erfolgt durch den verantwortlichen Luftfahrzeugführer bei einer **Luftfahrtberatungszentrale** oder einer **Flugwetterwarte** (telefonisch). Bei **Flügen nach Sichtflugregeln (VFR)** ist auch eine Wetterberatung über die **automatisierten Systeme:** Anrufbeantworter (GAFOR), pc_met, Telefaxabruf, Telefonansagedienst, Internet (www.flugwetter.de), Wettershop und WAP-Service im Selfbriefingverfahren zulässig. Über das INFOMET-Telefon können zusätzlich aktuelle Flugwetterinformationen – allerdings ohne individuelle Beratung – eingeholt werden (weitere Informationen, Telefon-Nrn. usw. siehe jeweils aktueller Flieger-Taschenkalender, Abschnitt MET).
2. Die **Flugberatung** für Flüge, für die ein **Flugplan** zu übermitteln ist (vgl. Abschnitt 7.5.18, § 25 LuftVO), erfolgt bei der **zentralen Flugberatungsstelle** (AIS-C).

> **(3)** Ein Flug führt über die Umgebung eines Flugplatzes hinaus, wenn der Luftfahrzeugführer den Verkehr in der Platzrunde nicht mehr beobachten kann.

7.4.5 Mitführen von Urkunden und Ausweisen (§ 3 b LuftVO)

> Die Verpflichtung, die für den Betrieb erforderlichen Urkunden und Ausweise an Bord eines Luftfahrzeugs mitzuführen, bestimmt sich nach verbindlichen internationalen Vorschriften, nach deutschem Recht und nach dem Recht des Eintragungsstaates des Luftfahrzeugs sowie bei Besatzungsmitgliedern nach dem Recht des diese Papiere ausstellenden Staates. In jedem Falle sind diese Unterlagen auch in englischer Sprache mitzuführen.

7.4.6 Anwendung der Flugregeln (§ 4 LuftVO)

> **(1) Der Betrieb** eines Luftfahrzeugs richtet sich nach den **allgemeinen Regeln (§§ 6 bis 27 a LuftVO), die Führung** eines Luftfahrzeugs während des Fluges zusätzlich nach den **Sichtflugregeln (§§ 28 bis 34 LuftVO)** oder den **Instrumentenflugregeln (§§ 36 bis 42 LuftVO).**

Anmerkungen zu § 4 Abs. 1 LuftVO:
1. Diese Vorschrift ist eine **Ordnungsvorschrift,** die festlegt, **welche Regeln** beim **Betrieb eines Luftfahrzeugs** zu beachten sind.
2. Die **allgemeinen Regeln** (§§ 6 bis 27 a LuftVO) gelten für **alle Luftfahrzeuge,** die sich in **Betrieb** befinden, sei es am Boden oder in der Luft.
3. **Während des Fluges** sind **zusätzlich** entweder die **Sichtflugregeln** (§§ 28 bis 34 LuftVO) oder die **Instrumentenflugregeln** (§§ 36 bis 42 LuftVO) zu beachten.

(2) Nach Sichtflugregeln darf geflogen werden, wenn die in Anlage 5 für den Einzelfall festgelegten Werte für Sicht, Abstand des Luftfahrzeugs von Wolken sowie Höhe der Hauptwolkenuntergrenze erreicht oder überschritten werden. Bei diesen Flugverhältnissen kann der Luftfahrzeugführer nach Instrumentenflugregeln fliegen, wenn er es im Flugplan anzeigt; er muss nach Instrumentenflugregeln fliegen, wenn die zuständige Flugverkehrskontrollstelle ihn aus Gründen der Flugsicherheit hierzu anweist.

(3) Nach Instrumentenflugregeln muss geflogen werden, wenn die in Anlage 5 für den Einzelfall festgelegten Werte für Sicht, Abstand des Luftfahrzeugs von Wolken sowie Höhe der Hauptwolkenuntergrenze nicht erreicht wird. Bei diesen Flugverhältnissen darf der Luftfahrzeugführer nach Sichtflugregeln nur fliegen, wenn ihm eine Flugverkehrskontrollfreigabe nach § 28 Abs. 4 erteilt worden ist.

(4) Für Flüge in den entsprechenden Lufträumen werden die in Anlage 5 beschriebenen Höchstgeschwindigkeiten festgelegt. Soweit es die Verkehrslage zulässt und die Sicherheit des Luftverkehrs nicht beeinträchtigt wird, kann die zuständige Flugverkehrskontrollstelle im Einzelfall Ausnahmen zulassen.

Luftsportgerät und unbemanntes Luftfahrtgerät (§ 4 a LuftVO)

Auf den Betrieb von Luftsportgerät und unbemanntem Luftfahrtgerät finden die Vorschriften dieser Verordnung Anwendung, soweit sich nicht aus den Besonderheiten dieser Luftfahrtgeräte, insbesondere der Freistellung von der Verkehrszulassung und dem Flugplatzzwang, der besonderen Betriebsform oder der fehlenden Besatzung die Unanwendbarkeit einzelner Vorschriften ergibt.

7.4.7 Anzeige von Flugunfällen und sonstigen Störungen (§ 5 LuftVO)

Sicherheit ist in der Luftfahrt oberstes Gebot. Häufig ist ein Unfall aber nicht nur auf die Umstände des Einzelfalles, sondern auch auf allgemeine Sicherheitsrisiken, wie z. B. Konstruktionsmängel an Luftfahrzeugen, zurückzuführen. Diese allgemeinen Risiken können aber durch Datensammlung und -abgleich nur dann aufgedeckt werden, wenn sie den zuständigen Behörden bekannt geworden sind. Aus diesem Grunde sind in der LuftVO bestimmte Meldepflichten geregelt, die durch das Flugunfall-Untersuchungs-Gesetz mit Wirkung ab dem 01.09.1998 erheblich verändert worden sind.

(1) Unfälle ziviler Luftfahrzeuge, ausgenommen Luftsportgeräte, in der Bundesrepublik Deutschland hat der **verantwortliche Luftfahrzeugführer** oder, wenn dieser verhindert ist, ein anderes Besatzungsmitglied oder, sofern keine dieser Personen dazu in der Lage ist, der Halter des Luftfahrzeugs **unverzüglich der Bundesstelle für Flugunfalluntersuchung (BFU)** zu melden. Dies gilt auch für Unfälle deutscher Luftfahrzeuge außerhalb der Bundesrepublik Deutschland sowie für Unfälle ausländischer Luftfahrzeuge, die zurzeit des Ereignisses von deutschen Luftfahrtunternehmen aufgrund eines Halter-Vertrages betrieben werden.

Anmerkungen zu § 5 Abs. 1 LuftVO:
1. Ein Unfall ist ein Ereignis, bei dem eine Person im Zusammenhang mit dem Betrieb eines Luftfahrzeugs **schwer verletzt oder getötet** worden ist. Als schwere Verletzungen gelten u. a. Beschwerden, die einen mehr als 48stündigen Krankenhausaufenthalt innerhalb von 7 Tagen nach der Verletzung erfordern, schwere Knochenbrüche und durch Risswunden verursachte schwere Blutungen, innere Verletzungen, Verbrennungen zweiten und dritten Grades an mehr als 5 % der Hautoberfläche oder nachgewiesene Aussetzung gegenüber infektiösen Stoffen oder schädlicher Strahlung.
2. Darüber hinaus fallen auch **Schäden am Luftfahrzeug** selbst unter diesen Begriff, die insbesondere die Festigkeit der Zelle, die Flugleistungen oder Flugeigenschaften betreffen und eine größere Reparatur erfordern. Auch das vollständige Verschwinden eines Luftfahrzeugs stellt einen Unfall dar.
3. Im Gegensatz zur alten Rechtslage hat die Meldung primär durch den **verantwortlichen Luftfahrzeugführer** und nicht mehr durch den Halter zu erfolgen. Sie ist jetzt auch **unverzüglich**, d. h. so schnell wie im Einzelfall möglich, zu erstatten. Die Verletzung dieser Pflicht ist mit erheblichen Geldbußen bedroht. Die Anzeige ist zu erstatten bei der:

Bundesstelle für Flugunfalluntersuchung (BFU)
Hermann-Blenk-Str. 16, 38108 Braunschweig
Telefon: (05 31) 35 48 – 0, Telefax (05 31) 35 48 – 246, E-Mail: box@bfu-web.de

(2) **Schwere Störungen** bei dem Betrieb ziviler Flugzeuge, Drehflügler, Ballone und Luftschiffe in der Bundesrepublik Deutschland hat der **verantwortliche Luftfahrzeugführer unverzüglich** der Bundesstelle für Flugunfalluntersuchung zu melden. Dies gilt auch für schwere Störungen außerhalb der Bundesrepublik Deutschland beim Betrieb deutscher Luftfahrzeuge oder ausländischer Luftfahrzeuge, die zur Zeit des Ereignisses von deutschen Luftfahrtunternehmen aufgrund eines Halter-Vertrages betrieben werden.

7 Teilnahme am Luftverkehr (Luftverkehrsregeln und -vorschriften, Flugverkehrsdienste)

Anmerkung zu § 5 Abs. 2 LuftVO:
Auch **schwere Störungen** hat der verantwortliche Luftfahrzeugführer unverzüglich an die BFU zu melden. Schwere Störungen sind Ereignisse, die zwar noch nicht zu einem Unfall geführt, die Sicherheit eines Luftfahrzeugs aber stark beeinträchtigt haben. Was unter schweren Störungen zu verstehen ist, ist im Anhang zum Flugunfall-Untersuchungs-Gesetz aufgeführt. Hierzu zählen z. B.:

- Fastzusammenstöße und gefährliche Begegnungen, gefährliche Annäherung von zwei Luftfahrzeugen, bei der mindestens ein Luftfahrzeug nach Instrumentenflugregeln betrieben wurde und ein Ausweichmanöver erforderlich war.
- Nur knapp vermiedene Bodenberührung mit einem nicht außer Kontrolle geratenen Luftfahrzeug.
- Abgebrochener Start auf einer gesperrten oder belegten Startbahn oder Start von einer solchen Bahn mit kritischem Hindernisabstand.
- Landung oder Landeversuch auf einer gesperrten oder belegten Landebahn.
- Erhebliches Unterschreiten der vorausberechneten Flugleistungen beim Start oder im Anfangssteigflug.
- Brände oder Rauch in der Kabine oder im Triebwerk, auch wenn diese gelöscht werden konnten.
- Umstände, die die Besatzung zur Benutzung von Sauerstoff zwangen.
- Strukturversagen an der Zelle oder eine nicht durch Unfall verursachte Triebwerkszerlegung.
- Mehrfaches Versagen mindestens eines Luftfahrzeugsystems, wodurch der Betrieb des Luftfahrzeugs ernsthaft gefährdet worden ist.
- Jeder Ausfall von Besatzungsmitgliedern während des Fluges.
- Jeder Kraftstoffmangel, bei dem eine Notlage erklärt werden musste.
- Störungen bei Start oder Landung, zu frühes oder zu spätes Aufsetzen, Überschießen und seitliches Abkommen von der Landebahn.
- Ausfall von Systemen, meteorologische Erscheinungen, Betrieb außerhalb des zulässigen Flugbereiches oder sonstige Ereignisse, die Schwierigkeiten bei der Steuerung des Luftfahrzeugs hervorrufen können.
- Versagen von mehr als einem System in einem redundanten System, das für die Flugführung und -navigation unverzichtbar ist.

Zu beachten ist jedoch, dass dieser Katalog nur eine **beispielhafte Aufzählung** darstellt. Jeder Luftfahrzeugführer muss bei Zwischenfällen prüfen, ob nicht ähnlich schwere, im Katalog nicht genannte Störungen gemeldet werden müssen. Dies ist insbesondere im Hinblick auf die hohe Bußgeldandrohung von Bedeutung.

(3) Ungeachtet der Absätze 1 und 2 sind die Luftaufsichtsstellen, die Flugleitungen auf Flugplätzen und die Flugsicherungsdienststellen verpflichtet, bei Bekanntwerden eines Unfalls oder einer schweren Störung bei dem Betrieb eines Luftfahrzeugs dies unverzüglich der Bundesstelle für Flugunfalluntersuchung zu melden.

(4) **Meldungen** nach den Absätzen 1 bis 3 sollen enthalten:
   a) Name und derzeitiger Aufenthalt des Meldenden,
   b) Ort und Zeit des Unfalls oder der schweren Störung,
   c) Art, Muster, Kenn- und Rufzeichen des Luftfahrzeugs,
   d) Namen des Halters des Luftfahrzeugs,
   e) Zweck des Fluges, Start- und Zielflugplatz,
   f) Name des verantwortlichen Luftfahrzeugführers,
   g) Anzahl der Besatzungsmitglieder und Fluggäste,
   h) Umfang des Personen- und Sachschadens,
   i) Angaben über beförderte gefährliche Güter,
   j) Darstellung des Ablaufs des Unfalls oder der schweren Störung.

Zur Vervollständigung der Meldung ist der **Halter** des Luftfahrzeugs auf Verlangen der Bundesstelle für Flugunfalluntersuchung verpflichtet, einen ausführlichen Bericht auf zugesandtem Formblatt binnen 14 Tagen vorzulegen.

Anmerkung zu § 5 Abs. 4 LuftVO:
Zur Vereinfachung des Meldeverfahrens hat die Bundesstelle für Flugunfalluntersuchung das folgende **Formblatt** entwickelt. Das **Formular** kann auch über die

Internet-Seite der BFU (www.bfu-web.de)

heruntergeladen werden (siehe folgende Abbildung).

(5) Pflichten zur Abgabe von Meldungen an das Luftfahrt-Bundesamt und an andere Luftfahrtbehörden aufgrund anderer Vorschriften oder Auflagen bleiben unberührt.

(6) Unfälle und Störungen bei dem Betrieb von **Luftsportgeräten** hat der **Halter** unverzüglich dem vom Bundesministerium für Verkehr, Bau und Stadtentwicklung Beauftragten schriftlich anzuzeigen. Absatz 4 gilt entsprechend.

(7) Die Absätze 1 bis 6 gelten für Unfälle und Störungen im Sinne des Gesetzes über die Untersuchung von Unfällen und Störungen bei dem Betrieb ziviler Luftfahrzeuge.

Anmerkung zu § 5 Abs. 5 LuftVO:
Sonstige Meldepflichten ergeben sich insbesondere aus den §§ 9 Abs. 6 (Anzeige von Mängeln des Musters) und § 39 LuftBO.

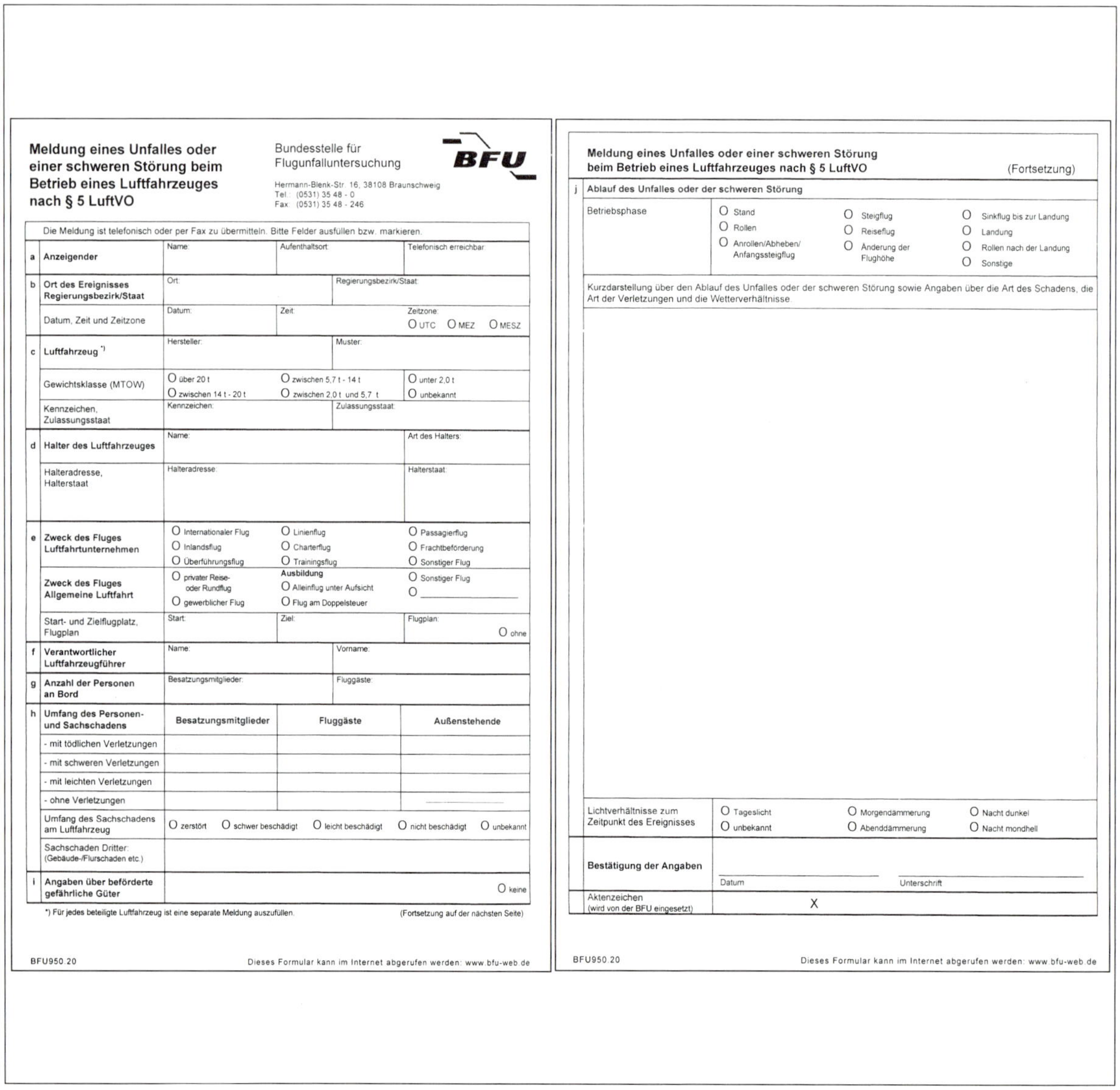

Meldung eines Unfalles oder einer schweren Störung beim Betrieb eines Luftfahrzeuges nach § 5 LuftVO

Bundesstelle für Flugunfalluntersuchung
Hermann-Blenk-Str. 16, 38108 Braunschweig
Tel.: (0531) 35 48 - 0
Fax: (0531) 35 48 - 246

Die Meldung ist telefonisch oder per Fax zu übermitteln. Bitte Felder ausfüllen bzw. markieren.

a	Anzeigender	Name:	Aufenthaltsort:	Telefonisch erreichbar:
b	Ort des Ereignisses Regierungsbezirk/Staat	Ort:	Regierungsbezirk/Staat:	
	Datum, Zeit und Zeitzone	Datum:	Zeit:	Zeitzone: O UTC O MEZ O MESZ
c	Luftfahrzeug *)	Hersteller:	Muster:	
	Gewichtsklasse (MTOW)	O über 20 t O zwischen 14 t - 20 t	O zwischen 5,7 t - 14 t O zwischen 2,0 t und 5,7 t	O unter 2,0 t O unbekannt
	Kennzeichen, Zulassungsstaat	Kennzeichen:	Zulassungsstaat:	
d	Halter des Luftfahrzeuges	Name:		Art des Halters:
	Halteradresse, Halterstaat	Halteradresse:		Halterstaat:
e	Zweck des Fluges Luftfahrtunternehmen	O Internationaler Flug O Inlandsflug O Überführungsflug	O Linienflug O Charterflug O Trainingsflug	O Passagierflug O Frachtbeförderung O Sonstiger Flug
	Zweck des Fluges Allgemeine Luftfahrt	O privater Reise- oder Rundflug O gewerblicher Flug	Ausbildung O Alleinflug unter Aufsicht O Flug am Doppelsteuer	O Sonstiger Flug O ____
	Start- und Zielflugplatz, Flugplan	Start:	Ziel:	Flugplan: O ohne
f	Verantwortlicher Luftfahrzeugführer	Name:	Vorname:	
g	Anzahl der Personen an Bord	Besatzungsmitglieder:	Fluggäste:	
h	Umfang des Personen- und Sachschadens	Besatzungsmitglieder	Fluggäste	Außenstehende
	- mit tödlichen Verletzungen			
	- mit schweren Verletzungen			
	- mit leichten Verletzungen			
	- ohne Verletzungen			
	Umfang des Sachschadens am Luftfahrzeug	O zerstört O schwer beschädigt	O leicht beschädigt	O nicht beschädigt O unbekannt
	Sachschaden Dritter (Gebäude-/Flurschaden etc.)			
i	Angaben über beförderte gefährliche Güter			O keine

*) Für jedes beteiligte Luftfahrzeug ist eine separate Meldung auszufüllen.

(Fortsetzung auf der nächsten Seite)

BFU950.20 Dieses Formular kann im Internet abgerufen werden: www.bfu-web.de

Meldung eines Unfalles oder einer schweren Störung beim Betrieb eines Luftfahrzeuges nach § 5 LuftVO (Fortsetzung)

j	Ablauf des Unfalles oder der schweren Störung			
	Betriebsphase	O Stand O Rollen O Anrollen/Abheben/ Anfangssteigflug	O Steigflug O Reiseflug O Änderung der Flughöhe	O Sinkflug bis zur Landung O Landung O Rollen nach der Landung O Sonstige
	Kurzdarstellung über den Ablauf des Unfalles oder der schweren Störung sowie Angaben über die Art des Schadens, die Art der Verletzungen und die Wetterverhältnisse			
	Lichtverhältnisse zum Zeitpunkt des Ereignisses	O Tageslicht O unbekannt	O Morgendämmerung O Abenddämmerung	O Nacht dunkel O Nacht mondhell
	Bestätigung der Angaben	Datum		Unterschrift
	Aktenzeichen (wird von der BFU eingesetzt)	X		

BFU950.20 Dieses Formular kann im Internet abgerufen werden: www.bfu-web.de

Bild 7.22 Meldeformular BFU

7 Teilnahme am Luftverkehr (Luftverkehrsregeln und -vorschriften, Flugverkehrsdienste)

7.5 Die Allgemeinen Regeln (§§ 6 bis 27 a LuftVO)

7.5.1 Sicherheitsmindesthöhe, Mindesthöhe bei Überlandflügen nach Sichtflugregeln (§ 6 LuftVO)

(1) Die **Sicherheitsmindesthöhe** darf **nur unterschritten** werden, soweit es **bei Start und Landung notwendig** ist. Sicherheitsmindesthöhe ist die Höhe, bei der weder eine unnötige Lärmbelästigung im Sinne des § 1 Abs. 2 noch im Falle einer Notlandung eine unnötige Gefährdung von Personen und Sachen zu befürchten ist. Über Städten, anderen dichtbesiedelten Gebieten, Industrieanlagen, Menschenansammlungen, Unglücksorten sowie Katastrophengebieten beträgt die Sicherheitsmindeshöhe mindestens **300 m (1 000 ft) über dem höchsten Hindernis in einem Umkreis von 600 m,** in allen übrigen Fällen **150 m (500 ft) über Grund oder Wasser.** Segelflugzeuge, Hängegleiter und Gleitsegel können die Höhe von 150 m (500 ft) auch unterschreiten, wenn die Art ihres Betriebs dies notwendig macht und eine Gefahr für Personen und Sachen nicht zu befürchten ist.

(2) Brücken und ähnliche Bauten sowie Freileitungen und Antennen dürfen **nicht unterflogen werden.**

(3) **Überlandflüge nach Sichtflugregeln** mit motorgetriebenen Luftfahrzeugen sind in einer Höhe von **mindestens 600 m (2 000 ft) über Grund oder Wasser** durchzuführen, soweit nicht aus Sicherheitsgründen nach Absatz 1 Satz 2 und 3 eine größere Höhe einzuhalten ist. Überlandflüge in einer geringeren Höhe als 600 m (2 000 ft) über Grund oder Wasser dürfen unter Beachtung der Vorschriften der Absätze 1 und 2 angetreten oder durchgeführt werden, wenn die Einhaltung sonstiger Vorschriften und Festlegungen nach dieser Verordnung, insbesondere die Einhaltung der Luftraumordnung nach § 10, der Sichtflugregeln nach § 28 oder von Flugverkehrskontrollfreigaben, eine geringere Höhe erfordert.

(4) Für **Flüge für besondere Zwecke** kann die örtlich zuständige Luftfahrtbehörde des Landes für einzelne Flüge oder eine Reihe von Flügen **Ausnahmen erlassen,** soweit dies für den jeweiligen Zweck erforderlich ist und dadurch keine Gefährdung der öffentlichen Sicherheit und Ordnung eintritt. Wird ausnahmsweise eine Unterschreitung der Sicherheitsmindesthöhe über Industrieanlagen, Menschenansammlungen Unglücksorten oder Katastrophengebieten zugelassen, ist der Luftfahrzeugführer verpflichtet:
1. sich **vor Antritt des Fluges** bei einer von der Luftfahrtbehörde des Landes bestimmten Stelle zu melden und folgende Angaben zu machen:
   a) Ort und Zeit des Einsatzes des Luftfahrzeugs,
   b) voraussichtliche Dauer der Unterschreitung der Sicherheitsmindesthöhe und
   c) Kennzeichen und Muster des Luftfahrzeugs;
2. **vor Antritt des Fluges** die Flugdurchführung mit der jeweils zuständigen Stelle **abzustimmen;**
3. **während der Dauer der Unterschreitung** der Sicherheitsmindesthöhe eine **ständige Funkempfangsbereitschaft** zu halten und auf Warnsignale gemäß § 4 der Anlage 2 LuftVO zu achten;
4. sich nach Aufforderung der zuständigen Behörde unverzüglich aus dem Gebiet zu entfernen.

(5) Für Flüge nach Instrumentenflugregeln gilt § 36.

(6) Absatz 3 gilt nicht für militärische Tiefflüge und für Einsatzflüge des Bundesgrenzschutzes, des Zivil- und Katastrophenschutzes und der Polizeien der Länder.

Zu § 6 Abs. 1 LuftVO

Sicherheitsmindesthöhe
Nach **§ 6 Abs. 1 Satz 2 LuftVO** ist bei allen Flügen, vornehmlich über Städten, anderen dichtbesiedelten Gebieten, Industrieanlagen, Menschenansammlungen, Unglücksorten sowie Katastrophengebieten eine Flughöhe einzuhalten, bei der weder eine unnötige Lärmbelästigung noch im Falle einer Notlandung eine unnötige Gefährdung von Personen und Sachen zu befürchten ist. Die nach dieser Vorschrift einzuhaltende Sicherheitsmindesthöhe ergibt sich demnach nicht nur aus der Art des überflogenen Geländes allein, sondern auch aus der Art und den Betriebsleistungen und -eigenschaften des Luftfahrzeugs (einmotorig, mehrmotorig, Gleitwinkel nach Triebwerksausfall usw.) sowie den vorherrschenden Wetterbedingungen (Wolkenuntergrenze, Windrichtung und -stärke).

Festgelegte VFR-An- und Abflugverfahren zu und von Flugplätzen und dabei einzuhaltende Flughöhen, Sicherheitsmindesthöhe bei Flügen nach Instrumentenflugregeln (§ 36 LuftVO) sowie Sicherheitsmindesthöhe für militärische Luftfahrzeuge **bleiben unberührt.**

Hinweis:
Es wird daran erinnert, dass der Luftfahrzeugführer auch vor Benutzung eines VFR-An- und Abflugverfahrens mit Höhenbegrenzung, das über dichtbesiedeltes Gebiet führt, verpflichtet ist zu prüfen, ob mit dem von ihm betriebenen Luftfahrzeug jederzeit eine Notlandung in unbebautem Gelände möglich ist.

7.5.2 Abwerfen von Gegenständen (§ 7 LuftVO)

(1) Das **Abwerfen** oder **Ablassen** von **Gegenständen** oder **sonstigen Stoffen** aus oder von Luftfahrzeugen **ist verboten**. Dies gilt nicht für Ballast in Form von Wasser oder feinem Sand, für Treibstoffe, Schleppseile, Schleppbanner und ähnliche Gegenstände, wenn sie an Stellen abgeworfen oder abgelassen werden, an denen eine Gefahr für Personen oder Sachen nicht besteht.

(2) Die örtlich zuständige Luftfahrtbehörde des Landes kann **Ausnahmen** von dem Verbot nach Absatz 1 Satz 1 zulassen, wenn eine Gefahr für Personen oder Sachen nicht besteht.

(3) Das Abwerfen von Post regelt das Bundesministerium für Wirtschaft und Arbeit oder die von ihm bestimmte Stelle im Einvernehmen mit der zuständigen Luftfahrtbehörde des Landes.

7.5.3 Kunstflug (§ 8 LuftVO)

(1) Kunstflüge dürfen **nur bei Flugverhältnissen**, bei denen **nach Sichtflugregeln** geflogen werden darf, und **nur mit ausdrücklicher Zustimmung aller Insassen** des Luftfahrzeugs ausgeführt werden. **Kunstflüge mit Luftsportgeräten sind verboten.**

(2) Kunstflüge **in Höhen von weniger als 450 m (1 500 ft)** sowie über Städten, anderen dichtbesiedelten Gebieten, Menschenansammlungen und Flughäfen sind **verboten**. Die örtlich zuständige Luftfahrtbehörde des Landes kann im Einzelfall **Ausnahmen** zulassen.

(3) Kunstflüge bedürfen, soweit sie in der Umgebung von Flugplätzen ohne Flugverkehrskontrollstelle durchgeführt werden, unbeschadet einer nach § 26 erforderlichen **Flugverkehrskontrollfreigabe** der **Zustimmung der Luftaufsichtsstelle,** Absatz 2 bleibt unberührt.

Anmerkungen zu § 8 LuftVO:
Für **Kunstflüge im kontrollierten Luftraum** und über **Flugplätzen mit Flugverkehrskontrollstelle** hat der Luftfahrzeugführer
1. der zuständigen Flugverkehrskontrollstelle einen **Flugplan** zu übermitteln (§ 25 Abs. 1 Nr. 3 LuftVO);
2. eine **Flugverkehrskontrollfreigabe** einzuholen (§ 26 Abs. 1 LuftVO).

Für **Kunstflüge** in der Umgebung von **Flugplätzen ohne Flugverkehrskontrolle** hat der Luftfahrzeugführer
1. eine **Flugverkehrskontrollfreigabe** einzuholen, falls der Flug im kontrollierten Luftraum stattfinden soll;
2. die **Zustimmung der Luftaufsichtsstelle** einzuholen.

7.5.4 Schlepp- und Reklameflüge (§ 9 LuftVO)

(1) **Reklameflüge mit geschleppten Gegenständen** bedürfen der **Erlaubnis der Luftfahrtbehörde** des Landes, in dem der Antragsteller seinen Wohnsitz oder Sitz hat. Die Erlaubnis darf nur erteilt werden, wenn
1. der Luftfahrzeugführer **die Schleppberechtigung** nach der Verordnung über Luftfahrtpersonal besitzt;
2. das Luftfahrzeug mit einem **geeichten Barographen** zur Feststellung der Flughöhen während des Fluges ausgerüstet ist;
3. bei dem beantragten Flug **nicht mehr als drei Luftfahrzeuge** im Verband fliegen, wobei der Abstand zwischen dem geschleppten Gegenstand des voranfliegenden Luftfahrzeugs und dem nachfolgenden Luftfahrzeug sowie zwischen den Luftfahrzeugen **mindestens 60 m** betragen muss;
4. **die Haftpflichtversicherung** das Schleppen von Gegenständen ausdrücklich mit einschließt.

(2) Absatz 1 findet auf das Schleppen von Gegenständen zu anderen als Reklamezwecken sinngemäß Anwendung; Absatz 1 Nr. 2 gilt nicht für Arbeitsflüge von Drehflüglern. Das Schleppen von Segelflugzeugen und Hängegleitern bedarf nicht der Erlaubnis nach Absatz 1; es genügt die Schleppberechtigung nach der Verordnung über Luftfahrtpersonal.

(3) Die Erlaubnisbehörde kann aus Gründen der öffentlichen Sicherheit oder Ordnung, vor allem zur Verhinderung von Lärmbelästigungen, Auflagen machen. Sie kann insbesondere in Abweichung von § 6 höhere Sicherheitsmindesthöhen bestimmen und zeitliche Beschränkungen auferlegen.

7 Teilnahme am Luftverkehr (Luftverkehrsregeln und -vorschriften, Flugverkehrsdienste)

> **(4)** Reklameflüge, bei denen **die Reklame nur in der Beschriftung des Luftfahrzeugs** besteht, bedürfen keiner Erlaubnis.
>
> **(5) Flüge zur Reklame mit akustischen Mitteln sind verboten.**

7.5.5 Uhrzeit und Maßeinheiten (§ 9 a LuftVO)

> **(1)** Im **Flugbetrieb** sind die **Koordinierte Weltzeit (UTC = Universal Time Co-ordinated)** und die **vorgeschriebenen Maßeinheiten** anzuwenden.
>
> **(2)** Das Flugsicherungsunternehmen legt die nach Absatz 1 anzuwendenden Maßeinheiten fest. Es gibt sie in dem Verkehrsblatt – Amtsblatt des Bundesministeriums für Verkehr, Bau und Stadtentwicklung – oder in den Nachrichten für Luftfahrer bekannt.
>
> **(3)** Für **Ortsbestimmungen** im Luftverkehr ist als Bezugssystem das **geodätische Welt-System 84 (WGS-84 = World Geodetic System – 1984)** anzuwenden.

Zu § 9 a (Maßeinheiten) gibt es eine **Bekanntmachung** der DFS, die im **Luftfahrthandbuch (AIP), GEN 2.1** veröffentlicht ist:
Festlegen der Maßeinheiten

Für Zwecke der Navigation:	Seemeilen und Zehntel
Für kurze Entfernungsangaben, insbesondere für Entfernungsangaben auf Flugplätzen:	Meter
Höhen über NN, geographische Höhen und Höhen über Grund:	Fuß
Horizontale Geschwindigkeit einschließlich Windgeschwindigkeit, Fluggeschwindigkeit, Geschwindigkeit über Grund:	Knoten
Vertikale Geschwindigkeit:	Fuß je Minute
Windrichtung für Landung und Start:	Grad missweisend
Windrichtung außer für Start und Landung:	Grad rechtweisend
Sicht einschließlich Landebahnsicht:	Kilometer oder Meter
Höhenmessereinstellung	Hektopascal
Luftdruck	Hektopascal
Temperatur	Grad Celsius
Masse	Kilogramm

Auf Verlangen der Luftfahrzeugführer kann für Luftdruckangaben zur Einstellung barometrischer Höhenmesser auch die Maßeinheit Zoll verwendet werden.

> **Anmerkung:** Die **§§ 10 und 11 LuftVO** (Luftraumordnung, Luftsperrgebiete und Gebiete mit Flugbeschränkungen) sind unter **Abschnitt 7.1 „Luftraumordnung"** zu finden!

7.5.6 Vermeidung von Zusammenstößen (§ 12 LuftVO)

> **(1)** Der **Luftfahrzeugführer** hat zur Vermeidung von Zusammenstößen zu Luftfahrzeugen sowie anderen Fahrzeugen und sonstigen Hindernissen einen **ausreichenden Abstand** einzuhalten. Im Fluge, ausgenommen bei Start und Landung, ist zu einzelnen Bauwerken oder anderen Hindernissen ein **Mindestabstand von 150 m** einzuhalten; § 6 Abs. 1 bleibt unberührt. Satz 2 **gilt nicht** für Segelflugzeuge, Hängegleiter, Gleitsegel und bemannte Freiballone; für sonstige Luftfahrzeuge kann die zuständige Luftfahrtbehörde des Landes im Einzelfall **Ausnahmen** zulassen. Die Verpflichtung nach Satz 1 und 2 wird auch dann, wenn eine Flugverkehrskontrollstelle tätig ist, nicht berührt.
>
> **(2)** Luftfahrzeuge dürfen im Verband nur nach vorangegangener Vereinbarung der Luftfahrzeugführer geflogen werden.

Anmerkungen zu § 12 LuftVO:
Der Abstand ist ausreichend, wenn Zusammenstöße vermieden werden. Da diese Vorschrift sowohl im Fluge als auch beim Rollen auf dem Boden gilt, können Mindestabstände – mit Ausnahme des in § 12 Abs. 1 angegebenen – nicht verbindlich

festgelegt werden. Beim Rollen hinter einem Luftfahrzeug der höheren Kategorie sollte nach Möglichkeit ein Mindestabstand von 200 m eingehalten werden.

Der Luftfahrzeugführer hat also zur Vermeidung von Zusammenstößen
1. zu **Luftfahrzeugen** sowie in der **Luft befindlichen Gegenständen** einen ausreichenden Abstand einzuhalten;
2. zu **anderen Fahrzeugen** und **sonstigen Hindernissen** ausreichenden Abstand einzuhalten;
3. **im Fluge** – mit Ausnahme von Start und Landung – zu **einzelnen Bauwerken** oder anderen **am Boden festgemachten Hindernissen** einen **Mindestabstand von 150 m** einzuhalten.

Die Vorschriften über die **Sicherheitsmindesthöhe** (§ 6 Abs. 1 LuftVO) bleiben unberührt.

Segelflugzeuge, bemannte Freiballone, Hängegleiter und Gleitsegler brauchen den **Mindestabstand von 150 m nicht** einzuhalten.

Für die **Durchführung von Verbandflügen** (§ 12 Abs. 2 LuftVO) gilt **zusätzlich** Folgendes:

Durchführung von Verbandflügen
In Durchführung der **Flugverkehrskontrolle** werden die zu einem Verband gehörenden Luftfahrzeuge bei der Erteilung von Flugverkehrskontrollfreigaben und bei der Erstellung von Staffelung als **ein Luftfahrzeug** betrachtet. Der Verbandsführer und die dem Verband zugehörenden Luftfahrzeugführer sind dafür verantwortlich, dass die erforderlichen Sicherheitsabstände innerhalb des Verbandes aufrechterhalten bleiben.

7.5.7 Ausweichregeln (§ 13 LuftVO)

(1) Luftfahrzeuge, die sich im Gegenflug einander nähern, haben, wenn die Gefahr eines Zusammenstoßes besteht, nach rechts auszuweichen.

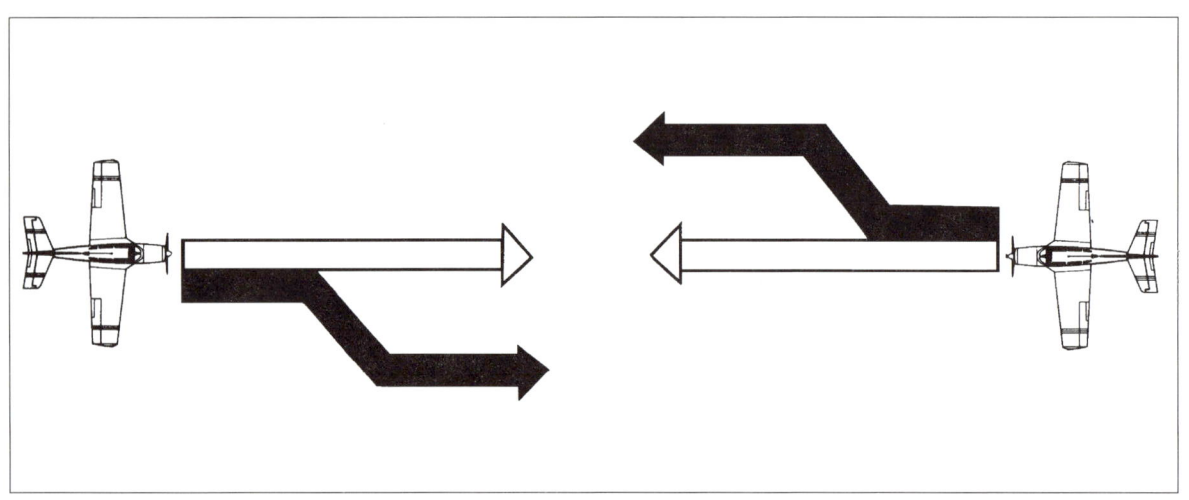

Bild 7.23 Gegenflug-Ausweichregeln: Nach **RECHTS** ausweichen!

Anmerkung zu § 13 Abs. 1 LuftVO:
Eine **Begegnung** im Sinne des **§ 13 Abs. 1** liegt dann vor, wenn Luftfahrzeuge sich einander in **gleicher** oder **annähernd gleicher Höhe** nähern und dabei eine **Zusammenstoßgefahr nicht ausgeschlossen** ist.

(2) Kreuzen sich die Flugrichtungen zweier Luftfahrzeuge in nahezu gleicher Höhe, so hat das Luftfahrzeug, das von links kommt, auszuweichen. Jedoch haben stets auszuweichen:
1. motorgetriebene Luftfahrzeuge, die schwerer als Luft sind, den Luftschiffen, Segelflugzeugen, Hängegleitern, Gleitsegeln und Ballonen;
2. Luftschiffe den Segelflugzeugen, Hängegleitern, Gleitsegeln und Ballonen;
3. Segelflugzeuge, Hängegleiter und Gleitsegel den Ballonen;
4. motorgetriebene Luftfahrzeuge den Luftfahrzeugen, die andere Luftfahrzeuge oder Gegenstände erkennbar schleppen.

Motorsegler, deren Motor nicht in Betrieb ist, gelten bei Anwendung der Ausweichregeln als Segelflugzeuge.

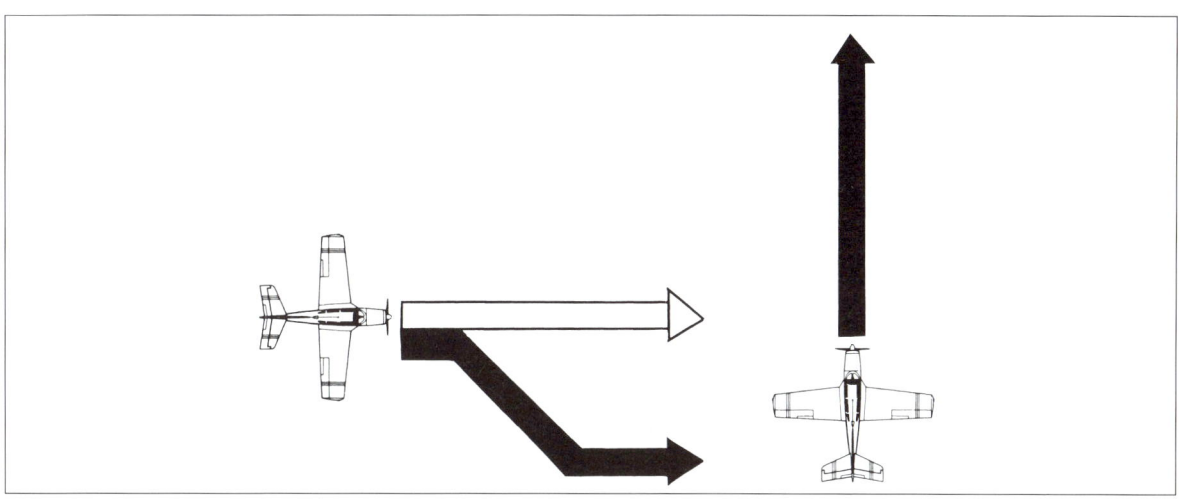

7 Teilnahme am Luftverkehr (Luftverkehrsregeln und -vorschriften, Flugverkehrsdienste)

Bild 7.24 Ausweichregel bei sich kreuzenden Flugwegen: Das von **LINKS** kommende Flugzeug muss ausweichen!

Anmerkungen zu § 13 Abs. 2 LuftVO:
Die **Ausweichpflicht** besteht grundsätzlich für das von **LINKS** kommende Luftfahrzeug.

Dabei haben jedoch **immer** die **manövrierfähigeren** Luftfahrzeuge den **weniger manövrierfähigen** Luftfahrzeugen nach der in § 13 Abs. 2 festgelegten Reihenfolge (1. bis 4.) **auszuweichen.**

> **(3) Überholt ein Luftfahrzeug** ein anderes, so hat das überholende Luftfahrzeug, auch wenn es steigt oder sinkt, den **Flugweg des anderen zu meiden** und **seinen Kurs nach rechts zu ändern.** Ein Luftfahrzeug überholt ein anderes, wenn es sich dem anderen von rückwärts in einer Flugrichtung nähert, die einen **Winkel von weniger als 70 Grad** zu der Flugrichtung des anderen bildet. Bei Nacht ist dieses Verhältnis der Flugrichtungen zueinander anzunehmen, wenn die vorgeschriebenen roten und grünen Positionslichter (Anlage 1 § 2 Abs. 1 Buchstaben a und b) des Luftfahrzeugs nicht gesehen werden können.

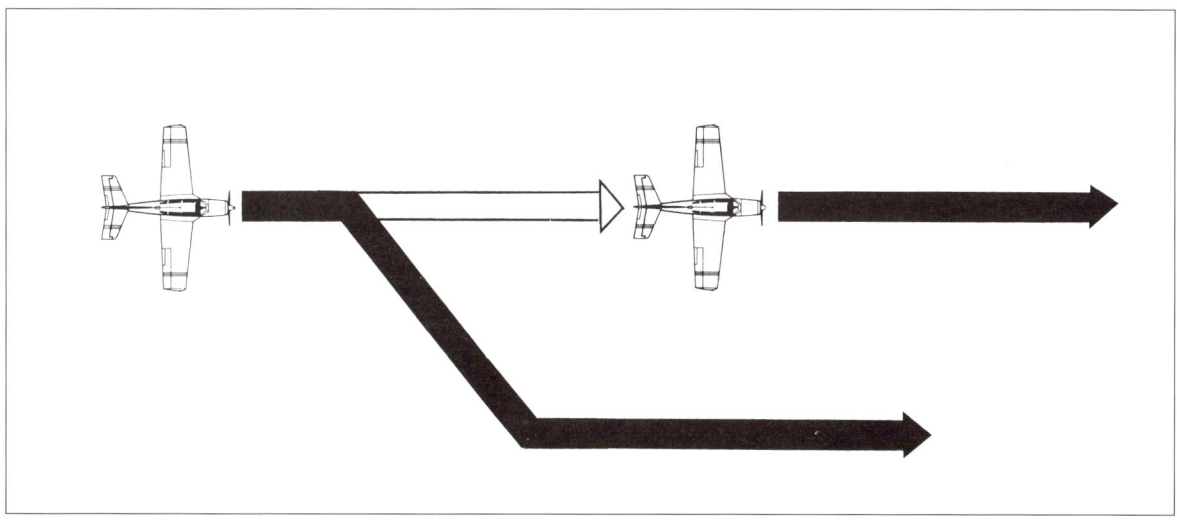

Bild 7.25 Überholen: Kurs nach **RECHTS** ändern!

> **(4) Luftfahrzeugen im Endteil des Landeanfluges und landenden Luftfahrzeugen ist auszuweichen.**

Anmerkung zu § 13 Abs. 4 LuftVO:
Diese Vorschrift hat **Vorrang** gegenüber den Regelungen in **§ 13 Abs. 1 bis 3!**
Sie ist deshalb gerechtfertigt, weil landende Luftfahrzeuge wegen des Landemanövers in ihrer Bewegungsfähigkeit eingeschränkt sind und die Luftfahrzeugführer sich voll auf den Landevorgang konzentrieren müssen.

(5) Von **mehreren** einen Flugplatz **gleichzeitig** zur Landung **anfliegenden Luftfahrzeugen,** die schwerer als Luft sind, hat **das höher fliegende dem tiefer fliegenden Luftfahrzeug auszuweichen.** Jedoch haben **motorgetriebene Luftfahrzeuge,** die schwerer als Luft sind, **anderen** Luftfahrzeugen in jedem Fall **auszuweichen.** Ein tiefer fliegendes Luftfahrzeug darf ein anderes Luftfahrzeug, das sich im Endteil des Landeanfluges befindet, nicht unterschneiden oder überholen.

Anmerkungen zu § 13 Abs. 5 LuftVO:
Für Luftfahrzeuge, die **schwerer als Luft** sind (Flugzeuge, Motorsegler, Segelflugzeuge, Hubschrauber), gilt die Regel, dass das **höher fliegende** dem **tiefer fliegenden** Luftfahrzeug auszuweichen hat.

Ein **tiefer fliegendes** Luftfahrzeug ist jedoch dann **nicht mehr vorflugberechtigt,** wenn es ein höher fliegendes Luftfahrzeug, das sich im Endanflug befindet, **unterschneiden oder überholen** müsste.

Motorgetriebene Luftfahrzeuge, die schwerer als Luft sind (Flugzeuge, Motorsegler, Hubschrauber), haben aber **in allen Fällen** – ungeachtet der Vorschriften in § 13 Abs. 5 Satz 1 und 3 – **anderen Luftfahrzeugen** (z. B. Segelflugzeugen, Luftschiffen, Freiballonen) **auszuweichen.**

(6) Ein Luftfahrzeug darf erst dann **starten, wenn die Gefahr eines Zusammenstoßes nicht erkennbar ist.**

(7) Ein Luftfahrzeug hat einem anderen Luftfahrzeug, das erkennbar in seiner **Manövrierfähigkeit** behindert ist, auszuweichen.

(8) Ein Luftfahrzeug, das nach den Absätzen 1 bis 5 und 7 nicht ausweichen oder seinen Kurs zu ändern hat, muss seinen **Kurs und seine Geschwindigkeit beibehalten,** bis eine Zusammenstoßgefahr ausgeschlossen ist.

Anmerkung zu § 13 Abs. 8 LuftVO:
Ein **vorflugberechtigtes** Luftfahrzeug darf den anderen Luftverkehrsteilnehmer **nicht irritieren** und muss deshalb seinen **Kurs** und die **Geschwindigkeit** so lange **beibehalten,** bis eine Zusammenstoßgefahr ausgeschlossen ist.

(9) Die Vorschriften über die Ausweichregeln entbinden die beteiligten Luftfahrzeugführer nicht von ihrer Verpflichtung, so zu handeln, dass ein Zusammenstoß vermieden wird. Dies gilt auch für Ausweichmanöver, die auf Empfehlungen beruhen, welche von einem bordseitigen Kollisionswarngerät gegeben werden. Ein Luftfahrzeug, das nach den Absätzen 2 bis 5 und 7 einem anderen Luftfahrzeug ausweichen oder dessen Flugweg meiden und seinen Kurs ändern muss, darf das andere Luftfahrzeug nur in einem Abstand überfliegen, unterfliegen oder vor diesem vorbeifliegen, der eine Gefährdung oder Behinderung dieses Luftfahrzeugs ausschließt.

Anmerkung zu § 13 Abs. 9 LuftVO:
Ein **nicht vorflugberechtigtes** Luftfahrzeug, das einem anderen Luftfahrzeug ausweichen oder dessen Flugweg meiden und seinen Kurs ändern muss, hat die Ausweichbewegung **so rechtzeitig** einzuleiten und durchzuführen, dass das **vorflugberechtigte Luftfahrzeug** weder **gefährdet** noch **behindert** wird. Über- oder Unterfliegen oder Vorbeifliegen **vor** dem anderen Luftfahrzeug sollte man – wenn immer möglich – vermeiden, da solche Flugmanöver wegen der **Fehleinschätzung der Annäherungsgeschwindigkeiten** erhebliche Gefahren in sich bergen.

7.5.8 Wolkenflüge mit Segelflugzeugen und Luftsportgeräten (§ 14 LuftVO)

Wolkenflüge mit Segelflugzeugen können von dem Flugsicherungsunternehmen erlaubt werden, wenn die Sicherheit der Luftfahrt durch geeignete Maßnahmen aufrechterhalten werden kann. Die Erlaubnis kann mit Auflagen verbunden werden. Wolkenflüge mit Luftsportgeräten sind nicht erlaubt.

Anmerkungen zu § 14 LuftVO:
Segelflugzeugführer bedürfen zur Durchführung solcher Flüge der „**Wolkenflugberechtigung**" (§ 85 LuftPersV). Das Segelflugzeug muss mit einem betriebsbereiten **UKW-Sende- und Empfangsgerät** für den Sprechfunkverkehr ausgerüstet sein und es muss ein **Flugplan** aufgegeben werden (§ 25 Abs. 1 LuftVO). Des Weiteren ist eine **Flugverkehrskontrollfreigabe** der DFS Deutschen Flugsicherung GmbH erforderlich.

7.5.9 Erlaubnisbedürftige Außenstarts und Außenlandungen nach § 25 LuftVG (§ 15 LuftVO)

(1) Starts und Landungen von Luftfahrzeugen außerhalb der für sie genehmigten Flugplätze bedürfen der Erlaubnis der örtlich zuständigen Luftfahrtbehörde des Landes, soweit nicht der Beauftragte nach § 31 c des LuftVG zuständig ist. Die Erlaubnis für Starts und Landungen von Hängegleitern und Gleitsegeln schließt Schleppstarts durch Winden ein.

(2) Absatz 1 gilt für Außenlandungen mit Sprungfallschirmen entsprechend.

(3) Außenlandungen von Segelflugzeugen mit und ohne Hilfsantrieb, Hängegleitern und Gleitsegeln, die sich auf einem Überlandflug befinden sowie von bemannten Freiballonen bedürfen keiner Erlaubnis nach § 25 Abs. 1 des LuftVG.

Anmerkungen zu § 15 LuftVO:
Dieser Paragraph der LuftVO ist eine **Ausführungsvorschrift** zu **§ 25 LuftVG** (vgl. hierzu auch Abschnitt 4.2 „Flugplatzzwang, Außenstarts und Außenlandungen, Notlandungen").

Die **Erlaubnis für Außenstarts und Außenlandungen** wird durch die örtlich **zuständige Luftfahrtbehörde des Landes** erteilt, in deren Zuständigkeitsbereich der Außenstart oder die Außenlandung erfolgen soll.

Einer **Erlaubnis** für **Außenlandungen** bedarf es nach § 25 Abs. 2 LuftVG **nicht**, wenn
1. der **Ort der Landung** infolge der Eigenschaften des Luftfahrzeugs **nicht vorausbestimmbar** ist (z. B. Segelflugzeuge, Fallschirmabsprünge);
2. die **Landung aus Gründen der Sicherheit** (Notlandung) oder zur **Unfallhilfe** (Rettungsflüge) erforderlich ist.

Für den **Wiederstart** nach solchen Landungen ist im Normalfall eine **Außenstarterlaubnis** zu beantragen, es sei denn, dass ein **Flug zur Rettung von Menschenleben** keinen Aufschub zulässt.

7.5.10 Von Luftfahrzeugen zu führende Lichter (§ 17 LuftVO)

(1) **Von Sonnenuntergang bis Sonnenaufgang** haben im Betrieb befindliche Luftfahrzeuge die Lichter nach Anlage 1 zu führen; sie dürfen keine Lichter führen, die mit diesen verwechselt werden können. Wenn es zur Sicherung des Verkehrs erforderlich ist, sind Luftfahrzeuge, die nicht in Betrieb sind, durch die Lichter nach Anlage 1 oder durch andere Lichter von dem Luftfahrzeugführer oder Halter oder den in § 2 Abs. 2 Satz 2 und 3 genannten anderen Personen kenntlich zu machen.

(2) **Das Zusammenstoß-Warnlicht** nach § 3 der Anlage 1 ist von in Betrieb befindlichen Luftfahrzeugen am Tage und in der Nacht zu führen. Das Luftfahrt-Bundesamt kann Ausnahmen zulassen.

(2 a) Luftfahrzeuge, die auf Flugplätzen nicht aus eigener Kraft rollen, können durch andere Lichter kenntlich gemacht werden; die Absätze 1 und 2 sind nicht anzuwenden.

Auszüge aus Anlage 1 zur LuftVO:
1. **Positionslichter (position lights)**
(1) Flugzeuge haben **folgende Positionslichter** zu führen (Bild 7.26):
   a) **ein rotes Licht,** das unbehindert von genau voraus **nach links** über einen **Winkel von 110 Grad** und nach oben und unten scheint;
   b) **ein grünes Licht,** das unbehindert von genau voraus **nach rechts** über einen **Winkel von 110 Grad** und nach oben und unten scheint;
   c) **ein weißes Licht,** das unbehindert von genau **nach hinten** nach links und nach rechts über einen **Winkel von jeweils 70 Grad** und nach oben und unten scheint.

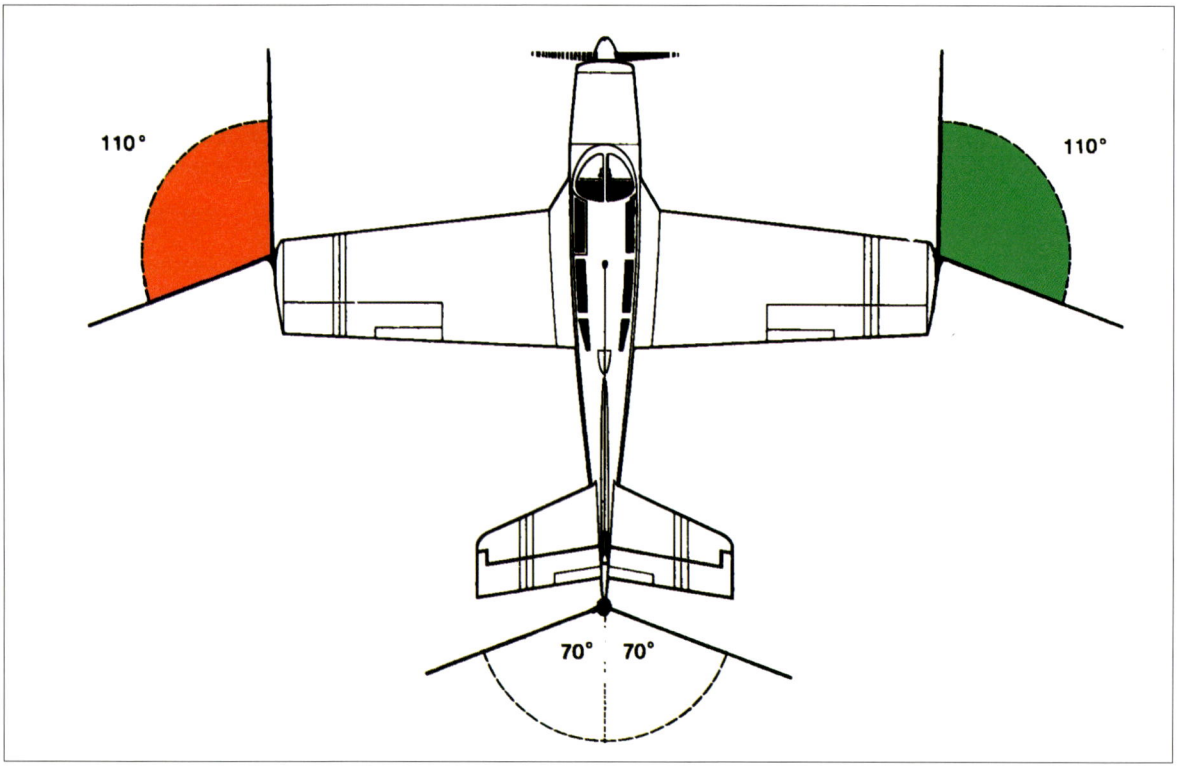

Bild 7.26   Positionslichter (position lights)

(2) Die Positionslichter dürfen entweder **Dauerlichter oder Blinklichter** sein. Falls **Blinklichter** verwendet werden, dürfen **zusätzlich folgende Lichter** geführt werden:

- a) **ein rotes Blinklicht am Heck,** das in den Blinkpausen des in Absatz 1 Buchstabe c) beschriebenen Lichts am Heck leuchtet und/oder
- b) **ein weißes Blinklicht,** das aus allen Richtungen zu sehen ist und in den Blinkpausen der in Absatz 1 beschriebenen Lichter leuchtet.

2. Zusammenstoß-Warnlichter (anti-collision lights)

(1) **Flugzeuge, Drehflügler und Luftschiffe** sind mit einem oder mehreren **Zusammenstoß-Warnlichtern auszurüsten.** Diese sind als Blinklichter so einzurichten und anzubringen, dass sie möglichst aus allen Richtungen zwischen 30 Grad über und 30 Grad unter der Horizontalebene des betreffenden Luftfahrzeugs zu sehen sind, ohne die Sicht des Luftfahrzeugführers und die Sichtbarkeit der Positionslichter zu beeinträchtigen. Die Art der Ausführung wird vom Luftfahrt-Bundesamt bestimmt. Bei Luftfahrzeugen, die mit Zusammenstoß-Warnlichtern ausgerüstet sind, müssen die unter 1. beschriebenen Positionslichter als Dauerlichter eingerichtet sein.

(2) **Motorsegler, Segelflugzeuge und Freiballone** sind mit einem oder mehreren **Zusammenstoß-Warnlichtern** aus Absatz 1 oder an deren Stelle mit **anderen Mitteln zu einer besseren Erkennbarkeit** der Luftfahrzeuge auszurüsten. Das Nähere wird vom Luftfahrt-Bundesamt geregelt.

(3) **Das Luftfahrt-Bundesamt** kann allgemein oder im Einzelfall **Ausnahmen** von den Absätzen 1 und 2 zulassen. Die Ausnahmen können befristet und mit Auflagen verbunden werden.

7.5.11   Übungsflüge unter angenommenen Instrumentenflugbedingungen (§ 18 LuftVO)

Ein Luftfahrzeug darf unter angenommenen Instrumentenflugbedingungen nur geflogen werden, wenn

1. **eine Doppelsteuerung** vorhanden ist und
2. **ein zweiter Luftfahrzeugführer am Doppelsteuer** mitfliegt, der eine für das Muster des Luftfahrzeugs gültige Lizenz besitzt. Der zweite Luftfahrzeugführer muss den Luftraum beobachten, nötigenfalls muss er sich der Hilfe eines Beobachters bedienen, der in Sprechverbindung mit ihm steht.

Anmerkungen zu § 18 LuftVO:
Solche Übungsflüge werden meist als Schulflüge für den **Erwerb der Instrumentenflugberechtigung** (IFR rating) durchgeführt. Dabei sind die **Sichtflugregeln** (VFR = Visual Flight Rules) zu beachten. Der **verantwortliche Luftfahrzeugführer** ist für die Einhaltung dieser Regeln verantwortlich.

Wenn erforderlich, muss sich der zweite (verantwortliche) Luftfahrzeugführer der Hilfe eines **Beobachters** bedienen, der **keine Lizenz** zu besitzen braucht. Dieser muss im Luftfahrzeug so platziert sein, dass er die Teile des Luftraums einsehen kann, die dem Sichtbereich des verantwortlichen Luftfahrzeugführers entzogen sind.

CVFR-Schulflüge sind **immer mit Sicht nach außen** durchzuführen und fallen somit **nicht** unter diese Regelung.

7.5.12 Gefahrenmeldungen (§ 20 LuftVO)

Der Luftfahrzeugführer hat Beobachtungen über Gefahren für den Luftverkehr unverzüglich der für ihn zuständigen Flugverkehrskontrollstelle zu melden. Die Meldungen sollen alle Einzelheiten enthalten, die für die Gewährleistung der Sicherheit des Luftverkehrs wesentlich sind.

Anmerkungen zu § 20 LuftVO:
Jeder Luftfahrzeugführer ist verpflichtet, **Beobachtungen** über Vorgänge, die eine **Gefahr für den Luftverkehr** darstellen oder darstellen können, der **zuständigen Flugverkehrskontrollstelle** unverzüglich zu melden.

Diese **Meldepflicht** bezieht sich auf **alle Gefahren** für den Luftverkehr (z. B. eigene Notlage, Gewitter, Turbulenzen, Vereisung, Hagel, Ausfall von Funknavigationsanlagen usw.)

In der Praxis sollte die Gefahrenmeldung **über Funk** an die Flugverkehrskontrollstelle übermittelt werden, mit der Sprechfunkverbindung besteht oder mit der Sprechfunkverbindung aufgenommen werden kann.

Sollte aus irgendwelchen Gründen die Gefahrenmeldung während des Fluges **über Funk unmöglich** sein, so muss sie **nach der Landung** auf dem schnellsten Wege an die zuständige Flugverkehrskontrollstelle weitergegeben werden.

7.5.13 Signale und Zeichen (§ 21 LuftVO)

(1) Beobachtet oder empfängt ein Luftfahrzeugführer Signale und Zeichen nach Anlage 2, so hat er die dort vorgesehenen Maßnahmen zu treffen.

(2) Die Signale und Zeichen der Anlage 2 sind nur für die darin beschriebenen Zwecke anzuwenden; andere Signale und Zeichen, die hiermit verwechselt werden können, dürfen nicht verwendet werden.

Auszüge aus Anlage 2 zur LuftVO:

1. Not- und Dringlichkeitssignale

1a Wahl der anzuwendenden Signale (§ 1 Anlage 2 LuftVO)

Der Führer eines Luftfahrzeugs darf in einer **Notlage jedes verfügbare Mittel** benutzen, um sich bemerkbar zu machen, seinen Standort bekanntzugeben und Hilfe herbeizurufen.

1b Notsignale (§ 2 Anlage 2 LuftVO)

Die folgenden, entweder zusammen oder einzeln gegebenen Signale bedeuten, dass **schwere und unmittelbare Gefahr** droht und dass **sofortige Hilfe** angefordert wird:

1. ein durch **Tastfunk** oder auf andere Art gegebenes Signal, das aus der Gruppe **SOS** (· · · – – – · · · **des Morsealphabets**) besteht;
2. ein durch **Sprechfunk** gegebenes Signal, das aus dem gesprochenen Wort „**MAYDAY**" besteht;
3. einzeln und in **kurzen Zeitabständen** abgefeuerte **rotleuchtende Raketen** oder **Leuchtkugeln**;
4. ein **Leuchtfallschirm mit rotem Licht**.

1c Dringlichkeitssignale (§ 3 Anlage 2 LuftVO)

(1) Die folgenden, entweder gemeinsam oder einzeln gegebenen Signale bedeuten, dass ein Luftfahrzeug sich in einer **schwierigen Lage** befindet, die es **zur Landung zwingt**, jedoch **keine sofortige Hilfeleistung** erfordert:

1. **wiederholtes Ein- und Ausschalten der Landescheinwerfer;**
2. **wiederholtes Ein- und Ausschalten der Positionslichter** derart, dass sie nicht mit Positionslichtern, die als Blinklichter eingerichtet sind, verwechselt werden können.

(2) Die folgenden, entweder gemeinsam oder einzeln gegebenen Signale bedeuten, dass ein Luftfahrzeug eine **sehr dringende Meldung** über die Sicherheit eines Wasserfahrzeugs, eines Luftfahrzeugs, eines anderen Fahrzeugs oder über Personen an Bord oder in Sicht abzugeben hat:

1. ein durch **Tastfunk** oder auf andere Art gegebenes Signal, das aus der Gruppe **XXX** (– · · – – · · – – · · –) besteht;

2. ein durch **Sprechfunk** gegebenes Signal, das aus dem gesprochenen Wort **„PANPAN"** besteht.

2. Warnsignale (§ 4 Anlage 2 LuftVO)

(1) Eine **Folge von Leuchtgeschossen,** die in **den Abständen von 10 Sekunden** vom Boden abgefeuert oder von einem anderen Luftfahrzeug abgegeben werden und von denen sich jedes in **rote und grüne Lichter oder Sterne** zerlegt, zeigt dem Luftfahrzeugführer an, dass er in einem **Gefahrengebiet,** insbesondere an einem Unglücksort oder in einem Katastrophengebiet, oder unbefugt in einem **Gebiet mit Flugbeschränkungen** oder einem **Luftsperrgebiet** fliegt, oder im Begriff ist, in eines dieser Gebiete einzufliegen.

(2) Der Luftfahrzeugführer hat die erforderlichen Vorsichtsmaßnahmen zu ergreifen und das Gebiet unverzüglich zu verlassen.

3. Signale für den Flugplatzverkehr

Lichtsignale (§ 5 Anlage 2 LuftVO)

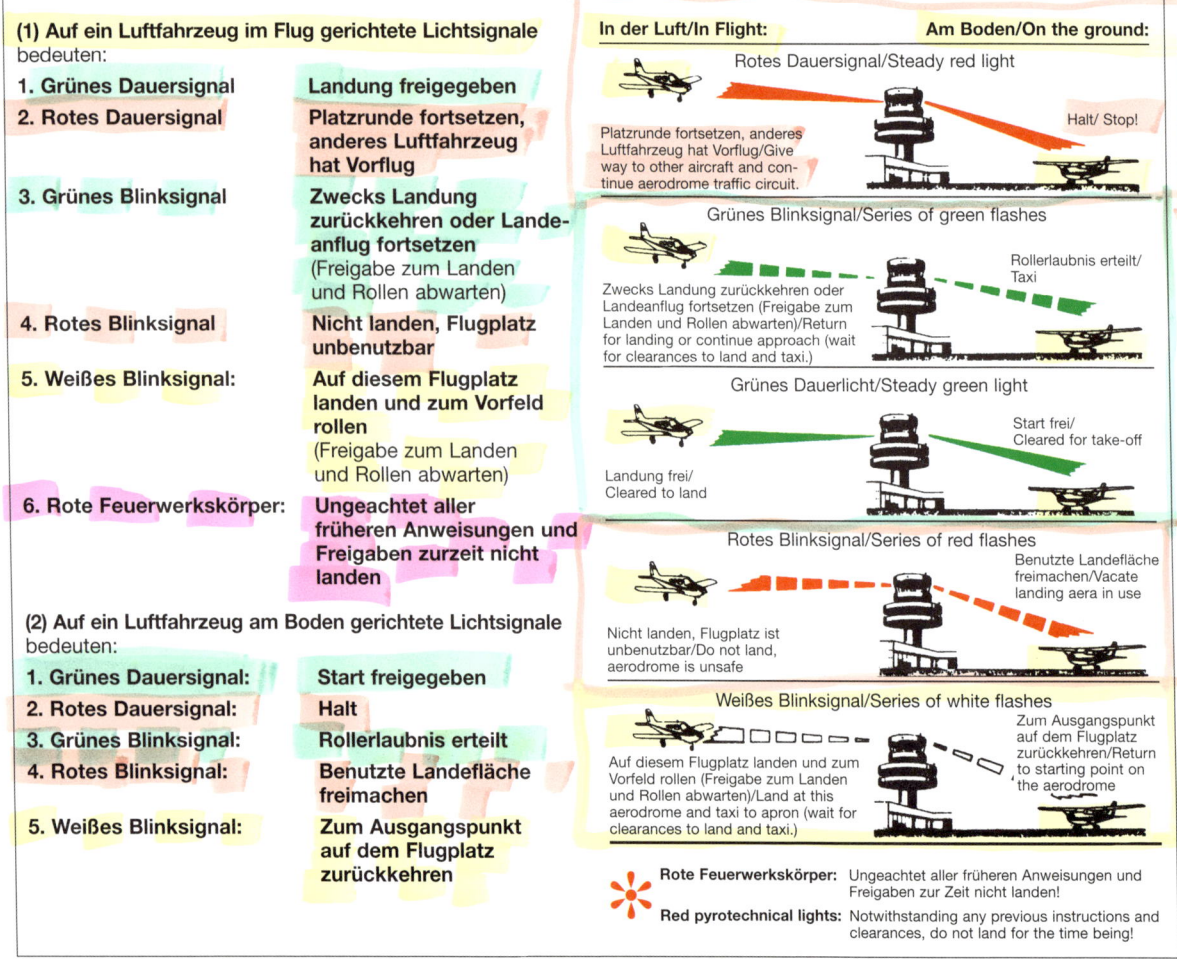

(1) Auf ein Luftfahrzeug im Flug gerichtete Lichtsignale bedeuten:	
1. Grünes Dauersignal	Landung freigegeben
2. Rotes Dauersignal	Platzrunde fortsetzen, anderes Luftfahrzeug hat Vorflug
3. Grünes Blinksignal	Zwecks Landung zurückkehren oder Landeanflug fortsetzen (Freigabe zum Landen und Rollen abwarten)
4. Rotes Blinksignal	Nicht landen, Flugplatz unbenutzbar
5. Weißes Blinksignal:	Auf diesem Flugplatz landen und zum Vorfeld rollen (Freigabe zum Landen und Rollen abwarten)
6. Rote Feuerwerkskörper:	Ungeachtet aller früheren Anweisungen und Freigaben zurzeit nicht landen

(2) Auf ein Luftfahrzeug am Boden gerichtete Lichtsignale bedeuten:	
1. Grünes Dauersignal:	Start freigegeben
2. Rotes Dauersignal:	Halt
3. Grünes Blinksignal:	Rollerlaubnis erteilt
4. Rotes Blinksignal:	Benutzte Landefläche freimachen
5. Weißes Blinksignal:	Zum Ausgangspunkt auf dem Flugplatz zurückkehren

In der Luft/In Flight:

- Rotes Dauersignal/Steady red light — Platzrunde fortsetzen, anderes Luftfahrzeug hat Vorflug/Give way to other aircraft and continue aerodrome traffic circuit.
- Grünes Blinksignal/Series of green flashes — Zwecks Landung zurückkehren oder Landeanflug fortsetzen (Freigabe zum Landen und Rollen abwarten)/Return for landing or continue approach (wait for clearances to land and taxi.)
- Grünes Dauerlicht/Steady green light — Landung frei/Cleared to land
- Rotes Blinksignal/Series of red flashes — Nicht landen, Flugplatz ist unbenutzbar/Do not land, aerodrome is unsafe
- Weißes Blinksignal/Series of white flashes — Auf diesem Flugplatz landen und zum Vorfeld rollen (Freigabe zum Landen und Rollen abwarten)/Land at this aerodrome and taxi to apron (wait for clearances to land and taxi.)

Am Boden/On the ground:

- Halt/Stop!
- Rollerlaubnis erteilt/Taxi
- Start frei/Cleared for take-off
- Benutzte Landefläche freimachen/Vacate landing aera in use
- Zum Ausgangspunkt auf dem Flugplatz zurückkehren/Return to starting point on the aerodrome

Rote Feuerwerkskörper: Ungeachtet aller früheren Anweisungen und Freigaben zur Zeit nicht landen!
Red pyrotechnical lights: Notwithstanding any previous instructions and clearances, do not land for the time being!

Bild 7.27 Lichtsignale

(3) Empfängt ein Luftfahrzeugführer **Signale nach Absatz 1,** hat er diese **wie folgt zu bestätigen:**

1. zwischen Sonnenaufgang und Sonnenuntergang durch **wechselweise Betätigung der Querruder,** es sei denn, das Luftfahrzeug befindet sich im Quer- oder Endanflug zur Landung;

2. zwischen Sonnenuntergang und Sonnenaufgang durch **zweimaliges Ein- und Ausschalten der Landescheinwerfer** oder der **Positionslichter.**

7 Teilnahme am Luftverkehr (Luftverkehrsregeln und -vorschriften, Flugverkehrsdienste)

(4) Empfängt ein Flugzeugführer **Signale nach Absatz 2,** so hat er diese **wie folgt zu bestätigen:**

1. **zwischen Sonnenaufgang und Sonnenuntergang** durch **Bewegen der Querruder** oder **Seitenruder;**
2. **zwischen Sonnenuntergang und Sonnenaufgang** durch **zweimaliges Ein- und Ausschalten der Landescheinwerfer** oder der **Positionslichter.**

Bodensignale (§ 6 Anlage 2 LuftVO)

1. Landeverbot

Signal:
Ein in der Signalfläche ausgelegtes waagerechtes quadratisches rotes Feld mit zwei gelben Diagonalstreifen.

Bedeutung:
Landeverbot für längere Zeit.

2. Besondere Vorsicht beim Landeanflug und bei der Landung

Signal:
Ein in der Signalfläche ausgelegtes waagerechtes quadratisches rotes Feld mit einem gelben Diagonalstreifen.

Bedeutung:
Beim Landeanflug und bei der Landung ist wegen des schlechten Zustandes des Rollfeldes oder aus anderen Gründen besondere Vorsicht geboten.

3. Benutzung der Start- und Landebahnen und der Rollbahnen

a) Signal:
Eine in der Signalfläche ausgelegte waagerechte weiße Fläche in Form einer Hantel

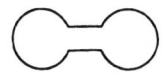

Bedeutung:
Zum Starten, Landen und Rollen dürfen nur Start- und Landebahnen und Rollbahnen benutzt werden.

b) Signal:
Eine in der Signalfläche ausgelegte waagerechte weiße Fläche in Form einer Hantel mit je einem schwarzen Streifen in den kreisförmigen Flächenteilen, wobei die Streifen im rechten Winkel zur Längsachse in der Fläche liegen.

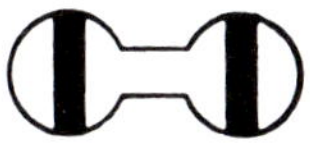

Bedeutung:
Zum Starten und Landen dürfen nur die Start- und Landebahnen benutzt werden; Rollbewegungen sind nicht auf Start- und Landebahnen oder Rollbahnen beschränkt.

4. Unbenutzbarkeit des Rollfeldes

Signal:
Auf dem Rollfeld ausgelegte Kreuze in weißer oder anderer auffallender Farbe.

Bedeutung:
Der durch die Kreuze bezeichnete oder begrenzte Teil des Rollfeldes ist nicht benutzbar.

5. Anweisungen für Start und Landung

a) Signal:
Ein weißes oder orangefarbenes „T" (Lande-T), das bei Nacht entweder beleuchtet oder durch weiße Lichter dargestellt ist.

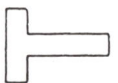

Bedeutung:
Starts und Landungen sind parallel zum Längsbalken des Lande-T in Richtung auf den Querbalken durchzuführen.

b) Signal:
Ein liegendes Tetraeder, das, von der Grundfläche in Richtung auf die Spitze gesehen, auf der linken Seite orangefarbig oder schwarz, auf der rechten Seite weiß oder aluminiumfarbig ist und das bei Nacht, von der Grundfläche in Richtung auf die Spitze gesehen, durch auf der Mittellinie und der rechten Begrenzung angebrachte grüne Lichter und durch auf der linken Begrenzung angebrachte rote Lichter dargestellt ist.

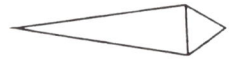

Bedeutung:
Starts und Landungen sind in der Richtung auszuführen, in die die Spitze des Tetraeders zeigt.

c) Signal:
Eine zweistellige Zahl auf einer Tafel, die am Kontrollturm oder in dessen Nähe senkrecht angebracht ist.

Bedeutung:
Angabe der Startrichtung, gerundet auf die nächstliegenden zehn Grad der missweisenden Kompassrose.

6. Richtungsänderungen nach rechts nach dem Start und vor der Landung

Signal:
Ein in der Signalfläche oder am Ende der Start- und Landebahn oder des Schutzstreifens waagerecht ausgelegter und nach rechts abgewinkelter Pfeil in auffallender Farbe.

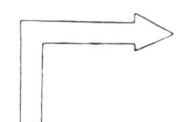

Bedeutung:
Nach dem Start und vor der Landung sind Richtungsänderungen nur nach rechts erlaubt.

7 Teilnahme am Luftverkehr (Luftverkehrsregeln und -vorschriften, Flugverkehrsdienste)

6a. Richtungsänderungen nach dem Start und vor der Landung bei getrennter Platzrunde für motorgetriebene Luftfahrzeuge und Segelflugzeuge

Signal:
Ein in der Signalfläche oder am Ende der Start- und Landebahn oder des Schutzstreifens in Start- und Landerichtung ausgelegtes, mit einem nach rechts oder links abgewinkelten Pfeil versehenes Doppelkreuz von auffallender Farbe.

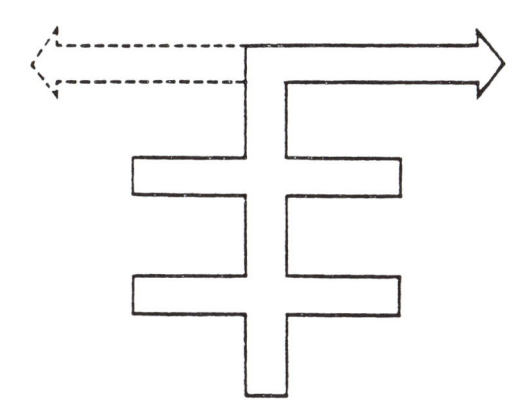

Bedeutung:
Getrennte Platzrunde für motorgetriebene Luftfahrzeuge und Segelflugzeuge. Nach dem Start und vor der Landung sind Richtungsänderungen für motorgetriebene Luftfahrzeuge nur in Pfeilrichtung, für Segelflugzeuge nur entgegengesetzt erlaubt.

7. Abgabe von Flugsicherungsmeldungen

Signal:
Der Buchstabe „C" in schwarz auf einer senkrecht angebrachten gelben Tafel.

Bedeutung:
Flugsicherungsmeldungen sind an der so bezeichneten Stelle abzugeben.

8. Segelflugbetrieb

Signal:
Ein in der Signalfläche waagerecht ausgelegtes weißes Doppelkreuz.

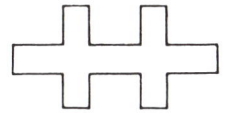

Bedeutung:
Am Flugplatz wird Segelflugbetrieb durchgeführt.

> **(3)** Besteht Funkverbindung, haben **Funkanweisungen** der zuständigen Stellen **Vorrang** vor Licht- und Bodensignalen sowie Zeichen; das gilt nicht gegenüber Signalen nach § 5 Abs. 1 Nr. 6 der Anlage 2 (rote Feuerwerkskörper).

Anmerkungen zu § 21 Abs. 3 LuftVO:
Wenn **Funkverbindung** zwischen dem **Luftfahrzeugführer** und der zuständigen **Flugverkehrskontrolle** an einem kontrollierten Flugplatz besteht, **heben Sprechfunkanweisungen Licht- und Bodensignale auf!**

Diese Regelung gilt auch an unkontrollierten Flugplätzen mit Luftaufsichtsstelle.

Ausnahme: Rote Feuerwerkskörper!

(4) Beobachtet ein Luftfahrzeugführer bei der Ansteuerung durch ein militärisches oder polizeiliches Luftfahrzeug die nach Satz 2 festgelegten Signale und Zeichen, hat er die vorgeschriebenen Maßnahmen zu treffen. Das Bundesministerium für Verkehr, Bau und Stadtentwicklung legt die von militärischen oder polizeilichen Luftfahrzeugen bei der Ansteuerung zu gebenden Signale und Zeichen sowie die von den Führern angesteuerter Luftfahrzeuge zu treffenden Maßnahmen fest und gibt sie im Verkehrsblatt – Amtsblatt des Bundesministeriums für Verkehr, Bau und Stadtentwicklung – oder in den Nachrichten für Luftfahrer bekannt.

Zu § 21 Abs. 4 LuftVO gibt es eine **Durchführungsbestimmung** (AIP VFR, ENR 1–39):
Signale und Zeichen sowie die zu treffenden Maßnahmen bei der Ansteuerung von Zivilluftfahrzeugen durch militärische Luftfahrzeuge

I.

1. Signale ansteuernder Luftfahrzeuge und dementsprechende, von den angesteuerten Luftfahrzeugen zu treffende Maßnahmen:

Signale des ansteuernden militärischen Luftfahrzeugs	Bedeutung	Maßnahmen des angesteuerten Luftfahrzeugs	Bedeutung
1 a) • **bei Tag** Wechselweise Betätigung der Querruder von einem etwas oberhalb und, normalerweise, links vor dem angesteuerten Luftfahrzeug befindlichen Standort aus. Nach Bestätigung des Signals langsame flache Horizontalkurve, normalerweise nach links, auf den gewünschten Kurs. • **bei Nacht:** Wie am Tage und zusätzlich in unregelmäßigen Zeitabständen wiederholtes Ein- und Ausschalten der Positionslichter. **Anmerkung 1:** Wetter- oder Bodenverhältnisse können dazu führen, dass das ansteuernde Luftfahrzeug die Signale von einem etwas oberhalb und rechts vor dem angesteuerten Luftfahrzeug befindlichen Standort aus gibt und die anschließende Horizontalkurve nach rechts fliegt. **Anmerkung 2:** Wenn das angesteuerte Luftfahrzeug die Geschwindigkeit des ansteuernden Luftfahrzeugs nicht einhalten kann, sollte das letztere in einer Folge langgestreckter Kurven zum angesteuerten Luftfahrzeug zurückkehren und jeweils erneut wechselweise die Querruder betätigen.	Folgen Sie mir!	**Flugzeuge** • **bei Tag:** Wechselweise Betätigung der Querruder und folgen. • **bei Nacht:** Wie am Tage und zusätzlich in unregelmäßige Zeitabständen wiederholtes Ein- und Ausschalten der Positionslichter. **Hubschrauber** • **bei Tag und bei Nacht:** Wechselseitige Veränderung der Querlagen, wiederholtes Ein- und Ausschalten der Positionslichter in unregelmäßigen Zeitabständen und folgen.	Verstanden, Anweisung wird befolgt!
1 b) • **bei Tag und Nacht:** Eine plötzliche Kursänderung von 90° oder mehr bei gleichzeitigem Hochziehen des Luftfahrzeugs, ohne die Flugrichtung des angesteuerten Luftfahrzeugs zu kreuzen.	Sie können weiterfliegen!	• **bei Tag und Nacht:** Wechselweise Betätigung der Querruder. Im Falle von Hubschraubern, Verhalten wie oben unter 1 (a) vorgeschrieben!	Verstanden, Anweisung wird befolgt!
1 c) • **bei Tag:** In der Platzrunde: Ausfahren des Fahrwerks und Überfliegen der Landebahn in Landerichtung. Ist das angesteuerte Luftfahrzeug ein Hubschrauber, Überfliegen des Hubschrauber-Landeplatzes. • **bei Nacht:** Wie am Tage und zusätzlich Landescheinwerfer einschalten.	Landen Sie auf diesem Flugplatz!	**Flugzeuge** • **bei Tag:** Fahrwerk ausfahren, dem ansteuernden Luftfahrzeug folgen und, wenn Landebahn nach Überfliegen für eine Landung geeignet erscheint, Landevorgang einleiten und landen. • **bei Nacht:** Wie am Tag und zusätzlich, falls verfügbar, Landescheinwerfer einschalten. **Hubschrauber** • **bei Tag und Nacht:** Dem ansteuernden Luftfahrzeug folgen, Landevorgang einleiten und, falls verfügbar, Landescheinwerfer einschalten.	Verstanden, Anweisung wird befolgt!

7 Teilnahme am Luftverkehr (Luftverkehrsregeln und -vorschriften, Flugverkehrsdienste)

2. Signale angesteuerter Luftfahrzeuge und dementsprechende, von ansteuernden Luftfahrzeugen zu treffende Maßnahmen:

Signale des angesteuerten Luftfahrzeugs	Bedeutung	Maßnahmen des ansteuernden militärischen Luftfahrzeugs	Bedeutung
2 a) ● bei Tag: Einziehen des Fahrwerks beim Überfliegen der Landebahn in einer Höhe zwischen 300 m (1 000 ft) und 600 m (2 000 ft) über Flugplatzhöhe und Fortsetzung der Platzrunde. ● bei Nacht: Verhalten wie bei Tage, jedoch ohne Ausfahren des Fahrwerks. Zusätzlich wiederholtes Ein- und Ausschalten der Landesscheinwerfer. Falls es nicht möglich ist, mit den Landescheinwerfern Blinksignale zu geben, ist hierzu jede andere zur Verfügung stehende Lichtquelle zu verwenden.	**Der von Ihnen bestimmte Flugplatz ist zur Landung nicht geeignet!**	● bei Tag und Nacht: Einziehen des Fahrwerks und das für ansteuernde Luftfahrzeuge vorgeschriebene Signal der Nummer 1 (a), wenn das angesteuerte Luftfahrzeug zu einem Ausweichflugplatz folgen soll. Das für ansteuernde Luftfahrzeuge vorgeschriebene Signal der Nummer 1 (b), wenn das ansteuernde Luftfahrzeug dem angesteuerten Luftfahrzeug die Freigabe zum Weiterflug erteilen will.	**Verstanden, folgen Sie mir!** **Verstanden, Sie können weiterfliegen!**
2 b) ● bei Tag und Nacht: Regelmäßiges Ein- und Ausschalten aller verfügbaren Lichter, jedoch in einer von Blinklichtern unterscheidbaren Weise.	**Kann Anweisungen nicht befolgen!**	● bei Tag und Nacht: Verwendung des für ansteuernde Luftfahrzeuge vorgeschriebenen Signals der Nummer 1 (b).	**Verstanden!**
2 c) ● bei Tag und Nacht: Unregelmäßiges Ein- und Ausschalten aller verfügbaren Lichter.	**Bin in Not!**	● bei Tag und Nacht: Verwendung des für ansteuernde Luftfahrzeuge vorgeschriebenen Signals der Nummer 1 (b).	**Verstanden!**

II.

1. Der Luftfahrzeugführer eines Luftfahrzeugs, das von einem militärischen Luftfahrzeug angesteuert wird, hat sofort
   - die von dem ansteuernden Luftfahrzeug **gegebenen Anweisungen** in Übereinstimmung mit den Signalen in Abschnitt I, Nr. 1 (a) bis (c) zu **befolgen** oder die Signale in der in Abschnitt I, Nr. 2 (a) bis (c) vorgeschriebenen Weise zu geben;
   - wenn möglich, eine **erreichbare Flugverkehrskontrolle zu benachrichtigen**;
   - zu versuchen, mit dem ansteuernden Luftfahrzeug oder mit der die Ansteuerung leitenden Kontrollstelle Funkverbindung aufzunehmen, indem er einen **allgemeinen Anruf auf der Notfrequenz 121,5 MHz** abgibt und dabei seine **Identität,** den **Standort seines Luftfahrzeugs** und die **Art des Fluges** angibt und, wenn keine Funkverbindung hergestellt werden kann, nach Möglichkeit diesen Anruf auf der militärischen Notfrequenz 243 MHz wiederholt;
   - der Transponder ist auf **Code 7700** zu schalten, sofern er von der angerufenen Flugverkehrskontrolle keine anderen Anweisungen erhalten hat.
2. Ergibt sich ein Widerspruch zwischen vom Boden aus gegebenen Funkanweisungen und den durch Funk oder durch Signale gegebenen Anweisungen des ansteuernden Luftfahrzeugs, so hat der Führer des angesteuerten Luftfahrzeugs den Anweisungen des ansteuernden Luftfahrzeugs zu folgen und sich sofort um Klärung der widersprüchlichen Anweisungen zu bemühen.
3. Falls **Sprechfunkverbindung** zwischen dem angesteuerten Luftfahrzeug und dem ansteuernden Luftfahrzeug aufgenommen werden kann, jedoch **keine Verständigungsmöglichkeit in einer gemeinsamen Sprache** besteht, ist durch Anwendung nachstehender **Codeworte** in der angeführten Aussprache zu versuchen, wesentliche Informationen auszutauschen und erhaltene Anweisungen zu bestätigen. **Jedes Codewort ist zweimal hintereinander zu übermitteln.**

3. Codeworte, die vom ansteuernden Luftfahrzeug benutzt werden:

Codewort/Phrase	Aussprache/Pronunciation	Bedeutung/Meaning
CALL SIGN	<u>KOL</u>-SAIN	Wie ist Ihr Rufzeichen?/ What is your call sign?
FOLLOW	<u>FOL</u>-LO	Folgen Sie mir/ Follow me
DESCEND	DI-ßEND	Beginnen Sie Sinkflug zur Landung/ Descend for Landing
YOU LAND	JU LÄND	Landen Sie auf diesem Flugplatz/ Land at this aerodrome
PROCEED	PRO-ßIED	Sie können weiterfliegen/ You may proceed

4. Codeworte, die vom angesteuerten Luftfahrzeug benutzt werden:

Codewort/Phrase	Aussprache/Pronunciation	Bedeutung/Meaning
CALL SIGN	KOL-SAIN	Mein Rufzeichen ist (Rufzeichen) (s. Anmerkung 3)/ My call sign is (call sign) (see note 3)
WILCO	WILL-CO	Verstanden, Anweisung wird befolgt/ Understood, will comply
CANNOT	KÄNN-NOTT	Unmöglich die Anweisung zu befolgen/ Unable to comply
REPEAT	RI-PIET	Wiederholen Sie Ihre Anweisung/ Repeat your instruction
AM LOST	ÄM LOST	Standort unbekannt/ Position unknown
MAY DAY	MÄ-DEEI	Bin in Not/ I am in distress
HIJACK	HAI-DJÄCK	Werde entführt (siehe Anmerkung 2)/ I have been hijacked (see note 2)
LAND (Flugplatzangabe)	LÄND	Erbitte Landung in (Flugplatzangabe)/ I request to land at (place name)
DESCEND	DI-ßEND	Erbitte Sinkflug/ I require descent

Anmerkungen:
1. Die Codeworte sind wie unterstrichen zu betonen.
2. Die Verwendung des Codewortes „HIJACK" kann den Umständen entsprechend nicht möglich bzw. angeraten sein.
3. Das Rufzeichen ist anzugeben, das im Sprechfunkverkehr mit der Flugverkehrskontrolle benutzt wird und der Angabe der Luftfahrzeugkennung im Flugplan entspricht.

7.5.13.1 Luftfahrtbodenfeuer

Flugplatzleuchtfeuer (Aerodrome beacon – ABN)
Gemäß Annex 14 zum ICAO-Abkommen ist ein Flugplatzleuchtfeuer an jedem Flugplatz vorzusehen, der nachts benutzt werden soll. Es ist auf dem Flugplatz oder in seiner Nähe aufzustellen. Das Flugplatzleuchtfeuer strahlt weißes Licht ab. Die Lichtabstahlungen (blinken oder blitzen) sollen zwischen 20 und 30 pro Minuten betragen. An Militärflugplätzen wird weißes und grünes Licht abwechselnd abgestrahlt.

7.5.13.2 Präzisions-Gleitwegbefeuerung/PAPI

PAPI/APAPI ist als Anflughilfe für Anflüge nach Sichtflugregeln und als zusätzliche Hilfe für Instrumentenanflüge bis hinab auf eine Höhe von 200 Fuß über Schwellen-Höhe bestimmt. Es besteht aus einer horizontalen Feuerreihe mit vier bzw. zwei Einzelfeuern links neben der Piste. In Ausnahmefällen kann PAPI/APAPI auch rechts neben der Piste aufgestellt werden. Der Anflugwinkel beträgt grundsätzlich 3°. Auf Landeplätzen sind flugtechnisch bedingt auch steilere Gleitwinkel möglich.

PAPI/APAPI gibt dem Luftfahrzeugführer während des Anfluges die Möglichkeit, die Einhaltung des korrekten Gleitweges durch Beobachtung einer rot/weißen Anzeige zu überwachen (optisches Bodensignal).

Das Flugzeug befindet sich auf dem korrekten Gleitweg, wenn der Luftfahrzeugführer beim Anflug die inneren zwei bzw. ein (bahnseitigen/s) Feuer rot und die äußeren zwei bzw. ein Feuer weiß sieht. Verlässt das Flugzeug den Gleitweg nach oben, wechseln auch die inneren Feuer die Farbe nacheinander nach weiß. Verlässt das Flugzeug den Gleitweg nach unten, wechseln die äußeren Feuer nacheinander die Farbe nach rot. Erhält der Luftfahrzeugführer beim Anflug von allen vier bzw. zwei Feuern ein weißes Lichtsignal, befindet sich das Flugzeug erheblich über dem Gleitweg, erhält er von allen vier Feuern bzw. zwei ein rotes Lichtsignal, befindet er sich erheblich unter dem Gleitweg.

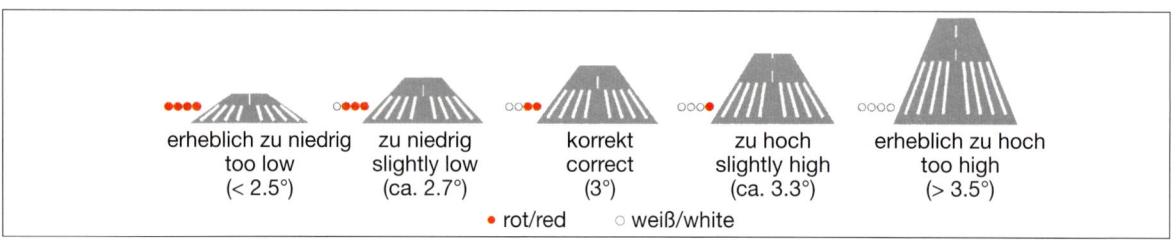

erheblich zu niedrig too low (< 2.5°)	zu niedrig slightly low (ca. 2.7°)	korrekt correct (3°)	zu hoch slightly high (ca. 3.3°)	erheblich zu hoch too high (> 3.5°)

● rot/red   ○ weiß/white

Bild 7.28   Präzisions-Gleitwegbefeuerung/PAPI

7 Teilnahme am Luftverkehr (Luftverkehrsregeln und -vorschriften, Flugverkehrsdienste)

7.5.14 Regelung des Flugplatzverkehrs (§ 21 a LuftVO)

(1) Für die Durchführung des Flugplatzverkehrs können besondere Regelungen durch das Flugsicherungsunternehmen getroffen werden, wenn Flugplätze mit Flugverkehrskontrollstelle betroffen sind. In allen anderen Fällen werden die Regelungen von der für die Genehmigung des Flugplatzes zuständigen Luftfahrtbehörde des Landes auf Grund einer gutachterlichen Stellungnahme des Flugsicherungsunternehmens getroffen. Die Regelungen werden in den Nachrichten für Luftfahrer bekanntgemacht.

Anmerkungen zu § 21 a Abs. 1 LuftVO:
Die **Regelungen des Flugplatzverkehrs** für die einzelnen Flugplätze sind im **Luftfahrthandbuch VFR** (AIP VFR) veröffentlicht.

Die Bezeichnung **Flugplatz mit Flugverkehrskontrollstelle** besagt, dass **Flugverkehrskontrolle** für den Flugplatzverkehr besteht, schließt aber **nicht** notwendigerweise ein, dass eine **Kontrollzone** vorhanden ist. Eine **Kontrollzone** ist **nur für Flugplätze** erforderlich, auf denen **Flugverkehrskontrolle für IFR-Flüge** durchgeführt wird, nicht jedoch für Flugplätze, auf denen dieser Dienst nur für VFR-Flüge zur Verfügung steht.

(2) Flugplatzverkehr ist der Verkehr von Luftfahrzeugen, die sich in der Platzrunde befinden, in diese einfliegen oder sie verlassen sowie der gesamte Verkehr auf dem Rollfeld. Rollfeld sind die Start- und Landebahnen sowie die weiteren für Start und Landung bestimmten Teile eines Flugplatzes einschließlich der sie umgebenden Schutzstreifen und die Rollbahnen sowie die weiteren zum Rollen bestimmten Teile eines Flugplatzes außerhalb des Vorfeldes; das Vorfeld ist nicht Bestandteil des Rollfeldes.

Anmerkungen zu § 21a Abs. 2 LuftVO:
1. Mit dem Begriff **Flugplatzverkehr** (aerodrome traffic) meint der Gesetzgeber nicht nur den **Verkehr auf den Bewegungsflächen** eines Flugplatzes, sondern auch alle **in der Nähe eines Flugplatzes** fliegenden Luftfahrzeuge. Ein Luftfahrzeug fliegt in der **Nähe eines Flugplatzes**, wenn es sich in der **Platzrunde** (traffic circuit) befindet, in diese einfliegt oder sie verlässt.
2. **ICAO-Definition für Flugplatzverkehr:**
Der gesamte **Verkehr auf dem Rollfeld** eines Flugplatzes und alle **in der Nähe eines Flugplatzes** fliegenden Luftfahrzeuge.
3. Die folgende schematische Darstellung der **Platzrunde** (traffic circuit) zeigt die für den ordnungsgemäßen Ablauf des **Flugplatzverkehrs** vorgeschriebenen Flugwege (Platzrundenteilstücke) und Meldepunkte (reporting points):

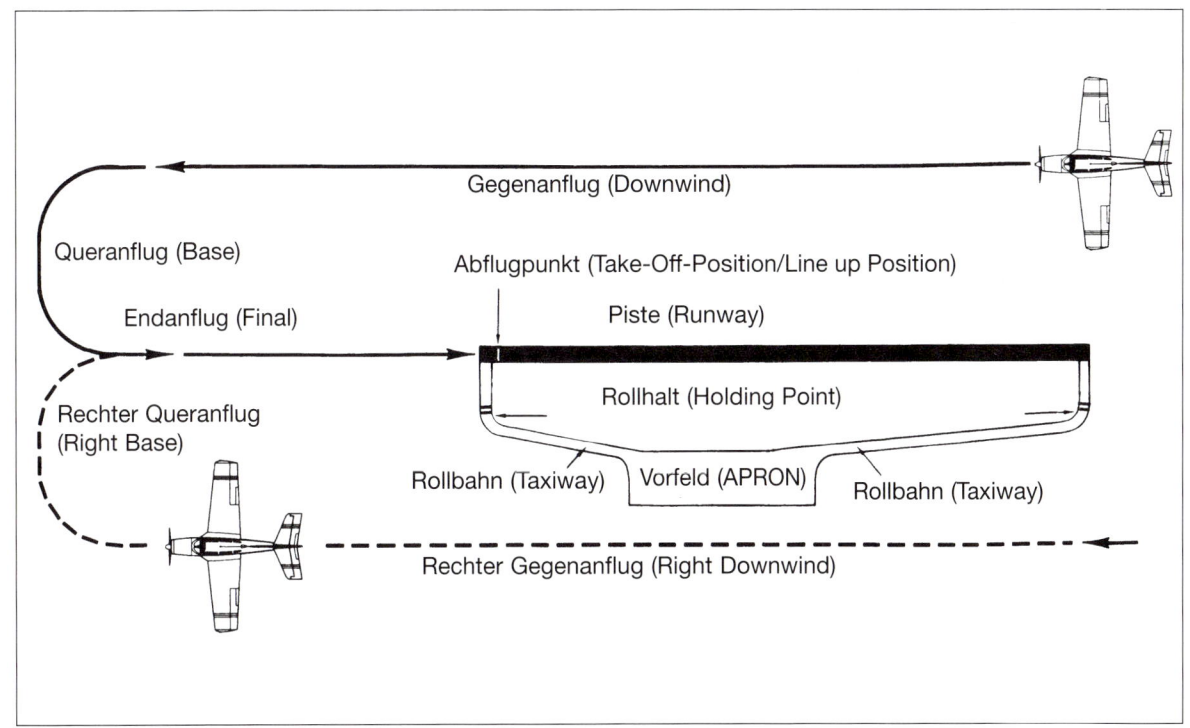

Bild 7.29 Schematische Darstellung der Platzrunde

(3) Gleichzeitiger Flugplatzverkehr von Luftsportgeräten und anderen Luftfahrzeugen bedarf der Zustimmung der zuständigen Luftaufsichtsstelle oder der Flugleitung.

(4) Auf Flugplätzen oder Geländen, die ausschließlich dem Betrieb von Luftsportgeräten dienen, gelten die Regelungen der Flugbetriebsordnung für Luftsportgeräte des Beauftragten. Absatz 3 ist sinngemäß anzuwenden.

7.5.14.1 Markierungen von Start- und Landebahnen

Folgende Markierungen sind in weißer Farbe an befestigten Start- und Landebahnen anzubringen:
- Bezeichnung der Start- und Landebahn;
- Schwellen;
- Start- und Landebahnrand, soweit der Übergang von Start- und Landebahn zu Schwellen oder umgebenen Gelände nicht eindeutig erkennbar ist.

Ist eine Schwelle ständig versetzt, sollte der Schwellenmarkierung ein Querstreifen hinzugefügt werden, das gilt auch für nichtbefestigte Start- und Landebahnen.

Ist eine Schwelle einer befestigten Start- und Landebahn ständig versetzt, sind auf dem Teil der Start- und Landebahn vor der versetzten Schwelle Pfeile anzubringen.

a) Befestigte Start-/Landebahn mit versetzter Schwelle   b) Unbefestigte Start-/Landebahn mit versetzter Schwelle

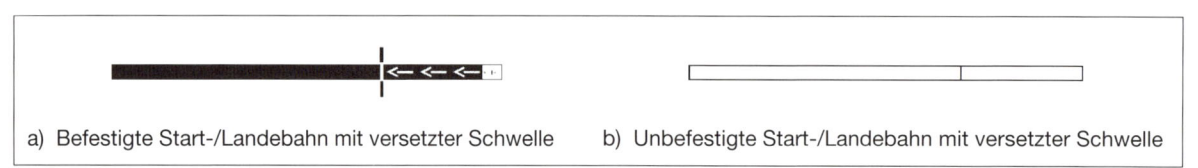

Bild 7.30   Befestigte und unbefestigte Start-/Landebahn

7.5.15 Flugbetrieb auf einem Flugplatz und in dessen Umgebung (§ 22 LuftVO)

(1) Wer ein Luftfahrzeug auf einem Flugplatz oder in dessen Umgebung führt, ist verpflichtet,
1. die in den Nachrichten für Luftfahrer bekanntgemachten Anordnungen der Luftfahrtbehörden für den Verkehr von Luftfahrzeugen auf dem Flugplatz oder in dessen Umgebung, insbesondere die nach § 21 a getroffenen besonderen Regelungen für die Durchführung des Flugplatzverkehrs, zu beachten;
2. die Verfügungen der Luftaufsicht und die Anweisungen des Flugplatzunternehmers zu beachten;
3. den Flugplatzverkehr zu beobachten, um Zusammenstöße zu vermeiden;
4. sich in den Verkehrsfluss einzufügen oder sich erkennbar aus ihm herauszuhalten;
5. Richtungsänderungen in der Platzrunde, beim Landeanflug und nach dem Start in Linkskurven auszuführen, sofern nicht eine andere Regelung getroffen ist;
6. gegen den Wind zu landen und zu starten, sofern nicht Sicherheitsgründe, die Rücksicht auf den Flugbetrieb, die Ausrichtung der Start- und Landebahnen oder andere örtliche Gründe es ausschließen;
7. auf Mitteilungen durch Funk, auf Licht- und Bodensignale sowie auf Zeichen zu achten;
8. sich bei der Luftaufsichtsstelle, auf Flugplätzen ohne Luftaufsichtsstelle bei der Flugleitung zu melden und folgende Angaben zu machen:

   vor dem Start:
   a) das Luftfahrzeugmuster,
   b) das Kennzeichen (§ 19 der Luftverkehrs-Zulassungs-Ordnung),
   c) die Anzahl der Besatzungsmitglieder,
   d) die Anzahl der Fluggäste,
   e) die Art des Fluges,
   f) bei einem Überlandflug den Zielflugplatz;

   nach der Landung:
   a) das Kennzeichen,
   b) bei einem Überlandflug den Startflugplatz,
   c) das Luftfahrzeugmuster;

für Luftfahrzeuge, die auf Flugplätzen mit Flugverkehrskontrollstelle betrieben werden, gilt die Meldung als abgegeben, wenn der Flugplan von der Flugverkehrskontrollstelle angenommen worden ist; für Schulungsflüge, Flugzeugschleppstarts und Segelflugbetrieb mit ständig wechselnden Segelflugzeugführern können mit der örtlichen Luftaufsicht oder der Flugleitung auf dem Flugplatz besondere Vereinbarungen getroffen werden;

9. beim Rollen Start- und Landebahnen möglichst rechtwinklig und nur dann zu kreuzen, wenn sich dort kein anderes Luftfahrzeug im Landeanflug oder im Start befindet;
10. nach der Landung die Landebahn so schnell wie möglich freizumachen;
11. rechts neben dem Landezeichen aufzusetzen, sofern nicht eine andere Regelung getroffen ist;
12. nach dem Start unter Beachtung der flugtechnischen Sicherheit so schnell wie möglich Höhe zu gewinnen;
13. nach dem Durchstarten entsprechend Nummer 12 zu verfahren;
14. eine Flugplatzverkehrszone zu meiden, wenn nicht beabsichtigt ist, innerhalb der Flugplatzverkehrszone zu landen.

Anmerkungen zu § 22 Abs. 1 LuftVO:
1. **§ 22 LuftVO** gilt sowohl für **kontrollierte** als auch für **unkontrollierte Flugplätze** und deren Umgebung.
2. Nach **Nr. 5** sind **Richtungsänderungen** in der Platzrunde, beim Landeanflug und nach dem Start immer in **LINKSKURVEN** auszuführen, sofern nicht eine andere Regelung getroffen ist.

    RECHTSKURVEN im Flugplatzverkehr werden in jedem Fall durch **Signale** in der Signalfläche oder am Ende der Start- und Landebahn oder durch **Anweisungen über Funk** angeordnet.
3. Nach **Nr. 6** wird im Normalfall **gegen den Wind** gestartet und gelandet. In bestimmten Fällen (Notlage eines Luftfahrzeugs, Rücksichtnahme auf den laufenden Flugbetrieb, örtliche Gegebenheiten, Sicherheitsgründe) kann von dieser Grundregel abgewichen werden.

    Auf **Flugplätzen mit Flugverkehrskontrolle** ist die Flugverkehrskontrollstelle für die Festlegung der Start- und Landerichtung verantwortlich.
4. Zu **Nr. 14** ist zu bemerken, dass es zurzeit in der Bundesrepublik Deutschland keine **Flugplatzverkehrszonen** (Aerodrome Traffic Zones = **ATZ**) gibt.

> (2) Flugplatzverkehrszone ist ein um einen Flugplatz oder um mehrere Flugplätze gemeinsam zum Schutz des Flugplatzverkehrs festgelegter Luftraum von bestimmten Abmessungen. Das Bundesministerium für Verkehr, Bau und Stadtentwicklung legt die Flugplatzverkehrszonen fest und gibt sie in dem Verkehrsblatt – Amtsblatt des Bundesministeriums für Verkehr, Bau und Stadtentwicklung (BMVBS) – oder in den Nachrichten für Luftfahrer bekannt.
>
> (3) Abweichungen von Absatz 1 kann die Luftaufsichtsstelle, an Flugplätzen ohne Luftaufsichtsstelle die Flugleitung, im Einzelfall zulassen, wenn zwingende Gründe dies notwendig machen und dadurch eine Gefährdung der öffentlichen Sicherheit oder Ordnung, insbesondere der Sicherheit des sonstigen Luftverkehrs, nicht zu erwarten ist.
>
> (4) Auf Flugplätzen sind aus eigener Kraft rollende Luftfahrzeuge gegenüber anderen Fahrzeugen und Fußgängern bevorrechtigt.
>
> (5) Motoren von Luftfahrzeugen dürfen nur in Betrieb gesetzt werden, wenn sich im Führersitz sachkundige Bedienung befindet und Personen nicht gefährdet werden können. Der Motor darf auf Stand nur laufen, wenn außerdem das Fahrwerk genügend gesichert ist. Das Abbremsen der Motoren und das Abrollen von den Hallen ist so vorzunehmen, dass Gebäude, andere Luftfahrzeuge oder andere Fahrzeuge kein stärkerer Luftstrom trifft und Personen nicht verletzt werden können. Bei laufendem Motor darf sich niemand vor dem Luftfahrzeug oder in einem für die Sicherheit nicht ausreichendem Abstand von diesem aufhalten.

Anmerkungen zu § 22 Abs. 5 LuftVO:
Die in **Abs. 5** vorgeschriebenen **Vorsichtsmaßnahmen** sind sowohl von Luftfahrzeugführern als auch von anderen Personen (wie Wartungspersonal, Fluggäste, Besucher usw.) zu beachten.

7.5.16 Flugbetrieb auf einem Flugplatz mit Flugverkehrskontrollstelle (§ 23 LuftVO)

(1) Wer ein Luftfahrzeug auf einem Flugplatz mit Flugverkehrskontrollstelle oder in dessen Umgebung führt, ist über die Vorschriften des § 22 hinaus verpflichtet,

1. auf der dafür vorgesehenen Funkfrequenz der Flugverkehrskontrollstelle des Flugplatzes empfangsbereit zu sein, sofern er nicht durch eine andere Flugverkehrskontrollstelle betreut wird; ist eine Funkverbindung nicht möglich, so hat der Luftfahrzeugführer auf Anweisungen durch Licht- und Bodensignale sowie Zeichen zu achten;
2. durch Funk oder Zeichen die vorherige Genehmigung für alle Bewegungen einzuholen, durch die das Rollen, Starten und Landen eingeleitet werden oder die damit in Zusammenhang stehen;
3. für Bewegungen auf dem Vorfeld und den Abstellflächen des Flugplatzes die Signale und Zeichen des Flugplatzunternehmers zu befolgen.

Anmerkungen zu § 23 Abs. 1 LuftVO:
1. Durch § 23 LuftVO wird sichergestellt, dass der **gesamte Flugplatzverkehr** (aerodrome traffic) **überwacht und gelenkt** (kontrolliert) werden kann.
2. Der Begriff **Flugplatz mit Flugverkehrskontrollstelle** besagt, dass **Flugverkehrskontrolle für den Flugplatzverkehr** besteht, schließt aber nicht notwendigerweise ein, dass eine Kontrollzone vorhanden ist. Eine **Kontrollzone** ist **nur für Flugplätze** erforderlich, auf denen **Flugverkehrskontrolle für IFR-Flüge** durchgeführt wird.
3. Für Bewegungen auf dem **Vorfeld** (apron or ramp) ist auf kontrollierten Flugplätzen der **Flugplatzunternehmer** zuständig, während alle Bewegungen auf dem **Rollfeld** (manoeuvring area) der Aufsicht der **Flugplatzkontrolle** (Aerodrome Control Tower = **TWR**) unterstehen.
4. Für das **Starten und Landen** sowie für das **Rollen** auf dem Rollfeld ist in allen Fällen die **vorherige Genehmigung** (Freigabe) der zuständigen **Flugplatzkontrolle** (TWR) erforderlich. Die **Genehmigung** (Freigabe) hat der Luftfahrzeugführer **über Funk** oder, wenn eine Funkverbindung nicht besteht, durch Zeichen zu beantragen. Sie wird als **Freigabe** (clearance) über Funk oder als **Freigabe durch Lichtsignale** erteilt.
5. Bewegungen auf dem **Vorfeld** oder den **Abstellflächen** eines kontrollierten Flugplatzes bedürfen der **Genehmigung des Flugplatzunternehmers.** Dabei sind die Signale und Zeichen – insbesondere die **Einwinkzeichen** – des Flugplatzunternehmers zu beachten.

(2) Auf einem Flugplatz mit Flugverkehrskontrollstelle tritt für die Zulassung von Abweichungen nach § 22 Abs. 3 die Flugverkehrskontrollstelle an die Stelle der Luftaufsichtsstelle, mit Ausnahme der Zulassung von Abweichungen von § 22 Abs. 1 Nr. 8.

(3) Auf dem Rollfeld eines Flugplatzes mit Flugverkehrskontrollstelle bedarf auch der Verkehr von Fußgängern und Fahrzeugen der Erlaubnis der Flugverkehrskontrolle. Den von ihr zur Sicherung des Flugplatzverkehrs schriftlich, mündlich, durch Funk, Lichtsignale oder Zeichen erlassenen Verfügungen ist Folge zu leisten.

(4) Flüge nach Sichtflugregeln in Kontrollzonen bedürfen einer Flugverkehrskontrollfreigabe durch die zuständige Flugverkehrskontrolle.

Anmerkung zu § 23 Abs. 4 LuftVO:
Alle **Flüge nach Sichtflugregeln** (VFR = Visual Flight Rules) in **Kontrollzonen (CTR)** unterliegen der **Flugverkehrskontrolle** und bedürfen in jedem Fall einer **Flugverkehrskontrollfreigabe** (Air Traffic Control Clearance) durch die **zuständige Flugplatzkontrolle** (TWR)!

7.5.17 Prüfung der Flugvorbereitung und der vorgeschriebenen Ausweise (§ 24 LuftVO)

Auf Verlangen der für die Wahrnehmung der Luftaufsicht zuständigen Personen oder Stellen hat
1. der Luftfahrzeugführer nachzuweisen, dass er den Flug ordnungsgemäß vorbereitet hat,
2. das Luftfahrtpersonal die vorgeschriebenen Ausweise, insbesondere die Scheine und Zeugnisse für die Besatzung und das Luftfahrzeug, zur Prüfung auszuhändigen.

Anmerkung zu § 24 LuftVO:
Die **Prüfung** der Flugvorbereitung und der vorgeschriebenen Ausweise erfolgt stichprobenartig durch die **Luftaufsichtsstellen der Länder** oder durch **sonstige Landesbeauftragte** (BfL = Beauftragte für Luftaufsicht).

Diese Stellen oder Personen können in **Ausübung der Luftaufsicht Verfügungen** erlassen (§ 29 Abs. 1 LuftVG).

7.5.18 Flugplanabgabe (§ 25 LuftVO)

(1) Der Luftfahrzeugführer hat der zuständigen Flugverkehrskontrollstelle einen Flugplan zu übermitteln für
1. Flüge, die nach Instrumentenflugregeln durchgeführt werden;
2. Flüge nach Sichtflugregeln bei Nacht, soweit sie über die Umgebung des Flugplatzes hinausführen;
3. Kunstflüge im kontrollierten Luftraum und über Flugplätzen mit Flugverkehrskontrollstelle;
4. Wolkenflüge mit Segelflugzeugen;
5. Flüge in Gebieten mit Flugbeschränkungen, soweit dies ausdrücklich bei der Festlegung der Gebiete angeordnet ist;
6. Flüge nach Sichtflugregeln aus der Bundesrepublik Deutschland oder in die Bundesrepublik Deutschland.

Das Bundesministerium für Verkehr, Bau und Stadtentwicklung kann Ausnahmen zulassen, soweit die öffentliche Sicherheit oder Ordnung, insbesondere die Sicherheit des Luftverkehrs, dadurch nicht beeinträchtigt werden.

(2) Der Luftfahrzeugführer kann auch für andere Flüge der zuständigen Flugverkehrskontrollstelle einen Flugplan übermitteln, um die Durchführung des Such- und Rettungsdienstes für Luftfahrzeuge zu erleichtern.

(3) Einzelheiten über Arten, Form, Abgabe, Annahme, Aufhebung, Änderung und zulässige Abweichungen von Flugplänen werden von dem Flugsicherungsunternehmen festgelegt und in dem Verkehrsblatt – Amtsblatt des Bundesministeriums für Verkehr, Bau und Stadtentwicklung – oder in den Nachrichten für Luftfahrer bekanntgemacht.

Anmerkung zu § 25 Abs. 1 Nr. 6:
a) Für Flüge ziviler Luftfahrzeuge nach Sichtflugregeln von und nach Frankreich, Belgien, Luxemburg, den Niederlanden, Österreich und Dänemark (Unterzeichnerstaaten des Schengener Abkommens) muss nur dann ein Flugplan aufgegeben werden, wenn die Vorschriften des betroffenen Landes dies fordern und/oder während des Fluges das Gebiet oder der Luftraum eines Landes berührt wird, das nicht dem Schengener Abkommen beigetreten ist.
b) Gleiches gilt für zivile VFR-Flüge von und nach Spanien, Portugal, Griechenland, Italien, Schweden, Finnland, Norwegen und Island, soweit sie ohne Zwischenlandung über die in a) genannten Länder in die Bundesrepublik Deutschland ein- oder ausfliegen. Für das deutsche Hoheitsgebiet ist für Flüge in die und aus den vorgenannten Staaten die Flugplanpflicht aufgehoben.

Anmerkungen zu § 25 Abs. 1 LuftVO:
1. Der Flugplan kann frühestens 120 Stunden vor dem Starttag aufgegeben werden und ist **spätestens 60 Minuten** vor der **voraussichtlichen Abblockzeit** (estimated off-block time = EOBT) aufzugeben. Der Flugplanaufgeber ist verantwortlich für die Vollständigkeit und Richtigkeit der Angaben, Einholung einer Flugberatung und ggf. einer Flugverkehrskontrollfreigabe, Überprüfung der Durchführbarkeit des Fluges, u.a. auf der Grundlage der erteilten Flugberatung, die vollständige Adressierung und Weiterleitung der Meldungen.
2. Aufgabe von Flugplänen beim Flugberatungsdienst
   - Bei der Aufgabe von Flugplänen ist zu unterscheiden zwischen Dienstleistungen, die durch die Flugsicherungsgebühren gedeckt sind **(gebührenfinanziertes Handeln)** und Dienstleistungen, für die ein zusätzliches Entgelt in Rechnung gestellt werden muss **(preisfinanziertes Handeln)**.

   Flugpläne können sowohl im Rahmen des gebührenfinanzierten, als auch des preisfinanzierten Handelns **fernmündlich, mittels Telefax, Internet,** SITA oder AFTN an den Flugberatungsdienst (AIS-C) übermittelt werden.

   Die Aufgabe von Flugplänen im Rahmen des gebührenfinanzierten Handelns ist unter folgenden Voraussetzungen möglich:

   a) **Einzelflugpläne:**
      – der Startflugplatz liegt in Deutschland
   b) **Flugpläne für Umläufe:**
      – der Startflugplatz des ersten Flugplans liegt in Deutschland,
      – Flugpläne für weiterführende Flüge werden zusammen mit dem ersten FPL aufgegeben, wobei die EOBT des letzten Umlaufflugplanes nicht mehr als 120 Stunden in der Zukunft liegen darf.
   - Es ist das **ICAO-Flugplanformblatt** zu verwenden. Der Vordruck muss **deutlich lesbar und vollständig ausgefüllt sein.** Der Name des für den Flug verantwortlichen Luftfahrzeugführers ist in dem hierfür vorgesehenen Feld des Flugplanformblattes anzugeben. Der Flugplanaufgeber sollte seine Erreichbarkeit für Rückfragen und weitere Informationen bis kurz vor dem Start sicherstellen.

Bei der Flugplanaufgabe über Telefax oder Internet kann der Flugplanaufgeber in dem Flugplan-Formblatt den Wunsch nach einer schriftlichen Flugberatung **[Pre-flight Information Bulletin (PIB)]** eintragen. Dieses **PIB** ist je nach Inhalt gebühren- oder preisfinanziert.

a) Mit dem Vermerk „Bitte Beratung" wird ein PIB erstellt, das alle **Informationen enthält, die innerhalb der letzten 90 Tage in Kraft getreten sind.**

b) Wünscht der Flugplanaufgeber Informationen **über diese 90 Tage hinaus,** kann er diese mit dem Vermerk „**Bitte Beratung 3+**" anfordern.

In beiden Fällen ist eine **Telefon-** und/oder **Telefaxnummer** anzugeben.

- Wenn besondere, vor dem Start nicht bekannte Umstände es erfordern, kann der Luftfahrzeugführer einen **Flugplan während des Fluges** aufgeben. Hierbei nimmt der Fluginformationsdienst (FIS) die Flugplandaten auf den festgelegten Funkfrequenzen zur Weiterleitung an den Flugberatungsdienst (AIS-C) entgegen.

Ausgenommen hiervon sind Flugpläne für weiterführende Flüge nach Zwischenlandungen und Flüge in das Ausland.

3. **Flugplanaufgabe** über das Internet

Flugpläne und Flugplanfolgemeldungen können über die Internet-Applikation der DFS (www.dfs-ais.de) beim AIS-C aufgegeben werden. Nach dem Absenden der Meldung an das AIS-C erhält der Flugplanaufgeber automatisch eine Empfangsbestätigung per E-Mail an seine in den Kundendaten im Internet gespeicherte E-Mail Adresse.

4. **Bearbeitung und Weiterleitung von Flugplänen**

Der Flugberatungsdienst stellt die **ordnungsgemäße Weiterleitung** der Flugpläne sicher.

Bei der Bearbeitung der Flugpläne ist ebenfalls zwischen gebühren- und preisfinanziertem Handeln zu unterscheiden.

Im Rahmen des gebührenfinanzierten Handelns werden Flugpläne auf Vollständigkeit und Richtigkeit im Sinne nationaler und internationaler Formatvorschriften überprüft.

VFR-Flugpläne werden an die von dem jeweiligen Flug betroffenen Flugsicherungsstellen übermittelt.

Wünscht der Flugplanaufgeber die Unterstützung durch den Flugberatungsdienst bei der **Überprüfung der Durchführbarkeit des Fluges, handelt es sich um eine preisfinanzierten Dienstleistung,** für die ein gesondertes Entgelt in Rechnung gestellt werden muss.

Flugpläne für **VFR-Flüge mit Start außerhalb der Bundesrepublik Deutschland** werden an die für den Startflugplatz zuständige Stelle übermittelt.

In folgenden Fällen wird der Flugberatungsdienst den **Flugplan nicht weiterleiten:**
a) Der Flugplan entspricht nicht der vorgeschrieben Form.
b) Die Angaben im Flugplan sind unleserlich.
c) Ein Startverbot für einen Luftfahrzeugführer oder ein Luftfahrzeug wurde durch eine Behörde ausgesprochen und dem Flugberatungsdienst wurde ein solches Verbot mitgeteilt.

Weitere Anmerkungen zu § 25 LuftVO:
1. **Der Flugplan** ist die Zusammenstellung der zu übermittelnden, vorgeschriebenen Angaben über den beabsichtigten Flug eines Luftfahrzeugs. Er bezweckt die Unterrichtung der zuständigen Flugverkehrskontrollstellen und ermöglicht die **Überwachung des Fluges** durch diese im Rahmen der Flugverkehrskontrolle sowie des Fluginformations- und Flugalarmdienstes.

2. **Zu § 25 LuftVO** gibt es eine sehr ausführliche **Bekanntmachung** der DFS, die im **Luftfahrthandbuch** (AIP), ENR 1.10, veröffentlicht ist.

3. **Flugpläne und Flugberatungen für VFR-Flüge** (Kurzfassung gemäß AIP VFR, ENR 1–19).

Der Flugplan muss die im Flugplan-Formblatt vorgesehenen Angaben für den Flug enthalten. Es sind nach Feldern in der vorgesehenen Kurzform:

| 7 | **Luftfahrzeug-Kennung** in nicht mehr als 7 Zeichen, wie z. B. **DEABC** oder bei Segelflugzeugen **D1234.** |

| 8 | **Flugregeln und Art des Fluges:** Buchstabe **I** für IFR-Flüge, **V** für VFR-Flüge, **Y** für Flüge, die IFR beginnen und später nach VFR wechseln, **Z** für Flüge, die VFR beginnen und später nach IFR wechseln. Für die Angaben zu Flugregeln und Art des Fluges sind höchstens zwei Buchstaben zulässig. VFR-Flüge bei Nacht werden durch den Eintrag **RMK/N** mit dem Zusatz „**VFR night**" in Feld 18 gekennzeichnet. |

Zur Kennzeichnung der **Art des Fluges** ist einer der folgenden Buchstaben zu verwenden:

G – für Flüge der Allgemeinen Luftfahrt – Flüge von Luftfahrzeugen, die nicht im gewerblichen Luftverkehr oder als Arbeitsflüge durchgeführt werden – (Beispiel: VG);

X – für andere Flüge.

Bei Verwendung des Buchstabens „**X**" sind in Feld 18 „Andere Angaben" des Flugplans mit der Kenngruppe „**RMK/**" nähere Angaben zum Flugvorhaben zu machen (Beispiel: **RMK/LIC TG** („touch and go"). **RMK/LIC LA** („low approach"). Weitere Erklärungen zum Übungsflug sind möglich. Beispiel: **RMK/several APCH at EDDK for 01:30 HR).**

Bei Übungsflügen, die **ausschließlich** zum Zwecke des Erwerbs eines **Pilotenscheines** oder einer **Berechtigung** für Luftfahrzeugführer durchgeführt werden, sofern diese Flüge **nicht** der Beförderung von Fluggästen oder Fracht oder zum Abstellen oder Überführen von Luftfahrzeugen dienen und über dem Luftraum der Bundesrepublik Deutschland durchgeführt werden, hat nach der Kenngruppe „**RMK/**" und vor den ergänzenden Angaben zum Flugvorhaben die Buchstabenkombination „**LIC**" zu stehen.

Wird vom Luftfahrzeugführer eine **Vorrangbehandlung** seines Fluges beantragt, ist der Grund in Feld 18 „Andere Angaben" mit der Kenngruppe „**STS/**" anzugeben (Beispiel: „STS/SAR" für Flüge im Such- und Rettungsdienst). Das Bundesministerium für Verkehr, Bau und Stadtentwicklung bestimmt, welche Flüge mit Vorrang abzuwickeln sind.

9 Anzahl und Muster der Luftfahrzeuge unter Angabe der für das Muster festgelegten ICAO-Abkürzung, wie **C 172** für eine Cessna 172. Ist keine Abkürzung festgelegt, dann ist die Buchstabengruppe **ZZZZ** mit Angabe des Musters in Feld 18 „Andere Angaben" mit der Kenngruppe „**TYP/...**" (im Klartext) einzutragen.

Nehmen an einem Flug mehrere Luftfahrzeuge des gleichen Musters teil, ist die Anzahl vor der Lfz.-Abkürzung einzutragen.

Die **Wirbelschleppenkategorie** richtet sich nach der höchstzulässigen Startmasse des Luftfahrzeugs. Ihr Eintrag ist aus Sicherheitsgründen für die zeitliche und räumliche Staffelung von Flugzeugen durch die Flugverkehrskontrolle wichtig, damit eine Gefährdung durch vorausfliegende größere Luftfahrzeuge vermieden wird.

H	(schwer)	Höchstzulässige Startmasse von 136 000 kg und mehr.
M	(mittel)	Höchstzulässige Startmasse von mehr als 7 000 kg, jedoch weniger als 136 000 kg.
L	(leicht)	Höchstzulässige Startmasse **bis 7 000 kg einschließlich** (z. B. **C 172/L**).

10 **Ausrüstung des Luftfahrzeugs**

In diesem Feld ist die Ausrüstung eines Luftfahrzeugs mit Funk- und Funknavigationsgeräten sowie mit Transponder anzugeben, die benutzbar ist und die der Luftfahrzeugführer bedienen darf.

Für die Ausrüstung COMM/NAV sind folgende Angaben möglich:
- Der Buchstabe **S**, die Standardausstattung, wenn die Ausrüstung den Erfordernissen für die gesamte Flugstrecke entspricht und betriebsbereit ist.
- Der Buchstabe **N**, wenn keine Ausrüstung vorhanden oder eine vorhandene Ausrüstung nicht betriebsbereit ist oder eine vorhandene Ausrüstung vom Luftfahrzeugführer nicht bedient werden darf;
- einer oder mehrere der nachfolgenden Buchstaben entsprechend der vorhandenen Ausrüstung (Auszug):
  - **A** – nicht zugeordnet
  - **D** – Entfernungsmessgerät (DME)
  - **F** – ADF (Automatisches Funkpeilgerät)
  - **G** – GNSS
  - **H** – HF RTF (HF-Sprechfunk)
  - **L** – Instrumentenlandesystem (ILS)
  - **O** – UKW-Navigationsempfangsgerät (VOR)
  - **R** – RNP type certification
  - **U** – UHF RTF (UHF-Sprechfunk)
  - **V** – VHF RTF (VHF-Sprechfunk)
  - **W** – RVSM
  - **Z** – Andere Ausrüstung (bei Verwendung des Buchstabens **Z** sind ergänzende Angaben im Flugplanfeld 18 „Andere Angaben" mit der Kenngruppe **COM/...** und/oder **NAV/...** zu machen).

Für die Ausrüstung mit Sekundärradar-Antwortgeräten (SSR-Transponder) ist nach dem Schrägstrich anzugeben:
- Der Buchstabe **N**, wenn ein Transponder nicht vorhanden bzw. nicht betriebsbereit ist.
- Ein oder zwei der nachfolgend aufgeführten Buchstaben entsprechend der vorhandenen Ausrüstung:
  - **A** – Transponder für den Abfragemodus A (4 Ziffern – 4096 Codes)
  - **C** – Transponder für die Abfragemodi A und C (4 Ziffern – 4096 Codes)
  - **X** – Transponder für den Abfragemodus S, ohne Übermittlung der Luftfahrzeugkennung und Höhe
  - **P** – Transponder für den Abfragemodus S, einschließlich Höhenübermittlung, jedoch ohne Übermittlung der Luftfahrzeugkennung
  - **I** – Transponder für den Abfragemodus S, einschließlich Übermittlung der Luftfahrzeugkennung, jedoch ohne Übermittlung der Höhe
  - **S** – Transponder für den Abfragemodus S, einschließlich Übermittlung der Luftfahrzeugkennung und Höhe

13 **Startflugplatz** und **voraussichtliche Abblockzeit (EOBT)** in der ICAO-Ortskennung, wie **EDDK** oder, falls nicht zugeteilt – **ZZZZ** mit Angabe im Flugplanfeld 18 „Andere Angaben" (z. B. DEP/...). Die **EOBT** ist mit einer 4stelligen Zahl, z. B. **1015** in UTC anzugeben.

Anmerkung: Die **voraussichtliche Abblockzeit (EOBT = estimated off-block time)** ist der Zeitpunkt, zu dem das Luftfahrzeug voraussichtlich mit der Bewegung für den Abflug beginnt.

15 **Geschwindigkeit, Reiseflughöhe und Flugstrecke** sind wie folgt anzugeben: Die **Geschwindigkeit in Knoten TAS** (**T**rue **A**ir-**s**peed = wahre Eigengeschwindigkeit) durch den Buchstaben **N** und eine 4stellige Zahl, z. B. **N0110** = 110 **Knoten**.

Die **Geschwindigkeit in Kilometer pro Stunde** (km/h) durch den Buchstaben **K** und eine 4stellige Zahl, z. B. **K0280** = 280 km/h.

Bei Flügen in der **Bundesrepublik Deutschland** ist die Angabe der **Geschwindigkeit** in km/h zzt. **nicht zulässig**.

Die **Reiseflughöhe** ist bei VFR-Nachtüberlandflügen oder der Flugverkehrskontrolle unterliegenden Flügen zu nennen, z. B.: **A040** = 4 000 ft MSL oder **F055** = FL 55. In anderen Fällen ist die Abkürzung **VFR** einzusetzen (z. B. **N0110 VFR**).

In der Spalte **ROUTE** ist die beantragte Flugstrecke durch die festgelegte Kennung einer Funknavigationsanlage, wie z. B. **COL** oder mit dem Zusatz der missweisenden Richtung und Entfernung oder in Koordinaten (für Flüge innerhalb der Bundesrepublik Deutschland ist die Bezeichnung eines Streckenpunktes nach geographischer Breite und Länge **nicht** zulässig!) anzugeben. Bei **VFR-Flügen bei Nacht,** die über die Umgebung eines Flugplatzes hinausführen, ist die Flugstrecke entsprechend den veröffentlichten IFR-Streckenführungen oder Punkt zu Punkt anzugeben.

Darüber hinaus sind bei allen Flügen die Streckenpunkte anzugeben, an denen Geschwindigkeit und/oder Flughöhe geändert werden sollen. Bei VFR-Flügen in die Bundesrepublik Deutschland ist die **Stelle des Überfluges der Staatsgrenze** bezogen auf die **nächstgelegene größere Ortschaft** aus der ICAO-Karte 1:500 000 im Flugplanfeld 18 „Andere Angaben" mit der Kenngruppe „**EET/**" anzugeben z. B.: EET/CHEB0020. Bei Flügen außerhalb von veröffentlichten ATS-Streckenführungen sind (Wende-) Punkte anzugeben, an denen Richtungsänderungen vorgesehen sind oder wenn eine **Flugzeit von 30 Minuten** oder eine **Flugstrecke von 200 NM** überschritten wird.

16 **Zielflugplatz, voraussichtliche Gesamtflugdauer und Zielausweichflugplätze.** Zielflugplatz und Zielausweichflugplatz/-plätze werden mit der ICAO-Ortskennung angegeben. Ist keine Ortskennung zugeteilt worden, dann ist „ZZZZ" einzutragen und im Flugplanfeld 18 „Andere Angaben" mit der Kenngruppe „DEST/" der Zielflugplatz, bzw. „ALTN/" Ausweichflugplatz/-plätze, ggf. bezogen auf die nächstgelegene, in der ICAO-Karte 1:500 000 verzeichnete Ortschaft im Wortlaut anzugeben. Die voraussichtliche Gesamtflugdauer ist für VFR-Flüge die erforderliche Zeit vom Start bis zur Ankunft über dem Zielflugplatz. Sie ist mit einer vierstelligen Zahl in Stunden und Minuten anzugeben (z. B. 0145).

18 **Andere Angaben** als Ergänzungen zu den Feldern 7–16 sind unter Verwendung nachstehender Kenngruppen aufzuführen:

PER/ Leistungsdaten des Flugzeugs (z. B. Steiggeschwindigkeit);
REG/ Eintragungszeichen des Luftfahrzeugs;
OPR/ Luftfahrzeughalter, sofern dieser aus der Luftfahrzeugkennung in Feld 7 des Flugplanformulars nicht ersichtlich ist;
STS/ Einträge für besondere Behandlung;
TYP/ Luftfahrzeugmuster, bei Angabe von „ZZZZ" in Feld 9;
COM/ Angaben über die Sprechfunkausrüstung, wenn in Feld 10 der Buchstabe „Z" angegeben ist;
NAV/ Angaben über die Funknavigationsausrüstung, wenn in Feld 10 der Buchstabe „Z" angegeben ist;
DEP/ Startplatz ohne ICAO-Kennung, wenn die Buchstabengruppe „ZZZZ" in Feld 13 angegeben ist oder der Streckenpunkt, ab dem der Flugplan gilt, oder die Stelle, von der zusätzliche Flugplandaten angefordert werden können; wenn im Flugplanfeld 13 die Buchstabengruppe „AFIL" (air filed) angegeben ist;
DOF/ Tag des Abfluges (Angabe in der Reihenfolge Jahr-Monat-Tag);
EET/ voraussichtliche Flugzeit bis zu einem Streckenpunkt, Ort oder einer FIR-Grenze;
RIF/ Streckenführung zum abgeänderten Zielflugplatz und/oder abgeänderter Zielflugplatz;
DEST/ für Zielflugplatz ohne ICAO-Kennung oder der Streckenpunkt bis zu dem der Flugplan gilt, wenn die Buchstabengruppe „ZZZZ" in Feld 16 angegeben ist;
ALTN/ für Ausweichflugplätze ohne ICAO-Kennung, wenn die Buchstabengruppe „ZZZZ" in Feld 16 angegeben ist;
RMK/ sonstige Angaben, die für den Flug von Bedeutung sind.

Anmerkung: Die unter der Kenngruppe **STS/** beantragte besondere Behandlung wird gewährt für:

a) Flüge in Notfallsituationen (STS/EMER);
b) Flüge im humanitären Einsatz (STS/HUM);
c) Flüge mit kranken oder verletzten Personen, die sofortiger Hilfe bedürfen, ebenfalls Transport von z. B. Transplantaten, Blutkonserven und Medikamenten (STS/HOSP);
d) Flüge mit Staatsoberhäuptern (STS/HEAD);
e) Regierungsflüge (STS/STATE).

7 Teilnahme am Luftverkehr (Luftverkehrsregeln und -vorschriften, Flugverkehrsdienste)

19 **Ergänzende Angaben:**

Im Rahmen des **Flugalarmdienstes** werden folgende Angaben benötigt:
- **E/** Höchstflugdauer (z. B. **0430**);
- **P/** Anzahl der Personen an Bord einschließlich des Luftfahrzeugführers;
- **R/** verfügbare Notfrequenzen (U = 243.000 MHz, V = 121.500 MHz oder ELT)*;
- **S/** Art der mitgeführten Rettungsausrüstung*;
- **J/** Art der mitgeführten Schwimmwesten*;
- **D/** Anzahl, Tragfähigkeit, Art und Farbe der mitgeführten Schlauchboote*;
- **A/** Farbe und ggf. besondere Markierung des Luftfahrzeugs;
- **N/** ggf. ergänzende Angaben zur Rettungsausrüstung;
- **C/** Name des verantwortlichen Luftfahrzeugführers.

* = nicht vorhandene Ausrüstung ist zu kennzeichnen bzw. zu streichen.

An Stelle der Unterschrift des verantwortlichen Luftfahrzeugführers ist bei Flugplänen, die z. B. mittels PC-Fax oder Internet aufgegeben werden, der Name des Flugplanaufgebers einzutragen.

Verfahren bei der Aufgabe von Änderungs-, Aufhebungs-, Verspätungs-, Start- und Landemeldungen

Änderungen zu einem bereits aufgegebenen Flugplan **sind dem Flugberatungsdienst mitzuteilen** (persönlich, fernmündlich, per Internet [www.dfs-ais.de] oder per Telefax/PC-Fax). Sie können auch **während des Fluges** aufgegeben werden. Dabei nimmt der **Fluginformationsdienst (FIS)** die Änderungsmeldung entgegen und leitet diese an den Flugberatungsdienst weiter.

Änderungs- und Aufhebungsmeldungen sowie Verspätungs-, Start- oder Landemeldungen können dem Flugberatungsdienst auch formlos mitgeteilt werden, wobei die notwendigen Inhalte unbedingt vollständig angegeben sein müssen.

Bei Änderungen des Start- und/oder Zielflugplatzes muss der Flugplan aufgehoben und ein neuer Flugplan aufgegeben werden.

Bedingt die Änderung eines Flugplans die Benachrichtigung von Stellen, an die der Flugplan zuvor nicht adressiert wurde, ist anstelle der Änderungsmeldung **ein neuer Flugplan aufzugeben.**

Ist absehbar, dass sich bei einem VFR-Flug die **tatsächliche EOBT um mehr als 30 Minuten verzögert, ist eine Verspätungsmeldung beim Flugberatungsdienst abzugeben.** Falls die Angabe einer neuen **EOBT nicht möglich** ist, muss der Flugplan vom Luftfahrzeugführer **aufgehoben werden.**

Der Luftfahrzeugführer kann den VFR-Flugplan **während des Fluges aufheben,** sofern für den Weiterflug **kein Flugplan vorgeschrieben ist.**

Für die **rechtzeitige Abgabe der Start- und Landemeldung** ist ebenfalls der Luftfahrzeugführer verantwortlich. Er hat alle Möglichkeiten auszuschöpfen, die betreffende Meldung an den Flugberatungsdienst abzugeben.

206   7.5 Die Allgemeinen Regeln (§§ 6 bis 27 a LuftVO)

```
BUNDESREPUBLIK DEUTSCHLAND                    DFS Deutsche Flugsicherung            FLIGHT PLAN
                                                                                   FLUGPLAN

«≡FF→   ADDRESS(ES)
        ANSCHRIFT(EN)
                                                                                              «≡
        FILING TIME       ORIGINATOR
        AUFGABEZEIT       AUFGEBER
        [          ] →    [              ]  «≡
        SPECIFIC IDENT OF ADDRESS(ES) AND/OR ORIGINATOR
        BESONDERE ANSCHRIFT(EN) UND/ODER AUFGEBER

«≡(FPL               7 AIRCRAFT IDENTIFICATION     8 FLIGHT RULES     TYPE OF FLIGHT
                       LFZ.-KENNUNG                  FLUGREGLEN         ART DES FLUGES
                     — DEEAP                         V                  G              «≡
        9 NUMBER     TYPE OF AIRCRAFT      WAKE TURBULENCE CATEGORY   10 EQUIPMENT
          ANZAHL     MUSTER D. LFZ         WIRBELSCHLEPPKATEGORIE       AUSRÜSTUNG
        —            C172                  / L                        — S/S            «≡
                     13 DEPARTURE AERODROME      TIME
                        STARTFLUGPLATZ           ZEIT
                     — EDKB                      1000    «≡
        15 SPEED            LEVEL               ROUTE
           GESCHWINDIGKEIT  REISEFLUGHÖHE       ROUTE
        — N0110             VFR            →  MNM RUD HDL KEHL

                                                                                              «≡
        16 DESTINATION AERODROME   TOTAL EET            ALTERNATE AERODROME   2ND ALTERNATE AERODROME
           ZIELFLUGPLATZ           VORAUSS. GESAMTFLUGDAUER                   2. AUSWEICHFLUGPLATZ
                                   HR   MIN             AUSWEICHFLUGPLATZ
        — LFST                     02   00         → EDDR                  →               «≡
        18 OTHER INFORMATION
           ANDERE ANGABEN
           RMK/ROUTE VIA RHINE VALLEY
           EET/KEHL0055
           DOF/080415
                                                                                              )«≡

                         SUPPLEMENTARY INFORMATION · ERGÄNZENDE ANGABEN
        19 ENDURANCE                PERS. ON BOARD                   EMERGENCY RADIO
           HÖCHSTFLUGDAUER           PERS. AN BORD                    NOTFUNKFREQUENZ
           HR   MIN                                                  UHF   VHF   ELT
        — E/0330            → P/003                         → R/ [X]  V    E
        SURVIVAL EQUIPMENT                       JACKETS
        RETTUNGSAUSRÜSTUNG   POLAR DESERT MARITIME JUNGLE   SCHWIMMWESTEN LIGHT FLUORES UHF VHF
        →  [X]  / P    D    M    J         [X] / L    F    U    V
        DINGHIES/SCHLAUCHBOOTE
           NUMBER  CAPACITY   COVER  COLOUR
           ANZAHL  TRAGFÄHIGKEIT    FARBE
        →[X]/   /        →     /                                                              «≡
        AIRCRAFT COLOUR AND MARKINGS
        FARBE UND MARKIERUNG D. LFZ.
        A/ WHITE WITH RED STRIPES
        REMARKS
        BEMERKUNGEN
        →N/
        PILOT-IN-COMMAND
        VERANTWORTLICHER LFZ.-FÜHRER
        C/ QUAX                                   )«≡
                                                  REMARKS NOT FOR TRANSMISSION
                                                  BEMERKUNGEN NICHT ZU ÜBERMITTELN
              FILED BY                   SIGNATURE AIS
         NAME DES FLUGPLANAUFGEBERS      UNTERSCHRIFT FB
              QuAX                       [signature]
        Zusätzliche Angaben sofern erforderlich / Additional remarks if applicable
        Erreichbarkeit bis EOBT-Tel.:  02206/914711
        Available until EOBT   -FAX:  02206/914712       Bitte Beratung    [X]    3+
                                                         Request Briefing
```

Bild 7.31   Flugplanbeispiel für einen grenzüberschreitenden VFR-Flug – **nur für Übungszwecke!**

7 Teilnahme am Luftverkehr (Luftverkehrsregeln und -vorschriften, Flugverkehrsdienste)

7.5.19 Flugverkehrskontrollfreigabe (§ 26 LuftVO)

(1) Über die in § 4 Abs. 3 Satz 2, § 16 a Abs. 1, § 23 Abs. 4 und § 28 Abs. 4 Satz 1 vorgeschriebenen Fälle hinaus hat der Luftfahrzeugführer eine Flugverkehrskontrollfreigabe einzuholen

1. für Flüge, für die nach § 25 Abs. 1 Nr. 1 bis 5 ein Flugplan zu übermitteln ist,
2. in den in Anlage 5 bestimmten Fällen.

Flüge nach § 25 Abs. 1 Nr. 6 bedürfen keiner Flugverkehrskontrollfreigabe. Das Flugsicherungsunternehmen kann die Erteilung von Flugverkehrskontrollfreigaben in bestimmten Fällen an besondere Voraussetzungen knüpfen; es macht diese Voraussetzungen in den Nachrichten für Luftfahrer bekannt.

Anmerkungen zu § 26 Abs. 1 LuftVO:
1. Eine **Flugverkehrskontrollfreigabe** (Air Traffic Control Clearance) ist die für ein Luftfahrzeug erteilte **Genehmigung**, den Flug unter **bestimmten Auflagen** durchzuführen.
2. **Flugverkehrskontrollfreigaben** werden von den zuständigen Flugverkehrskontrolle für **alle kontrollierten Flüge** (controlled flights) erteilt, was bedeutet, dass ein Luftfahrzeug unter den von einer **Flugverkehrskontrolle festgelegten Bedingungen** zu verkehren hat.
3. Zu § 26 LuftVO gibt es eine **Durchführungsbestimmung im Luftfahrthandbuch, ENR 1.8–1**, die vorschreibt, dass für folgende Flüge eine **Flugverkehrskontrollfreigabe** einzuholen ist: **a) IFR-Flüge, b) VFR-Flüge im Luftraum C und D, c) VFR-Flüge in Kontrollzonen, d) Flugplatzverkehr an kontrollierten Flugplätzen, e) Sonder-VFR-Flüge in Kontrollzonen, f) VFR-Flüge bei Nacht** einschließlich Nachtfahrten von Luftschiffen und bemannten Freiballonen, soweit sie über die Umgebung des Flugplatzes hinausführen, **g)** Wolkenflüge mit Segelflugzeugen, **h)** Flüge in Gebiete mit Flugbeschränkungen, soweit dies ausdrücklich bei der Festlegung der Gebiete angeordnet ist, **i)** Kunstflüge im kontrollierten Luftraum und über Flugplätze mit Flugverkehrskontrolle **j)** Fallschirmabsprünge und Abwerfen von Gegenständen an Fallschirmen im kontrollierten Luftraum, **k)** Aufstiege von Flugmodellen und ferngesteuerten oder ungesteuerten Flugkörpern mit Eigenantrieb im kontrollierten Luftraum, **l)** Aufstiege von unbemannten Freiballonen mit einem Gesamtgewicht von Ballonhülle und Ballast von mehr als 0,5 kg sowie Aufstiege von gebündelten unbemannten Freiballonen und Massenaufstiege von unbemannten Freiballonen im kontrollierten Luftraum, Foto, Mess-, Test- und Abnahmeflüge im kontrollierten Luftraum (außer im Luftraum der Klasse E).

Einholen der Flugverkehrskontrollfreigabe: In den Fällen nach **a) bis h)** ist die **Freigabe über Sprechfunk** bei der zuständigen Flugverkehrskontrolle einzuholen. Für **Kunstflüge im kontrollierten Luftraum i)** ist **vor Aufgabe des Flugplans** das Flugvorhaben mit der zuständigen Flugverkehrskontrolle fernmündlich abzusprechen. Die Freigabe ist fernmündlich oder später über Sprechfunk einzuholen. Im Fall der Nummer **j)** ist vorab eine schriftliche/fernmündliche Freigabe bei der zuständigen Flugverkehrskontrolle sowie vor dem Absetzen eine Absetzfreigabe über Sprechfunk einzuholen. In den Fällen nach **k) bis l)** ist die **Flugverkehrskontrollfreigabe schriftlich oder fernmündlich bei der zuständigen Flugverkehrskontrolle zu beantragen.**

(2) Mit der Flugverkehrskontrollfreigabe erhält der Luftfahrzeugführer die Erlaubnis, seinen Flug unter bestimmten Bedingungen durchzuführen. Die zuständige Flugverkehrskontrolle kann bei der Bewegungslenkung der ihrer Kontrolle unterliegenden Flüge den Flugverlauf, insbesondere den Flugweg und die Flughöhe durch entsprechende Freigaben im Einzelnen festlegen.

(3) Beantragt der Luftfahrzeugführer aus zwingenden Gründen eine bevorzugte Flugverkehrskontrollfreigabe, hat er diese Gründe in seinem Antrag anzugeben.

Anmerkungen zu § 26 Abs. 3 LuftVO:
Bei der Durchführung des Flugverkehrskontrolldienstes gilt normalerweise folgender Grundsatz: Das zuerst kommende Luftfahrzeug wird als erstes bedient („First come – first served").

Folgenden Flügen wird jedoch auf Antrag des Luftfahrzeugführers **Vorrangbehandlung** eingeräumt bzw. eine **bevorzugte Flugverkehrskontrollfreigabe** erteilt:

1. Flügen, bei denen der Luftfahrzeugführer eine Notlage erklärt oder bei denen eine Notlage offensichtlich ist, einschließlich der von einer Gewaltanwendung betroffenen oder bedrohten Flüge;
2. Flüge im humanitären Einsatz;
3. Flügen im Such- und Rettungseinsatz;
4. Flügen mit kranken oder verletzten Personen, die sofortiger ärztlicher Hilfe bedürfen, ebenfalls Transport von Transplantaten, Blutkonserven und Medikamenten;
5. Flügen mit Staatsoberhäuptern;
6. Regierungsflügen.

> (4) Von der zuletzt erteilten und bestätigten Flugverkehrskontrollfreigabe darf der Luftfahrzeugführer nicht abweichen, bevor ihm nicht eine neue Flugverkehrskontrollfreigabe erteilt worden ist. Dies gilt nicht in Notlagen, die eine sofortige eigene Entscheidung erfordern. In diesen Fällen hat der Luftfahrzeugführer unverzüglich die zuständige Flugverkehrskontrolle zu benachrichtigen und eine neue Flugverkehrskontrollfreigabe einzuholen.

Anmerkungen zu § 26 Abs. 4 LuftVO:
1. **Von einer erteilten und bestätigten Flugverkehrskontrollfreigabe** darf nur dann abgewichen werden, wenn der Luftfahrzeugführer bei der **zuständigen Flugverkehrskontrolle** eine **neue Freigabe** beantragt hat und diese erteilt worden ist.
2. **In Notlagen,** die eine **sofortige Entscheidung des Luftfahrzeugführers** erfordern (z. B. bei Gefahr des Einfluges in Wolken während eines VFR-Fluges, der der Flugverkehrskontrolle unterliegt), darf von einer erteilten Flugverkehrskontrollfreigabe abgewichen werden, jedoch ist die **zuständige Flugverkehrskontrolle** über den Grund **unverzüglich** zu informieren und eine **neue Freigabe** zu beantragen.

7.5.20 Funkverkehr (§ 26 a LuftVO)

> (1) Der Funkverkehr wird als Sprechfunkverkehr im Flugfunkdienst durchgeführt. Hierbei sind die nach Absatz 3 festgelegten Verfahren anzuwenden.
>
> (2) Der Luftfahrzeugführer hat in den in Anlage 5 beschriebenen Fällen eine dauernde Hörbereitschaft auf der nach Absatz 3 festgelegten Funkfrequenz der zuständigen Flugverkehrskontrolle aufrechtzuerhalten und im Bedarfsfall einen Funkverkehr mit ihr herzustellen. Das Flugsicherungsunternehmen kann Ausnahmen zulassen.

Anmerkungen zu § 26 a Abs. 1 und 2 LuftVO:
1. **Zur Durchführung des Sprechfunkverkehrs** muss das Luftfahrzeug mit einem betriebsklaren **UKW-Sende- und Empfangsgerät** gemäß der **Verordnung über die Flugsicherungsausrüstung der Luftfahrzeuge (FSAV)** ausgerüstet sein.
2. **Ständige Hörbereitschaft** auf der festgelegten **Funkfrequenz der zuständigen Flugverkehrskontrolle** ist gemäß **Anlage 5 LuftVO** für folgende **Flüge nach Sichtflugregeln** (VFR-Flüge) erforderlich (siehe Tabelle Flugbedingungen, Bild 7.21):

    - **VFR-Flüge** in **Lufträumen der Klasse C** und **D,**
    - **VFR-Flüge** innerhalb von Kontrollzonen.

    Des Weiteren ist eine dauernde Hörbereitschaft für **VFR-Flüge bei Nacht,** soweit sie über die Umgebung des Flugplatzes hinausführen, vorgeschrieben (vgl. Abschnitt 7.6.4).

> (3) Die Funkfrequenzen der Flugverkehrskontrollstellen und die Funkfrequenzen der Bodenfunkstellen für den Sprechfunkverkehr im Flugfunkdienst, die nicht von dem Flugsicherungsunternehmen betrieben werden sowie die Sprechfunkverfahren und die Verfahren bei Ausfall der Funkverbindung werden von dem Flugsicherungsunternehmen festgelegt und in dem Verkehrsblatt – Amtsblatt des Bundesministeriums für Verkehr, Bau und Stadtentwicklung der Bundesrepublik Deutschland – oder in den Nachrichten für Luftfahrer bekanntgemacht.

Anmerkungen zu § 26 a Abs. 3 LuftVO:
1. **Die festgelegten Funkfrequenzen** der zuständigen Flugverkehrskontrolle sind im Luftfahrthandbuch, ENR 3.7 und AD, veröffentlicht.

    Die **Funkfrequenzen der Bodenfunkstellen** von Flugplätzen **ohne** Flugverkehrskontrolle (Landeplätze, Rufzeichen: INFO) sind im Luftfahrthandbuch VFR auf den entsprechenden Sichtflugkarten (Visual Operation Charts und auf der ICAO Karte 1:500 000) zu finden.

2. **Die Sprechfunkverfahren** (Radio Communication Procedures) für den beweglichen Flugfunkdienst (Aeronautical Mobile Service) sind im Luftfahrthandbuch, GEN 3.4–7, und im Luftfahrthandbuch VFR, GEN 3, veröffentlicht.

3. **Die Verfahren bei Ausfall der Funkverbindung** (Radio Failure Procedures) sind in einer **Bekanntmachung** der DFS **zur LuftVO** geregelt. Sie schreibt – neben allgemeinen Verfahren – für **Flüge in Sichtwetterbedingungen (VMC)** Folgendes vor:

Verfahren bei Ausfall der Funkverbindung
(§ 26 a Abs. 3 LuftVO, AIP GEN 3.4-38)

I. Allgemeines/Blindsendungen

Gelingt es einem Luftfahrzeugführer nicht, auf der vorgeschriebenen Frequenz Sprechfunkverbindung mit der zuständigen Flugverkehrskontrolle aufzunehmen, so hat er zu versuchen, **eine Sprechfunkverbindung auf anderen für die Flugstrecke festgelegten Frequenzen herzustellen, z.B. der Notfrequenz 121,5 MHz.** Bleiben auch diese Versuche erfolglos, hat er sich zu bemühen, eine **Sprechfunkverbindung mit anderen Bodenfunkstellen oder Luftfahrzeugen** aufzunehmen. Kommt auch über diese eine Sprechfunkverbindung mit der zuständigen Flugverkehrskontrolle nicht zustande, hat der Luftfahrzeugführer die **Funkausfallverfahren** zu befolgen.

Anmerkung: Über **IMMARSAT** sind folgende Kontrollzentralen der DFS erreichbar: Bremen, Langen, München und Rhein.

Blindsendungen
Wenn der Luftfahrzeugführer **vergeblich** versucht hat, eine Sprechfunkverbindung mit der zuständigen Flugverkehrskontrolle aufzunehmen, er aber Anzeichen dafür hat, dass seine Sendungen empfangen werden, so hat er wichtige Meldungen **blind auszusenden**. Die Meldung ist mit der Redewendung **BLINDSENDUNG/TRANSMITTING BLIND** zu beginnen und anschließend **vollständig zu wiederholen**. Dabei ist die **Zeit und/oder Position** anzugeben, zu der die nächste Sendung stattfinden wird, und, für den Fall eines beabsichtigten **Frequenzwechsels,** auch diese Frequenz sowie **die zu rufende Bodenfunkstelle.**

Ist es einer Bodenfunkstelle **nicht möglich,** mit einem Luftfahrzeugführer Sprechfunkverbindung auf einer der Frequenzen, die das Luftfahrzeug möglicherweise abhört, herzustellen, soll sie:

1. **andere Bodenfunkstellen** um Hilfe bitten, das Luftfahrzeug zu rufen bzw. Meldungen weiterzuleiten, wenn nötig;
2. **Luftfahrzeuge in der Nähe** ersuchen, Funkverbindung herzustellen und **Meldungen weiterzugeben,** wenn möglich.

Bleiben die oben genannten Versuche **erfolglos,** sollte die Bodenfunkstelle Meldungen für das Luftfahrzeug durch **Blindsendung** auf der Frequenz, die das Luftfahrzeug möglicherweise abhört, absetzen **(z.B. Notfrequenzen 121,5 MHz und 243,0 MHz).**

Blindsendungen von Flugverkehrskontrollfreigaben an ein Luftfahrzeug durch ein anderes Luftfahrzeug sind nur nach spezieller Aufforderung der Flugverkehrskontrolle weiterzugeben.

II. Funkausfallverfahren

Bei Ausfall der Funkverbindung auf einem Flug, für den Funkverbindung vorgeschrieben ist, hat der Luftfahrzeugführer zunächst einen vorhandenen **Transponder** auf **Code 7600** zu schalten und die **nachfolgenden Funkausfallverfahren** anzuwenden:

Flüge unter Sichtwetterbedingungen

(1) Findet der Flug nach Sichtflugregeln statt, hat der Luftfahrzeugführer

1. den Flug unter Sichtwetterbedingungen fortzusetzen,
2. auf dem nächstgelegenen geeigneten Flugplatz zu landen und
3. der zuständigen Flugverkehrskontrolle unverzüglich die Ankunftszeit des Fluges anzuzeigen.

(2) Ein Luftfahrzeug darf nach Sichtflugregeln nur in eine Kontrollzone einfliegen, wenn der Luftfahrzeugführer vorher eine entsprechende **Flugverkehrskontrollfreigabe** erhalten hat oder eine Landung auf einem Flugplatz innerhalb der Kontrollzone aus flugbetrieblichen Gründen unumgänglich wird.

(3) Fällt bei einem Flug nach Sichtflugregeln die Funkverbindung vor dem Einflug in einen Luftraum der Klasse C unterhalb **Flugfläche 100 oder D (nicht Kontrollzone)** aus, hat der Luftfahrzeugführer diesen Luftraum unbeschadet einer bereits erhaltenen Einflugfreigabe zu meiden. Tritt der **Funkausfall innerhalb des Luftraums der Klasse C** unterhalb **Flugfläche 100 oder D (nicht Kontrollzone)** ein, hat der Luftfahrzeugführer den **Flug gemäß der erhaltenen und bestätigten Flugverkehrskontrollfreigabe fortzusetzen** oder, falls dies nicht möglich ist, den Luftraum unter Einhaltung der Sichtflugregeln **auf dem kürzesten Weg zu verlassen.** Tritt der **Funkausfall innerhalb des Luftraums der Klasse C in und oberhalb der Flugfläche 100** ein, hat der Luftfahrzeugführer diesen **Luftraum** unter Einhaltung der Sichtflugregeln nach § 28 Abs.1 LuftVO auf dem kürzesten Weg zu verlassen.

7.5.21 Standortmeldungen (§ 26 b LuftVO)

> **(1)** Der Luftfahrzeugführer hat in den Fällen des § 26 a Abs. 2 beim Überfliegen der nach § 27 a Abs. 2 festgelegten Meldepunkte unverzüglich eine Standortmeldung an die zuständige Flugverkehrskontrolle zu übermitteln. Die zuständige Flugverkehrskontrolle kann im Einzelfall Standortmeldungen an weiteren Punkten verlangen oder auf die Übermittlung von Standortmeldungen verzichten.

Anmerkung zu § 26 b Abs. 1 LuftVO:
Standortmeldungen (Position Reports) sind vom Luftfahrzeugführer beim Überfliegen der **festgelegten Meldepunkte** (Reporting Points) an die **zuständige Flugverkehrskontrolle** zu übermitteln. Dies trifft für **Flüge nach Sichtflugregeln** (VFR-Flüge) zu, wenn sie

- **in Lufträumen der Klasse C und D (nicht Kontrollzone),**
- **innerhalb von Kontrollzonen** (Luftraum D),
- **in der Platzrunde** eines Flugplatzes
  oder
- **bei Nacht,** soweit sie über die Umgebung des Flugplatzes hinausführen, durchgeführt werden.

> **(2)** Die Einzelheiten über Inhalt und Form der Standortmeldungen werden von dem Flugsicherungsunternehmen festgelegt und in dem Verkehrsblatt – Amtsblatt des Bundesministeriums für Verkehr, Bau und Stadtentwicklung – oder in den Nachrichten für Luftfahrer bekanntgemacht.

Anmerkungen zu § 26 b Abs. 2 LuftVO:
1. Es wird grundsätzlich zwischen **Pflichtmeldepunkten** (Compulsory Reporting Points) und **Meldepunkten auf Anforderung** (Reporting Points on Request) unterschieden.

   Über **Meldepunkten auf Anforderung** (on request) ist vom Luftfahrzeugführer **nur dann** eine **Standortmeldung** (Position Report) abzugeben, wenn die **zuständige Flugverkehrskontrolle** ihn ausdrücklich dazu angewiesen hat.

2. Die von der DFS Deutschen Flugsicherung GmbH **festgelegten Meldepunkte** (Reporting Points) werden in den **Luftfahrtkarten** (z. B. Sichtflugkarten für die Verkehrsflughäfen, Funknavigationskarte) mit einem **Dreieck** gekennzeichnet und bedeuten:

   ▲ = **Pflichtmeldepunkt,** bei dessen Überfliegen der Luftfahrzeugführer nach **§ 26 b Abs. 1 der LuftVO** unverzüglich eine **Standortmeldung** an die zuständige Flugverkehrskontrolle zu übermitteln hat;

   (△) = **Meldepunkt auf Anforderung,** bei dessen Überfliegen der Luftfahrzeugführer nach **§ 26 b Abs. 1 der LuftVO** eine **Standortmeldung nur auf besondere Anforderung** der zuständigen Flugverkehrskontrolle zu übermitteln hat.

3. **Luftfahrzeugführer können von der Verpflichtung zur Abgabe einer Standortmeldung** über einem oder mehreren Pflichtmeldepunkten von der zuständigen Flugverkehrskontrolle **befreit werden,** wenn die Sicherheit des Luftverkehrs hierdurch nicht beeinträchtigt wird.

4. **Über Inhalt und Form der Standortmeldungen** gibt es eine **Bekanntmachung** der DFS **zur LuftVO** (vgl. NfL I-194/97 sowie AIP VFR, ENR 1–38):

- **Standortmeldungen bei Flügen nach Sichtflugregeln**

1. Der Luftfahrzeugführer hat auf einem Flug nach Sichtflugregeln bei der Übermittlung einer Standortmeldung folgende Angaben in der nachstehenden Reihenfolge zu machen:

   a) Funkrufzeichen des Luftfahrzeugs,

   b) Standort,

   c) Überflugzeit,

   d) Flughöhe.

2. Die Zeitangabe nach Absatz 1 c) kann entfallen, wenn der gemeldete Standort zum Zeitpunkt der Standortmeldung erreicht wird.

- **Standortmeldungen bei Flügen in der Platzrunde**

Bei der Übermittlung einer Standortmeldung in der **Platzrunde** eines Flugplatzes hat der Luftfahrzeugführer folgende Angaben in der nachstehenden Reihenfolge zu machen:

   a) Funkrufzeichen des Luftfahrzeugs,

   b) Standort (z. B. Queranflug).

7.5.22 Startmeldungen (§ 26 d LuftVO)

(1) Der Luftfahrzeugführer hat für Flüge, für die ein Flugplan abgegeben wurde, der zuständigen Flugverkehrskontrollstelle die tatsächliche Startzeit unverzüglich zu übermitteln. Dies gilt nicht für Flüge von Flugplätzen mit Flugverkehrskontrollstelle. Das Flugsicherungsunternehmen kann Ausnahmen von Satz 1 zulassen.

(2) Einzelheiten über Inhalt, Form, zulässige zeitliche Abweichungen und Übermittlungsart der Startmeldungen werden von dem Flugsicherungsunternehmen festgelegt und in dem Verkehrsblatt – Amtsblatt des Bundesministeriums für Verkehr, Bau und Stadtentwicklung – oder den Nachrichten für Luftfahrer bekanntgemacht.

Anmerkungen zu § 26 d LuftVO:
Zu dieser Vorschrift über **Startmeldungen** (Report of Departure) bei Flügen, für die ein **Flugplan** aufgegeben wurde, gibt es eine **Bekanntmachung** der DFS **zur LuftVO** (Grundlage NfL I-13/04 sowie AIP VFR ENR 1–36 f.):

1. **Grundsätze**
   Der Luftfahrzeugführer hat eine Startmeldung zu übermitteln
   a) für alle Flüge mit Start nach Sichtflugregeln, sofern ein Flugplan aufgegeben wurde, außer bei Starts von den internationalen Verkehrsflughäfen.
   b) für alle Flüge mit Start nach Instrumentenflugregeln von unkontrollierten Flugplätzen (Luftraum F).

2. **Übermittlung**
   Die tatsächliche Startzeit ist unverzüglich nach dem Start an das AIS-C entweder durch
   a) den Luftfahrzeugführer oder
   b) einen vom Luftfahrzeugführer Beauftragten zu übermitteln.

   Sie kann auch mittels Sprechfunk in Form einer Startmeldung der zuständigen Flugverkehrskontrolle, oder wenn diese nicht erreichbar ist, dem zuständigen Fluginformationsdienst zur Weiterleitung an das AIS-C übermittelt werden.

3. **Inhalt der Startmeldung**
   Die Startmeldung hat folgende Angaben zu enthalten:
   1. Luftfahrzeugkennung,
   2. Startflugplatz,
   3. Startzeit und
   4. Zielflugplatz.

7.5.23 Landemeldungen (§ 27 LuftVO)

(1) Der Luftfahrzeugführer hat bei Flügen, für die ein Flugplan abgegeben wurde, der zuständigen Flugverkehrskontrollstelle unverzüglich eine Landemeldung zu übermitteln. Dies gilt nicht für Flüge zu Flugplätzen mit Flugverkehrskontrollstelle. Das Flugsicherungsunternehmen kann Ausnahmen zulassen.

(2) Einzelheiten über Inhalt, Form und Übermittlungsart der Landemeldungen werden von dem Flugsicherungsunternehmen festgelegt und in dem Verkehrsblatt – Amtsblatt des Bundesministeriums für Verkehr, Bau und Stadtentwicklung – oder in den Nachrichten für Luftfahrer bekanntgemacht.

Anmerkung zu § 27 LuftVO:
Zu dieser Vorschrift über **Landemeldungen** (Report of Arrival) bei Flügen, für die ein **Flugplan** aufgegeben wurde, gibt es eine **Bekanntmachung** der DFS **zur LuftVO** (Grundlage NfL I-14/04 sowie AIP VFR ENR 1–37 f.):

1. **Grundsätze**
   Der Luftfahrzeugführer hat eine Landemeldung zu übermitteln
   a) für alle Landungen nach Sichtflugregeln, sofern ein Flugplan aufgegeben wurde, außer bei Landungen auf den internationalen Verkehrsflughäfen.
   b) für Landungen nach Instrumentenflugregeln auf unkontrollierten Flugplätzen (Luftraum F).

2. **Übermittlung**
   Die Landezeit ist unverzüglich nach der Landung an das AIS-C entweder durch
   a) den Luftfahrzeugführer oder
   b) einen vom Luftfahrzeugführer Beauftragten zu übermitteln.

Anstelle der tatsächlichen Landezeit kann die voraussichtliche Landezeit mittels Sprechfunk der zuständigen Flugverkehrskontrolle, oder wenn diese nicht erreichbar ist, dem zuständigen Fluginformationsdienst zur Weiterleitung an das AIS-C übermittelt werden, sofern sich das Luftfahrzeug bereits in der Platzrunde befindet und die Landung sichergestellt erscheint.

3. Inhalt der Landemeldung
Die Landemeldung hat folgende Angaben zu enthalten:

a) Luftfahrzeugkennung,

b) Startflugplatz,

c) Landeflugplatz und

d) Landezeit.

4. Bei Landungen, die nicht auf dem im Flugplan angegebenen Zielflugplatz durchgeführt werden, sind folgende Angaben zu machen:

a) Luftfahrzeugkennung,

b) Startflugplatz,

c) im Flugplan angegebene Zielflugplatz,

d) tatsächlicher Ort der Landung,

e) Landezeit.

7.5.24 Flugverfahren (§ 27 a LuftVO)

(1) Soweit die zuständige Flugverkehrskontrollstelle keine Flugverkehrskontrollfreigabe nach § 26 Abs. 2 Satz 2 erteilt, hat der Luftfahrzeugführer bei Flügen innerhalb von Kontrollzonen, bei An- und Abflügen zu und von Flugplätzen mit Flugverkehrskontrollstelle und bei Flügen nach Instrumentenflugregeln die vorgeschriebenen Flugverfahren zu befolgen.

(2) Das Luftfahrt-Bundesamt wird ermächtigt, die Flugverfahren nach Absatz 1 einschließlich der Flugwege, Flughöhen und Meldepunkte durch Rechtsverordnung festzulegen. Zur Abwehr von Gefahren für die Sicherheit des Luftverkehrs sowie für die öffentliche Sicherheit oder Ordnung kann das Flugsicherungsunternehmen im Einzelfall Flugverfahren durch Verfügung festlegen; die Dauer der Festlegung darf jedoch drei Monate nicht überschreiten.

Anmerkung zu § 27 a Abs. 1 und 2 LuftVO:
Der Begriff **Flugverfahren** (Flight Procedures) ist ein allgemeiner Begriff. Bei Flügen nach Sichtflugregeln (VFR-Flüge) gibt es z. B. **folgende Flugverfahren:**

- **Sichtanflugverfahren** (Visual Approach Procedures), die im **Luftfahrthandbuch VFR** veröffentlicht sind;
- **Sichtabflugverfahren** (Visual Departure Procedures), die im **Luftfahrthandbuch VFR** veröffentlicht sind;
- **VFR-Warteverfahren** (VFR Holding Procedures), die ebenfalls im **Luftfahrthandbuch VFR** veröffentlicht sind;
- **Flugverfahren für VFR-Flüge in Kontrollzonen, Luftraum D** (vgl. Abschnitt 7.2 „Die Luftraumklassifizierung");
- **Flugverfahren für VFR-Flüge in Lufträumen der Klasse C und D (nicht Kontrollzone)** (vgl. Abschnitt 7.2).

Anlage zu Abschnitt 7.5 Allgemeine Regeln:

I. Zeichen des Einwinkers (§ 7 Anlage 2 zur LuftVO)

(1) Auf einem Flugplatz werden Luftfahrzeugführern Zeichen durch den Einwinker mittels Signalkellen, Leuchtstablampen, Taschenlampen oder nur mit den Armen und Händen gegeben.

(2) Gibt der Einwinker Zeichen, so steht er mit Blickrichtung zum Luftfahrzeug

    a) bei Starrflüglern vor der linken Tragflächenspitze im Blickfeld des Luftfahrzeugführers,

    b) bei Drehflüglern so, dass er für den Luftfahrzeugführer am besten zu sehen ist.

(3) Triebwerke von Luftfahrzeugen werden mit fortlaufenden Nummern angegeben. Das äußere Backbordtriebwerk hat die Nummer 1.

(4) Es werden folgende Zeichen gegeben, wobei die Zeichen Nummer 16 bis 20 für Drehflügler bestimmt sind:

7 Teilnahme am Luftverkehr (Luftverkehrsregeln und -vorschriften, Flugverkehrsdienste)

1. **Auf Zeichen des Einwinkers achten!**
   Der rechte Arm ist senkrecht nach oben ausgestreckt und wird wiederholt nach links und rechts bewegt.

2. **Hier Stillstand!**
   Beide Arme werden senkrecht nach oben ausgestreckt, die Handflächen zeigen nach innen.

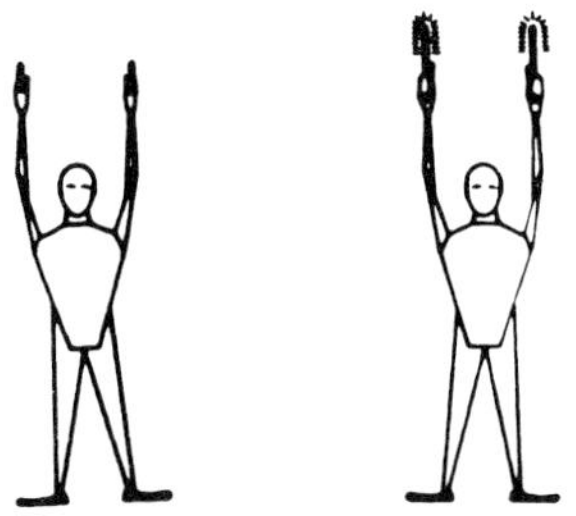

3. **Auf Zeichen des nächsten Einwinkers achten!**
   Der rechte oder linke Arm zeigt abwärts; der andere Arm wird quer vor dem Körper ausgestreckt und zeigt in Richtung auf den nächsten Einwinker.

4. **Geradeaus rollen!**
   Die leicht seitlich ausgestreckten Arme mit nach rückwärts gerichteten Handflächen winken aus Schulterhöhe wiederholt vorwärts-rückwärts.

5a **Nach links drehen!**
   Der rechte Arm zeigt abwärts, der linke Arm winkt wiederholt aufwärts-rückwärts; die Schnelligkeit der Bewegung zeigt die erforderliche Drehgeschwindigkeit an.

5b **Nach rechts drehen!**
   Der linke Arm zeigt abwärts, der rechte Arm winkt wiederholt aufwärts-rückwärts; die Schnelligkeit der Bewegung zeigt die erforderliche Drehgeschwindigkeit an.

6. Halt!
Beide Arme werden wiederholt über dem Kopf gekreuzt; die Schnelligkeit der Armbewegung entspricht der Dringlichkeit des Anhaltens.

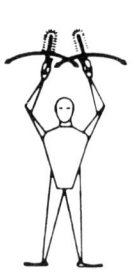

7a Bremsen anziehen!
Der rechte oder linke Arm wird waagerecht vor dem Körper gehalten; die Finger der Hand sind ausgestreckt und werden zur Faust geschlossen.

7b Bremsen lösen!
Der rechte oder linke Arm wird waagerecht vor dem Körper gehalten; die Hand ist zur Faust geschlossen und wird geöffnet.

8a Bremsklötze sind vorgelegt!
Beide Arme werden aus seitlich ausgestreckter Haltung mit zum Körper gerichteten Handflächen nach unten und innen bewegt.

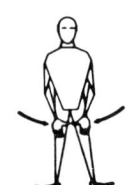

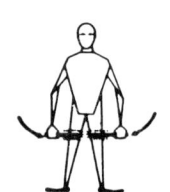

8b Bremsklötze sind entfernt!
Beide Arme hängen herab und werden mit zum Körper gerichteten Handrücken zur Seite bewegt.

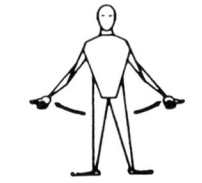

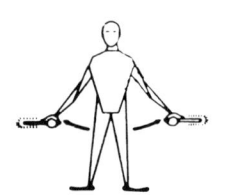

9. Triebwerke anlassen!
Der linke Arm ist nach oben ausgestreckt, die Anzahl der ausgestreckten Finger gibt die entsprechende Nummer des anzulassenden Triebwerks an; die rechte Hand beschreibt kreisende Bewegungen in Kopfhöhe.

7 Teilnahme am Luftverkehr (Luftverkehrsregeln und -vorschriften, Flugverkehrsdienste)

10. Triebwerke abstellen!
Rechter oder linker Arm wird mit der Handfläche nach unten und mit dem Daumen vor der Kehle in Schulterhöhe gehalten; die Hand wird bei angewinkeltem Arm seitlich hin- und herbewegt.

11. Langsamer rollen!
Beide Arme hängen mit nach unten zeigenden Handflächen herab und werden wiederholt auf- und abbewegt.

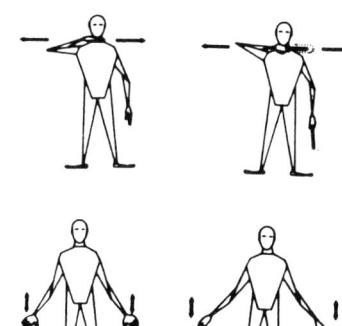

12. Triebwerkdrehzahl auf der angezeigten Seite verringern!
Beide Arme hängen mit nach unten gerichteten Handflächen herab; dann wird entweder die rechte oder linke Hand auf- und abbewegt, je nachdem, ob die Drehzahl der Triebwerke auf der linken oder rechten Seite verringert werden soll.

13. Rückwärts rollen!
Beide Arme werden mit zum Luftfahrzeug gerichteten Handflächen wiederholt vorwärts-aufwärts bis zur waagerechten Armhaltung gebracht.

14a Rückwärts rollen und Luftfahrzeugheck nach Steuerbord drehen!
Der linke Arm zeigt nach unten, der rechte Arm wird aus der senkrechten Haltung über dem Kopf wiederholt in waagerechte Armhaltung nach vorn bewegt.

14b Rückwärts rollen und Luftfahrzeugheck nach Backbord drehen!
Der rechte Arm zeigt nach unten, der linke Arm wird aus der senkrechten Haltung über dem Kopf wiederholt in waagerechte Armhaltung nach vorn bewegt.

15. Alles klar!
Der rechte Arm wird vom Ellenbogen ab nach oben gehalten; der Daumen zeigt nach oben.

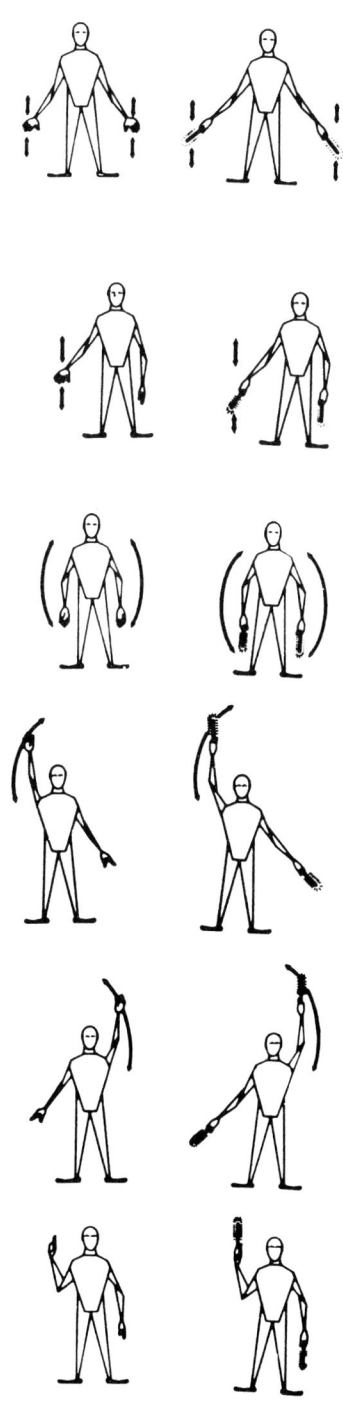

Anmerkung: Die Zeichen Nr. 16 bis 20 sind für Drehflügler (Hubschrauber) bestimmt und werden hier nicht dargestellt.

II. Zeichen des Luftfahrzeugführers (§ 8 Anlage 2 zur LuftVO)

(1) Dem Einwinker werden von dem Luftfahrzeugführer vom Führerraum des Luftfahrzeugs aus Zeichen mit den Armen und Händen gegeben. Die Zeichen müssen für den Einwinker klar erkennbar sein; wenn erforderlich, ist bei der Zeichengebung eine Lichtquelle zu Hilfe zu nehmen.

(2) Für die Bezeichnung von Triebwerken durch den Luftfahrzeugführer gilt § 7 Abs. 3 entsprechend.

(3) Es werden folgende Zeichen gegeben:

1a) Bremsen sind angezogen!
Der rechte oder linke Arm wird waagerecht vor dem Gesicht gehalten; die Finger der Hand sind ausgestreckt und werden zur Faust geschlossen.

1b) Bremsen sind gelöst!
Der rechte oder linke Arm wird waagerecht vor dem Gesicht gehalten; die Hand ist zur Faust geschlossen und wird geöffnet.

2a) Bremsklötze vorlegen!
Die Arme werden seitlich ausgestreckt und mit den Handflächen nach außen vor dem Gesicht gekreuzt.

2b) Bremsklötze entfernen!
Die Arme werden vor dem Gesicht gekreuzt und mit den Handflächen nach außen seitlich ausgestreckt.

3. Fertig zum Anlassen der Triebwerke!
Die Anzahl der ausgestreckten Finger einer Hand gibt die entsprechende Nummer des anzulassenden Triebwerks an.

7.6 Die Sichtflugregeln (§§ 28 bis 34 LuftVO)

Neben den vorher behandelten **Allgemeinen Regeln (vgl. Abschnitt 7.5),** die beim Betrieb eines Luftfahrzeugs **grundsätzlich beachtet** werden müssen, muss der Luftfahrzeugführer bei der Führung eines Luftfahrzeugs **während des Fluges zusätzliche Flugregeln** einhalten, die sich aus den gerade herrschenden **Wetterbedingungen** ergeben.

Flüge können nach **Sicht** als so genannte **Sichtflüge** (Visual Flights) oder mit Hilfe von **Instrumenten** ohne Sicht nach außen als **Instrumentenflüge** (Instrument Flights) durchgeführt werden.

Die **LuftVO** berücksichtigt diese Möglichkeiten der Durchführung von Flügen weitgehend und schreibt – zusätzlich zu den allgemeinen Regeln – die **Sichtflugregeln** (**V**isual **F**light **R**ules = **VFR**) oder die **Instrumentenflugregeln** (**I**nstrument **F**light **R**ules = **IFR**) vor.

Die in den **Sichtflugregeln (VFR)** festgelegten **Mindestwerte für Flugsicht** (flight visibility) und den **Abstand von Wolken** (distance from clouds) beschreiben Wetterbedingungen, die als **Sichtwetterbedingungen** (**V**isual **M**eteorological **C**onditions = **VMC**) oder als **Instrumentenwetterbedingungen** (**I**nstrument **M**eteorological **C**onditions = **IMC**) bezeichnet werden. Diese Wetterbedingungen **(VMC oder IMC)** – festgelegt durch die **Flugsicht** und den **Abstand von Wolken** – bestimmen die Anwendung der entsprechenden Regeln **(VFR oder IFR):**

- **Sichtwetterbedingungen (VMC) erlauben die Anwendung der Sichtflugregeln (VFR),**
- **Instrumentenwetterbedingungen (IMC) verhindern die Anwendung der Sichtflugregeln (VFR).**

Flugsicht (flight visibility) im Sinne der **Sichtflugregeln (VFR)** ist die **Sicht in Flugrichtung** aus dem Führerraum eines im Fluge befindlichen Luftfahrzeugs.

Bodensicht (ground visibility) im Sinne der Sichtflugregeln ist die von einem **amtlich beauftragten Beobachter gemeldete Sicht auf einem Flugplatz.**

Erdsicht (visual contact to the ground) im Sinne der Sichtflugregeln ist gegeben, wenn der **Luftfahrzeugführer die Erdoberfläche** sieht.

Abstände von den Wolken (distance from clouds) sind in den Sichtflugregeln als **Abstände in waagerechter Richtung** und als **Abstände in senkrechter Richtung** festgelegt.

Bevor nun die Sichtflugregeln (§§ 28 bis 34 LuftVO) behandelt werden, noch ein wichtiger Hinweis für die Durchführung von VFR-Flügen:

> **Alle Flüge nach Sichtflugregeln (VFR)** müssen nach dem Grundsatz
> **„SEHEN UND GESEHEN WERDEN"** durchgeführt werden.

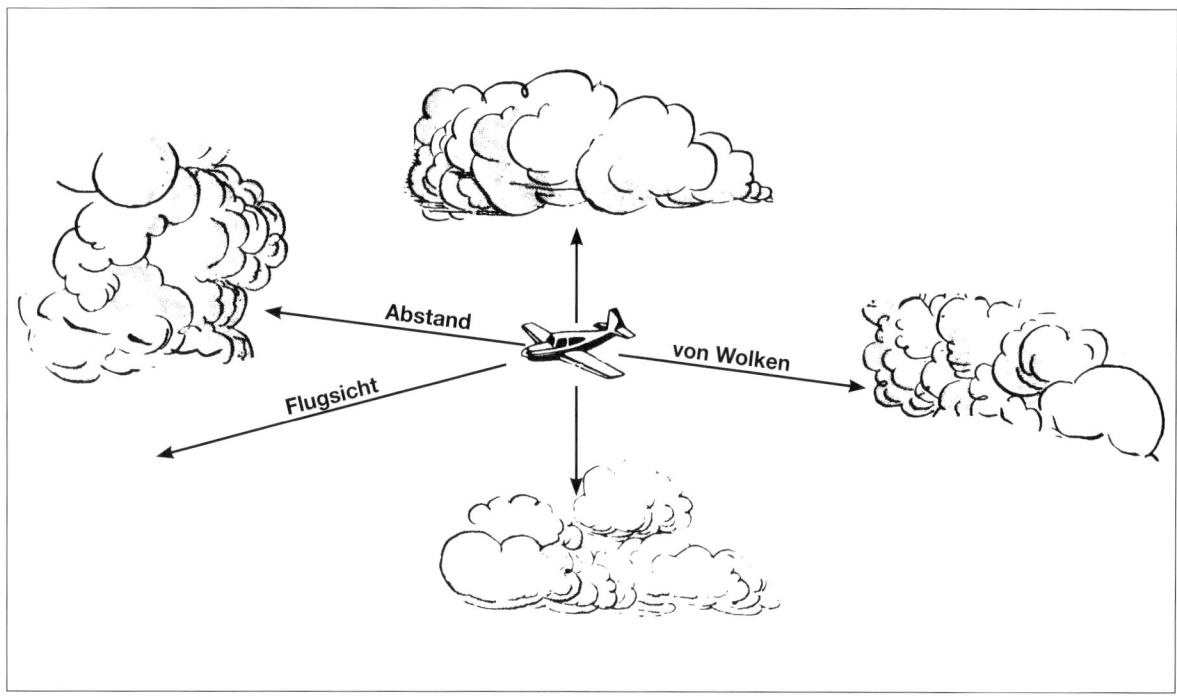

7 Teilnahme am Luftverkehr (Luftverkehrsregeln und -vorschriften, Flugverkehrsdienste)

Bild 7.32 Flugsicht und Abstände von Wolken

Der **Luftfahrzeugführer** trägt bei VFR-Flügen die **alleinige Verantwortung** für die **Vermeidung von Zusammenstößen** und ist deshalb verpflichtet, die **Sichtflugregeln** (VFR) **genauestens zu beachten** und den **Luftraum ständig zu beobachten**!

7.6.1 Flüge nach Sichtflugregeln in den Lufträumen mit der Klassifizierung B bis G (§ 28 LuftVO)

(1) Flüge nach Sichtflugregeln in den Lufträumen der Klassen B bis G sind so durchzuführen, dass die in Anlage 5 enthaltenen jeweiligen Mindestwerte für Flugsicht und Abstand von Wolken nicht unterschritten werden. Flugsicht ist die Sicht in Flugrichtung aus dem Führerraum eines im Flug befindlichen Luftfahrzeugs.

Anmerkungen zu § 28 Abs. 1 LuftVO:
1. **Die jeweiligen Mindestwerte für Flugsicht** und **Abstand von Wolken** sind in einer **Anlage zur LuftVO** (Anlage 5) veröffentlicht. Diese Anlage ist in Bild 7.20 abgedruckt.
2. **Flüge nach Sichtflugregeln in Lufträumen der Klasse C** bedürfen einer **Flugverkehrskontrollfreigabe** und müssen **bestimmte Verfahren** einhalten (vgl. Abschnitt 7.2 „Die Luftraumklassifizierung").
3. **Zivile motorgetriebene Luftfahrzeuge** müssen bei **VFR-Flügen oberhalb von 5000 ft MSL oder oberhalb 3500 ft über Grund** – wobei der höhere Wert maßgebend ist – mit einem **Transponder** ausgerüstet sein.

Der Transponder muss für den **Abfragemodus S mit 4096 Antwortcodes** und für den **Abfragemodus C mit automatischer Höhenübermittlung** ausgestattet sein (§ 4 Abs. 3 der Verordnung über die Flugsicherungsausrüstung – FSAV).

Der **Luftfahrzeugführer** hat bei VFR-Flügen im oben festgelegten Luftraum den **Transponder selbständig** auf **Code 7000** zu schalten.

(2) In Kontrollzonen dürfen Flüge nach Sichtflugregeln nur durchgeführt werden, wenn die in Anlage 5 für Kontrollzonen zusätzlich aufgeführten Mindestwetterbedingungen für Bodensicht und Hauptwolkenuntergrenze gegeben sind. Bodensicht ist die Sicht auf einem Flugplatz, wie sie von einer amtlich dazu beauftragten Person festgestellt wird. Hauptwolkenuntergrenze ist die Untergrenze der niedrigsten Wolkenschicht über Grund oder Wasser, die mehr als die Hälfte des Himmels bedeckt und unterhalb von 6000 m (20000 Fuß) liegt.

Anmerkungen zu § 28 Abs. 2 LuftVO:
1. **Kontrollzonen (CTR)** sind **kontrollierte Lufträume der Klasse D** (vgl. Abschnitt 7.2 „Die Luftraumklassifizierung").
2. Während der Luftfahrzeugführer die Flugsicht und den Abstand von Wolken selbst beurteilen muss, zieht die für **Kontrollzonen (CTR)** zuständige Flugverkehrskontrolle (TWR/APP) die vom **Deutschen Wetterdienst** (DWD) festgestellten Werte für die **Bodensicht** (ground visibility) und die **Hauptwolkenuntergrenze** (ceiling) heran, um zu entscheiden, ob innerhalb einer Kontrollzone **Sichtwetterbedingungen** (VMC) herrschen oder nicht.

    Abweichend von den ICAO-Regeln im Luftraum D gilt in der Bundesrepublik Deutschland für VFR-Flüge in Kontrollzonen (CTR), dass **Wolken nicht berührt werden dürfen** (siehe Bild 7.33).
3. **Vor dem Einflug** in eine **Kontrollzone** (CTR) und **vor dem Start** von einem Flugplatz **innerhalb einer Kontrollzone** ist in jedem Fall eine **Flugverkehrskontrollfreigabe** (ATC clearance) von der zuständigen **Flugverkehrskontrolle** einzuholen.

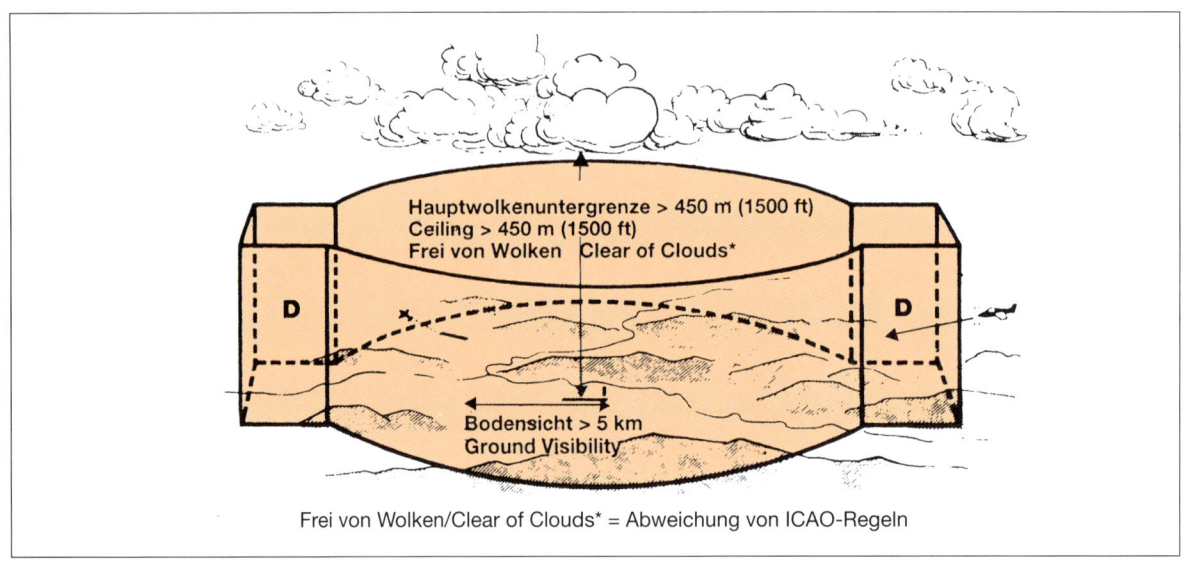

Bild 7.33 Zusätzliche Mindestwetterbedingungen für Flüge nach Sichtflugregeln innerhalb von Kontrollzonen (CTR)

> **(3)** Für Kontrollzonen der Klasse D und für bestimmte Teile von anderen Lufträumen kann das Bundesministerium für Verkehr, Bau und Stadtentwicklung andere als die in Anlage 5 vorgeschriebenen Mindestwerte für Flugsicht und Abstand von Wolken sowie für Bodensicht oder Hauptwolkenuntergrenze festlegen, wenn eine Beeinträchtigung der öffentlichen Sicherheit oder Ordnung, insbesondere die Sicherheit des Luftverkehrs, nicht zu erwarten ist.

Anmerkung zu § 28 Abs. 3 LuftVO:
Das Bundesministerium für Verkehr, Bau und Stadtentwicklung (BMVBS) hat für bestimmte Kontrollzonen **niedrigere VFR-Mindestwerte** festgelegt. Diese Ausnahmen sind im **Luftfahrthandbuch, ENR 2.1–15,** veröffentlicht.

> **(4)** Wenn die nach den Absätzen 1 bis 3 vorgeschriebenen Mindestwerte innerhalb einer Kontrollzone nicht gegeben sind, dürfen nach Sichtflugregeln betriebene Luftfahrzeuge nur dann auf einem in der Kontrollzone gelegenen Flugplatz starten, landen oder in die Kontrollzone einfliegen, wenn die zuständige Flugverkehrskontrolle hierzu eine Flugverkehrskontrollfreigabe für einen Sonderflug nach Sichtflugregeln erteilt hat. Die Voraussetzungen für die Erteilung der Flugverkehrskontrollfreigabe werden von dem Flugsicherungsunternehmen festgelegt und im Verkehrsblatt – Amtsblatt des Bundesministeriums für Verkehr, Bau und Stadtentwicklung – oder in den Nachrichten für Luftfahrer bekanntgemacht.

Anmerkungen zu § 28 Abs. 4 LuftVO:
1. Sind die **Mindestwetterbedingungen** für **VFR-Flüge** innerhalb einer **Kontrollzone (CTR) nicht** erfüllt, so kann der Luftfahrzeugführer eine **Flugverkehrskontrollfreigabe** (ATC clearance) für einen **Sonderflug nach Sichtflugregeln** (Sonder-VFR-Flug, engl.: Special VFR Flight) beantragen.
2. **Die Voraussetzungen** für die Erteilung einer Flugverkehrskontrollfreigabe für einen **Sonderflug nach Sichtflugregeln** in Kontrollzonen (CTR) sind in einer **Bekanntmachung** der DFS **zur LuftVO** festgelegt, die im **Luftfahrthandbuch VFR, ENR 1–10** veröffentlicht ist:

7 Teilnahme am Luftverkehr (Luftverkehrsregeln und -vorschriften, Flugverkehrsdienste)

Voraussetzung für die Erteilung einer Flugverkehrskontrollfreigabe für einen Sonderflug nach Sichtflugregeln in Kontrollzonen (AIP VFR, ENR 1–10)

1. **Eine Flugverkehrskontrollfreigabe** für einen **Sonder-VFR-Flug** wird von der Flugverkehrskontrolle **nur dann erteilt,** wenn
   a) die Verkehrsverhältnisse es zulassen,
   b) die Bodensicht nicht unter 1 500 m, für Hubschrauber nicht unter 800 m, liegt,
   c) die Hauptwolkenuntergrenze mindestens 500 ft beträgt.
2. **Liegt die Hauptwolkenuntergrenze unter 500 ft** wird eine Flugverkehrskontrollfreigabe für einen **Sonder-VFR-Flug nur erteilt,** wenn der Luftfahrzeugführer zum Ausdruck bringt, dass er im Besitz einer **Ausnahmegenehmigung** zum Unterschreiten der Sicherheitsmindesthöhe ist.
3. Eine Flugverkehrskontrollfreigabe für einen Sonderflug nach Sichtflugregeln wird ohne Einhaltung der oben aufgeführten Bedingungen erteilt für Flüge, die offenkundig gemäß § 34 LuftVO **(SAR-Flüge)** oder § 30 LuftVG **(Mil./Polizei-Flüge)** durchgeführt werden.
4. **Der Luftfahrzeugführer** hat bei einem **Sonder-VFR-Flug** einzuhalten:
   a) **die VFR-Minima** wie im **Luftraum G,**
   b) **die Sicherheitsmindesthöhe,** es sei denn, der Luftfahrzeugführer besitzt eine Ausnahmegenehmigung zum Unterschreiten dieser Höhe.
5. **Staffelung**
   Sonder-VFR-Flüge in Kontrollzonen werden **voneinander** und **von IFR-Flügen** gestaffelt.

7.6.2 Höhenmessereinstellung und Reiseflughöhen bei Flügen nach Sichtflugregeln (§ 31 LuftVO)

(1) Bei Flügen nach Sichtflugregeln in und unterhalb der nach Absatz 3 festgelegten Höhe hat der Luftfahrzeugführer den Höhenmesser auf den QNH-Wert des zur Flugstrecke nächstgelegenen Flugplatzes mit Flugverkehrskontrolle einzustellen, wenn der Flug über die Umgebung des Startflugplatzes hinausführt. QNH-Wert ist der auf mittlere Meereshöhe reduzierte Luftdruckwert eines Ortes, unter der Annahme, dass an dem Ort und unterhalb des Ortes die Temperaturverhältnisse der Normatmosphäre herrschen.

Anmerkungen zu § 31 Abs. 1 LuftVO:
1. Die **festgelegten Höhen** werden unter **Abs. 3** dieses Paragraphen behandelt (siehe unten).
2. Die **Höhenmessereinstellung** auf den **QNH-Wert** des zur Flugstrecke **nächstgelegenen Flugplatzes mit Flugverkehrskontrolle** (controlled aerodrome) ist bei **Flügen nach Sichtflugregeln** (VFR) in **niedrigen Höhen** notwendig, weil bei dieser Einstellung die **angezeigte Höhe** annähernd genau der **Höhe über MSL (MSL = M**ean **S**ea **L**evel**)** entspricht. Der Luftfahrzeugführer kann mit der **QNH-Höhenmessereinstellung** seine tatsächliche **Höhe über der Erdoberfläche** (GND = ground) ziemlich genau bestimmen.
3. **Die QNH-Werte** werden von den **Flugwetterwarten des DWD** ermittelt und stehen auf **sämtlichen Verkehrsflughäfen** zur Verfügung.
4. Durch das **Einstellen des Höhenmessers** auf den **QNH-Wert** wird gleichzeitig ermöglicht, dass der Luftfahrzeugführer die notwendige **Bodenfreiheit** und die vorgeschriebene **Sicherheitsmindesthöhen** einhalten kann.

(2) Bei Flügen nach Sichtflugregeln oberhalb der nach Absatz 3 festgelegten Höhe hat der Luftfahrzeugführer den Höhenmesser auf 1 013,2 hPa einzustellen (Standard-Höhenmessereinstellung). Dabei ist die Flugfläche einzuhalten, die nach den Regeln über Halbkreisflughöhen (Anlage 3) dem jeweiligen missweisenden Kurs über Grund entspricht. Dies gilt nicht, soweit das Luftfahrzeug sich im Steig- oder Sinkflug befindet oder die nach § 28 Abs. 1 und 3 vorgeschriebenen Werte für Flugsicht und Abstand von Wolken in der entsprechenden Flugfläche nicht eingehalten werden können. Flugflächen sind zum Zwecke der Höhenstaffelung vorgesehene Flächen in der Atmosphäre, die durch festgelegte Anzeigewerte eines auf 1 013,2 hPa eingestellten Höhenmessers bestimmt sind. Halbkreisflughöhe ist die festgelegte Reiseflughöhe, die nach der jeweiligen Hälfte der Kompassgradeinteilung, in der der missweisende Kurs über Grund liegt, bestimmt wird.

Anmerkung zu § 31 Abs. 2 LuftVO:
1. Die **Standardhöhenmessereinstellung** (Standard Altimeter Setting) bedeutet, dass der Höhenmesser auf den **Druckwert der ICAO-Normatmosphäre in MSL** eingestellt wird. Dieser Wert beträgt

- **1 013,2 Hektopascal (hPa).**

2. Die Standardhöhenmessereinstellung bietet gegenüber der QNH-Höhenmessereinstellung den Vorteil, dass **während des Reisefluges** oberhalb der festgelegten Höhe (siehe Abs. 3) **nur eine Höhenmessereinstellung** (1 013,2 hPa) vorzunehmen ist. Die **Bodenfreiheit** und die Einhaltung der vorgeschriebenen **Sicherheitsmindesthöhen** sind oberhalb der festgelegten Höhe für diese Höhenmessereinstellung immer gewährleistet.

> **(3)** Die Höhen nach Absatz 1 Satz 1 und Absatz 2 Satz 1 werden von dem Flugsicherungsunternehmen festgelegt und in dem Verkehrsblatt – Amtsblatt des Bundesministeriums für Verkehr, Bau und Stadtentwicklung – oder in den Nachrichten für Luftfahrer bekanntgemacht.

Anmerkung zu § 31 Abs. 3 LuftVO:
Zu § 31 Abs. 3 LuftVO gibt es eine **Bekanntmachung** der DFS **zur LuftVO,** die im **Luftfahrthandbuch, ENR 1.7–1,** und im **Luftfahrthandbuch VFR** veröffentlicht sind:

Höhenmessereinstellung bei Flügen nach Sichtflugregeln (§ 31 Abs. 3 LuftVO, AIP ENR 1.7–1, AIP VFR ENR 1–15)
1. Bei Flügen nach Sichtflugregeln bis zu einer **Höhe von 5 000 ft MSL** oder **bis zu einer Höhe von 2 000 ft GND,** sofern diese Flughöhe 5 000 ft MSL überschreitet, ist der **Höhenmesser** auf den **Luftdruck, bezogen auf Meereshöhe (QNH-Wert),** des zur Flugstrecke **nächstgelegenen Flugplatzes mit Flugverkehrskontrolle** einzustellen.
2. Bei Flügen nach Sichtflugregeln oberhalb dieser Höhen ist der **Höhenmesser** auf **1 013,2 Hectopascal** (entspricht 1 013,2 Millibar) einzustellen (Standard-Höhenmessereinstellung).

Halbkreisflughöhen (Semi-circular Cruising Levels) gemäß Anlage 3 LuftVO
Sofern nach § 31 Abs. 2 und § 37 Abs. 3 der Luftverkehrs-Ordnung die Benutzung von **Halbkreisflughöhen vorgeschrieben** ist, hat der Luftfahrzeugführer eine der Flughöhen über **Mittlere Meereshöhe** oder **Flugflächen** einzuhalten, die nach der folgenden Tabelle seinem jeweiligen **missweisenden Kurs über Grund** entsprechen:

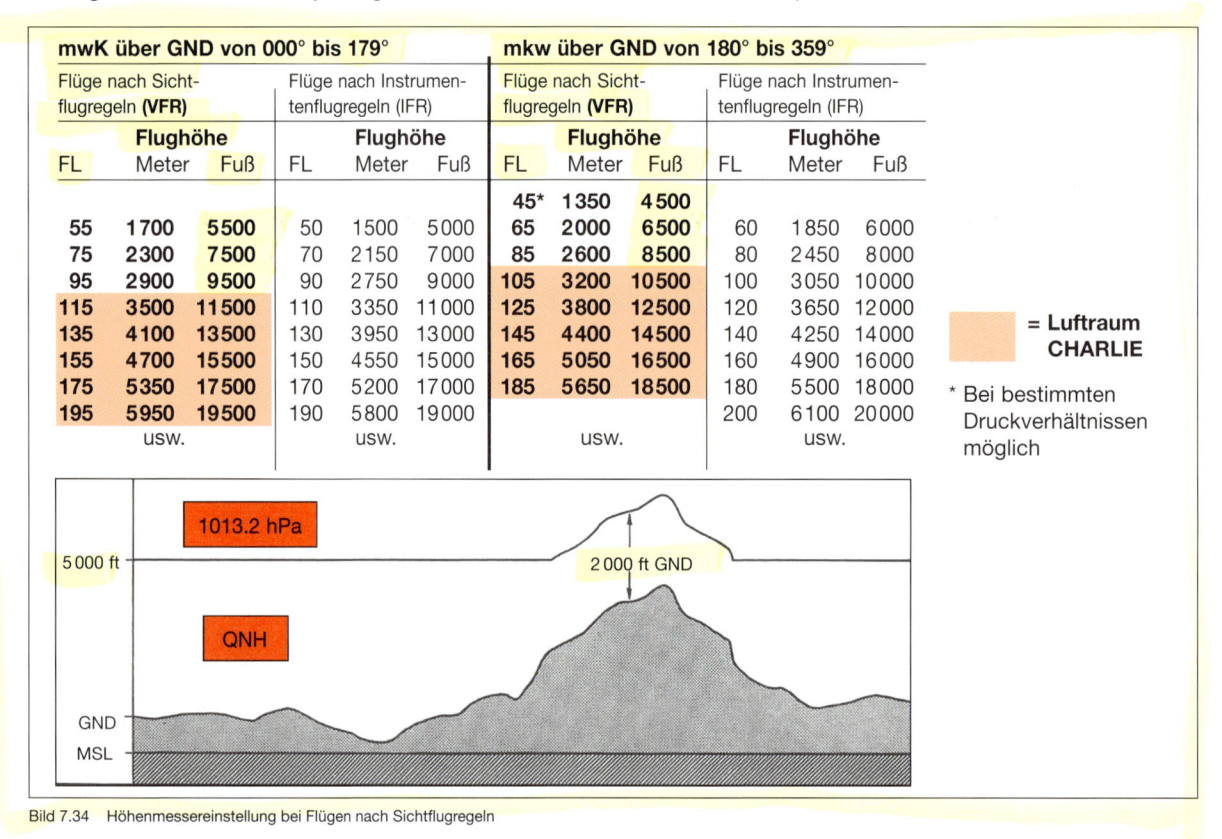

mwK über GND von 000° bis 179°						mkw über GND von 180° bis 359°					
Flüge nach Sichtflugregeln (**VFR**)			Flüge nach Instrumentenflugregeln (IFR)			Flüge nach Sichtflugregeln (**VFR**)			Flüge nach Instrumentenflugregeln (IFR)		
Flughöhe			Flughöhe			Flughöhe			Flughöhe		
FL	Meter	Fuß	FL	Meter	Fuß	FL	Meter	Fuß	FL	Meter	Fuß
						45*	1350	4500			
55	1700	5500	50	1500	5000	65	2000	6500	60	1850	6000
75	2300	7500	70	2150	7000	85	2600	8500	80	2450	8000
95	2900	9500	90	2750	9000	105	3200	10500	100	3050	10000
115	3500	11500	110	3350	11000	125	3800	12500	120	3650	12000
135	4100	13500	130	3950	13000	145	4400	14500	140	4250	14000
155	4700	15500	150	4550	15000	165	5050	16500	160	4900	16000
175	5350	17500	170	5200	17000	185	5650	18500	180	5500	18000
195	5950	19500	190	5800	19000				200	6100	20000
usw.			usw.			usw.			usw.		

= Luftraum CHARLIE

* Bei bestimmten Druckverhältnissen möglich

Bild 7.34 Höhenmessereinstellung bei Flügen nach Sichtflugregeln

> **(4)** In den Lufträumen der Klassen B, C und D (nicht Kontrollzone) sind bei Flügen nach Sichtflugregeln die von der zuständigen Flugverkehrskontrolle zugewiesenen Flughöhen einzuhalten.

Anmerkung zu § 31 Abs. 4 LuftVO:
Diese Vorschrift gilt für **VFR-Flüge** in **Lufträumen der Klasse C und D (nicht Kontrollzone)** (vgl. Abschnitt 7.2 „Die Luftraumklassifizierung"). Lufträume der Klasse B wurden in der Bundesrepublik Deutschland **nicht** eingeführt. Im Interesse eines flüssigen Verkehrsablaufs kann die zuständige Flugverkehrskontrolle den Flug auf eine andere als die beantragte Flughöhe freigeben.

7 Teilnahme am Luftverkehr (Luftverkehrsregeln und -vorschriften, Flugverkehrsdienste)

7.6.3 Flüge nach Sichtflugregeln über Wolkendecken (§ 32 LuftVO)

> Bei Flügen nach Sichtflugregeln dürfen Wolkendecken nur dann überflogen werden, wenn
> 1. die Flughöhe mindestens 300 m (1 000 Fuß) über Grund oder Wasser beträgt und die Flugsicht sowie der Abstand von den Wolken (§ 28 Abs. 1) nach den Werten für den Luftraum der Klasse E (Anlage 5) eingehalten werden;
> 2. der Luftfahrzeugführer in der Lage ist, den beabsichtigten Flugweg einzuhalten;
> 3. der Anflug zum Zielflugplatz und die Landung bei Flugverhältnissen, bei denen nach Sichtflugregeln geflogen werden darf, gewährleistet ist;
> 4. der Luftfahrzeugführer die Berechtigung zur Ausübung des Flugfunkverkehrs hat.

Anmerkung zu § 32 LuftVO:
Flugzeuge, Drehflügler und Motorsegler, motorgetriebene aerodynamisch gesteuerte Ultraleichtflugzeuge und Tragschrauber müssen bei **VFR-Flügen über Wolkendecken** gemäß **§ 4 Abs. 2 und 6 der Verordnung über die Flugsicherungsausrüstung (FSAV)** mit einem

- **betriebsbereiten UKW-Sende- und Empfangsgerät** für den Sprechfunkverkehr, ausgenommen aerodynamisch gesteuerte Ultraleichtflugzeuge und Tragschrauber unter bestimmten Voraussetzungen

  und mit einem

- **VOR-Navigations-Empfangsgerät**

  oder einem

- **Flächennavigationsgerät**

ausgerüstet sein.

7.6.4 Flüge nach Sichtflugregeln bei Nacht (§ 33 LuftVO)

> Für Flüge nach Sichtflugregeln bei Nacht gelten die §§ 28 bis 32. Als Nacht gilt der Zeitraum zwischen einer halben Stunde nach Sonnenuntergang und einer halben Stunde vor Sonnenaufgang. Flüge nach Sichtflugregeln bei Nacht mit Luftsportgeräten, ausgenommen einsitzige Sprungfallschirme, sind nicht erlaubt.

Anmerkungen zu § 33 LuftVO:
1. **Begriff der Nacht**
   Als Nacht gilt der **Zeitraum** zwischen einer **halben Stunde nach Sonnenuntergang** und einer **halben Stunde vor Sonnenaufgang** (SS +30 bis SR −30).
2. **Flugregeln**
   Für Flüge nach Sichtflugregeln bei Nacht gelten die **§§ 28 bis 32 LuftVO,** also die **Sichtflugregeln** dieses Kapitels.
3. **VFR-Flüge, Fahrten von Luftschiffen und bemannten Freiballonen bei Nacht, soweit sie über die Umgebung des Flugplatzes hinausführen.**
   Für VFR-Flüge/Fahrten bei Nacht, soweit sie über die Umgebung des Flugplatzes hinausführen, hat der Luftfahrzeugführer der zuständigen Flugverkehrskontrolle einen **Flugplan** zu übermitteln und eine **Flugverkehrskontrollfreigabe** einzuholen.

   Im **Flugplan** sollte grundsätzlich eine **veröffentlichte Streckenführung** angegeben werden.

   Wird als Flugstrecke **keine veröffentlichte Streckenführung** angegeben, muss u. U. mit einer **Verzögerung** gerechnet werden, da in diesem Fall kein automatischer Datenaustausch zwischen den betroffenen Flugverkehrskontrollstellen erfolgen kann.

   Können die im Flugplan angegebenen An-/Abflugstrecken und Streckenführungen nicht mit dem vorgeschriebenen VOR-Empfänger beflogen werden, geht die DFS davon aus, dass der Luftfahrzeugführer den beantragten Flugweg mit Hilfe anderer navigatorischer Mittel einhalten kann.

   Luftfahrzeugführer, deren Luftfahrzeug **nicht mit einem funktionstüchtigen Transponder** ausgerüstet ist, müssen unter Umständen mit **Einschränkungen** und – wenn besondere Umstände (z. B. Wettersituation, Verkehrslage) vorliegen – mit einer **Ablehnung** durch die Flugverkehrskontrolle rechnen (vgl. hierzu Anmerkung 6 a).

   Flüge nach Sichtflugregeln bei Nacht im kontrollierten Luftraum werden von der Flugverkehrskontrolle grundsätzlich **wie Flüge nach Instrumentenflugregeln** behandelt. Sie werden zu IFR-Flügen gestaffelt; zu den aktivierten Streckensegmenten des Nachttiefflugsystems werden Sicherheitsabstände eingehalten. Kann eine Flugverkehrskontrollfreigabe zum Durchfliegen des aktiven Abschnittes des Nachttiefflugsystems im kontrollierten Luftraum nicht erteilt werden, kann das Nachttiefflugsystem im unkontrollierten Luftraum in einer maximalen Flughöhe von 700 ft GND unterflogen werden, dabei ist

   - die Sicherheitsmindesthöhe von 500 ft GND, nach § 6 Abs. 1 LuftVO,
   - die geographische Geländestruktur und
   - die Erreichbarkeit von Notlandeflächen (vgl. § 6 Abs. 1 Satz 2 LuftVO) zu beachten.

Die **Flugverkehrskontrollfreigabe** enthält, soweit zutreffend:
- Freigabegrenze (Zielflugplatz, Fixpunkt oder Luftraumgrenze),
- Strecke,
- Flughöhe oder Höhenband,
- sonstige Anweisung (z. B. Transponder-Code).

Mit der **Erteilung der Freigabe** wird dem Luftfahrzeugführer
- **eine bestimmte Flughöhe**
- **oder ein Höhenband,** falls Verkehrslage und FS-Kapazität es zulassen,

zugewiesen.

Luftfahrzeuge, die sich bereits im kontrollierten Luftraum befinden, können, wenn es die Umstände erfordern, angewiesen werden, diesen unverzüglich zu verlassen, wenn sichergestellt ist, dass der weitere Flugweg keine aktivierten Teilstrecken des Nachttiefflugsystems berührt.

4. **Funkverkehr**
Bei Nachtflügen im **kontrollierten Luftraum** hat der Luftfahrzeugführer eine **dauernde Hörbereitschaft** auf der festgelegten Funkfrequenz der zuständigen Flugverkehrskontrolle aufrecht zu erhalten und im **Bedarfsfall Funkverkehr** mit ihr herzustellen. Der Sprechfunkverkehr kann auch in **deutscher Sprache** abgewickelt werden (BFZ II reicht aus).

5. **Flüge in Sichtweite eines für den Nachtflugbetrieb genehmigten und befeuerten Flugplatzes**
Für Flüge nach Sichtflugregeln bei Nacht in Sichtweite eines für den Nachtflugbetrieb genehmigten und befeuerten Flugplatzes müssen Luftfahrzeuge mit einem UKW-Sende- und Empfangsgerät ausgerüstet sein (FSAV).

6. **Flüge außerhalb der Sichtweite eines für den Nachtflugbetrieb genehmigten und befeuerten Flugplatzes (Überlandflüge)**
Für Flüge nach Sichtflugregeln bei Nacht, die **außerhalb der Sichtweite von für den Nachtflugbetrieb genehmigten und befeuerten Plätzen** durchgeführt werden, müssen Flugzeuge, Drehflügler und Motorsegler gemäß **FSAV** ausgerüstet sein:

   a) **Im kontrollierten Luftraum** mit einem
   - **betriebsbereiten UKW-Sende- und Empfangsgerät** für den Sprechfunkverkehr,
   - **VOR-Navigations-Empfangsgerät** oder einem Flächennavigationsgerät

     und einem
   - **Sekundärradar-Antwortgerät** (Transponder).

Der **Transponder** muss **mit 4096 Antwortcodes** und für den **Abfragemodus C** mit automatischer Höhenübermittlung ausgestattet sein und Mode-S-Technik verwenden.

   b) **Im unkontrollierten Luftraum** mit einem
   - **betriebsbereiten UKW-Sende- und Empfangsgerät** für den Sprechfunkverkehr

     und einem
   - **VOR-Navigations-Empfangsgerät** oder einem Flächennavigationsgerät

     oder einem
   - **automatischen Funkpeilgerät** (ADF).

7. **Erforderliche Zusatzausrüstung für VFR-Flüge bei Nacht**
Gemäß § 21 Abs. 4 LuftBO muss das Luftfahrzeug bei **VFR-Nachtflügen** – zusätzlich zu den Lichtern, die nach LuftVO Anlage 1 zu führen sind – mit einer **Instrumentenbeleuchtung** ausgerüstet sein.

8. **Voraussetzungen für VFR-Flüge bei Nacht gemäß JAR-FCL und LuftPersV**
   a) Privatflugzeugführer mit einer **Lizenz nach JAR-FCL 1 (deutsch)** haben für die Durchführung von Flügen bei Nacht **mindestens fünf zusätzliche Stunden** auf Flugzeugen **bei Nacht** durchzuführen; davon **drei Stunden mit Lehrberechtigtem** mit mindestens **einer Stunde Überlandflugnavigation** sowie **fünf Alleinstarts und fünf Alleinlandungen** bis zum vollständigem Stillstand. Diese Qualifikation wird in die Lizenz eingetragen.

   b) Die **Lizenz** für Privatflugzeugführer **nach LuftPersV** mit der Klassenberechtigung einmotorige kolbengebriebene Landflugzeuge bis zu einer **Höchstabflugmasse von 750 kg** kann um die **Nachtflugqualifikation erweitert** werden. Für den Erwerb und den Umfang der Nachflugqualifikation sind die Vorschriften für die Nachtflugqualifikation für Privatflugzeugführer gemäß der vom Bundesministerium für Verkehr, Bau und Stadtentwicklung im Bundesanzeiger bekannt gemachten Fassung der Bestimmungen über die Lizenzierung von Piloten von Flugzeugen (JAR-FCL 1 deutsch) vom 15. April 2003 (BAnz. Nr. 80a vom 29. April 2003) sinngemäß anzuwenden (siehe oben unter a).

   c) **Segelflugzeugführer** dürfen **nur am Tage** fliegen (§ 39 Abs. 2 LuftPersV, vgl. Abschnitt 6.2.3 „Die Lizenz [Luftfahrerschein] für Segelflugzeugführer nach LuftPersV").

7.6.5 Such- und Rettungsflüge (§ 34 LuftVO)

> Bei Flügen im Such- und Rettungseinsatz oder zur Hilfeleistung bei einer Gefahr für Leib und Leben einer Person kann von den §§ 28 bis 33 abgewichen werden.

7.7 Ergänzungsausrüstung der Luftfahrzeuge und allgemeine Flugbetriebsvorschriften gemäß LuftBO

7.7.1 Ergänzungsausrüstung der Luftfahrzeuge

In den **§§ 19 bis 22 LuftBO** wird die **Ergänzungsausrüstung** der Luftfahrzeuge vorgeschrieben, die neben der **Grundausrüstung** nach den Bauvorschriften und der **Flugsicherungsausrüstung** gemäß der Verordnung über die Flugsicherungsausrüstung der Luftfahrzeuge (FSAV) vorhanden sein muss.

7.7.1.1 Ergänzungsausrüstung, die durch den Verwendungszweck erforderlich ist (§ 19 LuftBO)

(1) Luftfahrzeuge, die für die **Beförderung von Personen oder Sachen** verwendet werden, müssen ausgerüstet sein mit:
1. **einem Sitz für jede Person** und einen **Anschnallgurt für jeden Sitz;** zwei Kinder mit einem Höchstalter bis zu zwei Jahren oder ein Kind mit einem Höchstalter bis zu zwei Jahren und ein Erwachsener können auf einem Sitz untergebracht werden; **in Flugzeugen**, die **nicht** in der **Lufttüchtigkeitsgruppe Verkehrsflugzeuge** zugelassen sind, und **sonstigen Luftfahrzeugen** mit einem **höchstzulässigen Fluggewicht bis zu 5 700 kg** können **zwei Kinder** mit einem **Höchstalter bis zu 10 Jahren** auf **einem Sitz** untergebracht werden, wenn dadurch die Sicherheit und Ordnung nicht gefährdet wird; Freiballone sind von den Vorschriften dieser Nummer ausgenommen;
2. **Einrichtungen, Sicherheits- und Rettungsgeräten** zum Schutz der Insassen in Notlagen und bei Unfällen;
3. **Einrichtungen und Geräten** mit Ausnahme der Luftsportgeräte, die es ermöglichen, den Insassen Verhaltensmaßregeln zu erteilen;
4. **Einrichtungen**, die zur **Sicherung der beförderten Sachen** erforderlich sind.

(2) **Luftfahrzeuge**, die für **Luftarbeit** verwendet werden, müssen mit Geräten und Einrichtungen, die eine sichere Durchführung der Arbeitsflüge ermöglichen, ausgerüstet sein. Bei Flügen zum Absetzen von Fallschirmspringern kann der Kabinenboden des Luftfahrzeugs als Sitzfläche benutzt werden, soweit dies nach den Festlegungen im Flughandbuch zulässig ist. Auch in diesem Fall muss ein Anschnallgurt für jeden Fallschirmspringer an seinem Sitzplatz vorhanden sein.

7.7.1.2 Ergänzungsausrüstung, die durch die Betriebsart erforderlich ist (§ 20 LuftBO)

(1) Für Flüge nach Instrumentenflugregeln, für kontrollierte Flüge nach Sichtflugregeln und für Flüge nach Sichtflugregeln über geschlossenen Wolkendecken müssen die Luftfahrzeuge mit den für eine sichere Durchführung der Flüge unter den zu erwartenden Betriebsbedingungen und vorgeschriebenen Landeverfahren erforderlichen Flugüberwachungs- und Navigationsgeräten und Flugregelsystemen ausgerüstet sein. Das Gleiche gilt für Wolkenflüge mit Segelflugzeugen.

(2) Für Kunstflüge müssen die Luftfahrzeuge mit einem vierteiligen Anschnallgurt für jeden Insassen ausgerüstet sein.

Anmerkung zu § 20 Abs. 1 LuftBO:
Die **Ergänzungsausrüstung** von Luftfahrzeugen für **Flüge nach Instrumentenflugregeln** (IFR), für **kontrollierte Flüge nach Sichtflugregeln in Lufträumen der Klasse C und für Wolkenflüge mit Segelflugzeugen außerhalb** von Luftfahrtunternehmen ist in der **3. DV zur LuftBO** geregelt:

Ausrüstung für Flüge nach Instrumentenflugregeln (§ 2 der 3. DVO LuftBO)
(zu § 20 Abs. 1 LuftBO)

(1) Motorgetriebene Luftfahrzeuge, die nach Instrumentenflugregeln geflogen werden, müssen ausgerüstet sein mit:
1. einem Doppelsteuer, wenn das Luftfahrzeug nach den Vorschriften der Betriebsordnung für Luftfahrtgerät von zwei Luftfahrzeugführern zu führen und zu bedienen ist;

2. Flugüberwachungsgeräten, die für die sichere Führung und Bedienung des Luftfahrzeugs notwendig sind, mindestens jedoch mit

   a) einer Fahrtmesseranlage, die gegen Vereisung und Kondensation geschützt ist,
   b) zwei barometrischen Höhenmesseranlagen, darunter einem Feinhöhenmesser,
   c) einem Variometer,
   d) einem Kurskreisel,
   e) einem Magnetkompass,
   f) einem Kreiselhorizont,
   g) einer Scheinlotanzeige,
   h) einem Wendezeiger oder einem zusätzlichen Kreiselhorizont, die unabhängig von der Energiequelle des unter f) geforderten Kreiselhorizontes versorgt werden,
   i) einem Außenluftthermometer,
   j) einer Uhr mit großem Sekundenzeiger und Stoppeinrichtung,
   k) einer Beleuchtungsanlage für alle Instrumente und Bedienungsgeräte, die für die sichere Führung des Luftfahrzeugs erforderlich sind,
   l) einem Anzeigegerät für die ordnungsgemäße Funktion der Energieversorgung der Kreiselgeräte.

(2) Die nach den Bauvorschriften (Lufttüchtigkeitsforderungen) geforderte Ausrüstung wird auf die Ausrüstung nach Absatz 1 angerechnet.

Ausrüstung für kontrollierte Flüge nach Sichtflugregeln (§ 3 der 3. DVO LuftBO)
(zu § 20 Abs. 1 LuftBO)

(1) Für kontrollierte Flüge nach Sichtflugregeln **in dafür festgelegten Lufträumen** müssen **motorgetriebene Luftfahrzeuge** ausgerüstet sein mit:

1. einem Magnetkompass,
2. einem Kurskreisel,
3. einem barometrischen Höhenmesser,
4. einer Fahrtmesseranlage,
5. einem Variometer,
6. einem Wendezeiger oder einem Kreiselhorizont,
7. einer Scheinlotanzeige und
8. einer Uhr mit Sekundenanzeige.

(2) § 2 Abs. 2 gilt entsprechend.

Ausrüstung von Motorseglern und Ultraleichtflugzeugen für Überlandflüge (§ 3 a der 3. DVO LuftBO)
(zu § 22 LuftBO)

Motorsegler und Ultraleichtflugzeuge, deren Grundausrüstung keinen Magnetkompass enthält, müssen für Überlandflüge mit einem solchen Gerät ausgerüstet sein.

Ausrüstung von Segelflugzeugen für Wolkenflüge (§ 3 b der 3. DVO LuftBO)
(zu § 20 Abs. 1 LuftBO)

(1) Für Wolkenflüge müssen Segelflugzeuge ausgerüstet sein mit:
1. einem Fahrtmesser,
2. einem Höhenmesser,
3. einem Wendezeiger mit Scheinlot,
4. einem Magnetkompass und
5. einem Variometer.

(2) § 2 Abs. 2 gilt entsprechend.

Sonstige Ausrüstung (§ 4 der 3. DVO LuftBO)
Die Verordnung über die Flugsicherungsausrüstung der Luftfahrzeuge und die dazu erlassenen Durchführungsverordnungen bleiben von den Vorschriften dieser Verordnung unberührt.

7.7.1.3 Ergänzungsausrüstung, die durch äußere Betriebsbedingungen erforderlich ist (§ 21 LuftBO)

(1) Für Flüge über Wasser, bei denen im Falle einer Störung mit einer Notlandung auf dem Wasser zu rechnen ist, und für **Flüge über unerschlossenen Gebieten,** bei denen im Falle einer Störung mit einer Notlandung auf nicht vorbereitetem Gelände zu rechnen ist, müssen die Luftfahrzeuge entsprechend den zu erwartenden Verhältnissen mit den **erforderlichen Rettungs- und Signalmitteln** ausgerüstet sein.

(2) Für Flüge über 6 000 m (20 000 ft) NN müssen Luftfahrzeuge für die **gewerbsmäßige Beförderung** von Personen mit **Druckkabine** ausgerüstet sein. Luftfahrzeuge mit Druckkabine müssen mit einer Sauerstoffanlage und Atemgeräten ausgestattet sein und für Flüge über 3 000 m (10 000 ft) NN einen angemessenen Sauerstoffvorrat mitführen. Für Flüge über 7 600 m (25 000 ft) NN müssen alle diensthabenden Mitglieder der Flugbesatzung schnell anlegbare Sauerstoffmasken griffbereit haben. Flugzeuge mit Druckkabine, die nach dem 1. Juli 1962 erstmals zugelassen sind und für Flüge über

7 600 m (25 000 ft) NN eingesetzt werden sollen, müssen mit einer Warnanlage für gefährlichen Druckabfall ausgerüstet sein. **Luftfahrzeuge ohne Druckkabine** müssen mit einer **Sauerstoffanlage** und **Atemgeräten** sowie einem **angemessenen Sauerstoffvorrat** ausgestattet sein, wenn sie **mehr als 30 Minuten** in **Höhen über 3 600 m (12 000 ft) NN,** im gewerbsmäßigen Luftverkehr in Höhen über 3 000 m (10 000 ft) NN, fliegen oder wenn sie **4 000 m (13 000 ft) NN übersteigen.**

(3) Für Flüge unter Wetterbedingungen, bei denen **Vereisung** zu erwarten ist, müssen alle Luftfahrzeuge mit **Einrichtungen zur Verhütung** oder zur **Beobachtung und Beseitigung von Eisansatz** ausgerüstet sein.

(4) Für Flüge nach Sichtflugregeln bei Nacht sind Luftfahrzeuge zusätzlich zu den Lichtern, die nach der Luftverkehrs-Ordnung zu führen sind, mit einer **Instrumentenbeleuchtung** auszurüsten. Für **Flüge nach Instrumentenflugregeln bei Nacht** müssen Luftfahrzeuge außerdem mit **Landescheinwerfern, Beleuchtungsanlagen für die Führer, Fluggast- und Frachträume** sowie mit **elektrischen Handlampen,** die **unabhängig vom Bordnetz** sind, ausgerüstet sein.

7.7.1.4 Zusätzliche Ergänzungsausrüstung (§ 22 LuftBO)

Die zuständige Stelle kann zusätzliche Geräte oder Anlagen, die für die Sicherheit des Luftverkehrs erforderlich sind, für die Ausrüstung der Luftfahrzeuge vorschreiben. Dies gilt auch für Geräte, die zur Ermittlung von Unfallursachen beitragen können.

7.7.2 Allgemeine Flugbetriebsvorschriften (§§ 23 bis 35 LuftBO)

Die **§§ 23 bis 35 LuftBO** enthalten **Allgemeine Flugbetriebsvorschriften,** die von allen Luftfahrzeugführern unbedingt zu beachten sind (Auszug aus der LuftBO).

7.7.2.1 Verwendung des Luftfahrzeugs (§ 23 LuftBO)

Ein Luftfahrzeug darf nur in Übereinstimmung mit dem im **Lufttüchtigkeitszeugnis eingetragenen Verwendungszweck** (Kategorie) betrieben werden.

7.7.2.2 Betriebsgrenzen für Luftfahrzeuge (§ 24 LuftBO)

(1) Ein Luftfahrzeug darf nur in Übereinstimmung mit dem im zugehörigen Flughandbuch und in anderen Betriebsanweisungen angegebenen Leistungsdaten und festgelegten Betriebsgrenzen betrieben werden. Das Flughandbuch ist an Bord des Luftfahrzeugs mit Ausnahme der nichtmotorgetriebenen Luftsportgeräte mitzuführen. Die Zulassungsbehörde kann auf Antrag des Halters weitere Ausnahmen zulassen, sofern der Flugbesatzung die für den Betrieb des Luftfahrzeugs erforderlichen Daten zur Verfügung stehen.

(2) Für jeden Flug ist zu prüfen, ob die Startmasse begrenzt werden muss oder ob der Flug überhaupt durchgeführt werden kann. Hierbei sind, soweit erforderlich, alle die Leistung des Luftfahrzeugs beeinflussenden Faktoren, insbesondere Masse des Luftfahrzeugs, Luftdruck, Temperatur und Wind sowie Höhe, Beschaffenheit und Zustand der Start- und Landebahnen, zu berücksichtigen.

(3) Luftfahrzeuge, deren Tragflächen, Rotorblätter, Steuerflächen oder Propeller einen die Flugsicherheit gefährdenden Eis-, Reif- oder Schneebelag aufweisen, dürfen nicht starten.

7.7.2.3 Verlust der Lufttüchtigkeit (§ 25 LuftBO)

(1) Werden beim Betrieb des zugelassenen Luftfahrzeugs Mängel festgestellt, die seine **Lufttüchtigkeit beeinträchtigen** oder beeinträchtigen können, oder bestehen begründete **Zweifel an der Lufttüchtigkeit** des Luftfahrzeugs, kann die zuständige Stelle das Luftfahrzeug bis zum Nachweis der Lufttüchtigkeit nach den Vorschriften der Verordnung zur Prüfung von Luftfahrtgerät für **luftuntüchtig** erklären.

(2) Ein Luftfahrzeug, das luftuntüchtig ist oder von der zuständigen Stelle für luftuntüchtig erklärt worden ist, darf nicht in Betrieb genommen werden. Die **Inbetriebnahme** für Zwecke der **Nachprüfung** ist **zulässig.**

(3) Die zuständige Stelle kann auf Antrag des Halters in Ausnahmefällen für ein luftuntüchtiges Luftfahrzeug die **Erlaubnis** erteilen, das **Luftfahrzeug im Fluge** auf einen Flugplatz **zu überführen,** auf dem die für die **Wiederherstellung der Lufttüchtigkeit** erforderlichen Reparaturen durchgeführt werden können. Die Erlaubnis kann mit Auflagen verbunden und befristet werden.

7.7.2.4 Ausfall von Ausrüstungsteilen (§ 26 LuftBO)

(1) Sind beim Antritt eines Fluges vorgeschriebene Anlagen, Geräte oder Bauteile der Ausrüstung des Luftfahrzeugs nicht betriebsbereit, darf der Flug nicht durchgeführt werden. Die zuständige Stelle kann allgemein oder im Einzelfall Ausnahmen zulassen, wenn der Flug auch bei Ausfall von vorgeschriebenen Anlagen, Geräten oder Bauteilen der Ausrüstung des Luftfahrzeugs sicher durchgeführt werden kann. Die Erlaubnis kann mit Auflagen verbunden und befristet werden. Der Halter des Luftfahrzeugs kann eine Mindestausrüstungsliste erstellen, die den Luftfahrzeugführer ermächtigt, Flüge mit ausgefallenen Anlagen, Geräten oder Bauteilen der Ausrüstung durchzuführen. Die Liste bedarf der Zustimmung der zuständigen Stelle.

(2) Fallen nach Antritt eines Fluges Anlagen, Geräte oder Bauteile der Ausrüstung des Luftfahrzeugs ganz oder teilweise aus, so hat der verantwortliche Luftfahrzeugführer unter Berücksichtigung aller Umstände, unter denen der Flug durchzuführen ist, zu entscheiden, ob der Flug fortgesetzt werden kann oder zur Behebung des Schadens abgebrochen werden muss.

7.7.2.5 Kontrollen nach Klarlisten (§ 27 LuftBO)

Der Luftfahrzeugführer hat **vor, bei und nach dem Flug** sowie **in Notfällen** an Hand von **Klarlisten** die **Kontrollen** vorzunehmen, die für den **sicheren Betrieb** des Luftfahrzeugs erforderlich sind. Satz 1 gilt nicht für nichtmotorgetriebene Luftsportgeräte.

7.7.2.6 Anzeigepflicht (§ 28 LuftBO)

Der Luftfahrzeugführer hat dem Halter des Luftfahrzeugs die bei dem Betrieb des Luftfahrzeugs festgestellten Mängel des Luftfahrzeugs unverzüglich anzuzeigen.

7.7.2.7 Betriebsstoffmengen (§ 29 LuftBO)

Motorgetriebene Luftfahrzeuge müssen eine **ausreichende Betriebsstoffmenge** mitführen, die unter Berücksichtigung der Wetterbedingungen und der zu erwartenden Verzögerungen die sichere Durchführung des Fluges gewährleistet. Darüber hinaus muss eine **Betriebsstoffreserve** mitgeführt werden, die für **unvorhergesehene Fälle** und für den **Flug zum Ausweichflugplatz** zur Verfügung steht, sofern ein Ausweichflugplatz im Flugplan angegeben ist.

7.7.2.8. Bordbuch (§ 30 LuftBO)

(1) Für jedes Luftfahrzeug, mit Ausnahme der Luftsportgeräte, ist ein Bordbuch zu führen.

(2) Das Bordbuch ist den für die Nachprüfung des Luftfahrzeugs nach der Verordnung zur Prüfung von Luftfahrtgerät zuständigen Stellen bei der Prüfung vorzulegen. Die zuständigen Luftfahrtbehörden können die Einsicht in das Bordbuch jederzeit verlangen.

(3) Das Bordbuch muss enthalten:
    1. das Staatszugehörigkeits- und Eintragungszeichen;
    2. Art, Muster, Geräte- und Werknummer des Luftfahrzeugs;
    3. für die durchgeführten Flüge:
       a) Ort, Tag, Zeit (UTC) des Abfluges und der Landung sowie die Betriebszeit; die an einem Tage während des Flugbetriebs auf einem Flugplatz und in dessen Umgebung durchgeführten Flüge können unter Angabe der Anzahl der Flüge und der gesamten Betriebszeit eingetragen werden;
       b) Name des verantwortlichen Luftfahrzeugführers;
       c) Anzahl der zur Besatzung gehörenden Personen;
       d) Anzahl der Fluggäste;
       e) technische Störungen und besondere Vorkommnisse während des Fluges;
       f) Gesamtbetriebszeit und Betriebszeit nach der letzten Grundüberholung;
    4. Angaben über die Instandhaltung und Nachprüfung des Luftfahrzeugs nach § 15 Abs. 2 LuftBO.

(4) Für die Führung des Bordbuches ist der Halter verantwortlich. Daneben ist der verantwortliche Luftfahrzeugführer für die seinen Flug betreffenden Angaben nach Absatz 3 Nr. 3 Buchstaben a) bis e) verantwortlich. Die Eintragungen nach Absatz 3 Nr. 3 sind alsbald und dauerhaft vorzunehmen und von den dafür verantwortlichen Personen abzuzeichnen. Die Bordbücher sind zwei Jahre nach dem Tage der letzten Eintragung aufzubewahren.

(5) Das Bordbuch ist an Bord des Luftfahrzeugs mitzuführen.

7.7.2.9 Wettermindestbedingungen (§ 35 LuftBO)

(1) Ein Flug nach Sichtflugregeln darf nur dann angetreten oder zum Bestimmungsflugplatz **fortgesetzt werden,** wenn nach den letzten Informationen die im Dritten Abschnitt der Luftverkehrs-Ordnung vorgeschriebenen **Mindestwerte für Flüge nach Sichtflugregeln auf der Flugstrecke erfüllt sind.**

(2) Ein Flug nach Instrumentenflugregeln darf nur dann angetreten oder zum Bestimmungs- oder Ausweichflugplatz **fortgesetzt werden,** wenn nach den letzten Informationen die Wetterbedingungen zu der voraussichtlichen Ankunftszeit auf dem Bestimmungsflugplatz oder auf wenigstens einem Ausweichflugplatz den **Betriebsmindestbedingungen nach § 34 entsprechen.**

(3) Ein Flug unter Wetterbedingungen, bei denen Vereisung zu erwarten ist, darf nur dann **angetreten** oder zum Bestimmungs- oder Ausweichflugplatz **fortgesetzt werden,** wenn das Luftfahrzeug mit **betriebsbereiten Einrichtungen zur Verhütung oder zur Beobachtung und Beseitigung von Eisansatz ausgerüstet ist.**

7.8 Sonstige Bestimmungen (LuftVG und LuftVZO)

7.8.1 Selbstkostenflüge (§ 20 Abs. 1 LuftVG)

Nach § 20 Abs. 1 LuftVG ist die Beförderung von Fluggästen, Post und/oder Fracht grundsätzlich auch dann **genehmigungspflichtig,** wenn als Entgelt nur die **Selbstkosten des Fluges** vereinbart sind.

> **Wichtig:** Ausgenommen von dieser Regelung sind Flüge zum Absetzen von Fallschirmspringern und mit Luftfahrzeugen die für höchstens 4 Personen zugelassen sind!

7.8.2 Mitführen gefährlicher Güter (§ 27 LuftVG und §§ 76 bis 78 LuftVZO)

In Luftfahrzeugen dürfen gemäß **§ 27 Abs. 1 LuftVG** so genannte **gefährliche Güter** (wie Waffen, Munition, Sprengstoffe, Giftgase, Kernbrennstoffe, andere radioaktive Stoffe usw.) **nur mit Erlaubnis** mitgeführt werden.

Gefährliche Güter im Sinne des **§ 76 LuftVZO** sind:
1. Waffen, Munition, Sprengstoffe,
2. sonstige, feste, flüssige oder gasförmige Stoffe, die leicht entzündbar, selbstentzündlich, entzündend, ätzend, giftig, radioaktiv oder magnetisch sind oder zur Polymerisation neigen, soweit es sich nicht um geringe Mengen handelt, die üblicherweise für den täglichen Gebrauch verwendet werden,
3. Stoffe, die bei Berührung mit Wasser entzündliche oder die Verbrennung unterstützende Gase entwickeln,
4. verdichtete, verflüssigte oder unter Druck gelöste Gase, soweit sie nicht zur Ausrüstung des Luftfahrzeugs gehören,
5. Gegenstände oder Stoffe, die das Luftfahrzeug oder dessen Ausrüstung oder Zubehör in einer die Sicherheit beeinträchtigenden Weise beschädigen können oder andere schädliche oder belästigende Merkmale besitzen, die sie zu Beförderungen in Luftfahrzeugen ungeeignet machen.

Die **Erlaubnis** zum **Mitführen gefährlicher Güter** wird vom **Luftfahrt-Bundesamt** (LBA) erteilt (§ 78 LuftVZO).

Die Erteilung von Genehmigungen zum Transport radioaktiver Stoffe erfolgt nach dem Atomgesetz. Verpackungen zum Transport gefährlicher Güter mit Ausnahme der Klasse 7 (radioaktive Stoffe) bedürfen der Zulassung durch die Bundesanstalt für Materialforschung und -prüfung (BAM). Verpackungen zum Transport gefährlicher Güter der Klasse 7 bedürfen der Zulassung und der Beförderungsgenehmigung durch das Bundesamt für Strahlenschutz (BfS), soweit diese nach der JAR-OPS 1 deutsch oder JAR-OPS 3 deutsch festgelegt sind, ansonsten der Bauartprüfung durch den Hersteller auf der Basis eines von der BAM genehmigten Qualitätssicherungsprogrammes.

Ausnahmen von der Erlaubnispflicht
1. **Ohne Erlaubnis** dürfen gefährliche Güter, wenn es sich um geringe Mengen handelt, die üblicherweise für den täglichen Gebrauch verwendet werden, im Luftverkehr befördert werden. Dazu gehören zum Beispiel: medizinische Artikel (wie alkoholhaltige Medizin), kosmetische Artikel (wie Parfüm, Haarspray) und alkoholische Getränke.
2. **Waffen.** Nach § 27 Abs. 1 LuftVG gehören dazu Schuss-, Hieb- und Stoßwaffen. Unabhängig davon, ob Waffen geladen sind oder nicht, dürfen sie nicht als Handgepäck in der Kabine eines Luftfahrzeugs mitgeführt werden. Diesem Verbot unterliegen auch zu Angriffs- und Verteidigungszwecken verwendbare Sprühgeräte, Munition und explosionsgefährliche Stoffe sowie Attrappen solcher Gegenstände. Das Bundesministerium für Verkehr, Bau und Stadtentwicklung kann im Einvernehmen mit dem Bundesministerium des Innern allgemein oder im Einzelfall Ausnahmen von dem Verbot des Mitführens zulassen, soweit ein Bedürfnis besteht und die nach anderen Rechtsvorschriften erforderlichen Erlaubnisse zum Mitführen dieser Gegenstände vorliegen.

Die **Beförderung** geladener Waffen in Luftfahrzeugen unterliegt den Bestimmungen über die Beförderung gefährlicher Güter. Geladene Waffen dürfen nur mit Erlaubnis als Fracht oder aufgegebenes Gepäck in Luftfahrzeugen transportiert werden.

7.8.3 Mitführen von Funkgeräten und elektronischen Geräten (§ 27 LuftVG und § 1 bis 4 LuftEBV)

Grundsätzlich sind alle an Bord eines Luftfahrzeugs betriebenen Geräte aufeinander abzustimmen. Denn durch die jeweils ausgestrahlten elektromagnetischen Felder können andere Geräte oder z. B. der Magnetkompass beeinflusst werden, so dass Fehlanzeigen oder gar **Funktionsstörungen** auftreten können.

Dementsprechend **verbietet § 27 Abs. 3 LuftVG den Betrieb von elektronischen Geräten,** die nicht als Luftfahrtgerät zugelassen sind und Störungen der Bordelektronik verursachen können (z. B. Mobiltelefone, CD-Spieler), an Bord eines Luftfahrzeugs. Ausnahmen von diesem Grundsatz können durch Rechtsverordnung unter bestimmten Voraussetzungen zugelassen werden.

Das Bundesministerium für Verkehr, Bau und Stadtentwicklung hat von dieser Ermächtigung durch die zum 22. Februar 2008 in Kraft getretene **Luftfahrzeug-Elektronik-Betriebs-Verordnung (LuftEBV)** Gebrauch gemacht. Hiernach sind von dem grundsätzlichen **Verbot** des LuftVG folgende Geräte nach **§ 1 LuftEBV** ausgenommen:

1. elektronische Geräte aus dem Bereich der Medizintechnik, deren Betrieb zur Aufrechterhaltung, Unterstützung oder Überwachung von Körperfunktionen erforderlich ist,
2. elektronische Geräte, die ausschließlich durch geräteeigene Solarzellen oder Knopfzellen mit Energie versorgt werden und nicht über eine Sendefunktion verfügen,
3. tragbare satellitengestützte Navigations- und Aufzeichnungsgeräte,
4. sonstige elektronische Geräte ohne Sendefunktion wie tragbare Computer, elektronische Informations- und Unterhaltungsgeräte, Geräte zur Foto- und Videoaufzeichnung, soweit sie nicht während des Rollens, des Starts, des Endanflugs und der Landung betrieben werden, und
5. elektronische Geräte mit Sendefunktion, solange das Luftfahrzeug an einer Parkposition steht und die Triebwerke nicht in Betrieb sind.

(2) Elektronisches Gerät im Sinne dieser Verordnung ist ein transportables Gerät, das elektronische Schaltkreise enthält und mittels eigener Energieversorgung betrieben oder aus einer Bordsteckdose versorgt wird. Betrieb eines elektronischen Geräts bedeutet die Versorgung der Schaltkreise eines derartigen Geräts mit elektrischer Energie; hierzu gehören auch jene Betriebsarten, die ein internes Weiterarbeiten des Geräts zulassen (z.B. Stumm- oder Bereitschaftsschaltungen), nicht jedoch solche Betriebsarten, die lediglich Einschaltvorgänge vorbereiten, steuern oder der Erhaltung gespeicherter Daten dienen. Sendefunktion bedeutet die beabsichtigte Ausstrahlung von elektromagnetischen Wellen im Frequenzbereich bis 300 Gigahertz; die Ausstrahlung von Licht oder Wärme wie etwa bei einer Infrarotschnittstelle ist darin nicht eingeschlossen.

Weitergehende Freistellungen (§ 2 LuftEBV)

(1) Der Luftfahrzeughalter kann von den Beschränkungen des § 1 Abs. 1 Nr. 4 zweiter Halbsatz Befreiungen erteilen sowie den Betrieb von elektronischen Geräten mit Sendefunktion allgemein oder im Einzelfall über § 1 Abs. 1 Nr. 5 hinausgehend zulassen, wenn der Luftfahrzeughersteller oder ein Entwicklungsbetrieb dem Luftfahrzeughalter die Verträglichkeit der unter § 1 Abs. 1 Nr. 4 und 5 genannten Geräte mit der Bordelektronik unter Berücksichtigung der verwendeten Frequenzen und Sendeleistungen nachgewiesen hat. Der Luftfahrzeughalter hat den verantwortlichen Luftfahrzeugführer vor Antritt des Fluges über Inhalt und Umfang der Befreiung oder Zulassung zu unterrichten.

(2) Bei Luftfahrzeugen mit weniger als 5,7 Tonnen Höchstabflugmasse, die nicht in einem Luftfahrtunternehmen betrieben werden, kann auch der verantwortliche Luftfahrzeugführer von den Beschränkungen des § 1 Abs. 1 Nr. 4 zweiter Halbsatz Befreiungen erteilen sowie den Betrieb von Geräten mit Sendefunktion im Einzelfall über § 1 Abs. 1 Nr. 5 hinausgehend zulassen, wenn in mindestens einem Bodenversuch nachgewiesen worden ist, dass in dem eingesetzten Luftfahrzeug eine Störung der Bordelektronik durch den Betrieb des betreffenden Geräts nicht auftritt. Als derartige Störung ist jede Beeinflussung anzusehen, die zu Verfälschungen oder Ausfällen von Anzeigen, Kommunikationseinrichtungen, Kontroll- oder Steuersignalen des Luftfahrzeuges führt.

> **Befugnisse des verantwortlichen Luftfahrzeugführers (§ 3 LuftEBV)**
>
> Die Befugnisse des verantwortlichen Luftfahrzeugführers gemäß § 12 des Luftsicherheitsgesetzes bleiben unberührt.

> **Hinweispflicht (§ 4 LuftEBV)**
>
> Spätestens vor dem Anlassen der Triebwerke, während des Abrollens zum Start und vor Beginn des Endanflugs sind die Fluggäste vom Luftfahrzeughalter oder von der Luftfahrzeugbesatzung in geeigneter Weise über die für elektronische Geräte geltenden Betriebseinschränkungen und Verbote zu unterrichten.

7.8.4 Flüge im grenzüberschreitenden Verkehr (Auslandsflüge; § 2 Abs. 6 LuftVG und §§ 90 bis 93 LuftVZO)

Nach **§ 2 Abs. 6 LuftVG** und **§ 90 LuftVZO** dürfen deutsche Luftfahrzeuge die Bundesrepublik Deutschland grundsätzlich nur mit **Erlaubnis** des Bundesministeriums für Verkehr, Bau und Stadtentwicklung verlassen, das seine Befugnisse aber auf das Luftfahrt-Bundesamt (LBA) übertragen hat.

Der **Antrag** auf Erteilung der Erlaubnis ist **spätestens zwei volle Werktage vor Beginn der beabsichtigten Ausfluges** bei der Erlaubnisbehörde (beim LBA) zu stellen. Bei der Berechnung der Frist gilt der Sonnabend nicht als Werktag (§ 91 LuftVZO).

In **§ 92 Abs. 1 LuftVZO** ist der/die **erlaubnisfreie Ausflug/Ausreise** deutscher Luftfahrzeuge geregelt:

> **Erlaubnisfreie Ausreise (§ 92 Abs. 1 LuftVZO)**
>
> **(1)** Der Erlaubnis nach § 2 Abs. 6 des Luftverkehrsgesetzes bedarf es nicht bei der Verwendung von Luftfahrzeugen zu nichtgewerblichen Zwecken, wenn der Bestimmungsort in einem Vertragsstaat der Internationalen Zivilluftfahrt-Organisation (ICAO-Mitgliedstaat) liegt sowie bei der Verwendung von Luftsportgeräten und für Flüge im Fluglinienverkehr.

Das **Bundesministerium für Verkehr, Bau und Stadtentwicklung** kann die **Befreiung gemäß § 92 Abs. 1 LuftVO** für Ausflüge nach bestimmten Staaten **zeitweilig außer Kraft** setzen, soweit dies im Interesse der Sicherheit und Ordnung sowie der Landesverteidigung der Bundesrepublik Deutschland notwendig ist.

Die Erlaubnisbehörde kann anordnen, dass eine **Erlaubnis einzuholen** ist, wenn im Einzelfall **begründeter Verdacht** besteht, dass die Verwendung des Luftfahrzeugs die **öffentliche Sicherheit und Ordnung stört,** oder geeignet ist, Handlungen zu dienen, die **verfassungswidrig im Sinne des Artikels 26 Abs. 1 des Grundgesetzes** sind oder nach deutschen Rechtsvorschriften unter Strafe gestellt sind.

Der **Ausflug** aus dem und der **Einflug** in das Hoheitsgebiet der Bundesrepublik Deutschland darf nur von oder zu den **internationalen Verkehrsflughäfen** und **Landeplätzen** mit

- zoll- und grenzpolizeilicher Abfertigung

erfolgen.

Ausnahme: Die Kontrolle durch Grenzpolizeibehörden für den Einflug nach oder den Ausflug aus dem Gebiet der Schengener Vertragsparteien richtet sich nach den Bestimmungen des Schengener Durchführungsübereinkommens (SDÜ) vom 19. Juni 1990. Vertragsparteien, die das SDÜ anwenden, sind derzeit Belgien, Deutschland, Frankreich, Niederlande, Luxemburg, Spanien und Portugal. Flüge innerhalb der Schengener Vertragsparteien (Binnenflüge) werden in der Regel grenzpolizeilich nicht kontrolliert. Der grenzüberschreitende Verkehr an den **Außengrenzen** unterliegt der Kontrolle durch die zuständigen Behörden. Diese wird nach einheitlichen Grundsätzen in nationaler Zuständigkeit, nach Maßgabe nationalen Rechts und unter Berücksichtigung der Interessen aller Vertragsparteien für das Hoheitsgebiet der Vertragsparteien durchgeführt. Nationales Recht ist insbesondere das deutsche Ausländergesetz vom 9. Juli 1990 und die Verordnung zur Durchführung des Ausländergesetzes (DVAuslG) vom 18. Dezember 1990 in der Fassung vom 26. Oktober 1995.

Eine **Zwischenlandung** zwischen diesen Verkehrsflughäfen oder Landeplätzen und der Bundesgrenze ist **verboten** (Ausnahmen: nur gemäß Schengener Abkommen).

Des Weiteren muss der Luftfahrzeugführer für **alle Auslandsflüge** (sowohl Aus- als auch Einflüge; ausgenommen zzt. Österreich) gemäß **§ 25 Abs. 1 Nr. 6 LuftVO** einen **Flugplan** abgeben (Ausnahmen vgl. AIP VFR, ENR 1–35). Einzelheiten der Flugplanabgabe vgl. Abschnitt 7.5.18 „Flugplanabgabe (§ 25 LuftVO)".

8 Haftung im Luftverkehr

8.1 Allgemeines zur Haftung im Luftverkehr

Nach unserem **Luftverkehrsgesetz** (LuftVG) wird grundsätzlich bezüglich der Haftung im Luftverkehr zwischen

- **der Haftung des Luftfahrzeughalters** (Haftung für Personen und Sachen, die nicht im Luftfahrzeug befördert werden – vgl. Abschnitt 8.2) und
- **der Haftung des Luftfrachtführers** (Haftung aus dem Beförderungsvertrag – vgl. Abschnitt 8.3)

unterschieden.

Alle **Haftungsvorschriften des LuftVG** haben **privatrechtlichen Charakter** und sind im 2. Abschnitt unter dem Titel „**Haftpflicht**" zu finden (§§ 33 bis 56).

8.2 Die Haftung des Luftfahrzeughalters (§§ 33 bis 43 LuftVG)

Der **Halter** eines Luftfahrzeugs haftet gemäß **§ 33 LuftVG** für Schäden an Personen und Sachen, die **nicht** im Luftfahrzeug befördert werden, auch dann, wenn er den **Unfall nicht verschuldet** hat. Es handelt sich hier um eine so genannte „**Gefährdungshaftung**", bei der **die Schadensersatzpflicht grundsätzlich ohne Rücksicht auf ein Verschulden eintritt. Auch höhere Gewalt** oder sonstige **unabwendbare Zufälle** schließen eine Haftung des Luftfahrzeughalters dabei nicht aus.

> **§ 33 LuftVG:**
>
> **(1) Wird beim Betrieb eines Luftfahrzeugs durch Unfall jemand getötet, sein Körper oder seine Gesundheit verletzt oder eine Sache beschädigt, so ist der Halter des Luftfahrzeugs verpflichtet, den Schaden zu ersetzen.** Für die Haftung aus dem Beförderungsvertrag gegenüber einem Fluggast sowie für die Haftung des Halters militärischer Luftfahrzeuge gelten die besonderen Vorschriften der §§ 44 bis 54. Wer Personen zu Luftfahrern ausbildet, haftet diesen Personen gegenüber nur nach den allgemeinen gesetzlichen Vorschriften.
>
> **(2) Benutzt jemand das Luftfahrzeug ohne Wissen und Willen des Halters, so ist er anstelle des Halters zum Ersatz des Schadens verpflichtet.** Daneben bleibt der Halter zum Ersatz des Schadens verpflichtet, wenn die Benutzung des Luftfahrzeugs durch sein Verschulden ermöglicht worden ist. Ist jedoch der Benutzer vom Halter für den Betrieb des Luftfahrzeugs angestellt oder ist ihm das Luftfahrzeug vom Halter überlassen worden, so ist der Halter zum Ersatz des Schadens verpflichtet; die Haftung des Benutzers nach den allgemeinen gesetzlichen Vorschriften bleibt unberührt.

Hat bei der Entstehung des Schadens ein **Verschulden des Verletzten** mitgewirkt, so hat dieser selbst den Schaden zu tragen (§ 34 LuftVG und § 254 BGB); bei Beschädigung einer Sache steht das Verschulden desjenigen, der die tatsächliche Gewalt darüber ausübt, dem Verschulden des Verletzten gleich.

Die **Haftung des Luftfahrzeughalters** ist ganz oder teilweise **ausgeschlossen,**

1. wenn jemand **ohne Wissen und Willen des Halters** das Luftfahrzeug benutzt hat (§ 33 Abs. 2 LuftVG – siehe Anmerkungen);
2. wenn ein **eigenes Verschulden des Verletzten** vorliegt (§ 34 LuftVG);
3. wenn der Ersatzberechtigte (Geschädigte) **nicht spätestens 3 Monate,** nachdem er von dem Schaden und der Person des Ersatzpflichtigen (Halters) Kenntnis erhalten hat, diesem den Unfall anzeigt (§ 40 LuftVG).

Anmerkungen zu 1:
Ist die Benutzung des Luftfahrzeugs durch ein Verschulden des Halters ermöglicht worden, dann haftet der Halter neben dem widerrechtlichen Benutzer.

Ist jedoch der Benutzer vom Halter für den Betrieb des Luftfahrzeugs angestellt oder ist dem Benutzer das Luftfahrzeug vom Halter überlassen worden, so ist der Halter zum Ersatz des Schadens verpflichtet.

Neben dem Schadensersatzanspruch nach § 33 LuftVG kann sich für den Halter auch eine in der Höhe unbegrenzte Haftung gemäß § 823 BGB ergeben, wenn ein Verschulden nachgewiesen wird.

Für den Luftfahrzeugführer (Benutzer) oder andere Besatzungsmitglieder eines Luftfahrzeugs sieht das LuftVG keine besonderen Haftungsvorschriften vor. Hier gelten die allgemeinen gesetzlichen Vorschriften des BGB (§§ 823 ff.), nach denen der Schadensverursacher nur für ein Verschulden – dann aber in unbegrenzter Höhe – haftet.

Haben also der Halter eines Luftfahrzeugs oder der Luftfahrzeugführer (Benutzer) den Eintritt eines Schadens verschuldet, so entfällt jede Haftungsbeschränkung.

Die **Höhe der Haftung des Luftfahrzeughalters** ist gemäß **§ 37 LuftVG begrenzt.** Sie richtet sich immer nach der für den Abflug zugelassenen Höchstmasse des Flugzeugs.

> **§ 37 LuftVG:**
>
> (1) Der Ersatzpflichtige haftet für die Schäden aus einem Unfall
>
> a) bei Luftfahrzeugen unter 500 Kilogramm Höchstabflugmasse nur bis zu einem Kapitalbetrag von 750 000 Rechnungseinheiten,
>
> b) bei Luftfahrzeugen unter 1 000 Kilogramm Höchstabflugmasse nur bis zu einem Kapitalbetrag von 1,5 Millionen Rechnungseinheiten,
>
> c) bei Luftfahrzeugen unter 2 700 Kilogramm Höchstabflugmasse nur bis zu einem Kapitalbetrag von 3 Millionen Rechnungseinheiten,
>
> d) bei Luftfahrzeugen unter 6 000 Kilogramm Höchstabflugmasse nur bis zu einem Kapitalbetrag von 7 Millionen Rechnungseinheiten,
>
> e) bei Luftfahrzeugen unter 12 000 Kilogramm Höchstabflugmasse nur bis zu einem Kapitalbetrag von 18 Millionen Rechnungseinheiten,
>
> f) bei Luftfahrzeugen unter 25 000 Kilogramm Höchstabflugmasse nur bis zu einem Kapitalbetrag von 80 Millionen Rechnungseinheiten,
>
> g) bei Luftfahrzeugen unter 50 000 Kilogramm Höchstabflugmasse nur bis zu einem Kapitalbetrag von 150 Millionen Rechnungseinheiten,
>
> h) bei Luftfahrzeugen unter 200 000 Kilogramm Höchstabflugmasse nur bis zu einem Kapitalbetrag von 300 Millionen Rechnungseinheiten,
>
> i) bei Luftfahrzeugen unter 500 000 Kilogramm Höchstabflugmasse nur bis zu einem Kapitalbetrag von 500 Millionen Rechnungseinheiten,
>
> j) bei Luftfahrzeugen ab 500 000 Kilogramm Höchstabflugmasse nur bis zu einem Kapitalbetrag von 700 Millionen Rechnungseinheiten.
>
> Höchstabflugmasse ist das für den Abflug zugelassene Höchstgewicht des Luftfahrzeugs.
>
> **Anmerkung:** Die oben genannte Rechnungseinheit ist das Sonderziehungsrecht des internationalen Währungsfonds. Der Wert des Euro gegenüber dem Sonderziehungsrecht wird nach der Berechnungsmethode ermittelt, die der internationale Währungsfonds an dem betreffenden Tag für seine Operationen und Transaktionen anwendet (Beispiel: ein Sonderziehungsrecht – SZR 30. Mai 2008 Euro 1,04507).
>
> (2) Im Falle der Tötung oder Verletzung einer Person haftet der Ersatzpflichtige für jede Person bis zu einem Kapitalbetrag von 600 000 Euro oder bis zu einem Rentenbetrag von jährlich 36 000 Euro.
>
> (3) Übersteigen die Entschädigungen, die mehreren aufgrund desselben Ereignisses zustehen, die Höchstbeträge nach Absatz 1, so verringern sich die einzelnen Entschädigungen vorbehaltlich des Absatzes 4 in dem Verhältnis, in dem ihr Gesamtbetrag zum Höchstbetrag steht.
>
> (4) Beruhen die Schadenersatzansprüche sowohl auf Sachschäden als auch auf Personenschäden, so dienen zwei Drittel des nach Absatz 1 Satz 1 errechneten Betrages vorzugsweise für den Ersatz von Personenschäden. Reicht dieser Betrag nicht aus, so ist er anteilmäßig auf die Ansprüche zu verteilen. Der übrige Teil des nach Absatz 1 Satz 1 errechneten Betrages ist anteilmäßig für den Ersatz von Sachschäden und für die noch ungedeckten Ansprüche aus Personenschäden zu verwenden.

Nach **§ 43 LuftVG** ist der **Halter** eines Luftfahrzeugs zur Deckung seiner Haftung auf Schadenersatz verpflichtet, in einer durch Rechtsverordnung zu bestimmenden Höhe eine **Haftpflichtversicherung** (Halter-Haftpflichtversicherung) zu unterhalten.

> **§ 105 der LuftVZO legt Folgendes fest:**
>
> (1) Der Versicherungsvertrag ist mit einem Versicherer zu schließen, der zum Geschäftbetrieb in Deutschland befugt ist.
>
> (2) Absatz 1 gilt nicht für die Versicherungsverträge hinsichtlich Drittschäden und Fluggastschäden für ausländische Luftfahrzeuge nach § 99 Abs. 4 und 5 LuftVZO oder für deutsche Luftfahrzeuge, für die die völkerrechtliche Verantwortung und Zuständigkeit nach § 3 a Abs. 2 des LuftVG auf den ausländischen Staat übertragen wurde. Jedoch kann der Versicherung eines Versicherungsnehmers eines Luftfahrzeugs nach Satz 1, welche mit einem Versicherer abgeschlossen wurde, der nicht zum Geschäftbetrieb

8 Haftung im Luftverkehr

in Deutschland befugt ist, die Anerkennung verweigert werden, wenn in dem Staat, in dem das Luftfahrzeug eingetragen ist oder dem die völkerrechtliche Verantwortung und Zuständigkeit nach § 3 a Abs. 2 des LuftVG übertragen worden ist, eine mit einem Versicherer mit Sitz in einem Mitgliedstaat der Europäischen Union abgeschlossene Versicherung eines deutschen Luftfahrzeugs nicht anerkannt wird. Die Sätze 1 und 2 gelten für die Anerkennung einer Versicherung nach § 104 LuftVZO entsprechend.

Die **Höhe** der abzuschließenden **Haftpflichtversicherung** ist in **§ 102 LuftVZO** (Haftpflichtversicherung für Drittschäden) geregelt.

§ 102 LuftVZO Vertragsinhalt

(1) Der Haftpflichtversicherungsvertrag für Drittschäden muss die sich aus dem Betrieb eines Luftfahrzeugs für den Halter ergebende Haftung decken.

(2) Die Mindesthöhe der Versicherungssumme bestimmt sich bei Luftfahrzeugen nach § 37 Abs. 1, des LuftVG (siehe oben).

(3) Für Drachen, Flugmodelle und nichtmotorgetriebene Luftsportgeräte ist Gruppenversicherung zulässig.

Dem Antrag auf Verkehrszulassung eines Luftfahrzeugs ist der Zulassungsbehörde (LBA) eine Versicherungsbestätigung, die das Bestehen eines Haftpflichtversicherungsvertrages und die Einhaltung der jeweils maßgeblichen Mindestdeckung bestätigt, beizufügen.

Wichtig: Bei dem Betrieb von Luftfahrzeugen ist als Versicherungsnachweis eine **Bestätigung über die Haftpflichtversicherung für Drittschäden mitzuführen.** Die Bestätigung **muss** die jeweils maßgebliche Mindestdeckung, Umfang und Dauer der Versicherung angeben.

Die Halter-Haftpflichtversicherung deckt die Haftung des Halters und des berechtigten Flugzeugführers im Rahmen der vereinbarten Deckungssumme. Im Hinblick auf den **Wegfall der Haftungsbegrenzung** im Falle des **Verschuldens** sollten beim Abschluss einer Halter-Haftpflichtversicherung **hohe Deckungssummen** gewählt werden.

8.3 Die Haftung des Luftfrachtführers (§§ 44 bis 51 LuftVG)

Die **Haftung aus dem Beförderungsvertrag** für Schäden an Fluggästen und Sachen, die **im Luftfahrzeug befördert werden,** richtet sich nach den **§§ 44 bis 51 LuftVG,** soweit das Warschauer Abkommen, Haager Protokoll, das Zusatzabkommen von Guadalajara, das Montrealer Übereinkommen sowie das Montrealer-Übereinkommen-Durchführungsgesetz vom 6. April 2004 und die verschiedenen Verordnungen der EWG/EG des Europäischen Parlamentes und des Rates nicht anwendbar sind oder keine Regelung enthalten.

Ebenfalls ist hier die Haftung auf Schadenersatz wegen der verspäteten Beförderung eines Fluggastes oder wegen der Zerstörung, der Beschädigung, des Verlustes oder der verspäteten Beförderung seines Reisegepäcks geregelt, worauf hier im Einzelnen nicht eingegangen wird.

Die Haftung nach dem Luftverkehrsgesetz setzt immer den Abschluss eines **Beförderungsvertrages** voraus.

Luftfrachtführer ist derjenige, der sich schriftlich oder mündlich, entgeltlich oder unentgeltlich verpflichtet hat, die Beförderung auf dem Luftweg vorzunehmen. Es ist in diesem Zusammenhang unerheblich, wer der Halter des Luftfahrzeugs ist, mit dem die Beförderung durchgeführt wird. Chartert eine Person ein Luftfahrzeug, um eine Beförderung, zu der sie sich verpflichtet hat, durchzuführen, so ist der Charterer Luftfrachtführer.

Jeder Pilot, der irgendeine Gegenleistung erhält, wird zum Luftfrachtführer, ausgenommen sind reine Gefälligkeiten, selbst Gefälligkeitsverträge sind Beförderungsverträge. Es liegt also **fast immer** ein **Beförderungsvertrag** vor.

Gemäß **§ 45 LuftVG** haftet der Luftfrachtführer für **Personenschäden,** d. h. wird ein Fluggast durch einen **Unfall** an Bord eines Luftfahrzeugs oder beim **Ein- oder Aussteigen** getötet, körperlich verletzt oder gesundheitlich geschädigt, ist der Luftfrachtführer verpflichtet, den daraus entstehenden Schaden zu ersetzen.

Der Luftfrachtführer haftet für jeden Fluggast nur bis zu einem Betrag von **100 000 Sonderziehungsrechten** (1 SZR = Euro 1,05 – Stand 30. Mai 2008) wenn

1. der Schaden **nicht** durch sein rechtswidriges und schuldhaftes Handeln oder Unterlassen oder das rechtswidrige und schuldhafte Handeln oder Unterlassen seiner Leute verursacht wurde oder
2. der Schaden **ausschließlich** durch das rechtswidrige und schuldhafte Handeln oder Unterlassen eines Dritten verursacht wurde.

Der Höchstbetrag von 100 000 Sonderziehungsrechten gilt auch für den Kapitalwert einer als Schadenersatz zu leistenden **Rente.**

Übersteigen die Entschädigungen, die mehreren Ersatzberechtigten wegen der Tötung, Körperverletzung oder Gesundheitsbeschädigung eines Fluggastes zu leisten sind, insgesamt den Betrag von 100 000 Sonderziehungsrechten und ist eine weitergehende Haftung des Luftfrachtführers nach obig Ausgeführtem ausgeschlossen, so verringern sich die einzelnen Entschädigungen in dem Verhältnis, in welchem ihr Gesamtbetrag zu diesem Betrag steht.

Diese Gefährdungshaftung bedeutet für den Luftfrachtführer (auch als Privatpilot) dass er, auch wenn ihm **kein Verschulden** trifft, bis zu einem Betrag von 100 000 Sonderziehungsrechten haftet.

Außerdem obliegt dem Luftfrachtführer der Entlastungsbeweis; der geschädigte Fluggast muss **nicht** das Verschulden des Luftfrachtführers beweisen.

Ist der Eintritt des Schadens vom Luftfrachtführer oder einem seiner Leute **vorsätzlich oder grob fahrlässig** herbeigeführt worden, so entfällt die Haftungsbeschränkung gemäß § 45 LuftVG und es tritt eine **unbeschränkte Haftung nach § 823 BGB** ein, der Verschuldensbeweis muss dann allerdings vom Geschädigten geführt werden.

Im Falle einer **entgeltlichen oder geschäftsmäßigen** Luftbeförderung darf die Haftung des Luftfrachtführers nach den §§ 44–51 LuftVG im Voraus durch Vereinbarung **weder ausgeschlossen noch beschränkt** werden.

Eine Vereinbarung, die diesem zuwider getroffen wird, **ist nichtig.** Ihre Nichtigkeit hat nicht die Nichtigkeit des gesamten Vertrages zur Folge.

Nach § 50 LuftVG ist **der Luftfrachtführer verpflichtet,** zur Deckung seiner Haftung auf Schadenersatz wegen der in § 44 genannten Schäden während der von ihm geschuldeten oder der von ihm für den vertraglichen Luftfrachtführer ausgeführten Luftbeförderung eine Haftpflichtversicherung in einer durch Rechtsverordnung zu bestimmenden Höhe zu unterhalten.

Die Verordnung (VO) EG 785/2004 Artikel 6 – **Versicherung für die Haftung in Bezug auf Fluggäste, Reisegepäck und Güter** – und § 103 der LuftVZO – **Haftpflichtversicherung für Fluggastschäden** – legt u. a. fest:

1. Hinsichtlich der Haftung für Fluggäste beträgt die Mindestversicherungssumme 250 000 SZR je Fluggast. Bei **nichtgewerblichen** Flügen, die mit Luftfahrzeugen mit einem **MTOM von bis zu 2 700 kg** durchgeführt werden, können die Mitgliedstaaten jedoch eine **niedrigere Mindestversicherungssumme** festsetzen, die aber mindestens **100 000 SZR** je Fluggast betragen muss.

2. Hinsichtlich der Haftung für **Reisegepäck** beträgt die Mindestversicherungssumme **1 000 SZR** je Fluggast bei **gewerblichen** Flügen.

Aufgrund der Haftungsrisiken wird dringend geraten, eine über 100 000 SZR hinausgehende Luftfrachtführer-Haftpflichtversicherung abzuschließen. Mit dieser hat der Luftfahrzeugführer bei Personen- und Gepäckbeförderung mit dem Privatflugzeug Versicherungsschutz für Ansprüche der Fluggäste aus Unfällen an Bord und/oder beim Ein- und Aussteigen.

Eine sehr empfehlenswerte Alternative zum separaten Abschluss einer Halter- und Passagierhaftpflichtversicherung ist die **kombinierte Haftpflichtversicherung für Luftfahrzeuge:**

- **CSL–Versicherung (Combined Single Limit)**

Hier ist der Luftfahrzeugführer durch eine einheitliche Deckungssumme je Schadenereignis versichert. Die **pauschale** Versicherungssumme sorgt im Schadensfalle **ohne Begrenzung für die einzelne Person** für mehr Flexibilität und Sicherheit. Die Versicherungssumme sollte möglichst höher sein als die Haftungssumme aus Halter- und Passagierhaftpflichtversicherung zusammen.

9 Straf- und Bußgeldvorschriften

9.1 Allgemeines

Die **§§ 58 bis 63 LuftVG** enthalten die **Straf- und Bußgeldvorschriften** für den Luftverkehr. In diesen Vorschriften wird zwischen

- **Ordnungswidrigkeiten, die mit Geldbußen geahndet werden können, und**
- **Straftaten, die mit Freiheitsstrafen oder mit Geldstrafen bestraft werden,**

unterschieden.

9.2 Ordnungswidrigkeiten (§ 58 LuftVG und § 43 LuftVO)

Nach **§ 58 LuftVG** handelt z. B. **ordnungswidrig,** wer vorsätzlich oder fahrlässig

1. den im Rahmen der Luftaufsicht (§ 29 LuftVG) erlassenen Verfügungen zuwiderhandelt;
2. es unternimmt, ohne Erlaubnis Luftfahrer auszubilden;
3. ohne die erforderliche Genehmigung einen Flugplatz anlegt, wesentlich erweitert, ändert oder betreibt;
4. Luftfahrthindernisse ohne Genehmigung errichtet;
5. ohne die erforderliche Genehmigung Luftfahrtunternehmen betreibt oder Luftfahrzeuge verwendet;
6. ohne Genehmigung Luftfahrtveranstaltungen durchführt;
7. als Führer eines Luftfahrzeugs entgegen § 25 Abs. 1 Satz 2 Nr. 2 oder 3 LuftVG (außerhalb der Betriebsstunden des Flugplatzes oder innerhalb von Betriebsbeschränkungszeiten für den Flugplatz) startet oder landet;
8. sich der Pflicht zur Auskunfterteilung nach einer Notlandung/Sicherheitslandung entzieht (§ 25 Abs. 2 LuftVG);
9. einer aufgrund des § 32 LuftVG erlassenen Rechtsvorschrift (LuftVO, LuftVZO, LuftPersV, LuftBO, LuftGerPV usw.) zuwiderhandelt, wenn darin ausdrücklich auf die Bußgeldvorschriften des LuftVG hingewiesen wird;
10. ohne die Erlaubnis in den Geltungsbereich des LuftVG ein- oder aus dem Geltungsbereich des LuftVG ausfliegt usw.

Diese **Ordnungswidrigkeiten** können mit Geldbußen bis zu 10 000 Euro, in einigen Fällen bis zu 25 000 Euro oder sogar bis zu 50 000 Euro geahndet werden.

§ 43 LuftVO, Ordnungswidrigkeiten

Ordnungswidrig im Sinne des § 58 Abs. 1 Nr. 10 des LuftVG handelt, wer vorsätzlich oder fahrlässig

1. als Teilnehmer am Luftverkehr entgegen § 1 Abs. 1 sich so verhält, dass ein anderer gefährdet, geschädigt oder mehr als nach den Umständen unvermeidbar behindert oder belästigt wird;
2. entgegen § 1 Abs. 2 Lärm bei dem Betrieb eines Luftfahrzeugs verursacht, der stärker ist, als es die ordnungsgemäße Führung oder Bedienung unvermeidbar erfordert;
3. entgegen § 1 Abs. 3 ein Luftfahrzeug führt oder als anderes Besatzungsmitglied tätig wird, obwohl er infolge des Genusses alkoholischer Getränke oder anderer berauschender Mittel oder infolge geistiger oder körperlicher Mängel in der Wahrnehmung seiner Aufgabe behindert ist, wenn die Tat nicht in den §§ 315 a und 316 des Strafgesetzbuches mit Strafe bedroht ist;
4. entgegen § 2 Abs. 1 ein Luftfahrzeug während des Fluges oder am Bogen führt, ohne verantwortlicher Luftfahrzeugführer zu sein;
5. einer Vorschrift des § 3 über die Pflichten des Luftfahrzeugführers zuwiderhandelt;
6. entgegen § 3 a Abs. 1 oder 2 die Flugvorbereitung nicht oder nicht ordnungsgemäß durchführt;
7. weggefallen;
8. einer Vorschrift des § 4 Abs. 2 Satz 2 zweiter Halbsatz oder Abs. 3, §§ 36, 37 Abs. 1, 2 oder 3 Satz 1, § 40 oder § 42 über Flüge nach Instrumentenflugregeln zuwiderhandelt;
9. die nach § 4 Abs. 4 Satz 1 festgelegte Höchstgeschwindigkeit überschreitet;
10. als Halter, Führer oder anderes Besatzungsmitglied entgegen § 5 Abs. 1, 2, 3 oder 5 Störungen bei dem Betrieb eines Luftfahrzeugs nicht, nicht rechtzeitig oder nicht ordnungsgemäß anzeigt;

11. entgegen § 6 Abs. 1 die Sicherheitsmindesthöhe unterschreitet, entgegen § 6 Abs. 2 Brücken oder ähnliche Bauten, Freileitungen oder Antennen unterfliegt oder entgegen § 6 Abs. 3 Satz 1 einen Überlandflug durchführt;
11a. einer Vorschrift des § 6 Abs. 4 Satz 2 über Verpflichtungen bei Unterschreitung der Sicherheitsmindeshöhe zuwiderhandelt;
12. entgegen § 7 Abs. 1 Gegenstände oder sonstige Stoffe abwirft oder ablässt;
13. entgegen § 8 Kunstflüge ausführt;
14. entgegen § 9 Abs. 1, 2 oder 5 Schlepp- oder Reklameflüge ausführt;
15. gegen die Auflage einer Erlaubnis nach § 9 Abs. 3 Satz 1 oder § 14 verstößt;
16. einer Vorschrift des § 9 a Abs. 1 Satz 1 oder Abs. 2 über Uhrzeit und Maßeinheiten zuwiderhandelt;
17. entgegen § 10 Abs. 3 einen untersagten Flug nach Sichtflugregeln ausführt;
17a. als Führer eines Luftfahrzeugs entgegen § 11 a Flüge mit Überschallgeschwindigkeit ausführt oder als Halter anordnet oder zulässt;
17b. als Halter oder Führer eines Luftfahrzeugs einer vollziehbaren Auflage nach § 11 b Abs. 2 Satz 1 zuwiderhandelt;
17c. entgegen § 11 c Abs. 1 Satz 1, Abs. 2 Satz 1 oder Abs. 3 startet oder landet oder entgegen Abs. 1 Satz 2 oder Abs. 7 eine dort vorgeschriebene Urkunde nicht mitführt;
18. einer Vorschrift des § 12 oder § 19 Abs. 1 zur Vermeidung von Zusammenstößen zuwiderhandelt;
19. eine Ausweichregel des § 13 nicht befolgt;
19a. ohne Erlaubnis nach § 15 Abs. 1 Satz 1 startet oder landet;
19b. entgegen § 15 a den Luftraum nutzt;
20. ohne Erlaubnis nach § 16 Abs. 1 den Luftraum nutzt, der Vorschrift des § 16 Abs. 2 zuwiderhandelt oder gegen die Auflage einer ihm nach § 16 Abs. 1 erteilten Erlaubnis verstößt;
21. entgegen § 16 a Abs. 1 eine Flugverkehrskontrollfreigabe nicht einholt;
22. einer Vorschrift des § 17 oder § 19 Abs. 2 über die Lichterführung zuwiderhandelt;
23. einer Vorschrift des § 18 über Übungsflüge unter angenommenen Instrumentenflugbedingungen zuwiderhandelt;
24. entgegen § 20 Satz 1 eine Beobachtung über eine Gefahr für den Luftverkehr nicht, nicht unverzüglich oder nicht ordnungsgemäß meldet;
25. einer Vorschrift des § 21 über Signale und Zeichen zuwiderhandelt;
26. einer Vorschrift des § 22 Abs. 1 oder § 23 Abs. 1 oder 4 über den Flugbetrieb auf einem Flugplatz oder in dessen Umgebung oder des § 23 Abs. 3 über den Verkehr auf dem Rollfeld eines Flugplatzes zuwiderhandelt;
26a. entgegen § 22 a Abs. 1 auf einem Flugplatz startet oder landet;
27. einer Vorschrift des § 25 Abs. 1 Satz 1 über die Übermittlung eines Flugplans oder des § 26 Abs. 1 Satz 1 oder Abs. 4 Satz 1 oder 3 über die Flugverkehrskontrollfreigabe zuwiderhandelt;
28. einer Vorschrift des § 26 a Abs. 1 oder 2 Satz 1 über den Funkverkehr zuwiderhandelt;
29. entgegen § 26 b Abs. 1 Satz 1, § 26 d Abs. 1 oder § 27 Abs. 1 eine dort vorgeschriebene Meldung nicht, nicht unverzüglich oder nicht ordnungsgemäß erstattet;
30. entgegen § 27 a Abs. 1 die vorgeschriebenen Flugverfahren nicht befolgt oder
31. einer Vorschrift des § 28 Abs. 1 Satz 1, Abs. 2 Satz 1 oder Abs. 4 Satz 1, § 31 Abs. 1, 2 oder 4, § 32 oder § 33 über Flüge nach Sichtflugregeln zuwiderhandelt.

9.3 Straftaten (§§ 59, 60 und 62 LuftVG)

Nach **§ 59 LuftVG** wird mit **Freiheitsstrafe** bis zu **fünf Jahren** oder mit **Geldstrafe** bestraft, wer als Führer eines Luftfahrzeugs oder als sonst für die Sicherheit Verantwortlicher durch **grob pflichtwidriges Verhalten** gegen eine im Rahmen der **Luftaufsicht erlassene Verfügung** (§ 29 LuftVG) verstößt und dadurch Leib oder Leben eines anderen oder fremde Sachen von bedeutendem Wert gefährdet.

Wer eine solche Tat **fahrlässig** begeht, wird mit **Freiheitsstrafe** bis zu **zwei Jahren** oder mit **Geldstrafe** bestraft.

§ 60 LuftVG bestimmt Folgendes:

Wer
1. ein Luftfahrzeug führt, das nicht zum Luftverkehr zugelassen ist, oder als Halter einem Dritten das Führen eines solchen Luftfahrzeugs gestattet;

9 Straf- und Bußgeldvorschriften

2. ein Luftfahrzeug ohne die Lizenz nach § 4 Abs. 1 LuftVG führt oder bedient oder als Halter eines Luftfahrzeugs die Führung oder das Bedienen Dritten, denen diese Lizenz nicht erteilt ist, gestattet;
3. praktische Flugausbildung ohne eine Lehrberechtigung nach § 5 Abs. 3 LuftVG erteilt;
4. als Führer eines Luftfahrzeugs entgegen § 25 Abs. 1 Satz 1 oder Satz 3 Nr. 1 LuftVG startet oder landet;
5. ohne Erlaubnis nach § 27 Abs. 1 Satz 1 Stoffe oder Gegenstände, die durch Rechtsverordnung nach § 32 Abs. 1 Nr. 7 als gefährliche Güter bestimmt sind, mit Luftfahrzeugen befördert;
6. ohne Erlaubnis nach § 27 Abs. 2 Satz 1 Stoffe oder Gegenstände, die durch Rechtsverordnung als gefährliche Güter bestimmt sind, ohne Erlaubnis in Luftfahrzeugen im Handgepäck mit sich führt oder an sich trägt;
7. entgegen § 27 Abs. 3 Satz 1 elektronische Geräte betreibt;

wird mit **Freiheitsstrafe** bis zu **zwei Jahren** oder mit **Geldstrafe** bestraft.

Wer die Tat **fahrlässig** begeht, wird mit **Freiheitsstrafe** bis zu **sechs Monaten** oder mit **Geldstrafe** bis zu **einhundertachtzig Tagessätzen** bestraft.

§ 62 LuftVG:
Wer als Führer eines Luftfahrzeugs den Anordnungen über Luftsperrgebiete und Gebiete mit Flugbeschränkungen zuwiderhandelt, wird mit **Freiheitsstrafe** bis zu **zwei Jahren** oder mit **Geldstrafe** bestraft, wenn die Tat nicht in anderen Vorschriften mit schwererer Strafe bedroht ist.

Wer die Tat **fahrlässig** begeht, wird mit **Freiheitsstrafe** bis zu **sechs Monaten** oder mit **Geldstrafe** bis zu **einhundertachtzig Tagessätzen** bestraft.

9.4 Zuständige Behörden

Die für die Verfolgung und Ahndung von Ordnungswidrigkeiten zuständigen Verwaltungsbehörden sind:

1. die **Luftfahrtbehörden** der Länder im Bereich der ihnen übertragenen Aufgaben gemäß § 31 LuftVG,
2. das **Luftfahrt-Bundesamt** (LBA) und
3. das **Bundesministerium für Verkehr, Bau und Stadtentwicklung (BMVBS)**

im Bereich der ihnen übertragenen Aufgaben.

Für die Verfolgung und Ahndung **strafbarer Handlungen** gemäß LuftVG sind die **Strafverfolgungsbehörden** (Staatsanwaltschaften) zuständig.

10 Anhänge

10.1 Abkürzungsverzeichnis – Abbreviations

Abkürzung/ Abbreviation	englische Erläuterung	deutsche Erläuterung
(A)	Aeroplane	Flugzeug
AMC	Aero Medical Centre	flugmedizinisches Zentrum
AME	Aero Medical Examiner	flugmedizinischer Sachverständiger
AMS	Aero Medical Section	flugmedizinische Abteilung
APU	Auxiliary Power Unit	Hilfsturbine
ATPL	Airline Transport Pilot Licence	Lizenz für Verkehrsflugzeugführer
CBT	Computer Based Training	rechnergestützte Ausbildung
CC	Cross Country	Überlandflug
CFI	Chief Flying Instructor	Leiter der praktischen Ausbildung
CGI	Chief Ground Instructor	Leiter der theoretischen Ausbildung
COP	Copilot	zweiter Pilot
CPL	Commercial Pilots Licence	Lizenz für Berufsflugzeugführer
CR	Class Rating	Klassenberechtigung
CRE	Class Rating Instructor Examiner	Prüfer für Klassenberechtigungen
CRI	Class Rating Instructor	Lehrberechtigter für Klassenberechtigungen
D	Differences Training	Unterschiedsschulung
DC	Dual Control	Doppelsteuer
F	Familiarization	Vertrautmachen, Einweisen
FE	Flight Engineer	Flugingenieur
FE	Flight Examiner	Prüfer
FI	Flight Instructor	Lehrberechtigter für Flugausbildung
FIE	Flight Instructor Examiner	Prüfer für Lehrberechtigte für Flugausbildung
FNPT I	Flight Navigations Procedures Trainer I	Flug- und Navigationsverfahrensübungsgerät (Dieser FNPT ist keine präzise Nachbildung eines bestimmten Flugzeugmusters. Er muss lediglich in der Bedienung und dem Flugverhalten der Flugzeugklasse von ein- bzw. zweimotorigen Luftfahrzeugen bis 2 000 kg ähneln)
FNPT II	Flight Navigations Procedures Trainer II	Flug- und Navigationsverfahrensübungsgerät (Beim FNPT vom Typ II, handelt es sich um ein fest stehendes Übungsgerät, das in seiner Ausgestaltung dem Cockpit eines mehrmotorigen Flugzeugs, eines Musters oder einer Klasse ähnelt und über ein Sichtdarstellungssystem verfügt. Die Funktionen der Flugzeugsysteme müssen wirklichkeitsgetreu dargestellt sein)
FS	Flight Simulator	Flugsimulator
FTD	Flight Training Devices	Flugübungsgeräte
FTO	Flying Training Organisation	Ausbildungsbetrieb für Flugausbildung
(H)	Helicopter	Hubschrauber
HPA	High Performance Aeroplane	Hochleistungsflugzeug
HT	Head of Training	Ausbildungsleiter
IR	Instrument Rating	Instrumentenflugberechtigung
IRE	Instrument Rating Examiner	Prüfer für Instrumentenflug
IRI	Instrument Rating Instructor	Lehrberechtigter für Instrumentenflugberechtigung
JAA	Joint Aviation Authorities	Zusammenschluss bestimmter europäischer Luftfahrtbehörden
JAR-FCL	Joint Aviation Requirements – Flight Crew Licensing –	Anforderungen der JAA an die Lizenzierung von Flugbesatzungen
MCC	Multi-Crew Co-operation	Zusammenarbeit der Flugbesatzung
ME	Multi-Engine	mehrmotorig
MEP	Multi-Engine Piston Aeroplanes	mehrmotorig mit Kolbentriebwerk
MET	Multi-Engine Turbine	mehrmotorig mit Turbopropantrieb
MPA	Multi-Pilot Aeroplanes	Flugzeuge mit zwei Piloten
OTD	Other Training Devices	sonstige Übungsgeräte (Ausbildungshilfen außer Flugsimulatoren, Flugübungsgeräte oder Flug- und Navigationsverfahrensübungsgeräte, die zur Ausbildung eingesetzt werden können, wenn kein vollständiges Cockpit erforderlich ist)

10.1 Abkürzungsverzeichnis

Abkürzung/Abbreviation	englische Erläuterung	deutsche Erläuterung
PF	Pilot Flying	Pilot, der das Luftfahrzeug führt und bedient
PIC	Pilot-In-Command	verantwortlicher Pilot, Lfz.-Führer
PICUS	Pilot-In-Command Under Surveillance	Flugschüler im Alleinflug unter Überwachung eines Fluglehrers
PNF	Pilot Non Flying	Pilot, der das Luftfahrzeug nicht führt und bedient
RF	Registered Facility	registrierte Ausbildungseinrichtung
RT	Radio Telephony	Flugfunk
SE	Single-Engine	einmotorig
SEP	Single-Engine Piston	einmotorig, Kolbentriebwerk
SET	Single-Engine Turbine	einmotorig mit Turbopropantrieb
SFE	Synthetic Flight Examiner	Prüfer an synthetischen Flugübungsgeräten
SFI	Synthetic Flight Instructor	Lehrberechtigter an synthetischen Flugübungsgeräten
SIM	Simulator	Flugsimulator
SPA	Single-Pilot Aeroplanes	Flugzeuge mit einem Piloten
SPIC	Student-Pilot-In-Command	Flugschüler als verantwortlicher Pilot
STD	Synthetic Training Devices	synthetische Flugübungsgeräte
TMG	Touring Motor Glider	Reisemotorsegler
TR	Type Rating	Musterberechtigung
TRE	Type Rating Examiner	Prüfer für Musterberechtigungen
TRI	Type Rating Instructor	Lehrberechtigter für Musterberechtigungen
TRTO	Type Rating Training Organisation	Ausbildungsbetrieb für den Erwerb von Musterberechtigungen
ZFTT	Zero Flight Time Training	Ausbildung ohne Flugzeiten im Flugzeug

10 Anhänge

10.2 Begriffsbestimmungen und Abkürzungen (JAR-FCL 1.001/2.001)

Alleinflugzeit
Die Flugzeit, in der sich ein Flugschüler allein an Bord eines Luftfahrzeugs befindet.

Ausbildungszeit als verantwortlicher Pilot (Student-Pilot-InCommand/SPIC)
Die Flugzeit, in der ein Flugschüler die Tätigkeit des verantwortlichen Piloten ausübt und der Lehrberechtigte ihn nur beobachtet und den Flug nicht beeinflusst.

Ausbildungszeit mit Lehrberechtigtem
Die Flugzeit oder Instrumentenbodenzeit, in der eine Person von einem dazu anerkannten Lehrer ausgebildet wird.

Befähigungsüberprüfung
Der Nachweis der weiteren fliegerischen Befähigung für die Verlängerung oder Erneuerung einer Berechtigung oder Anerkennung gegenüber einem Prüfer einschließlich der mündlichen Kenntnisprüfung, sofern vorgeschrieben oder von dem Prüfer für erforderlich gehalten.

Berechtigung
In eine Lizenz eingetragen besonderen Bedingungen, Rechte oder Einschränkungen.

Beruflich tätiger Pilot
Ein Pilot im Besitz einer Lizenz (CPL/ATPL), die eine fliegerische Tätigkeit im gewerbsmäßigen Luftverkehr zulässt.

Blockzeit *(Flugzeit)*
Blockzeit bezeichnet die Zeit zwischen dem erstmaligen Abrollen eines Luftfahrzeugs aus seiner Parkposition zum Zwecke des Startens bis zum Stillstand an der zugewiesenen Parkposition und bis alle Triebwerke abgestellt sind.

Kopilot
Ein Pilot, der nicht als verantwortlicher Pilot ein Luftfahrzeug führt, für das gemäß der Aufstellung von Flugzeugmustern (nach Anhang 1 zu JAR-FCL 1.220) oder der Musterzulassung des Luftfahrzeugs oder den betrieblichen Vorschriften, nach denen der Flug durchgeführt wird, mehr als ein Pilot gefordert wird.

Ausgenommen sind Piloten, die sich ausschließlich zu ihrer Flugausbildung für eine Lizenz oder Berechtigung an Bord befinden.

Erneuerung (z. B. einer Berechtigung oder Genehmigung)
Das Verwaltungsverfahren zur Erneuerung einer abgelaufenen Berechtigung oder Genehmigung für einen weiteren festgelegten Zeitraum unter Erfüllung bestimmter Voraussetzungen.

Flugingenieur (Flight Engineer/FE)
Eine Person, die die Anforderungen der JAR-FCL 4 erfüllt.

Flugzeit *(siehe Blockzeit)*

Flugzeuge/Hubschrauber mit einem Piloten (Single-Pilot Aeroplane/SPA bzw. Single-Pilot Helicopter/HPA)
Flugzeuge mit einer durch die Musterzulassung vorgeschriebenen Mindestflugbesatzung von einem Piloten.

Flugzeuge/Hubschrauber mit zwei Piloten (Multi-Pilot Aeroplanes/MPA bzw. Multi-Pilot Helicopter/MPH)
Flugzeuge mit einer durch die Musterzulassung vorgeschriebenen Mindestflugbesatzung von zwei Piloten.

Instrumentenflugzeit
Die Zeit, in der ein Pilot ein Luftfahrzeug ausschließlich nach Instrumenten führt.

Instrumentenbodenzeit
Die Zeit, in der ein Pilot eine Ausbildung im simulierten Instrumentenflug in synthetischen Flugübungsgeräten (Synthetic Training Devices/STDs) erhält.

Instrumentenzeit
Instrumentenflugzeit oder Instrumentenbodenzeit.

Kategorie (eines Luftfahrzeugs)
Die Einteilung von Luftfahrzeugen nach bestimmten grundlegenden Eigenschaften (z. B. Flugzeug, Hubschrauber, Segelflugzeug, Freiballon).

Muster (eines Luftfahrzeugs)
Luftfahrzeuge desselben Grundmusters, einschließlich sämtlicher Änderungen, die keine Auswirkungen auf die Handhabung, Flugeigenschaften oder Zusammensetzung der Flugbesatzung haben.

Nacht
Der Zeitraum zwischen dem Ende der bürgerlichen Abenddämmerung und dem Beginn der bürgerlichen Morgendämmerung oder jeder andere Zeitraum zwischen Sonnenuntergang und Sonnenaufgang, der von der zuständigen Behörde festgelegt wird.

10.2 Begriffsbestimmungen und Abkürzungen (JAR-FCL 1.001/2.001)

Praktische Prüfung
Der Nachweis der fliegerischen Befähigung für den Erwerb einer Lizenz oder Berechtigung gegenüber einem Prüfer, einschließlich der mündlichen Kenntnisprüfung, sofern vorgeschrieben oder von dem Prüfer für erforderlich gehalten.

Privatpilot
Ein Pilot mit einer Lizenz, die eine fliegerische Tätigkeit im gewerbsmäßen Luftverkehr nicht zulässt.

Reisemotorsegler (Touring Motor Glider/TMG)
Ein Reisemotorsegler ist im Sinne der Bestimmungen JAR-FCL ein gemäß JAR 22 zugelassenes Luftfahrzeug mit einem deutschen Lufttüchtigkeitszeugnis oder einem von der zuständigen Stelle akzeptierten Lufttüchtigkeitszeugnis, das über ein festeingebautes Triebwerk und einen nicht einklappbaren Propeller verfügt. Der Reisemotorsegler muss gemäß den Bestimmungen des Flughandbuches eigenstartfähig sein und mit eigener Leistung steigen können (siehe auch Abschnitt 5.1.1 „Arten der Luftfahrzeuge").

Sonstige Übungsgeräte (Other Training Devices/OTDs)
Ausbildungshilfen außer Flugsimulatoren, Flugübungsgeräten oder Flug- und Navigationsverfahrensübungsgeräten, die zur Ausbildung eingesetzt werden können, wenn kein vollständiges Cockpit vorhanden ist.

Streckenabschnitt
Ein Flug, der Start, Abflug, Reiseflug von nicht weniger als 15 Minuten, Anflug und Landephase umfasst.

Umschreibung einer Lizenz
Die Erteilung einer Lizenz gemäß JAR-FCL auf der Grundlage einer Lizenz eines Staates, der kein Mitglied der JAA ist (Nicht-JAA-Mitgliedsstaat).

Verlängerung (z. B. einer Berechtigung oder Genehmigung)
Das Verwaltungsverfahren zur Verlängerung einer noch gültigen Berechtigung oder Genehmigung für einen weiteren festgelegten Zeitraum unter Erfüllung bestimmter Voraussetzungen.

Zusammenarbeit der Flugbesatzung (Multi-Crew Cooperation/MCC)
Die Zusammenarbeit der Flugbesatzung unter Leitung des verantwortlichen Piloten.

10 Anhänge

10.3 Inhaltsübersicht der Bestimmungen JAR-FCL 1 (Flugzeug) und JAR-FCL 2 (Hubschrauber) deutsch

Abschnitt A – Allgemeine Bestimmungen

Paragraph/ Anhang JAR-FCL	JAR-FCL 1 (deutsch) – Flugzeuge	JAR-FCL 2 (deutsch) – Hubschrauber
1.001/2.001	Begriffsbestimmungen und Abkürzungen	
1.005/2.005	Geltungsbereich	
1.010/2.010	Voraussetzungen für eine Tätigkeit als Flugbesatzungsmitglied	
1.015/2.015	Akzeptanz von Lizenzen, Berechtigungen, Anerkennungen, Genehmigungen sowie Zeugnissen	
1.016/2.016	Erleichterungen für Inhaber von Lizenzen, die von Nicht-JAA-Mitgliedsstaaten erteilt wurden.	
1.017/2.017	Anerkennungen/Berechtigungen für besondere Zwecke	
1.020/2.020	Anrechnung von Tätigkeiten aus der militärischen Luftfahrt	
1.025/2.025	Gültigkeit von Lizenzen und Berechtigungen	
1.026/2.026	Fortlaufende Flugerfahrung für Piloten, die nicht gemäß der Bestimmungen der JAR-OPS 1 (Flugzeug) bzw. JAR-OPS 3 (Hubschrauber) deutsch tätig sind	
1.030/2.030	Prüfungsangelegenheiten	
1.035/2.035	Flugmedizinische Tauglichkeit	
1.040/2.040	Eingeschränkte flugmedizinische Tauglichkeit	
1.045/2.045	Sonderfälle	
1.050/2.050	Anrechnung von Flugzeiten und theoretischen Kenntnissen	
1.055/2.055	Ausbildungsbetriebe und registrierte Ausbildungseinrichtungen	
1.060/2.060	Beschränkungen für Lizenzinhaber nach Vollendung des 60. Lebensjahres	
1.065/2.065	Ausstellerstaat der Lizenz	
1.070/2.070	Hauptwohnsitz	
1.075/2.075	Form und Inhalt von Lizenzen	
1.080/2.080	Aufzeichnung von Flugzeiten	

Paragraph/ Anhang JAR-FCL	JAR-FCL 1 (deutsch) – Flugzeuge	JAR-FCL 2 (deutsch) – Hubschrauber
Anhang 1 zu JAR-FCL 1.005/2.005	Mindestanforderungen für die Erteilung von Lizenzen/Anerkennungen gemäß JAR-FCL auf der Grundlage nationaler Lizenzen/Anerkennungen, die von JAA-Mitgliedsstaaten erteilt wurden.	Mindestanforderungen für die Erteilung von Lizenzen/Ermächtigungen gemäß JAR-FCL auf der Grundlage nationaler Lizenzen/Ermächtigungen, die von JAA-Mitgliedsstaaten erteilt wurden.
Anhang 1 zu JAR-FCL 1.015/2.015	Mindestanforderungen für die Anerkennung von Lizenzen, die von Nicht-JAA-Mitgliedsstaaten erteilt wurden.	
Anhang 2 zu JAR-FCL 1.015/2.015	Umschreibung von PPL(A)/PPL(H), die von Nicht-JAA-Mitgliedsstaaten erteilt wurden in PPL(A)/PPL(H) gemäß JAR-FCL	
Anhang 1 zu JAR-FCL 1.050/2.050	Anrechnung von theoretischen Kenntnissen – Lehrplan für die ergänzende Ausbildung und Prüfung	
Anhang 1a zu JAR-FCL 1.055/2.055	Ausbildungsbetriebe für Flugausbildung zum Erwerb von Lizenzen und Berechtigungen	
Anhang 1b zu JAR-FCL 1.055/2.055	Teilausbildung außerhalb der JAA-Mitgliedsstaaten	
Anhang 1c zu JAR-FCL 1.055/2.055	Ergänzende Anforderungen für FTOs mit ständiger Hauptniederlassung außerhalb der JAA-Mitgliedsstaaten	
Anhang 2 zu JAR-FCL 1.055/2.055	Ausbildungsbetriebe für den Erwerb von Musterberechtigungen nur für Inhaber von Lizenzen (TRTOs)	
Anhang 1 zu JAR-FCL 1.075/2.075	Form und Inhalt von Lizenzen	

Abschnitt B – Flugschüler

1.085/2.085	Anforderungen
1.090/2.090	Mindestalter
1.095/2.095	Flugmedizinische Tauglichkeit

Abschnitt C – Lizenz für Privatpiloten – PPL(A)/PPL(H)

1.100/2.100	Mindestalter
1.105/2.105	Flugmedizinische Tauglichkeit
1.110/2.110	Rechte und Voraussetzungen
1.115/2.115	Reserviert

Paragraph/ Anhang JAR-FCL	JAR-FCL 1 (deutsch) – Flugzeuge	JAR-FCL 2 (deutsch) – Hubschrauber
1.120/2.120	Flugerfahrung und Anrechnung	
1.125/2.125	Ausbildungslehrgang	
1.130/2.130	Theoretische Prüfung	
1.135/2.135	Praktische Fähigkeiten	
Anhang 1 zu JAR-FCL 1.125/2.125	Ausbildungslehrgang für PPL(A)/PPL(H) – Zusammenfassung	
Anhang 2 zu JAR-FCL 1.125/2.125	Registrierung von Ausbildungseinrichtungen	Registrierung von Ausbildungseinrichtungen, die nur für den Erwerb der PPL ausbilden
Anhang 3 zu JAR-FCL 1.125/2.125	Antragsformular für die Registrierung von Ausbildungseinrichtungen	Antragsformular für die Registrierung von PPL-Ausbildungseinrichtungen
Anhang 4 zu JAR-FCL —/2.125	—	Ausbildungslehrgang für den Erwerb einer PPL(H)-Nachtflugqualifiaktion
Anhang 1 zu JAR-FCL 1.130/2.130 und 1.135/2.135	Theoretische und praktische Prüfung für den Erwerb einer PPL(A)/PPL(H)	
Anhang 2 zu JAR-FCL 1.135/2.135	Praktische Prüfung für den Erwerb einer PPL(A)	Inhalt der praktischen Prüfung für den Erwerb einer PPL(H)

Abschnitt D – Lizenz für Berufspiloten – CPL(A)/CPL(H)

Paragraph/Anhang	Inhalt
1.140/2.140	Mindestalter
1.145/2.145	Flugmedizinische Tauglichkeit
1.150/2.150	Rechte und Voraussetzungen
1.155/2.155	Flugerfahrung und Anrechnung
1.160/2.160	Theoretische Kenntnisse
1.165/2.165	Flugausbildung
1.170/2.170	Praktische Fähigkeiten
Anhang 1 zu JAR-FCL 1.160/2.160 und 1.165/2.165(a)(1)	Durchgehende Ausbildung für ATP(A)/ATP(H)

Paragraph/ Anhang JAR-FCL	JAR-FCL 1 (deutsch) – Flugzeuge	JAR-FCL 2 (deutsch) – Hubschrauber
Anhang 1 zu JAR-FCL 1.160/2.160 und 1.165/2.165(a)(2)	Durchgehende Ausbildung für CPL(A)/IR/CPL(H)	
Anhang 1 zu JAR-FCL 1.160/2.160 und 1.165/2.165(a)(3)	Durchgehende Ausbildung für CPL(A)	Modulare Ausbildung für CPL(H)
Anhang 1 zu JAR-FCL 1.160/— und 1.165(a)(4)/—	Modulare Ausbildung für CPL(A)	—
Anhang 1 zu JAR-FCL 1.170/2.170	Praktische Prüfung für den Erwerb einer CPL(A)/CPL(H)	
Anhang 2 zu JAR-FCL 1.170/2.170	Inhalt der praktischen Prüfung für den Erwerb einer CPL(A)/CPL(H)	

Abschnitt E – Instrumentenflugberechtigung – IR(A)/IR(H)

1.174/2.174	Flugmedizinische Tauglichkeit	
1.175/2.175	Erfordernis einer IR(A)/IR(H)	
1.180/2.180	Rechte und Voraussetzungen	
1.185/2.185	Gültigkeitsdauer, Verlängerung und Erneuerung	
1.190/2.190	Flugerfahrung	
1.195/2.195	Theoretische Kenntnisse	
1.200/2.200	Kenntnisse der englischen Sprache	
1.205/2.205	Flugausbildung	
1.210/2.210	Praktische Fähigkeiten	
Anhang 1 zu JAR-FCL 1.200/2.200	IR(A)/IR(H) – Kenntnisse der englischen Sprache	
Anhang 1 zu JAR-FCL 1.205/2.205	Modulare Ausbildung für IR(A)/IR(H)	
Anhang 1 zu JAR-FCL 1.210/2.210	Praktische Prüfung für den Erwerb einer IR(A)/IR(H)	
Anhang 2 zu JAR-FCL 1.210/2.210	Inhalt der praktischen Prüfung für den Erwerb einer IR(A)	Inhalt der praktischen Prüfung/Befähigungsüberprüfung für den Erwerb einer IR(H)

Abschnitt F – Klassen- und Musterberechtigungen PPL(A) sowie Musterberechtigungen PPL(H)

Paragraph/ Anhang JAR-FCL	JAR-FCL 1 (deutsch) – Flugzeuge	JAR-FCL 2 (deutsch) – Hubschrauber
1.215/2.215	Klassenberechtigungen (A)	Reserviert
1.220/2.220	Musterberechtigungen (A)/(H)	
1.225/2.225	Erfordernis von Klassen- und Musterberechtigungen	Erfordernis von Musterberechtigungen
1.230/2.230	Sonderregelungen	
1.235/2.235	Klassen- und Musterberechtigungen – Rechte, Anzahl und Baureihen	Musterberechtigungen – Rechte, Anzahl und Baureihen
1.240/2.240	Klassen- und Musterberechtigungen – Anforderungen	Musterberechtigungen – Anforderungen
1.245/2.245	Klassen- und Musterberechtigungen – Gültigkeit, Verlängerung und Erneuerung	Musterberechtigungen – Gültigkeit, Verlängerung und Erneuerung
1.250/2.250	Musterberechtigung für Flugzeuge/Hubschrauber mit zwei Piloten – Voraussetzungen	
1.255/2.255	Musterberechtigung für Flugzeuge/Hubschrauber mit einem Piloten – Voraussetzungen	
1.260/2.260	Klassenberechtigung – Voraussetzungen	Reserviert
1.261/2.261	Klassen- und Musterberechtigungen – theoretische Kenntnisse und Flugausbildung	Musterberechtigungen – theoretische Kenntnisse und Flugausbildung
1.262/2.262	Klassen- und Musterberechtigungen – praktische Fähigkeiten	Musterberechtigungen – praktische Fähigkeiten
Anhang 1 zu JAR-FCL 1.215/—	Aufstellung der Flugzeugklassen	—
Anhang 1 zu JAR-FCL 1.220/2.220	Aufstellung der Flugzeugmuster/Hubschraubermuster	
Anhang 1 zu JAR-FCL 1.240/2.240 und 1.295/2.295	Praktische Prüfung und Befähigungsüberprüfung für Klassen-/Musterberechtigungen für Flugzeuge und den Erwerb einer ATPL	Praktische Prüfung und Befähigungsüberprüfung für Musterberechtigungen für Hubschrauber und den Erwerb einer ATPL
Anhang 2 zu JAR-FCL 1.240/2.240 und 1.295/2.295	Inhalt der Ausbildung und der praktischen Prüfung/Befähigungsüberprüfung für ATPL, Musterberechtigungen auf Flugzeugen/Hubschraubern mit zwei Piloten	
Anhang 3 zu JAR-FCL 1.240/2.240	Inhalt der Ausbildung und der praktischen Prüfung/Befähigungsüberprüfung für Klassen-/Musterberechtigungen auf ein- und mehrmotorigen Flugzeugen mit einem Piloten	Inhalt der Ausbildung und der praktischen Prüfung/Befähigungsüberprüfung für Musterberechtigungen für ein- und mehrmotorige Hubschrauber mit einem Piloten
Anhang 4 zu JAR-FCL —/2.240	—	Erweiterung einer Musterberechtigung für Instrumentenanflüge bis zu einer Entscheidungshöhe von weniger als 60 m (200 ft) (CAT II/III)

Paragraph/ Anhang JAR-FCL	JAR-FCL 1 (deutsch) – Flugzeuge	JAR-FCL 2 (deutsch) – Hubschrauber
Anhang 1 zu JAR-FCL —/2.245 (b)(3)	—	Anrechnung von Befähigungsüberprüfungen für die Verlängerung von Musterberechtigungen
Anhang 1 zu JAR-FCL —/2.255	—	Inhalt des genehmigten Vorbereitungslehrgangs für die erste Musterberechtigung für ein mehrmotoriges Hubschraubermuster
Anhang 1 zu JAR-FCL 1.261/2.261(a)	Anforderungen an die theoretischen Kenntnisse im Rahmen praktischer Prüfungen/Befähigungsüberprüfungen zum Erwerb von Klassen-/Musterberechtigungen	Anforderungen an die theoretischen Kenntnisse im Rahmen praktischer Prüfungen/Befähigungsüberprüfungen zum Erwerb von Musterberechtigungen
Anhang 1 zu JAR-FCL 1.261(c)(2)/—	Genehmigung von Lehrgängen für Musterberechtigungen ohne Flugzeiten im Flugzeug	—
Anhang 1 zu JAR-FCL 1.261/2.261(d)	Lehrgang für die Zusammenarbeit der Flugbesatzung	

Abschnitt G – Lizenz für Verkehrspiloten – ATPL(A)/ATPL(H)

1.265/2.265	Mindestalter
1.270/2.270	Flugmedizinische Tauglichkeit
1.275/2.275	Rechte und Voraussetzungen
1.280/2.280	Flugerfahrung und Anrechnung
1.285/2.285	Theoretische Kenntnisse
1.290/2.290	Flugausbildung
1.295/2.295	Praktische Fähigkeiten
Anhang 1 zu JAR-FCL 1.285/2.285	Modulare theoretische Ausbildung für ATPL(A)/ATPL(H)

Abschnitt H – Lehrberechtigungen (Flugzeuge/Hubschrauber)

1.300/2.300	Ausbildung – Allgemeines
1.305/2.305	Lehrberechtigungen und Anerkennungen – Kategorien
1.310/2.310	Lehrberechtigungen – Allgemeines
1.315/2.315	Lehrberechtigungen und Anerkennungen – Gültigkeitsdauer
1.320/2.320	Lehrberechtigung für Flugausbildung FI(A)/FI(H) – Mindestalter

Paragraph/ Anhang JAR-FCL	JAR-FCL 1 (deutsch) – Flugzeuge	JAR-FCL 2 (deutsch) – Hubschrauber
1.325/2.325	FI(A)/FI(H) – eingeschränkte Rechte	
1.330/2.330	FI(A)/FI(H) – Rechte und Anforderungen	
1.335/2.335	FI(A)/FI(H) – Voraussetzungen	
1.340/2.340	FI(A)/FI(H) – Lehrgang	
1.345/2.345	FI(A)/FI(H) – praktische Fähigkeiten	
1.350/2.350	FI(A)/FI(H) – Erteilung der Berechtigung	
1.355/2.355	FI(A)/FI(H) – Verlängerung und Erneuerung	
1.360/2.360	Lehrberechtigung für Musterberechtigungen (Flugzeuge mit zwei Piloten [TRI(MPA)]) – Rechte	Lehrberechtigung für Musterberechtigungen TRI(H) – Rechte
1.365/2.365	TRI(MPA)/TRI(H) – Anforderungen	
1.370/2.370	TRI(MPA)/TRI(H) – Verlängerung und Erneuerung	
1.375/2.375	Lehrberechtigung für Klassenberechtigungen (Flugzeuge mit einem Piloten [CRI(SPA)]) – Rechte	Reserviert
1.380/2.380	CRI(SPA) – Anforderungen	Reserviert
1.385/2.385	CRI(SPA) – Verlängerung und Erneuerung	Reserviert
1.390/2.390	Lehrberechtigung für Instrumentenflug IRI(A)/IR(H) – Rechte	
1.395/2.395	IRI(A)/IR(H) – Anforderungen	
1.400/2.400	IRI(A)/IR(H) – Verlängerung und Erneuerung	
1.405/2.405	Anerkennung für die Ausbildung an synthetischen Flugübungsgeräten SFI(A)/SFI(H) – Rechte	
1.410/2.410	SFI(A)/SFI(H) – Anforderungen	
1.415/2.415	SFI(A)/SFI(H) – Verlängerung und Erneuerung	
Anhang 1 zu JAR-FCL 1.300/2.300	Anforderungen an eine besondere Anerkennung für Lehrberechtigte, die keine JAR-FCL-Lizenz besitzen zur Durchführung von Ausbildungen in FTOs oder TRTOs außerhalb von JAA-Mitgliedsstaaten	
Anhang 1 zu JAR-FCL 1.330/2.330 und 1.345/2.345	Anforderungen für die praktische Prüfung, Befähigungsüberprüfung und mündliche theoretische Prüfung für den Erwerb einer Lehrberechtigung für Flugausbildung FI(A)/FI(H)	

Paragraph/ Anhang JAR-FCL	JAR-FCL 1 (deutsch) – Flugzeuge	JAR-FCL 2 (deutsch) – Hubschrauber
Anhang 2 zu JAR-FCL 1.330/2.330 und 1.345/2.345	Inhalte der praktischen Prüfung, Befähigungsüberprüfung und mündlichen theoretischen Prüfung für den Erwerb einer Lehrberechtigung für Flugausbildung FI(A)/FI(H)	
Anhang 1 zu JAR-FCL 1.340/2.340	Lehrgang für den Erwerb der Lehrberechtigung für Flugausbildung FI(A)/FI(H)	
Anhang 1 zu JAR-FCL 1.365/2.365	Lehrgang für den Erwerb der Lehrberechtigung für Musterberechtigungen für Flugzeuge mit zwei Piloten TRI(MPA)	Lehrgang für den Erwerb der Lehrberechtigung für Musterberechtigungen für Hubschrauber mit einem oder zwei Piloten, die für den Flugbetrieb nach VFR oder IFR zugelassen sind TRI(H)
Anhang 1 zu JAR-FCL 1.380/—	Lehrgang für den Erwerb der Lehrberechtigung für Klassenberechtigung für mehrmotorige Flugzeuge mit einem Piloten CRI(SPA)	—
Anhang 2 zu JAR-FCL 1.380/—	Lehrgang für den Erwerb der Lehrberechtigung für Klassenberechtigung für einmotorige Flugzeuge mit einem Piloten CRI(SPA)	—
Anhang 1 zu JAR-FCL 1.395/2.395	Lehrgang für den Erwerb der Lehrberechtigung für Instrumentenflug IRI(A)/TRI(H)	

Abschnitt I – Prüfer

1.420/2.420	Prüfer – Kategorien	
1.425/2.425	Prüfer – Allgemeines	
1.430/2.430	Prüfer – Gültigkeitsdauer der Anerkennung	Prüfer – Gültigkeitsdauer der Ermächtigung
1.435/2.435	Flugprüfer FE(A)/FE(H) – Rechte/Anforderungen	
1.440/2.440	Prüfer für Musterberechtigungen TRE(A)/TRE(H) – Rechte/Anforderungen	
1.445/2.445	Prüfer für Klassenberechtigungen CRE(A) – Rechte/Anforderungen	Reserviert
1.450/2.450	Prüfer für Instrumentenflug IRE(A)/IRE(H) – Rechte/Anforderungen	
1.455/2.455	Prüfer an synthetischen Flugübungsgeräten SFE(A)/SFE(H) – Rechte/Anforderungen	
1.460/2.460	Prüfer für Lehrberechtigte FIE(A)/FIE(H) – Rechte/Anforderungen	
Anhang 1 zu JAR-FCL 1.425/2.425	Standardisierungsanforderungen an Prüfer	

10 Anhänge

Abschnitt J – Erforderliche theoretische Kenntnisse und Verfahren für die Durchführung von theoretischen Prüfungen für die Lizenz für Berufs- und Verkehrspiloten sowie Instrumentenflugberechtigungen

Paragraph/ Anhang JAR-FCL	JAR-FCL 1 (deutsch) – Flugzeuge	JAR-FCL 2 (deutsch) – Hubschrauber
1.465/2.465	Anforderungen	
1.470/2.470	Inhalt von theoretischen Prüfungen	
1.475/2.475	Prüfungsfragen	
1.480/2.480	Prüfungsverfahren	
1.485/2.485	Pflichten des Bewerbers	
1.490/2.490	Bewertungskriterien	
1.495/2.495	Gültigkeitszeitraum	
Anhang 1 zu JAR-FCL 1.470/2.470	Theoretische Prüfungsfächer/Abschnitte und Dauer der Prüfungen – ATPL, CPL und IR	

11 Sachverzeichnis

	Seite
A	
Abkommen von Chicago	11 ff., 16, 60
Abkürzungsverzeichnis – Abbreviations	239 f.
Abstände von Wolken	144, 152, 156 ff., 163, 178, 216 ff., 221
Abwerfen von Gegenständen	182
AFTN (Flugfernmeldenetz)	73, 173, 201
AIC = Aeronautical Information Circular; *AIC IFR und AIC VFR*	74 f.
AIP = Aeronautical Information Publication Luftfahrthandbuch);	65 ff.
AIP SUP IFR	69
AIP SUP VFR	69
AIP Supplement Service (AIP SUP)	69
AIRAC Amendment Service (AIP AIRAC AMDT)	69
AIS = Aeronautical Information Service (gemäß ICAO-Anhang 15)	65 f., 72, 74, 170, 173
Alleinflüge für den Erwerb oder zur Erneuerung einer Lizenz oder Berechtigung	108 ff., 134 f.
Allgemeine Flugbetriebsvorschriften (§§ 23 bis 35 LuftBO)	31 f., 225 ff.
Allgemeine Regeln (§§ 6 bis 27 a LuftVO)	27 f., 66 f., 177, 181 ff., 212 ff.
Anrechnung von Flugzeiten in besonderen Fällen	136
Anwendung der Flugregeln	27, 174, 177 f.
Anzeigepflicht nach LuftBO; *Mängel*	89, 180, 226
Anzeigepflicht; *Flugunfälle und sonstige Störungen*	174, 178 ff.
ARC – Airworthiness Review Certificate	38, 93 f., 177
Arten der Luftfahrzeuge (ICAO-Definitionen);	83
Definition Drehflügler (rotorcraft)	83
Definition Flugzeug (aeroplane)	83
Definition Frei- und Fesselballone (free balloons and captive balloons)	83
Definition Luftschiff (airship)	83
Definition Motorsegler (powered glider)	83
Definition Reisemotorsegler (TMG – Touring Motor Glider)	83
Definition Segelflugzeug (glider)	83
Ausbildung von Luftfahrern;	103 ff.
Berechtigung zur Ausbildung von Luftfahrern – Voraussetzungen und zuständige Stellen	104
Ausbildungsbetriebe, registrierte; *Anforderungen an ~*	104 ff.
Ausbildungs- und Betriebshandbuch	107
Ausbildungsflugzeuge (Ausstattung)	106
Ausbildungsleiter und Lehrberechtigte	105 f.
Einrichtungen für die theoretische Ausbildung	107
Flugplätze (Auswahl/Anforderung für die Ausbildung)	106 f.
Räumlichkeiten für den Flugbetrieb	107
wirtschaftliche Leistungsfähigkeit	104
Ausrüstungsteile; *Ausfall*	226
Außenstarts und Außenlandungen	81, 187
Ausweichregeln	162 f., 184 ff.
Avionikgerät	84

	Seite
B	
Bauordnung für Luftfahrtgerät (LuftBauO)	45
Befähigungsüberprüfung	45, 110, 114, 118, 120, 122 ff., 129 ff., 133 ff., 241
Berechtigung zur praktischen Ausbildung von Luftfahrtpersonal sowie für die Ausbildung an synthetischen Flugübungsgeräten	128 ff.
Berechtigungen für Privatflugzeugführer, Hubschrauberführer und Segelflugzeugführer gemäß JAR-FCL 1 und 2 deutsch und LuftPersV	121 ff.
Bereitschaftsstufe (Alert Phase = ALERFA)	172 f.
Betriebsaufzeichnungen („Lebenslaufakte")	31, 94, 97
Betriebsgrenzen für Luftfahrzeuge	84, 225
Betriebsordnung für Luftfahrtgerät (LuftBO);	31 f., 83, 93 ff., 223 ff.
Ausrüstungsvorschriften LuftBO	31
Durchführungsverordnungen (DVs)	32
Ergänzungsausrüstung der Luftfahrzeuge und allgemeine Flugbetriebsvorschriften	223 ff.
Flugbetriebsvorschriften LuftBO	31
Inhalt und Gliederung LuftBO	31 f.
technische Betriebsvorschriften LuftBO	31
Betriebspflicht und Benutzungsordnung für Flughäfen, Sonderflughäfen, Landeplätze und Sonderlandeplätze	80
Betriebsstoffmengen	226
Blindsendungen	209
Blockzeit	241
Bodenprofilkarten für Präzisionsanflug-ICAO	76
Bodensicht (CTR-Luftraum D)	147, 156, 160, 216 ff.
Bordbuch	31, 95 ff., 176 f., 226
Bundesauftragsverwaltung durch die Länder	9 f., 55 ff.
Bundesministerium für Verkehr, Bau und Stadtentwicklung (BMVBS)	9 f., 27, 33, 40 f., 51 f.
nachgeordnete Behörden und Organisationen	51 ff.
Richtlinien für die Ausbildung und Prüfung des Luftfahrtpersonals	33
Bundesnetzagentur (BNetzA)	43 ff.
Bundesstelle für Flugunfalluntersuchung (BFU);	41, 54 ff., 178 ff.
Flugunfall-Untersuchungs-Gesetz (FlUUG)	41, 54 f.
Meldeformular BFU	180
Meldepflichten	178 ff.
Büro der Nachrichten für Luftfahrer (Büro NfL)	52, 65 ff., 77
C	
CAMO (Continuing Airworthiness Organisation)	19, 38, 52 f., 93 ff.
Codeworte	195 f.
CSL-Versicherung	234
CVFR-Berechtigung – Berechtigung zur Durchführung kontrollierter Sichtflüge	126, 158 f., 189

	Seite
D	
Deutscher Wetterdienst (DWD);	40, 54 ff., 177, 218 f.
DWD-Gesetz	40, 54 ff.
Flugwetterwarten	40, 54, 219
Gliederung, Zuständigkeiten und Aufgaben im Bereich des Flugwetterdienstes	54 ff.
Luftfahrtberatungszentralen	40, 54 ff., 177
DFS Deutsche Flugsicherung GmbH	9 f., 40, 51 f., 55 f., 65 ff., 77
Büro der Nachrichten für Luftfahrer	52, 65 ff., 77
DFS-Flugsicherungsakademie	52
Flight Inspection International	52
Flugsicherungsbetriebsdienste	52
Gliederung, Zuständigkeiten und Aufgaben	51 f.
Niederlassungen und Regionalstellen	52
NOTAM-Zentrale	52, 65 ff.
rechtliche Grundlagen	40
Veröffentlichungen, Sonderdrucke (Gesetze und Rechtsverordnungen)	65 ff., 77
E	
EASA	9, 11 ff., 38, 40, 52 f., 61, 63, 84 f., 92 f.
Einteilung des Luftrechts (Übersicht Gesetze und Rechtsverordnungen)	9 ff., 24
Eintragungsschein	89 f.
EMZ (ergänzende Musterzulassungen)	85
Erdsicht	216 f.
Ergänzungsausrüstung;	31 f., 223 ff.
äußere Betriebsbedingungen	224 f.
Betriebsart	223 f.
Verwendungszweck	223
zusätzliche ~	225
ETSO (European Technical Standard Order)	84, 92
Europäische Verordnungen	10 ff., 23 f., 83 f., 92 ff.
siehe Verordnungen (EG)	
European Joint Aviation Authorities (JAA)	17 ff., 35 ff., 61 f., 108 f., 122, 129, 239 ff.
F	
fliegerischen Voraussetzungen, Nachweis der ~; *Führung eines Flug-/Sprungbuches*	135 f.
Flugalarmdienst	143 f., 170 ff., 202
Flugberatungsdienst	170, 173, 201 ff., 211
Flugbetrieb auf einem Flugplatz mit Flugverkehrskontrollstelle	200
Flugbetrieb auf einem Flugplatz und in dessen Umgebung;	198 f.
Flugplatzverkehrszone	199
Flüge im grenzüberschreitenden Verkehr (Auslandsflüge);	201 f., 206, 229
Erlaubnisfreie Ausreise	201, 229
Schengener Abkommen	201, 229
Flüge nach Sichtflugregeln (VFR-Flüge);	143 f., 147, 155, 158 ff., 200 f., 208, 210, 216 ff., 227
~ im Luftraum C in/oberhalb FL 100	159 f.
~ im Luftraum der Klasse D (nicht Kontrollzone)	161 f.
~ bei Nacht	221 f., 225
~ in den Lufträumen mit der Klassifizierung B bis G	216 ff.
~ über Wolkendecken	225
Flugerfahrung der Luftfahrzeugführer bei Mitnahme von Fluggästen	136

	Seite
Flugfernmeldedienst	170, 173 f.
Flugfunkzeugnisse; *siehe Verordnung über ~*	
Fluggenehmigung	14, 19
Flughäfen (Airports);	
Bauschutzbereich, Baubeschränkungen	79
Sonderflughäfen	79
Verkehrsflughäfen	79
Fluginformationsdienst	143 ff., 170, 172
Fluginformationsgebiete (FIR = Flight Information Regions) und FIS-Sektoren	143 ff.
Flugnavigationsdienst	170, 174
flugmedizinische Zentren, flugmedizinische Sachverständige	15, 100, 139
Flugplan;	201 ff.
Aufgabe, Änderung und Aufhebung	201 ff.
Flugplanbeispiel für einen grenzüberschreitenden VFR-Flug	206
Flugplätze; *Definition, Arten und Genehmigung*	79 ff.
Flugplatzhinderniskarten-ICAO (Aerodrome Obstacle Charts-ICAO)	76
Flugplatzkarten-ICAO (Aerodrome Charts-ICAO)	76 f.
Flugplatzleuchtfeuer (Aerodrome beacon – ABN)	196
Flugplatzverkehr (Regelung);	197 ff.
Definition Flugplatzverkehr	197
Schematische Darstellung der Platzrunde	197
Flugplatzzwang	80
Flugsicherungsausrüstung (FSAV), Verordnung über die ~	31, 42, 68, 77, 161, 208, 217, 221, 223 f.
Flugsicht	144, 156 ff., 163, 216 ff., 221
Flugunfälle und sonstige Störungen	41, 54 ff., 178 ff.
Flugunfall-Untersuchungs-Gesetz (FlUUG) *siehe auch BFU*	41, 54 ff., 178 ff.
Flugverfahren; *VFR-Flüge*	71, 181, 212
Flugverkehrsdienste im Unteren Luftraum (bis FL 245)	170 ff.
Flugverkehrskontrolldienst	143 ff., 154 ff., 170 ff., 197, 207
Flugverkehrskontrollfreigabe	147, 154 ff., 207 ff., 217 ff.
Flugvorbereitung	65 ff., 73 f., 176, 200
Informationsquellen	65 ff.
Prüfung der Flugvorbereitung und der vorgeschriebenen Ausweise	200
Flugzeit;	135 f., 241
Definition	135, 241
Flugzeitenanrechnung einer Lizenz	136
Flugzulassung	17, 89
freigabeberechtigtes Personal	18 ff., 22 f., 53, 100
Funkverkehr *siehe Sprechfunkverkehr*	
G	
Gebiete mit besonderen Aktivitäten	155
Gebiete mit Flugbeschränkungen (Restricted Areas = ED-R...)	143, 149 ff., 190, 201, 207, 237
zeitweilig reservierter Luftraum (TRA = Temporary Reserved Airspace)	149
Gebiete mit Transponderverpflichtung (TMZ = Transponder Mandatory Zone)	162
Gefahrengebiete (Danger Areas = ED-D...)	151 ff.
Gefahrenmeldungen	189
Geschwindigkeitsbeschränkung	156
Gesetz über Rechte an Luftfahrzeugen	40 f.
Gesetz zum Schutz gegen Fluglärm	27
Gesetzgebungsbefugnis; *Bundesgesetze*	9
Grundgesetz (GG)	9, 24

11 Sachverzeichnis

	Seite
H	
Haftung des Luftfahrzeughalters	231 f.
Haftung des Luftfrachtführers	233
Haftung im Luftverkehr	231 ff.
Halbkreisflughöhen	220
Hauptwolkenuntergrenze (CTR-Luftraum D)	147, 156, 160, 178, 217 ff.
historische Luftfahrzeuge	13, 129
Höhenmessereinstellung und Reiseflughöhen bei Flügen nach Sichtflugregeln	219 f.
Hörbereitschaft, dauernde	156, 163 ff., 208, 222
I	
ICAO (Internationale Zivilluftfahrt-Organisation);	60, 157 ff.
Aufgaben der ICAO	60
Chicagoer Abkommen/ Konferenz von Chicago	11 ff., 16, 60
ICAO-Luftraumklassifizierung in der BRD	157 f.
prüfungsrelevante Regelungen und Empfehlungen des ICAO-Abkommens	60
Instandhaltung (Wartung) von Luftfahrzeugen;	12, 18 ff., 38 f., 89, 92 ff.
große Reparatur	17, 94 f.
im Bordbuch zu bescheinigende Wartungsarbeiten	93, 95 ff.
Jahresnachprüfung	38, 95 ff.
kleine Reparaturen und Änderungen	94
LBA-anerkannter Instandhaltungsbetrieb, luftfahrttechnischer Betrieb	19, 53, 93 ff.
Nachprüfung/Prüfung der Lufttüchtigkeit	38 f., 93 ff.
sachkundige Personen	95 f.
Wägung des Luftfahrzeugs	97
Instrumentenanflugkarten-ICAO	76
Instrumenten-Einflug- und Abflugstreckenkarten	76
J	
JAA, Struktur der ~	17 ff., 35 ff., 61 f., 108 f., 122, 129, 239 ff.
JAR-FCL;	3, 24, 27, 35 ff., 99 ff., 108 ff., 121 ff., 128 ff., 137, 139 f., 158, 160, 222, 239, 241 ff.
Abkürzungsverzeichnis	239 f.
Anforderungen an die Tauglichkeit des Luftfahrtpersonals (JAR-FCL 3)	35 ff.
Begriffsbestimmungen und Abkürzungen	241 ff.
Bekanntmachung und Inhalt der Bestimmungen über die Lizenzierung von Piloten	35 ff.
Betätigung als Luftfahrtpersonal (Voraussetzungen)	99 ff.
Inhaltsübersicht der Bestimmungen	243 ff.
Lizenzen (Luftfahrerscheine) gemäß JAR-FCL und LuftPersV	108 ff.
K	
Klarlisten; Kontrollen nach ~	226
Klassenberechtigung (Class Rating – CR);	121 ff.
Gültigkeitsdauer, Verlängerung und Erneuerung	123
praktische Fähigkeiten	125
theoretische Kenntnisse und Flugausbildung	124
Klassifizierung des Luftraums (Lufträume A–G), Flugverkehrsdienste und Flugbedingungen	155 ff.
kontrollierter Luftraum	143 ff.
Kontrollzonen (CTR = Control Zones)	146 ff.
Kontrollzonen als Luftraum D	160 f.
Kostenverordnung der Luftfahrtverwaltung (LuftKostV)	46
Kunstflug	182
Kunstflugberechtigung	125
L	
Landemeldungen	205, 211 f.
Landeplätze (Landing Sites);	
beschränkter Bauschutzbereich	79
Sonderlandeplätze	79
Verkehrslandeplätze	79
Landeplatz-Lärmschutz-Verordnung; *Inhalt*	40, 46
Lärmzeugnis	46, 88
Lichter, von Luftfahrzeugen zu führende ~	187 ff.
Lizenz (Luftfahrerschein) für Luftsportgeräteführer nach LuftPersV	118 ff.
Lizenz (Luftfahrerschein) für Privatflugzeugführer nach LuftPersV;	111 ff.
Erwerb der Privatpilotenlizenz (Flugzeug) nach JAR-FCL 1 deutsch	114 f.
Gültigkeit der Lizenz und der Klassenberechtigungen	114
Klassenberechtigung für einmotorige, kolbengetriebene Landflugzeuge bis zu einer Höchstabflugmasse von 2 000 kg	113
Klassenberechtigung für Reisemotorsegler	113
Lizenz (Luftfahrerschein) für Segelflugzeugführer nach LuftPersV;	115 ff.
Gültigkeit der Lizenz, eingetragene Startarten und Klassenberechtigung für Reisemotorsegler	117 f.
Lizenz (Luftfahrerschein) PPL(A) nach JAR-FCL 1 deutsch für Privatpiloten (Privatflugzeugführer)	108 ff.
Lizenzen für die Betätigung als Luftfahrtpersonal – Voraussetzungen;	99 ff.
fliegerärztliches Tauglichkeitszeugnis (siehe Tauglichkeit)	
Luftfahrerschein (Ausweis)	108 ff.
Mindestalter für den Beginn der Ausbildung	100
Mindestalter zum Erlangen der Lizenz	100
Voraussetzungen für die Ausbildung von Luftfahrtpersonal	100
zuständige Stellen für die Erteilung von Lizenzen	101 f.
Lizenzen und Berechtigungen;	
Antragstellung	138
Sprechfunkdienst (Flugfunkzeugnis)	138
zuständige Stellen	138 f.
Luftfahrtbehörden der Länder;	
Zuständigkeiten, Gliederung und Aufgaben	9 f., 55 ff.
Luftfahrtbodenfeuer	196
Luftfahrt-Bundesamt (LBA);	9 ff., 40, 53 f.
LBA-Gesetz	9 ff., 40
Zuständigkeiten und Aufgaben des LBA	53
Luftfahrtgerät	38 f., 92 ff.
siehe auch Verordnung zur Prüfung von ~	
Luftfahrthandbuch (AIP = Aeronautical Information Publication); *siehe auch AIP*	65 ff.
Luftfahrtkarte ICAO 1:500 000	75
Luftfahrtkarten (Aeronautical Charts)	75 ff.
Luftfahrtpersonal; *siehe Verordnung über ~*	

	Seite
Luftfahrtpersonal (Ausbildung, Lizenzen und Berechtigungen);	
gesetzliche Grundlagen,	33 f., 99 ff.
europäische Richtlinien (JAR-FCL)	
Luftfahrzeug-Elektronik-Betriebs-Verordnung (LuftEBV)	228 f.
Luftfahrzeugkennzeichen (Anbringung, Form und Größe)	91 f.
Luftfahrzeugrolle	41, 89 ff.
Luftraum C unter Flugfläche 100 in der Umgebung von Verkehrsflughäfen	158 f.
Luftraum der Klasse F (HX) in der Umgebung von unkontrollierten Flugplätzen mit IFR-Flugbetrieb	163 f.
Luftraum;	143 ff., 155 ff.
Aufteilung	143 ff.
wichtige Hinweise und Verfahren für bestimmte Lufträume	158 ff.
Luftraumklassifizierung;	155 ff.
Bedingungen für Flüge nach Instrumenten- und Sichtflugregeln (Anlage 5 LuftVO)	169
Klassifizierung des Luftraums in der Bundesrepublik Deutschland (Übersicht)	157 f., 167
Luftraumklassifizierung und Flugverkehrsdienste (Anlage 4 LuftVO)	168
Luftraumordnung gemäß LuftVG und LuftVO;	
rechtliche Grundlagen der Luftraumgliederung	143 ff.
Luftsicherheitsgesetz (LuftSiG)	41 f., 46 ff., 100 f., 229
Luftsicherheits-Zuverlässigkeitsüberprüfungs-verordnung (LuftSiZÜV)	46 ff.
Luftsperrgebiete (Prohibited Areas = ED-P...)	143, 148, 237
Lufttüchtigkeit;	11, 14, 16 ff., 23, 38, 45, 84, 86 ff., 92 ff., 225
europäische Lufttüchtigkeitsforderungen	45
Lufttüchtigkeitsanweisungen (LTA)	97
Lufttüchtigkeitszeugnis	14, 16 f., 86 ff., 225
Verlust der ~	225
Lufttüchtigkeitsfolgezeugnis	38, 93 f., 177
Luftverkehrsgesetz (LuftVG);	25 ff., 143, 231 ff.
Deliktregister	25
Luftfahrer-Eignungsdatei	25
Luftfahrzeugdatei	25
Zentrale Luftfahrerdatei	25, 199
Luftverkehrs-Ordnung (LuftVO);	27 f., 143, 157, 225
Anwendung der Flugregeln der LuftVO	27
Inhalt und Gliederung LuftVO	27 f.
Luftverkehrsregeln- und vorschriften, Flugverkehrsdienste;	143 ff.
Teilnahme am Luftverkehr	
Luftverkehrs-Zulassungs-Ordnung (LuftVZO);	29 f., 227 ff.
Inhalt und Gliederung LuftVZO	

M

Markierung von Start- und Landebahnen	198
Mindestwetterbedingungen	217 ff.
Minima für VFR-Flüge;	
Flugsicht und Abstand zu Wolken	156 f., 163, 216 ff.
Mitführen gefährlicher Güter	227 f.
Mitführen von Funkgeräten und elektronischen Geräten;	
Luftfahrzeug-Elektronik-Betriebs-Verordnung (LuftEBV)	228 f.

	Seite
Musterberechtigung (Type Rating – TR);	33, 35, 121 ff.
Erteilung und Umfang	121
Gültigkeitsdauer, Verlängerung und Erneuerung	123 f.
Rechte, Anzahl und Baureihen	122
Musterprüfungen;	38, 85, 92 f.
Bauvorschriften (Lufttüchtigkeitsforderungen)	92 f.
Ergänzende Musterzulassung (EMZ)	85
europäische Lufttüchtigkeitsforderungen (JAR 21, JAR TSO...)	85
vereinfachte Musterprüfung	92
Musterzulassung;	13 f., 16 f., 38, 53, 63, 84 f., 89, 92 f., 95, 119, 121, 241
musterzulassungspflichtige Luftfahrzeuge und Luftfahrtgeräte	84 f.

N

Nachprüfungen/Prüfung der Lufttüchtigkeit	38, 93 ff., 225 f.
Jahresnachprüfung	38, 95 ff.
laufende Nachprüfungen	93 f.
Lufttüchtigkeitsfolgezeugnis	93
Nachrichten für Luftfahrer (NfL); NfL I, NfL II	52, 56, 65, 72 ff.
Nachtflugqualifikation	107, 110, 126, 130, 222, 245
Nationale Organisationen der Luftfahrt	51 ff.
NOTAM (Notice to Airmen)	52, 65, 69, 72 ff.
Notlandungen, Landungen zur Nothilfe	81, 173
Notstufe (Distress Phase = DETRESFA)	172 f.

O

Oberer Luftraum	144

P

Passagierberechtigung für Luftsportgeräteführer	127
Pflichten der Teilnehmer am Luftverkehr (§§ 1 bis 5 a LuftVO)	174 ff.
Positionslichter	187 f.
Präzisions-Gleitwegbefeuerung/PAPI	196
Pre-Flight Information Bulletin (PIB)	73

Q

QNH-Höhenmessereinstellung	219 f.

R

Rechte und Pflichten des Luftfahrzeugführers	176
rechtliche Grundlagen der Luftraumgliederung	143 f.
Rechtsvorschriften für den Luftverkehr (Einteilung des Luftrechts)	9 ff.
Registerpfandrecht/Pfandrecht an Luftfahrzeugen	40 f.

S

Schengener Abkommen	201, 229
Schlepp- und Reklameflüge	182 f.
Schleppberechtigung	126 f., 182
Segelflugsektoren	151
Segelfluggelände (Glider Sites);	79 ff.
beschränkter Bauschutzbereich	79 f.
Genehmigung	79 f.
Selbstkostenflüge	227
Sicherheitsmindesthöhe, Mindesthöhe bei Überlandflügen nach Sichtflugregeln	154, 181, 219 ff.
Sichtflugkarten-ICAO (Visual Operation Charts-ICAO)	69 ff., 77

11 Sachverzeichnis

	Seite
Sichtflugregeln	216 ff.
Signale angesteuerter Luftfahrzeuge	195 f.
Signale ansteuernder Luftfahrzeuge	194
Signale und Zeichen	189 ff., 198 ff.
Bodensignale	191 ff.
Lichtsignale	190 f.
Not- und Dringlichkeitssignale	189
Warnsignale	190
Sonder-VFR-Flug (in CTR-Luftraum D)	218 f.
Sonstige Bestimmungen (LuftVG und LuftVZO)	227 f.
Sprechfunkverkehr	43 ff., 156, 159 f., 208 ff., 221 f.
Sprachanforderungen ICAO	15, 43 ff.
Staffelung von Flügen und Diensten	155 f., 159, 163, 171, 184, 203, 219
Standardhöhenmessereinstellung	219 f.
Standortmeldungen;	209 f.
bei Flügen in der Platzrunde	210
bei Flügen nach Sichtflugregeln	210
Meldepunkte auf Anforderung	210
Pflichtmeldepunkte	210
Startmeldungen	211
Straf- und Bußgeldvorschriften	235 ff.
Ordnungswidrigkeiten	235 f.
Straftaten	236 f.
zuständige Behörden	237
Streckenkarte (Enroute Chart) – ICAO 1:1 000 000	75 f.
Streckenkarte mit Radarführungsmindesthöhenkarte	76
Streu- und Sprühberechtigung	128
Stückprüfung	38, 93 f.
Such- und Rettungsflüge/dienst (SAR)	171 ff., 201, 223

T

Tauglichkeit;	15, 35 ff., 99 ff., 110, 139 ff., 243 ff.
fliegerärztliches Tauglichkeitszeugnis	101 f., 110, 139 ff.
theoretische Vorbildung, Berücksichtigung einer ~	138
theoretischen Ausbildung, Nachweis der ~;	136
Führung eines Unterrichtsbuches	
Tiefflüge mit militärischen Strahl- und Transportflugzeugen;	152 ff.
250-ft-Tieffluggebiete	152 ff.
IFR-/VFR-Flüge bei Nacht	153
Tiefflüge im Tiefflug-Höhenband zwischen 500 ft und 2 000 ft GND	154
Transponder-Schaltung bei VFR-Flügen	162 f.
Trennhöhe zwischen Luftraum E und C im Alpengebiet	157, 161
TSO (Technical Standard Order)	84 f.

U

Übungsflüge unter angenommenen Instrumentenflugbedingungen	188 f.
Uhrzeit und Maßeinheiten	183
Umweltschutz, grundlegende Anforderungen an den *(Umweltzeugnisse)*	11 f., 14, 17 f., 63
Ungewissheitsstufe (Uncertainty Phase = INCERFA)	172 f.
unkontrollierter Luftraum	143 ff., 152, 154 f., 163, 221 f.
Unterer Luftraum	144

V

verantwortlicher Luftfahrzeugführer/Pilot;	99, 105, 109 f., 112 f., 124 f., 174 ff., 205, 228 f., 240 f.
Sitz des verantwortlichen Luftfahrzeugführers/Piloten	176
Verfahren bei Ausfall der Funkverbindung	208 f.
Verhalten im Luftverkehr; *Grundregeln*	174 f.
Verkehrssicherungspflicht; *Sicherung von Flugplätzen*	80
Verkehrszulassung;	38, 46, 84 ff., 233
Übersicht Einzelheiten der Verkehrszulassung	89
verkehrszulassungspflichtige Luftfahrzeuge und Luftfahrtgeräte	85
Vermeidung von Zusammenstößen	144, 162, 171, 183 ff., 187, 198, 217
Veröffentlichung der Luftfahrtbehörden	65 ff., 150, 158
Verordnung (EG) Nr. 216/2008 (Grundverordnung)	11 ff., 23 f., 63, 83 f., 92
Verordnung (EG) Nr. 1702/2003	11, 17 f., 23 f., 83 f., 92
Part-21	11, 17 f., 23, 92
Verordnung (EG) Nr. 2042/2003	11, 18 ff., 24, 38, 83 f., 86, 92 ff.
Anhang I (Part-M)	11, 17, 19 f., 23, 38, 95
Anhang II (Part-145)	11, 22 f.
Anhang III (Part-66)	11, 22 f.
Anhang IV (Part-147)	11, 22 f.
Verordnung über die Flugsicherungsausrüstung der Luftfahrzeuge (FSAV); *Inhalt FSAV*	42
Verordnung über Flugfunkzeugnisse (FlugfunkV);	43 ff., 138
Allgemeines Sprechfunkzeugnis für den Flugfunkdienst (AZF)	43 ff.
Beschränkt gültiges Sprechfunkzeugnis I für den Flugfunkdienst (BZF I)	43 ff.
Beschränkt gültiges Sprechfunkzeugnis II für den Flugfunkdienst (BZF II)	43 ff.
Inhalt FlugfunkV	43 ff.
Bundesnetzagentur (BNetzA)	43 ff.
Verordnung über Luftfahrtpersonal (LuftPersV); *Inhalt und Gliederung LuftPersV*	33 f., 99 ff.
Verordnung zur Prüfung von Luftfahrtgerät (LuftGerPV)	38 f., 92 ff.
versetzte Schwelle	198
Verwaltungsbefugnis im Luftverkehrswesen	9
Verwendungszweck des Luftfahrzeugs	88 f., 225, 229
VFRe Bulletin	74 f., 153
VFR-Flüge bei Nacht;	75 f., 130, 136, 154 ff., 207 f., 221 ff., 225, 241
Voraussetzungen gemäß JAR-FCL und LuftPersV	222
VMC-Minima in der Kontrollzone (CTR)	156 f., 218 f.

W

Wettermindestbedingungen nach LuftBO	227
Wiederstart	10, 81, 187
Wolkenflugberechtigung für Segelflugzeugführer	127 f.
Wolkenflüge mit Segelflugzeugen und Luftsportgeräten	127 f., 186, 201, 223 f.

Z

Zeichen des Einwinkers	212 ff.
Zeichen des Luftfahrzeugführers	216
Zeitliche Wirksamkeit von Lufträumen mit der Kennzeichnung „HX"	164 ff.
zeitweiliger Luftraum	149, 162

	Seite
Zentrale Luftfahrerdatei	25, 139
Zulassung der Luftfahrzeuge und des Luftfahrtgeräts;	83 ff.
Arten und Zulassung der Luftfahrzeuge	83 ff.
Luftfahrtgerät, Ausrüstungsgerät und Zubehörteile	83
zulassungspflichtige Ausrüstung	83 ff.
Zusammenstoß-Warnlicht	187 f.
Zuverlässigkeitsüberprüfungen	41 f., 46 ff.